U0511523

# O'Neill: Son and Artist Volume II

# 尤金·奥尼尔传

## （下）

## 艺术之子

〔美〕路易斯·谢弗 著
刘永杰 王艳玲 译

2018年·北京

**图书在版编目(CIP)数据**

尤金·奥尼尔传．下，艺术之子 /（美）路易斯·谢弗著；
刘永杰，王艳玲译．—北京：商务印书馆，2018
ISBN 978-7-100-16019-3

Ⅰ.①尤… Ⅱ.①路…②刘…③王… Ⅲ.①奥尼尔
(O'Neill, Eugene 1888-1953)—传记 Ⅳ.①K837.125.6

中国版本图书馆 CIP 数据核字(2018)第 066297 号



**尤金·奥尼尔传（下）**
**艺术之子**

〔美〕路易斯·谢弗 著
刘永杰 王艳玲 译

商 务 印 书 馆 出 版
(北京王府井大街36号 邮政编码100710)
商 务 印 书 馆 发 行
北京虎彩文化传播有限公司印刷
ISBN 978-7-100-16019-3

2018年6月第1版　　开本710×1000 1/16
2018年6月北京第1次印刷　　印张51
定价：198.00元

一个人怎么能够从祖先的家园中抽身而出呢？或者，他怎么能够把他从母亲和父亲那里汲取来的滴滴精血从自己的血脉中洗涤干净呢？

拉尔夫·瓦尔多·爱默生，“论命运”，《生活的准则》

# 对本书的赞誉

(《奥尼尔：艺术之子》)：条理清晰，文笔优美，是一部波澜壮阔的研究作品。它比任何一部其他作品都更充分地刻画了一个内心备受折磨的男人。写作历时十五年，显然，这是一项不朽的爱心之作……一次引人入胜的动人经历。

——《出版人周刊》

谢弗做得很彻底；他在书中囊括了一切需要说明的内容……对奥尼尔一生中的几乎每一个细节都做了详细阐述和记录。

——《畅销书》

(该)奥尼尔传记权威研究……汲取利用了一切先前的资料，包括对奥尼尔亲朋好友的访谈及他们之间来往的信件，和迄今为止传记作家未使用的资料……书中大量的事件及其详情将给读者留下深刻印象。必不可少的一本书。

——《图书馆杂志》

一部了不起的作品……棒极了。

——奥尼尔学者和《勾画时代的轮廓：尤金·奥尼尔剧作论》的作者　特拉维斯·伯加德

谢弗的两卷本奥尼尔传记的第二卷蔚为壮观……(满怀)强烈的情感。

——《家园》的作者　小奇尔顿·威廉姆森，载于《国家评论》

(一部)充满艰辛的传记……大量的新资料，再次呈现了个人的矛盾和冲突，且与剧本情节有着契合。事实与回忆的碰撞共同激发了奥尼尔本人“进入黑夜的漫长旅程”的力量。

——罗德里克·诺德尔，载于《基督教科学箴言报》

纪念我的父亲，亚伯拉罕·斯郎

# 前　言

正如布鲁克斯·阿特金森（Brooks Atkinson）所言，尤金·奥尼尔的戏剧创作“与其说是他的职业，倒不如说是他的一种痴迷”。在我所著的两卷本奥尼尔传记的上卷中，我主要阐述他对戏剧创作非常痴迷的明显动力源，他的家庭是主要根源，因为奥尼尔是个情感血友病患者，他的家庭给他带来的创伤是难以愈合的。他与父母和哥哥的关系是其创作主题以及创作激情和创作力量的源头。在此，他不同于其他重要的剧作家，斯特林堡（Strindberg）是他戏剧创作的典范，因为斯特林堡也不断从生活中汲取素材，把个人的历史和隐痛转变为艺术。

奥尼尔是一位非常害羞的人，他被两种截然相反的对立冲动所困扰：一方面，他渴望与世隔绝，希望隐居；另一方面，他需要向世人解释和证明自己。在其作品中，他既隐藏自己，同时又在暴露自己［他终于在《进入黑夜的漫长旅程》（*Long Day's Journey into Night*）中，把自己暴露无遗，他本想在他死后数十年这个剧本才可以公之于众］。他工作一直“竭尽全力”。在他练习戏剧创作的阶段结束后，即使在他最糟糕的剧本中，仍包含着独特的力量与紧迫感。他总是全身心地投入戏剧创作。

遗传和环境，牺牲了灵魂的平静，使奥尼尔成为了一位剧作家。他的父亲詹姆斯·奥尼尔（James O'Neill）是当时最有前途的男演员之一，后来出演了改编剧《基督山伯爵》（*The Count of Monte Cristo*），便遭遇了“好的厄运”，他演出的巨大成功使他披上了涅索斯（Nessus）的外衣，久久难以摆脱。如潮的观众慕名而来，想一睹他在大仲马作品中扮演的男主角，于是他开始厌恶这个剧本，尤其厌恶剧中那句著名的台词：“世界是我的！”然而，詹姆斯一生中被对贫困的担心、平庸的下场和食不果腹的童年所困扰，他30年来断断续续地一直只演最受大家喜爱的这个角色。随着其才华减退，他的职业生涯也失去了光辉。奥尼尔说：“这使我决心永远不让父亲的这些忧虑近身，我也决心永远不背叛自己。”

奥尼尔母亲的不幸从爱上一个男演员并与其结婚就开始了。埃拉·奥尼尔（Ella O' Neill）胆子小，要求高，是位虔诚的天主教徒，在修道院开设的学校接受过良好的教育，加之受到良好的家教，她注定不适合做演员的妻子；在剧院这个几乎全是男人的世界里，她感到迷茫，是一个永远的局外人。她的第三个孩子，也是最小的孩子（第二个孩子在婴儿期夭折了）奥尼尔的降生，给她以及家里的其他成员带来了灾难。埃拉遭遇了难产，体力恢复慢，医生便给她施用了吗啡——这在当时被广泛使用，用得也随意——来减轻她身体的疼痛，缓和她内心的焦虑。她染上了吗啡瘾之后，才知道这种灵丹妙药的名字和后果。于是，埃拉想戒掉毒瘾，但是在长达25年的时间里，她饱尝了该死的吗啡对她的折磨。

“当你极度痛苦，几乎疯狂时，”母亲在《进入黑夜的漫长旅程》中哭喊道：“[医生]握住你的手，向你的意志力布道！他什么都不懂！然而正是这类廉价的庸医首先给你用了药。我痛恨医生们！他们会做些什么……让你离不开他们。他们会出卖他们的灵魂！更可恶的是，他们会出卖你的灵魂，直到有一天你处于地狱中你才意识到！”

奥尼尔即将15岁时，才第一次得知母亲毒瘾的事情。特别是当他听家里人说母亲的这种“诅咒”是因他的出生而始时，他几近崩溃了。奥尼尔以前就寡言少语、听话乖巧，现在因此又备感内疚，他开始变得越来越叛逆，毫不掩饰地离经叛道。他对世界万物神圣性的信仰破灭了（如果上帝仁慈，那么他怎么能够让他虔诚的母亲堕落呢？），这个年轻人不再相信天主教和所有其他正统宗教。然而，如果一个具有宗教气质的人，因失去了对他来说无比重要的宗教信仰而备感失落的话，他实际上就变成了尼采（Friedrich Nietzsche）的门徒，并试图确立一种“超越善恶”的地位。奥尼尔的哥哥杰米［小詹姆斯·奥尼尔 James O' Neill, Jr. (Jamie)］放浪形骸、愤世嫉俗、嗜酒成性；在他的影响下，奥尼尔喜欢上了喝酒，小小年纪就进过妓院。“尤金学坏比其他人容易得多，”杰米曾经说：“我让这变得很容易。”

奥尼尔心中的愤怒和郁结需要有发泄的渠道和对象。他抵御不了良心中糟糕的一面，也不能对抗一听到那个关键的词就会崩溃的瘾君子母亲，更糟糕的是，他的保护策略愈发加深了他的愧疚感，那就是，他和哥哥一道与父亲作梗。他们质疑父亲的宗教信仰，对爱尔兰人不再抱有好感，并与母亲埃拉一起指责父亲在母亲生奥尼尔时给他请来一位“蹩脚的庸医”，把母亲的“厄运”归咎于父亲的吝啬小气。奥尼尔的哥哥未婚，喜欢母亲而敌视父亲；和哥哥不一样，奥尼尔并没有从对这位上了年纪的演员的攻击中感到得意和心安。

一年后，奥尼尔离开了普林斯顿大学（Princeton University），当了水手，去西属洪都拉斯（Honduras, Spanish）淘金，在阿根廷布宜诺斯艾利斯（Buenos Aires, Argentina）、英国的南安普敦（Southampton, England）和纽约的水滨与那些无业游民、流浪汉和其他的失意者厮混在一起，消磨时日，还曾经因为极度绝望而企图自杀。他在纽约期间，和凯瑟琳·詹金斯（Kathleen Jenkins）结了婚，不久便离她而去；凯瑟琳生了他的第一个孩子。他后来寥寥数语说这桩婚姻是一个“错误”。

从童年起，奥尼尔就有一种将思想、感情和幻想用文字在纸上表达出来的愿望；可是，他的文学理想很长时间是想成为一位诗人，一位像他的偶像拜伦（Byron）、斯温伯恩（Swinburne）、波德莱尔（Baudelaire）那样的诗人。只是在他的身体健康状况恶化，并于1912到1913年间因肺病在疗养院待了六个月之后，他才决定要成为一名剧作家，当时他24岁。他看不起父亲那种虚假做作的戏剧，决定“竭尽所能创作我自己的剧本，写阳光下的一切……我将不受任何顾虑的影响，只有一样除外：它是不是如我所知的真相，或者更好一些，是不是如我所感的真相？如果是，就让这些微不足道的真相尽情翱翔”。

他一旦开始戏剧创作，就写了一个又一个剧本，长短皆有。在哈佛大学（Harvard University），他曾师从贝克（Baker）教授学习过一年戏剧创作，但他从自己剧本的演出中获得了更多有益的启示。他的剧本最初由马萨诸塞州的科德角（Cape Cod, Mass.）的一帮业余演员演出，这帮演员以乔治·克莱姆·库克（George Cram Cook）为首，他来自爱荷华州，很有眼光。奥尼尔很快就被认为是这些戏剧人中剧本写得最好的一位。这些戏剧人搬到了格林尼治村（Greenwich Village），并以他们的出生地命名，自称为普罗文斯敦剧团（Princetown Players）。

1917—1918年冬天，在格林尼治村一家名叫“地狱洞”（Hell Hole）的酒吧里，奥尼尔遇见了杂志作家，漂亮的艾格尼丝·博尔顿（Agnes Boulton），几个月之后，两个人结了婚。第二年，在他们居住的普罗文斯敦，艾格尼丝生下了他们二人的第一个孩子沙恩（Shane Rudraighe O' Neill）。

我所著奥尼尔传记的上卷《奥尼尔：戏剧之子》（*O' Neill, Son and Playwright*）写到1920年奥尼尔的剧作《天边外》（*Beyond the Horizon*）成功在百老汇上演。詹姆斯·奥尼尔多年来对奥尼尔的创作不抱希望，但在该剧公演时，他竟然含着喜悦的泪水看完了整场戏；看样子，他这个曾经的浪荡儿子将为奥尼尔这个古老的名字带来新的荣誉。

和上卷一样，本卷亦完全基于第一手调查和基本资料创作完成。除了使用标准的资料外，我还采访了很多人，他们对奥尼尔的回忆至今仍未被奥尼尔的传记作家们提及。本卷奥尼尔传记中，除了其他的一些新文件，我还使用了奥尼尔和他最后两任妻子写的数百封书信。读者由此会发现，本卷传记中所呈现的奥尼尔和大家公认的奥尼尔形象有些不同，所记述的他生活中的一些逸闻轶事至今仍是他的隐私。

路易斯·谢弗

纽约，布鲁克林高地（Brooklyn Heights）

1972年12月

# 目　录

# 第一章　老演员的最后时光

1912年前几个月，奥尼尔在纽约忙于《天边外》的事务，艾格尼丝在普罗文斯敦照看沙恩。总的来说，他们在此期间的通信往来反映了他们两人关系的基本情况：彼此倾心，对性充满激情，离不开对方，渴望从对方那里获得安慰，同时还夹杂着猜疑、憎恨和敌视的情绪。事实上，他们之间的书信往来反映了二人婚姻感情问题的一面；事后来看，这些信件已带有指责和痛苦的迹象，主要从奥尼尔这一方来看是如此。这表明他们的婚姻即将走到尽头。

元月初，奥尼尔刚刚离开纽约，艾格尼丝便写信来："啊，金，我非常想念你！我并不感激你。你前脚刚走，我的折磨便开始了——我觉得仿佛是在大街上追赶你……" 大约过了一个月，她又来信说："我简直不敢相信上帝对我这样仁慈，把你的爱作为美妙、幸福的礼物赐给了我……我再也不想信奉其他宗教，不想有其他想法——我的一切都在你的爱中——在你身上——

在我们身上。”她在此期间写给奥尼尔的几乎所有信中都有这种激情的表白。

奥尼尔也在不同的时候怀着相似的心情对她说：“一有可能，我会在第一时间回去。”……“在经历了这一切之后，我们再也不能像这样长时间地分开。”……“天啊，我是多么需要你，多想拥有你啊！没有你，一切便失去了意义！”

丈夫在百老汇的第一个剧本即将上演，而她却不得不带着孩子待在科德角，这让她颇感不悦。（“啊，亲爱的，当你遭受不幸、失望和孤独之时，我一直陪伴在你身边；当你成功之时，我同样希望留在你身边！”）他们原本答应每天互通一封信，如果有一两天没有收到他的来信，艾格尼丝便感觉受了冷落、不被重视，自己只是他生活中一个可有可无的角色；可想而知，委屈和不满之情就会时不时地在她的信中流露出来。

奥尼尔很容易受伤，自卫也很迅速。在一次回信中，他反驳说：“你我彼此深爱，如果我们像斯特林堡笔下那些遭受诅咒的夫妇那样，就不能阻止小小的仇恨爬进我们心间，如果我们之间的通信只能徒增我们由于分别而带来的痛苦……如果我们不能共同面对失败或成功中同样可怕的可能；如果家中的士气不能为前线岌岌可危的士气提供支持，那么我们就迷失了。我唯一的愿望就是‘流感’或者其他的自然原因让处于我这种境况的人能够立刻免于遭受决定之苦。如果你我的故事仅是幻梦一场，那么我别无他求，只求这种大病能让我获得解脱。”

然而，总的来说，从他们之间的书信往来可以看出，他们是彼此深爱的情侣，相互依恋，又深深地被对方所吸引。奥尼尔常说，他长时间工作，身体不适。艾格尼丝对此很担心，不断叮嘱他照顾好自己，因为当时流感正在肆虐。他也常写信说，如果纽约不是“疫区”的话，他倒希望她与孩子过来同住。一次，感伤于彼此的别离，奥尼尔说：“如果不是沙恩横在我们中间，问题就变得简单多了。”

他的信件像晴雨表一样，流露出他不断变化的心情，其中以忧虑居多。在《天边外》上演后不久，他显得格外兴奋：“你只需看看（剧评）就知道

《天边外》是多么成功。不管这种成功能否带来金钱，至少这个剧本已经实现了我的预期——而且比预期还要好得多。……是我，让大家接受了我的剧本——而且喜欢它！……《天边外》现在是（百老汇）街谈巷议的话题。”

将作品成功打进百老汇给他带来了事业达到巅峰的感觉，但他很快便跌入了波谷。纵然目前一切顺利，但鉴于他的性格，他的好运能否持续下去却令人怀疑，可情况偏偏对他不利。2月4日，他的剧本在百老汇上演后的第二天，在乔治·C. 泰勒（George C. Tyler）的坚持下，他会见了《克拉伦斯》（*Clarence*）一剧的演员海伦·海斯（Helen Hayes）。泰勒打算让她在《救命草》（*The Straw*）中饰演角色，所以想让奥尼尔见她一面，当晚是她演出《克拉伦斯》的最后一个夜晚。奥尼尔已经被《天边外》的排练和首演折腾得精疲力竭，又加上阴冷而又潮湿的恶劣天气，大街上到处都是积雪，他还是极不情愿地去了。当他和母亲走出剧院的时候，拦不到一辆出租车，结果当他们回到所住的乔治王子酒店（Prince George Hotel）时，埃拉（Ella）由于衣着单薄，浑身又湿又冷。第二天，她开始咳嗽，但像往常一样，她拒绝去看医生，一直坚持到不得不就医的时候为止；诊断结果显示，她的“一叶肺有感染肺炎的迹象”。她生病后不久，奥尼尔就患了流感，他认为这是母亲传染给他的。

医生原想着奥尼尔能在几天内康复，但是过了将近三星期，他才有足够的体力走出酒店。艾格尼丝也为奥尼尔的疾病感到惶恐，她提醒他说，她有一个名叫哈奇·柯林斯（Hutch Collins）的朋友患上流感和肺炎后很快就去世了。她告诫奥尼尔说：“你身体好些后，什么都不要干，以防患上感冒。我求你千万不要患上感冒……如果你有个三长两短，在这个世上我也活不下去了。”唯一能让他感到自己还“完全活着”的东西是酒精，但是因为禁酒令（Prohibition）的原因，威士忌很难找到。即使他交际甚广的父亲也不得不屈尊喝朗姆酒，尽管他讨厌喝这种酒；后来他又喝上了波特酒，直到最后再也无酒可喝。

在将近一年时间里，父亲和儿子的关系变得亲密了许多。詹姆斯·奥尼尔对儿子的成功感到自豪（“我试图从后门把你拽进剧院［让你当演员］，而你却从前门走了进来［成了剧作家］”）。很长时间以来，奥尼尔对这位老演员颇有微词，现在却对父亲充满了同情。只要身体感觉良好，他就会一直待在父母的套房里，他和詹姆斯边打纸牌边互相吐露心声——一个在做着未来的荣耀之梦，另一个在缅怀、悲叹《基督山伯爵》浪费了他的光阴。用儿子后来的话说，詹姆斯·奥尼尔意识到了这部由大仲马的小说改编而来的剧本是他的“魔咒”，让他“对快速成名和轻松赚钱的诱惑不能自已”，但一切都太迟了。当这个剧作家儿子在《进入黑夜的漫长旅程》中写到埃德蒙和蒂龙在边打纸牌边互相倾诉心声时，他肯定清楚地记得他们父子相互忏悔的那些夜晚。尽管《进入黑夜的漫长旅程》的故事发生在1912年，剧中蒂龙和小儿子之间友好相处的场景却是以奥尼尔和父亲在1919年至1920年间的和谐关系为原型的。

奥尼尔与父亲关系的改善不仅让哥哥杰米心生妒忌，也让哥哥觉得受到了冷落，尤其是当埃拉附和着丈夫指责杰米浪费生命，称赞奥尼尔是他学习的榜样的时候。显然，杰米尽可能地回避父母和弟弟，这也是为什么在奥尼尔与艾格尼丝在此期间的通信中，仅在谈及往事时提到过杰米一次。还有一次，艾格尼丝问他杰米是否在纽约，奥尼尔也未对此做出回答。奥尼尔兄弟之间的紧张关系，从查尔斯·韦伯斯特（Charles Webster）那里也可以得到印证。他是詹姆斯·奥尼尔《基督山伯爵》巡回演出剧团的成员之一。在《天边外》公演数周后，查尔斯在时代广场（Times Square）偶遇杰米，他吃惊地发现，直到那时杰米才准备去观看他弟弟剧本的演出。

一天晚上，当奥尼尔自认为流感已经痊愈的时候，胸口上部一阵剧痛把他从梦中惊醒，他担心死亡降临了；但经医生的诊断，这只是局部神经痛。二月中旬，他给艾格尼丝写信说：“现在，生命对于我来说充满了疑惑：‘明天将会有哪种新的疾病降临于我？’脱掉衣服，我看上去就像医学生的医疗挂图，每一块肌肉、每一根骨头、每一块肌腱，都轮廓分明。我体重约125……想象一下！自从《天边外》公演的那个星期五以来，我还从未踏出过这个旅馆！所有的‘荣誉和荣耀’都从旅馆下面的街道上溜走了。”

随着他的成名，让他在各种场合进行演讲或者做嘉宾的邀请便接踵而至（“如果那就是名气的话，他们可以不用考虑我”）；有些还要求采访他（“成功对于我而言是毫无意义的徒劳，这一点我早就料到了——只是更加无意义罢了”）；也有人为撰写一本“美国名人”星座的书而询问他的出生地和出生日期，甚至他出生的“确切的时、分”。有些采访的请求实在推脱不掉，他就勉强参加了几次，其中包括《剧院杂志》（*Theater Magazine*）的一位女士的采访。2月21日，他对艾格尼丝说，他感到“无聊和伤心”，那位女士“坚持要我说出我的人生哲学。我不太情愿地把内心的苦楚告诉了她。如果你看到这一幕，你定会感到好笑。我当时想说我对两百万件事情都感到遗憾……在分别时，她告诉我说，她很怕读了我的剧本，会对我本人感到失望。‘而我并没有！这一切全在那里——全在你的眼睛里，’她热情地评论说。所以，一定要准备好阅读我‘了不起的、伤感的眼睛’。在采访快要结束时，我的眼睛肯定变成了忧伤的池塘——我想知道她到底什么时候能走，好让我痛快地咳嗽上一阵！”

当他身体开始康复的时候，《天边外》的演出和如潮的好评又让他振奋不已，尽管有流感和暴风雪，剧院还是几乎座无虚席；一位名叫圣约翰·欧文（St. John Ervine）的爱尔兰裔英国人给他写信说：“一位具有爱尔兰血统的人写出了如此美妙的作品，我深感自豪。”（几年后，当这位英国剧作家的创作开始走下坡路时，他以剧评家的身份开始向奥尼尔发难，利用一切可能的机会抨击他。）

在此期间，制作人约翰·D. 威廉斯（John D. Williams）正在努力寻找一家剧场，目的是能够让《天边外》从“日场特演”转为正常的夜场演出。与此同时，乔治·泰勒排演的《克里斯》（*Chris*）[剧名由《安娜·克里斯托弗森》（*Anna Christopherson*）》简缩为了《克里斯》]，也因起用了埃米特·克雷根（Emmett Corrigan）扮演船长和年轻的英国新秀莱恩·方丹（Lynn Fontanne）扮演船长的女儿而出现了转机。这部海洋剧在百老汇公演之前要在大西洋城（Atlantic City）和费城（Philadelphia, Pa.）两地试演。奥尼尔由于身体欠佳没有观看《克里斯》的排练，但他相信导演弗雷德里克·斯坦霍普（Frederick Stanhope），因为他有“四年在船上工作的经验”。

二月下旬，他感到身体恢复得差不多了，就给艾格尼丝写了一封长信，讲述了他的见闻。他和斯坦霍普通过电话后深感不安，因为他在地狱洞的一个酒友威廉·斯图尔特（“斯科蒂”，William Stewart, “Scotty”），同时也是普罗文斯敦剧社的成员，要从该剧的演员队伍中被撤换掉，虽然他在格林尼治村一些演出中显示出了表演天赋，有职业范，还比较成熟。奥尼尔认为，《克里斯》演出团队对他有些不满，因为是他让斯图尔特进入了该剧的演员阵容。斯图尔特也因奥尼尔不能力挺他而对奥尼尔心怀不满。“好吧，”奥尼尔发誓说，“再也不能这样！再也不能将友谊和正事搅和在一起！”他在信中继续写道，海伦·海斯在马萨诸塞州波士顿（Boston, Mass.）《巴布》（*Bab*）中的表演非常成功，该剧加快了她的成名步伐。《救命草》的排练不久即将开始，并安排了一次日场演出，看看她是否适合扮演艾琳·卡莫迪一角。他接着写道，《天边外》的日场演出依然非常火爆，但该剧的出版却被推迟了，因为“和出版商之间出了些麻烦，（霍勒斯）·利夫莱特［（Horace）Liveright］非常生气，但还是希望该剧一周之内能够出版。”他的咳嗽好一些了，他鼓励艾格尼丝振作起来，因为“很快我就会应有尽有，而我也会康复”。

由于很少出门，奥尼尔本就感到紧张不安，那天晚上当艾格尼丝·布伦南（Agnes Brennan）、莉莲·布伦南（Lillian Brennan）和他那几位叽叽喳喳、来自康涅狄格州新伦敦（New London, Conn.）的亲戚们来拜访他的父母时，他深感绝望。在强忍了一会儿后，他逃到了地狱洞酒吧，受到了一些哈德逊黑帮以及其他一些“下层人”“兄弟”般的欢迎，他们一起喝了（“一种”）威士忌，很快他就“酒足饭饱”了。他告诉艾格尼丝，他当晚住在楼上的一个房间里，第二天醒来感到“百分之百地康复了——除了我的神经还有些撕扯般的疼痛……我想知道，关于我咳嗽和胸部疼痛都痊愈了的原因，医生不知会怎么说，毕竟所有的药物对我都不起作用。酒精基督科学才是我唯一的希望！”

他再也忍受不了长时间的离别之苦，打算利用一两次《克里斯》的排练机会去普罗文斯敦待上几天，这是他的想法，并没有征询泰勒的意见。泰勒坚持让他参加该剧在纽约的最后排练和在大西洋城的彩排，3月8日该剧将在大西洋城上演。奥尼尔还没有来得及对此感到遗憾，已经好几个月身体不适的父亲此刻却得了中风；在这位老演员挣扎在生死之间的时候，奥尼尔一连48个小时都没有合眼。情况已经很糟糕，医生的一席话让气氛更加阴郁。医生说，老奥尼尔先生得了肠癌，需要立刻手术，可是他的心脏很虚弱，经不起手术的折腾。3月1日，奥尼尔伤心地对艾格尼丝说：“母亲和我不得不跑前跑后护理他，仔细留意他的每一个动作，假装逗他开心，给他打气！……这一切就像过去老头子和我是非常要好的伙伴时一样！我此刻写不了任何东西，我完全垮了，每当我明白这意味着什么时，我总是忍不住要哭泣。”

令奥尼尔感到更加不安的是，艾格尼丝回信说，她感到不适，并请了医生过来；虽然一两天之后她就完好如初，她的小病还是让他突然产生了一个想法。父亲的病情稍微好转，奥尼尔便告诉泰勒说，他的妻子病得很厉害，身边无人照看，然后就匆匆赶回了普罗文斯敦。就这样，《克里斯》一剧的最后彩排以及在外地的首演，奥尼尔都没有参加，即使他参加了可能也于事无补；演出表明，该剧缺少力度，而且情节拖沓。

奥尼尔没有理睬制作人的召唤，3月10日回信说，艾格尼丝“仍然病得很重”，并说出了将剧本修改一下的想法。泰勒批评大西洋城的观众“主要是些喜欢探戈舞和口香糖的人”。在认真研究了剧本之后，奥尼尔认为该剧的最后一幕“完全错误，在纽约上演前必须彻底重写”。他现在终于明白，在剧中他对老船长着墨过多，而对剧中的那对年轻情侣笔墨吝啬，没有展示出他们的个性。

在演了几场之后，《克里斯》被大刀阔斧地删减，但仍显拖沓、缺乏戏剧性。泰勒预感该剧可能会彻底失败。可是，奥尼尔却宣称，3月15日上演该剧的费城的一些评论是“令人愉悦的惊喜。至少所有的人（评论家们）已经意识到我在尝试一些新的东西，已经超越了美国戏剧蹒跚学步的水平。对我来说，这就是我所渴望的最高称赞和褒奖”。他在各种信息中努力寻找些许的安慰，并装出很满意的样子；可是事实上，奥尼尔感到，无论对《克里斯》如何进行修补，都不能让该剧在实质上有所改观，他决定放弃该剧，重新再写。他对泰勒说：“关于这个剧本该怎么重写，我内心已经有了想法……至于目前这个剧本，我只消毫无二致地保留克里斯这个人物和那个了不起的大海这一基本思想就够了——我将给你塑造一个真正意义上的女儿和情人，有血有肉的人。”

“我不知道我何时才能做到这一点，因为这取决于我的大脑，而我的大脑工作时不喜欢被催促，也不喜欢被迫去产生想法。”泰勒建议他在该剧在费城完败之前应该看看该剧，对此他回应道：“我在此看到了这个剧本本身的真正问题所在——错误全在我。但是看了这个剧本的演出，我意识到问题在于演员，这让我大为光火。我情愿保留着对《克里斯》全体演员的美好回忆，也不愿在我的后半生对他们中的至少一半人满怀憎恨。”

几天后，奥尼尔称《克里斯》一剧是他的“技术试验”，他试图“把一个适合写成小说的主题压缩成了戏剧形式，而同时不让它失去小说的风味。[他原打算用《天边外》来做这样的试验。]这次尝试失败了。也许这种糟糕的形式注定会失败。也许我在尝试不可能的东西”。可是，他并没有因此气馁，而是继续“尝试不可能的东西”，并且比《克里斯》更野心勃勃，因为身为剧作家，他强大的动力之一就是创作出具有深度和广度的作品，而这是小说的主要特点。最后，他摒弃了标准的戏剧创作方法和大家认为观众会接受的东西，决定写《奇异的插曲》（*Strange Interlude*）、《悲悼三部曲》（*Mourning Becomes Electra*）和《送冰的人来了》（*The Iceman Cometh*）这些演出时间达四小时以上的多幕长剧。

《克里斯》演出的失败，加上父亲身体状况不佳，使奥尼尔变得更加倾向于注意事物的阴暗面。三月，《天边外》转到44街的小剧场（Little Theater）演出，连续上演了好多场，但该剧的成功并没有阻止奥尼尔对评论家产生不满情绪。他曾经为评论家们的评论而欣喜，而如今却感到他们对《天边外》一剧的某些方面有失公允，尤其是剧本的结构方面。《纽约时报》（*New York Times*）的亚历山大·沃尔科特（Alexander Woollcott）的观点代表了大众的普遍看法，他说他发现《天边外》一剧有些“松散，并且还有些脱离现实……当然了，这是一位非常不现实的剧作家把他三幕中的每一场都分成了两场，一场在梅约（Mayo）家的农场外，一场在农场内”。

其实，奥尼尔是有意为之，这样可以使故事呈现出一种节奏感，他向巴雷特·H. 克拉克（Barrett H. Clark）抱怨道：“你还记得当你读《天边外》时，你评论说该剧是一次‘有趣的技巧试验’吧。我想知道，为什么没有其他的评论家称赞我为了追求更大的灵活性而在形式上故意有违常规呢？[很显然，他忘了肯尼思·麦高文（Kenneth Macgowan）在《纽约环球报》上曾撰文把这种室内-室外的场景模式称赞为戏剧创作中“新颖的、富有想象力的自由”的范例。] 他们都指责我说，是我的无知搞砸了这部戏——但是，如果我想这样做，我会把整个剧本的故事都放在农场的室内，把它变得像皮涅罗（Pinero）的小说《大鼓》（*a drum à la Pinero*）一样紧凑……一些真正优秀的评论家指责我年轻、缺少经验——甚至指责舞台布景拙劣，场与场之间的间隔时间太长！读了他们的这些评论后，我一直想就此提出抗议。”

起初，他赞同泰勒在波士顿用日场演出测试《救命草》一剧的计划，但现在却宣称他一直反对这一做法；有传言说该剧的演出有可能被取消，他反倒为此而感到高兴。3月26日，他给制作人写信说：“我坚信，无论舞台经验还是人生阅历，海伦·海斯都不够老到，不适合演剧中的角色。对‘艾琳’这一角色的要求甚多，只有我们公认的最出色的演员才能胜任这一角色。”约翰·韦斯特利（John Westley）承担了双重任务，他既要扮演斯蒂芬·默里一角，又要担任该剧的策划，他也同样受到了奥尼尔的批评。奥尼尔认为他是“闹剧演员”，并对他执导该剧的能力表示怀疑，因而解雇了他。奥尼尔说，《救命草》是他写过的“最出色的剧本”，甚至比《天边外》“还要出色”，因此应该对此剧精心打造。

和传言相反，波士顿的预期日场演出并没有被取消。泰勒坚信海斯小姐是扮演艾琳一角的理想人选，并称韦斯特利是一个“难得的天才”。于是，奥尼尔就不再对这两位演员持反对意见，但对韦斯特利当导演仍心存疑虑；听到泰勒说韦斯特利“非常聪明”，对该剧“非常着迷”，奥尼尔就做出了让步。可是，奥尼尔对该剧在波士顿演出的计划仍放心不下，因为他感到“在一个像波士顿一样传统守旧的城市上演一部像《救命草》这样主题非常极端的戏剧，演出成功的几率会很小”。（虽然如此，一年之后，他还是鼓动泰勒在波士顿推出他的另一部戏，因为“自我的第一批独幕剧上演以来，波士顿人就一直是我坚定的支持者”。）他还说，他不仅把日场演出当作是对该剧本的测试，同时也是对主要演员是否有资格扮演剧中角色的测试。《救命草》最终没有在波士顿上演，原因是海斯小姐觉得她既要演出《巴布》，又要排练其他的剧目，这对她来说太难了。

在和泰勒通信的同时，奥尼尔和普罗文斯敦剧团也保持着联系。普罗文斯敦剧团三月份演出的节目单中列入了《驱魔》（*Exorcism*）一剧，该剧是基于奥尼尔在杰米神父的酒吧自杀未遂而写的一个独幕剧，剧中的贾斯珀·迪特尔（Jasper Deeter）在马克道格街剧院（MacDougal Street Theater）入职后不久意欲自杀。对该剧的评论褒贬不一。亚历山大·沃尔科特盛赞该剧“极为出色”，说奥尼尔拥有“出众的创造力，这使他……为（剧本）塑造出了新颖而鲜明的人物形象”。《纽约论坛报》（*New York Tribune*）的海伍德·布龙（Heywood Broun）认为，这部小短剧中有“很多令人感到极度心酸的瞬间”，对这家廉价的水滨客店的“气氛渲染也非常成功”，但总体上并未达到作者应有的创作水准。《综艺》（*Variety*）杂志上有人撰文指责该剧“很令人沮丧，缺少让人振奋的元素……弱者对人生和事物的观察非常病态，流露出没有什么东西能够使其改变堕落、腐朽的思想”。

在奥尼尔所有早期作品中，《驱魔》非常清晰地显示出了他具有自传创作的冲动，有展示自己和为自己辩解的渴望，这是他文学创作的一个主要特点。但在《驱魔》完成以后，他就有了疑虑：这个剧本的自传色彩太露骨了，对他人生最失意时刻的揭露过于直白。该剧在格林尼治村上演的时候，他很后悔写了这个剧本，目前唯一可行的方法就是让"菲茨"——M. 埃莉诺·菲茨杰拉德（M. Eleanor Fitzgerald），普罗文斯敦剧团的秘书——把他所有的剧本一个不落地都归还给他。他在1912年说："《驱魔》被我焚毁了，越能尽快把它忘却，我越高兴。"

在回到普罗文斯敦不久，他就继续创作剧本《黄金》（*Gold*），该剧是基于其独幕剧《划十字的地方》（*Where the Cross Is Made*）改编的长剧。在剧中，船长巴特利特陷入了疯狂，被他命令杀掉的水手们的鬼魂让他不得安宁。他坚信他的船并没有沉，而是能够返航，虽然事实并非如此。尽管奥尼尔在那个独幕剧和这个长剧中都畅快淋漓地使用了他喜欢的象征，但两部作品各有侧重。在《划十字的地方》中，他关注的是自己家庭的最大悲剧：母亲多年的毒瘾，以及奥尼尔家的男人们对她能够摆脱毒瘾、回归正常生活的渴望。然而在《黄金》中，象征主要集中在詹姆斯·奥尼尔和《基督山伯爵》上：和詹姆斯把自己的天赋浪费在了大仲马的这部作品上一样，巴特利特，"一位最优秀的捕鲸船船长"，一心想攫取财富而背叛了自我；恰如《基督山伯爵》给詹姆斯带来了财富却没能给他带来安全感一样，他因投资不善财富损失殆尽；在《黄金》中，埋藏的黄金最终证明毫无价值——那些被认为价值连城的珠宝其实只是廉价的小玩意。詹姆斯·奥尼尔追逐财富不仅仅是为了他自己，还为了他的家庭。像詹姆斯·奥尼尔一样，巴特利特为给他的贪婪和罪行找到正当的理由，声称他想为妻子和孩子尤其是为妻子提供最好的东西。

奥尼尔在创作《黄金》时，《基督山伯爵》仍浮现在他的脑际，因此大仲马的这部作品很自然地会对他创作的色调和剧本的质量产生影响。这部带有传统风格的新剧就这样被创作出来了。主要人物之间充满了戏剧性的冲突，这让该剧带上了情节剧的色彩。巴特利特船长是一位颇具威望和力量的人物。除了他，剧中其他人物的刻画都很苍白，对话显得华丽、不自然：“举起手来，你这条狗！我来照看这个箱子。”……“以赛亚，你不是从我这里逃走了，而是你逃离了自我——逃离了上帝赋予你的良心。”……“何种真正的男人不反对您呢，先生？”

虽然奥尼尔常认为他新近创作的剧本是他最好的剧本，但他却“讨厌”刚刚创作完成的《黄金》，认为该剧是他“写过的最糟糕的东西”。可是，几个月之后，当约翰·威廉斯把它定为备选剧本，而一向苛刻的评论家乔治·吉恩·内森（George Jean Nathan）也称赞该剧比《天边外》还略胜一筹的时候，他的感觉也与先前大为不同。奥尼尔在向内森表达感谢时说，一年来“（他的）头脑中”就有一个想法，那就是，写一部“规模宏大”、具有独创性的作品，这可能“需要几年高强度的辛勤工作才能完成”。至于他头脑中是什么想法并无人知晓，但从他的话中可以觉察出他志向的宏伟与远大。在《时髦圈子》（*Smart Set*）刊载了一篇内森写的关于奥尼尔剧作家之路的文章后，奥尼尔在写给内森的另一封信中说：“我非常了解世界各国最优秀的剧作，我明白用真正的标准判断，我的剧作尚属探索之作。我认为我是一个初学者——一个有希望的初学者。我承认，你写的‘他常常将生活看成戏剧；而伟大的剧作家是将戏剧看成生活的人’的确一针见血。但我敢说，每当我写完一个剧本，这个说法就会越发不切合实际。……不管怎样，我还年轻，我希望成长！”

四月下旬，为了构思未来的剧本，奥尼尔又在普罗文斯敦多待了一些时日。艾格尼丝来了纽约，她终于看了一场《天边外》，也让詹姆斯·奥尼尔夫妇第一次见了沙恩。他们在乔治王子酒店的会面充满温情；埃拉低声抽泣，詹姆斯的中风好一些了，几次抱起沙恩走来走去，但很快就体力不支，把孩子交还给艾格尼丝。詹姆斯回忆说，当他听说艾格尼丝有了身孕，他希望能够有一个孙子，他可以给孙子做这做那；而埃拉却说她希望有一个孙女，她要在品牌店买一件粉红色的婴儿服，当初奥尼尔所有的婴儿服都是在那里买的。

奥尼尔在普罗文斯敦期间想念他的儿子，用他的话说，想念的程度超出了他当初的预料，但是他是否像菲芬·克拉克（Fifine Clark）夫人那样感到仿佛失去了亲人一般倒值得怀疑。菲芬是奥尼尔家的保姆，从把沙恩交给她照看开始，她就一门心思放在了沙恩身上。奥尼尔曾写信给艾格尼丝说："菲芬离开了沙恩就会感到失落。她总是说沙恩的离开让她的生活中出现了空白。为此，她的心都碎了。"克拉克夫人自己没有孩子，认为沙恩是一个了不起的孩子。在他才几岁时，她就告诉艾格尼丝说孩子有演电影的天赋，因为她还从来没有见过有人"像他一样通过脸上的表情表达自己的感情。我认为不会有比他更聪明更讨人喜爱的孩子。我常常满怀惊奇地望着他，心里想，'沙恩，你肯定能够在这个世界上出人头地'"。

和她的猜测相反，用古爱尔兰神话中的一个武士英雄命名的沙恩·鲁德里格·奥尼尔（Shane Rudraighe O'Neill），长大后却成了一位梦想家，没有生活方向，没有动力，没有他人在经历了童年的脆弱后而产生的保护机制。事实上，他一生的绝大部分时间都是一个孩子，一个失落的、安静的、绝望的孩子。他几乎不大可能有机会成为其他样子。

在他早年成长的年月，因为家庭特殊的生活方式，他过着近乎与世隔绝的生活。他是克拉克夫人和艾格尼丝矛盾和竞争的中心人物，克拉克夫人是他事实上的第二个母亲，这两个女人都想得到沙恩最多的爱和忠诚。他崇拜的父亲和孩子在一起时，尤其是和他自己的孩子在一起时，感到手足无措。沙恩起初是一位感情外露、热情的孩子，如果他长大后变得害羞，不喜与人交往，毫无疑问，部分原因是他不经意中效仿了他内向的父亲。对父亲来说，剧本，而不是亲骨肉，才是他的"孩子"。

奥尼尔五月初到达纽约的时候，艾格尼丝正和她的父母带着沙恩在新泽西州的西波因特普莱森特（West Point Pleasant）游玩。奥尼尔先喝了一些酒给自己打气，然后再次观看了《天边外》的演出，因为艾格尼丝早先在信中批评了这部戏的演出。正如她所说，他发现有几个主要演员演得有些过了；同行的泰迪·巴兰坦［E. J.（"Teddy"）Ballantine］说，奥尼尔一直在小声抱怨理查德·贝内特（Richard Bennett）。就在最后一幕结束前不久，他疾步穿过过道，剧院座位引导员问他是否病了，他怒声说道："没有，我是这个剧本的作者！"巴兰坦劝阻了他，没有让他"训斥贝内特"，但是他们在贝内特化妆间的对话并不友好。

普罗文斯敦剧团惨淡的演出季即将结束。剧社上演了奥尼尔的两个独幕剧，《爱梦想的孩子》（*The Dreamy Kid*）和《驱魔》，但都不是其最好的剧本。该剧社最好的作家之一苏珊·格拉斯佩尔（Susan Glaspell）也没有新作推出。具有演出价值的剧本极度匮乏。剧社在其演出历史上第一次上演了一部外国剧目，施尼茨勒的《最后的面具》（*Last Masks*）——这个动议当时还遭到了埃德娜·肯顿（Edna Kenton）的反对。后来，她写道："我们终于明白了为什么华盛顿广场剧团（Washington Square Players）和同仁剧院（Theater Guild）为何也曾上演外国剧目，可是，值得我们注意的最简单的解释就是，这为美国的剧作家们提供了试验的舞台。"

肯顿小姐后来为该剧社写了第一部剧社史，她不是唯一一个对此感到不满的人；演出季伴随着来自圈内和圈外的批评之声。伯恩斯·曼特尔（Burns Mantle）声称"这些满怀热情的非职业人士""没有兑现他们几个演出季之前的承诺"。有些成员抱怨杜娜·巴恩斯（Djuna Barnes）在一部作品中脱颖而出而大受称赞的时候变得"不可一世"。联合导演詹姆斯·莱特（James Light，"吉米"）和艾达·劳（Ida Rauh）之间有矛盾；在乔治·克莱姆·库克（"吉格"）休假期间，艾达退出了剧社。虽然如此，普罗文斯敦剧团仍在运作，招募了一些新人来顶替退出的人。威廉（William Zorach）和玛格丽特·佐拉奇（Marguerite Zorach）暂时回到剧社担任美工；海伦·韦斯特利（Helen Westley）在同仁剧院演出之余抽时间来指导了几部戏。剧社的几位成员不是多才多艺，就是平庸无奇。吉米·莱特和查尔斯·埃利斯（Charles Ellis）设计布景，同时也是演员和导演；埃德娜·圣文森特·米莱（Edna St. Vincent Millay）有几次出色的喜剧演出，担任了导演，并且用返始咏叹调（Aria da Capo）给剧社写出了演出季最好的剧本。

但是，对剧场的日常运作至关重要的一个人物是菲茨（Fitzi），情况总是如此。她个子高高，沉着而威严，对每一个人都有较深的影响。“那些天才和近乎天才的人现在在干什么呢？”她常常用幽默而不乏宽容的语调这样说。由于她自己并不认为她本人有艺术潜质，因此她能够把所有经历都倾注到剧本演出和表演之外的重要杂事。执行秘书的头衔不足以显示出菲茨杰拉德小姐所做的工作，因为她处理文字，主管票务，还是剧社最有成就的资金募集人（她让大家感觉到支持普罗文斯敦剧团对大家来说既是责任又是权利），她是大家的忏悔圣母。埃德蒙·威尔逊（Edmund Wilson）说：“菲茨身上有种难得的高贵品质，痛苦和失望对它奈何不得。”卡明斯（e. e. Cummings）认为她是“某种神秘的化身”。

普罗文斯敦剧团历史的第一阶段随着1919—1920演出季的结束而结束了，这一点后来显而易见。秋季，主要由于奥尼尔的原因，剧社将重心放在了长剧上。有一段时间奥尼尔对独幕剧不再感兴趣，他鼓励剧社的成员们能进一步创作出实质性的东西，如今《天边外》在百老汇的演出成功大大增加了大家的信心，越来越多的人接受了他的建议。虽然当年剧社表现平平，赤字很大，一股清新而乐观的情绪让剧社变得生气勃勃。吉格·库克正在创作一部名为《泉》的长剧，他对此信心满满；他的妻子苏珊·格拉斯佩尔也在构思一部长剧；大家都希望奥尼尔能够为他们新的演出季助一臂之力。

奥尼尔五月份回到普罗文斯敦不久，他对《救命草》一剧的关注就有了新的理由。他从其文学代理人理查德·J. 马登（Richard J. Madden）那里听说，泰勒打算当年夏天在大西洋城试演该剧；他从哥哥杰米那里听说，泰勒在拜访了老奥尼尔夫妇后说，该剧是一部“《罗密欧与朱丽叶》式的剧本”，“剧中的咳嗽、吐痰等皆要删除”。奥尼尔认为这种看法不可思议，6月3日，他告诉制作人，有了《克里斯·克里斯托弗森》的经验后，他想在大西洋城上演他的另一剧本。他说，《救命草》一剧和莎剧并无相似性，它是“一部关于希望对人类的重要性的剧本，在凸显剧本的主题意义上，作为剧情背景的肺病和剧情本身同样重要”。他接着说，如果泰勒对目前这个版本的《救命草》能否成功表示怀疑的话，他要收回该剧，退回他被预先支付的几千美元。

泰勒第二天的回复言辞激烈，对杰米的话指责了一番，又不屑地提到了《克里斯·克里斯托弗森》一剧，得意地说八月份大西洋城的观众“颇具智慧，主要来自纽约”。他接着抱怨说，奥尼尔“年轻气盛，觉得我对于舞台艺术一窍不通，只是野心勃勃地想取得演出经济方面的成功”！ 两人之间在一番通信来往之后，奥尼尔没有收回《救命草》，泰勒也没在新泽西州的剧场尝试上演该剧。过了几个月，奥尼尔跟泰勒道歉说：“我写那封措辞尖刻的信的时候……心里极度担忧，神经也很紧张，几乎无法承担责任。我如此较真地和我父亲多年的挚友争吵是一个荒谬的错误。”

当《天边外》在小剧场演出进入最后几周的时候——到6月26日结束时，已演了144场——奥尼尔听说该剧是该演出季最好的剧本，还荣获了普利策奖（Pulitzer Prize）。由于他从来没有听说过这个奖项，他的第一反应是：“哦，该死的奖章！一次颁奖典礼！我才不去领奖呢。”在听说这项奖励意味着一千美元的意外之财而且并无颁奖典礼的时候，他“真的激动坏了！我激动晕了，或者只差一点点”，他说，“这是一生中最令我震惊的惊喜”。

他对该奖的一无所知在今天看来令人吃惊，在当时看来不足为奇；1920年，普利策戏剧奖、文学奖和新闻奖，是由报纸出版商约瑟夫·普利策（Joseph Pulitzer）在几年前设立的，一般公众对此知之甚少，知名度也不高。其实，正如所宣称的那样，普利策戏剧奖评奖委员会本来要选定英格兰的约翰·德林克沃特（John Drinkwater）所写的《亚伯拉罕·林肯》，只是它不符合要求；这个奖项只能颁发给一部美国戏剧，“在提升高尚的道德、健康的情趣和正确的举止方面能够很好地代表戏剧的教育价值和舞台水平的戏剧”。几年后，随着美国的民族观变得更加复杂，还有禁酒令和爵士时代的影响，“高尚的道德、健康的情趣和正确的举止”也发生了极大的变化；之后，该奖项的提名就删去了主日学校等冗词。

算上1,000美元普利策奖金，奥尼尔总共从纽约《天边外》的演出中赚了6,264美元。该剧的票房超过117,000美元。《天边外》虽不是该演出季最赚钱的剧本之一［它平均每周票房6,500美元左右;《东方是西方》（*East Is West*），一部异国情调的蹩脚戏，在上演第68周的票房是12,000美元］，但奥尼尔的这个剧本向百老汇戏剧未来的繁荣证明了美国有相当数量的严肃戏剧观众。这部戏在经济和批评界的成功对奥尼尔来说是一件大喜事，因为这一切发生在他当演员的父亲健在之时。奥尼尔对一个朋友说："是的，我在父亲非常钟爱的领域获得了成功，这是最值得（我父亲）感到满意的事情。感谢上帝,《天边外》就这样自然而然地写出来了，我的成功对父亲来说还不算太晚。"

詹姆斯·奥尼尔的状况在中风后的前几个月变化不定，有时候让全家燃起希望，他还能活相当长一段时间。有时候，这位老演员感觉很好，他甚至想去新伦敦处理一些生意上的事务，其主要目的是想为埃拉改善一下家里的经济状况；他还把他绝大部分地产都转移到了埃拉名下，以防万一到需要交地产税时她手里没有钱。然而，5月14日那天，他呕吐不止，痛苦万分，被救护车迅速从乔治王子酒店送到了圣文森特医院（St. Vincent' s Hospital）。

几天后，奥尼尔的哥哥杰米给他写信说："星期五晚上和星期六，文森特医院的医生和护士们都对父亲不抱什么希望了——昨天他坐起来了，喝了些肉汤，还有橘子汁。约翰·阿斯佩尔医生（Dr. John Aspell）说：'这难道不是奇迹吗？'——当妈妈问他老爷子今天的状况如何时，他回答道，'有可能是旅馆中的噪音和碟子的碰撞声造成了此前的疼痛和呕吐'……昨天他告诉妈妈，虽然爸爸从表面看好多了，但他肯定还会中风——不管怎样，他的日子不多了……据我所知，爸爸说他不痛了……我想他要死了——很快——但他还有可能会坚持一些时日。每一个人——护士等——对癌症患者身上的疼痛消失感到迷惑不解。病房加上两个护士，每周的花销是130美元——更不要提那位亲爱的阿斯佩尔大夫，为了钱他不会离开妈妈哪怕一小会儿。你不在医院里，你错过了对你的剧本再合适不过的很多人物和素材——谈论你的悲剧、喜剧——喜剧、悲剧！如果这是其他人的父亲，我都会笑死……

“当我意识到父亲的日子真的不多了，我哭了，感到非常伤心——但是回想那时发生的一切——除了少数几个肃穆的时刻以外，那是可以让我铭记一生的美好回忆。情况就是这样——妈妈几乎要崩溃了，凭意志硬撑着。父亲有了好转的信号后，她才会稍微安心——但想想妈妈不得不再次经历这一切，实在残酷——除此以外，还有糟糕的艾克斯旅馆——哥伦布爵士旅馆——泰晤士俱乐部——发动机公司——位于新伦敦的非茨西蒙斯神父礼仪公司。”

6月10日，在纽约的医院住了将近一个月后，奥尼尔先生乘救护车和火车转到了位于新伦敦的劳伦斯纪念联合医院（Lawrence Memorial Associated Hospitals）。过去，经过好几个月疲惫不堪的全国巡演，他常常回到长满榆树的安静的小镇上度过夏天的时光，在位于佩科特大街的房子周围闲逛和修剪树篱，在附近斯科特码头的奈特·肯尼的海鲜市场闲聊上几个小时，在克罗克家酒吧里和三五好友喝着酒，悠闲地度过一个个无聊的下午，或者处理他众多地产事务。如今，他却在等待着死亡的降临。

尽管杰米担心妈妈埃拉会“垮掉”，但随着詹姆斯健康状况的下降，她变得越发坚强、果断；因为她再也不能依靠丈夫，她就转而依靠自身的力量。虽然詹姆斯一天24小时有护士照看，埃拉还是一天到晚待在医院，警惕地观察着护士对他的护理；他们之间很少有语言的交流，但医院里的人都能看得出，只要她在场，他就能感到安慰。医院里的人彼此间把她称作“迷人的寡妇”，因为她已经穿上了黑颜色的衣服，穿上了她买的整洁的丧服，这是她待在城里时在本德尔服装店、洛德泰勒服装店和第五大道上的其他商店购买的。埃拉过去认为，詹姆斯给她买的那些首饰过于浮华，可是现在为了取悦他，她常常会佩戴一件。护士们发现埃拉很有礼貌，但总和人保持着距离——“你可以非常接近她，但不会更近”，有人回忆道。

在普罗文斯敦，奥尼尔做好了随时被叫到父亲床前的准备，可是出乎大家意料的是，奥尼尔先生的生命力非常顽强。六月过去了，七月快过完了，奥尼尔既想在父亲临终前看上父亲一眼，又不愿意眼睁睁地看着父亲咽气。

就在奥尼尔左右为难的时候，有人捎来口信，奥尼尔便急匆匆地赶回了新伦敦。他在29日在医院里写给艾格尼丝的信中说，当他给她写信时，“爸爸躺在床上，望着我，他用奇怪的眼神盯着我，带着一种乖乖的、异样的神色，仿佛在隐秘的生与死的边缘，他不再漂泊，一个真实的、由血肉构成的活的机体呈现出一幅不协调的、令人疑惑的图景。”我觉得，仿佛我的健康，以及与他病态的苍白肤色构成鲜明对比的我本人的健康和被太阳晒得黝黑的面庞，让我感到精神上不安，是一种粗暴无礼。他一看到我，带着感激之情，眼睛中充满了喜悦！这让我为我的到来感到无比激动和幸福！

“情况很糟糕！爸爸要是去世对他反倒是好事，可他的生命还在延续。疾病已经侵入内脏，脏器内部已经发生溃烂——这都发生在他仍活着的时候！房间里弥漫着一股难闻的令人作呕的味道……他的脸和整个身躯与死尸无异……只有他的眼睛表明他还活着——他目光微弱，有些怪怪的。他在忍受着难以名状的折磨，所有的药物都不起作用。就在刚才，他还痛苦地呻吟，很可怜地大叫：‘哦，上帝啊，你为什么不把我带走！你为什么不把我带走！’”妈妈和我默默地和他一起祈祷……

“一件非常可怜而又具有残酷讽刺意义的事情是：他再也不能清楚地讲话。除了哀嚎，他的话无法听懂。要知道，他一生中最令他骄傲的就是他迷人的嗓音和清晰的发音！他的嘴唇微微翕动，他努力想说什么，但只有咕哝咕哝的声音……

“死亡在慢慢降临——在他最终获得宁静之前，要他饮尽这杯苦酒，一滴不剩。亲爱的上帝啊，为什么呢？毫无疑问他是一个好男人。回顾他的一生，他有虔诚的信仰，他拼命工作，从一无所有到他所知道的最大成就。当然，对这一成就的最好检测就是那些认识他的人给予了他极大的关爱和尊重……按照他自己的标准，他的确是一位了不起的丈夫，一位好父亲……依我看，公正地说，他是一个好人——在最严格的意义上——或许是我知道的唯一的一个……

“我担心你认为这封信带有戏剧性的夸张。并非如此。这封信非常诚挚！也许是由于我过于激动写出来的东西显得不可信……

“后来——当我写上面这些文字的时候，他睡着了。后来，他醒了，将我叫到身边。他非常费力地想说清楚，我听明白了一部分。‘很高兴我要走了，孩子——一种比较好的生活——另一种——在某一个地方’——接下来，他口齿就不清了。他好像是想努力告诉我是哪种生活——尽管我尽力去理解，但还是没有成功！……后来，他讲话又变清楚了：‘这种生活——别提了！——糟透了——一切——一点都不好！’他可怜、下陷的脸上有一种痛苦的表情。就是这样——一位好人回顾过去76年时光时对自己的裁决：‘别提了！糟透了！’”

这些就是尤金从父亲那里听来的最后可以听懂的话。

他还没有离开普罗文斯敦，就和艾格尼丝吵了一架。在争吵中，他说他和艾格尼丝的婚姻是“一场不幸的婚姻”，这让她产生了“无比的敌意”，但他们很快便消除了彼此间的分歧。现在，坐在弥留之际的父亲的床前，他写道：“我亲爱的，我们一定不要再争吵和彼此（相互）伤害了！一定不要！这是无法饶恕的罪过——是一种违背我们爱情精神的犯罪！我看得出来爸爸心里最看重的，不会破灭和腐坏的东西，是妈妈对他的爱和他对妈妈的爱。他已经把一切其他东西都抛弃了，只留下他们彼此之间的爱——他76年生命中真实的事情……他生命中正当的事情，因为他知道，至少这是很好的，无论他走到哪里都是他的一部分……

“他们知道父亲随时都会离开人世……他的脉搏几乎停了。”

但是他还有气息，“命悬一线”，13日，奥尼尔这样说。“主治大夫说是爸爸非常强有力的心脏让父亲还活着！纽约那位愚蠢的医生竟然担心给他动手术，说他的心脏很弱！”

詹姆斯·奥尼尔好几天处于昏迷状态，8月10日午夜过后，他的妻子和儿子被叫回医院；艾格尼丝和丈夫一起陪伴着他们。杰米喝了酒，他对一个开车送他们来医院的朋友抱怨说：“老头死得很艰难。”早上4:15，死神降临了，当时埃拉和护士都在病房里；埃拉一直站在他的床前，他嗓子里发出呵呵声，这表明死亡的时刻来临了，埃拉伏在护士胸前放声大哭。

和詹姆斯一生的绝大部分时间一样，人们在他去世时仍提到《基督山伯爵》。全国的报纸在对他进行悼念时，都谈到他曾长时间地演出大仲马的这部戏，还有些报纸不无遗憾地说，他把好多年都浪费在扮演埃德蒙·唐戴斯（《基督山伯爵》的主人公）上，他本应该去演莎士比亚（Shakespeare）的作品。关于他也没有最后的定论，但是直到几年后，这一定论被他的儿子写了下来，并借《进入黑夜的漫长旅程》中詹姆斯·蒂龙（James Tyrone）之口讲出来了："我花了很少的钱买下了那个该死的剧本，并获得了巨大的演出成功，轻轻松松便能挣很多钱，它害了我……当我意识到这时我已经变成了这个该死的剧本的奴隶，我想尝试其他的剧本，但为时已晚。由于长年累月的简单重复，我失去了曾有的天分。"

埃拉一直和她的远亲，住在钱宁街55号的谢里丹夫妇待在一起，她丈夫的尸体在这里已经摆放好，穿着全套的哥伦布骑士团四等骑士的制服，佩戴着剑和装饰性斜挂肩带，他将穿着这些下葬。当他被从殡仪馆抬出时，埃拉像一位希望把孩子打扮得最好的殷勤的母亲，非常关心他的衣服。作为谢里丹夫妇家亲戚的尤金，和艾格尼丝一起，当父亲的尸体摆放在前厅的那两天，都尽力不引起别人的注意。埃拉尝试了几次让尤金到前厅和其他人待在一起，但他总是待在后面的一个房间里；一位亲友回想起他闷闷不乐地盯着装饰性壁炉。杰米，除了和尤金一起出去了几个小时以外，一直待在母亲身边。奥尼尔先生过去的一位酒友托马斯·多尔西（Thomas Dorsey）认为，他们出去了，"通过忘却痛苦，用真正爱尔兰的方式悼念他们的父亲"。

奥尼尔一方面想悄悄地用一种简单的方法从父亲的事情上解脱，另一方面他又非常高兴看到父亲受到如此的关注和尊重：谢里丹家人头攒动，如洪水般的唁电和电报，还有很多献来的鲜花。令奥尼尔内心不满的是，埃德温·布思（Edwin Booth）在纽约创立的布思剧院"完全忽视了父亲的去世——既没有送花，又没有发来吊唁，什么也没有。我妈妈受到了深深的伤害"。奥尼尔对该剧院的不满已有好几年了。他说："我哥哥和我非常气愤，气愤之极！我爸爸和布思还是朋友，和他一起演出，是这个剧院的老成员！”（后来他得知，是因为该剧院管理人员的更换才没有注意到他爸爸去世的消息，最终他态度缓和，接受了剧院荣誉成员的身份。）

几年来，新伦敦没有哪一个葬礼能给人留下如此深刻的印象，圣约瑟夫罗马天主教堂（St. Joseph Roman Catholic Church）里挤满了当地的头面人物、纽约戏剧界人士、詹姆斯·奥尼尔所属的很多兄弟会和爱尔兰人的组织中的代表。乔治·C. 泰勒在欧洲，但是他的熟人，詹姆斯多年的广告宣传员威廉·P. 康纳（William P. Connor）出席了葬礼，他献的一个白玫瑰大花环摆放在灵柩上。葬礼进行期间，一位身材矮胖的女士迈着笨重的步子顺着过道走来，她一袭黑衣，提着一个箱子，她用愤怒的神情环顾了一下四周，加入到了家族亲友的行列。她来自辛辛那提，名叫玛格丽特·普拉茨（Margaret Platz），是詹姆斯还健在的两个姐妹中的一个。她想让人打开灵柩再最后看一眼这位名人弟弟。虽然詹姆斯和他姐妹们的关系不太亲近，但他偶尔也会给生活困顿的普拉茨夫人寄去一张支票。在圣玛丽公墓［St. Mary's Cemetery（New London）］，灵柩被打开了一会儿，普拉茨夫人的心情最终才得以平息。当时，埃拉待在密歇根饭店，她后来把埃拉叫过来，询问她兄弟的遗嘱；当得知他把所有的财产都留给了他的遗孀，普拉茨夫人立刻就动身回家了。

尤金和艾格尼丝回到普罗文斯敦的时候，他发现父亲临终时的话，以及稍早父亲清楚地表达出来的他对《基督山伯爵》和他职业的失败的痛苦和遗憾，已经“不可磨灭地写在——烙在了（他的）脑海里”。做儿子的把父亲的这些话看作是一个“彼岸的警示，即使天塌下来都要忠实于最好的自己”。

# 第二章　普罗文斯敦来之不易的成功

奥尼尔是一个半水陆两栖的人，骨子里有一种返祖现象。他当初住在尖顶山沙坝（Peaked Hill Bars）的时候就感觉到了自己身上的这种东西，那片沙坝“毗邻的大西洋就是门前的草坪，几英里的沙丘就是后院”。离他度夏的房子仅几级台阶之遥是一个美国海岸防卫站的旧基地；在水中，海浪轻轻拍打着他，他感到惬意无比。黑兹尔·霍桑（Hazel Hawthorne）像奥尼尔一样也喜欢“外面世界”的原始之美，而不太喜欢普罗文斯敦那种秩序井然之美。她回忆道：“当我从岸上经过，尤金总在海中悠闲地戏水，面带微笑，扬起一只胳膊向我问好，这种情况当他在岸上时，我从来没有遇见过。”一次尤金游出好远，抬起头时，吃惊地发现，在几英尺开外的地方，有一个黑乎乎、光溜溜的脑袋，长着连鬓胡须，一双黑色的眼睛在严肃而充满好奇地看着；一瞬间，他有一个奇怪的感觉，好像他在看自己的影子。那是一只海豹，可能正寻找玩伴。尤金本能地一转身，飞速向岸边游来。

八月的一天，波士顿一位名叫奥林·唐斯（Olin Downes）的报社记者穿过沙丘，意欲采访奥尼尔，他非常幸运地找到了这位剧作家；奥尼尔寡言少语，有怀旧情绪。在长时间的沉思和沉默之间，他谈到了他的童年和读书的学校、洪都拉斯淘金、海上时光，以及在布宜诺斯艾利斯和纽约水滨“失业时的困顿”。其间，他问（后来成为了著名音乐评论家的）唐斯是否听过海上唱的船歌。“你从没有听过？这不足为奇。和十年前我出海闯天下时相比，现在的船少得可怜。如今拉绳索时他们也不需要唱船歌。他们不管有无歌唱的天赋，也不管唱歌好坏，总是一边吟唱着动听的船歌，一边和着船歌和海浪的节奏拉动绳索。”像所有来访尖顶山沙坝的其他人一样，唐斯也被这个旧基地迷住了：“如果我曾见过风吹打着船架，飞翔的荷兰人号驶过浓雾弥漫的天空，那我就不会啧啧称奇。”唐斯同样被奥尼尔深深地打动了，他离开时感到从来没有见到过哪一个人的“生活、个性和工作看起来就像一首歌”。

除了春季完成的《黄金》一剧外，奥尼尔1920年还打算写另外三个剧本。父亲过世，非但没有让他心神不安以至于无法创作，对他来说，如果有影响的话，反倒具有相反的影响：这可能使他意识到，他自己也会死亡。他的创作速度不是非常快。在他工作的桌子上，正对着他的是父亲晚年拍的一张侧影照片。奥尼尔这样描述父亲：“他的脸已开始显出衰老的迹象，可他依然非常英俊——脑袋大大的，头形漂亮，侧影潇洒。”

奥尼尔回复那些吊唁函时说，父亲的去世给他的生活留下了“一个大洞”。8月29日，他告诉尼娜·莫伊斯（Nina Moise）说：“一个让我宽慰的想法是，在他生命的最后三个月，他遭受了难以名状的痛苦，死亡对他来说是一种真正的解脱——和宁静。”他还告诉她，他有一个十个月大的儿子，嚎起来嗓门堪比“他已故的赫赫有名的祖父”。

从葬礼回来不久，奥尼尔就开始创作《克里斯》的一个新版本，这一工作从那年夏天稍早就开始了；9月18日，创作完成。正如他先前跟泰勒所说的那样，他没有改变老克里斯这个人物，而是把剧中的那对年轻的恋人完全改变了。安娜·克里斯蒂不再是一位有良好教养的来自新英格兰的速记员，奥尼尔把她变成了一个妓女，幼时在明尼苏达州的一座农场受到了她粗野的亲戚的摧残。他没有把她与一个白皮肤的年轻美国人配成一对，而是用一位粗鲁但浪漫、自信的爱尔兰人作为主人公，他的名字叫马特·伯克（Mat Burke），人物原型是他的一位自命不凡的司炉工朋友，德里斯科尔（Driscoll）。

这个新版的剧本最初定名为“老魔头”（“The Ole Davil”），后来为“海潮”（“Tides”），最终的名称为《安娜·克里斯蒂》(*Anna Christie*)，比原作有了很大的改进。大海构成了剧中险恶的环境，克里斯试图阻止安娜嫁给水手，是否能够接受马特的求婚，她很痛苦，听到了她的过去，马特愤而出走，这一切都推动着故事的发展，具有持续的吸引力。安娜，作为剧作家在剧中的代言人，不仅觉得大海充满神秘，而且说出了剧作家对人生的看法：“不管怎样，没有什么可以原谅的。”当克里斯由于女儿的不幸而指责自己时，安娜这样说道：“这不是你的错，不是我的错，也不是他（马特）的错。我们都是可怜的傻瓜，事有凑巧，我们就是在错误的生活里搅在一起，就是这样。”二十年后，奥尼尔通过《进入黑夜的漫长旅程》中的母亲之口，表达了相似的思想：“生活的遭遇加在我们身上的倒霉的事，我们谁也不能抗拒。而且这些倒霉的事发生了，自己还莫名其妙，可是一旦发生了，还不得不跟着做别的事，弄到最后一切事情都不是出自自己的心愿，一辈子也是身不由己。”

《安娜·克里斯蒂》具有很多特点，既有诸如爱情使人获得新生等一些老俗套，又有基于作者本人对大海和水滨生活熟知的新鲜素材。安娜对社会的不满，尤其是对男人的敌意，以及她对父亲的矛盾心理，都真实可信；她的故事也使人想起一个陈腐老旧的文学原型——虽是妓女，但却有一颗金子般的心；虽曾沦落风尘，但内心却纯洁无瑕。马特·伯克的塑造也极具活力和个性，只是他身上的爱尔兰色彩被描绘得过于浓重，有时候倒显得他是一位舞台上的爱尔兰人。虽有不足，《安娜·克里斯蒂》证明是剧作家最受欢迎的剧作之一，有可能正是这些过分的处理和丰富的特点造就了该剧的成功。

奥尼尔在创作《安娜·克里斯蒂》的同时，还在酝酿另一个剧本。他九月中旬就已经开始动笔写这个剧本了。“我一有想法就写下来，”他曾这样说，“或者我可能会开始写，直到我不知道它下一步如何发展时才停笔。接下来我就把它放到一边，去干其他事情。后来我可能会对那部没有完成的作品突然有了主意，我就接着写，直到写完。”

奥尼尔有一位在马戏团工作的朋友，跟随演出大篷车在西印度群岛演出。几年前，这位朋友告诉他，在海地（Haiti）当过一任总统的维尔布伦·纪尧姆·萨姆（Vilbrun Guillaume Sam）曾夸口说：他的敌人永远不会抓住他——如果他被推翻，他就杀死自己，但不是用普通的铅弹；只有银弹才能胜任此光荣的任务。奥尼尔对这个黑人统治者和银弹的故事非常感兴趣，就把这一有趣的故事记录了下来。几个月后，他有了一个想法，要塑造一个在丛林中通过战争被废黜的统治者。“但我不知道如何把这样一个故事搬上舞台，我再次把它搁置在了一边。一年过去了。一天，我读到了有关刚果宗教节日和用品的材料，其中用到了鼓；最开始的时候，鼓的节奏是人的一般脉搏频率，逐渐加快，直到最后每一个在场的人的心跳都和鼓狂乱的节奏一个步调。”有了这个想法，他想试一试。对这类故事剧院中的观众会有什么反应呢？

他居住的环境帮助他完善了剧本的构思。老蜗牛公路（Old Snail Road）从高速公路通向沙丘和尖顶山，中间穿过一片树林，在上方形成拱形的树木密密匝匝，遮天蔽日；即使在白天，这个地方有几百码的距离也非常安静和隐秘，引人遐思；而在晚上，正如普罗文斯敦的居民所说，这个“黑黢黢的地方”非常阴森恐怖。奥尼尔说，每当经过这个“黑黢黢的地方”，他就会想起在西属洪都拉斯淘金的岁月——尤其是洪都拉斯丛林中无尽的黑夜。

除了他本人的经历，剧作家其实还读过康拉德（Conrad）的所有作品，

《黑暗之心》（*Heart of Darkness*）对他的影响尤其明显。像奥尼尔1920年秋天创作完成的这部剧作一样，康拉德在这部中篇小说中用了大量笔墨表现了丛林令人压抑的本质特点（“丛林无动于衷，像一个面具——沉重，像监狱紧闭的大门”），魔幻般地使用了令人不安的汤姆鼓（“空中回荡着单调的鼓声，声音低沉，久久回荡……鼓点，有节奏，声音低沉，就像心脏的搏动——令人压抑的黑暗之心”）。更契合的是，小说家和剧作家其实在讲一个相同的故事：在一片恐惧无处不在的土著的土地上，一个人，一个局外人梦魇般的蜕变。

剧本最初的名字是“银弹”（“The Silver Bullet”），后来改为《琼斯皇》（*The Emperor Jones*），在创作这一剧本时，奥尼尔很显然又受到他早年读过的另一本书的影响，即戈登·克雷格（Gordon Craig）所著的《前进中的剧场》（*The Theater Advancing*）。他借鉴了克雷格的激进观点，创造性地使用了一种更加自由、更具想象力的戏剧艺术：“舞蹈、哑剧和木偶剧，这三种古老戏剧形式的精粹在该剧中生根发芽，人们惊奇于当今的戏剧艺术为什么在品质上如此不同。”克雷格坚持认为，如果当代戏剧想重获戏剧曾经的高度和魔力的话，这三种戏剧形式和面具必不可少。奥尼尔有可能受了克雷格观点的启发，在《琼斯皇》中使用了面具、哑剧和舞蹈，尤其是哑剧。尽管他事实上没有使用木偶剧，但是在他展现剧本的几个哑剧插曲式的人物时，脑子里是想着木偶剧的：“他们的动作就像自动机器——僵硬、缓慢、机械……他们的动作有些僵硬、呆板、不真实，提线布偶一般。”

最后，特拉维斯·博加德（Travis Bogard）指出，奥尼尔的这部新作在“戏剧形式和主题的很多其他方面”也得益于易卜生（Henrik Ibsen）的《皮尔·金特》（*Peer Gynt*）：两个剧本都让他们的同名主人公为了活命而出逃，两个剧本都让所谓的皇帝沦落到了如“匍行在地的动物般的境地”，两人在面对这一境况时都受到了过去情景的非难。

《琼斯皇》的整个计划在奥尼尔的脑海里非常清晰，他只用了两周便完成了该剧的创作；10月2日，该剧的创作完成。他基于多种素材塑造了剧中的黑人主角：他主要通过赌徒乔·史密斯（Joe Smith）结识的格林尼治村［曼哈顿的一个区域，随着越来越多的黑人涌入哈莱姆（Harlem）地区，该区域变得越来越小］“黑带”地区的那些人；他读过的杜桑·卢维杜尔（Toussaint L'Ouverture）和亨利·克里斯托弗（Henri Christophe）等人的作品；那些在查尔斯·拉辛号（*Charles Racine*）上的牙买加黑人水手，他们高大魁梧，有自然的尊严；以及来自新伦敦的亚当·斯科特（Adam Scott），他是浸会教长老，也曾当过酒吧的侍者。“我周日是一位宗教人士。”斯科特喜欢这样说。“但在一周的其他时间，我将我的耶稣（Jesus Christ）放在了架子上。”与之相似，剧作家让布鲁特斯·琼斯（Brutus Jones）说：“这儿没什么传教的活让我为浸会教干。我现在要的是钱，暂时把我的耶稣撇在一边。”

故事被放在了西印度一座“尚未由白人海员主持民族自决的”海岛上，讲述的是一位来自哈莱姆的布鲁特斯·琼斯的故事，他以前曾是火车卧铺车厢的搬运工，凭借运气和狡猾，他统治了当地的土著居民；他们认为他拥有超自然的力量。剧本一开始，他身穿华丽的制服，佩戴着红蓝相间的臂章，脚穿黑色的漆皮靴，傲气十足；他的左轮手枪柄上镶嵌有珍珠，有五颗铅弹和一颗银弹——他吹嘘说，只有银弹才能杀死他。不久他便发现他的宫殿里空无一人，这是一种不祥之兆，岛民终于反抗了。他刚开始逃跑的时候，远处的山上传来低沉、持续不断的鼓声；这些反抗者鼓足了勇气要追杀他。

琼斯信心满满地逃进了丛林，想顺着他以前做好了标记的路线逃跑，因为他已经预见到他有被识破的那一天。他的逃亡不仅仅是时间和空间上的逃亡，更是向灵魂最幽暗的深处的逃亡。他迷失方向后，除了敌人变得越来越快，鼓声越来越响，与其说他在被敌人追捕，不如说他在被他脑海中涌现的可怕的幻象追捕。剧本用短促得如同电影一样的场景把他的幻觉呈现了出来。过去犯罪的一幕幕萦绕在他的心头，让他不安，接下来是代表美洲黑人历史的一些场景，最后琼斯褪去了文明的虚饰，回归到了他刚果祖先的原始状态。每一次梦魇般的遭遇都以他恐惧地开枪结束，直到他打完了包括那颗银弹在内的所有子弹。整个晚上，随着鼓声加剧，他兜了一个大圈，最后又回到了他开始逃亡的地方，他的敌人用装着银弹的枪打死了他。

《琼斯皇》令人激动，充满想象力，具有极强的戏剧性和黑暗的抒情性，是一部了不起的作品，顺理成章地成为剧作家迄今为止最出色的作品。奥尼尔的不同方面在该剧中得以展示：诗人、试验者、天生的剧作家、喜欢有异国情调的地方的梦想家。他创作的剧本中没有哪一部如此清晰地揭示出他是一个不步人后尘的人，他走上了自己的戏剧创作之路。该剧迥异于所有的原则和传统，让一个黑人成为剧本的主人公，没有爱情故事，甚至剧本的形式和长度也打破了正统——没有幕间休息，时长才大约一个小时。更有甚者，除了第一场和最后一场，该剧几乎全是独白；琼斯处于记忆和返祖式的恐惧所产生的幻觉中，孤立无援。

如果说该剧有瑕疵，也可想而知：一旦琼斯朝着无形的小恐惧开枪，模糊不清的东西从地下爬出来，剧本的模式就确定了，故事发展的路线显而易见了。但是，瑕不掩瑜。在某种程度上，对琼斯的塑造没有脱离过去对美国黑人形象的刻板印象：迷信、半开化、崇尚暴力；但同时他也被赋予了聪明智慧和坚强的意志；作为岛上的统治者，尽管他有些滑稽，可是他却天生正直、性格威严。总之，他是一个能给人留下深刻印象的人。从根本上说，奥尼尔不是要试图表明美国的黑人距离他们的非洲祖先仅仅一步之遥，而是要阐明某种普遍性的东西——我们每一个人的外表下都潜藏着不安的原始性。

听说奥尼尔刚刚完成了一部非同寻常的新剧，苏珊·格拉斯佩尔和吉格·库克感到好奇心被激发出来了，他们冒着风雨费力地穿过沙丘来到了这座旧基地，途中的辛苦令人发怵。他们后来觉得，狂暴的天气是当晚他们聆听剧作家在燃烧的篝火前给他们朗读剧本再合适不过的前奏。“这标志着普罗文斯敦剧团的成功，”第二天，当他们再次穿过那片沙丘时，库克对妻子这样说。“金知道有一个地方可以上演他的这部戏。他写这部戏，强迫我们去做以前没有尝试过的东西，去做‘不可能的事情’。”在苏珊看来：“在我们几英尺见方的舞台上演这样一部戏是不可能的。”可库克却信心满满：“我们想些新办法来处理，我们有限的条件能够做到。”他变得越来越激动：“我还要赶下午的火车。”

“一个东西”，当他们走向火车时他告诉苏珊：“我们要设置一个穹顶。不管有没有资金——《琼斯皇》演出时，头上需要有穹顶。”

吉格一直想拥有一个穹顶，一个像欧洲高级剧院所使用的那样的大幅风景画帷幕，一个能使位于马克道格街133号的那个小剧场显得很大这样的错觉装置；可是，这些东西普罗文斯敦剧团却购置不起。如今，上一个演出季的一些债务还没有偿还，他们只有530美元——订金在慢慢过来——他们要用这笔钱进行1920—1921演出季的演出。到了纽约，库克立刻就和执行委员会的成员们之间产生了不同意见。在盛赞《琼斯皇》是奥尼尔最好剧本的同时，库克说该剧会让他们的演出季充满激动，但该剧的故事和形式都需要舞台有一个穹顶。但其他人却坚持认为，他的要求此时是难以想象的，并建议《琼斯皇》在该演出季的上演时间往后推迟一些，直到他们有可能安装一个合乎要求的穹顶时为止。

他们中没有人读过这个剧本，最终，经过激烈的协商，库克把和该剧有关的所有事务都揽到了自己怀里。一天，埃德娜·肯顿顺便造访普罗文斯敦剧团，希望奥尼尔给她留了几份该剧的剧本。当她问起吉格的时候，她从菲茨那里得到了令人不安的反应（“吉格没有！我想他没有叫你过来！”）。她发现他独自一人待在舞台上，周围是一些“杂乱的钢丝网、钢筋和一袋一袋的混凝土。当我顺着过道过来的时候，他抬头看了一眼，然后背对着我，抹完了手里混合好的灰泥”。

“‘这部戏不用再争论了’，他突然说道：‘我已经从大家那里听了很多。皇帝确实需要一个穹顶。你瞧，埃德娜，故事开始……最初是茂密的森林……慢慢变得稀疏……随着场次的推移……到了完全的空地。’随着他讲话的进行，这开始变成了现实——他最稀有、最精彩和富有创见的很多次讲话中的一次。有很多次，我想到这部让奥尼尔闻名遐迩的剧本在闹市区的穹顶下，在居民区的大幅风景帷幕前，在大大小小的剧院上演……但我还从来没有像那天上午那样如此清楚地看到它在那个昏暗的小剧院上演，除了一个声音外再无其他声音，除了一个观众外再没有其他观众。在尚未完工的穹顶下，从无形的小恐惧到鳄鱼神，这些代表它们剧场意义的身影出现、蠕动。”

由于吉格和其他人的帮忙，穹顶的材料这一项才花了500美元。穹顶并非没有瑕疵，它占据了狭小舞台上方八英尺的宝贵空间，为演员的出场和退场增加了难度；但是，它证明了库克的想法是正确的，它让舞台有一种“事实上无限大的感觉”，同时，“像天空一样，它本身也是光源”。普罗文斯敦剧团并没有把穹顶的布景效果和照明潜力发挥到极致，但这种做法在美国剧坛尚属首次。

当穹顶正在建设之际，新的争论又开始了，这次是关于布鲁特斯·琼斯的扮演问题；以艾达·劳为首的一些剧社成员坚持该角色应由一名黑人扮演，而其他人则坚持认为，观众可能会喜欢一名白人演员涂黑了脸扮演这一重要角色。剧社一位很有名气的名叫查尔斯·埃利斯的演员非常想扮演这一角色，但最终同意由黑人演员扮演的一方占了上风。即将在剧中扮演伦敦商人斯密泽斯（Smithers）的贾斯珀·迪特尔推荐了一位名叫查尔斯·S. 吉尔平（Charles S. Gilpin）的演员，吉尔平曾在德林克沃特的剧本《亚伯拉罕·林肯》（*Abraham Lincoln*）中演过一个奴隶的小角色。在哈莱姆几经打听，人们在梅西百货找到了他，他在那里开电梯。

“请问，阁下是查尔斯·吉尔平吗？”剧社的一位代理上电梯时问道。“是的。紧身胸衣，女性内衣——二楼到了。”“你是有演出经验的演员吗？”“是的。玻璃器皿，银器，室内陈设。”“我们在奥尼尔的一部戏里给你安排了一个角色。”“有这样的好事？帷帐织物，家具饰物，亚麻织物。”“主角。你有兴趣再次出演吗？”“有。报酬是多少？家具，床上用品，洗浴用品——五楼到了。”“我们能出的最高报酬是50美元。”“好的。电梯下行。我去哪里找你们？”

在普罗文斯敦剧团，他才读了几句台词，所有在场的人都感到他是该角色的不二人选；其实让查尔斯·吉尔平扮演布鲁特斯·琼斯——第一个在白人剧社扮演主角的黑人——这一事件即将证明，这在美国戏剧史上是演员与角色的完美结合。

尽管有一些反对的声音，来自弗吉尼亚州里士满（Richmond, Va.）的查尔斯·吉尔平拥有才智和自然天赋，他通过再简单不过的不“挑剔”这一权宜做法积累了丰富的舞台经验。他演过歌舞杂耍、音乐喜剧，还在黑人驻演剧团供过职，也有过暂时性的吟游表演经历（“我们以一次演出开始，大概第一天晚上拿到演出报酬，然后我们就靠‘艺术’生活一段时间”），最近还曾一度在哈莱姆的拉斐特（剧院）有过几次百老汇式的轰动。但他从来没有机会把演艺作为职业；除了负责舞台脚光之外，他还经常做印刷工人、理发师、卧铺车厢的搬运工，干能够维持生计的无论什么活。他如今已经45岁左右了，没人知道他的确切年龄（“黑人没有出生日期——他只是被生下来”），在经历了这么多年的挫折和流浪后，他已经做好了把布鲁特斯·琼斯鲜活地呈现在舞台上的准备。

查尔斯·吉尔平和贾斯珀·迪特尔出演了剧中最重要的角色，克里斯汀·埃尔（Christine Ell）扮演出场时间很短的一个土著老太婆，查尔斯·埃利斯出演土著部落的酋长。奥尼尔从普罗文斯敦赶来听演员们第一次对台词，显得“非常激动，但同时又有些冷漠”。查理·吉尔平的表演给他留下了深刻印象，于是奥尼尔又参加了最后几次排练。在正式上演之前不久，指导该剧的库克及其助手们认为，在不断变换场景时，舞台布景和一系列的立式幕布占用的时间太多。在这种紧急情况下，迪特尔让他的艺术家朋友克里昂·思罗克莫顿（Cleon Throckmorton）加入了他们的队伍，让他设计一个新的演出方案。起先，“思罗克”对剧场及其设施信心不足。他回忆说：“当时地下室有三英寸深的积水，上面铺了一些木板供演员们出入更衣室。依我看，这都是令人失望的外行行为——我不明白他们为何这样做。”然而，经过几天的工作，他做成了几个轻便的悬挂侧面轮廓像，可以实现布景的快速更换。“最后五天，思罗克过来后，把花了三周时间做成的东西撕了个粉碎”，按照肯顿小姐的说法，“简直是狂风暴雨一般”。

正式上演前更加添乱的是，和普罗文斯敦剧团的一些成员尤其是与克里斯汀·埃尔（他喜欢她朴素的幽默，认为她天生擅长模仿）私交甚好的查理·卓别林（Charlie Chaplin）自告奋勇，要在该剧的初次公演时假托“哈里·斯宾塞”的名字在几场哑剧中出场。尽管普罗文斯敦剧团的很多成员对他的这一提议持欢迎态度，但在奥尼尔得知这一消息之前，这一提议就被否决了，因为有人反对说，万一消息泄露，这位著名的喜剧演员将会出演该剧中的角色，可能会使这部戏黯然失色。

除了《琼斯皇》，由于百老汇1921年11月1日星期一共开演了三个戏，剧评人直到那一周的晚些时候才看到了这部格林尼治村的剧作。然而，从首演晚上观众激动的反应来看，显然《琼斯皇》会大获成功；即使演员谢了好几次幕——剧场中回荡着为吉尔平的喝彩声——观众仍然迟迟不愿离场，于是鸣铃启幕，将“茂密的丛林”从舞台上移走，穹顶随着光照的变换格外好看。消息不胫而走，在剧院的历史上首次出现了第二天一早就有人在售票处前排队的情形，随着观众的增多，队伍也越排越长。

海伍德·布龙12月4日在《纽约论坛报》上撰文说：“……出自美国最有希望的剧作家之手的最有趣的剧本……吉尔平演得很棒。这是一次英雄性的演出。”肯尼思·麦高文在同一天的《纽约环球报》上说：“一个奇怪而非凡的剧本，凭想象的天分写成……吉尔平的表演是余味未尽的、出色的表演。他冲着月夜抬起裸露的身躯祈祷的那一瞬间是一首幽暗的抒情诗，是原始性灵的呼喊，这是我在剧院中从没有看到过的。”亚历山大·沃尔科特（Alexander Woollcott）12月7日在《纽约时报》上撰文：“……对内心恐惧的一次惊人的、戏剧性的剖析……在力量和原创性方面，美国舞台作家尚无人（与奥尼尔）比肩。”12月9日的报纸《布鲁克林鹰报》（*Brooklyn Eagle*）总结大众的观点说：“就是冬天其他什么都不做，普罗文斯敦剧团业已证明了他们的演出季。”

感谢穹顶（“炫美的插曲”），尤其是要感谢汤姆鼓的使用，但它们的效果是被后来在伦敦晚些时候看了这部戏演出的一个评论家一针见血地描绘出来的："持续不断的鼓声加强了《琼斯皇》的效果，最初节奏缓慢，随着一场一场故事的展开，鼓声加快，以一种急促而有力的最急板达到高峰，但一刻也没有停止，纵然在两场之间的幕间鼓声也从没有停止。毫无疑问，你的神经受到了触动。你对鼓声做出了悸动般的反应。你紧张地期待。最后，你被激怒，渴望从这种持续不断的令人痛苦的鼓声中获得解脱。这是梦魇。"

普罗文斯敦剧团的演出季开始时"债台高筑"，可《琼斯皇》让整个情况发生了改观：收入的数字猛蹿到1,500美元；演员们第一次发了薪水（吉尔平每周50美元的报酬是唯一一份数目可观的薪水），这是一种激发演员们对角色展开竞争的做法；虽然菲茨现在有两个助手——苏珊·詹金斯（Susan Jenkins），以及吉米·莱特的妻子，以及波林·特克尔（Pauline Turkel）——给她帮忙，她依旧难以应付售票的事务和文字工作；以前那些瞧不起《琼斯皇》，认为该剧没有什么商业价值的持怀疑态度的百老汇剧院经理们，如今围着这些格林尼治村的人，许诺要把该剧搬到时代广场演出。总而言之，看起来好像这帮半业余的人最终获得了大家的认可；但事实上，这背后他们的情况还飘摇不定。

普罗文斯敦剧团度过了六年资金匮乏的时光，进行过或成功或失败的试验，随心所欲的业余爱好精神在激励支撑着他们；他们成功后，问题出现了，对他们来说，成功的结果是致命的。在上一个演出季，他们把每一个节目的演出时间增加了一倍，达到了两周，这是一个不明智的做法，因为那样在演出的第二周剧场内就会空一半；而现在，剧场太小了，不能容纳下所有想观看这个令人兴奋的成功作品的观众。一些理想化的剧社成员建议，《琼斯皇》在结束标准的两周演出之后，作为试验，保持演出阵容不变，让百老汇上演该剧，同时剧社获得版税；但绝大部分剧社成员虽然也渴望该剧在百老汇获得成功，还是感觉到该剧应该转移到非商业区上演。该剧在格林尼治村的演出被延长了几次之后，终于以原班人马移师百老汇——让商业中心区的各个阶层的人都走出了家门——在制作人阿道夫·克劳伯（Adolph Klauber）的资助下，该剧被安排了一系列的特别日场演出，最终在剧社自己的剧场落脚，进行无固定期限的夜场演出。然而，正如埃德娜·肯顿所说："我们并没有因此而变得富有，我们在给'郊区的'演员支付'城市中心区的'薪水。这引起了别人的妒忌。支出令人感到困惑地猛增。"剧社又苦苦支撑了一个演出季。

吉格·库克为《琼斯皇》的成功做出了极大贡献，他不仅顶着来自各方的阻力建造了穹顶（对同事们来说，他是一位英雄），为了节约租金降低开销他还睡在剧院，并且激励大家，尤其是他自己，发挥出各自最大的潜力。他后来抱怨说，该剧让剧社的成员产生了对百老汇的狂热，而他本人就是其中之一。他本人更是从该剧商演的成功中受益匪浅；在格林尼治村，《琼斯皇》和作为开场戏的劳伦斯·朗格内尔（Lawrence Langner）的《马蒂奈特》（*Matinata*）一起上演，而在百老汇与《琼斯皇》同演的是吉格及其妻子苏珊·格拉斯佩尔的剧作《无声的时间》（*Tickless Time*）。库克很羡慕奥尼尔，在《琼斯皇》首演后不久，库克就回到了普罗文斯敦去完成剧本《泉》（*The Spring*），希望该剧能最终为他带来剧作家的声誉。

如果说《琼斯皇》对普罗文斯敦剧团来说是一个代价巨大的成功的话，那么对查理·吉尔平来说最终却是一场个人的灾难。他对自己的黑人身份既引以为豪，又具有防御心理，他讨厌因为他的黑色皮肤而不得不忍受的一切，可想而知，他很容易受到一夜成名所带来的压力和陶醉的伤害。据说，他"在全哈莱姆地区出演皇帝"。这对剧社来说无关紧要，但当他扮演这一角色时却完全是另一回事了，他回避剧本中常常使用的"黑奴"（nigger）这一说法，把这一说法换成了"黑人"（Negro）或者"黑人男子"（colored man），开始随意更改对话中的其他一些地方。奥尼尔对此非常生气，威胁要解雇他，但最终还是通过给他以警告表达了愤怒之情："如果你再修改台词，我就揍你一顿！"为了缓解心头的压力，吉尔平喜欢上了喝酒；不仅在闲暇之时喝，甚至有时候在演出前和演出中他也照喝不误。虽然在舞台上他总能设法表演得很好，但有时候夜场演出，当他在舞台侧翼等待更换道具时，他总低声对剧务说："这是哪一场？这是哪一场？"

第二年，当纽约戏剧联盟（New York Drama League）试图排斥他的时候，那些对他失去耐心的人也被激怒了。纽约戏剧联盟让其成员投票选出十位为1920—1930演出季贡献最大的人，却发现吉尔平是一位遥遥领先的候选人，问题就此出现了。联盟内部也有一些基于种族而反对的声音，有些领导声明说，如果吉尔平是十人之一，他就拒绝出席联盟的年度宴会。戏剧界发出了强烈的抗议之声，尤其是其他那些在投票中胜出的人——这些人有奥尼尔、戴维·贝拉斯科（David Belasco）、雅各布·本-阿米（Jacob Ben-Ami）和吉尔达·瓦雷西（Gilda Varesi）。雅各布·本-阿米是一位意第绪语戏剧演员，他的《霸王妖姬》（*Samson and Delilah*）在百老汇获得了很高的评价；吉尔达·瓦雷西是个明星，与人合写了《夫人驾到》（*Enter Madame*），她说宴会时能与吉尔平邻座她将感到“荣幸”。奥尼尔不仅是第一批反对纽约戏剧联盟决定的人之一，还和戏剧评论家肯尼思·麦高文一起争取其他人的支持。

寡不敌众，那些顽固的人不得不选择让步。纽约戏剧联盟改变了立场——欢迎吉尔平——宴会的订单也蜂拥而至。一般情况下，出席宴会的有大概250人，而这一次却是两倍的人数，吉尔平是那天晚上最大的赢家。他后来说，他本打算顺便在宴会上待“四分钟左右”，表达他的谢意，而后“体面地离开”。“我待了四个小时，度过了我一生中最令人难忘的时刻。不，赴宴和面对这么多人不需要太多的勇气。艺术家们公平地对待我就可以了，我不在意和其他人在一起。他们坐在那儿，盯着我看，仿佛我是一只获了奖的猴子，这并没有让我感到不安……”

“我喜欢让脚光把我和大家隔开。我不太喜欢社交和与他人交谈。只要我的表演能够给人带来快乐，我就乐意去做。但是仅此而已。查尔斯·吉尔平不太讨人喜欢，我有我自己的朋友圈子，我爱他们。我安静地生活在哈莱姆，这是属于我的地方。当我离开戏剧舞台时，我也愿意离开。

“我是一个真正的黑人——一个黑人，并以黑人为荣，为黑人在历史上所取得的进步和机遇而感到自豪。我不想让大家产生不同的想法。”

《琼斯皇》第一次在纽约上演的全部时间内，吉尔平继续在《琼斯皇》中扮演着角色——该剧总共演出了240场——他还参加了两个演出季的巡演，此后他的生活再次变得不好过。1923年，奥尼尔对他的一个朋友说："是的，吉尔平就是一个'火腿'，足有一码宽！老实说，我对他的容忍比我所知道的其他白人演员都要多——就是因为他是一位黑人！剧作家、剧本以及所有相关人员帮他一起饰演了皇帝。这种情况下，有些东西显得滑稽，而我的幽默感已经消失殆尽了。我'解雇'了他，结果就是他无缘在伦敦出演该剧。我担心他在伦敦的演出不保险，除了很多其他的原因，就是在刚过去的整个演出季他都是醉醺醺的。鉴于此，我让另一个黑人在伦敦演出该剧……一个年轻的小伙子，具有丰富的经验、潇洒的风度和完美的声音，有抱负，是一个真正有思想的不错的好小伙……"

"不，我认为吉尔平的肤色和你提及的'曲解'之间没有密切的——或者说任何——关系。他恰是一位合格的演员——有思想，如此而已。在同样的情况下，绝大部分白人演员也会走同样的路。问题在于，他们中没有人胆敢走得太远。吉尔平自认为没有人能够扮演这一角色，所以才自以为是。"

信中没有被提及姓名的那位演员是保罗·罗伯逊（Paul Robeson），当1944年《琼斯皇》在马克道格街重演的时候，他首次扮演琼斯一角。在首演当晚的观众中坐着吉尔平，他急于想看看这位被吹捧得和他不相上下（其实对罗伯逊来说有些过赞了，尽管他有出色的天赋，但和吉尔平表现的人物的敏感性、力度和可信性比较起来，他尚存在着差距）的演员。吉尔平离开剧院的时候碰到了詹姆斯·J. 马丁（James J. Martin，"瘦子"），后者是普罗文斯敦人，他邀吉尔平一起去喝酒。"不行啊，瘦子，我心情不太好。我创造了琼斯皇的角色，这一角色是属于我的。那个爱尔兰人，他只是写了这个剧本而已。"

罗伯逊在伦敦扮演琼斯渐获成功，在表演和歌唱方面也取得了不菲的成绩，与此同时，吉尔平却沦落到了只是在奥尼尔的作品偶尔重演时登台的地步。莫斯·哈特（Moss Hart）1926年协助吉尔平以极低的成本演出《琼斯皇》。他回忆说，他“对他所做和所说的一切都永远不再有热情，也不再抱有幻想”。但当他发表舞台感言的时候，他这样写道：“演出效果令人震撼。他拥有可以征服观众的内在的激情和狂热的力量……如果他不是一个黑人……他将成为他那个时代一位出色的演员。”1930年，吉尔平在他位于新泽西州的一座小养鸡场去世，在贫困交加中，他在那里度过了人生的最后几年。

在奥尼尔的晚年，有好几次他告诉采访者，所有在他剧本中出演过角色的人中，只有三个人让他感到完全满意——其中之一便是吉尔平。但在1946年他改口说：“如今回顾我所有的作品，老实说，只有一个演员不折不扣地演绎出了我脑海中对人物的所有想法。这位演员是查尔斯·吉尔平……”

1920年是奥尼尔的一个创作高峰，在他父亲生命的最后几个月以及此后的不长一段时间，奥尼尔不仅创作完成了《黄金》（*Gold*）、《安娜·克里斯蒂》和《琼斯皇》，他还写了另外一个剧本。十月初，他刚一写完《琼斯皇》就立刻着手创作《与众不同》（*Diff'rent*），并于他第32个生日之后的第三天，即10月19日完成了创作。该剧的基本思想来自在法国出生的克拉克夫人，作为一个外人，她目光敏锐，对普罗文斯敦的生活很感兴趣。奥尼尔在当年早些时候给当时住在纽约的艾格尼丝写信说：“菲芬给我讲了很多古镇上的故事——别忘了提醒我，让我给你讲讲其中一个故事。这个故事可以写成一部短篇小说或者一个不长的剧本。”这个故事是关于一个老女人的，她一生的绝大部分时间谨小慎微，人们都很尊重她，但后来她却变成了一个令人同情的卖弄风情的女人。

正如奥尼尔所写的这个故事，在故事的最开始，没有人比埃玛·克罗斯比更合适，或者说几年之后显得更加愚蠢和可怜。她致命的缺点是和周围的其他人比较起来，她“与众不同”——不是比别人好，她反驳说，而是“与众不同”——她的未婚夫凯莱布·威廉斯是一位年轻而正直的捕鲸船船长。她确信，他们的婚姻将“与众不同”。她的浪漫既严厉又呆板，当她听说凯莱布在最近一次到南太平洋出海时睡了一位土著姑娘时，她的反应非常激烈。尽管凯莱布坚决否认她的指责，后来他还是屈服了，埃玛再也感觉不到他“与众不同”，但让大家感到奇怪的是，她取消了他们的婚约。凯莱布发誓说他会等待，不管等多长时间，他等着她重新接纳他。

三十年后，在第二和最后一幕，埃玛俨然是一幅青春的讽刺画——染了头发，涂了很多粉和口红，穿着带很多褶边的衣服——绝望地想弥补过去已逝的时光。1890年，她因为凯莱布的一次不当行为而抛弃了他；如今，在凯莱布软弱、顽皋的外甥本尼·罗杰斯面前，她显得愚蠢可笑。本尼发现她是一个滑稽的“老母鸡”，但他总是哄骗她，目的是能够从她那里骗些钱。当凯莱布得知她的痴行，并最终认清了她的真实面目的时候，他上吊自杀了；同样，当本尼把他对她的真实看法告诉她后，她也和凯莱布一样自杀了。

《与众不同》虽然有一些优点，但总体上不太令人满意。和《琼斯皇》一样，该剧的长度比戏剧的标准长度要短，但《琼斯皇》看起来得到了充分的展开，而这部新戏却仿佛是一部本来应该更长的戏的一个早期版本。在第一幕，一切都发展得太快，被塞进去了太多的交代——让人感觉到作者急于让埃玛有所改变——剧本最后两人双双自杀不是自然而然，而是非常做作。有可能，《与众不同》最有趣的那一部分奥尼尔并没有写出来：埃玛的变化阶段，她对冷冰冰的逝去的时光做出了反应，而最先采取的应对措施却非常可笑，最后把她变成了一个怪异的卖弄风骚的女人。虽然她的故事不太可信，但她身上有生命的气息；如果她只是个木偶，我们也不会对她刚开始时谨小慎微的浪漫和后来当她用舌头润了润嘴唇，试图询问本尼的性经历时所感受到的不安而大为光火了。

在某种程度上，埃玛是《悲悼三部曲》中莱维妮亚·孟南的前身，因为这两个人都有控制欲，有性的渴望，严格遵守着传统，她们代表着新英格兰思想中的清教精神。周围顽固的环境和南太平洋岛屿上温馨而又令人愉悦的生活在两个人身上构成了鲜明的对比。但是，和埃玛非常像的并不是莱维妮亚，而是奥尼尔剧本中的另外两个女性，《鲸油》（*Ile*）中的基尼太太（Mrs. Keeney）和《进入黑夜的漫长旅程》中的玛丽·蒂龙（Mary Tyrone，其实是埃拉·奥尼尔）。和埃玛一样，这两个女性人物对生活的看法都很浪漫，令她们感到非常伤心的是，她们都过度理想化了自己的丈夫。一开始，基尼太太把她丈夫看作是一个“故事书中的北欧老海盗”，玛丽·蒂龙认为她丈夫“和其他一般的男人不一样”。因此，在第一幕中对埃玛·克罗斯比的刻画在某些方面兼具剧作家对他母亲年轻时的一些看法。

艾格尼丝从尖顶山搬回到了她和奥尼尔位于普罗文斯敦的冬天的住处，感恩节期间，他们一连几天款待了奥尼尔的母亲和杰米——这是埃拉第一次也是最后一次拜访她小儿子安家的这座老渔村。关于她的此访，艾格尼丝最主要的记忆是，一天晚上他们大家一起去看电影，埃拉问到了包括克拉克夫人在内的人是否得体的问题。

在丈夫过世后的最初几个月，尽管奥尼尔夫人因为害羞而躲着人，她还是变得越来越自信。起先，当奥尼尔去新伦敦陪伴不久于人世的父亲的时候，他写信给艾格尼丝说：“老头子的事务真是一团糟，我母亲担忧得生了病。我担心，当事情结束，她目前承受的压力减轻时，她会崩溃掉。”然而，埃拉非常高效地管理着父亲的产业，这让孩子们也感到很惊奇。在父亲生命的最后，他已经将他的绝大部分地产置于埃拉的名下，绝大部分是新伦敦的不动产，时值15万美元。

尤金在写给乔治·泰勒的一封信中说道：“（我父亲）让她处理他乱糟糟的事务，证明是世界上最仁慈的事情。她根本没有时间去考虑。尽管你听起来很奇怪，她慢慢变成了一个对事务具有浓厚兴趣的女人，她带着一种解脱的感觉接受了这项她并不熟悉的责任。在她手里，老实说，我有一种预感，埋藏在（基督山伯爵）小岛上的废物最终会产生出收益。”泰勒听到她“对事务有真正的兴趣”很是高兴，回答说：“你看，她以前从来没有机会——你亲爱的父亲非常爱她，他只想把她当成一个花瓶。”

埃拉并不是唯一一个发生变化的人，杰米身上的变化更大。由于他的宿敌去世了，他的辛娜拉（Cynara），即他的母亲，归他一个人所有了。在母亲的要求下，他戒了酒，还停止了其他的放荡行为。母亲和长子之间其实是难以分割的，他们将时间花在了新伦敦和纽约两个地方，他们仿佛是亮丽的一对——埃拉常常穿着漂亮的黑色衣服，脖子上系着黑色天鹅绒丝带，杰米穿着整洁的硬领长大衣，戴着礼帽，面色红润，仿佛刚从理发店出来。尽管他从年轻的时候起就酗酒、狎妓、在百老汇游荡，看起来他对目前这种端正的生活方式还是感到满意的。他过去生活的唯一痕迹就是他对赛马的激情，只是由于金钱所限而被迫中止了。他会花很多时间研究那些提供参赛马匹信息的刊物。有时候，当埃拉劝他应该向尤金学习，也成就一番事业（《进入黑夜的漫长旅程》中杰米一角不仅是基于故事发生的1912年时他的性格，更是基于后来当尤金成功时他对尤金的妒忌）的时候，杰米就会非常不满，两人之间不免有一番唇枪舌剑。即使这样，母亲和这个单身儿子之间的关系绝大部分时间是融洽的。

谢里丹家一个非常了解杰米的人认为："杰米是一个荒废了的天才，……他很有能力，但就是不用。他很会讲话，很镇静，有幽默感——他很讨人喜欢。尖刻？是的，他很尖刻，喜欢贬低人，但他这样做都是开玩笑的。我至今仍记得他讲过的一个故事，因为他常常讲这个故事。尤金成名后，人们认为他已经从和父亲一起演出的经历中学到了有关戏剧的东西，而杰米却说，他只是跑过龙套而已。那场戏，在杰米看来，有两个人登台，一个说：'今晚在海上太糟了，伙计。'另一个答道：'是。'接下来，杰米说完了所有的台词，而那个说'是'的家伙是金。"

令奥尼尔感到意外的是，乔治·泰勒建议他这年秋季为《基督山伯爵》创作一个新的版本。这位制作人写道："你是你父亲的儿子，我想这个主意对你应该有吸引力。"尤金起初不同意；他对这部让父亲错失成为"一名我们这个时代最出色的演员"的机会的剧本仍有"直接的憎恶"，可是，他身上的某种东西还是被这个挑战弄得有些不安分。1920年12月9日，奥尼尔回信说，他认为"只有一种方法能唤起我对这个计划的真正创作兴趣。如果我告诉自己：把所有的东西都抛到脑后——一切先例，当今剧坛上业已存在的什么是可行和不可行的条条框框……创作你自己的（剧本），就像你在《琼斯皇》中所做的那样。首先，把伯爵和其他人都变成人，而在书中或者过去的剧本中并不是这样……”

“当然了，复仇主题将保持不变。我说的只是处理方面。”然而，创作新版《基督山伯爵》的计划没有得以实施，因为他有太多太多比这更让他感兴趣的想法。

由于他想让泰勒把全部精力都放在《救命草》上，奥尼尔过了几个月之后才告诉泰勒，他为《克里斯·克里斯托弗森》创作了一个新版本，剧名为“老魔头”。和奥尼尔续签《克里斯·克里斯托弗森》是泰勒的一个选择，他现在也“真的非常”喜欢这个新版剧本，于是他将该剧送给莱昂内尔·巴里摩尔（Lionel Barrymore）看，希望他出演马特·伯克，同时他告诉奥尼尔今年冬天他想上演“老魔头”或者《救命草》——“如有可能两个剧本都演，但我们必须为两个剧本物色到最好的演员”。但是，巴里摩尔有其他地方的演出任务，这个消息让剧作家感到越来越沮丧。看起来，为“老魔头”物色到合适的演员阵容并非易事；《救命草》的演出才仅仅一年，由于海伦·海斯出演的《巴布》（*Bab*）在百老汇反响很好，泰勒不得不另外找人扮演艾琳·卡莫迪一角；约翰·威廉斯本打算当年冬天上演《黄金》一剧，同样也遇到了演员的困难。12月15日，尤金告诉泰勒说：“要么我很快将剧本上演，要么我不得不暂时停笔去经营水暖器材或去做其他更加赚钱的生意。我迫不得已已经请求普罗文斯敦剧团每周给我一点《琼斯皇》的版税——这是我以前从来没有过的——为了生活下去。（当时该剧还没有搬上百老汇。）当然，如果《琼斯皇》移师塞尔温剧院（Selwyn）后依旧受人欢迎的话，这在某种程度上将使情况得以缓解……”

“请您相信这封信不是为了委婉地请求得到经济上的支持。我不会向任何人索求，我也不会接受，除非当机会来临的时候，我的剧本能够给我带来收益。”

一个月后，奥尼尔在询问泰勒关于《救命草》是否有确切的演出计划时，告诉他说：“除了很糟糕的经济处境外，剧本的延误已经影响到了我的整体创作……我有很多计划好的工作，本应忙于这些事物；但是只要我在生活中不时想着随时都会被叫去参加我过去的一些剧本的排练，我就不可能集中精力创作新的剧本……虽然媒体说我是戏剧创作的希望之星，我可能也是剧作家中最糟糕的——其实，糟透了，因为剧院已经提前规划了档期上演他们的作品，当我的计划尚在等待任何可能的东风的时候，他们会毫不费力地得到发言的机会。”

奥尼尔希望这年秋天正在“巡演”的《天边外》能给他带来收入，可旅行的花销使该剧几乎无钱可赚，不久《天边外》的巡演就停止了。在芝加哥，美国剧院的大鳄和最活跃的戏剧制作人舒伯特家族（the Shuberts）在《天边外》的门票销量开始增加的时候停止了该剧的演出，因为他们想让剧院演出他们自己的剧目，一个老套的商业剧目。剧院的这一做法让奥尼尔一生对“剧院的大鳄”和其他控制着“演出场所”的人充满了鄙视。

十月末，奥尼尔来到纽约观看《与众不同》的排练，该剧将于27日上演，是普罗文斯敦剧团在该演出季的第二轮演出。奥尼尔把该剧看作“我所写的剧作中最好的一部”。他认为：“由于人人都对吉尔平的表演记忆犹新，我们任何一个有天分的人都会对此满怀期待。”剧社邀请玛丽·布莱尔（Mary Blair）扮演埃玛·克罗斯比，她刚刚来到马克道格街，是吉米·莱特及其妻子苏珊·詹金斯的故交，这对夫妇在百老汇曾演过一两部戏。布莱尔小姐面庞瘦削，气质热情，她靠自己的个性而非演技吸引了公众注意；她的表演不太稳定，这晚的演出和下晚的演出变化很大；这一切都取决于她当时的感情状态和心情。

至于其他的主要角色，吉米·莱特扮演凯莱布，查尔斯·埃利斯没有良心的外甥，首次和剧社合作指导该剧的阿瑟·霍普金斯（Arthur Hopkins）的助理查尔斯·奥布赖恩·肯尼迪（Charles O’Brien Kennedy）在剧中也扮演了角色。肯尼迪是一个少言寡语的忠实的爱尔兰人，对天主教很虔诚但又不偏执，总想去帮助那些屡屡犯错的人。从一开始，肯尼迪就和奥尼尔相处得很好。回忆起对这位剧作家的第一印象，肯尼迪说：“他讲话慢慢的，有些犹豫，他的眼睛会笑，他的眼睛是我在一个人身上看到的最清澈明亮的眼睛。我想，他就是这样一个人，能经历所有的感情而默不作声。但在他平静的外表下可以感觉到根深蒂固的反叛精神。”

于《与众不同》不利的是，媒体不可避免地将该剧和《琼斯皇》进行了对比：这部新戏更加传统，缺少其他剧本所具有的诗性和令人称道的戏剧性；绝大部分评论家认为，该剧讲了一个“不愉快”的故事。评论界对剧中埃玛和外甥打情骂俏以及边跳舞边轻佻地谈论性的话题感到甚是尴尬。亚历山大・沃尔科特声称，剧中的这一插曲“太淫荡和丑陋，大部分观众会对此感到厌恶”；而劳伦斯・雷默（Lawrence Reamer）的评论则更加尖刻：“看到将生活中那些危险的年月戏剧化，从艺术角度来说，具有极浓的临床味道……在这一点上，即使大木偶剧场（the Grand Guignol）所营造的不费吹灰之力的恐怖气氛也相形见绌。”

[和媒体对《与众不同》抱怨的声音形成对比的是，奥尼尔收到了辛辛监狱（Sing Sing Prison）一位图书管理员的来信，盛赞他的现实主义手法：“前几天，一个家伙走进我的办公室对我说：‘看在上帝的分上，借我些东西读读吧。’他不太喜欢读司空见惯的文字，想读些‘与众不同’的东西，于是我就借给他一本《加勒比群岛之月》（*The Moon of the Caribbees*），那本海洋剧的集子。刚拿到手时，他并无兴致；然而两天后他回来告诉我：‘哇，太棒了。剧中所有的人物都栩栩如生，勇敢无畏，与常人无异。’”]

几乎所有的评论者都找到了《与众不同》的可赞之处（“人物刻画很有魄力，观察很深刻”……“写出美国最有力、最真实、最出色、最自然坦率的戏剧对话的人是尤金・奥尼尔”），但他们的基调是不耐烦。除了对这个剧本发表一些苛刻的言论外，他们还指责剧作家过于悲观，将剧本的重心几乎全集中在了生活中阴郁和神经质的方面。海伍德・布龙说：“生活很复杂，不能像奥尼尔所做的那样被简单归纳为某种公式或模式……伟大的艺术家不属于任何流派。与他为伍者有失败者，也有成功者。他本人既是失败者又是成功者。”

正像奥尼尔所预料的那样，这次演出尚有不足之处——查尔斯·埃利斯的侄子是唯一一个获得全面好评的人——但他没想到有人会攻击剧本的主题。虽然该剧在格林尼治村和百老汇总共演出了100场，批评之声让奥尼尔甚感不快，于是他发表公开声明说："依我所见，《与众不同》只是一个不知改变的、浪漫的理想主义者的故事，这个人就在我们中间——一个永远的失败者。我们从内心深处都希望我们和他人'与众不同'。我们大家多多少少都是'埃玛'……有人不赞成这个剧本，说它病态，但是……这真是无心插柳……有人告诉我，剧中的所有人要么颓废要么鲁莽——对这些言论，我颇感震惊，因为我认为剧中的所有人物，除了本尼之外，都是非常正常的人，甚至就是你，就是我。把人划分为不同的道德等级，我从来没这种嗜好。"

后来成为他第三任妻子的卡洛塔·蒙特利（Carlotta Monterey）总结了他的另一种看法："对于人们的所作所为，金并不感到震惊。他只是对他们为什么这样做感兴趣。"

整个秋季，奥尼尔都在按部就班地从事创作，没有在真正意义上喝过酒——当他创作的时候，酒对他几乎没有吸引力——但是在纽约，如果他感到紧张或者不适应环境，就会酒瘾复发。禁酒令的实施使格林尼治村像其他地方一样，饮酒的情况发生了极大变化；尽管绝大部分酒吧都关门歇业了，还有几个地方在苦苦支撑。汤姆·华莱士（Tom Wallace）和坦慕尼协会（Tammany Hall）有过"交情"，相应和警局也有"交情"，在装模作样地摆放了一些药瓶和医疗的东西后，假装经营的是一家药店，他把"地狱洞"的窗户用木板封了起来。卢克·奥康纳（Luke O'Connor）经营的"工作女孩之家"的前门永久地锁着，克里斯托弗大街上的偏门通向店内的一个房间，里面提供他从一些不靠谱的酿酒厂搞到的最好的威士忌和啤酒。在有些饭馆，包括巴尼·加伦特（Barney Gallant）饭馆和萨姆·施瓦茨（Sam Schwartz）的黑衣骑士（Black Knight）饭馆，常客们都可以喝到用茶杯盛装的烈酒。

奥尼尔是这些难得的地方的常客。他最喜欢去的地方是位于西三街

（West Third Street）的一座冷水公寓，部分原因是它是一个隐秘的处所。这座公寓坐落在普罗文斯敦剧团旁边的街角——兼做酿酒厂、酒吧和威利·费尔南德斯（Willie Fernandez）的单身宿舍。顾客们都称他为“西班牙人威利（Spanish Willie）”。他定期回位于布鲁克林的家。他酿制自己牌子的麝香葡萄酒（根据奥尼尔的看法，这种酒尝起来仿佛和“用大号注射器从大象肚子里抽出来的东西”差不多），有时候也弄来一瓶保税酒。威利是一个随和的人，镶了满嘴的金牙，邋邋遢遢，好喝酒，是一个成功的私酒贩子，尤金非常喜欢他；和格林尼治村那些放荡不羁的家伙以及其他具有美学精神的人比较起来，奥尼尔觉得他是一个“真正的”人。从威利那一边说，他崇拜奥尼尔，不是因为奥尼尔日渐名声大噪，而是因为奥尼尔是一个天生的贵族，把威利当成和他一样的人。

马尔科姆·考利（Malcolm Cowley）住在这条街的对面。根据后来他的记载，有天晚上他在这个酒吧，威利问他：“你听说金在城里吗？”“哪一个金？”“啊呀，当然是金·奥尼尔了。你认识金，是吗？他是个常客。伙计们告诉我他大概今晚要过来。”不久，奥尼尔来了，他扫掉了几只蟑螂，在一张桌子前和两个男人一起坐下来。他说：“很高兴听说你感到好多了，威尔。”

“哦，金，咳嗽没啥大不了的。我不至于蠢到在排水沟里睡一宿。（几年后，费尔南德斯死于肺结核。）嘿，我刚从船上搞到了上等的苏格兰威士忌。想喝一些吗？我请客。”当这两位交谈的时候，考利“观察着奥尼尔，在桌子上他扭动着他那双长而紧张的手。从神态看，他没打算付钱。他说话不带口音，没有假装的轻松，没有尽力用高人一等的口气和老板说话。他讲话符合文法，考虑周全，就好像他在和莎士比亚或者威尔士王子进行会谈。有可能这是为什么曼哈顿西区的那帮家伙都崇拜他，甚至还去看他的戏的原因”。

就在这个晚上，在威利的酒吧，他谈论着他们两个都彼此知道的过去的一幕幕。我希望我能够汇报一下他们的谈话。每次当我努力这样做的时候，所有的词汇都失去了魔力。他们谈论轮船、甲板、犯罪和政治；谈论恶棍、水手、搬运工、在城市选举中舞弊的政客和命中率高的黑人赌徒——所有过着那种生活的家伙们，他们活跃在码头和用波形板建造的房子之间，舞厅和酒吧之间；谈论所有甚至曼哈顿人也几乎不知道的具有诱惑力的东西。我静静地坐在那里倾听。高架桥上的车辆隆隆驶过，喝空的玻璃杯在桌子上发出银色的光芒。最后，到了他离开的时间。

“‘喂，你又见到了他。他算不算一个常客？’西班牙人威利问道。”

还有一天晚上，尤金、艾格尼丝和包括吉米·莱特兄弟、查尔斯·奥布赖恩·肯尼迪在内的几个朋友在位于第二大道由曼哈顿东部贫民区的犹太知识分子开的一家餐馆就餐。当剧作家被食客认出来的时候，人们纷纷从周围向他所在的桌子涌来；当肯尼迪误解了人们对爱尔兰人的议论，开始挥动着拳头猛击的时候，情况变得大煞风景。在混乱中，两个姑娘费力从人群中向奥尼尔挤过来，其中一个高喊：“我想和你探讨一下陀思妥耶夫斯基（Dostoevski）。”

在醒宿酒的同时，奥尼尔很高兴回到普罗文斯敦继续从事创作。“艺术可以不是为了艺术而艺术”，戈登·克雷格在《前进中的剧场》中这样写道。“但艺术家理所当然地是为艺术家而艺术家。也就是说，他是完全为了自己的目的……他为快乐而工作。可在生活中他所经历的只有不幸，他在工作中不断地追寻快乐——他找到了。快乐一天天向他走来。”在解释克雷格话的意义时，可能是出于不自觉，奥尼尔曾经说：“一部艺术作品总是快乐的；其他的一切都不快乐。”

# 第三章　受挫的剧作家

在所有重要的剧作家中，奥尼尔毫无疑问是最不顺利的一个。在他一生的绝大部分时间——其实直到晚年他最终发现了自己真实声音的时候——他一直在创作剧本，或好或坏的剧本交替出现。很显然，他的创作时好时坏部分是由于判断和品味方面的失误，而其主要原因则在于他才能的主观性质。他不仅和文学、戏剧问题做斗争，而这无法通过个人的努力来解决，他还和他本人性格中的矛盾以及生活中的冲突做斗争。这位背弃了天主教信仰的剧作家基本上把戏剧创作当成了他忏悔的手段；他的主要目标当然不是猎取成功，甚至不是获得评论界的好评、文学上的不朽和自我认知的救赎。通过写作，他试图缓解内心的压力和心理的风暴，即使不能向世界证明的话，也要向自己证明。

1921年年初，在创作完成了那部极具想象力和原创性的《琼斯皇》之后不久，奥尼尔创作了《最初的人》(*The First Man*)，这是一部平淡无奇、不可信的一位人类学家的故事。尤其是在对待妻子的态度和对工作的敬业程度方面，这位人类学家和奥尼尔非常相像。关于该剧一个值得注意的方面是，它标志着作者第一次从古典文学中汲取了故事思想——伊阿宋找寻金羊毛的传说（Jason and the Golden Fleece）。和这部早期神话相似，剧中的柯蒂斯·杰森即将开始一次出使另一个遥远国度的征程；正如那位老英雄在出征前利用并将美狄亚献祭一样，剧中的科学家在工作中剥削自己的妻子。但是，神话中的预言家讲故事时不偏不倚，而奥尼尔虽然尽力公平地对待玛莎·杰森，但从根本上说，他是一位非常关心玛莎，但却以自我为中心的丈夫。

《最初的人》使我们相信，在剧中故事开始的几年前，这对夫妇两个孩子的突然夭亡让他们悲痛欲绝，他们发誓今后再也不要孩子。如今当得知妻子因为怀孕而不能陪他一起去那些原始之地的时候，杰森很是震惊，感到妻子背叛了他。他对妻子的责怪（“我们两个在一起难道还不够吗？和孩子比较起来，我们俩的相处难道不是一种更加困难和美好的幸福吗？我非常需要你，这对你来说难道微不足道吗？——为了我自己，为了我的工作——为了我心中一切最好的和最值得的东西？”）和奥尼尔对艾格尼丝曾说过的话惊人地相似；“我只需要你……独自，不受任何烦扰。甚至也不被我们自己的孩子们烦扰。我不理解孩子，他们让我感到不安。”艾格尼丝这样总结他的态度：“和我单独厮守——是他需要的东西；我们拥有一切——工作，爱情和相伴。一定不要任何其他东西干扰我们的工作和爱情！”

鉴于柯蒂斯·杰森以自我为中心的性格和对玛莎怀孕的强烈反对，我们很难相信这个人曾非常喜欢孩子，先前孩子的夭亡把他击垮了。倘若他真的喜欢孩子，很可能他倒乐意用别的孩子来取代他们夫妻失去的孩子。换句话说，这个剧本的写作是基于一个我们无法接受的前提。

有时候，杰森主张他和玛莎应该成为一个人，拥有相同的思想、相同的意志、相同的梦想的一个人（“你就是我，我就是你！”），而玛莎却不赞成他企图对她的控制，他们俩成为奥尼尔在《难舍难分》（*Welded*）中所塑造的那对斯特林堡式的夫妇的前身。令玛莎感到沮丧的是，杰森建议她去堕胎，但在经历了漫长的极度痛苦的生产后，玛莎还是生下了孩子——她舞台后面的叫喊不时打断舞台上的演出——这悲惨的一幕以她的死亡结束了。第一眼看到孩子，杰森感到痛苦万分，指责孩子是个“杀人犯”，最终杰森的态度变得温和，强烈的父爱重新回归。杰森把照看孩子的事情托付给了喜欢小孩子的老姑母——杰森有充分的理由不喜欢他其他的亲人——并发誓说他几年后会回来担负起慈父的责任。这是一个站不住脚的剧本，结尾不如人意，甚至不合适。剧作家对人生的态度，正如在这部新剧结尾那样，当他试图以积极的态度讲话的时候，总显得非常弱小和不可信。

奥尼尔关于《最初的人》的想法产生于艾格尼丝生下沙恩后不久，然而，看起来，是他本人的出生，而非他儿子的出生，激发了他这部新作的创作。“当我得知我有了一个好孙子时，我就是今晚纽约最幸福的老太太中的一个。”1919年11月，当埃拉最早听到沙恩出生的消息时给奥尼尔这样写信说：“但当初你出生时，有11磅重（她低估了），我比这更激动……”很显然，母亲的信激起了奥尼尔的记忆，并影响了他对下一部戏的构思，因为杰森的孩子也是11磅重。[“那是为什么（生产）非常困难的原因”，护士在《最初的人》中说。] 进一步说，在虚构的和现实中的孩子这两种情况下，孩子们的出生对母亲来说都是灾难：玛莎·杰森死了，而埃拉·奥尼尔生不如死，坠入了吸食毒品的深渊。

这个剧本中还具有其他自传性的故事成分。故事发生在康涅狄格州一个小城市，讲的是城中一些名人的故事——杰森家的亲戚是银行家、律师和喜欢出入俱乐部的女人，总之，是一帮自鸣得意、心怀叵测的人——《最初的人》给作者提供了发泄对新伦敦的乡绅不满的机会，例如查普尔家族（Chappells），他们过去看不起詹姆斯·奥尼尔和他的家庭。“我们认为奥尼尔家是下等的爱尔兰人”，一位嫁给了名叫谢菲尔德（Sheffield）的查普尔家的姑娘说。“我们把爱尔兰人和仆人阶层联系在一起。”这位成了剧作家的儿子对他的爱尔兰家族感到非常自豪，从未忘记被人瞧不起的经历；作为复仇，他在剧中称一对肤浅自夸的夫妇为谢菲尔德。尽管如此，《最初的人》关注的并非是新英格兰的势利现象，而是杰森和玛莎之间的关系，以及重视家庭的杰森的态度。

无论何时，只要奥尼尔和艾格尼丝一分开，他总会写信说他想念他们的儿子，让她替他吻一下小家伙；简言之，他听起来好像是一位总是尽职尽责的父亲。然而，更多的其他证据表明，他在父爱方面做得还远远不够。1920年夏，大概就是在他构思《最初的人》的时候，他告诉艾格尼丝，他想和她第二年在亚马逊河上进行一次长途旅行（这样一次旅行将会耗时好几个月），还建议将沙恩留给她的父母照看。1921年秋，他们搬进了普罗文斯敦的一所房子居住，他提议将婴儿房连同克拉克夫人的保姆宿舍一同设在地下室。尽管地下室既干净又干燥，艾格尼丝还是不同意，因为她认为这个主意不妥；她有可能无意识中感觉到将沙恩的房间安排在房子最低的地方和一个象征性的坟墓差不多。

奥尼尔作品中所表现出来的他本人的基本形象是，一位永远的儿子，一个在感情上依附于父母并总是在研究和表现他对父母矛盾心理的人，一个总不能变得完全成熟的人，从不会自在地做一位真正的父亲。从根本上说，只有当作家他才感到自在，总在尽力和自己达成和解。

"……每一个没有必要成为作家的人，认为他可以干些其他事情的人，都应该做些其他事情"，乔治·西蒙（Georges Simeon）说。"写作不是一项职业，而是不快乐的假期。我不认为艺术家会快乐……如果一个人有勇气想成为艺术家，是因为他需要找到他自己。每一个作家都需要通过他塑造的人物形象，通过他的写作来找到他自己。"

虽然乔治·泰勒保证他很快就上演《救命草》或者新版的《克里斯·克里斯托弗森》，但在1920—1923演出季，两部作品中的任何一部上演的希望还是越来越渺茫。泰勒意欲让具有天赋的年轻女演员爱丽丝·布雷迪（Alice Brady）出演《救命草》，可她身为制作人并对她的职业进行指导的父亲威廉·A. 布雷迪（William A. Brady）反对他们签约；如果给他的一个委托人拳击手杰克·登普西（Jack Dempsey）在剧中安排一个角色，他就支持女儿出演奥尼尔的这部剧本。对泰勒来说，这个演出季令他泄气；在他的几次演出失败后，他找到同仁剧院寻求合作，希望同仁剧院与他一起推出《克里斯·克里斯托弗森》，或者同仁剧院完全把戏接过来，并且提出了一些奥尼尔认为“非常慷慨”，但同仁剧院却觉得有些过分的条件。在1921年2月12日写给奥尼尔的一封信中，泰勒写道：“当然了，普罗文斯敦剧团和同仁剧院都可以让那些业余的演员扮演任何角色，同时让媒体把他们当作天赐的天才演员加以接受。我们‘商演’的经理们不能做那种事情。”奥尼尔心中甚是不满，对制作人并不同情：“我不明白，你是否意识到你合同里有三部大戏，而竟然一部都没有商演意味着什么——而报纸也一直好奇，为什么在《天边外》之后你今年没有一部商演长戏。”

十二月中旬，他和艾格尼丝去纽约待了十天，因为剧本《黄金》，他想拜访一下约翰·威廉斯，可像往常一样，威廉斯仍让人难以捉摸。一位名叫尼古拉斯·默里（Nicholas Murray）的匈牙利年轻人给奥尼尔拍了一些照片，他在普罗文斯敦剧团的隔壁开了一家摄影工作室（报纸和杂志都追着奥尼尔给他拍照片）；奥尼尔和肯尼思·麦高文、罗伯特·埃德蒙·琼斯（Robert Edmond Jones）在一起待了一段时间，他们之间早已都是朋友；令他感到失望的是，正如他跟麦高文所说的那样，他观看了莱昂内尔·巴里摩尔演的《麦克白》（*Macbeth*）：“我对此次演出的主要反应就是对巴里摩尔很恼火。他唬得住外行忽悠不了内行。我观剧最讨厌这一点，顺便提一下，这也是我不去剧院的主要原因。凭一双在剧院耳濡目染的火眼金睛、所养成的素养和个人的经历，我会不由自主地发现演员在舞台上所要的哪怕再小的伎俩。因此，在一部戏最令人紧张的时刻，我感到震惊——因为可笑，或者不屑，情况可能就是如此——为一个姿势，一次弹指，节奏的变化，身体的扭曲——狡猾的、邪恶的意图所震惊——对我来说，非常明显。演员站在舞台上，意图显露无疑，还带着自负而幼稚的胜利的神色。”

有一部戏奥尼尔因为进纽约太迟而没有看成，这就是吉格·库克的

《泉》，该剧令人好奇地融合了边疆历史、神秘主义和心理现象，赢得了媒体盛赞，甚至赞得有些过了。有人猜测，媒体之所以如此慷慨，得益于吉格在普罗文斯敦剧团的领导身份和多年来他为剧社所做的贡献。海伍德・布龙说："尽管《泉》主题不集中，但具备真正的戏剧兴趣点"。麦高文称该剧为"一部了不起的、引人入胜的剧作"。

在《琼斯皇》和《与众不同》之后，《泉》的好评使普罗文斯敦剧团连续获得了第三次成功；吉格是一个有伟大梦想和无穷精力的人，受剧本成功的激励，处于思想阵痛中的他变得热情高涨，想建造一座新的剧场，成为剧社理想的家园。整个冬天和春天，他都在忙活着给剧场制定详尽的规划，按比例制图，剧场运用了最先进的技术手段。他在报纸的一篇文章中说，规划中的剧场"将使用一项新的结构方面的创新，可以升起幕布，提供纯粹的表演空间。一览无余，只有无限的空间和舞台……如今，由于无限大的背景，艺术家可以让他的人物和特定的物体具备神秘的深刻含义"。

吉格做事井然有序，除了给他梦想中的剧院画了很多草图、写了很多热情洋溢的诗篇之外，他还煞费苦心地制作了一份剧场说明以吸引投资人的注意。在一份草案中，吉格说："在我们整个第七演出季，有鉴赏力的资助人和朋友纷至沓来，带来了他们要免费提供资金支持的方案，资金量足有好几千美元。我们已经制定了科学的募集资金的措施……为了获得土地和建筑，普罗文斯敦剧场信托公司将以15万美元的资金入股，股份将按照出资的数量按比例进行分配。"

作为公司的董事，奥尼尔和吉格、苏珊、菲茨以及负责处理公司法律事务的律师哈里・温伯格（Harry Weinberger）一起，听取了库克野心勃勃的计划，而奥尼尔对该计划却缺乏信心和兴趣。他的希望都放在了百老汇，尤其是都放在了泰勒的演出权过期后阿瑟・霍普金斯能否接过他新版的《克里斯・克里斯托弗森》。和其他作品比较起来，泰勒更看好《救命草》（"这部戏非常棒，只要演出没有问题，不会失败的"），他说他最终找到了马格萝・吉尔摩（Margalo Gillmore）扮演艾琳。相对来说，她是一个新人，本演出季在百老汇获得过称赞。奥尼尔觉得她“经验不足，不能胜任这个难演的感情化的角色”，但是制作人用典型夸张的态度坚持认为，她“具有绝对的天赋，在不远的将来极可能会占有一席之地”。厌倦了剧本迟迟不能被搬上舞台的漫长等待，奥尼尔妥协了，吉尔摩小姐签了约。《救命草》处于可排可不排的边缘一年多，这次的演出终于被排在了1921年的秋季，约翰·韦斯特利仍旧双肩挑，既扮演斯蒂芬·默里（Stephen Murray），又担任导演。

三月，在创作完成《最初的人》第一稿后，奥尼尔把它放在了一边，让它“在潜意识中继续闷烧上一段时间，有可能会吐出更多的火苗”。奥尼尔开始了一部新戏的创作——这是在不到一年的时间内他的第六个剧本。很长一段时间以来，他想创作一部诗剧以使他的创作更具魅力，但他在两个想法之间举棋不定。一个是关于一位非洲酋长的故事，19世纪早期被贩卖到美洲为奴，他努力和足以击垮其精神的各种力量做抗争。另一个想法，和《最初的人》一样，来自文学作品，但这次奥尼尔的创意受到了“具有治愈功能的永恒青春泉的美丽传说在民间传说中重现”的启发。随着奥尼尔的父亲这个曾红极一时的演员日薄西山，奥尼尔对父亲最后年月的记忆激发了他要塑造与时间和暮年进行抗争的人物的兴趣。在《与众不同》中，他写了一个可怜的女人的故事，她试图让时光倒流；现在，他决定要讲一个他自己版本的胡安·庞塞·德莱昂（Juan Ponce de León）寻找青春泉的故事。

《泉》（*The Fountain*）的创作进展缓慢，不仅因为作者在力求一种文学文体，还因为这个故事要求大量的调研和阅读背景知识。虽然奥尼尔关心的是庞塞·德莱昂职业背后的“事实”而非历史的准确，他仍然需要熟悉古西班牙的生活和这些征服者在美洲的那个时代。他问麦高文能否给他“推荐几本在环境、语气、方法或者神话方面有所帮助的书”？……“如果你碰巧去图书馆，你能否看看是不是有在被西班牙占领期间关于摩尔人吟游诗人或者吟游技艺方面的书籍？”然而，在阅读过程中，他怀疑他是否在浪费时间。“……这个剧本我越考虑”，4月6日他在写给朋友的信中说道：“我越感觉到，我对真实的胡安·庞塞了解越少越好。我让他成为我的西班牙贵族，而非其他——甚至不是历史上的他本人……恐怕会妨碍我的想法，让我写成只有完美的诚实而没有精神意义的、狭隘的历史剧。事实就是事实，但真理超越事实，并存在于事实之外。”

他在《泉》中对“真理”的追求证明非常难；过了一年多，在写了第二稿和进行了大量重写之后，他说，他写这个剧本要比写以往任何一个剧本都“费劲得多”。还不止于此，在接下来的几年中，他将剧本又进一步进行了修改，可最后的结果远远称不上出色；剧本所要求的正式的诗体行文，具有审慎之美和柔和之质的语言皆非他所能及。另外，这个故事也激发不出来他更深的创作力量；剧中的人物不是按照他们自身的逻辑生活，而是沦为了表达作者观点的传声筒。

《泉》是一部多幕剧，时间跨度二十多年，是关于庞塞·德莱昂的故事。他是冒险家、梦想家和独立的思想家，忠于西班牙，而对教廷怀有敌意。在第二次陪哥伦布（Columbus）航海的时候，他向往东方古老文明中军事的荣光，但最后当了波多黎各（Porto Rico）的统治者后却变得苍老、魅力不再，渴望浪漫与爱情。在寻找当地传说中的那个青春泉时，他中了印第安人的埋伏；临死前，在神秘的幻觉中他获得了宁静：“我开始懂得永恒的青春了……啊，永恒之泉，收回我的灵魂这一滴水吧！”

尽管关于这座泉说了很多，很显然奥尼尔并没有意识到，他对这个古老传说的兴趣并没有那么大，与之相比，白人对新大陆残酷而贪婪的入侵是美国人性格特点中黑暗的张力之源这一点让他的兴趣更大。其实，剧本中很多出色的段落对这个主题都有所触及。的确，《泉》在某些方面是《一个占有者自我剥夺的故事》（*A Tale of Possessors Self-Dispossessed*）的序曲，后者是一个奥尼尔后来写的由多部剧本构成的组剧，目的是通过他自己的视野揭示美国这个国家在什么地方出了毛病，它如何和为什么背弃了原先的理念；他想把该组剧当作其代表作品和最终的宣言，然而欠佳的身体状况使他没有实现这个计划。

“瞧瞧船上的这些人吧”，胡安跟哥伦布说的一段话预示了这个组剧。

“渴望掠夺东西的冒险家却被一两个杀人犯所控制；西班牙贵族们贪婪地梦想财富，希望那是他们与生俱来的权利；修道士们渴望用绞架把对王权有用的臣民都变成教会的奴隶！……土地的抢劫者，你们统统都是！可是没有人把它看成是可以依托的终点！上帝，可怜这片土地吧，直到所有的抢劫者都从地球上销声匿迹！”

1921年，在奥尼尔开始创作《泉》不久，一件没有意义但吸引他注意的事情打断了他对摩尔人、西班牙贵族和出身高贵的妇人的关注。由于多年疏于护理，他的牙齿“情况极为糟糕”，他决定请他的好友萨克斯·康明斯（Saxe Commins）给他处理一下，后者对文学生涯充满了渴望，但不得不从事牙医的行当。奥尼尔给正在他的家乡罗切斯特（Rochester）行医的萨克斯写信说：“我提醒你把你的绞架和拇指夹都准备好，我有可能会用得到它们。”一接到奥尼尔的来信，康明斯，这个软心肠的人，和他未来的病人一样感到忧虑不安。

四月中旬，在去罗切斯特的路上，奥尼尔顺道到了纽约，参加了《加勒比群岛之月》最后的排练，这是剧社为了打赢最后一个演出季的最后一个节目。演出给奥尼尔留下的印象远比初演的印象深刻得多，他对出演该剧的查尔斯·奥布赖恩·肯尼迪的敬意也进一步增加了；可是，马克道格街的情况却让他很是失望。自从《琼斯皇》的演出取得成功后，剧社就分成了几个派系，“令人生厌的争吵不断”，其中一个派系以吉格·库克、艾达·劳和埃德娜·肯顿为首，另一个派系以吉米·莱特和查尔斯·埃利斯为首，而菲茨试图在两派之间进行调停。目前很多矛盾冲突的起因是对两个剧本角色的争夺，一个是《琼斯皇》，另一个是当年夏天即将在伦敦上演的独幕剧《被压抑的欲望》（*Suppressed Desires*）。查尔斯·吉尔平后来病了，不得不取消了他在海外的演出，但是矛盾还是给剧社成员心头留下了疤痕和裂隙。在金钱方面，这个他们最为成功的演出季证明代价高昂；尽管他们的收入是前四个演出季收入的总和，但绝大部分收入还是蒸发了。“我们的钱从我们中间的经济学者们的手中逃跑了”，埃德娜·肯顿说。“我们像醉汉一样花钱。”

在罗切斯特，奥尼尔和康明斯的父母待在一起，他们是拉脱维亚的移民，虽然钱不多，但想方设法让六个孩子都上了大学。萨克斯是一个有书呆子气、理想主义的人，真是父母的儿子；他身材不高的母亲是无政府主义者埃玛·戈德曼（Emma Goldman）的妹妹，她坚定有力，而萨克斯却缩头缩脑。他的母亲读过歌德（Goethe）、席勒（Schiller）和海涅（Heine）的德语原文作品，并常在日常生活中引用他们的话来解释家庭之事。康明斯基（Comminsky）先生是一个喜静的人，就是在无足轻重的小事上也主张事事公平；如果他哪一个孙子哭着向他诉说自己的伙伴打了自己，他就会给那个孩子讲道理，慢慢让那孩子意识到是他自己挑起了争斗。尤金给艾格尼丝写信说："萨克斯家的人都很好，他们能多和善就多和善。"——但是，他就会紧接着说，他忍受不了和她的分离。"我内心有一种痛苦的空空的感觉，就仿佛我丢失了最重要的精神器官，没有了它，只剩下机器呼呼地空转……不久我们就会再次团聚了——变成一个人，不可分割。我如此深爱着你！"

在痛苦地治疗牙齿的同时，来自萨克斯的姐姐斯特拉·巴兰坦（Stella Ballantine）的消息让他更为沮丧：约翰·威廉斯即将把《黄金》搬上舞台，让威拉德·麦克（Willard Mack）演剧中的老船长。尤金本来因为约翰·威廉斯为了"一大笔现金"在他毫不知情的情况下试图把他对该剧的版权卖给同仁剧院而对威廉斯心怀不满；为了资助演出，威廉斯"还向美国的每一家电影公司兜售《黄金》，仿佛这个剧本只是一个故事动人但毫无文学价值的小说"。奥尼尔认为，让麦克这个一般只在他本人的剧本中扮演过角色的情节剧剧作家进入演员阵容"甚为不妥"，他决定"不惜一切代价和这次演出抗争"。于此同时他也做出了让步，承认麦克"按照当下流行的标准是一位好演员"。又过了几天，在听取了威廉斯关于《黄金》的安排后，奥尼尔感到"听起来也不错……他的演员阵容听起来很棒——尤其是泰迪（巴兰坦，斯特拉的丈夫）能够给他提供内部信息"。

受一个造访普罗文斯敦的电影编剧的鼓动，艾格尼丝本来已经开始了一部小说的创作，现在却动了从好莱坞挣些容易的钱的念头，奥尼尔得知了此事，气愤不已。“天哪，别想写电影的事。我的天，只要你努力工作，你就会在小说这类东西中写出能够给人带来美感的东西……电影会毁掉这样的机会——图什么呢？一堆垃圾！有可能你认为你可以把电影当成儿戏而同时不耽误你真正的工作，但那是不可能的。其他人的经验证明是不可能的。（显然，他没有告诉艾格尼丝，他这个初出茅庐的剧作家也曾屡次尝试要当电影编剧。）……如果上面的话有些过激，请原谅我！我刚拔过牙，然后就收到了你的来信，你透露出你要当电影编剧的想法！这几天是阴霾天。”

艾格尼丝在把家从普罗文斯敦的冬季住处搬到尖顶山沙坝的时候也是阴霾天。天气寒冷、多雨；老海岸防卫站的炉子在特里·卡林（Terry Carlin）用过后不得不维修一下，什么东西只要他看过一眼就会出问题；燃油的取暖炉在一个最寒冷的日子出了故障。艾格尼丝向丈夫抱怨说，她对克拉克夫人“大嗓门刺耳的说话声几乎完全失去了耐心——不是冲着我说，就是冲着沙恩说。不得安生——没有宁静……现在料理这个地方我仿佛感到精疲力竭，破坏了这个地方的乐趣——如果只有你我两个人还可以，就像你和我在婚后第一个夏天所做的那样——可是一旦是一家子——！”

治疗了两周的牙，奥尼尔感到厌倦了，在尖顶山休息了几天，而后在五月份由艾格尼丝陪着回到了纽约，出席《黄金》的排练。泰迪·巴兰坦提前透露的消息令人欢欣鼓舞（威廉斯在工作中时刻都很冷静），然而剧作家却发现排练是一团糟。威廉斯难觅影踪，又去喝酒了；威拉德·麦克没有记住台词，在即兴表演；导演奥古斯都·圣高登斯（Augustus Saint-Gaudens）和剧组尤其是和麦克关系紧张，因为后者已经习惯了在原来自己的演出中发号施令。参加了几次排练后，奥尼尔“受够了，想赶走这不愉快的记忆”——几个月来第一次喝了酒——逃回了普罗文斯敦，把艾格尼丝留下来做他的代理人。艾格尼丝有几次想在办公室见威廉斯，最后打听到了他的住址，就去了他旅馆中的宿舍拜访了他，发现他醉意朦胧，伸展着四肢躺在沙发上，手里还拿着电话。他恢复了镇定，露出生硬的尊严，告诉艾格尼丝说，他“能控制住演出”，然而这个许诺并没有实现。

艾格尼丝匆匆忙忙赶到普罗文斯敦对丈夫安慰了一番后，又回到纽约参加《黄金》的首演，这个戏的首演时间从5月23日延迟到了6月1日。到了纽约，她高兴地听说威拉德·麦克退出了，由乔治·马里恩（George Marion）顶替他。马里恩是个替补演员，据说演技更胜一筹。可是，消息证明并不可靠；在不见人影几天之后，麦克在彩排的时候又出现了，并坚持在首演中扮演角色。艾格尼丝立刻通知了理查德·J. 马登。他抱歉地感到，强行禁止麦克登台，时间来不及了。马登心情很是气愤，打电话给威廉斯，让他做出解释；但当听到制作人用冷冰冰的语气说马里恩只是作为替补演员参加排练，麦克理所当然地可以出演角色时，他的态度变得缓和了。

绝大多数评论者赞赏麦克的表演——尽管海伍德·布龙称他的表演是“令人惊异的好与坏的混合”——却批评奥尼尔的这个剧本，一些人再次抱怨：“奥尼尔喜欢仅仅专注于人性中黑暗的一面。趁现在还来得及，他必须学会研究生活的所有方面。否则，他会成为一个迷恋异端的剧作家，这使他不会成为戏剧界举足轻重的人物。”《纽约之声报》（*New York Call*）的梅达·凯斯特龙（Maida Castellun）用诙谐的语气说：“奥尼尔的崇拜者们很快不得不祈祷：‘奥尼尔，请通过你写的疯狂、谋杀和突然死亡，传递给我们一些东西。’……第一幕以毫无顾忌的两次谋杀开始，接着在最后一幕出现死亡。写《黄金》的奥尼尔达不到写《哈姆雷特》（*Hamlet*）的莎士比亚的水平；但是对于20世纪来说已经足够，差强人意吧。”该剧演出了13场。

幸运的是，奥尼尔敬重的阿瑟·霍普金斯鼓舞了他的士气。因为当泰勒的演出到期后霍普金斯要求演那个海洋剧，并计划在秋季推出，由一位极富天赋的女演员波林·洛德（Pauline Lord）出演安娜·克里斯蒂，罗伯特·埃德蒙·琼斯担任舞台设计。6月19日，奥尼尔高兴地告诉萨克斯·康明斯：“我们将来有望和戏剧界最优秀的人士保持良好的、长期的交往。我希望我的青春泉剧本的创作一结束，霍普金斯就会接手它，让（雅各布）本-阿米出演，琼斯还担任舞台设计，这些更不必说。……目前只有泰勒执导的《救命草》境遇不佳，可能情况不妙。”

尽管《黄金》的演出很快就失败了，但是《琼斯皇》和《与众不同》在百老汇的演出、霍勒斯·利夫莱特对他剧本的出版、《安娜·克里斯蒂》和《救命草》的版税，以及越来越多的小剧场都在上演他的作品，还是让剧作家收入颇丰。一个剧场的导演给奥尼尔写信说："印第安纳波利斯的所有人都向您脱帽致敬，奥尼尔先生。"总之，据剧作家后来估计，1921年他大约有1.5万美元的进账。

由于奥尼尔夫妇现在有了经济能力，他们就雇用了一名当地的姑娘照看沙恩，克拉克夫人专职做饭和做一般的家务。当这位叫艾格尼丝·卡尔（Agnes Carr）的姑娘第一次见到奥尼尔时，"我直想哭——我很可怜他。我曾问过卡拉克夫人为什么他显得不快。她回答说，他的出生是母亲生病（埃拉的吗啡瘾）的罪魁祸首，为此他非常憎恨自己。我常常能想起他的眼睛，黑色而有穿透力，这是我见过的最有穿透力的眼睛。它们能看透你，看到你身体的另一边。你感觉得到，他内心深处焦躁不安，一直在寻觅什么东西。"

其实，尽管他给人留下的印象如此，他还是非常快乐的，即将到来的与霍普金斯和琼斯的合作以及《泉》一段时间以来的顺利进展都令他欣喜不已。他告诉麦高文说："工作是非常快乐的事情，看起来正按照我的希望发展。"如果家中有人不安和不满意的话，那就是艾格尼丝，她的时间多，不知道如何打发。虽然她也在写作［她的《时髦圈子》系列短篇小说中，有两部被由爱德华·奥布赖恩（Edward O'Brien）负责的《最佳短篇小说》（*Best Short Stories*）评为1920年度和1921年度的优秀奖］，但她没有像奥尼尔一样把所有的需要都放在写作上。令她感到满足的需要是和丈夫融洽的关系，可他总是忙于自己的工作，这让她感到受到了冷落，成了一个可有可无的人。她觉得，当他们分开时，他对爱的表达——用书信的形式——比他们在一起时要热烈得多。他信中表达的激情听起来非常诚挚："上帝啊，我多么希望你在这儿！我如此爱你！这是超越一切的爱，除了爱再无其他。"……"我感到令人无法忍受的孤独，我身上的每一个细胞都在思念你。没有你，我活不下去——真正地活。"显然，他希望艾格尼丝在他们的日常生活中能够感知到他对她的感情，但她渴望他能向她亲口讲出来。她对他们的性生活也非常不满意，认为他将其当作了例行公事，而她却冲进了海洋，随时都有溺水的危险。

另一个令她不满意的因素是菲芬·克拉克，后者在有家庭矛盾时常常站在奥尼尔一边；她有可能还没有意识到，她总想控制沙恩的爱。事实是，如果这两个女人和孩子在一个房间里，他想要什么东西了，总是去向“加加”要，他是这样称呼克拉克夫人的，而不去找孩子的母亲。这两个女人之间不可避免地就有了冲突，但他们还不得不友好相处，带上彼此喜欢对方的面具，因为奥尼尔和孩子都喜欢这个保姆兼厨师的人。艾格尼丝对待这位女士的热情程度也可以从她对她的称呼上看得一清二楚：如果有敌意，就称呼她“克拉克夫人”；如果感觉很好，就称呼她“克拉吉”；如果友善，就称呼她“加加”。至于克拉克夫人本人，她（她总称呼奥尼尔为“金”）称女主人为“奥尼尔夫人”，但背着她总以“她”或者“那个人”相称。这位保姆经常对熟悉的人抱怨说，一旦奥尼尔有所成功，对她越来越不友好的艾格尼丝就开始把她当作仆人对待。

虽然克拉吉很爱沙恩，可她并不使唤他。有时候他不听话了，或者他和艾格尼丝发生了争吵，她威胁要辞职——沙恩再也见不到她了——为此孩子总是大哭不已，直到被安慰说“加加”继续留下来。她就像一位音乐大师，沙恩就是她的乐器。沙恩是一个坚定的、漂亮的孩子，金色的头发长长的，在阳光下闪闪发光，他脾气不定，刚刚还兴高采烈地跑来跑去，一会儿就安静地坐在沙滩上，长时间远眺着大海，俨然是他父亲的翻版。他有时在厨房正在吃饭时——他常和克拉吉和女佣一起吃饭，从不和父母在一起，他们和他相处的时间很少——会突然忘记吃饭而陷入梦幻。“他生病了吗？他看起来走神了，”这个叫卡尔的姑娘一次问克拉克夫人道，得到的回答是：“如果你在这样的生活中长大，你也会走神的。”

和父亲一样，他喜欢水，在浅水中玩耍时再高兴不过。一天，一帮人坐在岸上，克拉克夫人突然问起沙恩，她环顾四周，发现沙恩用橡皮浮圈在离海岸还有一段距离的水面上漂浮。尤金划着橡皮艇快速前进，担心当他接近时，沙恩会向他伸出手而掉进水里。然而，沙恩却满意地等待着，随着波浪起伏，眼睛望着家的方向。这对父子回到岸上时，奥尼尔说："我猜，他是驶向了爱尔兰。"

不管是出于让孩子在不和其他孩子在一起时有一个玩伴的想法，还是为了逗自己开心，因为他自己也喜欢狗，奥尼尔买了一条爱尔兰梗，并用《安娜·克里斯蒂》中那个水手的名字给它起了一个名字，"马特·伯克"。在某些方面，这条狗很棒——他和沙恩变成了难以分开的朋友——但是，狗和家里的宠物猫却经常给家人带来麻烦，这只猫是在一次风暴中从一艘在旧基地不远的地方搁浅的运煤船上救下来的。那艘船至今仍岿然搁浅在岸边，成了海浪隆隆作响的回声板，也是沙恩和马特理想的游乐场。奥尼尔对这只猫非常喜欢，称其为"安娜·克里斯蒂"，因为剧中的安娜和运煤船也有联系；但像他的儿子一样，他更喜欢那只狗，艾格尼丝却喜欢那只猫。

这年夏天，来造访奥尼尔的第一波客人中有哥哥杰米，他在戒酒并对自己戒酒的进展感到满意。杰米离开了母亲，在这个海边的处所住了足足有一周。尽管两兄弟之间不断开着善意的玩笑，但大家能看出他们的关系中潜藏着一种严肃的东西，两人之间的关系密不可分，仿佛共同知晓某些秘密，不与他人分享。艾格尼丝和杰米彼此之间有些好感，由于奥尼尔的缘故，他们装出很自然的样子。除了他的母亲——有可能还有一两个他认识的女性——杰米瞧不起女性，认为她们逊于常人，是性快感的工具。当奥尼尔刚开始对艾格尼丝·博尔顿产生兴趣时，杰米好像也喜欢她，但随着时间的推移，他变得越来越挑剔，就把她当成自己的一般朋友了。一次过圣诞节，艾格尼丝差一点忘记给杰米买礼物，在最后一刻送给他一个钱包；她后来听说，杰米认为这个钱包是对他长期缺钱、依赖母亲给他零花钱的嘲弄。

杰米的衣着打扮常常很整洁，甚至当他走在岸上的时候，他也经常穿着有双排扣的蓝色海军衫，和尖顶山随意的生活比较起来，他显得不合时宜。他很多时间是和克拉吉和艾格尼丝·卡尔待在一起，用戏剧界的奇闻轶事和幽默讽刺的谈话逗她们开心；但有一次，当他夸卡尔很漂亮可以登台演戏时，他显得很严肃。可是，他又警告她不要当演员："女演员已经够多的了，你没有接受过训练。你应该结婚成家才是。"又有一天，他对她说："不管生活中你想得到什么，伸手去拿，努力争取。"

杰米来访后，奥尼尔夫妇又在家接待了罗伯特·埃德蒙·琼斯。奥尼尔敬仰他是一位艺术家，也喜欢他个人。他长相引人注目，苍白的长脸，大大的灰色的眼睛，在胡子和不听话的乱蓬蓬的红褐色的头发的衬托下让人想起了中世纪的基督像。他看似不可能地融艺术家、神秘主义者和机灵的美国人于一身，外表气度非凡，全完醉心于戏剧事业。像奥尼尔一样，他将全部身心都投入了戏剧。奥尼尔认为"我根本不需要假期，创作就是我生活的假期"，琼斯这样说他自己："太弱小而无法生活，又强大得可以创造生活。"最初因为受到了戈登·克雷格开拓精神和马克斯·莱因哈特（Max Reinhardt）戏剧作品的激发，他凭内心之光继续奋斗。他理想高远，但当把梦想付诸笔端变成文字时，梦想像绘图一样被确切地描绘，马上就变得极具想象力、美丽和非常实际。"他本质上是一位诗人"，吉尔伯特·塞尔德斯（Gilbert Seldes）说。"他创造了想象之境，在这里，《逗趣》（*The Jest*）中一个直冲云天的柱子是文艺复兴晚期的一个象征，抑或黑暗房间里一个忽明忽暗的蜡烛变成了《赎罪》（*Redemption*）中的俄国。"

从琼斯的长相和举止来看，人们很难相信他是在一个贫苦的农场长大的。和奥尼尔的情况一样，他的成长背景常常出现在他的脑际；每当他回想起早年在新罕布什尔（New Hampshire）无情的生活经历，他就心头一悸。"这里很糟糕"，在给朋友梅布尔·道奇（Mabel Dodge）的一封信中，他这样写道："所有的人都悲伤、疲倦、焦虑和恐惧——到处都令人沮丧。没有意义，没有必要。不毛之地。"他在写给梅布尔的另一封信中说："这里很恐怖，一连下了三周雨，种子都烂在地里了。我们重新播了种。自从我到了这里，我母亲就中了风，她有一半时间都处于昏迷之中，呼吸粗重。有人传言说她会发疯。我的全世界都无精打采：瘦弱不安的身影扑倒在地、喃喃低语。我意识到我已是一位疲惫的老人，我最深的感觉就是苍老、疲惫和恐惧。”琼斯心头关于他家庭背景的可怕形象对奥尼尔构思《榆树下的欲望》（*Desire Under the Elms*），尤其是《悲悼三部曲》，产生了影响。

七月，肯尼思·麦高文和妻子在旧基地度过了一周，但他们几乎没有见到主人奥尼尔，因为他完全沉浸在了剧本《泉》的创作中（“我从来没有感到过如此兴奋和想工作”）。他希望麦高文夫妇把他对他们的忽视看作是对他们的敬意——他在把他们当老朋友看待。尽管奥尼尔一般和戏剧评论家保持着距离，他却非常敬仰麦高文的创作，也喜欢他这个人。麦高文个子瘦高，来自波士顿，长着一张娃娃脸，头发稀疏，乐于倾听。他没有把麦高文“当作批评家，而是善意地把他看作是戏剧界我们可以争取的朋友”。

麦高文还在哈佛读大学时就开始写评论了。一天晚上，他在波士顿一家剧院突然造访了《波士顿抄本》（*Boston Transcript*）的负责人帕克（H. T. Parker），向他抱怨说他没有对哈佛戏剧俱乐部（Harvard Dramatic Club）的一次演出写过评论——肯尼思本人也曾当过剧务。帕克对这位年轻人的精神印象深刻，他向他道了歉，并邀请他共进晚餐，不久之后又交给他一份兼职评论员的任务。在肯尼思和奥尼尔相识之前，他已经非常有名气——他是帕克的专职助理，每周拿25美元薪水；费城一家报纸的娱乐编辑；百老汇演出的新闻广告员；电影制作人萨姆·高德温（Sam Goldwyn）的公共事务专员;《纽约论坛报》的专栏作家——如今，作为《纽约环球报》的戏剧评论员，他在致力于提升百老汇戏剧评论的水平。他和《新共和杂志》（*New Republic*）的斯塔克·扬（Stark Young）和《纽约时报》的亚历山大·沃尔科特一起，代表了新一代的评论家。他们有思想，消息灵通，易于接受新生事物，与《纽约晚邮报》（*New York Evening Post*）的J. 兰金·陶斯（J. Ranken Towse）和《纽约美国人报》（*New York American*）的艾伦·戴尔（Alan Dale）形成了鲜明的对比。陶斯是一个想法古怪的七十多岁的老人，从19世纪80年代起就开始写剧评；戴尔也是一位老者，衣着整洁，个子不高，心怀叵测，而他天真地将此当成智慧。至于乔治·吉恩·内森，他是一位有创见、顽皮但严肃的戏剧界的学者，一位智慧超群的人，爱开玩笑，发表过一些像烟花爆竹那样稀奇古怪的观点。

在尖顶山，剧作家整个夏天都在进行《泉》的创作，这个旧基地不再是一个远离尘嚣之地。住在奥尼尔附近的路易斯·凯勒莱姆（Louis Kalonyme）跑来跑去给奥尼尔取东西，给他帮忙不少。他是一位自由新闻记者，同时还搜集名人信息；萨克斯·康明斯和尼古拉斯·默里先后拜访了奥尼尔，默里给奥尼尔和艾格尼丝拍了些照片；特里·卡林也不时造访。年龄——他现在已近七十岁——和禁酒令都不能使卡林慢下来，他衣服破旧，口袋里永远没有钱，但却很平静。像《送冰的人来了》中的那位“哲学家”拉里·斯莱德一样，他喜欢坐在人群边观看他人的滑稽动作；在生活中，他不仅是一位旁观者，更是一位能时常给朋友带来兴趣和快乐的人。在一次倒霉的试验中，他做了一个大木轮子，上面固定了一个可以自由旋转的高空作业坐板，在沙丘间来回漂移。在一次试乘时，他从上面跌落，摔断了几根肋骨。虽然禁酒令大大降低了他的酒瘾，但锻炼了他的创造天赋。他用当地产的浆果酿酒，把瓶子埋在沙中发酵；他还拿蘑菇和其他什么东西（他说，“臭菘是唯一的一种既不适合吃又不适合做酒的东西”）做实验；所有的试验都失败的时候，他就用一块不太干净的手帕包住并挤压“罐装化学燃料”（固体酒精）。一天，他像做梦似地自言自语：“我必须停止喝甲醇了。这东西开始影响到了我的视力。”

通过博比·琼斯，奥尼尔结交了画家伊本·吉文（Eben Given）和他的音乐会钢琴家姐姐西尔玛·吉文（Thelma Given），他们的父母在他们位于普罗文斯敦的房子里摆满了古玩和他们去欧洲旅游时带回的各种纪念物。伊本、西尔玛和他们来自德累斯顿的母亲关系很好——父亲不常和他们在一起——这在某些方面预示了他们家庭背景中有一个古而有之的遗憾。伊本是尖顶山的常客，在他的记忆中，不管有多少人在场，奥尼尔总是不合群，一个人沉浸在自己的世界。他说：“金常常像幽灵一样在那个地方走来走去。他与日常生活中的技术工人好像没有打过任何交道——水暖工啦，木匠啦，所有这些。艾格尼丝是他和外部世界之间的联络员。”

和早年不修边幅形成鲜明的对比的是，如今奥尼尔非常喜欢条理、整洁、规律，尽可能对生活做出计划。一吃过早饭，他就会回到楼上的书房，纸笔在桌子上摆放得整整齐齐。有时候，他写作非常投入，会写上一整天，忘记吃午饭，但是下午他一般会游泳，划橡皮艇，击打拳击沙袋，在海滩上长时间散步，每一项运动的时间长短都差不多。尽管他身体很好，他不知怎的非常担心自己的健康，担心会感冒；一次，他吐了血，非常担心是不是肺病又犯了，他伤心地对伊本·吉文说：“我总感到会是这样的。当我开始取得成功的时候，我的健康状况就下降了。”伊本的父亲学过医，在给他检查过以后告诉他不用担心，吐血仅仅是喉部的一个血管破裂所致。

当他八月底即将完成《泉》的创作的时候，艾格尼丝来到了纽约，租了一个公寓作为他们一家在纽约的住所，此时《安娜·克里斯蒂》和《救命草》正在排练。艾格尼丝又去了新泽西州，和父母以及她上次婚姻的孩子芭芭拉·伯顿（Barbara Burton）在一起住了几天，芭芭拉目前由博尔顿夫妇抚养。在艾格尼丝不在家期间，一场大火烧掉了在尖顶山附近搁浅的那艘运煤船；后来，奥尼尔给她写信说，他担心火星会引燃旧基地：“像已经被烧成炭的驳船的余烬一样，大火的折磨几乎摧毁了我……过去几天，我非常孤独和失落。仿佛大火破坏了我的思绪，让我从过去两个月中已经找到落脚点的创作高峰跌落，让我在身体上和感情上跌入悲伤的涡流，世界呈现出灰蒙蒙的一片。无论如何，也许每年非常准时的八月悲伤将很快对我发动袭击。（他的‘八月悲伤’可能开始于他的童年时期，夏天结束意味着，他在新伦敦几个月幸福生活的结束和全家和当演员的父亲一起在路上吉普赛式奔波生活的开始。）”

“如果我真的相信《泉》像现在看起来那样糟糕，我情愿把文稿吊在洗手间的钩子上。不是它死，就是我……回家吧，让我重新复活！这些日子就像令人痛苦的、徒劳无益的炼狱。”

本来就感到不安，那天晚上的暴风雨又把奥尼尔吓得够呛，一连好几个小时电闪雷鸣，这是奥尼尔在尖顶山经历的最糟糕的事情。奥尼尔对包括闪电在内的自然因素怀有像古人一样的敬畏，那天晚上暴风雨最猛烈时，他躲进了壁橱。几年后，他把这种原始的感觉投射到了《发电机》（*Dynamo*）中可敬的莱特和他的儿子鲁本身上。《发电机》是一部奇怪的、模糊不清的剧本，流露出作者对电的神秘主义态度。

九月份，奥尼尔接到的一份电报让他欣喜若狂，用艾格尼丝·卡尔的话说："他像个孩子一样跳了起来，大喊大叫。"电报内容可能是阿瑟·霍普金斯把《泉》列入了演出计划，这是当时该剧的一大进展。为了庆祝，"为了我们的最好消息"，剧作家决定安排一次宴会，让克拉克夫人从波士顿订了乳鸽和其他的特色食物。自从《黄金》失败以来，奥尼尔整个夏天滴酒未沾，但宴会那天晚上他和艾格尼丝都喝了酒。客人们离去后，当克拉吉和卡尔姑娘在打扫卫生的时候，那只名叫马特·伯克的爱尔兰梗对那只名叫安娜·克里斯蒂的猫发动了进攻，它们厮打在一起，狂吠着、哀嚎着。艾格尼丝想分开它们，抄起一根拨火棍朝狗打去。奥尼尔两眼放光，警告艾格尼丝道："别再打他，不然我杀了你！"听到这话，她用拨火棍向丈夫打来。他抓住她的脖子，一把把她扭到身后，抓住她的头发，把她朝海滩拖去，艾格尼丝大喊："金！金！"当女仆试图阻拦他们的时候，克拉吉一把把她推开了（"这以前发生过"），于是姑娘跑到特里·卡林和路易斯·凯勒莱姆住的小屋求助，最终他们让奥尼尔平静了下来。第二天上午，奥尼尔非常懊悔，正如克拉克夫人所说，"恨死他自己了"。

虽然奥尼尔不太喜欢猫，但他迷信地认为，剧本《安娜·克里斯蒂》的命运和与其同名的猫的命运息息相关。他担心猫尾巴感染了，就连忙把猫送到普罗文斯敦的丹尼尔·赫伯特医生（Dr. Daniel Hiebert）那里救治；后来，由于猫的坏疽持续发展，他又带着猫来了几次。在动身去纽约之前，他鼓励赫伯特说："你一定要让她活下来，至少让她活到剧本上演。"

百老汇正在经历一个惨淡的演出季。很多演出很快就彻底失败了。奥尼尔已经做好了最坏的打算，没有想过《安娜·克里斯蒂》或者《救命草》能够给他“挣一分钱”。然而，在参加了《安娜·克里斯蒂》的几次排练后，他告诉朋友们说，如果剧本失败了，他只能怪自己的剧本。在阿瑟·霍普金斯身上，他终于看到了他自己那种类型的制作人和导演，一个正直和有眼光的人。霍普金斯坚持认为，剧场的作用“是使所有相关的人的潜力得到发挥——剧作家、演员，尤其是观众”。他在百老汇的制作人中真的与众不同，他挑选剧本的主要原因不是他认为剧本会取得成功，而是“他感到该剧本应该演。从此，你就心甘情愿成为戏剧的仆人”。作为导演，他的诚实和态度也同样与众不同：“我们知道演员为导演所造一说，这是我所见到过的奇迹……导演强加给演员的表演就是一颗绑到根本没有开过花的树上的假果……导演带给观众最了不起的礼物是信任，对演员丰富潜质的信任。”正如他所说的那样，他工作得很有技巧，不去打扰，很多演员感到他们根本没有被指导。他不是告诉他们该如何去做，而是鼓励他们去掉所有模式化的手势，所有老套的伎俩，把角色的精髓传达出来。他营造了一种令人宽慰的气氛，可以让演员们感到放松并下决心做到最好——这种方法对那些有潜质和经验的演员效果良好，但对那些需要有力的指导的演员来说并不太乐观。

在《安娜·克里斯蒂》最后的某次排练中，一位非常不自信的女演员波林·洛德双手抱住霍普金斯的脖子，哭泣道：“我已经尽力了。”“我想是这样。”他回答说：“没人能忍受更多。”

甚至他的长相也令人宽慰：他身材矮胖，面色红润，他的昵称“霍比”（“Hoppy”）意思是一位戴着礼帽的中年丘比特娃娃。他和奥尼尔很像，不仅在他们对戏剧的执着上，还在于他们两个都不喜欢闲谈。其实，这位制作人比剧作家还要少言寡语。有时候奥尼尔拜访他，这两个人会坐上十或者十五分钟，其间一句话都不会讲，但霍普金斯的媒体经纪人奥利弗·塞勒（Oliver Sayler）认为，他们“在开会”。

霍普金斯对轻歌舞剧的创作、制作和排期对他的学徒阶段帮助很大。作为一名合法的制作人，他是百老汇第一批反对戴维·贝拉斯科的超写实主义和拥护阿道夫·阿皮亚（Adolphe Appia）和戈登·克雷格提出的极富想象力和创新性的表演技法的人，几乎没有其他的制作人能够达到，甚至接近，他的记录。托尔斯泰（Leo Tolstoi）的《赎罪》、巴德的《理查三世》（*Richard III*）和贝内利（Benelli）的《逗趣》——约翰·巴里摩尔在三部戏中领衔主演，他的弟弟莱昂内尔出演了《逗趣》——霍普金斯执导的作品不仅立刻在商业上获得了极大的成功，也取得了艺术的胜利。这些戏的出彩之处不仅归功于一流的表演，还归功于布景、服装和罗伯特·埃德蒙·琼斯的灯光，在这个领域他是一个真正的艺术家。

为《救命草》被搬上舞台已经等了太长的时间，奥尼尔对这个故事发生在结核病疗养院的剧本失去了兴趣，但是他不能对这个剧本视而不见。他有一段“令人兴奋而又令人头疼的时间”，奔波在泰勒的排练和霍普金斯的演出之间。尽管业务缠身，他还是抽出时间处理了一件个人事务——结识现在已经11岁的大儿子。几个月前，他收到一位律师的来信，信的目的是由于他现在已经获得了成功，他的前妻，即曾经的凯瑟琳·詹金斯希望他能够支付他们儿子的教育费用。她现在嫁给了政府雇员乔治·皮特-史密斯，他们住在长岛，经济状况不太好，凯瑟琳希望他们的儿子，也是她唯一的儿子，能够拥有她能力之外的优势；否则，她不会来找她的前夫。奥尼尔马上表示愿意帮忙，他们二人都感到两人的私人交往过于尴尬，就继续通过她的律师进行联系。最后，在犹豫之后，奥尼尔说他想见见儿子。其实，他害怕有这个想法，他担心这个年轻人会平凡无奇，这会让人感到失望。但是，他内心还燃烧着其他的、更为深刻的感情——他有一种负罪感，猜想孩子可能会嫌弃甚至憎恨这个缺席了这么多年却突然出现的父亲。

小尤金·格拉德斯通·奥尼尔（Eugene Gladstone O’Neill, Jr.）的母亲再婚时，他已经五岁了，他有了一个新名字，理查德·皮特-史密斯（Richard Pitt-Smith），并被告知皮特-史密斯先生是他的父亲。虽然凯瑟琳说他们两个相处得很好，她也曾经承认她有过婚史并有一个儿子的丈夫希望她没有孩子；凯瑟琳的母亲凯蒂·詹金斯（Katie Jenkins）好像和皮特-史密斯之间也有矛盾，她喜欢她的外孙，而皮特-史密斯认为她“宠坏”了他。皮特-

史密斯希望看到凯瑟琳和他与小尤金年龄相仿的儿子关系融洽，他儿子与其母亲住在一起，周末与父亲和继母一起过。他们家的矛盾情况可能并没有很多其他家庭强，但是很明显，皮特-史密斯走进凯瑟琳的家庭对已经习惯了母亲和外祖母的娇惯和无微不至的爱的小奥尼尔发生了令人不安的影响。他以前表现很好，现在却很叛逆，于是像他的父亲一样，被送到了一所寄宿学校——这是一所军事化学校，接纳的一般是难以管教的孩子。也像他父亲一样，他在学校感到很不愉快，觉得母亲不喜欢他；他好几次跑回家，结果是再次被送回学校。

他外祖母带他去位于曼哈顿西35街36号奥尼尔夫妇和博比·琼斯共同居住的公寓时，他穿着他黄褐色的制服。孩子去见他刚刚听说是他父亲的这位著名的剧作家的时候，詹金斯等候在大厅。这阵势让奥尼尔很紧张，他邀请麦高文在场给他提供道德支持，同时帮助谈话进行，然而这种预防措施证明完全没有必要。起先，父亲和儿子都很害羞——奥尼尔双手颤抖——但很快他们就开始了轻松交谈，主要是关于棒球和学习的话题，当奥尼尔想起了他上小学和大学时是一个坏孩子时，他咧嘴笑了笑。这次相见比任何人预料的都要顺利得多；奥尼尔高兴地看到儿子很机警漂亮，儿子非常明显对他也没有敌意，很显然对孩子来说，这位名人父亲也给他留下了很好的印象。第二年夏天，他受邀来到尖顶山。在回家的路上，他告诉母亲他比绝大多数孩子都幸运，因为他有两个父亲，而其他的孩子只有一个。虽然一切进展顺利，这让凯瑟琳很放心，但她向一位朋友坦言，她对此感到很“奇怪”——“他们非常合得来，我感到我要失去我的儿子了。”

几个月后，奥尼尔把一份《安娜·克里斯蒂》的脚本送给了乔治·吉恩·内森。听说这位评论家觉得剧本的结尾过于乐观，奥尼尔感到很担心。他用防御性的口吻回信道：“安娜强迫她自己被接受，在第三幕中间，最戏剧的时刻。在现实生活中，我感到，纯粹用语言难以表达，安娜无意识中被迫面临那种常见的‘大场合’，满怀希望等待着好的结局。她是唯一一个知道她到底想要什么的人，她会得到的。”

“外面的大海——生活——在等待。幸福的结尾仅仅是一个介绍性的从句最后的逗号，而句子的主体还没有写出来。[其实，我曾想把剧名定为《逗号》(*Comma*)。]……我剧本的结尾看起来有一个虚假的、误导的确定性——一生的幸福并不是我的目的。”

他的担忧是有道理的。该剧于1921年11月2日在范德比尔特剧院（Vanderbilt Theater）上演，反响很好，但也有一些评论家指责剧本的结尾，其实更多的人指责作者是为了迎合票房。举个例子，伯恩斯·曼特尔说该剧是第一部“病态的年轻天才用所有高雅戏剧艺术家都嗤之以鼻的愉快结尾进行妥协”的剧本；斯蒂芬·拉思本（Stephen Rathbun）也并非无端猜测，他怀疑剧作家是不是“正在逐渐蜕变成为一个百老汇的剧作家”。

他尽管对这些评论的主要意思不在意，(“该剧远远胜过普罗文斯敦的绝大多数剧本。”……“纯粹现实主义的，剥去了虚饰，直达丑陋的要害，《安娜·克里斯蒂》是奥尼尔最好的剧本。”……“奥尼尔充分达到了他的戏剧目标。”）但公众对他的肯定被他与百老汇合流的指控抵消了。奥尼尔既感到生气，又感到受到了伤害，他不得不“做出解释，而不是自卫”。他公开说道:“在《安娜·克里斯蒂》的最后几分钟，我想表明有新的力量从过去的力量中戏剧式地聚集。我想让观众离开剧场时深深感到生命还在流淌……问题暂时解决了，但是问题的解决本身又会带来其他的问题。”

“因为最后一幕好像总是被误解，我的意图肯定失败了……最后一场中的一个吻、提到的“婚姻”这个词，让观众对接下来发生的故事视而不见、听而不闻……本来非常明显，也非常容易——对于这部戏，甚至按照惯例——让我的最后一幕成为悲剧。但是看看剧中角色的内心，我发现并不是这样。这本不是真实的。他们也不是那种人。他们只是用我赋予他们的愚蠢的、不成熟的、妥协的方式行事……”

“最后，有人认为我故意歪曲了最后一幕，为了剧本世俗意义上的更加成功而给这部戏安了一个‘愉快的结尾’。我只能对这些人说：你可以那样臆想，但悲哀的是戏剧史上有足够多这样的先例。另一方面，你有充足的理由不相信我能写愉快的结尾。”

虽然奥尼尔对指责他为了金钱出卖自己做出了辩解，但他剧本的结尾看起来是错误的。他的错误在于他希望他的观众能够和克里斯的观点一致；正如特拉维斯·博加德教授所说，“奥尼尔将克里斯把大海看作是一种邪恶力量的观点……强加给整个剧本”。但剧中安娜是剧作家最重要的代言人，尤其在她对大海具有神秘主义的反应这一点上；进一步说，她是最令人同情的人物，我们慢慢地对她都有一种认同感，虽然克里斯充满预言性的低语中称大海为“老魔头”，我们还是希望事情能够变得更好。

奥尼尔仍然为媒体对他最后一幕的批评而苦恼，他对霍普金斯的助理奥利弗·塞勒说：“《安娜·克里斯蒂》是我经历的最糟糕的失败，和我开的最具讽刺性的玩笑——有可能它的成功是因为观众恰恰相信了我不想让他们相信的东西。要不是演出时还涉及一些相关的其他人，我向你保证但愿下周六演出就结束为好。”他最初不喜欢该剧被主流解读的方式，接下来对这个剧本也不喜欢起来，最后对它的评价也降低了。几年后，当约瑟夫·伍德·克鲁奇（Joseph Wood Krutch）想编辑一本他的剧作集征询他的许可时，奥尼尔回答说：“当然可以，你自己判断好了，有一个附带条件，不要收录《安娜·克里斯蒂》。”

关于那个剧本，不管他们有什么保留意见，评论界对由波林·洛德主演，乔治·马里恩扮演克里斯，弗兰克·香农（Frank Shannon）扮演马特的演出都赞赏有加。波林·洛德用了几年时间把这些有争议的角色打造成了很完美的角色，最终为该剧做出了巨大贡献，使该剧与其齐名；双唇流露着忧伤，声音哀婉，带着被压抑的情感，勇敢的肢体动作慢慢变成了无望的颤抖，她的表演征服了所有人。当安娜一口气结束了她富有激情的讲话时，范德比尔特剧院响起了欢呼叫好声。安娜把生活的真相，她肮脏的生活真相，告诉了这两个男人：“我是在一家妓院，事实就是这样——是的，就是那类妓院——那类像你和马特到了港口的时候也去玩的地方——全是男人，真该死！我恨他们！我恨他们！”

当晚，在首演结束后，奥尼尔夫妇和博比·琼斯在他们的寓所举行了一次聚会，来宾中有百老汇人士、普罗文斯敦剧团的成员，以及包括“西班牙人威利”在内的尤金在格林尼治村的一些酒友。埃拉·奥尼尔和杰米没有参加，因为负责此次聚会的艾格尼丝认为，她婆婆有可能会不喜欢饮酒和聚会上的一些活动；但她错了。埃拉虽然表面喜欢艾格尼丝，但从来不赞成她儿子的此次婚姻，部分原因是艾格尼丝曾经结过婚并有一个孩子，部分原因是她不是天主教徒。埃拉和杰米都想找她的茬，认为没有邀请他们参加是看不起他们，就抱怨奥尼尔。奥尼尔反过来不做判断，就指责起妻子来，而不管她是不是看不起他的母亲和哥哥。

这些都是后来发生的。在聚会那天晚上，琼斯打量着人群，说道：“山羊排成了一对，绵羊排成了另一对。”对奥尼尔来说，这次庆祝的宴会只有酒才能让他能够忍受；在一位来自都柏林的女士试图用盖尔语和他交谈之后，他就带着一瓶酒躲进了浴室，趁清醒把查尔斯·奥布赖恩·肯尼迪也一同拉了过去。奥尼尔坐在浴盆边上，把他一直在考虑要写的一个剧本的故事给他大概讲了一下。故事是基于奥尼尔的一位叫德里斯科尔的司炉工朋友，他1915年自杀了，这看起来和他自鸣得意的水手身份并不相符。像奥尼尔写的关于这个人的那部短篇小说一样，他把该剧命名为《毛猿》（*The Hairy Ape*）。此时，奥尼尔不但在脑子里把这个故事构思成熟了，而且认为最适合出演剧中主角的人非路易斯·沃海姆（Louis Wolheim）莫属。他是肯尼迪的一个朋友，身材笨重，脸像一只攻城槌。沃海姆和肯尼迪都以各种身份给阿瑟·霍普金斯工作，时而是演员，时而是演出助理。应剧作家的要求，肯尼迪第二天拜访了他的这位朋友并直言不讳地问他：“如果是奥尼尔写的剧本，你愿意扮演世界上最平凡的角色吗？”沃海姆回答说：“如果是奥尼尔写的，我愿意扮演。”

《安娜·克里斯蒂》首演两天后的一个晚上，乔治·泰勒在新伦敦单独演出了一次《救命草》，他认为，如果有哪个地方作者会受到鼓励的话，那就是在这里了；但奥尼尔本人并没有参加，因为演《安娜·克里斯蒂》的那帮人又让他参加了一次马拉松式的狂欢，现在他正待在西班牙人威利的家里。听说《救命草》的故事发生在一家结核病疗养院，受此吸引，新伦敦几乎所有的医生都去了兰心大戏院（Lyceum Theater），爱德华·基夫（Edward Keefe）、阿特·麦金利（Art McGinley）和奥尼尔的其他朋友也都去了。埃拉·奥尼尔由她当地的一个亲戚，年轻的爱丽丝·谢里丹（Alice Sheridan）陪着也去了。虽然奥尼尔夫人在佩科特大街度夏超过三十年，但镇子上的人对她几乎一无所知，只有为数不多的几个人认出了她，到她的包厢向她祝贺奥尼尔名声日隆。演出之前，她几乎没说什么话，演出之后她也没有说太多，她只是告诉谢里丹小姐，她觉得这个戏很“有趣”。

但她的亲戚布伦南夫妇却有很多话要说，并且愤愤不平，因为他们认为奥尼尔用他们的名字命名剧中一个非常可恶的人物，是给他们的一记耳光。奥尼尔对爱德华·基夫说：“布伦南夫妇对我很恼火，他们认为那个脾气暴躁的老泼妇似的继母是对他们母亲的直接羞辱，他们坚持认为他们的母亲是一位淑女，根本不是剧中的那种货色——这只因一个名字，‘布伦南’！你避免不了！我试图跟他们解释，每一个城市的姓名地址簿中满满都是布伦南，可是没有用。”

他肯定写信半开玩笑地跟基夫说过，因为他根本不喜欢布伦南家的人，尤其是那个叫莉莲的老女人，一位虔诚而好事的人，她的母亲是一位独断的女家长。早在1914年，在读过奥尼尔首部剧作集《渴》（*Thirst*）后，布伦南夫人把它扔进了壁炉，说道：“应该有人告诉奥尼尔不要有歪门邪道的想法！”他们同样发现，布伦南家的一位姑娘通过婚姻成为了罗杰斯（Rodgers）夫人，这就有了相关性——说相关，是因为《与众不同》一剧中的那个无赖就叫罗杰斯。其中蕴含了无尽的不满，奥尼尔对此记忆犹新。

《救命草》在新伦敦试演的时候，约翰·韦斯特利被证明出演年轻的新闻记者并不合适；11月10日，该剧在格林尼治村剧院（Greenwich Village Theater）首演时，奥特·克鲁格（Otto Kruger）取代了他。绝大部分评论者认为该剧质量并不均衡，而且主题也让人感到压抑。风格通常诙谐的艾伦·戴尔认为，剧作家“将来有可能写一部关于癌症的音乐剧”。路易斯·V. 德福（Louis V. De Foe）在谈到《救命草》和《安娜·克里斯蒂》时说：“仿佛只是生活中那些病态的、阴暗的、或者悲哀的东西吸引了他的注意。”德福预言，虽然他能力出众，但除非他克服他“不幸的偏好”，否则会“极大地限制他在戏剧界发挥作用和影响”。与此同时（为了说明奥尼尔的作品为什么让评论家感到困惑），这位评论家认为，《救命草》和《安娜·克里斯蒂》“辛辣有力，使当今剧目单上的其他剧本显得苍白、笨拙”。

由于狂欢而身体状态不佳，奥尼尔没有观看《救命草》就回到了普罗文斯敦。该剧的上座率不高，在演了两周半后就停演了。泰勒写信告诉奥尼尔，该剧的失败不能归于剧场的位置，因为剧场其他的演出都很成功。他在11月29日说：“好像大家认为，他们进了那座剧场就会染上结核病一样。”

奥尼尔在12月2日的回信中写道：“但愿下次运气能好些！正如你所说的那样，问题肯定在于剧本的主题。我曾经离剧本发生的场景很近，对此我不会感到恐惧，可是我想绝大部分人都会感到恐惧。所以失败的问题，如果有问题的话，都在于我。”忘记了或者说掩饰了他和泰勒都曾对该剧的前景非常乐观，他继续说道：“我想对你表示感谢，你把一切赌注都押在其他剧场经理都会当作‘无望的希望’而加以拒绝的剧本上。我知道你常常盼望哪怕再渺茫的商业成功的机会；但你仍然坚持前行，因为你相信这是一部值得上演的好戏……或许，将来某个时候，我会给你带来成功，以弥补《克里斯》和《救命草》。”虽然如此，这标志着他与他父亲的好朋友和长期的制作人业务合作的结束。

# 第四章　母亲离世

在奥尼尔于1921年12月写给奥利弗·塞勒的两封信中，看起来，当一个人创作的无意识在积极工作，并在事实上随时显示出其威力的时候，与此同时，他的意识可能会搁浅。5日，剧作家说依他目前的心情，他发现“很难考虑有关戏剧的事情，或者有什么感觉，或者表达什么见解。我正处在毫无创作思想的阶段——只是读读文章和《星期六晚邮报》，什么都不想，长时间散步，至于情绪反应，总的来说，我仅仅是非常讨厌这个世界，但这种讨厌会慢慢减弱……但当沙丘在我的步行范围之内的时候，我身上这些极端厌世的情绪就不会持续时间太长，我希望在接下来（的信中）跟你说一下，我完全复活了。”

仅仅过了两天，他就以“发疯的速度”开始了《毛猿》的创作，正如他10日告诉塞勒的那样：“我想写的东西进展很顺利……这是一部‘灵感’之作——也就是说，你有感觉或者没有感觉，你有感觉，你就可以利用它，你没有感觉，就写不出来。”

三天后，他告诉查尔斯·奥布赖恩·肯尼迪说：“剧本进展极为顺利。我想我完全在状态。相信我，这将是一部力作——用新方法完成的作品，顺着《琼斯皇》的构思思路，但比《琼斯皇》做得更好。你可以替我告诉沃海姆，这将是一个比布鲁特斯·琼斯更了不起的角色。我如果没有干扰，进展顺利的话，我想，元旦的时候我将完成全部创作——按照一般写法。可是真讨厌，问题是我不得不去纽约待一段时间去看望我的母亲和杰米，他们马上要动身到加利福尼亚去了，要在那里待上一年。但无论有什么干扰，我如今全身心地扑在了剧本上，剩下的问题就是我多长时间能写完。”

他的进展非常顺利，只用了两周半的时间就写完了剧本，12月23日全部完成；然而，这个剧本在他的大脑中已经构思了数年。他说：“寻找为什么德里斯科尔……自杀的解释为我提供了《毛猿》最初的想法。”《安娜·克里斯蒂》中，马特·伯克是一个浪漫化了的、肤浅的强壮司炉工形象，奥尼尔过去常常和他在吉米神父的酒吧（Jimmy the Priest's）喝酒，这部新戏中的扬克（Yank）身上体现了作者对德里斯科尔这个命中注定以不合时宜的方式死去的人的最根本看法。

奥尼尔最初打算把扬克塑造成一位爱尔兰人，但后来把他写成“一位纽约壮汉中的壮汉，一个水滨造就的司炉工”。凭一身的蛮力和好斗的性格，扬克处于主宰地位，他因为感到“有归属感”而心怀自豪。当派迪这个怀旧的老水手感叹过去帆船的时光时，扬克不假思索地说：“我顶事，他不顶事。他死了，可是我还活着。……炉膛口是地狱吗？当然！要在地狱里工作就得这样。我开动了什么东西，世界就转动了！……我就是使煤燃烧的东西；我就是喂机器的蒸汽和石油；我就是使你听得见的噪音里的那种东西；我就是烟、特别快车和轮船和工厂的汽笛……我就是炼铁使它成为钢的东西！钢，代表一切！而我就是钢，钢，钢！”

扬克对钢的赞颂和奥尼尔早年读的卡尔·桑德堡（Carl Sandburg）的诗集《烟与钢》（*Smoke and Steel*）中用作标题的诗中的一些段落很相似。桑德堡的诗是这样的：

工厂周围带有倒钩的铁丝网。
工厂大门警卫枪套中的钢枪。
钢制的矿船运来一船船从地下开采的矿石
由钢制的工具开采、运升和拖曳……
转轮、抓铲皆为钢制；它们挖掘
抓握、拖拽……它们都是钢制的钢……
海洋上的货轮，地上的摩天高楼；潜在海洋中
的钢，架在空中的钢架。

这首诗仿佛在奥尼尔身上起到了催化作用，加速了这部在他大脑中已经酝酿了好几年的剧本的成形。在第一场结束时，扬克对念念不忘过去的老派迪厉声说："噢，你叫我恶心！你不顶事！"接下来，剧本继续展现扬克残酷的觉醒，他意识到他自己的"不顶事"，他也从来"不顶事"。促使他命运急转直下的是一位女继承人，她是一位钢铁巨头的女儿，为了寻求刺激要到地狱般的炉膛口。当她看到个子高大，大汗淋漓，半身赤裸的扬克时，她吓坏了。她大声喊道："快带我出去！噢，肮脏的畜生！"然后便晕了过去。正如一个司炉工所说，她的行为仿佛是"她看到了一只从动物园逃脱的大猩猩"。

心里想着受到的羞辱，扬克气急败坏，发誓要向她和她所属阶级的人复仇；可是他所有的尝试都以受挫和失败而告终。还没等他来得及"吐那个白脸浪货一脸"，他就被"一帮公牛"从甲板上推搡到了一边；在第五大道，他想挑逗那些去教堂做礼拜的富人和他打一架，可是他们对他却视而不见，仿佛他根本不存在一样；当最终有人发现了他的存在的时候，他就被警察给抓了起来。从监狱放出来后，扬克去了世界产业工人联盟在当地的分支机构，志愿报名要去炸掉"所有的工厂、汽船、房屋、监狱——钢铁托拉斯和

支持它运转的一切力量”。这帮人对扬克没有把握，猜测他是警局的一个探子，就把他扔了出去。

在作者最早的构思中，扬克回到了锅炉舱，回到了那个看似监狱一样的地方，但是随着剧本的成形，扬克变得很固执，拒绝回去。他继续前行，来到了动物园，心中有一个朦朦胧胧的念头，他也许在动物园能明白些什么；站在猩猩笼子外，他感到这家伙比他幸福。他对猩猩说：“我不在地上，又不在天上……我在天地中间，想把它们分开，却两头受气。”他打开笼子，想和大猩猩交朋友，然而它一把把他抱住，一阵咯咯啪啪筋骨断裂的声音，它把他瘫软的躯体扔进了笼子，离开了。扬克大喊：“上帝，我该从哪里开始哟？又到哪里才合适哟？”然后他就死了。作者在剧本的最后说：“也许，最顶事的，毕竟还是毛猿吧。”

剧作家认为：“扬克既是一个个体，又是“一个丧失了过去和自然的和谐的人类的代表，当他过去还是动物时，拥有这种和谐，而在精神层面却无法得到……扬克不能前进，于是他试图后退……但是他的后退也没有让他有归属感。大猩猩杀死了他。这是一个古老的主题，并一直会成为戏剧表现的主题，这个主题就是人以及人和自己命运的抗争。过去是和上帝进行抗争，现在是和自身抗争，和自己的过去抗争，他努力想找到‘归属感’。”

从根本上说，扬克的原型不是司炉工德里斯科尔，而是奥尼尔本人，一个一生都没有“归属感”的人。作为丈夫，他想通过和艾格尼丝变成“不可分割的一体”来克服孤独感；当心情不悦时，他感觉受到了委屈，对她心生不满，他们之间缺少完全的结合，完全的和谐。（他努力想和艾格尼丝保持一种不可能的关系，这已在《最初的人》中得到了有限的展示，而这一点将在他1923年的剧本《难舍难分》中得到深入探索。）他背弃了天主教，在精神上没有信仰，他极力将戏剧当作宗教。他对“百老汇剧院”感到不屑，相反，当他与吉格·库克和吉米·莱特谈论古希腊戏剧时，声音中总流露出羡慕；像宗教仪式一样，古希腊戏剧中有圣仪、神秘，以及和上帝之间的交流。在奥尼尔的戏剧生涯中，他试验了多种体裁和技巧；他将戏剧语言在本质上发挥到极致——不仅使用对话和动作，还使用面具、哑剧、歌曲、舞蹈动作、声效、合唱队和应答歌唱。他不遗余力地进行戏剧试验的背后是他将戏剧提升为宗教的永恒努力，他想创造一个令他有"归宿感"的世界。

在创作《毛猿》期间，他抽时间接受了马尔科姆·莫伦（Malcolm Mollan）的采访，马尔科姆曾是奥尼尔当初供职的《新伦敦电讯报》（*New London Telegraph*）的都市编辑，目前是一位自由新闻记者。（尽管莫伦对刚做新闻记者的奥尼尔相当苛刻，奥尼尔仍很可怜他，因为他染上了酗酒的恶习，生活拮据。）莫伦问他，他是否可以写一部结局快乐一些的剧本，奥尼尔回答说："如果我遇到这种好事，发现它有足够的戏剧性，而且也和生活的深层节奏合拍的话，我会写快乐的剧本的。但是快乐是一个词。快乐是什么意思呢？欣喜；人的一种存在和有价值的强烈感觉？那好吧，如果快乐是这个意思——并非假意地微笑着满足于一个人的命运——我知道，和已写出来的所有以快乐结尾的剧本比较起来，在一个真正的悲剧中所蕴含的快乐更多。"

"认为悲剧是不快乐的纯粹是今天的判断！古希腊人和伊丽莎白时代的人知道得更清楚。他们感到悲剧使他们得到了极大的提升。悲剧在精神上提升了他们对生活的深入理解。通过悲剧，他们从日常生活无意义的思虑中得到了解脱。他们的生活因为悲剧而变得高尚。"

一天晚上，奥尼尔在普罗文斯敦把《毛猿》读给吉格、苏珊和其他几个朋友听，他们都深深地被剧本打动了。不久之后，艾格尼丝的父亲爱德华·博尔顿（Edward Boulton）造访普罗文斯敦，在写给女儿玛杰里·博尔顿（Margery Boulton）的信中，他说："这剧是一个奇迹。如果你读了，你就不能入睡。"

《毛猿》充满了想象，有力、可怕，同时使用了现实主义和被称为表现主义（Expressionism）的程式化模式。表现主义，即"无序的戏剧"，正如一位作家所说，努力"把人物内心的活动以具象形式呈现在舞台上"。表现主义主要源自斯特林堡的剧本《一出梦的戏剧》（*The Dream Play*）和《鬼魂奏鸣曲》(*The Spook Sonata*)，随着魏德金德(Wedekind)、托勒尔(Toller)、凯泽(Kaiser)和欧洲其他剧作家效仿斯特林堡的做法，表现主义变成了一场运动，并由此而得名。奥尼尔在《琼斯皇》中首次尝试使用表现主义，他大量使用了一些特点鲜明的手段：面具或者面具似的面孔；扭曲的场景，暗指不正常的、幽闭恐怖的世界；各行其是、不与任何人打交道的毫无个性的人物。例如，《毛猿》中第五大道一场，去教堂做礼拜的人被描述为"一队衣服华丽的活动木偶，然而在他们超然、机械的冷漠态度中，却有一种惨痛的、自我毁灭的恐怖神情"。

结合表现主义的重要观点，奥尼尔认为《毛猿》部分地属于这个流派，但否认受到过托勒尔和其他人的影响。他将《毛猿》称为《琼斯皇》的"直接子嗣"，并且说，早先这个剧本"在我听说表现主义一说之前很久就写出来了"。但是，尽管奥尼尔这两个剧本之间存在明显关系，在奥尼尔创作《毛猿》之前，他已经看过并非常喜欢一部现已成经典的表现主义电影《卡里加里博士的小屋》(*The Cabinet of Dr. Caligari*)，他也读过一部原型表现主义剧作《从清晨到午夜》(*From Morn to Midnight*)。其实，奥尼尔的这部新戏基本和乔治·凯泽的作品相似：在这两部戏中，出身低微的主人公因为遇到了一位"女士"而从习以为常的生活中惊醒，经过一系列令人困惑的事件后最终在死亡中获得了宁静。

关于表现主义，奥尼尔说："我个人认为，思想除非通过人物才能传达给观众。当观众看到'一个男人'和'一个女人'——只是抽象的概念，人与人之间没有打交道，只有通过打交道，观众才能和主人公产生认同……扬克这个人物是一个男人，大家都认同他这一点。"

这里存在着问题的关键，这就是为什么奥尼尔尽力在他的剧本和《从清晨到午夜》这样的一部剧本之间划清界限，后者的主人公是一位银行职员，在剧中被简称为"一位出纳"。扬克对奥尼尔本人来说意味深长——他后来意识到这个剧本是他"无意识的自传"——他反对把扬克和表现主义常常表现的那些毫无人性的，甚至是恬不知耻的大人物归为一类。

《毛猿》计划交付给普罗文斯敦剧团演出，因为奥尼尔认为像这样一部非传统的剧本在非闹市找到愿意出资演出该剧的人之前，理所应当应该在闹市区证明一下自己。考虑到未来，奥尼尔就这部新戏给阿瑟·霍普金斯写了一封信，表达了他希望该制作人能够最终接受该剧的意愿；霍普金斯回信说，他不但对《毛猿》感兴趣，而且主动提出要在马克道格街演出该剧。

现存的奥尼尔于1921年10月末到1922年年初的书信往来表明，他是否像他打算的那样在他的母亲和杰米动身去加利福尼亚之前去了纽约尚存疑点。好几个月来，埃拉时不时感到头痛得厉害，她认为这是其努力处理已故丈夫杂乱的事务的压力所致。更给她添乱的是，她还不得不应付汤姆·多尔西的官司，他是一位兼职的房地产经纪人和全职的酒徒，他曾把他在新伦敦的绝大部分产业都卖给了奥尼尔。（这位剧作家儿子毫不客气地把多尔西在《进入黑夜的漫长旅程》中称作麦圭尔。）很显然，多尔西胆小，不敢反击，在一次很小儿科的伪造案中，他指控说，他有一笔3,500美元的地产没有收到佣金。他的控告最终被驳回，但该案件还是拖了一年多，给埃拉增加了无谓的开销和担忧。如今她要动身去加利福尼亚了，此行的目的既是为了她健康的原因，又是为了去看一下他和詹姆斯刚结婚后不久在格伦代尔市（Glendale）购买的土地。

1922年1月10日，埃拉和杰米离开一周后，奥尼尔给哈罗德·德保罗（Harold DePolo）写信说："我哥哥戒酒已有一年半。他的清醒有利于他对赛马的判断。他宗教一般严格遵循着他自己的一套体系，在银行也有了一笔不大的存款，一天会有好几个小时处于非常兴奋的状态。过去一年中，他几乎都在研究赛马。"他说，他母亲和杰米打算在海边一直住到春天。

碰巧不太走运的是，奥尼尔剧本的演出日程都赶在了一起。首先是《天边外》，同时还有《克里斯》的排练，紧接着是《安娜·克里斯蒂》和《救命草》，他现在还不得不面临"要同时参加两场排练的可怕喜悦"——《毛猿》和《最初的人》，后者由邻里剧场（Neighborhood Playhouse）的奥古斯丁·邓肯（Augustin Duncan）执导并担任主演。但是到了时候，奥尼尔没有去观看邓肯的演出，从而减少了一些痛苦。有一阵子，有迹象表明劳伦斯·朗格内尔供职的同仁剧院可能会演出《最初的人》，他是该剧团的执行导演之一。在给朗格内尔热情洋溢的回信中，奥尼尔把《最初的人》一剧提交给了同仁剧院。同仁剧院此前拒绝了《安娜·克里斯蒂》和《救命草》，而这一次又拒绝了《最初的人》。不久之后，朗格内尔向同仁剧院的另一位导演，经纪人莫里斯·沃特海姆（Maurice Wertheim）建议说，他应该给奥尼尔提供一两年的资助，这样他就可以摆脱金钱的烦恼而把全部精力都集中在戏剧创作上；沃特海姆回信表示赞成，朗格内尔就把这一消息转告给了剧作家。

奥尼尔对同仁剧院的做法感到困惑不解，就回信说，同仁剧院的做法自相矛盾，因为同仁剧院接连拒绝他的剧本，而如今却准备资助他未来的剧本。他说，如果所有其他的剧团和演出机构都像同仁剧院这样做，他就失去了作为未来的基础的过去和现在。他接着说，同仁剧院只有通过演出他的剧本，才能证明对他本人的信任，但他认为他与该剧团命中注定要永远分道扬镳了。

奥尼尔为《毛猿》一剧于元月初回到了纽约，但最初情况很糟糕。艾格尼丝患上了流感，紧接着和克里昂·思罗克莫顿一起设计布景道具的博比·琼斯也因过度劳累而倒下了。起先，本应由查尔斯·奥布赖恩·肯尼迪执导该剧，但吉格·库克对这项任务兴致颇高，奥尼尔不得不做出了让步。自从《泉》一剧在非城市中心区的剧院演出失败后，吉格·库克好几个月情绪低落，他的演出也是靠自己募集的资金来维持，因为普罗文斯敦剧团的成员投票反对资助该剧的上演。在演出的第三天晚上，卖出了四张票，第二天晚上该剧就停止了演出。同样令吉格失望的是，普罗文斯敦剧团的这个演出季不太好，事实上是最糟糕的演出季：苏珊·格拉斯佩尔没有倾注太多精力的《界限》（*The Verge*）；西奥多·德莱塞（Theodore Dreiser）梦幻般的作品《得心应手》（*The Hand of the Potter*）；还有一些平庸的独幕剧。剧社成员们情绪低落，一时也拿不出第四个节目，于是把剧院转租给另一个演出团体几星期，直到《毛猿》一切准备妥当为止。

《毛猿》的排练开始了，奥尼尔担任监督，库克担任导演，但接下来是，尽管库克《琼斯皇》导演得很好，但他并不胜任这个非常苛刻的新戏。随着奥尼尔越来越多地接管了这个戏的排练，库克感到自己的地位变低，受到了歧视，受到了排挤。一天晚上，菲茨的助手波林·特克尔在格鲁夫街和马克道格街交叉口的一角发现了他——他喝多了——正努力把一块砖从一栋大楼上撬下来。"事情需要松弛一下"，他边说边抓挠着混凝土墙壁。"我正努力把它们弄松。"还有一天晚上，吉格过去一个关系很铁的朋友弗洛伊德·戴尔（Floyd Dell）正和阿瑟·戴维森·菲克（Arthur Davison Ficke）在布雷武特街的一家烤菜餐馆吃饭，这时喝得醉醺醺的吉格加入了他们的饭局，并鼓励他们说，他们应该回到爱荷华州的达文波特市去，把该市变成"美国的雅典"。他变得越来越激动，在屋子里来回迈着步，同时用一把餐刀敲打着盘子，他称其为"出征舞"。

吉格此刻让自己相信，不是他失败了，而是其他人辜负了他，尤其是奥尼尔。他觉得他本人和普罗文斯敦剧团受到了盘剥，如今他被扔在了一边，把马克道格街上的剧院仅仅当作剧本进入百老汇的试演场所。剧社利用了奥尼尔的天赋，如果没有奥尼尔的剧本，剧社将不会那么风光，有可能正是奥尼尔的剧本使剧社避免了早早关门的厄运——库克对所有这一切视而不见。在审度了他的处境和自从《琼斯皇》取得的纷争不断的成功后剧社所发生的事情后，他做出了一个决定。他告诉苏珊·格拉斯佩尔："是该到希腊走一趟的时候了。"到埃斯库罗斯（Aeschylus）、索福克勒斯（Sophocles）和欧里庇得斯（Euripides）生活过的地方走一遭是他一生最大的梦想；如今他不仅仅要到过去中去朝圣，还要从现在中寻求避难。

2月23日，吉格和苏珊、埃德娜·肯顿、菲茨、克里昂·思罗克莫顿以及剧社的律师哈里·温伯格一起，在他位于第35街的公寓和奥尼尔见了面，目的是决定剧社未来的发展方向。他们同意：在《毛猿》之后上演苏珊的一部新戏《如露之链》（*Chains of Dew*）作为本演出季的最后一个节目；为了保留普罗文斯敦剧团的名称，他们中的七个人共同成为公司的董事（在库克夫妇和他们的同盟埃德娜·肯顿的坚持下，经常和吉格有矛盾的吉米·莱特被排除在外）；普罗文斯敦剧团将休业一年，在休业期间租给另一个演出团体。在几天后的分别餐会上，吉格喝了酒，话变得有些多，他说到了在爱荷华州生活时他的理想，他对剧社寄予的宏大愿望，最后和奥尼尔严肃地交换了意见。库克夫妇打算离家一年左右的时间，3月1日，他们登上了地米斯托克利号（*Themistocles*）；他们不想在家看到大家盼望的对《毛猿》的喝彩。

库克1924年去世后，奥尼尔说他是“剧社了不起的人，起主导作用和引发灵感的天才。总是富有激情和活力，但对那些错误或者妥协的东西没有耐心，他代表了反叛落后守旧传统的精神……”然而，在1922年，奥尼尔对他的主要感觉是愤怒。尽管清楚库克对剧社所做的贡献，奥尼尔还是觉得吉格没有提携新秀，目空一切，常常判断错误。

时间不紧迫时，奥尼尔常常受到他和吉格之间不和、吉格和苏珊离去的影响，但一旦他除了《毛猿》之外什么都不想时，这种情况便不复存在。他常常最后一个离开剧场；对于排练，他以前从来没有像这样卖力过，不仅仅是因为这部戏对他来说意味着很多——这是他最喜欢的作品之一——更因为在马克道格街133号狭小的舞台上演出这部八场戏的难度。这座剧院的舞台上面没有空间，更没有可以堆放布景道具的后台可言，布景道具不得不通过一个洞口放进地下室。

剧作家让路易斯·沃海姆扮演扬克一角，因为他有一张遭受重创的脸和结实的身体——他体重约200磅——但他同时还担心，这个演员的经验仅限于演过一些小角色，有可能不能胜任这个有百分之九十戏份的角色。沃海姆虽然长相不像好人，却聪明过人，他大学毕业，拿了两所大学颁发的学位，是一位精通法语、德语和西班牙语的语言学者。他的表情之所以令人生畏，是因为他在康奈尔足球队效力时鼻子被打碎了，（用他的话说：“那家伙把我的鼻子从左耳打到了右耳”，）因为大学的拳击运动，他的耳朵也被打得变了形。虽然他本性脾气好，但他对他的长相敏感，极易被激怒，他不止一次同时对付好几个对手。当他在康奈尔大学预备学校（Cornell

Preparatory School）任教时，在伊萨卡岛上跟随一个电影摄制组拍电影的莱昂内尔·巴里摩尔曾劝他出演电影里的一个角色。沃海姆是一个不安分的人，接下来在教书之余，他在电影和剧院里接演一些小角色，还在墨西哥当过一阵子采矿工程师，其间还参与了革命活动；最近，他的主要精力都放在了演戏上，主要受雇于阿瑟·霍普金斯。随着排练的进行以及沃海姆对角色的钻研，奥尼尔愈发感觉到他的选择是正确的，他的这种感觉都将得到评论界和公众的证实。有点像大器晚成的查尔斯·吉尔平，沃海姆在40岁时已经做好了呈现一次决定性的、激动人心的表演的准备，扮演一个演员们都梦寐以求的角色。

又过了令人沮丧的几个月，随着《毛猿》渐渐成形，激动的情绪又感染了马克道格街上的这座剧社（演出季一结束就休业一年的决定只有董事会知道）。与剧院以往的演出并行的有祈祷、日常对剧本的修改、演员的缺场等，与此不同的是，这部新戏被原封不动地搬上了舞台。沃海姆是一个完美主义者，纵然有时会伤到其他演员的感情，还是对他们起到了激励作用。康复后的博比·琼斯凭借想象力和天才，克服了有限的物质资源的限制，思罗克莫顿在布景和道具上创造了奇迹。（“那个荒谬的小剧场拥有全纽约都知道的最为拥挤的后台”，一位评论家说。“但在这个舞台上，艺术家们制造出了无限空间和无尽远景的幻觉。”）布兰奇·海斯（Blanche Hays）经验丰富，设计了演出服装，奥尼尔负责全面工作，吉米·莱特协助他，阿瑟·霍普金斯随时待命给他出谋划策。造成扬克毁灭的米尔德里德·道格拉斯一角，即钢铁大王之女，由玛丽·布莱尔扮演，她曾与剧社合作在《与众不同》中扮演过那个绝望的老女人。

奥尼尔当初在《琼斯皇》中巫医一角，以及现在的《毛猿》中第五大道那些像机器人一样去教堂的人身上都使用了面具。几年后，奥尼尔后悔没有大量使用这种手段。他说：“琼斯在丛林中逃跑时，所有的角色都应该戴上面具。面具能够加强幽灵般的戏剧效果，和不戴面具的琼斯构成对比，强化了汤姆鼓超自然的威胁感……在《毛猿》中，大量使用面具在强化主题方面将极具价值。从第四场一启幕扬克陷入思考开始，他就进入了一个戴面具的世界；甚至他再熟悉不过的锅炉舱工友们也变得奇怪和陌生。他们都应该戴上面具，后来他遇见的所有人的脸，包括那只具有象征意义的大猩猩的脸。”

二月上旬，正当奥尼尔全神贯注于《毛猿》的时候，突然听哥哥说“妈妈”得了中风，这让他焦虑不安。在几天后的一封电报里，杰米说她的情况不像以前那样严重了，她一有好转就尽快回到东部来；但紧接着大概一周之后就有消息说她快要死了。杰米催促弟弟赶快到西海岸，但尤金回电报说他身体不适，“神经紧张”。对于另一封更加紧急的电报，奥尼尔回复说：“不是性情的问题。平心而论，专家说依目前的情况，如果旅行会导致完全神经崩溃。对你和母亲都无益。你在电报中也提到她失去了知觉，你不了解我的情况。无论如何，我想帮忙。我听你的吩咐。给我发电报告诉我做什么和该怎么做。就妈妈的病情，我刚咨询过这里有名的专家杰利夫。他说没有希望了，但最后一招就是给西海岸最好的医生，洛杉矶的塞缪尔·D.英厄姆医生（Dr. Samuel D. Ingham）打电话，就说是杰利夫推荐的。我的计划取决于我的身体情况。如有可能我会立刻动身。你必须接受事实。我的情况很糟糕。”

奥尼尔电报中提到的杰利夫是史密斯·伊利·杰利夫医生（Dr. Smith Ely Jelliffe），他是一位心理分析师，他的病人中有很多戏剧圈和文学圈的人，像阿瑟·霍普金斯，他的问题是酗酒，还有罗伯特·埃德蒙·琼斯，他时不时地情绪非常低落。在琼斯的建议下，奥尼尔就他的酗酒和他与艾格尼丝关系冷淡的问题去拜访过杰利夫几次。

虽然奥尼尔对杰米那样说，他的身体状况当时其实相当好。就是他没有被《毛猿》或者其他排练事务缠身，他也极有可能会拒绝去加利福尼亚。他缺少处理日常麻烦和平凡生活中遇到的难题的能力——他过去常常把他作为一家之长的责任推给艾格尼丝——危机出现的时候，他完全无所适从。艾格尼丝说：“想到死亡，他感到不安。他憎恨和死亡有关的一切。”不管是因为性格缺陷，还是因为他极度敏感的本质，他会逃避其他人认为他们有责任直面的处境。在他的好友路易斯·霍拉迪因过量吸食海洛因在格林尼治村的某个地方去世后，他对自己做了仔细的检查，而不是在接下来发生的紧急事务中伸出援手。他非常想在父亲去世前见他一面，可是当这位老演员的生命之火即将熄灭时，他才极不情愿地去了新伦敦。由于母亲即将在远离家门的地方故去，他可以轻而易举地避开目睹死亡；然而，虽然他没有到西海岸去，他还是没有避开近距离目睹母亲痛苦的死亡。

奥尼尔夫人和杰米在洛杉矶南牛津大街（South Oxford Avenue）118号找到了一座有家具的住所后，就开始和几位来自东海岸的人交往起来，其中包括美发师莉贝·德鲁默（Libbie Drummer）和马里恩·里德（Marion Reed）。埃拉和莉贝·德鲁默相识已有些年头（奥尼尔认为，“相对来说，虽然她受教育程度不高，但却是一位很好的女性”）；马里恩·里德是杰米的一位朋友，他在百老汇演过几个角色，现在是一位演小角色的电影演员。当埃拉刚中风时，她严禁杰米去请医生过来，鉴于母亲对医生的敌视，他听从了母亲的禁令；但就医很快就变得迫在眉睫，因为2月16日她的中风第二次发作。那天，杰米把德鲁默夫人和其他几位熟人也一同喊来了，让他们充当母亲遗嘱的见证人。遗嘱把格伦代尔市的产业给了他，把剩下的地产和弟弟尤金均分，还指定里德夫人为遗嘱执行人。德鲁默夫人对当晚发生的事情吃惊不小，部分原因是杰米喝酒了，看起来和里德夫人关系非常亲密，更主要的原因是埃拉处于半瘫痪状态，几乎不能讲话了。当律师同时又是里德夫人的朋友弗雷德·A. 卢瑟（Fred A. Luth）问她是否明白这是她最后的愿望和遗嘱的时候，她努力说出了一个“是”，但却无法签名；卢瑟扶着她的手，她画了一个“X”。

到此时为止，杰米既和弟弟又和奥尼尔家地产的管理人，来自新伦敦的弗兰克·W. 达特（Frank W. Dart）保持着沟通。2月28日，在给奥尼尔带了口信后，他发电报给达特：“我亲爱的朋友，我母亲今早去世了。我知道你对你的工作很尽心，因此这下你能体会到我生活中出现的可怕的忧伤了。”

不管奥尼尔把母亲最后的日子想象得如何阴郁——他猜测哥哥开始酗酒——他的猜测一定缺少事实根据。但最终他从德鲁默夫人写给菲利普斯夫人的信中获知了事情的全部令人不悦的真相。菲利普斯夫人和奥尼尔家是故交，她把信转交给了尤金。下文是德鲁默夫人信件内容的一部分："我很感激你告诉我有关葬礼的事情。我很担心。我不知道杰米是否能够活着回到纽约去。他的状况糟糕透顶……当他离开的时候。哦，亲爱的，整个情况非常令人伤心，如果可以的话，我需要花相当长的一段时间才能从中恢复。我将告诉你事情的经过，你可以站到我的立场上想一想。很吓人……奥尼尔夫人给我寄了一张卡片说她在城里，想见见我。于是，我去拜访了她。她开门时，我感到很伤心。她拖着一条腿……嘴有些歪。她提到了一位叫里德的太太，这位里德夫人的丈夫是（詹姆斯）· 奥尼尔先生的一位朋友。我正要离开，杰米进来了。当时他并没有喝酒，我邀请他们两个星期日一起吃饭……"

"哦，直到他们来吃饭我才再次见到他们。我永远不会忘记奥尼尔夫人穿得很好看，她的整个脸都歪向了一边。我每次看到她，我都想哭。她想和我待在一起，可糟糕的是，我家没有地方供他们两个住。如果她是一个人，我倒乐意让她和我们住在一起。她从没有提及她的情况，你知道我也不会说，我只是催促他们去看医生。"

"我下次见到他们是接下来的星期四。杰米要去商店，告诉我说他母亲的中风又发作了，问我是否可以过去一趟。我于是去了，真是可怕的景象。她身体的整个右半部从头到脚都僵死了。里德夫人和一位绅士朋友也在场，还有一位训练有素的护士……这位里德夫人在操持所有的事务。她结了婚，有两个年幼的儿子。她不喜欢我在场看她做事，但我还是像奥尼尔夫人所希望的那样待了好几个小时。我想杰米就是从那一天开始饮酒的。他身体非常虚弱。这位叫里德的夫人不分白天晚上地让他到她家里去。我不喜欢她，从第一次见到她开始，我就看穿了她……"

"接下来杰米去了商店，并请求我那天晚上（2月16日）过去，因为他母亲准备立遗嘱，他想让我充当见证人。于是我妹妹敏和我一同去了；刚到他们家附近，我们就遇到了杰米，他说又有新麻烦了。他母亲的珠宝首饰、格伦代尔市产业的契约以及回程车票都找不到了。正当我们聊着的时候，里德夫人来了，问杰米要到什么地方去，杰米说去吃点东西，她便和他一起去了……”

“大概八点的时候，他们回来了，律师也来了。律师是里德夫人的一个朋友，据我分析，他们——杰米和这个叫里德的女人——整个下午都在律师家里。律师进到奥尼尔夫人的房间，并唤醒了她，告诉她，他是来给她起草遗嘱来了，她好像明白了他的意思……除了在格伦代尔市的产业，她把一切都给杰米和尤金均分了。她决心已定，意识非常清醒。杰米想要纽约的地产，但她想分一半给尤金。格伦代尔市的产业价值两万美元。女仆说奥尼尔夫人本来打算把在纽约的地产都给杰米，但当天早上她改变了主意，没有什么能让她更改。这是我见到过的最令人伤心的事。之后，她好像平静了许多，我走到她身旁，拉着她的手，问她是不是对她所做的一切感到满意。她回答说满意，我说现在你可以好好休息了，她说是的。”

“哎呀，她每天情况都变得更糟，杰米这一段饮酒很凶，最糟糕的（是）我想她临死之前知道杰米饮酒了，她知道了一切，但却无能为力……”

“在接下来的那个星期二早上，她去世了……第二天（护士）给我打电话让我过去，看我能够和杰米一道做点什么……我和敏都去了，哦，我的天啊，很可怜。两个护士都陪着杰米，他吸食了毒品，还喝了酒，情况很吓人，殡仪员已经在给母亲做整理，杰米想把母亲运送回尤金那里，而里德夫人却让他待在这里。他有些害怕我，当他向我提及这事的时候，我说这根本不可能，你必须和你母亲一起回去，或者我给尤金发电报。第二天我去了殡仪员家里，和他商量了一下。他把所有的事情都交给他们去处理，甚至包括买车票。我告诉他们不要没有杰米的陪伴而独自把尸体运回去……第二天护士过来了，她说她和里德夫人以及她的绅士朋友给杰米送了行，他带上了十瓶威士忌，要了一个卧铺包厢。护士说他已经找到了车票和契约，但没有找到珠宝首饰。这些东西在箱子里，当时只有三个人在场——里德夫人、杰米和里德夫人的朋友——肯定是他们中的一个或者另一个拿走了。（珠宝首饰后来找到了。)”

“杰米给两个护士每人一件衣服和奥尼尔夫人的一双鞋子。里德夫人得到了她的丝袜，他给了她一张150美元的支票，毫无疑问她还得到了其他东西。她想要的东西还有她的毛皮大衣。他们为此还吵了一架。护士说，奥尼尔夫人去世之前，他不想把毛皮大衣给她。他什么东西都没有给我，当然我也不想要什么。我倒乐意要一张她的小照片。我明白，我对任何人从来没有像对奥尼尔夫人这样感到过难过。这是我曾读过的所有故事中最令人伤心的结尾篇章。”

埃拉去世几天后，奥尼尔因为没有杰米的音信而感到不安。3月4日，他收到了一封电报，被告知杰米当天就动身出发了。心中想着母亲和哥哥，奥尼尔无法将注意力集中在《最初的人》的首演上。该剧4日上演，评论界和公众反应不温不火。载着杰米和埃拉灵柩的列车9日到达了纽约，当晚《毛猿》的首演在格林尼治村引起了不小的轰动。艾格尼丝和萨克斯·康明斯夫妇观看了首演，尤金应该去中央车站接车，由他父母的一个老朋友威廉·P. 康纳陪同。但是，当火车快要到达的时候，他变得越来越焦躁不安；他失去了勇气。他给康纳打电话说，他不能和他一同前往了，而当性格坚定的康纳坚持让他履行自己的职责时，奥尼尔很是固执。

康纳带着他的外甥弗兰克·W. 怀尔德（Frank W. Wilder）一起去了，他们没费什么周折就找到了埃拉的灵柩。所有的乘客都下车后，这两个人站在长长的、空荡荡的站台上，看着灵柩被抬上了行李车——然而杰米连人影都没有见。他们找遍了所有的车厢，也没有找到杰米；在和车站站长核实了杰米的卧铺包厢后，他们发现他处于迷醉状态，空酒瓶扔得到处都是；杰米也认不出他们了，嘴里胡乱咕哝着。在两位红帽子的帮助下，几乎是半拖着，杰米被弄进了出租车，然后被送进了距时代广场不远的一家旅馆。之后康纳打电话给尤金向他做了汇报，语气中带着极度的不屑。

在普罗文斯敦剧团，《毛猿》让观看首演的观众激动不已，他们高喊着：“剧作家！剧作家！”然后考虑到尤金当晚的任务，艾格尼丝和萨克斯心情沉重地离开了剧院。在奥尼尔全家居住的荷兰饭店，他们发现奥尼尔对此次首演兴致全无，对他和杰米的见面也沉默不语；他为自己改变主意感到内疚，他转述了康纳告诉他的几件事，给人的印象是他去过中央车站。他突然对萨克斯说，他想出去走走，于是两人就去了中央公园，大半个晚上他们都在绕着公园的湖转圈。

最开始，萨克斯想吊起这位沉默不语的朋友的精气神，说《毛猿》引起的反响非常热烈。奥尼尔说："这其实没有什么。"然后他记忆的大门打开了，过去对家庭感伤和痛苦的记忆洪流倾泻而出，这些东西后来都被重新组织，在《进入黑夜的漫长旅程》一剧中积淀下来。他想起了母亲的虔诚，她在家人呵护下的成长经历，她爱上了詹姆斯·奥尼尔——这是一个错误，因为她本不应该嫁给一个演员——她的毒瘾，这给全家的生活带来了痛苦。想到了父亲，他回想起因父亲多年和《基督山伯爵》捆绑在一起而深感绝望，他对贫穷的恐惧，投资没有黄金的金矿和不产油的油井而损失了好多钱。再接下来他想起了虚度光阴的杰米，奥尼尔认为杰米比他更有天赋；他聪明睿智，对文学怀有纯真的感情，但却一事无成，将生命都浪费在了性、酗酒和其他感官快乐上。弟弟觉得，杰米可能是他们中最不幸的一个，因为几乎没有什么能够支撑他活下去，除了对母亲的爱，什么都没有。

10日上午，葬礼仪式在埃拉常去的临近乔治王子酒店，位于东38街的圣利奥教堂（St. Leo's Church）举行，而杰米却没有参加。当康纳的姐姐怀尔德夫人（Mrs. Wilder）和她的儿子弗兰克顺便拐到酒店的时候，他们发现杰米正打发酒店的侍者去给他买酒，虽然醉意朦胧，他仍能够认出他们。怀尔德夫人问他是否要参加葬礼，他做了一个无可奈何的手势，回答说他情况非常不好。圣利奥教堂主持葬礼仪式的是福格蒂神父（Father Fogarty），后来发现他和奥尼尔是奥尼尔就读的第一所学校，位于圣文森特山（学校）山脚下的圣阿洛伊修斯学园（St. Aloysius Academy）的同学。在出席葬礼的人中还有一个人，一个对奥尼尔的过去来说非常重要的人物，她就是萨拉·桑迪（Sarah Sandy）。对奥尼尔来说，萨拉·桑迪与其说是一个女佣，倒不如说她更像奥尼尔的第二个母亲。因为某种原因，奥尼尔在教堂躲着她，不愿意和她交谈；艾格尼丝试图就此质问他，他找个借口推脱掉了；有可能在他的记忆中，桑迪小姐和他的很多痛苦的家庭记忆有关。不管怎样，这是奥尼尔最后一次见到她。

葬礼仪式结束后，埃拉的灵柩被转到了开往新伦敦的列车上，尤金和艾格尼丝也一同前往，当天埃拉被安葬在了圣玛丽公墓（St. Mary's Cemetery）中的家庭祖坟里，紧挨着她的丈夫、母亲和幼儿埃德蒙（Edmund O'Neill，在《进入黑夜的漫长旅程》中，尤金给自己借用了他的名字）。令谢里丹和布伦南家人感到伤心的是，在新伦敦没有举行宗教仪式——只是在墓地进行了祈祷——因为尤金想把仪式减到最少。但是，他和母亲之间的纠葛并未就此结束；她的形象，像一个不安分的幽灵，常常出现在他的很多剧本中，《月照不幸人》（*A Moon for the Misbegotten*）就是其中之一。

诚如奥尼尔所说，如果他创作《进入黑夜的漫长旅程》是怀着对所有家人"深深的同情、理解和宽恕"的话，当然也包括他自己。他创作《月照不幸人》是为了给他哥哥一个了断，杰米在这两个剧本中叫小詹姆斯·蒂龙。他必须写这个剧本，他必须赦免他，因为杰米一生中从来没有原谅他自己，尤其是对于他在从加利福尼亚开出的列车上的疯狂行为。正如他曾向奥尼尔忏悔的那样，他仿佛被一种想在泥水中打滚的冲动所控制，亵渎了他对母亲的看法，正如在《月照不幸人》中所描述的那样，他找了"一个胖猪似的金发女郎，二十五个婊子加起来都不如她更像一个婊子，长着一张娃娃脸……一个满嘴讲着我听过的最为下贱的污言秽语的猪……于是每天晚上——五十块钱一夜——"

尽管奥尼尔是大约二十年后才创作的这个剧本，他哥哥的痛苦和自我厌弃被刻画得非常形象，仿佛仅仅是在昨天他亲身经历了这一切。故事发生在1923年，吉姆·蒂龙试图用酒忘记最近的过去，可毫无用处。令他极度不安的思想中有一件事，他常常回想起来，就像一个一直在恶化的伤口，是他在列车上的行为："那倒像是一段我不得不串演的情节。那个金发女郎——她无关紧要。她只是那段情节里的一个小配角。这就仿佛我想报仇似的——因为我被孤零零地撇下——因为我知道自己彻底绝望了……不，我连那个胖娘们都没忘记！我小时候听过一首让人落泪的廉价的歌曲，它的最后两句歌词常常在我的脑子里回荡：可是孩子的哭声唤醒不了 / 前面行李车厢里的她。”

1931年，在回答一位老同学的疑问时，奥尼尔说：“不，我哥哥没有活着。他1923年就死了。豪饮最终让他断送了生命……我们俩关系非常好，可是母亲1922年去世后他就失去了生活的决心，只是一味地想快点死。他从来没有找到自己的一席之地。他从来没有找到归属感。我希望他能像我的‘毛猿’一样现在找到了。”

对《毛猿》的评论让人困惑不解，从“他创作最有力的一部”［罗伯特·本奇利（Robert Benchley），《生活杂志》］，“一部痛苦的、野蛮的、狂野奇异的剧本”（亚历山大·沃尔科特，《纽约时报》），以及“我所见到的由美国人写的最好的剧本”［阿瑟·波洛克（Arthur Pollock），《布鲁克林鹰报》］，到“一部非常小儿科的表演”（J. 兰金·陶斯，《纽约晚邮报》）和“剧本的一小部分很好，绝大部分很无聊”［海伍德·布龙，《纽约世界报》（*New York World*）］，不一而足。还有很多人把该剧比作《琼斯皇》，有些发现它比前面那个剧本好得多，有些认为没有前面那个剧本好；还有一两个人把该剧看作是过激的宣传，以爱国为理由对作者进行抨击。

至此，奥尼尔已经习惯了被媒体“误读”，但他从来不会对此进行妥协。1933年，他对一个朋友说：“我越读那些职业评论家的评论，赞成或者反对，过去的或者现在的，我越感到厌烦。他们所说的一切只限于他们自己的东西和他们那一行，至于和我的剧本实际之间，除了利于或者不利于票房之外，则根本不相干。并非我对他们给予我的富有同情心的打断没有感恩之心——而是……我不是为评论界而创作。他们太沉迷于剧场，他们从那个立场做出反应，而非从一个体验着生活的人的立场。他们先看到了戏剧，而后才看到了生活——可是，我首先写的就是生活，然后再把生活塞进剧本里。”他也对另一位朋友简明地表明了自己的观点：“我乐意阅读评论者在我的剧本中发现的东西——我从来没有意识到我写进剧本中的东西。”

尽管有吹毛求疵的声音，公众对《毛猿》的接受表明奥尼尔最终确立了其稳固的地位：32岁的奥尼尔不再被视作“我们最有前途的剧作家”或者“主要的美国年轻剧作家”，而是这个国家有史以来最出色的剧作家。沃尔科特说：“为这个年轻剧作家自由奔放的想象力而感到着急是再荒诞不过的了，很显然，他的想象力远远超越了众多原地打转、喃喃自语、毫无想象力的剧作家……我们有了一部引起争论的、出色的剧本，其中不乏瑕疵，纵然初出茅庐的评论者也可以指出很多；然而，剧本却充满活力，引人入胜，流淌着生活的气息，那些让生活从自己身边溜走的观众定然会对今年那些真正的事件中的某一件念念不忘。”斯塔克·扬持更加赞赏的态度，他说：“奥尼尔已经做出了戏剧性的一代身上只会发生一次的事情，这几乎还没有发生过，他创造了一个神话。他创造了一个故事，这个故事的发生、发展和结束都沿着一条直线进行，这条直线非常正确、非常恰当、非常简单，也无可避免，以至于会被当作理所当然的事情。”

1947年，在评论剧作家的创作时，阿瑟·霍普金斯说：“我认为，《毛猿》仍是奥尼尔最重要的作品。这才是真实的奥尼尔，一位有灵感和戏剧性的诗人。剧中体现了他的知觉、激情和预见。当今的世界充满了绝望的扬克们，他们疯狂地想打破一个没有给他们提供安身立命之所的毫无人性的体制。”

“如今那些耸人听闻的标题30年前就被奥尼尔写出来了。”

像《琼斯皇》中的吉尔平一样，沃海姆立刻名声大噪，但是黑人演员并没有其他地方可以去，而沃海姆就继续演了《光荣何价？》(*What Price Glory?*)，这是这十年来最出色的剧本之一，最后沃海姆跻身好莱坞的明星界。伯恩斯·曼特尔在说到扬克时说：“和他相比，我所认识的演员中，没有哪一个能更有力地咆哮，更自由地咒骂而同时引起较少的反感，或者更好地苦苦探索原始人性。”奥尼尔本人富有热情；他曾说，在他的剧本中扮演过角色的所有演员中，只有三个人完全实现了他脑子中的意图，其中的两个人是沃海姆和吉尔平。

埃拉的葬礼结束后，尤金想让哥哥清醒起来，而他自己却尽情狂欢；过了好几周他才重新振作精神，回到了普罗文斯敦。最初，意识到了杰米在列车上和那个“金发母猪”厮混的背后是杰米的绝望和自我折磨，他对他充满了同情，但当听说了哥哥在西海岸的所作所为后，他对他持批评态度。4月稍早一些时候，他收到了“一份吓人的文件”（德鲁默夫人叙述了他母亲去世的情况），不久之后，马里恩·里德写给杰米的一封信（由弗兰克·达特转交过来）毫不留情地暴露了她的本性。里德夫人在信中叮嘱杰米：“告诉我你详细的回程行程单——金的近况如何——是否有人见了你——从这里离开后，你每时每刻的状况如何。我真的非常想知道所有关于你个人的事情。你不能就这样从我这儿走掉。我不知道离开我之前你对我有多少不舍。你说到纽约时，你会把打包行李中的衣服寄给我一件或者全部，如果有五码半的鞋子也送给我。你打算送我些香水。我倒想多要些你母亲用的沐浴粉……杰米，你没给艾格尼丝带东西，我非常高兴我有……我担心你到东部后身体一直很不好，你没有写信我希望是因为你没有心情写……你觉得自己懂的东西多。你把我狠狠数落了一顿，这不公平……”

“你还会回来吗？值得高兴的事情不多，是吗？……我希望下个月你和我一起庆祝我的生日（4月25日）。我一直盼望能好好过个生日。我担心，这会像其他计划一样实现不了。最后一个前任总是让我失望，我唯一的快乐就是为对方做点什么。”

埃拉留下的地产净值有15万美元，最大的一处是位于新伦敦的不动产，其余的主要是位于纽约哥伦比亚大街35号的一栋建筑，净值为26,000美元，以及位于格伦代尔市的价值20,000美元的一大片土地。弗兰克·达特和新伦敦赫尔（Hull）法律事务所的赫尔在把遗嘱进行公证之前遇到了特殊的麻烦，因为杰米有一段时间不是喝得醉醺醺的，就是病得无法签署一些必要的文件；同时，律师们劝说里德夫人放弃担任遗嘱执行人也遇到了问题。她认为这是剥夺她获得数量可观费用机会的一个阴谋，还在信中含沙射影地进行了威胁。她在写给法官的信中说："当詹姆斯·奥尼尔还在这里时，在他亲爱的母亲去世之前和之后，他告诉我了许多事情（我怀疑他能否想起来这些事，我希望他把这些事向他提到的那些人再复述一遍）。"——毫无疑问，她指的是尤金和艾格尼丝。"我掌握了信息"，她警告律师们说。"这些信息不但会让你们的公司为之一振，去仔细倾听，许多其他公司也会这样。"在写给奥尼尔的一封信中，她写道："我知道，毫无疑问你在思考你未来的剧本，沉浸在当前的成功中，可是我能否请你给我打一个电话……我不轻易发火，但一旦我认为我受到了冒犯，我需要很长时间恢复……"最终，在杰米亲自请求，并且在得知她得自费来东部料理这些房产后，里德夫人放弃了。

像大家所希望的那样，阿瑟·霍普金斯决定资助《毛猿》在百老汇的演出，在他的坚持下，出演钢铁大王女儿的演员玛丽·布莱尔被换下了。霍普金斯的选择是卡洛塔·蒙特利，她是百老汇最漂亮的美女之一，常常演女冒险家，"另类的女性"，在终幕前被好妻子征服的那种类型。蒙特利小姐身上有股傲气，声音有力，长相出众——浓密的乌发，白皙的肤色，精致的面庞，明亮的黑眼睛（有人说，"她的眼睛看起来就像沾水的葡萄"）。她身上的其他部位不太出色，腿不长，手短粗有力，身材稍显臃肿。她的一个朋友认为她看起来像"爪哇人或俄国人，或者有些神秘而奇异"，有些人因为她的舞台名字认为她是拉丁人。她的真名叫黑兹尔·尼尔森·萨辛（Hazel Neilson Tharsing），出生在加利福尼亚的奥克兰（Oakland, Calif.），父亲是丹麦人，母亲是混血，母系的祖上有法国人、瑞士人、纽约的荷兰人和德国人。她比奥尼尔小几个月，最后成为了奥尼尔的第三任也是最后一任妻子。

尼古拉斯·乔伊（Nicholas Joy）说："卡洛塔大概是我曾一起演过戏的最易紧张的女演员。她把手帕撕成了碎片，七周过去了还一样紧张，演出的最后一晚和第一晚几乎一样。她长相出众，声音甜美，就是太紧张，从舞台上下来的时候是她最幸福的时刻。"再举一个女性观点的例子，伊尔卡·蔡斯（Ilka Chase）曾和卡洛塔搭过戏，她写道："她的衣着打扮总是很懒散，但都很贵重，料子也是最好的，她的鞋子是用特殊的皮革定制的，价格不菲。她是我认识的人中最讲究完美的一个……甚至有一段时间，全纽约的人都把她看作是讲话粗俗的魅力女皇，她的寓所布置得像刚铸造好的硬币。她准时支付账单，不佩戴珠宝首饰，她打扮得就像来自乡下的荷兰市民的妻子。她和善、有趣，讲话非常不雅，她非常讨厌演戏。”

按照蒙特利小姐自己的说法，她不愿意出演《毛猿》：“在该演出季中，我已经演了两部戏，我累了，想到加利福尼亚看看我的母亲和孩子。我不想演的另一个原因是，我担心剧团会嫉恨我，因为我换下了他们剧团的一个演员。可是霍普一直对我很好，这令我难以推辞。他告诉我说这不是一个大角色，但却是一个重要角色。在《毛猿》里，她不是一个真实的姑娘，而是一个被溺爱的、神经质的姑娘的代表。”

她第一次见奥尼尔就不顺。一天，他来到了普利茅斯剧院（Plymouth Theater），因为她有一场戏遇到了麻烦，她还忘了台词。排练结束时，她把这部戏和编剧贬低了一通，然后坐在了剧场里霍普金斯的旁边，与他毗邻而坐的还有一个陌生人。按照她的叙述，霍普金斯说：“‘我想让你见见奥尼尔先生。’于是我就问候说：‘你好。’他回答：‘你好。’或者诸如此类的，没有很多话，也没有说一句对于我参演他剧本的感谢，甚至连见鬼去吧都没有说。我低声问霍普金斯：‘这位是尤金·奥尼尔吗？’我很是吃惊。从我的耳闻，我猜想那人穿着旧裤子、运动衫，脸也没有刮，可是他却穿着整洁的一身西装、洁白的衬衣，头发连一根都没有乱。‘别听人瞎说’，霍普低声跟我说：‘相信你自己的眼睛。’奥尼尔后来告诉吉米·莱特，他赞同霍普金斯的决定，她看起来比玛丽·布莱尔更适合这个角色，他对她的表演没有留下什么印象。”

在《安娜·克里斯蒂》首演那天，他躲在后台——波林·洛德发现他藏在一个大箱子后面——但4月17日，《毛猿》开始演出那天，他买了他的第一套晚礼服，邀请了他认识的一些格林尼治村的骗子和私酒贩子（他很好奇，想看看他们对这部关于他们熟悉的那种人的戏的反应），并亲临剧院门口迎接他们。剧作家笑脸相迎，一个家伙说：“呵呵，伙计，你穿着晚礼服很帅。”那帮骗子们穿着花里胡哨的格子布夹克，打着华而不实的领结，全体出动，的确是一帮热情高涨的观众。他们坐在楼厅里，在第三场，当扬克对上面工程师的哨子做出反应时，他们的掌声和叫喊声令全场深感震惊。扬克高喊：“不要吹那哨子！从那里滚下来，你这个胆小的、穿制服的、贝尔法斯特的流氓，你呀！下来，我把你的脑子砸出来！你这个肮脏的、发臭的胆小鬼，你这个天主教徒、杀人犯、狗杂种！”

该剧在格林尼治村上演期间，没有人对剧中粗俗的语言提出反对意见；而在普利茅斯剧院上演时警察局却要封掉这个戏，并向地方法院进行了投诉，说该剧“下流、污秽、不洁”。几天后，最高行政官在读完剧本后没加任何评论就撤销了投诉。奥尼尔说到此次审查时说：“预料到会有这种愚蠢的事情。笨蛋就是笨蛋。”

投诉的处理结果还没有出来，剧作家接到了普利策奖的管理方哥伦比亚大学（Columbia University）的消息，《安娜·克里斯蒂》给他赢得了第二次普利策奖。他跟奥利弗·塞勒开玩笑说：“即将成为戏剧创作的获奖小狗——戏剧热狗。警局没有把淫秽的徽章挂在我《毛猿》的胸前，而哥伦比亚把纯洁的十字架挂到了《安娜·克里斯蒂》无耻的胸脯上。我开始感觉到，要么我肯定有问题，要么我毫无问题。《纽约论坛报》（一份保守的报纸）和《团结报》（*Solidarity*）——世界产业工人联盟的机关报——发社论盛赞我——都是为了并非我有意为之的东西。‘这是一个疯狂的世界，我的天呐！’”

# 第五章　斯特林堡的门徒

和绝大部分作家不同，奥尼尔不担心才思枯竭；他的问题不是构思出什么东西，不是找到什么东西去写，而是在众多故事思路中找出哪一个已经在大脑中构思酝酿成熟可以写在纸上变成现实。他身上的创作无意识仿佛非常活跃，永不停息地把他的思想、感情和想象——他对现实的反应和体验——变成创作的素材。和我们这个世纪的两位原型小说家乔伊斯（Joyce）和普鲁斯特（Proust）的情形一样，他重要的创造源泉是一种自传性冲动，一种回望过去的嗜好；他的身体被禁锢在不成样子、不断发生着变化的当下，而他的大脑却在过去中遨游，在历史中和各种各样曾引起他触动的生活中，搜寻有价值的东西或者某种模式。他创作的生命力如此旺盛，他有时会同时创作两部剧本，如果其中一部一时搁浅，他就会转而创作另一部。他常说，他从不缺少故事，他的故事可以让他写上十年。

自从《天边外》在百老汇首演以来，在仅仅两年多一点的时间里，他已有八部长剧被搬上舞台，有得意之作《天边外》《琼斯皇》安娜·克里斯蒂》和《毛猿》，两部可靠之作《与众不同》和《救命草》，两部尚显幼稚的作品《黄金》和《最初的人》。1920和1921年的绝大部分时间里，他非常多产；然而1922年春夏，他推出的作品相对较少，因为母亲的过世让他无法安宁。虽然和父亲之间的敌意最终消除，他们之间实现了某种程度的和睦和相互理解，但他和母亲之间还有一个阴影：他永远不会忘记，是自己的出生让母亲染上了毒瘾，并使她一生的绝大部分时间非常痛苦。如今母亲过世了，他们之间悬而未决的关系也永远画上了句号。但尤金内心深处有一种痛苦、空虚、生活暂时停滞的感觉；说不清其中的原因，他对伊本·吉文说，他觉得他已经死了，他身上最重要的那一部分已经死了。

哥哥杰米对他们共同感觉到的失落感反应更为极端，他只是一个劲地拼命喝酒。杰米躲在35街的寓所。1922年5月20日，他悲痛地对弗兰克·达特说："你不会理解我——我体重不到150磅，和卧病在床生命弥留时父亲的体重差不多。一连五天五夜，我呕吐不止……我从未如此糟糕，生活中也从未如此痛苦……我离'伟大的冒险'从未如此之近。"

除了担心哥哥外，奥尼尔对普罗文斯敦剧团也感到很沮丧。他先前收到吉米·莱特的一封信。5月28日，他对菲茨说："涉及明年和总体的未来，他请求与我合作。我在回复中暗示，他的计划行不通——在法律层面（莱特想成立一个社团接管剧院），整个情况把我置于了一个很糟糕的境地，不管我接受还是拒绝，都会伤害到朋友。这让我很难过——真是一团糟。大家对此毫无异议，从根本上这都是吉格的错。现在回想起来，我可以看出，他将我们剧社培养的最好的人才逼得离开了剧社，原因是他们胆敢发表和他不同的意见……"

"我认为唯一要做的事情是吉格和苏珊一回来就自上而下彻底重组剧社。否则，剧社就会死得很难看——慢慢地——或者突然——饿死。应该召开一次会议，剧社成立时的剧社骨干成员都应该参加。所有过去的事情和所有关乎未来的事情都应该开诚布公地磋商。让裂痕和无礼都释放出来。然后再举行第二次会议，为了建设一个出色的实验剧场，邀请所有关心剧社未来的人士参加——有才干、有抱负、有思想的每一个人，像博比·琼斯、肯尼思·（麦高文）、（诺曼）·贝尔·格迪斯［（Norman）Bel Geddes］等人……要么是新鲜的血液——大量的——要么死亡。我认为，这就是我们的选择。”

“吉格有可能会反对这样做。他会认为这是通过让剧社脱离他的掌控来进一步毁灭他。但除非从现在起用一年的时间采取这样的措施，我会立刻退出剧社，坐以待毙没什么好处。我将提出请求，不是代表我自己——因为我目前通过霍普金斯还有一个渠道——而是因为我认为这对所有有关人员都是最好不过的。”

1922年，除了修订《泉》和为了出版而对《最初的人》进行删减外，奥尼尔在尖顶山没有作品推出，他希望霍普金斯能在秋天演出《泉》剧；他将绝大部分时间用于读书、闲逛和游泳，他喝酒也很厉害，在某种程度上是受杰米的影响，杰米如今住在旧基地已有两个多月了，很少有清醒的时候。

当地的禁酒令在实施，普罗文斯敦很长时间以来就无酒可喝了，但却可以轻而易举地从其他什么地方弄到酒；如今，禁酒令倒给酒平添了几分因禁酒而带来的魅力和乐趣。有各种各样的方式规避禁酒令：私酒贩子，家酿的杜松子酒，家酿啤酒，从具有同情心的医生那里开出的合法药物处方，或者，假如这一切都行不通了，当地有一种叫作“老虎尿”的调和物，喝下去的时候像火烧一般——最好快一点喝下去——有一种奇特的快感。

自从禁酒令实施以来，沉溺于饮酒欲望中的奥尼尔花了100美元买好酒，他和当地的一个私酒贩子合作花了不少钱，开始在弗兰克·谢伊（Frank Shay）家和三五好友喝酒。当谢伊亲吻女儿向她道晚安的时候，这孩子很讨厌他身上的威士忌味道，将脸转了过去；谢伊立刻狂怒不止，把碟子扔到了墙上，尤金也加入了他的狂欢，当两个人把所有的瓷器都扔完后，他们又把家具掀翻，把家里弄得一团糟。还有一天晚上，在尖顶山，当着博比·琼斯和特里·卡林的面，奥尼尔尿进了还有半瓶酒的威士忌瓶子里，而后对着瓶子喝起来，这显然是一种自我羞辱的行为，一种自我贬低的冲动。当他将此事告诉麦高文的时候，琼斯厌恶得发抖。

几年来，博比·琼斯一直试图劝说尤金和艾格尼丝去新墨西哥州的陶斯（Taos）拜访他的朋友梅布尔·道奇，她嫁给了纳瓦霍人，完全投入到了印第安人的生活和文化，努力过着简单的生活。因为在格林尼治村生活期间，村里的沙龙培养了她在美国文化和道德方面的革命精神，她喜欢和那些名人和具有创造力的人在一起。博比·琼斯觉得奥尼尔在西南部能够找到精神的慰藉，尤其是在环境永恒的沙漠地区。琼斯时不时地向梅布尔汇报他工作的进展情况："我在给奥尼尔夫妇做非常细致和持续性的工作，目的就是我们能去那里。他们总有各种各样的担心，但我觉得可能能行。"……"当秋天山杨树树叶变黄的时候，金、艾格尼丝和我计划来陶斯，并打算整个秋天都住在那里，看看圣诞节和新年的舞会"……"我听说你打算让奥尼尔夫妇、D. H. 劳伦斯（D. H. Lawrence）都到我这儿来。我警告你那可不行"……"我会溜走，有可能会到陶斯待上六周，但奥尼尔夫妇大概不会跟我一起，他们不喜欢劳伦斯；酒也会让他们缺乏意志力，所以他们定不下来。我崇拜奥尼尔夫妇，他们是这里最高贵的人，大体而言除了痛苦和磨难之外，他们对其他事情一无所知。"

奥尼尔很像斯特林堡的门徒，他对艾格尼丝的感情复杂得无可救药；当他和艾格尼丝分开的时候，他感到不再完整、失落，只剩下他的躯壳（用西尔玛·吉文的话说："他真的非常爱她，这一点毋庸置疑"），但他一旦饮酒，他对她敌意的潜流就会浮到表面。在艺术家协会（Artists' Association）的一次化装舞会上，他因为艾格尼丝穿了一件属于他母亲的带花边的黑色连披肩头纱而打了她；他一把把头纱从艾格尼丝头上扯了下来，大嚷着："滚回到你的贫民窟去！"同样具有独幕剧性质的是他的肖像：因日晒而呈现出深红的褐色，他腰里缠了一块豹纹腰布，戴着橘红色的假发套，头发向上竖起，就像马戏团的小丑戴的那种假发；他让人想起一个准备参加丛林野蛮人仪式的家伙。知道那天晚上他的心情，他的绝大部分朋友都对他敬而远之，然而一个来自波士顿的报社记者拿着一张纸走到他身边，用纸在他的一只胳膊上擦起来；她误认为他古铜色的肤色是化妆品所致，她想以此获得这位著名剧作家身上的一个纪念品。他侧脸望了她一眼，仿佛在打量一只昆虫，然后使劲甩了一下胳膊，她一下子被甩得踉踉跄跄地跑过了地板，由于惊恐嘴噘得老高。

舞会结束后，一些人要去威尔伯·丹尼尔·斯蒂尔（Wilbur Daniel Steele）家举行的派对，奥尼尔原本也打算去，但到处都找不到他的人影。正当大家依次登上伊本·吉文的敞篷旅游车的时候，他们吃惊地发现奥尼尔突然从后排座位上坐了起来，眼神显得很疯狂。“我们走！”他抓着艾格尼丝的头发命令她说：“我们回家！”她大叫着反抗，奥尼尔开始把她朝沙丘和尖顶山的方向拖。多年以后，当他们的朋友们说起这两口子，像这样的敌意爆发和暴力行为在他们的脑海中仍清晰可见，然而像这种不和的时刻是例外而已，不是他们生活的常态。关于奥尼尔夫妇多多少少和谐地生活在一起的事情几乎没有什么可以说的。

这年夏天，奥尼尔夫妇玩得很尽兴，他们常常在一座有留声机和酒吧间的谷仓举行派对，客人们和着最新的爵士乐跳舞。奥尼尔喜欢跳舞，他喜欢摆动胳膊，所以他跳舞与其说优雅倒不如说有活力。一天晚上，在伊本、西尔玛和吉文夫人（Mrs. Given）的请求下举行了一个降神会，他们都相信心理现象（20世纪20年代出现了对神秘学感兴趣的高潮），奥尼尔看起来对这事非常认真。大家围绕桌子坐下的时候，听到了轻轻的敲击声。伊本问：“你是谁？你是怎样死的？”伊本翻译出敲击声的信息，一个在尖顶山海湾溺水而死的水手的尸体当初就摆放在举行降神会的桌子上。几年后，关于那天晚上的事情是如何结束的说法不一，但据一个参加者说，奥尼尔问那个精灵，他最后身上发生了什么事，精灵的回答是他的尸体被扔回了大海。

这年夏天负责照看沙恩的那位姑娘路易丝·伊诺斯（Louise Enos）对奥尼尔家生活在远离尘嚣的旧基地感到很奇怪。她回忆说：“你不能说他们是将就着住在那里，也不是我受雇于他们家时才在那里住。他们所有的东西都是最好的，上等的亚麻制品和银器（绝大部分都是埃拉的），他们的食品是从镇子上最好的蔬菜店伯奇商店购买的。我在侍候他们家人吃饭时，我必须穿着白色的浆洗过的衣服；然后，他们全家就在大屋壁炉前喝咖啡。”但是，她的主要工作是照看沙恩，奥尼尔和艾格尼丝在孩子身上花的时间很少，奥尼尔说孩子在近旁让他感到很紧张。

其实，整个夏天，他们客人不断，主要是杰米、特里·卡林（杰米说，他们两个是“酒友”，虽然他总是把他的酒藏起来，不让这位老爱尔兰人知道）、自由记者路易斯·凯勒莱姆和艾格尼丝的妹妹玛杰里。除了奥尼尔外，所有的人都发现路易斯·凯勒莱姆喜欢阿谀奉承，而玛杰里是一位迷人、心地善良的姑娘，她给奥尼尔打文稿。（杰米为玛杰里富有同情心的性格所感动，半严肃地向她坦白了爱意，并劝她嫁给他；他说她不用等太长时间就可以成为他的寡妇和继承人。）凯勒莱姆所住的小屋的位置，可以最早看到从沙丘那边过来的人。不管看到谁，他总是急匆匆地跑到奥尼尔那儿向他发出警报，这样剧作家就可以躲藏到楼上的书房中去，直到他弄清楚来客是谁和他是否想见他们；甚至在奥尼尔海边度假的地方，他也没有耐心接待那些追着他签名的粉丝和想把他找到的狗仔队。八月的客人中有小尤金和艾格尼丝的女儿芭芭拉·伯顿，她七岁，害羞，充满了激情，很喜欢沙恩（她说：“他有一颗金子般的心，也有一头金发”），认为小尤金“有意思、很热情”。

小尤金立刻就喜欢上了尖顶山，对同父异母的弟弟能够生活在这样一个充满野性、美丽的处所羡慕不已，但他最渴望的是得到父亲的认可和喜爱。如今，他不仅阅读了奥尼尔已经发表的每一个剧本，他自己也写了一部；有人回忆说，这个剧本的故事发生在俄国，“每一幕中都有暴力和死亡”。以前，这孩子在学习上很懒散、困难——那是在见到父亲之前——现在的他非常渴望超越别人和取悦于人。1922年秋，他进入位于布朗克斯的霍勒斯·曼预备学校（Horace Mann Preparatory School）读书，他变成了一名好学生，后来进了耶鲁大学（Yale University），成为了一位具有光明职业前途的出色的古典学者。尽管如此，他内心深处并不满足，心里面矛盾重重，他感到他被剥夺了作为奥尼尔儿子的合法继承权，这种感觉总是让他感到烦躁不安。

再后来，他严重酗酒，40岁时自杀身亡。从长远来看，他如果对生身父亲一无所知，他们两个没有见过面，对他来说可能要好得多。

奥尼尔"有规律的八月悲伤"在1922年那一年非常严重，因为他的状态本来就不好。九月上旬，艾格尼丝去纽约处理几件事情，主要是给女儿芭芭拉找寄宿学校。在听说艾格尼丝思念他后，奥尼尔回复道："我说不出当收到你的电报时我是多么激动啊——对于孤独的我来说，事情虽小但意义重大。此后，阳光中也有了温暖的感觉。我整天——或者说绝大部分时间——在沙滩上、在水中。想尽力摆脱这种该死的浑浑噩噩的状态……对我的身体来说，却是治病的良方。今晚，我的身体感觉虽累，但很健康，那种不正常的紧张感不见了。我经常出现大脑思想不集中的稀里糊涂的状态，现在，如果我能够摆脱这种状态，当你回来时，我就可以去迎接你了，又重新变回过去的我，能给你提供帮助，不再干涉你对我们未来的决定，等等……我全身心地爱你！"

虽然情绪低落和酗酒是当年夏天奥尼尔创作力相对较低的主要原因，接连不断的亲戚造访也是一个因素。9月23日，他给麦高文写信说："已经忘记很久的孩子和其他的亲戚，每一个人都有他们自己的问题，这里简直就是一个集市，把我大脑中的鸡蛋弄得一团糟——无论如何，把孵化破壳的时间延后了。"他给萨克斯·康明斯也发过类似的牢骚，他说："我对《泉》重写了很多……（并）认为我对该剧改进很大。"

"我还不知道我要开始做什么。我感到我的情绪一团糟，我要一直等到适合继续进行剧本创作的时刻的到来。我有很多事情要做，但到底先做哪一件，看来我还做不出决定。"

仅仅过了几天，他就开始了《难舍难分》的创作。他认为："如果我想把要说的都表达出来的话，这一剧本本身需要使用一种新的形式。我若把该剧构思为斯特林堡《死亡之舞》（*The Dance of Death*）的模式，看起来很难做到。"他对麦高文说，"我对'归类的方法'还没有概念"。他说，这位瑞典作家的意义重大——正如他所说，不是体现在技术上，而是体现在内容上，因为《死亡之舞》中的丈夫和妻子是一对不共戴天的敌人，彼此都想毁掉对方。《难舍难分》，这部奥尼尔倾注了很多心血的剧本是奥尼尔试图和他与艾格尼丝之间的矛盾，以及婚姻中时而燃起的丑恶激情达成妥协的尝试，有点驱魔的味道。剧本表达了他内心最深处的感情以及——尽管他非常明显地构思了一个肯定的结尾——对他们的结合最悲观的预感。

《难舍难分》写于1922年和1923年的秋冬，讲述了剧作家迈克尔·凯普和他的演员妻子埃莉诺的故事，他们陷入了一种既爱又恨的关系之中——是严格以奥尼尔和艾格尼丝为原型的一对夫妻。剧作家对35岁的凯普（奥尼尔现在是34岁）的描写和他本人出奇地相像："他的脸与众不同，高度敏感，就像被耕作过的战场，身上的特点彼此不容，纷争连连——思想家的大脑，梦想家的眼睛，感觉主义者的鼻子和嘴巴。可以感觉到他身上有一股强有力的想象力夹杂着清醒的忧伤——这是一种值得同情同时又残酷的驱动力量。"而埃莉诺（"蓝灰色的眼睛……高而突出的颧骨……她整个人给人的第一印象就是魅力"）也和她的原型很像。其实，从他们下文的对话中，大家都可以判断出来是奥尼尔夫妇，凯普说："你简直想象不出在乡下真是棒极了。空气中有足够的冬天的气息，让你精神矍铄。没有夏天的驻足。独处和工作。我很愉快——也就是说，和我没有跟你在一起时同样快乐。"埃莉诺挖苦道："谢谢你后来才有的这些想法——可是你认为我会相信吗？当你工作的时候，我累得要死，而你从来没有意识到。"

还有一次，凯普说："在我们的生活中，我变得越来越内向。而你总在试图逃避，仿佛它就是一座监狱。你感到你需要外部的东西。我对你来说还不足够。"埃莉诺回答说："你坚持在你之外我不能有自己的生活。你讨厌我对自然而随意的社交的需求……你妒忌所有的事和所有的人。你太严厉了……"

《难舍难分》一开始，凯普刚刚回到镇子里，与妻子的团聚令他狂喜，但是好景不长，他们之间的矛盾爆发了，很快就发展成了公开的敌对。很显然，虽然奥尼尔想说明这对夫妇都有同样的过错，而剧本的内容却表明在这场性别之战中丈夫应该更多地受到谴责。凯普很机敏、狡猾，虽然好像他没有意识到他在干什么，他的行为还是使妻子不得不采取守势，让她感到内疚，同时也恨自己，后来她不得不进行反击。“真是太美好了”，在说到他们的爱情时，她这样说，“然后——突然我就被你压碎了。我感觉到你对我的折磨中有残忍的存在，爬遍了我的全身，控制了它……然后抓住了我内心深处最后一样东西，这唤起了我的灵魂也渴望获得那样东西！我必须全力反抗……但是，我爱你！只是因为我爱你！如果我被毁灭了，还剩下什么可以爱你呢？还剩下什么可以让你爱呢？”

在虚伪地承认是爱情之后，凯普跑了出去，声称他要“（把爱情）踹进最肮脏的深渊！……我要杀死爱情——然后我就自由了”！一次，在半歇斯底里的状态下，他找了一个妓女，说了一大通恶毒和激情的话，自己如何憎恶自己和讨厌这个世界，她被他的话弄得很迷茫。他后来意识到他和埃莉诺是无论如何也分不开的，他们是被“难舍难分”在一起的，他就回到了家里。凯普和一个妓女在一起待了一夜，同样，埃莉诺想献身于一个已经爱她很长时间的戏剧导演（在某种程度上，他是以肯尼思·麦高文为原型塑造的，年龄向后推了一些）；可是，像她丈夫一样，她也做不到对婚姻不忠。剧本的结尾带有发烧的狂喜的味道，不管将来如何，夫妇二人接受了彼此施虐受虐的关系。凯普说：“……我们将折磨，撕扯，企图抓住对方的灵魂！——争斗——失败接着是再次憎恨——（他带着咄咄逼人的胜利者的姿态提高了嗓门）但是！是骄傲的失败——带着快乐！”埃莉诺回答说：“是的。”

D. H. 劳伦斯发现埃德加·爱伦·坡（Edgar Allan Poe）的作品和他所认为的坡对妻子具有破坏性的感情之间存在联系。在一篇关于坡（奥尼尔对他有认同感）的评论中，劳伦斯的话颇具启发意义。这段话是关于爱情的阴暗面，尤其是过分的爱所带来的危险性的，这段话对奥尼尔同样适用：

“爱情是一种神秘的致命的吸引力，它使东西彼此越来越近，越来越近。正因为此，性其实是爱情的危机。因为通过性，男人和女人身上的两套血液系统汇集在了一起，发生了联系，中间只隔着极薄的一层膜。如果这层阻隔膜破裂了，只有死路一条。”（在《难舍难分》中，凯普对妻子说：“你和我——年复一年——在一起——两个身体变成了一个……我变成了你！你变成了我！一个心脏！一个血脉！我们的！”与此相似，奥尼尔在和艾格尼丝结婚前曾对她说：“我只想和你独处……任何东西都不会打破的独处。甚至我们自己的孩子也不行……我希望不是你和我，而是我们，一个生命，而不是两个。”）

“所以”，劳伦斯继续说道：“万事皆有度，爱情亦有度。”

“所有有机物的中心法则是，每一个有机体本质上是孤立的，自身是单独的。”

“独立被打破的一瞬间，事实上的混合和混杂就出现了，死亡就来临了。”（在谈到他们浪漫的开始时，凯普说：“哦，那是美丽的疯狂！我失去了自我。开始生活在你身上。我想死去变成你！我呢，也想变成你！”）

“所有有机物的第二法则是，每一个有机体只有通过和其他物质进行接触、吸收，和其他生命体发生联系才能生存，这就意味着吸收新的振动和非物质。每一个个体有机体通过在某一阶段和同类有机体亲密接触才显现出生机。”

“人也是这样。他将空气吸入体内，他吞咽食物和水。但还不止这些。他将和他发生联系的同类的生命也摄入体内，他赋予他们以生命。随着亲密程度的增加，这种联系越来越紧密。当它变成整体联系时，我们称之为爱情。人靠食物生存，但吃得过多是会死的。人靠爱而活着，但如果爱得过度一样会死，或者会导致死亡……”

《难舍难分》是一份重要的传记文件，对作者自己的暴露有可能比他打算或者意识到的要多。艾格尼丝曾称该剧是他们俩关系的“复印件”。同时，不幸的是，该剧絮叨、乏味。整件事被提高到如此的高度，仿佛剧本不是用语言而是用感叹号写成的，也许作者发现语言已不能充分表达他的意思，只有纯粹通过强度才可以。有一次，凯普半抽泣着感叹道：“我有很多话要说，但我却像一个结巴的白痴！”

奥尼尔集中精力展现夫妇间相互折磨的关系，将对表现婚姻冲突完全无益的东西统统排除在外，在这一方面奥尼尔走得很远。他想揭露问题的核心，想写出一部在表现他意欲表现的主题方面压倒一切的剧本，然而剧本变成了一场不流血的语言战争。尽管剧中有关于爱情、痛苦和孤独的讨论，哪一个都仿佛不真实，哪一个都没有打动我们，因为主人公不真实；他们是抽象的东西，传达的是奥尼尔对艾格尼丝的感情和他想象中的艾格尼丝对他的感情。他痴迷于探索和分析，以至于塑造的人物失去了生活的真实，也不能引起我们的关注。

除了自传的内容外，《难舍难分》还非常有意思地成了其他一些剧本的先兆，奥尼尔后来对这一主题的处理更加全面——这是奥尼尔作品的一个常见趋势，使他的作品比表面看来更具连贯性。例如，凯普找的那个妓女是奥尼尔所描写的这一类人中的首次真实展示，接下来有了防卫心理和傲气，具有了浪漫主义色彩，最后具有了与生俱来的智慧；她是《大神布朗》（*The Great God Brown*）中那位理想化的妓女的速写。与此相似，《奇异的插曲》中的人物将他们没有说出来的思想表达出来了，这种情况在《难舍难分》的一场戏中已经得到预示，在那一场中凯普和妻子“很显然在相互说话，但好像谁都没有听见对方在说什么”。最后埃莉诺对凯普说的话（“……你是一个无情的理想主义者。这恰是早年将我吸引到你身边的原因。我不相信任何东西。你的爱情挽救了我。”）和《无穷的岁月》（*Days Without End*）中埃尔莎的话很相似。埃尔莎觉得她丈夫是一个“浪漫的理想主义者”：“我也同样受到了伤害。但伤口都已经愈合了……是约翰的爱情愈合了我的伤口。”

1922年秋天，到了离开尖顶山的时间，奥尼尔厌倦了普罗文斯敦，对下一步到哪里去还没有决定。9月23日，他对麦高文说：“我们过冬的计划还没有头绪，实在没有地方可去的话，我们可能会到中国去。我也想去，无论如何欧洲对我来说没有什么。我说，或者去南海，或者去中国。我想离开一段世俗的戏剧舞台……在《泉》的事落实之前，所有的计划都没有用。”

他对1922—1923演出季的估计并不乐观，因为阿瑟·霍普金斯找不到扮演庞塞·德莱昂的合适人选。奥尼尔特别想让约翰·巴里摩尔出演该角色，但他和莱昂内尔·巴里摩尔都拒绝了这一剧本；约翰要在霍普金斯的演出中出演哈姆雷特（他演的这个丹麦王子将成为几十年来美国戏剧舞台上最棒的角色），而莱昂内尔对戏剧已不再着迷，开始将全部精力都放在了拍电影上。雅各布·本-阿米在第二大道上的意第绪语剧院当了一段学徒后，获得了百老汇的称赞，他十分渴望出演庞塞·德莱昂，但他的口音使他成为一个不合格的人选。剧作家问麦高文："你能想出让谁演这一角色吗？"两年后，在和斯塔克·扬谈论起这一至今没有上演的剧本时，奥尼尔说起了他父亲那一代人："这就是不同：当时的演员们不明白我的剧本，但他们能演；现在他们明白我的剧本，却不能演。"

尽管奥尼尔谈到要到中国和南海去，但他还是想在某个地方扎根，找个"归属之地"。这年早些时候，他买了他的第一辆汽车，一部定制的红色旅行版汽车，现在他驾着车在康涅狄格跑来跑去想找一个在距离上方便到纽约的地方。虽然他还没有从母亲的地产中得到任何收益，他的经济状况现在比以前好了很多，他1922年的总收入达到大约44,000美元。他的绝大部分收入来自《安娜·克里斯蒂》；除了纽约177场的演出版税和仍在进行的巡演，《安娜·克里斯蒂》还被以25,000美元的价格卖给了电影公司，所得费用由奥尼尔和他的导演平分。[电影版的《安娜·克里斯蒂》1923年发行，布兰奇·斯威特（Blanche Sweet）出演安娜。电影让奥尼尔印象深刻："令人激动的惊奇……表演和导演都很棒！完全如实地传达了剧本的精神。"几年后，剧本为葛丽泰·嘉宝（Greta Garbo）的声音首秀进行了改编，又给剧作家带来了7,500美元的额外收入。虽然奥尼尔认为"那位女士做得很棒"，但他从没有见到过音频版的《安娜·克里斯蒂》，他猜测这个版本"几乎都归嘉宝了，而为他自己几乎没有剩下什么东西"。]他的其他主要收入来源是《毛猿》、剧本的出版，以及小剧场对他作品的上演。

有一段时间，奥尼尔想着要购买马克·吐温（Mark Twain）在康涅狄格州雷丁的斯道姆菲尔德（Stormfield, Redding, Conn.），这是一座意大利风格的别墅；年轻时，奥尼尔读了很多马克·吐温的作品，他曾幻想着将来住进名人住过的房子。可是，伊本·吉文和威尔伯·丹尼尔·斯蒂尔劝他不要购买，他们说这地方需要大修，成本高昂。经过进一步调研，剧作家用32,500美元购买了康涅狄格州里奇菲尔德的布鲁克农场（Brook Farm, Ridgefield, Conn.）。这个地方面积有30英亩，建有一座有15个漂亮房间的房屋，房屋四周镶嵌着白色的木板，具有殖民地时期的风格。这座农场有一半是林地，包括一个苹果园、一个池塘、小溪和一座带有喷泉的花园——总之，是埃拉和杰米在新伦敦渴望拥有的那种类型的地方，他们瞧不起他们简陋的基督山伯爵小屋（Monte Cristo cottage）。

为了和他们的新生活相一致，奥尼尔夫妇雇用了一个名叫川（Kawa）的日本管家，一个名叫文森特·巴德尼（Vincent Bedini）的人做户外工作，还有他的妻子帮忙做些家里的零工。奥尼尔现在成了乡绅，对自己的姓氏感到非常自豪，奥尼尔家族是古代爱尔兰皇室的一支后裔。奥尼尔养了一只猎狼犬，用古爱尔兰传说中的武士统治者的名字给它起了一个名字叫费恩·马克·库尔（Finn Mac Cool）。费恩身材高大，灰色的皮毛，样子看起来吓人，对人却非常友好，尤其是对小孩子，允许沙恩和艾格尼丝的女儿芭芭拉像小马驹一样骑着他，但他是个本能的牲畜杀手。玛杰里·博尔顿正和他一起走着，他看到一群鸡，就突然挣脱了，几分钟内就把鸡杀死了好几只；接下来又对一群牛发起了进攻，牛被赶到了墙边。这些牛放低脑袋，用牛角围成了一个半圆才把他击退。

随着奥尼尔把父亲的几箱书籍和演戏的器物搬进新家，他把过去也一同带了过来，把自己变成了回忆的牺牲品。这些东西因为拍卖时出价不足而叫停后就一直存放在新伦敦。当时有一位妇女花了50美分买走一箱詹姆斯·奥尼尔演《基督山伯爵》的服装和首饰。拍卖流产后，在丈夫去世后不久，埃拉就把一些服装送给了朋友们，他们把这些服装重新剪裁给孩子们做成了派对服装；但绝大部分东西还存放在里奇菲尔德（Ridgefield, Conn.），成了沙恩和他的朋友西尔维奥·巴德尼（Silvio Bedini）的玩具。影片《基督山伯爵》也在装在箱子里的物品里面，但奥尼尔是否看过并不一定：吉米·莱特说他看过，但是据麦高文说，他因为担心这部电影，也包括父亲的表演，会让他感到滑稽就根本没有看。

十一月，正当全家在布鲁克农场安顿下来的时候，尤金从房产律师C.哈得莱·赫尔（C. Hadlai Hull）那里获知，几周来他哥哥在新伦敦一直都醉醺醺的，和两个臭名昭著的赌徒搅和在一起。赫尔担心这两个家伙会把杰米即将得到的售卖格伦代尔市房产的一笔4,000美元的首付定金给骗走了，该房产总共售价为8,000美元。尤金整整过了一个月，即12月13日才回复，他用道歉的口吻说："我唯一的理由就是我一直忙于明年春我的剧本在伦敦演出的筹划（《安娜·克里斯蒂》是唯一一部确定要上演的剧目）以及正在安顿新家，我不想去考虑我哥哥的麻烦事。"

"我不知道该如何说是好……仿佛我对此无计可施了。最后我听说他状态依然不佳。他从纽约给我打了电话，但我没有见到他。当时我脑子里有太多的事情。凭经验我知道，我越是鼓励他采取某个行动路线，他就越固执，越是要反着做。所以我该怎么办呢？"

奥尼尔从未想过要让哥哥和他们一起住，因为杰米总是喝醉，会影响他的创作。同时，杰米对艾格尼丝也有敌意；他怀疑，他继承了格伦代尔市的房产招致了她的不满，她影响到奥尼尔对自己产生了不利的看法。杰米的问题通过哈罗德·德保罗而得到了暂时的解决，德保罗是一位低俗作家，是奥尼尔两兄弟的老朋友；德保罗刚刚在康涅狄格州的达里恩市（Darien, Conn.）租了一座房子，在和尤金商量过后，就把杰米接过来无限期居住。哈罗德自己也喜欢喝酒，只要杰米表现好，他和妻子乐意杰米作陪，但有时候他们发现这不可能。德保罗说："他的舌头是认识的人中最睿智、最无情的，他会发现你的软肋，并整晚利用它。第二天早上就把发生的事情忘得一干二净，还会问，'我是否很糟糕？''是的，很糟糕。''天呐！我身上过去堕落的精神又发作了！'"

他经常喝酒，常常长时间地站在镜子前，用憎恶的眼神盯着镜中的自己，同时用他所能想起来的污秽的话骂着。他几乎对每一个人都持反对态度，——唯一的例外就是埃拉，他常将她称作“我的圣母”——他总是刁难奥尼尔，充满妒意地说他给奥尼尔的很多剧本提供了思路。但在圣诞节的那一天，杰米很清醒，带着怀旧的心情在地板上和德保罗的两个孩子玩石子游戏，他眼睛里含着泪水，想起来这是他有生以来第一次在家过圣诞节，他说，其他所有的圣诞节都是跟随父亲巡回演出时，在讨厌的旅馆房间、火车和剧院的后台度过的。

达里恩的另一个客人威廉·F. 拜特汉姆（William F. Batterham）认为，杰米比奥尼尔更有天赋，如果他尽心的话，他在戏剧领域可以走得很远，当演员或者当剧作家。拜特汉姆说：“他拥有我遇见过的最多产的大脑，能在最短的时间内做出机敏的应答。他能用摘下帽子的工夫编造一个故事、场景和整幕的戏，有时候他在他父亲过去演过的戏中一下子扮演三四个角色来逗我们大家开心——而且演得非常出色。但通常大家不太容易接受他。他垄断谈话，他总是想成为大家注意的中心。”

杰米以前总打扮得整洁，头发梳得很整齐，如今他随便穿戴着灯笼裤、外套和帽子，由于喝酒脚踝肿胀的原因，穿着卧室拖鞋。他不是向大家宣称他是“喝醉酒了的男低音”，就有可能会说：“海伦（Helen DePolo）在哪儿呢？我想和她睡觉！”他在达里恩还没有待太长时间，德保罗夫妇就后悔邀请杰米来他们家（艾格尼丝认为，是杰米在支付这家的开销），但是他们却不情愿让他离开。一天晚上，他躺在床上抽烟，引燃了床垫，海伦当时和他单独待在一起，慌忙从屋子里冲了出来。

这种情况于1923年2月16日杰米和德保罗夫妇在斯坦福德（Stamford, Conn.）剧院观看《安娜·克里斯蒂》的巡演时发展到了极点。起先，杰米不断冲着坐在前排的一位女士咳嗽，出尽了洋相，后来在表演正在进行时又突然站了起来，大声说：“为什么我弟弟——这个剧本的作者对妓女知道得这么多？”——然后用下流的语言提及艾格尼丝和海伦。演员的演出暂时停止了，他们对剧院里发出的声音感到很困惑，人们都伸长了脖子，德保罗赶忙把他拉出了剧院，一路上对他责备个不停。第二天早上，德保罗和拜特汉姆把他送上了开往新伦敦的火车，之后德保罗给奥尼尔打电话把事情的经过说了。奥尼尔立刻发电报给 C. 哈得莱・赫尔说，他哥哥在斯坦福德剧院“丢尽了脸”，如果他再回到那个地方，就把他抓起来。“只要能让他待在新伦敦，任何你认为合适哪怕过激的方法，我都完全允许。”

虽然奥尼尔创作时能够心平气和，甚至还有些幸福感，但是《难舍难分》一剧却对他有相反的影响。他不是将过去的材料进行戏剧化和虚构，写的却是当下痛苦的一面——他和艾格尼丝关系的不和。换句话说，这个剧本让他又重新体验了一遍激发他创作灵感的不幸时刻；有一段时间他生活在“绝望的深渊”中。一般情况下，他创作时从不喝酒，但在创作《难舍难分》的过程中，他有好几次意志薄弱的时候。一天，艾格尼丝去了纽约，他喝酒时狂怒不已，把他所能找到的她的每一张照片都剪碎了，扔得满地都是。他还把她父亲绘制的托马斯・伊肯斯（Thomas Eakins）的画像踢了一个洞。她父亲是一位退了休的画家，喜静，是画家托马斯・伊肯斯的门徒。并不是尤金和博尔顿先生有什么过节——尤金其实喜欢他——他知道艾格尼丝喜欢那张画。艾格尼丝回到家时，他把她堵在了家门口，追问她在纽约见了“什么男人”。

《难舍难分》一写完，奥尼尔就变得很容易相处，但剧本的主题，剧本背后的现实，在他的生活中渐渐放大，以至于他不能用客观的态度来看待这个剧本。尽管他妥协说，剧本的第一稿可能有“初步的缺陷”，但他还是认为该剧“应该是”他写出来的“最出色、最深沉、最重要的剧本”。然而，乔治・吉恩・内森和 H. L. 门肯（H. L. Mencken）都认为，该剧没有达到作者应有的水平。奥尼尔固执地坚持《难舍难分》是他“最好的剧本”。5月7日他给内森回复说：“我很高兴收到门肯的来信，但我必须坦诚地说，他的绝大部分评论都和评论我的剧本没有什么关系。他的现实主义（使用该词的一般意思）的错误在于非常明显地混淆了我的意图。”

“该死的‘现实主义’！当我第一次向你提起这个剧本时，我对它的定论是‘现实主义’，我指的是在精神层面的真实，而非严格意义的生活层面……门肯说：‘大谈特谈妓女的人一定不是一个曾经有召妓经历的人。’好吧，对我来说他说得对，进一步说也正合我意，他的话意思要深刻得多。（这里，奥尼尔变得非常神秘地矫揉造作，在讨论他剧本的深意时他很容易这样。）他是一个朦胧地意识到那些重复体验的人，总在努力找寻自己、爱情和生活背后真实的面目。目前，他的痛苦让他看到了现实背后的真实。”

“我不赞成认为这个剧本中的语言都是‘陈腐’的这一说法……其实，我敢肯定，这是我曾经写过的最深刻、最真实，也是写得最好的一个剧本。也许它看起来不‘貌似真实’——但该剧把爱情当成了生命的力量，而不是一种知识概念，貌似理性在这里也讲不通。理性无论如何和戏剧无关，也和宗教无关。它们比理性高——或者低。”

几个月后，他对《难舍难分》的认识更加清醒，他称该剧是“对爱情和婚姻有力的定论式的尝试。不是我假装取得了成功，而是我认为其结果很有意思。”十年后，他却认为该剧，还有《泉》《最初的人》和《黄金》，写得“令人痛苦地糟糕”，不具有重写价值。

1923年春，正当霍普金斯执导的《安娜·克里斯蒂》即将在伦敦上演的时候，奥尼尔在国外很快就要获得和国内相当的声誉。自从《天边外》上演之后，尤其是《琼斯皇》上演之后，随着外国的评论家和看过戏的观众回到国内一番振奋人心的宣传，欧洲也逐渐知道了美国有一位具有原创性和天赋的新人剧作家。麦高文和琼斯1922年也去了欧洲大陆，去搜集写书的素材。他们在和莱因哈特以及其他导演会面时，进一步扩散了这一消息。到这时候，奥尼尔已经为英国的戏迷所熟知，因为他的剧本将很快在伦敦出版发行［他给《难舍难分》中的主人公借用了他英国的出版商乔纳森·凯普（Jonathan Cape）的姓氏］，他的几部不太有名的作品也被签给了一个小戏剧俱乐部。而《安娜·克里斯蒂》则以几乎没变的全部演员阵容准备在伦敦西区剧院定期演出，它将是奥尼尔第一部在海外上演的剧本，也是其计划在欧洲大陆上演剧本中的第一部。

虽然观看第一天晚上演出的伦敦观众众所周知很保守，但对《安娜·克里斯蒂》仍“表现得很兴奋”。第二天剧评家对演员和剧作家评价甚高，尤其是对波林·洛德。有人说：“沃尔特·惠特曼（Walt Whitman）之于诗歌乃奥尼尔之于戏剧。”然而，伦敦的演出，就像奥尼尔在接下来几年中在欧洲的演出记录一样颇令人失望。在德国柏林（Berlin, Germany）的演出版本中，安娜在剧终开枪自杀了，观众公开表示很反感，主要原因在于一个匈牙利人的不当翻译。德国新闻记者鲁道夫·考墨（Rudolf Kommer）说：“除了他喜欢这个剧本，他的文化中间人的资格还停留在英语-德语贝立兹入门的水平。他有可能猜出了英语意思，但用德语却完全表达不出来。”这次演出仅仅演了三场，剧作家从遭受通货膨胀的德国获得版税收入共计78亿马克——用当时美元现钞价格，合1.39美元。

《琼斯皇》在柏林的演出虽然鼓吹翻译和演员阵容甚佳，但还是以失败而告终。考墨认为，失败的原因在于：“剧本的制作方认为他们只能用一种极端的新表现主义方法解决原始森林的问题。这样做的结果令人费解，即使他们在布景上增加了一块伊丽莎白女王的指示牌，也不能说服观众他们是坐在一座森林前。还有，制作方专注于作品的精神层面而忽略了琼斯应该时不时地开枪的事实——因而琼斯根本就没有开枪。制作方的处理方法甚是奇怪。”

在莫斯科，《安娜·克里斯蒂》的演出持续时间虽长，但却没有给奥尼尔增加一分钱的收入，因为俄罗斯人不认为应付给资本主义剥削国家的作家版税。奥尼尔唯一的福利就是朋友迈克尔·戈尔德（Michael Gold）给他讲的可笑的事情。戈尔德一半时间从事写作，另一半时间从事激进的政治。关于这次演出，他从俄国给奥尼尔写信说：“第一幕开场发生在一个酒馆里，里面有一群粗鲁的俄罗斯人，穿着皮革衣服，女人们顶着头巾和红色的吉普赛手帕，一边喝酒一边唱着‘中国城，我的中国城’……然后又用吉普赛风格开始唱‘《胜利之歌》（*Yankee Doodle Dandy*）’，用吉他和六角手风琴伴奏。夹杂了很多幽默、恶作剧和玩笑——然后真正的戏便开始了。约翰尼牧师出场了，穿着宽松的长外套，戴着高冠大礼帽。老船长一脸络腮胡子，穿着厚呢上衣，戴着红色围巾……安娜一头金发，大嗓门，活泼可爱，穿着颜色鲜亮的夏服……整个戏的演出节奏是纽约演出的大约六倍——几乎成了独幕剧，还充满俄罗斯风格的肢体语言和感情色彩。”

每年夏天搬回到尖顶山总要费一番周折——铲走冬天风暴淤积下来的几乎盖住了旧基地屋顶的沙土，把生活用品、装备和个人物品从沙丘那边拖过来；更换损坏的管道，包括一个工作正常但喜怒无常的水管。这个时候，奥尼尔通常心情不好，但这一次，当全家1923年6月搬回来的时候，他兴致高昂；创作《难舍难分》时，他心绪不好，他现在的心情有可能是自然的、钟摆式的反应。“好极了”，他写信给菲茨说：“还是那个大海，还有一切。还没有开始工作。还活着，太高兴了。好多年，除了闲暇时，都没有意识到这一点。好像年轻了十岁——浑身都是劲！……在绝望的深渊中获得了定期的新生，十二月在里奇菲尔德时，简直绝望到了极点。”

在海边安顿下来不久，奥尼尔收到马克斯韦尔·博登海姆（Maxwell Bodenheim）的一封来信，向奥尼尔所取得的成功表示祝贺。他们二人多年未见了。奥尼尔7月5日回信说，他们很长时间没有见过面了，因为他很少进纽约，也越来越“避开格林尼治村”。为什么呢？好吧，关于你提到的赞誉，最悲惨的一点是我从没把它当真，而别人却把它当真了……有人因此憎恨我，或者妒忌我，或者喜欢我，或者利用我，或者逢迎我——都是因为我的成功——但是他们仿佛再也看不到他们知道的那个我了。我保证，我还是那个‘我’，我感到孤独，正是这些愚蠢的人通过他们的怀疑把我变成了一个多疑的人。不是因为我没有意识到这一切皆无法避免——而是这让人痛苦，因为我天生敏感，我就学会了逃避……”

“非常感谢你呈现给我的‘灯火通明的走廊’。你了解得比较深刻。一切都是相对的，不是吗？对于所有在同样黑暗中的人来说，上帝的汽灯都发着同样的光。我认为，我们都是杂技演员，我们以苦为乐。无论如何，这没有什么大不了的，是吗？我们工作。正如哈姆雷特所说的那样，其余的都是废话。”

“给你写信让我感到有点滑稽奇怪，麦克斯。非常感谢你。近段日子，一切都如此理智。我不是发牢骚。正相反，我真心实意地渴望如此——为了工作的缘故。”

在创作完《难舍难分》后不久，另一个计划开始在奥尼尔的头脑中形成了。他说：“我剧本写得不够快，跟不上我‘大脑’中的创作想象！”他一直对东方很着迷，但他从来没有想过要把某一个剧本的故事放在东方，直到他为《泉》剧搜集材料时发现了马可·波罗（Marco Polo），这一发现激发了他的兴趣［在《泉》中，庞塞·德莱昂渴望在“陌生海外的陆地上作战——日本（Cipango）和中国（Cathay）——马可·波罗见到的遍地是黄金的城市”］。随着奥尼尔对马可·波罗的形象构思得越来越清晰，这一形象与其说应当归功于历史视野，倒不如说是辛克莱·刘易斯（Sinclair Lewis）批判的观点，刘易斯把野心勃勃的美国商人的原型定型化，变成了永远的“巴比特”（Babbitt）。在奥尼尔的《马可百万》（*Marco Millions*）写作计划中，他的同名主人公将是一位20世纪的巴比特，在13世纪的威尼斯和中国之间来回兜售着商品。

剧作家在创作《难舍难分》时遭受了极大的痛苦，这部新戏的创作则是“莫大的乐趣”。他阅读了现有关于马可·波罗的所有材料，记了“无数的笔记”，购买了中国音乐唱片，有一次这些唱片他听了好几个小时。夏天稍晚一些的时候，在写了一个很长的方案和开场戏后，他将该剧的创作放在了一边，集中精力策划重振马克道格街剧院雄风的事情。

早在1922年吉格和苏珊离开的时候，他们打算大概一年之后回来，于是授权埃德娜·肯顿，作为普罗文斯敦剧团执行董事会的成员，在他们不在期间，代替他们投票表决。而他们一到希腊，就开始在那里扎根了。吉格不愧是吉格，做得更加过火。他蓄了胡子，穿上了希腊人只有在节日才拿出来穿的服装，花很多时间在门口的小餐馆喝高度数的松香味葡萄酒，对一切都满怀兴致，热情地和希腊人交朋友。他已经度过了疯狂阶段——今天兴头浓厚，明天精神低落，这在他的书信中可以看得出。他在写给尤金和艾格尼丝的信中说："今天真正的希腊人是牧羊人和水手——总是如此。他们比地狱洞酒吧中最好的人还要好很多。很神奇的语言！比古希腊语好两三倍。在帕纳塞斯山（Parnassus）上，女人们纺纱，挖掘。男人们从事更加重要的歌唱事务——只有当喝多的时候。他们可以醉上十二个小时。啧啧。"

但在另一天，他怀着另一种心情向埃德娜·肯顿吐露了心声："我的普罗文斯敦剧团从来没有为了赚钱向纽约这个猪槽转过去1/2英寸……两年来我随身携带着一把自动手枪——我带着这东西生活……因为青春已逝，我想找个好的理由死去。"

当库克夫妇明显将无限期在国外待下去的时候，奥尼尔就主动继续处理马克道格街的事务。他告诉律师哈里·温伯格，他认为剧院的新管理体制应该强调"演出的实验性，为了这一目的，利用任何剧本，不管是古代的还是现代的，国外的还是国内的"。"演出"，他指的是"在表演、导演和制景——一切方面进行实验。剧院过去是剧作家的剧院，现在应该是导演的剧院"。他与肯尼思·麦高文和博比·琼斯保持密切接触，奥尼尔希望麦高文能领导剧院，琼斯本人也想参加进来。厌倦了"过去争吵不休的民主"，奥尼尔告诉麦高文，"让民主见鬼去吧！——大写D的导演！（"导演"一词的第一个字母是"D"。——译者注）——你需要尽你所能让剧院每一个士气满满的人充分发挥其潜能，但不能让任何一个感觉到他是剧院唯一必不可少的人——过去的普罗文斯敦剧团就有一个人这样认为（据推测，他指的是吉格·库克）。如果大家都觉得那个人必不可少，剧院往上走或是贫血而死，就成了大家的耻辱，每个人都会责备其他人！"

他们之间的异议是麦高文想保留普罗文斯敦剧团的名称，认为这会刺激票房的销售，而奥尼尔却反对这样做。事情很复杂，埃德娜·肯顿的蓄意阻挠使矛盾变得更加尖锐。埃德娜认为麦高文"人很好"，但说话没有分量，因为菲茨试图和每一个人都搞好关系而看不起她，她还认为奥尼尔被高估了，憎恨他的成功。她认为，新剧院的名称不应该与普罗文斯敦剧团割裂开来，而剧社的声望基本上是吉格和苏珊付出的结果。在很多信件往来中，她将正在做的或者计划做的一切事情都告知了库克夫妇，同时还做出了批判性的、充满偏见的评论，库克夫妇相应地也在回信中表达了他们的反对意见。

“坦白地讲，事情正在按我所担心的那样发展，”1923年秋，奥尼尔向麦高文抱怨道：“我仿佛已经看到了怒目圆睁的吉格·库克心急火燎地从希腊回来，指责他的孩子被绑架了。……我无论如何都不认为‘普罗文斯敦剧团’这一名称有什么商业价值。《毛猿》演出过之后，剧社的商业价值就消亡了——人们知道的不是剧社，而是剧本的作者。我认为，剧社的名称非但没有好处，倒是一个障碍。从我个人来说，主动和过去吵吵嚷嚷有权插手的人发生联系，立刻就扼杀了我的兴趣。我不想和任何在新旧之间持骑墙态度的组织有瓜葛……毕竟，说到这件事，我感到新剧院并不拥有对于‘普罗文斯敦剧团’这一名称的权利。新剧院代表了和过去完全相左的政策——我明白这一点。”

奥尼尔对于肯尼思给出版界和潜在的观众起草的声明也持批评的口吻。他在信中继续说道：“给大家一个许诺，演员、剧作家和导演将给大家奉上一些神秘、新鲜、大胆、美丽和有趣的东西。——该剧场的目的是给那些具有想象力和天赋的人提供进一步发展的机遇——让他们来看戏吧，因为你向他们许诺了他们在其他地方看不到的东西——而后就向他们信守你的诺言！……我想你应该在你的声明中注入许多具有实验性的莫斯科小剧院（具有冒险性）的精神，强调具有想象力的新演绎和演出的实验特色。那是纽约的剧院应该致力于的东西，肯尼思！那是纽约现在所缺乏的东西！我们应该弥补这一差距……但这一点在你的声明的什么地方呢？根本没有！你知道为什么吗？因为那个大海的老朽，普罗文斯敦剧团还在紧紧地跟着你。你还在尽力用一个死物的名义和骑墙的妥协精神招揽观众。”

“这封信有些地方有些吹毛求疵，你别介意。我把这看成真正的大事，肯尼思，对你，对我都是如此，对除你我之外剧院的每个人更是如此。”

# 第六章　杰米的遗产

奥尼尔自从上次在达里恩的德保罗见了哥哥后，就一直通过负责他们家地产的律师和他保持着联系。在新伦敦，杰米成了人们茶余饭后的谈资，常因醉酒而伤痕累累，花钱大手大脚，和一些下三滥的人搅和在一起——有私酒贩子、赌徒以及——虽然现在他已经没有了性欲——妓女——直到他的身体完全垮了。因为常饮“劣酒”，他眼睛几乎看不见东西了，偶尔也会精神失常，1923年6月，他被送到了诺威奇的布儒斯特奈克（Brewster's Neck, Norwich）的一座疗养院。传言说，他被弄到那儿时，穿着紧身衣，一路上咆哮不止。一个月后，情况稍有好转后，他被转到了专门接收酒精上瘾者和不太严重的精神病人的里弗朗疗养院（Riverlawn Sanitarium, Paterson, N. J.，位于新泽西州帕特森）。

事后表明，达里恩那一次是奥尼尔最后一次在哥哥活着的时候见到他；杰米死后，尤金想抚平心头的愧疚感，责怪艾格尼丝没有劝说他去疗养院探望哥哥，可是当时他并不想去。他知道杰米已经开始自暴自弃，他确信他对此毫无办法（但他派了一位专家几次到帕特森去帮忙），为了避免给双方带来痛苦，他也不想和哥哥见面。由于绝望和无助，奥尼尔感到很恼怒，他8月7日向萨克斯·康明斯抱怨道："我想不出到底还能为他做些什么。他还会再次喝醉，他出院后，他的眼睛就会彻底瞎掉。"

就是在里弗朗疗养院里，杰米也能设法搞到酒；一次，他的表兄菲利普·谢里丹（Philip Sheridan）和来自新伦敦的亚历克斯·坎贝尔（Alex Campbell）来探望他，他拿出藏在床下的一瓶酒，与他们一起大喝起来。那一段时间，他仿佛步入了老年，就像一个疲惫不堪的老人——瘦削，没有血色，浑身颤抖——尽管谢里丹九月份看他时，认为他"在逐渐康复中"。十月中旬，和他母亲最后的日子一样，他也患了中风，身体越来越虚弱。他因为动脉硬化和脑溢血昏迷了好几天。11月8日，他45岁生日的两个月后，他去世了。

杰米去世前不久，奥尼尔去里奇菲尔德参加了一次欢宴，后来艾格尼丝在格林尼治村找到了他。他本来心情就不好，听到了杰米的死讯，更不愿意见任何人，想到哥哥虚度了生命心痛不已，他委托艾格尼丝处理杰米的后事。她由妹妹玛杰里陪着，在纽约的丧仪大厅看到曾有很多衣服的杰米只穿着内衣，她感到很难过；他所有的衣服在住院期间，不知怎的都被偷走了。为了应急，殡仪员给他半着装，即穿的衣服只有前半截，还给他穿上了假衬衫——裁缝这种图省事的做法让艾格尼丝觉得，这对一个曾经非常讲究衣着的人来说，节约得简直丢人。殡仪员询问她用什么棺材，她所能记起的就是一首老歌中的一句歌词"一口简朴的松木棺材"。"一口简朴的松木棺材！"殡仪员感叹道，"哎呀，你不能这样做。他可是詹姆斯·奥尼尔的公子呀！"

最终，杰米穿着半截衣服被安放在一口体面的棺材中。一个小时后，丧仪在东28街的圣斯蒂芬教堂（St. Stephen's Church）举行。来悼念的人等得都有些不耐烦了。以他的宿酒还没有醒为借口，奥尼尔躲过了痛苦的一天中最糟糕的时刻，他既没有参加丧仪，也没有陪艾格尼丝和玛杰里去新伦敦。

杰米被安葬在了新伦敦的圣玛丽公墓，紧邻着他的宿敌父亲和“圣母”。

“在过去的四年中，我失去了父亲、母亲和唯一的哥哥”，奥尼尔向一个朋友忏悔说。“如今，我是我们这一支奥尼尔家族中剩下的唯一一个人了。我还有两个儿子‘延续香火’。但是，他们两个都不是纯粹的爱尔兰人了，我必须承认，我是最后一个真正的爱尔兰人。这让我有时候感到苍老和有些劳累。”

他成了净价值达140,000左右美元的资产的唯一继承人，他显得比实际上要富有得多，因为新伦敦的地产绝大部分状况不佳，很难出租或售卖；在这里所有的财产出售之前，几年时间内他不得不在法律、管理和其他方面支付很多，他最后拿到手的要比之前预计的要少得多。

有可能杰米留给他的最大遗产不是另一半地产，而是杰米的去世带给他的一种自由感，他可以随意利用他们家庭的历史了。实际上，在他哥哥生命的最后几个月，他已经开始了这样的创作道路，他心里知道，杰米再也读不到他的剧本了，而只有他才能读出《上帝的儿女都有翅膀》（*All God's Chillun Got Wings*）故事背后的传记内容，它讲的是一个神经质、喜怒无常、常常充满恐惧的白人姑娘嫁给一个试图提高自己社会地位的黑人小伙的故事。姑娘名叫埃拉（Ella），黑人小伙名叫吉姆（Jim）。奥尼尔起的这些名字并非随意而为，因为这对夫妇身上承载了剧作家儿子对自己父母和他们之间关系的思考。

奥尼尔在尖顶山把《马可百万》的写作暂时搁置不久之后，他想在里奇菲尔德继续进行创作；但是乔治·吉恩·内森要他创作一个独幕剧在《美国信使》（*American Mercury*）上发表，这是他和门肯继《时髦圈子》之后创办的另一份杂志。内森向他约稿的结果就是《上帝的儿女都有翅膀》的诞生，一部萦绕在奥尼尔脑际多年的作品。

剧中这对虚构的夫妇与他们现实生活中的原型有很多对应之处。当时的詹姆斯·奥尼尔战胜了早年的贫困和社会上顽固的反爱尔兰情绪，一跃成为著名的演员；《上帝的儿女都有翅膀》中的吉姆·哈里斯希望成为一名“律师”，与种族歧视和自我怀疑进行抗争。埃拉·奥尼尔在戏剧圈感到失落，又因为毒瘾几乎处于半隐居状态;《上帝的儿女都有翅膀》中的那位姑娘感到在黑色面庞的海洋里快要被淹死了，她认为自己在社会上被人瞧不起，就躲着不见人。正如生活中一样，剧中的埃拉完全依赖丈夫，在这两种情况中，丈夫感到他们妻子娘家的地位比他们高，就高高地捧着他们的妻子。奥尼尔把父母间的矛盾刻画为黑人和白人间的冲突，有可能这一想法是因为他父亲喜欢引用奥赛罗（Othello）保卫他和苔丝狄蒙娜（Desdemona）的婚姻时所说的那句话（威严无比、德高望重的各位大人……），那段话类比了他的父母和莎士比亚塑造的这对夫妇：苔丝狄蒙娜被这位黑皮肤的人的神奇而危险的过去所打动，对他产生了好感，而埃拉·昆兰也曾把詹姆斯·奥尼尔看作是剧坛魅力的化身。这位演员喜欢奥赛罗的那段话有可能是因为他本人无形之中感到和这位黑皮肤的人之间有相似之处。

《上帝的儿女都有翅膀》中的这对夫妇是基于奥尼尔本人的父母，了解了这些，剧本就会透露出奥尼尔家庭的一些信息，但这并非是奥尼尔家庭的全貌。剧中还有其他一些成分——有些是虚构的，有些是从其他的真人真事借鉴的——所有这些东西使剧本超越了对埃拉和詹姆斯·奥尼尔故事的委婉再现。

《上帝的儿女都有翅膀》使我们粗略知道了奥尼尔是如何创作的，以及他对这部戏的构思酝酿了多长时间，该剧的问世部分原因是十年前一个真实悲剧的存在。奥尼尔1912年在新伦敦当记者期间非常关注每天的新闻，一份报纸的封面上刊登了重量级拳击冠军杰克·约翰逊的夫人（Mrs. Jack Johnson）自杀的故事，她的名字叫埃特（Etta）。“我是一个白人女人”，她在开枪自杀前几周说道。“我厌倦了做社会的弃儿。我嫁给黑人，我遭受的痛苦罪有应得。甚至黑人也看不起我；他们讨厌我。我想结束这一切。”在她实施其恐怖的自杀计划前几分钟，约翰逊夫人叫来了她的两个黑人女仆，让她们和她一起祈祷，她把手放在她们的肩头，左右一边一个，跪在她的床前。埃特站起身，双手掩面，祈祷道：“愿上帝原谅一个孤独的女人！”

和通过自杀寻求逃避的埃特不一样，埃拉·哈里斯通过疯狂进行逃避，这让奥尼尔想起了他童年的恐惧。母亲感情上变化无常，有时候“在屋子里像幽灵一样游走”——这种恐惧伴随儿时的奥尼尔多年，直到后来他听说母亲吸毒的事情。在《上帝的儿女都有翅膀》中，埃拉极度痛苦地反对丈夫做律师的想法，因为这样表明他比她高人一等，她掂着刀在屋子里走来走去，干扰丈夫的学习和睡眠。虽然她称他为“肮脏的黑鬼”，但她对他的爱却一如既往。她在清醒的时候问道：“上帝会原谅我吗，吉姆？”他回答说：“他可能会原谅你对我所做的事；他可能也会原谅我对你所做的事；但我不明白他怎么会原谅——他自己。”

在充满同情地处理种族问题方面，《上帝的儿女都有翅膀》比它的创作时代早了几十年。哈里斯对他的姐姐说：“你和你们的人谈论黑人和白人！那么把人类放在什么位置呢？”虽然该剧不如《毛猿》和《琼斯皇》好，但这部新作毫无疑问要胜过《难舍难分》；这一次，剧中的两个主人公，还有吉姆的母亲和姐姐都是可信的人物。虽说作品中平淡之处较多，但也确实包含一些如歌般激情的时刻，例如，当埃拉问吉姆最近律师考试准备情况如何时他的回答。

吉姆（发狂地看着她）：通过考试？通过考试？（他开始笑了，先是咯咯地轻声笑，后来放声大笑，每说上几句话或几个词便要夹着笑声。这是低沉的黑人的笑声，可是在它那含有嘲弄意味的悲怆之中，自有一种令人心碎的痛苦）天哪，孩子，你怎么会有这样疯狂的念头？通过考试？我？黑乌鸦吉姆·哈里斯？黑鬼吉姆·哈里斯——成了真正的律师！只要想一想这个念头就足以叫你笑死！这将触犯一切自然法则，一切人类的公理正义。这将是不可思议的奇迹，会出现地震和灾祸，七次瘟疫又要降临，蝗虫将吞没银行里的所有钱财，第二次洪水将汹涌而来，诺亚会失足落水，太阳会像熟透的无花果从天上掉下，魔鬼会行神迹奇事，上帝也会从末日审判的宝座上掉下地来！

尽管乔治·吉恩·内森让奥尼尔写一部独幕剧，但奥尼尔要说的东西太多，就把《上帝的儿女都有翅膀》写成了一部两幕七场的剧本。虽然和标准长度相比稍短了些，但剧本跨越十七年，使用了各种各样的故事素材，不仅包括夫妻关系，还包括更大的问题——白人和黑人的关系，还有纽约市不断变化的情景和特点。奥尼尔不喜欢这座城市——他发现这座城市和人类的精神相异，给人压迫和吞没感——这在他的很多剧本中都有所表现，包括《上帝的儿女都有翅膀》，剧中的故事就发生在曼哈顿下城一个种族混居的社区。

在第一场，“街上传来阵阵喧闹声——高架铁路上的火车咯噔咯噔的轰鸣声，机车头噗噗的喷气声，马车不紧不慢，马蹄在鹅卵石上发出的懒散的得得声。从白人街上传来的音调很高的、带着鼻音的男高音，唱的是《镀金笼子中的鸟儿》的合唱部分。在黑人街上一个黑人唱起了《我得给宝贝打个电报》中的合唱曲，歌声一停，从两边街上传来……笑声”。这段描写怀旧、富有激情，但接下来的一幕就变得凶险：“街上喧闹声依旧。只是变成了更有节奏的机器声，电气火车代替了马车和轮船……两条街上没有了笑声……这些房子庄严得令人生畏。所有的窗帘都拉下，造成一种印象，似乎这些窗帘背后有许多直瞪瞪的、冷酷无情的眼睛在不声不响地窥视着人们。”最终，剧作家对这座城市的嫌恶在《休伊》(Hug*hie*)中几乎变成有形的了，在这部只有两个人物的剧中，可以听到纽约的各种声音，尤其是夜晚那些干扰人的、令人心神不宁的声音，这其实构成了第三个人物。

刚进入十一月份的时候，奥尼尔还在从事《上帝的儿女都有翅膀》的创作，他邀请马尔科姆·考利及其妻子佩吉周末到家里做客——就是以前的佩吉·贝尔德(Peggy Baird)，奥尼尔早年在格林尼治村关系要好的人之一——还有他们的朋友哈特·克莱恩(Hart Crane)。一周前，剧作家在一次派对上见到过这位诗人，深深地被他和他的诗歌打动了，并邀请他和考利夫妇到里奇菲尔德来做客。客人们被奥尼尔家和他的生活方式所打动，但考利却感到有点拘谨。哈特后来描述他们的周末为“一次开怀畅饮的良宵！苹果酒，肚皮舞和快步舞……无尽的快乐和庆贺”。这两个人截然相反的反应说明了他们各自的问题：考利是一位知识分子，具有分析的大脑，认为他和主人没有交流；而哈特是一个压抑的狂躁症者，觉得这位著名的剧作家和他“迷人”的妻子喜欢他，因而反应得很热烈。

根据考利对这次周末的文字记录，奥尼尔竭力表现得很好客，“对一位毫无名气的蹩脚年轻人（考利）格外友好”。还有一次，奥尼尔让马尔科姆看了一本威尔罕姆·斯塔科尔（Wilhelm Stekel）所著的关于性心理失常的书，并说道，这本书中有足够多的病历“让活着的剧作家组织故事情节”。奥尼尔尤其对其中一个家中的独子被母亲勾引后发疯的记录感兴趣。

在参观奥尼尔家房子的时候，考利发现主人的书房是楼上的一个大房间，“里面几乎没什么家具，就像一个禅房”——墙上没有照片和其他装饰物，主要是一张床和一张红木写字台，奥尼尔在一个可以当作桌子的小膝板上从事创作。他拿出了几个中等尺寸的本子，他的剧本就写在上面。他打开一本，翻到了《琼斯皇》，整个剧本不到六页，字迹非常小，不用放大镜，就几乎看不清楚。马尔科姆认为这是“刻在大头针头上的主经”。当晚，奥尼尔邀请他和克莱恩来到地下室，很显然是为了向他们炫耀他的蒸汽暖炉，炉壁上的管子就像章鱼的触手一样，成辐射状通向各个方向。他还让他们留意影子中的三个木桶，里面装满了用自家苹果酿的苹果酒。克莱恩对这次来访到现在为止还没有喝酒感到失望，就建议打开一桶。起先奥尼尔不同意，说他不知道怎样才能打开，当马尔科姆自告奋勇地说他能打开，奥尼尔就同意了。在主人拿着一个大号杯子和三个玻璃杯返回后，哈特用吟诵诗歌的口吻说道：“我可以看到珍珠般的泡沫在桶的边缘眨动着眼睛。”

“金喝了一小口苹果酒”，考利记述道。“把酒不安地含在口中，又冲杯子沮丧地看了一眼，然后紧张地深咽了两口，把杯子中的酒喝空了。过了一会儿，我们再次把大号杯子倒满。已过午夜好久，当我上楼睡觉时，金跪在地上，又端过来一大杯苹果酒，哈特站在他身边，手里拿着一支熄灭了的雪茄比划着，大声朗诵着当天下午他写的几句诗。”

由于他自己也曾努力想成为一名诗人（现在仍偶尔写写诗），尤金理解哈特·克莱恩在诗歌艺术方面的努力。但是后来有一段时间，他平静地审视克莱恩，认为他和艾格尼丝之间的关系过于友好——艾格尼丝有时候也有点轻佻，这激起了丈夫的激情和妒忌。哈特得知了奥尼尔的怀疑后，就把他拉到了一边向他坦言，他很多朋友都知道，他是一个同性恋者，以此希望他和奥尼尔之间的友谊能够变得舒服自然。艾格尼丝认为他是“一个很棒的人，有他自己疯狂、悲剧和狂暴的方式”，而奥尼尔几年后说道：“我把他看作是具有真正天赋的为数不多的几位美国诗人之一。我只是在1923和1924年才结识了他，绝大多数时候我发现我们俩都很不幸。”说克莱恩“具有”（possessed）天赋，奥尼尔用对了词，因为克莱恩真的是“着了魔”（was possessed），和奥尼尔相比，他更加受到某种东西的驱使，也更加自我折磨，他是一位受到他和父母关系极大影响的儿子，是一位作品出自他狂乱的生活，有时候甚至是暴力生活的诗人。1932年，由于酗酒、鲁莽而冒险的性经历和其他一些极端行为，他的才思和精神过早地枯竭了，不到33岁的克莱恩在大海上从船上跳了下去；尸体永远都没有找到。

过完了周末，克莱恩和考利夫妇离开了布鲁克农场。此行给马尔科姆留下的主要印象是：“奥尼尔夫妇就像盒子里最后几粒干透的豌豆一样，在乡下的大房子里咔哒咔哒地走动——或者往好处说，就像被抛弃的水手跌跌撞撞地来到了岸上一个被遗弃的宫殿。但如果在地窖发现了酒，水手们会开怀大笑，而奥尼尔却几乎连微笑都没有。”

奥尼尔没有机会微笑，因为当时他在创作《上帝的儿女都有翅膀》，一部激发了他对父亲清醒记忆的剧本；同时，那个周末在招待客人时，他得知了哥哥即将离世的消息。客人们离去后，他继续喝酒；艾格尼丝出门后，他乘了一辆出租车来到了最近的火车站，自此他踪迹全无。抓狂的艾格尼丝在纽约花了好几天工夫给他的朋友打电话，去格林尼治村他过去常去的地方寻找，直到最后打电话到地狱洞酒吧时，店主告知她，尤金在最尽头的一个房间里醉得昏迷不醒。考利写道：“为了避免警察找麻烦，他被弄到了神秘的楼上，我们都没有看到过那个地方。尤金说，他看到一个发了疯的老妇人在门厅里走来走去，开门，又关门。”他回到家一两天后就听到了杰米的死讯。

奥尼尔花了两个多月写完了《上帝的儿女都有翅膀》，狂欢和其他一些干扰浪费了他时间。九月下旬，为了在全家从尖顶山搬到里奇菲尔德之前完成第一稿，他“疯狂地创作”着，一天工作八到十个小时。他十二月份一完成剧本的修订和完善，就告诉内森说，剧本有两幕，他建议在《美国信使》上分两期连续刊载。“我想我做了件正确的事情，主题动人，结果具有真正的美感。”内森喜欢这个剧本，想把整个剧本一次性刊出，而门肯却反对这样做。最终内森的意见占了上风——《上帝的儿女都有翅膀》在《美国信使》的第二期（1924年2月）上刊载出来了——但这是有代价的，因为这两位老朋友之间关于编辑政策的分歧已经摆到了明处。内森想用新杂志培育文学新秀，正像过去《时髦圈子》所做的那样，而门肯越来越热衷于和政客们作战，还有顽固的浸信会教徒，“一群愚民大众”，所有在社会、经济和公共事务上和他意见不一的人。两人间的矛盾越来越尖锐，直到几年后内森离开了《美国信使》。

马克道格街的新决策层——以肯尼思·麦高文为首，“对演出和商业运作具有完全的最终决策权”，奥尼尔和博比·琼斯为助理导演——最初打算把《上帝的儿女都有翅膀》作为开场戏。但是，由于剧本没有准备停当，没有如期刊载在《美国信使》的第一期上，经奥尼尔和内森许可，剧院不得不推迟该剧的上演。在奥尼尔的建议下（他向麦高文透露，剧中的“妈妈”是一个奇怪的人物，生活在橱柜里，使他想起了婚后绝大部分时间隐居般活着的母亲），斯特林堡的《鬼魂奏鸣曲》被换了上来。

排练进展得并不顺利。琼斯和吉米·莱特一起共同指导《鬼魂奏鸣曲》，并与克里昂·思罗克莫顿合作制作舞台布景。琼斯满怀敬意，认为该剧是一个现代经典，但他渐渐感觉到他在为“一堆散发着臭气的死尸”制作“墓碑”。奥尼尔专注于剧本的创作，就没有时间花在排练上。奥尼尔不在的时候，琼斯尽一切努力去弱化剧本的那个令人毛骨悚然的人物。凯拉·马卡姆（Kyra Markham）负责设计演出服装。看了最后几场排练中的一场，她觉得琼斯“把戏搞砸了，金的思想完全不见了”。她直言道：“哎呀，每一句真正斯特林堡式的句子都被删掉了！”麦高文跑过去试图安慰她，与此同时，琼斯脸色煞白，从剧院冲了出来，吉米·莱特和其他人一起拦住了他。最后，琼斯回到了剧院，张开双臂，说道：“那好吧，凯拉，我还是爱你的。”

《鬼魂奏鸣曲》的演员阵容中有克莱尔·伊姆斯（Clare Eames）、玛丽·布莱尔、玛丽·莫里斯（Mary Morris）和沃尔特·艾贝尔（Walter Abel），于1924年1月3日上演，但演出效果总的说来无聊、不顺利或者说可笑。有人评论说它是“无事生非”，还有人认为该剧“微不足道”。乔治·吉恩·内森是最不客气的，他将该剧描述为一部“斯特林堡在去游泳场的路上写成的作品，而演出该剧的普罗文斯敦剧团暂时也在朝同样的目的地进发”。即便是他自己的剧本遭到这样的贬低，奥尼尔也不应该如此不安。奥尼尔在节目单中这样宣称：“在创立一座现代剧院的过程中，我们渴望解放……实验性演出中新鲜的愉悦和快乐，我们用斯特林堡的一个剧本开始，这正是符合我们善意目的的标志……斯特林堡仍然是现代中最为现代的，具有特点鲜明的精神冲突戏剧的最伟大的阐释者，而正是精神冲突构成了戏剧——我们当今生活的——血液。他的自然主义取得如此成就，顺理成章而又尖酸刻薄，如果还有其他剧作家的作品可以被冠以‘自然主义’的话，我们肯定可以把《鬼魂奏鸣曲》归为‘超自然主义’，让它自成一类……”

“传统的‘自然主义’再也不适用了。它表明我们前辈揭家丑的无畏勇气获得了自我认可。可是，我们已经在每一种不光彩的场合中相互彼此拍了很多快照；我们已经忍受了太多陈腐而表象的东西……我们已经厌倦了表象的不怀好意，我们正在渐渐康复；我们将某些迄今仍没有意识到的东西进行‘消灭和传承’，我们的灵魂由于孤独和身体可悲的不善表达而疯狂，我们的灵魂在慢慢发展出新的令它们感到亲切的语言。”

“在我们大家出生前很多年，斯特林堡就已经认识到了并在遭受着我们现在为之奋斗的东西的折磨。他通过强化当时的方法把这东西表达出来了，他的做法在内容和形式上预示着新方法即将诞生。在我们不太严谨地称为

‘表现主义’的方面，所有持久的东西——所有在艺术方面有效和正确的戏剧——都可以非常清楚地通过魏德金德追溯到斯特林堡的《一出梦的戏剧》和《鬼魂奏鸣曲》等。因此，我们剧院推出了《鬼魂奏鸣曲》。这是斯特林堡阐释‘生活的背后’（如果我能造‘behind-life’这个词的话）的最难的剧本之一，独具慧眼，成绩斐然——但是恰当地说，困难是我们自己的工作，否则我们没有冠冕堂皇的理由生存。真理，在戏剧领域和在生活中一样，永远很难，正如容易是永远的谎言一样。”

在奥尼尔关于斯特林堡的一席话和表象的不怀好意之说方面，他唯一的归顺者是他的儿子尤金，他极力想讨奥尼尔的欢心。奥尼尔在孩子的成长方面发挥了一定作用，他打发孩子去看戏，还附上了一个便条：“相信，去吧。我写下了这些东西，对你给予了希望。你会看一场用不同寻常的方法表演的不同寻常的戏……这次体验将会对你的创作有所帮助。”

元月中旬，普罗文斯敦剧团因为《鬼魂奏鸣曲》的反应而气馁，从希腊传来的吉格·库克的死讯则令他们感到悲伤。他的死亡不太体面，有戏剧性传言他是自杀的，他要找个“很好的理由结束”。他得了鼻疽病，是他养的宠物狗传染给他的。他死时身体变形，很是痛苦。尽管他患有疾病，他最后的日子和葬礼仍有实实在在的荣耀，因为虽然他在希腊待的时间不长，由于他对这个国家慷慨和富有激情的爱，他成为了当地的神话。正如苏珊·格拉斯佩尔所说的那样：“当他生病的消息传到帕纳塞斯山，牧羊人和孩子们丢下了他们的羊群下了山。在德尔斐（Delphi），当人们获知他不能再和他们在一起的时候，人们没有回到羊群那里，而是继续待在他们所爱的这个人的家里——度过了白天，晚上，第二天，直到午夜，他们待在那里。村民和牧羊人抬着他，身上没有覆盖任何东西，穿过德尔斐的街道，绕过高山，来到墓地。”墓地旁边就是阿波罗神庙。周围几英里内的农民和其他朴素的乡民，还有很多通过报道知道了乔治·克莱姆·库克的人，带着自制的花环穿过雪原来参加他的葬礼。把对他的尊重推向顶点的是，在很多人的要求下，希腊政府同意从已经矗立了二十五个世纪的阿波罗神庙上取下一块圣石，安放在库克大人（Kyrios Kouk）的坟墓上作为他的墓碑。

普罗文斯敦剧团没有比奥尼尔更感到伤心的人了。在写给苏珊的一封信中他这样说：“我感到我失去了曾经拥有的或者将会拥有的最好的一个朋友——无私，不可多得，真正的高贵！而当我想起所有我没做的事，没写的信，没说的话，还有说过但希望没说的话，我觉得我像一头猪，苏珊。无论我什么时候想起他，总会有自责的懊悔之感。”

“执政三人”2月3日推出了他们的第二份节目单，是一部19世纪的戏剧，剧名是《时尚》（*Fashion*），作者是安娜·科拉·莫瓦特（Anna Cora Mowatt）。“执政三人”是人们对麦高文、琼斯和奥尼尔的称呼。这是该剧的演出新版本，配上了当时的歌曲。尽管奥尼尔喜欢内容更充实、更具冒险性的作品，他还是听从了琼斯的意见，后者喜欢能够唤起人们对早期更具传奇时代记忆的作品。媒体和大众对《时尚》都很着迷，用多伊奇（Deutsch）和哈诺（Hanau）刊发在《普罗文斯敦》（*The Provincetown*）上的话说，该剧“恰当选择了如实再现和歪曲之间的正确路线”。每晚的观众都为英雄而欢呼，对恶棍发嘘声，每一幕结束随着呼的一声帷幕徐徐落下，露出一张画有“一个怠惰的夫人被爱神和鲜花环绕”的图画时，观众激动得跺着脚。在最大限度地演了八周之后，这个戏移师到了格林尼治村剧院，这是位于谢里丹广场一个更大的建筑，在这里又演了十五周，最后移师百老汇无限期上演。受到剧本成功和许多新剧被送来的鼓舞，“执政三人”决定在接下来的演出季同时运营格林尼治村剧院和普罗文斯敦剧团。

1924年一季度的某天，奥尼尔激动地告诉麦高文，他有生以来第一次梦见了一个剧本，他觉得这个剧本非常有可能实现。当他简单地描述了设想中的剧本后，肯尼思（他从未向奥尼尔提起）觉得这是一个“无意抄袭”的例子，因为故事是关于一个上了年纪的农场主，他年轻的妻子和她情人的故事，这对情人还生了一个孩子；这个故事和他不久之前曾借给奥尼尔的一个新剧本，西德尼·霍华德（Sidney Howard）写的《知己知彼》（*They Knew What They Wanted*）很相似。霍华德通过其妻克莱尔·伊姆斯和执政三人保持着友好的关系，现在又出现在格林尼治村的演出中。尽管无疑霍华德的剧本激发了奥尼尔在1924年冬春关于《榆树下的欲望》的创作灵感，这两个剧本除了基本情况，在所有方面其实完全不一样；奥尼尔按照自己的目的对霍华德的故事进行了改编和变形。

《知己知彼》发生在加利福尼亚的一座葡萄园，是关于一个心地善良的意大利农场主、他的新娘和他们家工头的故事。新娘是城里人，个子不高，但很勇敢。农场主将工头几乎当儿子看待。所有这三个人都各自非常利落，讨人喜欢，像加利福尼亚的阳光一样亲切。相比较而言，奥尼尔剧中的故事发生在19世纪中叶的新英格兰，评论家们说到剧中的主人公时说："这些人——和日常生活中的不一样！——既残酷又贪婪；他们还毫不顾忌地谈论那些只适合印在《圣经》中的不道德的事情。"剧中的老伊弗雷姆·凯勃特（Ephraim Cabot）七十五岁了，像他耕作的布满石头的土地一样严酷，他先后"累死"了两任妻子，刚刚又娶了第三任妻子；他经常引用《圣经》上的话来证明自己，在自己的身上看到了上帝的存在，认为上帝就是超级伊弗雷姆，他坚持认为"上帝很辛苦，不容易"！第二任妻子生的儿子伊本·凯勃特（Eben Cabot）充满了怨恨，认为他母亲的农场被伊弗雷姆骗走了，渴望自己得到农场。爱碧·普特南（Abbie Putnam）的出现使这个罪恶的三角完整了，她充满肉欲，工于心计，为了能有一个家嫁给了伊弗雷姆。虽然她嫌恶伊本，但第一眼看到他的时候还是对他强壮成熟的身体充满了渴望。伊本也被她所吸引，但他把她看作是一个和他争夺家产的闯入者，努力压抑着他对这位年轻继母与日俱增的欲望。

在霍华德的剧本中，那位姑娘因为一次失足而怀了孕，她的丈夫托尼（Tony）在大发雷霆之后原谅了她，并把孩子当成自己的接受了。更狂野、更原始的情绪则在凯勃特家被释放出来。爱碧和伊本对他们之间的激情感到自豪，直到后来伊本获知她为了生一个继承人而无情地利用了他的时候，伊本才对她心生怨恨。为了让他回心转意，也为了证明她爱他胜过一切，甚至超过爱他们的孩子，她掐死了孩子。此时伊弗雷姆才最终明白他被欺骗了，被戴了绿帽子。剧终时，两个恋人被逮捕了，与此同时，伊弗雷姆泄了气，想去找在加利福尼亚金矿的两个儿子。他说："也许在西部很容易搞到金子，可是那不是上帝的金子，它不是为我而存在的。我听见了上帝的声音，又在警告我要坚强，要留在我的农场。"

《榆树下的欲望》和《知己知彼》都被看作20世纪20年代的杰作，可是两个剧本间的区别如此之大！——这是天才和才能之间的区别，这是奥尼尔和当时美国其他重要剧作家之间的区别。霍华德的剧本在舞台上昙花一现，如今成了风光不再的善意情人节；奥尼尔的剧本则是易燃的花岗岩和火的混合物。奥尼尔不仅比他同时代的人更有天赋，还更有抱负，更无所畏惧。在成为艺术家的奋斗过程中，他准备好了写任何主题，挑战所有的传统。如果古希腊人有勇气把诸如乱伦和杀婴这类可悲的素材搬上舞台，他也做好了和他们一样大胆的准备。他说："我会用一切素材创作属于我自己的东西，用任何合适的方式写阳光下的一切。"

霍华德的剧本和希腊经典剧作［尤其是《希波吕托斯》（*Hippolytus*）一剧］不是《榆树下的欲望》的唯一文学来源。当艾比剧团（Abbey Players）1911年在纽约出现的时候，有一个剧本给奥尼尔留下了很深的印象，剧名是《天赋神权》（*Birthright*）。T. C. 默里（T. C. Murray）的这个剧本讲了一个无情、缺少爱心的爱尔兰人的故事，他将一个"寒冷、贫瘠的地方"变成了一个欣欣向荣的农场，他让妻子和两个儿子干很重的活；两个儿子没有相同之处，但在争夺农场上是一对冤家。奥尼尔曾在《天边外》中用过这一部分材料，在讲述伊本和他的两个同父异母的哥哥之间的嫌恶、父子之间的敌意，以及争夺农场这些情节时，奥尼尔再次借用了这一部分材料。尽管默里塑造的农场主是伊弗雷姆·凯勃特的模板，但和奥尼尔塑造的诸多形象中的一个，伊弗雷姆比较起来，他的这个爱尔兰前辈——脸庞卑鄙、瘦削，鼻子下陷——仅仅是一个素描。该人物性格复杂，在诸多矛盾因素中，人类本性成分众多，这让约翰·亨利·罗利（John Henry Raleigh）教授想起了其他一些迥然不同的人物，如卡拉马佐夫（Karamazov）［奥尼尔几年前读过《卡拉马佐夫兄弟》（*The Brothers Karamazov*）]、格兰特·伍德（Grant Wood）和具有传奇色彩的保罗·班扬（Paul Bunyan）。伊弗雷姆虔诚的话语中带有对肉欲的贪恋，他对儿子横眉冷对而对牛群却温柔有加，他坚毅无比的性格，他对土地既吝啬又怀有宗教般的感情，他豪放无忌的幽默，这些都使他带上了史诗般的色彩。

剧本的另一个文学来源是斯塔科尔有关性越轨的一本书，尤其是对母亲勾引儿子的内容，在爱碧征服了伊本的抵抗，将他变成恋人那一场可以看得出来。两个人待在像坟墓一样的门厅里，几年前伊本母亲的遗体曾经安放在这里，伊本如今感知到了母亲和她不安的灵魂的存在。他想起了母亲过去常常给他唱歌，他哭了起来：

爱碧：（搂着他——狂热地）我会给你唱歌的！我会为你死的！（举动和声音里已没有压倒一切的情欲，有的却是真诚的母爱——一种可怕的情欲和母爱混合的感情）别哭了，伊本！我会代替你妈的！我会做她为你做的一切事情！让我吻你，伊本！……别害怕！我会纯洁地吻你，伊本——就像母亲那样地吻你——你也吻我，像儿子那样地吻我——我的孩子——对我道声晚安！……（两人拘谨地吻着。突然，一股狂热的冲动征服了她，她又贪婪地一遍又一遍吻着他。他也用手臂勾住她，吻她。）

伊本为去世了几年的母亲感到难过，不免让人猜想，剧作家对自己家庭的记忆在写《榆树下的欲望》时仍在发挥着作用，杰米刚刚去世又强化了这一家庭记忆，杰米爱自己的母亲如此之深——如此具有破坏性。他甚至赋予凯勃特家母性的韵味："农舍两侧各有一棵硕大无朋的榆树。那弯曲伸展的树枝覆盖着屋顶，既像在护卫它，又像在压抑它。这两棵树的外表，使人感到一种不祥的、充满妒意和企图征服一切的母性心理。"

现实生活中凯勃特家的原型是距布鲁克农场不远的一座农场，从高速公路上就可以看到，奥尼尔肯定已经看到了上百遍。在这座破旧的史密斯农场的前院长着两棵大榆树，笼罩、遮盖和影响着这栋房子。相应地，这座破旧的史密斯农场让奥尼尔想起了位于新伦敦的基督山伯爵小屋，那里包括榆树在内的树木环绕着房舍，埃拉常常抱怨树木让屋内变暗了。从《榆树下的欲望》的描述来看，榆树以及在吗啡的作用下埃拉遭受的催人泪下的魔咒奇怪地交织在这位剧作家儿子的想象中：“（这两棵大榆树）层层叠叠地笼罩着屋子，将它压得透不过气来，就像两个精疲力竭的女人，将她们松垂的乳房、双手和头发都耷拉在屋顶上。遇到下雨的日子，她们的眼泪便单调地噗噗往下掉，顺着瓦片流失。”

同样把剧作家的过去和现在联系在一起的是矗立在基督山伯爵小屋后院的一堵“干”墙，而布鲁克农场也有一堵墙，它从门前的草坪上流过，该地区也有很多这样的“墙”。如今，这些由先辈们费了好大的劲用石头砌成的墙对奥尼尔来说象征着古老新英格兰粗野和坚强的存在，正如他在《榆树下的欲望》中一个重要的意象所示：“石头”，老伊弗雷姆说：“我把石头从地上捡起，垒成高墙。在这墙上你可以看到我一生中的那些年月，每天垒上一块石头，上上下下地翻山越岭，把属于我的土地用栅栏围起来。”

奥尼尔创作《榆树下的欲望》时已开始不喜欢布鲁克农场。他认为房子太大、太正式了，冬天比普罗文斯敦冷很多，房子周围被山脉围绕。他常常有奇怪的想法，有时写作时觉得有人在身后偷看，一天晚上他认为听到了屋外的脚步声，围绕着房子一圈一圈走个不停。《榆树下的欲望》中伊弗雷姆向爱碧抱怨时，奥尼尔精神紧张的状况显露无遗：“这屋子里真冷，这儿不舒服。我觉得黑暗中有什么东西在走来走去——在角落那里。”还有一次，他为屋子里的“什么东西”所烦扰，说道：“你能感觉到它仿佛从榆树上掉下来，爬上屋顶，从烟囱里钻下来，又来到墙角！屋子里简直没有安宁，跟人们在一起也不得清净。好像有个什么东西老跟着我。”

凯勃特在某些方面很像詹姆斯·奥尼尔，因为两个人都像农民一样渴望土地，都曾像农民一样穷困，都和儿子们有冲突。但从根本上说，老凯勃特——虽然伊本身上体现了作者身上的一两个方面——是剧作家的另一个自画像。伊弗雷姆诅咒任何容易的东西，诅咒任何不通过奋斗就可以获得的东西；与此相似，“容易”也是奥尼尔的词汇中受到唾弃的一个字眼。像奥尼尔一样，伊弗雷姆是一个难以相处和挑剔的丈夫，一个不称职的父亲。最后，关于奥尼尔再真实不过的是，他永远有一种孤独感，感到不为最亲近的人所理解，这也是老凯勃特身上一个最重要的特点。在伊弗雷姆试图和他的新婚妻子交心那一场，他讲述他的身世时屡次说到“我总很孤独”这句话。“你会理解我吗——世上还有谁能理解我吗？”他不满地对爱碧说：“不，我想没有人会理解我。”（1928年，奥尼尔说：“我一直非常喜欢伊弗雷姆！他身上具有极强的自传色彩。”）

《榆树下的欲望》是一个瘦削但肌肉发达的剧本，它囊括了很多故事素材。它首先是一个新英格兰新教徒的写照，对自己比对待他人更严酷，在美国建立了工作 - 节俭的伦理，歌颂由爱碧和伊本所代表的人的需求对清教思想的抗争。因此，剧本没有为了抨击这一点而在讲故事时加以停歇，而是将美国过去的一个侧面戏剧化，有助于解释一以贯之的美国人的性格。该剧在心理层面同样意蕴丰富。尽管奥尼尔一再否认他借鉴了弗洛伊德（Freud）的思想，但伊本对伊弗雷姆的敌意完全符合弗洛伊德关于俄狄浦斯情结的理论；尤其是一旦儿子在父亲妻子的身体里播下了种子后，他一直垂涎的土地在他心目中的地位相对降低了这一事实更具代表性。

但是，《榆树下的欲望》要比把弗洛伊德的因素和斯塔科尔的因素加在一起要伟大得多，它是一部有机的艺术作品，而不是人云亦云说法的杂糅。这一次奥尼尔完全掌握了戏剧材料，将一部坚定有力的剧本——还应该加上一条，一部偶有情节剧风格的剧本——提高到了令人激动的悲剧水平。剧终时，虽然爱碧和伊本有可能会面临绞刑的惩罚，但他们因为爱情而激动不已，没有犯罪感，也没有相互指责；他们彼此的相互拥有值得他们付出任何最终的代价。至于伊弗雷姆，他接受了加在他苍老肩膀上更加沉重的负担，他认为这重担是正当的、合适的，因此失败中的他显得更加高大。

在所有有助于该剧创作的影响因素中，罗伯特·埃德蒙·琼斯过去给奥尼尔讲的新罕布什尔恐怖的环境让奥尼尔对新英格兰有了一种冷峻的看法。基督山伯爵小屋常常回到奥尼尔的脑际，母亲在那里深受毒瘾的折磨，琼斯的一个传记作家认为，琼斯永远不能忘记“古老的英格兰那座鬼影幢幢的房子，它和古老的悲剧仿佛有些关系……这座房子的记忆，还有房子里神秘的戏剧——强壮、忠诚、暴力、执拗的人物的戏剧——对琼斯来说，比他在这个广袤的世界上看到的任何东西都具有更强大的生命力”。琼斯本人在回忆时总结了他对新英格兰的印象，所使用的词语同样适用于奥尼尔的这个剧本：“暴力的、激情的、淫荡的、虐待狂的、振奋的、热烈的、先验的、爱伦·坡式的。”

元月至六月中旬间，当奥尼尔进行《榆树下的欲望》的创作时，他不得不因为他其他剧作的排练而时不时地将剧本的写作搁置起来。在二月的部分时间和三月份，他又忙于执政三人与塞尔温剧院联合推出的《难舍难分》一剧。该剧由斯塔克·扬执导，他为马克道格街的执政三人的演出季做出了很大的贡献，现在他又成为了《难舍难分》的主要支持者之一。

在剧中联袂演出的有雅各布·本-阿米、意第绪语剧院对希伯莱语具有某种热情的一个男毕业生，以及多莉丝·基恩（Doris Keane）。多莉丝非常适合演戏装角色——她在爱德华·谢尔登（Edward Sheldon）的《罗曼司》（*Romance*）中扮演的卡娃坎蒂夫人（Madame Calvacanti）成为过去十年最为人称道的形象之一——但她渴望在当代故事中获得公众的欢迎。虽然她希望在奥尼尔的作品中扮演角色（几年前她曾让奥尼尔为她写一部剧本），但《难舍难分》进入排练阶段后，她觉得她被分配了一个不当的角色，想退出来。斯塔克·扬建议她出演妻子的角色，劝说她留下来做台柱子，可是情况却变得更糟；除了不喜欢这个角色和这个剧本之外，基恩小姐越来越认为本-阿米这个小“人物”没有达到跟自己配戏的水准，而且对这种情绪丝毫不加掩饰。柯蒂斯·库克西（Curtis Cooksey）说：“他们二人之间的温度下降到了冰点。”

根据几年后斯塔克·扬发表的记录材料，奥尼尔对排练相当满意。扬说："我知道，奥尼尔在创作《难舍难分》期间的个人生活不尽如人意，他和艾格尼丝两个人之间的关系也不顺利，我觉得剧本具有忏悔和祈福的性质。在有些排练中，我能看到他们两个肩并肩坐在第三排，倾听着每一句台词，不管是好的还是坏的，真诚地接受着一切，并把这些真正看作是他们自己的。"私下里说，还有一次，他更加直接地说："这些话很吓人！但是金和艾格尼丝却泰然处之，仿佛它们就是诗歌。"

尽管扬这样说，奥尼尔对剧本的演出还是不太满意。他对领衔演员提出了批评意见，在排练的中途换布景时间来不及，布景没有很好地服务于剧本，他认为布景应该是象征性的，而不应该是真实的。他通常反对剧本在百老汇上演前演出，因为他觉得单凭排练，而无须借助于观众的反馈，他就可以评估并改进他的剧本；但他和同事们此次却对《难舍难分》持怀疑态度，他们将该剧在巴尔的摩（Baltimore）演了一周，奥尼尔观看了几次演出，还在最后时刻对剧本做出了改进。

3月17日，当《难舍难分》在39街剧院（Thirty-ninth Street Theater）开始演出时——这是自从两年前《毛猿》演出以来，奥尼尔的首场演出——出于对奥尼尔的尊重，有些剧评家试图找出剧本的值得称赞之处，可是除了一两个之外，评论都很严厉。第二天，亚历山大·沃尔科特在《纽约先驱报》（*New York Herald*）上撰文："一部有些悲伤的作品……无聊之极。"吉尔伯特·W. 加布里埃尔（Gilbert W. Gabriel）在《纽约太阳报》（*New York Sun*）上说："悲哀的重复，一种持续的、令人疲倦的、无法摆脱的紧张感。"《难舍难分》被称为一部"我爱你，我恨你"的剧本。一天晚上，多莉丝·基恩听到坐在下面前排的一个男观众说："如果那家伙（本-阿米）再说一遍，我就用椅子砸他。"

埃德娜·肯顿抓住所有可能的机会挫败奥尼尔。4月4日，她幸灾乐祸地对卡尔·范韦克滕（Carl Van Vechten）说："听人说观看《难舍难分》的观众每天晚上听到那对话就窃笑和大笑。剧作家的朋友都很同情他，看到舞台上他们在剧作家自己家里看到的那些场景都痛苦得难以忍受。'他把自己的心掏出来放在自己的衣袖上，让那些愚蠢的啄木鸟敲啄。’一个人说，‘我想这是他必须（原文为大写。——译者注）要做的事情。’”

演了二十四场后，《难舍难分》停止了演出，奥尼尔责怪起表演而不是剧本。他说：“演员尽力了，表演得很好，但表演中剧本的重点却丢失了。最后一幕中最重要的东西是两个对话间的沉默。实际说出来的话，在很大程度上，仅仅是为了强调那些有意义的停顿。”剧本中有相当一些“点”演员们并没有理解。例如，还有一处，按照舞台说明，这对夫妇用眼神传达了这样一个信息：“他们不可能再通过彼此否定生活。”

换句话说，奥尼尔希望从演员们那里得到的是，他们能够通过表演创造出奥尼尔在脑子里看到而没有在纸上写出来的剧本。奥尼尔很快就对《难舍难分》感到遗憾，希望他根本就没有写过这个剧本，但实际上他并不能否认它的内容；不管多么笨拙，它表达了他和艾格尼丝最基本的感情和想法。在该剧出版时，奥尼尔在送给她的一册剧本上写上了剧本结束时凯普说给妻子的一席话：“我爱你！宽恕我所做过，和所有即将做的一切。”

# 第七章　被围困的剧场

在演过《鬼魂奏鸣曲》和《时尚》后，随着马克道格街演出季的继续，剧社越来越受到内外的指责。奥尼尔尽力不介入到剧社内部的纷争中来，此次纷争主要由埃德娜·肯顿和肯尼思·麦高文引起，但是他经常被肯顿小姐强拉到纷争之中，因为她铁了心要让奥尼尔在已经从希腊回国的苏珊·格拉斯佩尔面前丢脸。埃德娜对派别的忠诚被库克的去世强化了，她坚持认为普罗文斯敦剧团主要是吉格组建的，执政三人应该变更剧院和剧团的名称，因为他们的方针与原先库克的不同。这样的异议显得非常荒诞——过分强调剧团的名称——如果事情不是变得如此严重的话。在反对他们的过程中，肯顿小姐让苏珊认识到奥尼尔和他的那一帮子人已经完全忘记了吉格，因为他们没有采取什么行动来纪念他（其实，他们正在努力想如何纪念他的办法）。在争执的硝烟散去以后，剧团起名实验剧场公司（Experimental Theater, Inc.）——虽然大家还是继续以普罗文斯敦剧团来称呼他们——这算是保留了原来的名称，苏珊和埃德娜两个人退出了剧团。

后来，在和奥尼尔进行了通信之后，苏珊给丈夫写了一份悼文，印在了剧院的一份节目单上，她从吉格的作品里选取了一些文字镌刻在挂在墙上的追忆他的铜匾上。但是，其他攻击还在继续，没有休战，没有妥协，互不相让。

格林尼治村的导演们本想着《上帝的儿女都有翅膀》会引起争议，但他们突然被剧本的删减和全方位的威胁所困扰，这种情况在剧本上演前几个月就已经出现。有一件事起先看起来很平静，颇具迷惑性，那就是，在《美国信使》之后，《纽约先驱报》于1924年1月31日刊发消息称，普罗文斯敦剧团将推出《上帝的儿女都有翅膀》，剧中的丈夫和妻子将由黑人男演员和白人女演员扮演。[尽管吉尔平在《琼斯皇》中的表演获得好评，让白人演员把脸涂黑来扮演黑人主角仍然是普遍做法。1923—1924年演出季的热剧《白色货船》（*White Cargo*）中，嫁给一位地道的英国人的那位性感的混血女郎就是由一位白人女演员扮演的，该演出季还有一部戏，《罗珊娜》（*Roseanne*），讲的是一位黑人在南方的生活故事，里面所有的角色都是由将脸涂黑的白人演员扮演的。]

二月，几家报纸报道说，在角色被很多其他的白人女演员拒绝后，其中包括在《天边外》中扮演过露丝（Ruth）的海伦·麦凯勒（Helen MacKellar），一位不知道姓名的女演员同意和“地地道道的黑人”保罗·罗伯逊演对手戏。《美国人报》撰文：“剧本要求白人姑娘在舞台上吻黑人的手。”《布鲁克林鹰报》率先证实了该女演员是玛丽·布莱尔。2月22日，报纸援引她的话说：“我认为扮演埃拉是我的荣誉。角色身上没有什么东西会冒犯任何渴望表现生活的女性。”普罗文斯敦剧团否认曾经找过海伦·麦凯勒，并告诉媒体说，玛丽·布莱尔是第一个也是唯一一个被邀请扮演这个角色的人。

一家新闻集团刊发了玛丽的一幅照片，还配上了标题：“白人女演员亲吻黑人的手”，使一个地方故事引起了全国的注意。此后，尽管这仅仅是剧中的一个小事情，无数表达异议的新闻报道几乎都会提到这件事。（几年后，当布莱尔小姐即将去世前夕，她开玩笑地说，讣告可能会称她为“亲吻黑人的手”的女演员——这一猜测变成了现实。）照片和标题点燃了导火索，一些人给城市当局、报社和格林尼治村剧院写了抗议信。菲茨在剧院对《纽约世界报》的一位记者发表了谈话，并于3月3日被刊发。他说：“我们演出该剧是因为它很美……有人可能会踹我们的门，但如果他们看过这个戏以后，他们就会羞愧得离开。”同样，奥尼尔对这些反对意见感到困惑不解，他说：“种族因素仅仅是附带性的。该剧是对两个人性格的探索。”

绝大部分报纸都只是客观报道事件的经过，有几家报纸，尤其是《纽约世界电讯报》（*New York World Telegraph*），一份主要致力于对赛马者有所启迪的报纸，以及赫斯特（Hearst）的《美国人报》公开充满了偏见；他们用尽所有的新闻伎俩对这桩能够引起异议的事件煽风点火。两个媒体使用了诸如“有谣言说”或者“据说”等字眼，通篇刊载了充满含沙射影和歪曲事实的故事，煽动那些敌视任何民主、进步和实验性的东西的公众人士发表评论。格林尼治村剧社当时受到了极大的伤害，因为他们正在努力进行筹款，意欲在接下来的演出季同时运作普罗文斯敦剧院（Provincetown Playhouse）和格林尼治村剧院。

《美国人报》3月2日刊文称：“据报道，如果该剧继续演出的话”，华尔街的经纪人和艺术资助人奥特·H. 卡恩（Otto H. Kahn）“将有意撤回资助”，他的“立场”获得了威拉德·斯特雷特夫人（Mrs.Willard Straight）的支持，她也是一位举足轻重的普罗文斯敦“慈善家”。《纽约世界电讯报》添油加醋地说：“昨日百老汇有传言说二人（卡恩和斯特雷特夫人）已经撤回了他们的资助，今后不再和普罗文斯敦剧团发生任何联系……在哈莱姆，人们对此剧的兴趣像在城市的其他地区的人一样浓厚，据称许多黑人成为该剧的拥趸。亲眼看到白人姑娘吻黑人小伙的手和谈情说爱（剧中没有做爱的情节）是每一个黑人都不愿错过的机会。现在有把握的是，普罗文斯敦剧院还不足够大，不能容纳蜂拥而至的黑人观众。”

普罗文斯敦剧团刚驳斥了一个谣言，另一个谣言便被媒体刊发了出来。据称，吻手的一幕被删除了，布莱尔小姐因担心自己的职业而退出，由一个“身上有八分之一黑人血统的混血儿”代替，奥尼尔也担心“他自己的”职业，收回了该剧。所有的谣言都证明是错误的，包括关于卡恩和斯特雷特夫人的谣言；他们非但没有终止资助，反而提高了资助的力度。

随着一些女性组织和宗教团体通过了一些谴责性的决议，剧社面临的不利和压力继续增加;《美国人报》每天都散布灰暗论调说观众反应过度，心情压抑。3月12日，预防罪恶委员会（Society for the Prevention of Vice）的约翰・S. 萨姆纳（John S. Sumner）宣称，该剧“容易带来种族无序与骚乱，假如有这种可能性，可以动用警力”。13日，一位牧师说:“剧中没有好的或者有提升思想作用的东西。剧本应该受到城市里每一个思想纯洁的人的唾弃。”17日，预防犯罪委员会的S. 爱德华・扬（S. Edward Young）说:“尽管我没有读过这个剧本，从给我反映的情况来看，我认为上演该剧是可恶的事情……肯定迎合观众性格中下流的一面。”

在这场煽动性的运动中，赫斯特所负责的《美国人报》长篇累牍地刊发文章，甚是滑稽。虽然普罗文斯敦剧团一般在华盛顿广场排练，《美国人报》刊登了一篇新闻报道，标题是:“种族剧的秘密操练 / ‘上帝的儿女都有翅膀’闭门排练”。标题之所以如此，仅仅基于这样一个事实，当排练正在进行时，一位记者突然闯了进来，然后他被赶了出去，但是报道给人的印象是，演员们在做一些见不得人的、丢人的事情。

从对剧本的异议出现开始，媒体就报道说城市当局，至少有一段时间，表现软弱，没有采取行动。许可证管理官员奥古斯特・W. 格兰兹米尔（August W. Glatzmayer）发现普罗文斯敦剧团并没有注册，而且只接纳出资的人，但他说这在他的审判权之外。地区律师约押・H. 班顿（Joab H. Banton）是一个南方人，很想禁演奥尼尔的剧本。他说，他们只有在剧本上演后才能发起动议反对“淫秽、下流的剧本”。根据3月3日《纽约世界报》的报道，地方法院首席裁判官威廉・麦卡杜（William McAdoo）说:“我认为，在一个种族歧视根深蒂固的国家，任何有剧中这种人物的剧本都是非常危险的。”但他接着说，除非和平受到干扰，警察不能采取行动。

然而，反对意见不断地呼唤官方的行动。不管他们的观点是自发的还是被迫的（记者通过问问题的方式可以得到想得到的答案），很多记者援引《美国人报》上的新闻报道，担心奥尼尔的剧本会引发公众暴力。渐渐地，期刊明显是想让市长约翰·F. 海兰（John F. Hylan）插手；3月14日，市长发表声明说，他没有法定的“随意”关掉剧院的权力，但《美国人报》认为，“如果有迹象表明演出有可能引发种族骚乱”，他就可以阻止该剧的演出。它有预见性地接着说：“种族骚乱的危险性在很多抗议活动中已经显现出来了。”第二天，除了一则没什么实质内容的新闻报道外，《美国人报》刊登了一个横跨七栏的文字横幅：“‘上帝儿女’上演日，种族冲突发生时。”普罗文斯敦剧团本想在三月初在《时尚》后把《上帝的儿女都有翅膀》作为第三个节目推出，但不得不推迟演出，主要因为在另一个剧院接演该剧之前，《时尚》要在马克道格街继续演下去，再就是因为玛丽·布莱尔病了，一个月不能行动。剧社修改了演出计划，四月份推出了两个剧目，一个是柯勒律治（Coleridge）的《古舟子咏》（*The Ancient Mariner*），奥尼尔对其进行了“戏剧性的改编”，另一个是莫里哀（Molière）的《乔治·唐丹》（*George Dandin*）。奥尼尔只是删去了剧中的歌谣，把一些诗歌和自己改写的东西作为舞台说明，但这给普罗文斯敦剧团提供了试验的机会：面具、灯光、哑剧。绝大多数评论者认为这一尝试考虑不周。海伍德·布龙将此举称为“普罗文斯敦实验室破试管中的贱金属”，沃尔科特觉得，柯勒律治和奥尼尔“合作”，“简直有点糟透了”。

在他专心于艺术创作，下定决心如他所见讲述“事实”时——“让碎片随便飞到它们可能想飞到的地方”——奥尼尔从来没有想过黑人会对《上帝的儿女都有翅膀》有何感想。一个值得注意的例外是作家杜波依斯（W. E. B. Du Bois），他是美国的杰出人物，口才好，勇敢无畏。他说：“一个世纪以来，在美国只要提到黑人血统和黑人生活总是一幅丑陋的图画、肮脏的暗示、恶心的评论或者悲观的预测。结果就是今天的黑人担心艺术家试图表现黑人。除非一切都完美、合适、漂亮、快乐和充满希望，否则，他不会感到满意。他担心被原样画出来，以防他的对手为着古老和可恨的宣传目的抓到他的不足和缺点。”

“打破这些限囿的艺术家是快乐的，因为他走进了永恒之美的王国。他可能会因为对他的动机和目的几乎无所不在的误读而感到受伤，甚至是悲愤——当然也会感到震惊。尤金·奥尼尔冲破了这些东西。他令我同情，因为对他雨点般的攻讦使他的灵魂受了伤。但是，工作必须要做。”

每出现一个杜波依斯就会出现十个鲍威尔和布朗。阿比西尼亚浸信会教堂（Abyssinian Baptist Church）的 A. 克莱顿·鲍威尔牧师（Rev. A. Clayton Powell）说，该剧“有害，因为它暗示我们有娶白人女人为妻的欲望”。非洲母亲 M. E. 锡安教会（Mother African M. E. Zion Church）的 J. W. 布朗牧师（Rev. J. W. Brown）认为，奥尼尔的这部剧给他的人民带来的“只是害处”。重要的黑人报纸，《芝加哥防卫者报》（*Chicago Defender*）对该剧高唱赞歌，因为“剧中有一位受过教育的、高尚的黑人，他的姐姐是一所学校的教师，将来自大街上的一位女士娶回了家”。

奥尼尔被这些密集的批评，尤其是那些白人种族主义者的批评惹怒了。他在回击媒体的一份声明中说道，其实，所有的抗议“很显然都是那些连这个剧本的一句话都没有读过的人发起的。对这一主题完全无知的偏见是不公正和荒诞的最终答案……”

“至于街谈巷议的罗伯逊的角色扮演……我相信他演这个角色比其他演员要好。这就是全部的解释……这不能涉及种族歧视的问题。因此，反对罗伯逊先生是再荒唐不过的事情。就在这同一座城市，两年前在一座公共剧院，在《巫毒》（*Voodoo*）一剧中他和著名的白人女演员玛格丽特·威彻利（Margaret Wycherly）演对手戏。在其中一场中，他演国王，而她演王后。我相信，国王和王后通常是结婚的。”

“布莱尔小姐出演‘埃拉’是因为我脑子里总是想着她。三个演出季前，她出演了《与众不同》中一个难度很大的角色，她的表演让我相信了她是我们舞台上一位极具天赋的女演员。（奥尼尔渴望在公共场所表扬她，因为当《毛猿》移师百老汇演出时，她被卡洛塔·蒙特利换下来了，虽然奥尼尔没有责任，但他感到很内疚。同时，还因为在海伦·麦凯勒和其他人拒绝了这一角色后，布莱尔小姐却接受了该角。）她在《上帝的儿女都有翅膀》中出演'埃拉'，因为她喜欢这个剧本，也喜欢这个角色。作为一名真正的艺术家，她没有其他考虑，没有想过这会带来什么结果。"

"任何用智慧的眼光阅读过这个剧本的人都知道，该剧本并非'种族问题'剧。其目的仅仅是揭示个人的特定生活。它重点表现了两个主人公，以及他们为幸福而展开的悲剧性的抗争。除了深刻的精神意义以外，任何对《上帝的儿女都有翅膀》的主观臆断，以及希望从剧本中读出根本不存在的意义的做法都是武断的……我希望不要再激起种族的感觉。我恨这种做法。我相信《上帝的儿女都有翅膀》没有这样做，而恰恰相反，它更加有助于种族之间的同情和理解……我将一直坚信这一点。我知道，那些大肆渲染者和恶名打探者不负责任的胡言乱语是错误的。他们是想激起人们不好感觉的一拨人。"

奥尼尔声明的某些部分被广泛刊载在3月19日的媒体上。《纽约时报》态度不太明朗，刊发的标题是"奥尼尔为'上帝的儿女'抗辩"；而《美国人报》一如既往，配发的新闻标题是："奥尼尔抗辩公众的呼声 / 大肆渲染者的言论乃无稽之谈，作家断言。"

阿瑟·波洛克赞成剧作家的立场，他在《布鲁克林鹰报》上撰文说："这么多年以来，脸上涂上黑色妆容的奥赛罗一直在吻苔丝狄蒙娜，而没有激起任何公众的强烈抗议……我找不出原因来解释，为什么一个白人女演员，只要她本人愿意，不被允许去亲吻一只天生而非用化妆油彩涂黑的手。"

奥尼尔在发表公开声明时比较克制，但几个月后在写给朋友们的信中他表达了对那些攻击者的真实感受："有一段时期，看起来好像三 K 党（Ku Klux Klan）党内和党外的那些弱智都在报纸上讨伐我——更不用提那些匿名信了，有些信是被激怒的爱尔兰天主教徒写的，他们威胁说，我羞辱了他们的种族和宗教，要把我的耳朵揪掉；还有些信是那些同样被激怒的北欧的三K党写的，他们认为我身上有黑人血统，否则我就是一个犹太教的叛徒，用一个基督教的名字作伪装，目的是发起对教皇的颠覆性宣传！这些听起来甚是滑稽，但他们的信要比这滑稽得多。"

尽管奥尼尔后来变得很诙谐，但当时煽动仇恨的运动却一点都不好笑。普罗文斯敦剧团的成员们都相互彼此安慰说不会发生什么事情，可是剧场的气氛却充满了恐惧。剧社收到了恶意中伤的来信，不仅有给奥尼尔的，也有给玛丽·布莱尔和保罗·罗伯逊的。吉米·莱特回忆说："很多来信都很下流或者充满威胁，或者两者兼而有之，但玛丽和保罗绝大部分信件都没有看到，因为我们开始截留这些信件。我尤其记得一封写给玛丽的信，真的很肮脏、变态。佐治亚州的三K党用正式的信纸给奥尼尔写了一封信，上面还有三K党党魁的签名，信的开头还合乎些情理，后来变得越来越糟糕。信上说：'你有一个儿子。如果你的剧本继续演下去，你别想再见到他。'你知道奥尼尔的字迹一向很小——天哪，他回了信，在信尾用很大的字体写道：'去死吧！'三K党还给他写过另一封信，是纽约的长岛一帮家伙写给他的，信尾没有签名。信上说：'如果你的这个戏上演，剧院将被炸掉，你要对被炸死的人负责。'"

柯勒律治和莫里哀剧本的演出不够有力，不足以支撑已经确定好的四周的演出，作为《上帝的儿女都有翅膀》准备好之前的权宜之计，普罗文斯敦剧团于5月2日又重演了《琼斯皇》，由保罗·罗伯逊主演。这是剧院最英明不过的一步棋：《琼斯皇》的重演将人们的注意力从《上帝的儿女都有翅膀》上移开了，把注意力集中在了保罗·罗伯逊身上，此时他是作为一名演员，而非争议的中心。第一天晚上观看演出的人中有很多都看过吉尔平精彩的表演，他们最初对保罗的表演很冷淡，在看了一两场之后，变得热情起来，演完时热情高涨——第二天的剧评如是说。二十六岁的保罗·罗伯逊已经渐渐获得剧坛的瞩目。他是罗格斯大学（Rutgers University）的优秀毕业生，沃尔特·坎普（Walter Camp）的1918全美橄榄球队队员，天赋极佳，体格出众，思路清晰，音色超群（有评论说："音色在美国剧坛上无人能敌"……"音色不仅洪亮有力，而且意蕴和感情丰富。"……"人们怀疑他是否曾尝试过歌唱"）。和《上帝的儿女都有翅膀》中屡屡律考不及格的吉姆·哈里斯不同，罗伯逊是哥伦比亚大学法学院的毕业生，他从事法律不长时间就不得不得出结论：和法律界相比，他的肤色在戏剧界不是一个太大的障碍。

《琼斯皇》开场演出之后，大家在剧院楼上克里昂·思罗克莫顿的寓所举行了一个派对。和派对相比，奥尼尔对剧中使用的汤姆鼓更感兴趣。他一连敲了好几个小时，最开始他在舞台上敲，吉米·莱特发现他躲在舞台上半暗的地方敲个不停；后来爬到了楼上加入到大家的派对时还是敲个不停。很显然，他在通过敲鼓缓解积累起来的紧张感。他常说，他力图在作品中赋予"节奏"；他坚持认为，人们对节奏更敏感，更容易做出反应，而人们却意识不到这一点。如今，有节奏的鼓声在奥尼尔身上仿佛产生了一种神奇的镇静力量。在派对上，莱特、罗伯逊和思罗克莫顿脱掉了衬衣露出了身体，以奥尼尔的体格为荣的艾格尼丝鼓励他露出自己的；他温顺地同意了，几乎没说一句话，然后又光着膀子去敲鼓了。那天晚上温度高，窗户都开着，后来一位警察上门处理噪音投诉；但当听说被投诉者是奥尼尔的时候，态度变得友好起来。尤金和其他几个人就停了下来，穿过街道来到巴尼·加伦特家楼下的餐馆，在那里他几乎整个晚上都在敲鼓，仿佛在亲密地与自己交谈。

《上帝的儿女都有翅膀》计划于5月15日上演——《布鲁克林鹰报》上说："面临着来自各方的反对。"甚至百老汇有些人也反对该剧，因为他们担心剧本引起异议这一性质会给那些试图在剧院推行审查制度的过度循规蹈矩的人带来借口。在开幕前的一次采访中，奥尼尔否认"存在着对我的这一剧本的真正偏见。从目前的批评来看，很容易看出反对意见完全是对《上帝的儿女都有翅膀》的无知造成的。我承认，人们对白人和黑人之间的跨种族婚姻心存偏见，但这和我的剧本有何关系？在剧中我并没有提倡跨种族婚姻。我在任何剧本中从未提倡什么东西——除了人性对人性之外"。

“那些反对我的剧作的人让我觉得，我把吉姆和埃拉分别变成了他那个种族和白人的代表——通过让他们喜结连理我在宣扬跨种族婚姻。其实，吉姆和埃拉只是特例，他们不代表任何人，只代表他们自己。”

“当然，两人之间的冲突主要是由他们种族传统的差异造成的。正是他们的性格、两人之间的差异和他们为弥补这一差异而付出的努力让作为剧作家的我发生了兴趣，而不是其他东西。我没有创造他们之间的距离，这种裂隙——本就存在。两个种族的人都在用爱情的力量弥合这一距离。他们是否该这样做，在我的剧中并未提及……如果戏剧不表现人类征服生活的抗争和赋予生命以意义的努力，不管他的肤色是黑色的、绿色的、黄色的或者是白色的，那么戏剧还有什么用处？”

他对另一个采访者说，剧本的基本悲剧“是那位女士看不到他们的‘休戚与共’——人类的一体性。她被禁令禁锢住了。剧中的埃拉爱着丈夫，但他的家庭背景和所继承的种族传统使她不能像一个女人爱一个男人那样爱她的丈夫，虽然她想这样去爱……偏见把我们彼此分开了。种族偏见，社会偏见，宗教偏见——纵然不为偏见所累，我们的生活已经够辛苦和不幸的了。”

就在《上帝的儿女都有翅膀》启幕前几个小时，纽约官方禁止了该剧的演出。有一则地方法令规定，所有剧院，甚至包括像普罗文斯敦剧团这样没有注册的剧院，雇用儿童演员都必须获得许可；而这一规定属常规性质，一般都会批准。5月13日，在剧本开演前两天，剧社向市长办公室申请儿童演员许可，因为《上帝的儿女都有翅膀》开场一幕有几个黑人孩子和白人孩子在一起玩耍。直到15日下午很晚，市长海兰的秘书长才给剧社打电话告知申请被拒绝了。没有做出任何解释，任何请求和抗议都不能改变这一决议。（几天后，按照一家持不同意见的报纸的公开说法，市长的一位发言人否认是因为种族的问题，他说否决是因为孩子们的年龄“小”。提到的这些孩子年龄在11到17岁之间；就在同一周另一个剧本在百老汇上演了，里面有一个7岁的孩子。）

本来就很激动紧张，事件的最新进展让普罗文斯敦剧团感到震惊。最初，他们感到很吃惊，不知所措，有人提及推迟开幕，找些侏儒来代替那些孩子们，但最后找到了一个更为简洁的办法。随着观看首演的观众陆续入场，后台和剧场中的气氛变得更加紧张。哈特·克莱恩曾给朋友写信说："肯定会有某种形式的暴乱或者恐怖事件发生……我希望带着我的手杖过去，抽打那些不守规矩的人！"剧场内外都有警察执勤，假如万一有儿童演员出现，他们已经做好准备叫停演出，平息可能会出现的骚乱。普罗文斯敦剧团如今对当局也持怀疑态度，他们没有单靠警察的保护，自己也采取了一些预防措施。在詹姆斯·J. 马丁的协助下，剧社一些铁杆合作者，驻守在罗伯逊和布莱尔化妆间的门口以及剧院在马克道格街两侧所设路障的旁边。詹姆斯·J. 马丁是位钢铁工人，格林尼治村的支持者，偶尔在剧社出演一些角色。

一切准备就绪之后，导演吉米·莱特来到幕前宣布说戏的第一场不能演出，在解释了原因之后，他开始读第一场——整个演出将遵循这一程序。演出开始的时候，不自然的感觉非常明显——布莱尔小姐有些紧张——但在全神贯注、态度可敬的观众面前，演员们逐渐进入了各自的角色。用奥尼尔的话说，"对所有相关的人来说"，这是"一种可怕的反高潮，尤其是对那些因为连至少一次谋杀都没有发生而感到被欺骗的评论家来说更是如此"。

绝大部分评论者发现这个戏本身也是反高潮的。几乎所有提前读过《上帝的儿女都有翅膀》的人中，很多都希望该剧的舞台演出要比文本有趣得多。海伍德·布龙认为该剧"非常无聊"；伯恩斯·曼特尔小心翼翼地称该剧是"一次有趣的展示"；珀西·哈蒙德（Percy Hammond）也不是奥尼尔的粉丝，他认为"有些过头了，让人喘过不来气，它有力展示了一个愚蠢的黑人和一个愚蠢的白人女人之间的婚姻。如果你想从这种情况中获得某种感觉的话，那么你的机会来了"。正如所料，在另一次恶毒的攻击中，有人在《美国人报》上撰文说："该剧是美国剧坛上最无价值的东西，是不同肤色搭配下颤抖着的心脏的呻吟、乱叫和令人沮丧的讽刺画。"

另一方面，罗伯特·本奇利没有对该剧做出评价，倒对奚落该剧的敌人兴致颇高："北欧人至上的拥护者和白人女性荣誉的保护者很长时间以来所担心的这个剧本上演了，昨晚演到很晚，而白人女性在纽约的大街上和过去一样安然无恙，贞洁的旗帜仍然飘扬在白人家庭的门口。"

亚历山大·沃尔科特称该剧为"一部牵强附会、荒唐、不可信的悲剧……在舞台上既不形象又不生动……它仿佛是这样的一个悲剧，剧作家使尽浑身解数硬是把两个木偶放在了一个残酷的进退两难的境地，而后他退到了一边，对他们可怕的困境大放悲声，而对舞台脚光另一侧的观众却缺少同情"。

这些评论和那些"大肆渲染者和恶名打探者"的攻击一样令奥尼尔感到不安。虽然他假装对这些评论者的话漠不关心，但他的面具让人一眼就看穿了。1929年，他的另一个剧本又受到了来自各方的批评，他给一位友人写信说："啊，那好吧，这不是第一次了，我想，也不是最后一次——因为如果（评论界）一旦毫无异议开始接受你，这一迹象毋庸置疑地表明你是好的，同时你也死了。和我在《上帝的儿女都有翅膀》一剧所不得不承受的东西比较起来，现在的批评要算温和、舒心的了。"虽然他开始对这个话题感兴趣，但就在第二天，他"听说戏剧评论界骂狗娘养的——一般说来，我相信他们真这么说——自从我长大成人可以辨识出基督山伯爵的声音以来"！

但这样说时，他更加谨慎小心。他说，评论者"可以分为三种：戏剧记者、职业娱乐人士，以及具有合适的背景或者真正的戏剧知识、真正称得上是评论家的那些人。戏剧记者只是碰巧拥有报道晚上发生了什么、剧本的故事和谁扮演什么角色的职业的人。我常常发现这些人报道我戏剧中的故事相当准确。职业娱乐人士就卑鄙到了极点，他们说的话只对他们自己自负的虚荣心重要。在那些真正的评论家身上，我总是觉得他们明白我努力要做的事情，不管他们是批评还是表扬，他们都抓住了要害。"

虽然有这些评论，多亏了敌视这个剧本的人和它不好的名声，《上帝的儿女都有翅膀》倒还赚了一些钱。有一段时间，它和《琼斯皇》在剧目单上是交替演出的，接下来它又继续上演了一个月，在经过一个夏天的停演后，又在格林尼治村剧院演了两个月。该剧总共上演了100场，但由于是在规模较小的剧场演出，剧作家由此得到的收入总共才1,300美元。

总而言之，执政三人第一个演出季的成功可以说是不温不火。另外两个演出虽然事实上没有人喜欢（《鬼魂奏鸣曲》和柯勒律治-莫里哀的剧目），但却是实实在在的成功，因为它们争取到了新的资助人和财政支持（《时尚》），正如麦高文所说，奥尼尔的两个剧本中有一个“在美国戏剧史上，有可能在全球，在演出前就吸引了更多的公众注意”。奥尼尔总认为，就种族问题而引发的争论将该剧置于了错误的境地；多年来他坚持认为，这个剧本是被“误解”的剧本之一，为了强调男人和女人个人层面的关系，他曾经主张用一个白人吉姆·哈里斯复活该剧。

《上帝的儿女都有翅膀》一开始演出，奥尼尔就继续进行《榆树下的欲望》的创作。在六月即将完成第一稿时，奥尼尔说：“这是我目前为止写出来的最好的作品。”通常是由艾格尼丝的妹妹玛杰里给他打文稿，但这年刚进入夏天她就病倒了，他就雇用了普罗文斯敦剧团的一位新雇员伯纳德·西蒙（Bernard Simon）。虽然西蒙非常高兴能够有机会更好地了解这位剧作家，他在布鲁克农场的那一周有时候并不舒服，最早的一次就是在开车去里奇非尔德时他不得不默不作声，因为奥尼尔不想与他聊天。

西蒙回忆说：“起先我认为他看不起我，但他只是不想闲聊。他第一天和艾格尼丝一起吃午饭时话也不多。艾格尼丝想和他交谈，我想主要是为了我的缘故，她提到了民主党大会即将召开诸如此类的话题——今年是选举年——她还说，她希望共和党能赢得选举。奥尼尔想知道原因何在。她回答说共和党资金要多，而且是很出色的剧场观众，奥尼尔对她责备了一番。他说：‘我们不能这样看待问题，民主党更有进取心，更宽容，他们更加关心人民大众，而共和党则迎合了大财团的利益。’”

有几次，奥尼尔让西蒙陪他散步，他几乎每天都散步锻炼；一次散步时，他让这位年轻人注意路上的石头墙，详细给他讲述了这些墙的象征意义。依他看，这些墙象征了早期新英格兰农民的艰苦生活。还有一天，虽然他和西蒙还不太熟悉，他向西蒙抱怨起艾格尼丝来："她在利用我的影响和社会上的人交往。她邀请他们来这里过周末，见她的丈夫或者举行聚会，我讨厌这些。我不喜欢那些人。我喜欢特里・卡林和瘦子马丁这样淳朴的人，而她却让他们感到不受欢迎。艾格尼丝喜欢该死的社会名人录上的那帮子人。从他们身上我没有学到任何关于人的东西。他们是行尸走肉。"

"顺着马路大概一英里的地方住着一位瑞典老人，他是一位剪草工人，很讨人喜欢。有时当艾格尼丝举行聚会时，我就会让她沮丧。我邀那位老人前来，一起去谷仓喝个大醉。"

西蒙来奥尼尔家前不久，奥尼尔家还来了一位多年未见的客人，费尔顿・埃尔金斯［Felton Elkins，人称"平基（Pinky）"］，他是奥尼尔在哈佛读书时的百万富翁同学，曾不止一次地说："金将会成为美国最出色的剧作家！"埃尔金斯的结婚、离婚、打马球都及时上了社会的新闻栏目，他在努力希望大家认可他是一位剧作家。他带着新婚的妻子到了里奇菲尔德，希望普罗文斯敦剧团能对他最近写出的剧本感兴趣。虽然奥尼尔喜欢平基，也欢迎他的来访——两人喝酒喝到很晚，一起回忆其他的同学和贝克教授——他却没想过要和埃尔金斯夫妇深交，而依他看，艾格尼丝却迫不及待地希望他们能成为要好的朋友。

雕塑家埃德蒙・T. 奎恩（Edmond T. Quinn）偕他的妻子这年春天也造访了奥尼尔，但身为国家文学艺术协会（National Institute of Arts and Letters）成员的奎恩此次是负有使命的。一年前，协会授予了奥尼尔年度戏剧金奖，随后发现他对受奖持逃避态度，于是协会委派奎恩前来处理此事。6月2日，剧作家告知协会说："奎恩先生在我家门前的草坪上做了一次精彩的演说，没有什么比这更让人印象深刻。我谦卑的演讲就两个字'谢谢'。整个事情圆满地解决了。

"我没有去领（奖）的主要原因是我完全不知道我要走什么程序。这是我得的第一个奖牌，很自然我感到有些不好意思——更令我害怕的是我可能还要发表一番演说。"

奥尼尔之前是通过艾格尼丝结识奎恩的——他是她父亲的一位朋友——他喜欢这位雕塑家，也喜欢他的作品。在看了奎恩雕塑的埃德加·爱伦·坡半身像后，他请奎恩给他和艾格尼丝塑了头像，并骄傲地把他们的头像摆放在里奇菲尔德的家里。他对这位雕塑家有一种亲切感，一位高大但喜静的人，对自己的爱尔兰传统感到非常自豪，献身艺术，妻子想让他参加社交活动，而他总是努力避开。但奥尼尔对这位奎恩夫人（Mrs. Edmond T. Quinn）看法不错，她出身好，容貌娇美。他感到她像艾格尼丝一样都特别喜欢社交。他向西蒙抱怨说艾格尼丝使满屋子都是社会名流看起来有些言过其实；很显然，他在想象着如果他不太反对，艾格尼丝将会怎样做。

"不管他如何跟别人说"，艾格尼丝却说："没有金的允许，我是不敢举行聚会的——你知道他喝醉时是什么样子——其实，客人们都是我们的朋友，都是他的和我的朋友，或者是为了业务而来访的人。"经常来的有菲茨、博比·琼斯、阿瑟·霍普金斯、吉米·莱特和苏珊·詹金斯——二人此时已经分开，但仍是朋友——哈特·克莱恩、玛丽·布莱尔和她的作家丈夫埃德蒙·威尔逊、女演员海伦·麦凯勒（令艾格尼丝恼火的是，她对奥尼尔有好感）、伊本·吉文及其姐姐西尔玛、威尔伯·丹尼尔·斯蒂尔夫妇和住在不远的布鲁斯特的麦高文夫妇。（肯尼思说："在布鲁克农场我从来没有见到过社会名流。"）

通过奎恩夫妇，奥尼尔结识了帕德里克（Padraic）和玛丽·科勒姆（Mary Colum）这对来自爱尔兰的文学界夫妇——并在一个周末招待了他们。科勒姆夫妇认识爱尔兰的所有文学大家——叶芝（Yeats）、乔伊斯、格雷戈里夫人（Lady Gregory）、辛格（Synge）、伦诺克斯·罗宾逊（Lennox Robinson）。奥尼尔对乔伊斯尤感兴趣，就他的剧本《流亡》（*Exiles*）问了很多问题，这个剧本他以前连听都没有听说过，后来科勒姆送了一本给他。奥尼尔深深地被这对爱尔兰夫妇吸引住了，他有一段时间甚至想着这年带上艾格尼丝陪他们一起进行一次爱尔兰之旅；但是1924年夏天的时候，他创作的热情高涨，又去了尖顶山。除了继续进行他几乎一年没碰的《马可百万》的创作外，他还为一部名为《大神布朗》的新戏制定出了详细的写作计划，同时记录下另一部戏的构思，剧名是《发电机》，它常常浮现在他的脑际，“奇怪而有趣”。

艾格尼丝很想挣到自己的钱——财政是奥尼尔夫妇争执的主要问题——经过丈夫的允许，她这年夏天开始写起剧本来。她以埃莉诺·兰德（Eleanor Rand）为笔名（《难舍难分》中的妻子名字就是埃莉诺），写了一个长剧，剧名是《有罪的人》（*The Guilty One*），该剧来自奥尼尔几年前写下的一个较长剧本“清算”（“The Reckoning”）的写作方案，他18页的故事梗概讲述的是一个男人不得不和为他怀孕的一个女孩结婚的故事，他后来飞黄腾达，先是成了实业家，而后又成了参议员。剧本表现了因为孩子的问题他和他越来越讨厌的妻子之间的冲突。但剧本用单调的惯用技巧写了一个快乐的结局。随着儿子应征参加了一战，丈夫最终学会了欣赏妻子。他说：“他会回到我们身边的，孩子他妈——当战争结束的时候。我心里知道他会的。仁慈的上帝欠我们。”

奥尼尔于1918年在普罗文斯敦完成了“清算”的创作，该剧是奥尼尔早年试图从事商业创作的一次失败的尝试。虽然故事的梗概作为虚构作品毫无亮点可言，但作为传记性的东西倒可圈可点，因为它让人想起了作家本人的经历，尤其是，它让人想起了奥尼尔早年被送到寄宿学校的经历，因为凯瑟琳怀孕他不得不与她结婚，他母亲害羞和令人担心的一生，他父亲摆脱早期的贫困在剧坛飞黄腾达（更不用提政客们，也包括参议员，和剧中人物有多么像）。如果“清算”不能给我们提供其他什么的话，它进一步表明，剧作家身上的传记倾向远远超过了剧本创作本身。

在丈夫的帮助下，艾格尼丝在当年夏天稍晚一些时候完成了剧本的创作，她把剧本送给了理查德·J. 马登，后者感到该剧具有商演的可能性。不久，马登就带来好消息：威廉·A. 布雷迪已经选用了《有罪的人》，但他仍希望该剧能做进一步的修改。

与此同时，奥尼尔在创作《马可百万》的同时，会偶尔停下来就他们格林尼治村两个剧院的演出季给麦高文提出一些建议和进行一些评论。他的建议之一就是演斯特林堡的《罪恶累累》（*There Are Crimes and Crimes*）（“没有其他人敢演他的作品”）。奥尼尔还喜欢魏德金德的《璐璐》（*Lulu*），该剧是魏德金德的《地球精神》（*Erdgeist*）和《潘多拉魔盒》（*Pandora's Box*）的结合（“该剧是同类作品中最好的一部”）。至于他本人的剧本，《榆树下的欲望》将在格林尼治村剧院上演，另一部作品被普罗文斯敦剧团选中；还有一个可能就是《启示录》（*The Book of Revelations*），他也打算把它搬上舞台，同时加上了他改编的柯勒律治的一些台词。

奥尼尔总的说来对两个剧院的运营计划不太满意，他希望剧院“更加具有冒险精神”。他告诉肯尼思说：“我们的有些选择好像缺少想象力和独创精神……我们的两个演出节目单上没有一个我们认为是现代剧坛上‘大师级’的作品。斯塔克（扬）有两部作品、（埃德蒙）·威尔逊有两部作品，我本人有两部作品，而斯特林堡、魏德金德、豪普特曼（Hauptmann）、易卜生和安德列耶夫（Andreyev）等人的作品连一部都没有。我认为这不正常。”（经营两家剧院证明比他们想象的要更加困难和复杂；由于重演熟悉的剧本比演新戏对剧社来说要容易得多，最后他们决定不是上演两部，而是四部奥尼尔的剧作——《榆树下的欲望》和另外三部老戏。）

“我在拼命地写《马可百万》”，奥尼尔向他的同事汇报说。“剧本目前进展一切顺利……我创作时，剧本让我大笑，如果将此作为标准依然在剧中成立的话，那么该剧将是非常幽默的一部作品——也不是痛苦的幽默，虽然充满了讽刺。其实，我越来越喜欢上了我的美国社会的精英们，波罗的兄弟们和他们的后代和他们的后代。我想，剧本的第一稿长了些，但我会以天空为界，把有意思的东西都放进去。我认为，目前剧本已经完成了将近一半。”

对财政的担忧抵消掉了一部分《马可百万》带给他的欢乐。他1922年挣了大约44,000美元，1923年将近35,000美元，而1924年的收入却很可怜，生活境遇想获得立竿见影的改善的希望很渺茫（他1924年的总收入大概是10,000美元）。同时，主要因为里奇菲尔德的缘故，他的生活开支加重了许多。他希望在《榆树下的欲望》一剧上能够获得些进展，8月19日他对麦高文说："下个月很难熬——要缴纳个人所得税的分期，按照与前妻合同的约定，要给儿子尤金缴纳学费，还有夏季的账单……公司在快速滑向破产的边缘。我一年多来没有收入进账，压力快把我的腰压垮了。《难舍难分》是我最大的财富，也没有给我带来足够的收入用以支付去年这个好年景的个人所得税……我父母的资产仍在进行遗嘱公证。拍卖新伦敦地产的努力失败了，结果令人伤心。很多人蜂拥而至，但他们显然认为这是一次慈善拍卖，他们的最高出价比它的真正价值和地产收购价低好几千美元。"

肯尼思向奥特·卡恩征求意见并获得了他的帮助后——卡恩提供了几千美元的贷款——奥尼尔回复道："他这笔钱要么给我帮大忙，要么不帮忙。你们两个人只能让我拉更多的饥荒，而事情却几乎得不到解决……问题再简单不过了。我的地产并不欠债，只是欠律师费和管理费而已。这是一个简单而又具有毁灭性的怪圈！"他估计地产的净值约有125,000美元，他需要花大约15,000美元才能遵照遗嘱得到它。他说："除非有人帮我，我没有这乱糟糟的事情的解决方法，只能让律师那些人一点一点接管一切。不出五年，他们就会自动获得我的全部地产！"

总是埋头著书和经营书店的普罗文斯敦的弗兰克·谢伊开设了一家剧院，并演了奥尼尔的四部海洋剧，成了奥尼尔的主要收入来源——《东航卡迪夫》(*Bound East for Cardiff*)、《在交战区》(*In the Zone*)、《加勒比群岛之月》和《归路迢迢》(*Long Voyage Home*)——总的名称是《格伦凯恩号》(*S.S. Glencairn*)。奥尼尔不太情愿地去了，本想着这将是一场比较业余的演出，但他高兴地发现演出不但相当出色，而且这几个独幕剧"很自然地融为了一体"。同时，演出激起了他已经沉淀为失落和愧疚的记忆。他说："观看《格伦凯恩号》的演出让我因为无家可归和不负责任而想家，我相信——无论如何，在哲学意义上——我当时是一个初学戏剧创作的乳儿，结婚生子，购房置地，陷入了所有这些我们熟悉的'财产游戏'的圈套。"他深陷家庭的感觉由于几个月后艾格尼丝的怀孕变得更加强烈，但有人传言，他曾告诉朋友说他希望下一个孩子是女孩。

除了一桶十加仑的纯正白酒“被大海带到我家门前的台阶上”（有可能是私酒贩子在海上遇险而抛投到海中的）带来的短暂狂欢外，奥尼尔都在尖顶山拼命创作。八月底感到枯燥无聊，就和艾格尼丝去了楠塔基特（Nantucket）岛的威尔伯·丹尼尔·斯蒂尔家度了一周假。虽然这里酒很多，奥尼尔却没有饮酒。在斯蒂尔家，他见到的人有批评家欧内斯特·博伊德（Ernest Boyd）和他的文学经纪人妻子玛德琳（Mandeleine）、作家托马斯·比尔（Thomas Beer）、同仁剧院最好的演员之一达德利·迪格斯（Dudley Digges）。玛德琳·博伊德仍记得在地狱洞酒吧看到过奥尼尔和艾格尼丝相互扔东西的情景，对他这次的清醒印象深刻，尤其是当所有的其他人都在饮酒的情况下。

在停留期间，奥尼尔告诉主人说他很后悔买了布鲁克农场；除了这个地方证明成本高昂之外，他还讨厌这个地方寒冷的天气，他发现里奇菲尔德的冬天漫长无聊。他曾说：“我在新英格兰度过了很多冬天，在那里无事可做，只是砍树、喝烈性苹果酒和努力忘记。”斯蒂尔夫妇在百慕大（Bermuda）待过很长时间，兴致勃勃地谈论起楠塔基特的气候，一年四季都可以游泳，奥尼尔决定这年冬天到这个岛来过。

楠塔基特之旅使奥尼尔神清气爽，回到尖顶山后他又开始了《马可百万》的创作，并于十月初完成了第一稿。剧本很长，是标准长度的两倍，演出也会成本不菲。该剧是一次13世纪的长途奇异之旅，由很多插曲构成，剧中有威尼斯人和十字军骑士，鞑靼商人和印度的舞蛇人，佛教、道教和儒教的修士，更不用说忽必烈（Kublai）大汗宫廷中那一大帮出众的妻子、武士和朝臣了。不幸的是，虽然该剧是人物的大狂欢，但频繁地更换布景，而且一个比一个奇异，还有持续不断的哲学探讨和诗意描写都使剧本流于表面而不适合舞台演出。剧本将巴比特式的马可·波罗置于具有传奇色彩的东方，并通过他的价值观念和比他进步的那个社会阶层观念的全面对比——文明的、文化的、精神的——批判了西方的拜金主义，尽管他看不起东方人，认为他们是没有信仰的愚昧的异教徒。虽然该剧中心思想的传达存在着可能，但奥尼尔并不是挖掘这些可能的合适人选。如果，在萧伯纳（George Bernard Shaw）笔下，加上《恺撒和克利奥帕特拉》（*Caesar and Cleopatra*）中的语句，这个故事有可能会成为一部发人深思，机智幽默的喜剧；奥尼尔虽有幽默讽刺的意识和爱尔兰人喜剧夸张的天分，他可能还不具备这个剧本所需要的那种语言上的功力。

另一个不足在于马可自身；他只是一味地知道挣钱和向上爬，他的行为过于一贯，过于可预知，结果便索然无味了。故事前后20年，剧本把他从威尼斯带到了中国，忽必烈是一位常有稀奇想法的英明的君主，他对这位来自西方的羽翼未丰的旅行者很是喜欢。他说："这个叫马可的人像孩子一样打动了我，但同时有些东西是反常的——告诉我，我该怎样对待他？"他可敬的谋士许衡（ChuYin）回答说："任凭他按照自己的性情发展下去吧……让我们观察他。至少，如果他不能学习，我们可以的。"

被任命为一个大城市的负责人后，马可仅仅通过把"旧制度"颠倒过来就成了可汗最为高效的资金募集人。他说："一方面，我发现原先对过多的所得要征收重税。试想所得怎么会过多呢！哎，这简直非人力所能做到的！我废除了它。我还废除了奢侈品税。我发现大部分人……买不起奢侈品。"他采取了一项"公平"措施，颁布了"一条法律，对日用必需品都要征税。"这一条法律涉及每一个人的钱袋，人人平等，不管他是银号的老板还是讨饭的乞丐！尽管剧作家讽刺的尝试尚显笨拙，他对可汗的孙女阔阔真公主（Princess Kukachin）和马可之间甜美而痛苦的爱情故事的表现还是比较成功的。马可头脑愚钝，竟然没有意识到公主对他的感情。虽然忽必烈皇室最终厌倦了马可（"一个小丑，只有在他的畸形没有引起反感的时候才能逗人喜欢"），公主却把他当作"来自具有异国情调的西方的一位奇怪、神秘和梦幻般的骑士"。最后，他带着巨额的财富回到了威尼斯，和等待他数年的爱笑的中年处女结了婚。而如花般的阔阔真，丧失了活下去的勇气，慢慢走向了死亡。

《马可百万》中故意安排了两种性格，因为剧作家使用了两种不同的风格对比了威尼斯人枯燥乏味、见钱眼开的本性和古老的中国细腻的情感。马可的语言总是呆板陈腐，充满了陈词滥调（“没有什么地方能像家一样……我总是很快乐，我想是我安顿下来的时候了”），而东方人表达感情总有半抒情的风格。“你一直好像是一只在黑河边歌唱的金丝雀”，可汗对孙女说。“在你母亲去世后，你在我心中接替了她的位置。当时我还年轻，河还没有那么黑——那条如此之深，又如此寂静的人生长河——像疯狂似的日夜不停地滔滔流去——流向何方？——为何要这样流？”

正如《泉》一样，奥尼尔在这里又一次想证明自己不但是一位剧作家，还是一位诗人。可是言辞上的精妙并非他的强项；当他努力做到抒情的时候，他的作品在词的使用上却显得柔软、弥散，“诗意”的程度差了些。同时，照他自己的观点来看，奥尼尔就是一位剧坛上的诗人，这可以从其总体效果看得出来：出色的布景，新鲜和想象力十足的舞台技巧的使用——面具、舞台布置、哑剧、背景音乐——所有这一切的背后体现了他生活的悲剧观，这是他之所以为诗人的另一个证明。

# 第八章　一部戴面具的戏

麦高文、琼斯和奥尼尔对他们1924—1925年的演出季进行了很好的书面规划。普罗文斯敦剧团继续按照原来的计划经营，主打"实验"牌，格林尼治村剧社"轮演剧目"，五个戏将在两个剧场都进行演出。"从一开始，就朝着一个真正意义上的定期轮演剧目的剧团而努力。同一批演员将在两个剧场登台演出。一切都致力于一个具有创造力的整体。"演出季开始后，普罗文斯敦剧院进行了八场演出，另一个剧场只有三场；一个剧场的"实验"和另一个剧场"轮演"之间的界线越来越模糊；正如海伦·多伊奇（Helen Deutsch）和斯特拉·哈诺（Stella Hanau）在《普罗文斯敦》上所述："生活的全部由开幕和闭幕，会议和密切配合的排练构成，两个剧场相距四个街区，大家要在两个剧场之间来回奔波。（剧社成员们）无休止地在奔波，运送道具、服装、节目单、字迹潦草难辨的信息。"

格林尼治村剧社将首先演出《圣徒》（*The Saint*），这是发生在美国东南部的一个故事，作者是斯塔克·扬；普罗文斯敦剧团首演的是《惠斯勒房间里的罪行》（*The Crime in the Whistler Room*），兼有现实主义和幻想的特点，由埃德蒙·威尔森所创。奥尼尔本来希望在格林尼治村剧社演出《榆树下的欲望》开始这个演出季，但一时找不到扮演老凯勃特的人选，不得不推迟了该剧的演出。另外两个主角早已确定，由出演过《鬼魂奏鸣曲》和《时尚》的玛丽·莫里斯扮演爱碧，查尔斯·埃利斯扮演伊本。

因为一直惦记着百慕大，奥尼尔9月21日写信给麦高文，他想知道"《榆树下的欲望》演出的确切日期。其实，我必须知道个大概日期。我一直希望能够在《圣徒》演出四周（10月11日到期）后上演该剧，并制订出相应的计划……我将不住在我随时可以来纽约的里奇菲尔德——十一月中旬后就离开这个地方了。"由于肯尼思以前令奥尼尔的财政状况出现过窘境，这次奥尼尔没有告诉他，在百慕大过冬将会发生更多的开销，但他说："我非常想见你，和你谈谈我的越冬计划。在研究了过去六个冬天我所做的工作后，我对自己有了一个发现，这一发现让我做出了将来我该怎么办的决定。"

他的"发现"是，他的创作水平总是随着温度的季节性降低而下降。回顾了过去，他发现，他最不理想的剧本全部是或者大部分是在寒冷的那些月份写出来的：《克里斯》写于1918—1919年冬天；《黄金》写于1919—1920年冬天；《最初的人》写于1920—1921年冬天；而《难舍难分》则写于1923—1924年秋冬。正相反，在温暖的季节，他通常创作力旺盛而且剧本质量高：《救命草》的最后一稿（他在1924年仍然认为剧中包含有"我曾写出来的最好的东西"）在1919年春天完成；《安娜·克里斯蒂》，1920年夏；《琼斯皇帝》和《与众不同》，1920年秋；《泉》的第一稿，1921年春夏；《毛猿》，1921年秋；《泉》的最后一稿，1922年夏；《马可百万》，1923和1924年夏；《上帝的儿女都有翅膀》，1923年夏秋；《榆树下的欲望》（某些部分除外），1924年冬春。在发现作品的这一规律后，他决定不仅要在百慕大过冬，而且自此以后，他要这样安排自己的生活，目的是一年四季都能拥有温暖的天气。

考虑到奥尼尔特殊的气质，很可能寒冷会对他的创作有不利的影响，因为当他能够享受阳光、海滩和游泳的时候，他一般说来状态很好。他是一个深爱着大海并对大海具有神秘感情的人，是一个在水里要比在岸上感到更加舒心的人，他发现游泳就像写作一样，对他的心智和感情健康都是必不可少的。[20世纪20年代末，他考虑着要写一部“自传性”的剧本，“我一生的鸿篇巨作”，耐人寻味的是，他将该部作品称为“大海母亲的儿子（Sea-Mother's Son）”；可是，这一计划却没有得到实施。几年后，在《进入黑夜的漫长旅程》中，据推测，包含有他早年在脑子里构思的那个“自传性”剧本的某些要素，在剧中他这样写道：“我生而为人，真是一个大错。要是生而为一只海鸥或者一条鱼，我会一帆风顺得多……”]

奥尼尔这年最后的日子是在尖顶山度过的，他在校对阅读他的一个两卷本的“作品全集”，将由霍勒斯·利夫莱特负责出版。“真是要命的工作”，他说。“但是它帮助我熟悉了我已经忘记的东西，挺新鲜的。”这一次，他仅仅是纠正打印错误，但对于第二年的四卷本作品集他进行了修订；在修改的地方中，他缩减了《天边外》《黄金》《救命草》和《难舍难分》。他对剧本的出版非常认真；不管在排练的过程中他有可能会写多少稿或做出多少修订，在将剧本付诸印刷之前，他总要把剧本再看一遍。他希望出版的剧本尽可能地很好，因为他希望未来的读者而不是他当时的大众能够对他的剧本做出重要裁定。

1924年秋回到纽约后，他立刻参加到了《榆树下的欲望》和《格伦凯恩号》的排练中。受到弗兰克·谢伊演出成功的鼓励，格林尼治村剧院在普罗文斯敦剧院的演出中纳入了海洋剧。“单个剧本本身都是完整的”，奥尼尔以前曾说过。“但是船员的身份贯穿所有海洋剧，把这四个独幕剧串成了一个长剧。”评论者对于11月3日开始演出的《格伦凯恩号》的演出总体感到满意，溢美之词铺天盖地，诸如，一部“有清晰脉动的剧本”、“一个难以忘怀的夜晚”。剧作家本人也认为这次演出“总体上非常棒”，但他向弗兰克·谢伊开玩笑说：“《东航卡迪夫》没有最初普罗文斯敦剧团在码头上的演出那样好（因为我没有扮演剧中的大副，是吗？）。”

然而，他主要对《榆树下的欲望》感兴趣，以玛丽・莫里斯和查尔斯・埃利斯为首的演员阵容正在进行排练，老凯勃特是由纽约剧院的一个新人扮演的，名字叫沃尔特・休斯顿（Walter Huston）。休斯顿身材又高又瘦，长着一张令人愉悦、朴素、典型的美国人的脸（他来自多伦多，有爱尔兰和苏格兰血统）。他从事演出行业已经有好几年了，但作为一个歌舞演员，他的演出经验几乎全部限于轻歌舞剧和乡镇的几个固定剧团。如今在40岁的时候，休斯顿凭这年年初在百老汇《皮特先生》（*Mr. Pitt*）中同名主人公的表演而最终打破了默默无闻的局面。这个剧本讲的是发生在美国一个小镇上的感伤故事。休斯顿把皮特演活了——一个谦恭、感伤的人物——在百老汇接下来的另一场戏《简单标志》（*The Easy Mark*）中也扮演了一个相似的角色。几乎每一个人都把他看作是这两部剧中的固定角色。他前两次扮演的形象和这次在《榆树下的欲望》中被要求扮演的冷酷、坚强的老农场主截然相反。

罗伯特・埃德蒙・琼斯既是《榆树下的欲望》的舞台设计，又是该剧的导演，他推荐休斯顿在剧中扮演这一角色。最初奥尼尔持怀疑态度，认为博比有可能受到了他和休斯顿姐姐关系的影响（几年后他和她结了婚），但琼斯推荐沃尔特・休斯顿证明是对这部戏的重大贡献之一。"我的戏里只有三位演员努力实现了我当初期盼的人物形象"，奥尼尔在他的职业生涯后期这样说，他接着提到了《琼斯皇》中的吉尔平，《毛猿》中的沃海姆和《榆树下的欲望》中的休斯顿。他继续说道："我的戏里还有很多其他的男女演员，但只有这三位演员实现了我创作时的想法。太多的演员只是出场表演。这对表演和戏剧创作来说都不是好事。剧作家要依靠演员的实际表演来使他塑造的人物变得丰满……我总是努力把人物写出来。"

虽然最初是"从偏门"过来的，但作为一个在剧坛造诣极深的人，他常常把"舞台设置和动作的每一个细节甚至灯光"都写出来，画出草图来指导舞台设计师。《榆树下的欲望》遇到了特殊的布景问题，因为整个戏的活动要不断地从一个房间转换到另一个房间，或者转换到室外，有时候还在不同的地点同时进行。作为解决方案，奥尼尔设想了一个两层的农庄，并特别指出房子的外墙应该可以被拆卸成不同的部分，这样就能满足剧本的要求，把房间内部的一切或者某些部分向观众展露无遗；这样做的总体效果就是把整个农庄都搬到了舞台上。

参照奥尼尔画的四张草图，琼斯设计出了一套忠实于作者思想的道具：室内光秃秃的，被刷成了白色，窗户狭小而寒酸，房间小得令人压抑，充满邪恶的大榆树笼罩着农庄。对于剧中的某些情节，这些设计起到了非常好的效果，诸如在老凯勃特给妻子讲述他过去的生活，而她此时双眼贪婪地盯着伊本的房间那一幕，这个复杂的道具可以让观众看到伊本的房间，此刻他显得坐立不安。剧本这样写道："伊本和爱碧透过墙相互热烈地凝视着。他下意识地向她伸出了两臂，她半站了起来。"总的说来，这套道具有喜亦有忧。如果说非常小的房间和其他的表演场所表明凯勃特家的生活很压抑的话，那么它们同时也对表演构成了限制；如果琼斯当初抛开奥尼尔的草图，设计一个更加自由、更具有表演主义风格的道具有可能效果会更好。其实，奥尼尔本人也不满意，他后来抱怨说该剧的演出并非他创作时的设想："剧中根本没有榆树，几乎都是人物；因为舞台熄灯期间，没有足够的时间更换布景，还把我安排好的幕切分成了四个截然分明的场景；农庄从一个房间到另一个房间生命的涌动，拟人化的房子，自然构成一体的各幕，都统统不存在了。"

当11月11日《榆树下的欲望》在格林尼治村开幕的时候，剧作家却躲进了剧院地下室的工作室中，让自己忙活起来，就像一块质朴的被砍削过的木头。几天前，他对一位采访他的人说，《榆树下的欲望》中有"惊奇"（他可能想的是爱碧杀死婴儿的情节），如今他在等待着大家对他的这个发生在古英格兰的希腊悲剧的反应。

第二天，除了很少的例外之外，媒体对这部迄今为止仍是剧作家得意之作的剧本的判断有失公允。可以这么说，媒体对他们自己的评论要比对《榆树下的欲望》准确得多。艾伦·戴尔指责这部新戏的"故事进程变化不定，如患癌疾"，"人物心怀叵测"——这种评论在预料之中，因为他供职于《美国人报》，就是赫斯特曾撰文极力攻击《上帝的儿女都有翅膀》的那家报社。戴尔并非唯一认为《榆树下的欲望》令人讨厌的人。《纽约晚邮报》上有人贬损它是“一个病态几乎得不到排遣的故事”。《时代周刊》武断地认为，“在生活再也不可能如此残忍这一点上，大家都会对该剧持反对态度”。伯恩斯·曼特尔在他还算公平的裁断中说，该剧应该受到对戏剧感兴趣的所有人的严肃对待，他接着说：“不要不加考虑地对待——不知道这个故事如实展示了欲望与谋杀、儿子与继母间的乱伦、杀婴、丑恶、原罪和令人震惊的自由言论。”

海伍德·布龙的态度摇摆不定，他认为，如果不是过头和使用了一些老套的舞台技巧的话，《榆树下的欲望》本应该成为作者最好的剧本。他说：“在许多外在方面，奥尼尔在众多剧作家中是一位先驱。他给我们展现了新的戏剧形式。但他仍然是那位将《基督山伯爵》演了上千次的演员真正的儿子……遗传因素在奥尼尔身上植入了演员父亲的渴望，在特定场合下，哪怕最后一个使故事迂回曲折的机会他也不会放过。”亚历山大·沃尔科特认为，奥尼尔好像被道具转移了注意力（“讨厌的奇妙装置”），以至于他没有看到剧本本身，就是他看到的东西也没有给他留下更深的印象。另一方面，如今供职于《纽约时报》的斯塔克·扬认为场景“玄妙而充满戏剧性”，而且宴会那一场里有“我们在戏剧舞台上几乎看不到的无穷的诗意和撼人心魄的美感”。

最有激情同时也最有感知力的评论是两周后约瑟夫·伍德·克鲁奇做出的，他刚受聘为《国家民族政坛杂志》（*Nation*）的评论员。11月26日，他不仅评论了《榆树下的欲望》，还评论了奥尼尔的总体创作。他说：“在这个把艺术当作理性进行研究的时代，有一种无法避免而又不幸的趋势，那就是，会假定奥尼尔和其他每一位引人注目的艺术家的伟大定然在于他思想的伟大或清晰。在《上帝的儿女都有翅膀》中找寻种族问题的解决方案，或者在《毛猿》中寻觅某种对待社会的态度；那么接下来，如果找不到的话，就全然再也看不到这部作品的伟大之处了。不应考虑是什么力量驱使他作为一个年轻人敢于在最为粗鲁的人中追求冒险，也不应该考虑他从这里面或者生活的经历中复活了什么东西。是他个性中的某些强大的东西让他成为了暴风雨的兄弟，他在所有能找到暴风雨的地方追寻最猛烈的激情，而不急于澄清这样做的原因，而倒乐意与他人分享这种激情，这使那些热爱和平的人受益；他很高兴能成为那些具有破坏作用的怒火的一部分。希望永久遭受折磨和磨难，从一种暴力走向另一种暴力，不是把人类的磨难当成其他事情的场合，而是当成了有明确目的的戏剧，这是一种奇怪的体验；而这恰是奥尼尔的性格特点。他作品的意义和统一性不在于是否有强大的智慧思想，当然也不在于是否能够传达某种'信息'，而只在于每一个剧本都是一次非凡强度的体验这一事实。"

奥尼尔依然对大众对该剧的接受情况感到伤心。几个月后他向乔治·吉恩·内森（他也是对《榆树下的欲望》评价不高的人之一）抗议说："我想，在《榆树下的欲望》中，大家没有注意到的是剧本的质，对此我倾注了极大心血——努力使新英格兰的生活带上史诗般的味道——把那些无法表达的东西在事实上表达出来，释放出来。恰是这些——用具有诗意的（在其最广泛、最深刻的意义层面）观点来照亮那些最病态和最卑微的生活死胡同——我相信这才是我作为一个剧作家所关注和去证明的东西。"

"《马可百万》中有很多诗意之美……但很显然诗意多多少少都是由主题和背景所唤起。那些无聊和粗糙的背后却是诗意深藏之所，而这恰是检验人的目光是否深邃之处。"

《榆树下的欲望》开演不久，西德尼·霍华德的剧作《知己知彼》在纽约上演，获得了一致的好评。有几位评论家注意到了这两个剧本故事的相似之处，就比较了这两个剧本，这对奥尼尔极为不利。例如，罗伯特·本奇利认为："霍华德的作品很棒，因为他的这一喜剧中有'悲悯'的时刻，这是喜剧的必需，而奥尼尔的悲剧中那些时刻是无意识的喜剧，这对悲剧来说是很糟糕的一件事。"尽管如此，霍华德本人非常喜欢《榆树下的欲望》，强烈地感觉到该剧被低估了，他于是给《纽约时报》写信说："该剧具有只有真正的悲剧才具有的力量、朴实和高贵。如果它引起了麻烦，也是英雄般的麻烦……请让我看看，最近几代人，在英语剧坛上，是否有作品有《榆树下的欲望》的一半那么好、那么真实、那么勇敢。”（几个月后，当听说他的剧本获得了普利策奖的时候，他说这一奖项本应该颁发给奥尼尔。）

和立刻在百老汇蹿红的霍华德的喜剧不同，奥尼尔的剧作在格林尼治村只有有限的几轮演出。尽管奥尼尔名声在外，过去有很多次成功，百老汇的老板们没有一个会在第一时间内把他的新作拿来上演；他们显然认为他的剧作太阴郁，不适合商演。幸运的是，曾帮助过琼斯和格林剧院（Jones and Green）的克里昂·思罗克莫顿劝说他们看看这个剧本，这个剧院一般演《格林尼治村富丽秀》（*Greenwich Village Follies*）和一些相似的无聊闹剧。他们对该剧的印象很好，就和执政三人联合把《榆树下的欲望》推荐给了卡罗尔伯爵剧院（Earl Carroll Theater），后来又推荐给了规模较小的乔治·M. 科汉剧院（George M. Cohan Theate），该剧在这个剧院一直演到1925年秋天。该剧的演出成本是4,000美元，最后总的收入是395,000美元，给剧作家带来了24,000美元的收入。此举拯救了这部剧作。助推了如此长时间演出的力量是，该剧在百老汇上演几周后，纽约当局在一些致力于贞洁和道德人士的撺掇下，试图以“不道德和下流”为名终止该剧的演出。接下来，由于该剧声名狼藉，观众反倒越来越多。

奥尼尔准备动身到百慕大去的时候，他已经准备好了两个剧本等待演出，《泉》和《马可百万》。《泉》剧在阿瑟·霍普金斯放弃了其专演权后，被同仁剧院列入了演出目录。最初，奥尼尔打算把《马可百万》交付给马克斯·莱因哈特和莫里斯·格斯特（Morris Gest）演出，希望该剧演出的阵势和规模能够和他们演出成本为50万美元的气势宏大的《奇迹》（*The Miracle*）相媲美。但奥尼尔的希望没有实现，他就转而向戴维·贝拉斯科寻求帮助。贝拉斯科也是一位剧团经纪人，有制作绚丽奢华演出的天分。仅在几年前，奥尼尔还贬斥贝拉斯科的演出是典型的“百老汇展销店”，而贝拉斯科也曾指责格林尼治村的演出“邪恶、粗俗、可耻”，如今时代和剧坛都发生了变化。

在收到贝拉斯科表示同意的贺信后，奥尼尔1924年11月24日回信说："我有一个剧本要呈交给您……从一个导演的角度看，该剧有如下瑕疵：演出的成本高昂，要用到前舞台、音乐、很多布景、大量的人群，等等——同时，该剧好像要演两个晚上——其实，就是两个剧本！"至于优点，他说虽然有历史背景，但该剧是"对我们生活和理想的……喜剧嘲讽"。他信心满满地表示，剧中的爱情故事和东方背景具有"真正的诗意美感"。他在信件的最后说，如果贝拉斯科能阅读这一剧本，他觉得这将是他"莫大的荣幸"。

很明显，因为对《榆树下的欲望》评论的不满，从该剧初次公演之后那一天起，奥尼尔开始饮酒了，但由于马上就要启程去百慕大，为了将事情安排妥当，他不得不对饮酒有所节制。11月29日动身前不久，他采取预防措施让百慕大的猎头们打消了要把他当作名人对待或者拉他和艾格尼丝进入社交旋涡的念头；他提前发出了口信，并刊登在百慕大报纸《皇家公报和殖民者日报》(*Royal Gazette and Colonist Daily*，简称《皇家公报》）上："在停留期间"他"有很多工作要做，因此渴望安静和不被打扰，而不是从事我们这个季节的狂欢"。

可是，奥尼尔希望不被打扰地到达目的地的计划因为他的爱尔兰猎狼犬费恩·马克·库尔而搁浅；费恩因为在船上被关着而变得狂躁不安。《皇家公报》12月6日报道说："船只一停泊靠岸，费恩就把船上的一个服务员飞速赶上了岸，这种速度在弗龙特大街（Front Street）上也从未达到过。福特圣乔治号（*Fort St. George*）的船长觉得船首栏杆那里站满了人，想给狗套上救生圈把它赶到岸上去，而一个鲁莽的服务员却自告奋勇地要冒一次险，于是有了狗把他赶到岸上的一幕，大家都看得津津有味，觉得这狗好猛。关于狗的品种，百慕大岛民的观点不一。岛上年龄最大的居民从未见过岛上有过这种狗；岛上年轻的一代吃惊地在一边看着……"

在岛上的首府汉密尔顿的一家旅馆住了两周后，奥尼尔夫妇搬进了两座远离人群的木屋，名字分别是"坎普溪"（"Campsea"）和"乌鸦巢"（"Crow's Nest"）——第一个地方供他们住宿，第二个地方则供奥尼尔工作——位于佩吉特教区（Paget Parish，就是今天漂亮的“珊瑚海滩俱乐部”所在地）的南岸。两座木屋虽然小，但却坐落在地势较高，树木繁茂的地区，下去就是俯瞰着大海的崖岸，这片大约有三十英亩的地产上有一条长长的没被破坏的海滩。在这里，和在尖顶山沙坝一样，奥尼尔可以“真正感受到与生活的亲密与和谐……沙滩、太阳、大海、海风——你融进了它们，变得和它们一样既意义皆无同时又意义满满”。

然而，在他刚上岛的前几周，他又开始饮酒了，喝走了1924，喝来了1925，他没有全身心地享受大海带给他的远离人群的乐趣。过去不止一次，尤其知道了酒精引起了哥哥的慢性死亡后，他试图永远戒酒以克服他自身的弱点；过去，他直到喝得恶心或者呕吐才会不喝酒。医生警告说，长期把酒狂欢会缩短他的寿命，但是与生俱来和相伴而生的深深负罪感和无意识里想惩罚自己的渴求继续控制着他。同时，他身上还有一股和自我毁灭的冲动相抗衡的力量，他有体育健身的热情，对自己运动员般的瘦削身材很是骄傲。他在饮酒期间，总是努力保持良好状态，一有精力，他就去游泳或者沿海边长距离散步，这是一个人身上明显的矛盾做法。

最终，元月时他身体变得越来越弱，他又开始了新的戒烟努力，因为他有些像患了忧郁症，总感觉他对尼古丁“敏感”；绝大部分时间里他抽烟是适度的，但一旦开始创作就一根接一根地抽。他曾在日记中记录过他不喝酒或不抽烟的天数，有一天他兴奋地记下了他已经超过了“去年连续42天没有抽烟的记录”。在过了几周健康的生活之后，他也记录下来一些测量数据：“胸，40；臂展，41；袖宽，13.5；前臂，11；腰围，31，等等。”

不久之后，当地的一名医生借给他英语医疗杂志《行医者》（*The Practitioner*），这是一本主要研究酗酒的期刊。奥尼尔发现这个问题“非常有趣，而且适用于我”——他的这一评论极有可能是受到了詹姆斯·帕维斯-斯图尔特爵士（Sir James Purves-Steward）的一篇关于当时被称为“间发性酗酒”的文章的启发而做出的。詹姆斯爵士说：“这是一种精神疾病，间歇性发作，发作期间对过度饮酒具有难以抵御的冲动。酒狂有时候喝酒喝得会进入一种严重酒精中毒状态……”

“对这些病人历史的详细调查表明，他们很多人都有明显的神经性遗传；其实，他们所有人在染上间发性酗酒的恶习前，都有一些神经症征兆，诸如恐惧症、强迫症、感情低落、身体脏器不适等等……病人发现他可以通过饮酒来掩盖意志力薄弱，可以‘溺死情绪低落的心理’，酒可以让他们暂时舒心……他好几天大量饮酒直到酒精性胃炎叫停他这次酒瘾阵发为止……紧接着他的酒瘾就下降，完全再也没有了对酒的渴望，直到下一次酒瘾上来时为止。有时候在他不饮酒期间，他甚至对酒毫无兴趣。但是，他的精神疾病会无法避免地再次发作。”

元月，奥尼尔从理查德·J. 马登那里获知，如果《马可百万》能被缩短到“一个较长夜演”的长度，贝拉斯科将推出这一剧作，于是他一连工作了好几天，有时会长达十到十一个小时，用了一周稍多一点的时间完成了该剧的一个新版本。两周之后，他从制作人那里收到了一封热情洋溢的越洋电报。制作人“喜欢”这个剧本，不久之后传来消息说，贝拉斯科有意让罗伯特·埃德蒙·琼斯担任剧本的舞台设计；他对该剧的预算是75,000到100,000美元，在当时这可是一大笔钱，这通常是一个音乐剧的开销。

剧作家现在的事业可以说是遍地开花：《榆树下的欲望》正在卡罗尔伯爵剧院演出，每周的票房收入达9,000美元，超过了他所有其他剧本的总收入；《格伦凯恩号》在格林尼治村上演六周后正在移师城市中心区，先在潘趣和朱迪（Punch and Judy）剧院演出，而后到公主剧院（Princess Theater）；又在普罗文斯敦剧团重演的老剧目《琼斯皇》也即将移师潘趣和朱迪剧院。除此之外，伦敦的一个制作人对《琼斯皇》和《毛猿》颇感兴趣，有消息说要将《毛猿》拍成电影，仍由路易斯·沃海姆扮演原来的角色（但只有伦敦的《琼斯皇》计划变成了现实）。

奥尼尔夫妇在百慕大见到的第一拨人中有夏洛特·巴布尔（Charlotte Barbour），人称“托蒂”（“Tottie”），她是一位英国人，供职于纽约一家图书出版商，对普罗文斯敦剧团略知一二；还有她的姊妹爱丽丝·巴布尔

（Alice Barbour），她是一位漂亮的金发姑娘，皮肤被太阳晒得黝黑，喜欢户外运动。她们两个和弯头海滩俱乐部（Elbow Beach Club）的一些客人常与奥尼尔夫妇一起野餐和晚上聚会，俱乐部是一家旅馆，步行就可以到坎普溪。虽然艾格尼丝喜欢这两位姑娘，但她因为怀孕体型失去了风韵，禁不住对爱丽丝充满妒意，而奥尼尔很显然乐意这位姑娘的相伴，几乎每天都要抽时间和她待上一段时间。克拉克夫人几乎目睹了一切，就鼓足了勇气刺激了一下女主人，一天她带着无辜的表情问道："他们游泳时是不是手拉着手？"当艾格尼丝就此训斥奥尼尔的时候，他坚持辩解说他们"游泳时一前一后"。虽然夫妇二人之间偶有争吵，他们与"托蒂"和爱丽丝之间的交往仍在继续；最后，当艾格尼丝发现爱丽丝对她的丈夫并无想法，而他也没有爱上她时，就仍然喜欢着爱丽丝，认为她有"少有的迷人气质"。

显然，奥尼尔对爱丽丝的感情是理想化的，而非浪漫或者与性有关；爱丽丝也很单纯，他喜欢并羡慕她身上的那份纯洁。他为她写过一首诗（艾格尼丝认为"很贴近真实"），诗中有这样两行："我们明智 / 但你完美"。结束的几行是：

你，太阳和大海，
三位一体！
可爱的精神继续着，
保持梦想
从美
到无穷。

从现有的证据看，在奥尼尔和艾格尼丝生活在一起的十年间，除了他们婚姻的最后，他好像没有对她不忠过。不是因为他对他们的婚姻非常满意，而是性本身对他没有太大的吸引力，没有发生外遇甚至哪怕很短时间的艳遇来扰乱他的生活，这一点谁都看得出；为了创作，他希望过有规律的生活，希望不受打扰。然而，他写给艾格尼丝的信让我们看到了一位充满激情的爱人，艾格尼丝认为他不是非常世俗。他们的关系最具讽刺意味的是，虽然他渴望和她完全结合，可基本上他并没有做到，不能把自己全身心地献给不仅仅是艾格尼丝，还有其他任何女人。他是一个具有矛盾冲动和需要的人，有一点厌女心理，他常常把自己最重要的一部分隐藏起来，不让他人知晓，也不容许别人触碰。

元月底，完成了给贝拉斯科的《马可百万》的修订后，奥尼尔继续进行《大神布朗》的创作，几个月前他给这个剧本写好了情节方案。他的创作有一半都是先写出故事的情节方案。他说："这就意味着，甚至在一个字还没有写的时候，有些思想已经非常清晰地完全考虑成熟了，而有些思想却不会如此。但这里还存在着一些奇怪的东西，虽然写好了故事的情节方案，创作时我却很少去看或者遵照方案来写，除非是纯粹的剧本提纲——就是提纲也很少那样做！"然而，当他为《大神布朗》准备故事情节方案时，他觉得他把剧本完全"构思出来"了；而当开始动笔写的时候，他又觉得这个剧本的"写作"和他当初的计划"完全不同"。他说："这是一个奇怪的剧本！"

正当奥尼尔努力创作《大神布朗》时，纽约的《榆树下的欲望》有了麻烦。1925年2月20日，他收到了理查德·J. 马登的来信。信中说，警方正在"追查"《榆树下的欲望》——起初他没有把这消息当回事，直到第二天他收到了文学经纪人发给他的"火急火燎的电报"，内容是他的剧本"要被起诉"。威胁奥尼尔的剧本一直是司空见惯的活动的一部分，在无数的运动中，最近的一次是纽约戏剧舞台的纯洁运动。早在1924—1925年的演出季，就有一两个声音气急败坏地叫嚷着反对《光荣何价？》，还有劳伦斯·斯托林（Laurence Stalling）和马克斯韦尔·安德森（Maxwell Anderson）关于战争中的人言谈粗俗的喜剧。但那次时间不长，效果也不佳；这次新运动二月中旬由警察当局发起，是目前为止在审查制度层面规模最大，决心最大的一次。同时，让情况更为复杂的是，部分演出效果不佳的制作人为了提高票房也匿名抨击他们的得意之作为"下流"。

最大的麻烦是由威廉·A. 布雷迪造成的，他的作品《一个好的坏女人》（*A Good Bad Woman*）最先招来了审查员的批评；他每天的立场变化不定，一会儿站到审查者一方，一会儿又抱怨他成了替罪羊，一会儿又指责他人的作品。在这场宣传骗局中，布雷迪本人也受到了伤害，他的一个女主角向媒体抱怨说她的一些对白粗俗无礼。事实上，好像是他的欺骗触发了审查的热情，在接下来最终被扼杀了十多个剧本的斗争中，布雷迪成了一个比较严肃的小丑。还有一次，他宣称他执导的《一个好的坏女人》"触动了观众，让他们产生了改过自新的热情，净化了纽约剧坛"。还有一次，他建议起草"一份戏剧自杀合同，据此制作人所有有害的剧本都按照协议献祭"。显然，他无法决定他是通过支持当局以大众的恩人的面目出现呢，还是不遗余力地推销《一个好的坏女人》，该剧已经招致了不利的评论，接下来的演出将会财源滚滚。不管怎样，他的戏还是被指责为"不可救药地堕落"，被地区律师约押·H. 班顿叫停了。布雷迪经过了一番迂回曲折，还是屈服了，因为班顿还有更大的动作。

班顿宣称，还有一部戏甚至"更糟"，但他起先拒绝明示剧名，担心给该剧"做了广告，那样会吸引更多的观众涌向售票处"。他脑子里的那个剧本很快谜底便被揭开，那个剧本就是《榆树下的欲望》。他上一年没有阻止《上帝的儿女都有翅膀》，为报此仇，这位南方出身的害人者把当下的讨伐运动当成了打压奥尼尔最新剧作的良机。他宣称这个剧本"败坏透顶，非一支蓝铅笔所能纯洁"，他威胁说要让大陪审团发起控诉，除非该剧立刻停演。

正当地区律师诚惶诚恐之时，戏剧圈内部出现了安抚的声音，建议成立"市民戏剧陪审团"。照其要求，引起异议的剧本都要受到这个独立于正常司法制度之外运行的特殊陪审团的裁决。这一计划是在演员权益保障协会（Actor's Equity）的支持下，作为规避官方干扰的一项措施，由百老汇的一些头面人物提出来的。该计划要求成立一个由艺术和职业人士构成的几百人的委员会——由演员权益保障协会负责推举——从这些人中产生陪审团。尽管几年前提出来时当局已经接受了这一计划，在另一场审查制运动如日中天的时候，这一计划从未得到实施。

作为对班顿最后通牒的回应，肯尼思·麦高文如今赞成这一提议。他说，他和他的同仁们愿意遵守戏剧陪审团的裁决。班顿试图阻止这一做法得到实施，因为这个制度实则根本就不存在，要实施的话需要花的时间也会很长，但是迫于通常支持奥尼尔的媒体的压力，他声明的语气也开始缓和了不少。他妥协说，也许麦高文的建议是可行的；看到重要的宗教人士、教育工作者和其他头面人物都对奥尼尔的作品褒奖有加，他最终金盆洗手，从整个事情中抽身而退，将《榆树下的欲望》和其他据称是不道德的剧本提交给了戏剧陪审团。

正如他原来担忧的那样，剧本的污名极大地拉高了《榆树下的欲望》的票房，每周的总收益由大约12,000美元一下子猛增到13,000美元以上，很快又达到将近16,000美元。麦高文非常务实，感叹道："上帝保佑金！"奥尼尔本人却喜忧参半；虽然他为票房的高歌猛进和班顿的狼狈失败而高兴，但当听说"错误的观众"现在都涌进了剧场去看他的这个戏，他感到心情沉重。他抱怨说："真有趣，那些卑鄙顽劣之徒，鸡蛋里挑骨头，他们会非常失望的，或者在想到具有两层意思的时候就会大笑。"

第一批被提交给这个特殊陪审团的剧本——一个不一样的陪审团，每个剧本都审查——有埃德温·贾斯特斯·迈耶（Edwin Justus Mayer）的《纵火者》（*The Firebrand*），一个关于本韦努托·切利尼（Benvenuto Cellini）的复杂喜剧；《知己知彼》和《榆树下的欲望》。3月13日，恰好是剧坛纯洁运动开始后的一个月，奥尼尔和霍华德的作品被一致裁决为不污秽，但是《纵火者》的陪审团建议阳台一场"应该缩减，这一场的高潮中有长时间的接吻"。威廉·A. 布雷迪称这些判决"滑稽可笑"，这立刻引起了公众的注意。他宣称，任何认为《榆树下的欲望》"无罪"的陪审团都应该给《一个好的坏女人》"颁发一枚奖章"，他还宣布他打算对该剧进行修订。几个月后，回想起布雷迪在审查运动中模棱两可的立场和对《榆树下的欲望》的攻击，当制作人想就艾格尼丝的《有罪的人》进行合同续签时，奥尼尔进行了干预；在奥尼尔的鼓励下（他感觉到这个有他一部分功劳的剧本有些不妥），艾格尼丝收回了她的剧本。

虽然最近和当局的冲突让他感到不快，奥尼尔还是将全身心都放在了《大神布朗》上，《榆树下的欲望》仿佛已经淡出了他“担忧的范围”。他这部于元月28日开始创作的剧本“非常复杂、微妙”，有时进展较慢，但创作仍有条不紊，3月25日创作完成。剧本创作即将完成时，他很是动情，完成剧本时“含着眼泪！根本不能控制自己”！他认为该剧“标志着迄今为止我的‘最高水平’”。第二天在写给乔治·吉恩·内森的信中，他将该剧描述为“一部毁灭性的、殉难性的新戏”。

正如他对内森所说，此剧是他最为主观的作品之一，更不用提他私下里流泪的事情了。的确，当你试图从奥尼尔的作品里寻找他的时候，一个重要的要找的地方就是《大神布朗》，尤其是在人物迪昂·安东尼的身上。“你并不软弱”，有人安慰迪昂说。“你生来眼睛里就有魔鬼，你很勇敢，敢于打量自身的黑暗——这让你感到害怕。”还有一次，迪昂向夜晚呼号：“我干吗不得不像个犯人似的蔑视一切、充满仇恨地生活在囚笼里呢？我是喜爱和平和友情的嘛。（他把双手交叉紧握并乞求地高举）我干吗生来就没有皮肤呢，啊，上帝，为了要接触和被接触，我不得不穿上盔甲呢？更确切地说，白胡子老头儿，我到底干吗要被生下来？”

《大神布朗》是一个奇怪、曲折的剧本，神秘而有诗性，有时候显得深奥、文笔优美，有时候显得无可救药地做作，最后故事的发展显得非常啰唆，让人很难理解，从而让人感觉有些恼火。在早期的几个剧本中，尤其是《毛猿》中，作者尝试使用了面具；在这部新戏中，为了保护自己或者和别人交往，剧中的人物总是不停地戴上和摘下面具。剧作家几乎用尽了所有有关面具的词汇，并用面具来表达人物分裂的人格，区分人物的私人自我和社会自我，以及把面具作为将一个人的性格转移到另一个人身上的手段。他对面具的使用更多应归因于弗洛伊德，而非埃斯库罗斯。他曾用修辞式的口吻问道：“对于人类行为因果关系的新心理分析，除了研究面具以及实践不戴面具之外，究竟目的何在？”

《大神布朗》1926年首演时，许多评论者表示迷惑和不解，剧作家写出了一部本应是一篇说明性的文章的剧本，而当剧本试图阐释某些东西的时候，一般说来它只是加重了大家的迷惑。他声称剧中人物的名字具有象征含义。迪昂·安东尼取自狄俄尼索斯（Dionysius，“创造性的、异教徒般地接受生活”）和圣·安东尼（受虐狂的、否定生命的基督教精神）两个人的名字——两种敌对的力量，当出现在一个人身上的时候，只能导致“相互的消耗”，个体在两个方面都遭受折磨。迪昂的妻子玛格丽特被想象为浮士德的妻子玛格丽特，“那个不朽的少女般的女人……对一切都懵懂无知”，但却使人类变成永恒。迪昂生活中的另一位女性虽然是一位妓女，实则是一位无畏的大地之母，安静、慈悲、具有本能的智慧；她名叫西比尔（Cybel），名字取自被希腊人和罗马人尊奉为“万神之祖母”的自然女神西布莉（Cybele）。第四个主要人物威廉·A. 布朗（William A. Brown）的名字具有讽刺意义，名字来自一个殉难的废奴主义者（“约翰·布朗的尸体在坟墓中慢慢朽烂”，等等）；他代表了“永远持续下去的”美国人生活中的那种贪得无厌、追求物质利益的精神。

在解释了剧中人物的名字后，奥尼尔继续说：“迪昂戴的潘（Pan）的面具……不仅是面具下这个极度敏感的画家-诗人免受这个世界伤害的防御机制，也是他作为一名艺术家性格的必须构成要素……迪昂内心的自我随着他放弃基督教而逐渐衰退，直到它分享了圣人的特点；而与此同时，外部潘的形象也被他与现实的抗争慢慢地变成了靡菲斯特费勒斯（Mephistopheles）。”

奥尼尔意识到他的解释像剧本本身一样复杂和令人费解，就总结说：“《大神布朗》是一个谜——这个谜任何一个男人和女人都可以感觉得到，但就是不明白，在地球上任何生命体身上，它作为事物的意义——或者事件的意义。”他向巴雷特·H. 克拉克更加简要地说明了同一问题：“在某种意义上，《大神布朗》是一个神秘剧，它讲的不是骗子和警察的故事，而是性格和生活的秘密。”

《大神布朗》是这位具有传记情结的剧作家一定会写的剧本，从根本上它是剧作家第二次这样做。排除剧中对面具的复杂使用，穿插其中的神秘主义，诗意的语言，《大神布朗》讲述了和他的第一部长剧《奶油面包》（*Bread and Butter*）相同的故事，因为两个剧本关注的都是失意的艺术家，被生活钉上了十字架，陷入了婚姻的牢笼，他们都通过主动赴死寻求慰藉。和以前的剧本相比，只是布朗更富有，更具想象力一些，而迪昂·安东尼比他的前任更加复杂、更加有趣一些罢了；但是，像奥尼尔的其他主人公一样，两个人和他们的作者都极为相似。在《救命草》中，虽然粗略，剧作家相当准确地把自己作为一位利己主义的年轻作家进行了呈现；在《难舍难分》中，他的探索更加深刻，把自己作为丈夫和恋人进行了揭示；如今，在《大神布朗》中，尽管迪昂的刻画有虚构性和模糊性，他对自己的揭示超过了以往。但是，这既不是剧作家的一幅完整肖像，又不是自吹自擂的自恋，因为艺术家与社会这对矛盾刺激了奥尼尔性格中尚未成熟的个性特点；他主要在浪漫化的自怨自怜和自我陶醉的自我戏剧化方面构建了迪昂这一人物。（那么，难怪想到剧作家认同于他剧中命运不济的主人公时，他剧本创作完成时总是潸然泪下。）

在剧本的绝大部分篇幅里，《大神布朗》都完全可以被人理解。当迪昂·安东尼意识到他只是一个二流的天才时（“我想成为一名艺术家或者一事无成”，初出茅庐的尤金·奥尼尔1914年这样说道），他就完全失去了生活的勇气；但在妻子的鼓励下——他们有三个孩子——他在他的老朋友比利·布朗手下找了一份工作，比利是一位平凡但卓有成绩的建筑师。他们之间的友谊并非一帆风顺，因为布朗妒忌对方的魅力和才华，他还相信自己爱上了迪昂的妻子。“不！”迪昂告诉他：“那仅仅是表象，不是事实！布朗爱我！……因为我总是拥有他为了爱情而需要的力量，因为我就是爱情！”

鉴于故事必须要进行某些修改，迪昂和布朗之间的关系很像奥尼尔兄弟之间的关系。但剧本的复杂性在于，虽然迪昂基本上是奥尼尔本人的自画像，他身上也包含了杰米的性格成分，其实他偶尔也代表了杰米；在这样的时刻，通常代表杰米的布朗就暂时变成了奥尼尔。例如：在迪昂·安东尼对情敌大发雷霆之后，西比尔说道："但你也喜欢他！我想，你们终归是兄弟。好吧，记住，他在付出代价，他要付出代价的——用一种方式或者另一种方式。"对此，迪昂回答说："我知道。可怜的比利！愿上帝宽恕我对他做过的罪恶之事！"（在生活中，杰米对奥尼尔做过"罪恶之事"，而不是相反——奥尼尔将在《进入黑夜的漫长旅程》令人不安的第四幕，当哥哥彻底展露自己不安的灵魂时，对这一主题进行探讨。）

迪昂因酗酒而渐渐走向死亡（和杰米一样），西比尔是他唯一的慰藉，他开玩笑地把她称作"神圣的老乌鸦"、"老脏货"和"多愁善感的老猪猡"。她是唯一接受迪昂真实自我的人，接受那个靡菲斯特费勒斯外表下的殉难的灵魂（她曾劝告他说："我难道没有告诉过你在房间里摘掉你的面具吗？"）；她一样摘掉了"冷酷的妓女"的面具，只向他一个人露出了她的真实面目——不屈不挠的，富有同情心的大地之母。他们达到了很深的相互理解，没有人能够打扰，甚至布朗也不例外；布朗渴望得到迪昂拥有的一切，就买了西比尔做情人，但他不可能真正地拥有她。剧情来到这里的时候，《大神布朗》就非常清晰了，然而当迪昂死去，布朗戴上对方的面具，代替他的位置和玛格丽特在一起时，剧本就带上了浓重的玄学意味，又变得非常晦涩难懂了。

尽管结尾神秘莫测，剧中有些地方含义模糊，《大神布朗》却是一个能透露作者很多信息的传记，尤其是迪昂对西比尔的依赖，这和他作为丈夫和父亲的态度构成了鲜明的对比。尽管他坦言非常爱自己的妻子，但与他和西比尔的关系相比——迪昂·安东尼的这一情况体现了奥尼尔身上的一个重要事实，那就是，他需要一位"母亲"——比较起来，他对妻子感情就不那么热烈了。这要追溯到奥尼尔不安的童年，当时他感到他被吸毒的母亲疏远了，他常常从萨拉·桑迪身上获得荫庇，她是奥尼尔家的女佣，事实上几乎给奥尼尔扮演了母亲的角色。长大成人后的奥尼尔希望能有另一个萨拉·桑迪保护他免受这个世界的伤害。1914年，他在新伦敦向18岁的比阿特丽斯·阿希（Beatrice Ashe）求婚时——他当时26岁——就常常把她称作“母亲”。他在一封信中说：“我有玩累的孩子跑向母亲的冲动，将头埋在她的胸部抽泣，根本不需要任何原因。做我的母亲吧！让我把头伏在属于我的地方，哭泣着倾诉所有的忧伤，我的灵魂母亲。”因为剧作家的脑海里常常萦绕着一个强壮的母亲形象，他不仅在西比尔身上而且在后来的《月照不幸人》中一个大块头的乡下姑娘身上都创造了这一形象。还有，在《奇异的插曲》中，他让尼娜·利兹说：“错误始于上帝被创造成一个男人的形象。当然，女人会把上帝视作男人，但男人们应当具有足够的教养，当他们想起自己的母亲时会把上帝变成女人！”

《大神布朗》的故事部分是受到了奥尼尔新伦敦的朋友爱德华·基夫经历的启发，他是一位在纽约学习艺术的学生，然后他放弃了艺术学习，回到了家乡从事了建筑业。（在最早的版本中，迪昂·安东尼的名字叫斯坦利·基思。）最初，基夫为一位建筑师工作，而后者唯一的资本就是他在政界有关系，可以拿到政府大楼的设计委托——这种情况与迪昂和布朗的职业关系具有对应性。

该剧的另一个来源好像是艾格尼丝几年前写给丈夫的一封信。她在信中说：“我昨晚做了一个可怕的梦。好像你没有信守（不饮酒的）诺言——你回到了家里——天哪，样子真吓人——更糟糕的是，你仿佛变成了我从来不认识的人，一个和我毫无关系的人。我看着你——心中涌起无限的痛苦——心想——‘这不是金。他在哪里？’我好像突然意识到，在我的生命中再也没能拥有你——或者，你不是你——滑稽！哦，我说不出来有多么吓人！”在《大神布朗》中，当丈夫取下面具时，玛格丽特根本没有认出来是自己的丈夫（“你是谁？你为什么喊我的名字？”），当他坚持要让她看看他的真实面目的时候，她很恐惧：“迪昂！不要这样！我受不了啦！你像个鬼！你要死啦！啊，我的上帝！救命啊！”

基夫的故事，艾格尼丝的梦（尤金告诉她，她是玛格丽特的原型），剧作家对面具的着迷，他读过的东西，尤其是尼采的作品（永无止境地出现），弗洛伊德的作品，还有王尔德（Wilde）的《道林·格雷的画像》（*The Picture of Dorian Gray*）都给年轻的奥尼尔留下了难以磨灭的印象——这些都变成了《大神布朗》的创作源泉。但从根本上说，该剧根植于作者本人的经历和对自身的看法。剧中最感人的一幕是，迪昂想起了父亲："我们都感到对方简直是个陌生人！他咽了气躺着那里，他的脸看上去这么熟悉，我拿不准以前在哪儿见到过这个人。只是在我形成胎儿的那一刹那。从那以后，我们怀着隐蔽的羞耻心，越来越互相敌视了。至于我的母亲嘛，我记得她是个可爱而奇怪的姑娘，眼睛里流露出温柔而迷惑的神情，好像她不知道什么缘故被上帝锁在一间黑暗的密室里。我是她的丈夫，我们的妖魔，允许她有的唯一的玩具娃娃，她跟我在那所房子里扮演了许多年母子，直到最后我含着两滴眼泪看她脸带腼腆的骄傲死去，尽管她的衣服比以前长，头发也已经往上梳成成年妇女的式样。"

如果《大神布朗》时而受到了好评，享受到应有的殊荣，例如剧中迪昂对父母的哀悼和纪念，时而它也不被人待见，俨然成了那个粗俗的词语所说的"坏孩子潘"，这实则是迪昂"自我描述"的一个特点。鉴于这个剧本这样或者那样的问题——参差不齐的语言把控，牵强附会的象征手段，对于心理的强调，剧本最后的朦胧之感——总之，大家认为该剧是失败的；但是，虽然如此，这个剧本在很大程度上还是引人入胜的。部分功劳应归功于奥尼尔对戏剧的形象感知，但是答案的关键也许能在斯塔克·扬对他整体创作的评述中找到："我们之所以被感动，是因为剧作家对素材的处理做出了牺牲。"

直到奥尼尔的晚年，《大神布朗》都一直是奥尼尔感到满意的作品。奥尼尔为1942年版的作品集《这是我的佳作》（*This Is My Best*）选了《大神布朗》的一部分，很多作家都为该书选择了自己的一部分作品。奥尼尔选的是该剧的第一幕第三场迪昂和西比尔第一次相见的情景。他说："我仍然认为该剧是我写过的最有趣最打动人的剧本之一。当然了，它有自己的缺点，但对我来说，它至少成功地传达了我对生活的神秘悲剧的看法……我想，这是对一部剧本是否是真正意义上的剧本的真正检验，不管它的结构、人物刻画、对话、情节、社会意义等等如何成功。”

几年后，他说：“在我写过的所有剧本中，我最喜欢《大神布朗》。我爱这个剧本！”他的评论——结合对该剧的研究——正像被记载下来的他的言论那样，可能在本质上它讲述了奥尼尔自己的故事。

# 第九章　迪昂·安东尼的道路

“气候棒极了”，奥尼尔说。“根本没有什么有趣的事情可做，德国的瓶装啤酒和英国的瓶装麦芽酒都很好。游泳很是惬意。如果你希望喜欢我上述所做的一切。对于我来说，这是一个很不错的冬季的去处。和过去很多年在北方同样的季节相比，我已经完成了更多的工作。新英格兰连续多个冬天的严霜和烈性苹果酒现在渐渐淡出了我的生活。”

和在此期间写给他人的信相似，他在1925年3月26日写给乔治·吉恩·内森的信中说道，在这个几乎与外界隔绝的地方，除了工作、游泳和放松，他什么也不做。可是，在创作《大神布朗》时，他的社交生活却非常活跃，诸如在海滩上野炊，邀请客人来家吃饭或喝茶，与友人外出就餐和在海上游玩；还有几次，在巴布尔夫人和她姐姐的鼓励下，他说服了自己去参加了在一家旅馆举行的舞会。有陌生人在场时，他多多少少会感到拘谨，他缺乏和别人闲聊的能力，但受到了百慕大悠闲的户外生活的激励，他部分地和试探性地打破了自己不主动与人交往的习惯。

一位新结识的人引起了他的兴趣——他发现她“长得非常迷人”——她就是来自纽约的奥尔加·柯林森（Olga Collinson）夫人。虽然她是普罗文斯敦剧团苏珊·詹金斯、菲茨和其他人的朋友，但直到在百慕大她主动和奥尼尔夫妇接触，奥尼尔夫妇从来还没有见过她。她的眼睛（由于甲状腺的原因）格外抢眼，而且眼睛表达的感情热烈，这给奥尼尔夫妇留下了深刻的印象，觉得她富有激情；在创作《奇异的插曲》时，他就在尼娜·利兹（她的眼睛“大得出奇，美丽而迷人”）身上借用了奥尔加的主要特点，而爱丽丝·卡斯伯特（Alice Cuthbert）则成为尼娜总的特点的主要原型：“高高的个头，宽厚的肩膀，结识的窄臀和线条优美的长腿——出色的运动型女孩，游泳健将、网球手、高尔夫手。她那金色的短发裹着晒成古铜色的脸蛋。”

奥尼尔喜欢博览群书，当时他恰好在读弗洛伊德的书。[他认为《集体心理学及对自我的分析》（*Group Psychology and the Analysis of the Ego*）这本书“非常有趣”，《超越快乐原则》（*Beyond the Pleasure Principle*）“有趣，但写得或者翻译得枯燥”。] 他听好几个人说他们怀疑《榆树下的欲望》中的某些东西是不是应该有弗洛伊德的一份功劳。奥尼尔对这一问题非常反感，他对其中一人是这样回答的：“剧作家要么凭本能就是热情的心理分析者，要么他们就不是好的剧作家。我想成为这样的一位剧作家。对我来说，弗洛伊德只是意味着对人类情感过去真相的不确定猜测和解释，自从戏剧诞生以来，每一个剧作家都能清楚地感觉到这些东西。我想，这回答了你的问题。不管《榆树下的欲望》中有什么所谓的弗洛伊德式的东西，它们都是来自‘我的无意识’。”他给一位朋友的解释则更直截了当：“弗洛伊德的善男信女们（对《榆树下的欲望》）都很自以为是，在我最简明不过的语句中读到了令人吃惊的情结后，就声称这些东西是他们的。那好吧，有些人对《琼斯皇》也持这样的态度。他们顽固不化！”

与他公开表明的对弗洛伊德的保留态度形成对比的是——这是他极力抗议的一个例子——他却对尼采情有独钟，他最初接触到尼采的作品是在普林斯顿（Princeton, N. J.）读书时；在“坎普溪”居住时，他又认真研读了这位哲学家的《乐观的智慧》（*Joyful Wisdom*，“特棒的东西”）和《悲剧的诞生》（*The Birth of Tragedy*，“迄今对戏剧最有启示意义一本书！”）。他读得很痴迷。奥尼尔家的一位常客说，当他“全神贯注读书时，需要好大一会儿他才能回过神来”。

四月，奥尼尔家里来了两位客人，首先是奥尼尔的大儿子复活节学校放假，来这里住了一周，接下来是吉米·莱特。小尤金来看爸爸那段时间，起先在尖顶山，现在在百慕大，是奥尼尔一生中创作状态最好的时间，这种状态他盼了好几个月了。儿子如今快15岁了，个子高高的。奥尼尔陪着他去了汉密尔顿，给他买了几件英国造的花呢衣服。还有一天，他们租了一条帆船，一帮子人——艾格尼丝、小尤金、巴布尔夫人、爱丽丝和杰克·皮尔斯（Jack Pierce），杰克刚从普林斯顿大学毕业，正在追求爱丽丝，后来他们结了婚——去离萨默塞特（Somerset）还有一定距离的一座岛上野炊。

奥尼尔自从元月初就再也没有喝过酒，但他在野炊时喝了麦芽酒，这成了他另一轮毫无障碍的狂欢的起点；在1925年剩下的时间里，他其实多多少少地都在酒的影响下，很大一部分时间都在遭受着酒后的折磨。有人猜测，小尤金的来访和艾格尼丝的怀孕可能是奥尼尔此次得以释放的最主要因素，因为他身上尚不成熟的迪昂·安东尼的那一面对这两者都不喜欢。

尽管奥尼尔喜欢小尤金，从根本上说，他对这个年轻人的态度是一位有良心的人的态度，带着负疚的感情来行使父亲的义务，而不是一位真正的父亲。有迹象表明，他对这一义务感到不满。例如在《毛猿》中，剧作家让一位司炉工说：“詹金斯——大副——他是一头该死的猪猡！”这个剧本是在凯瑟琳·詹金斯关于抚养孩子的事情找她的前夫之后不久写的。如果大副的名字只是巧合，那么这种巧合就促成了《救命草》中的那位脾气暴躁的老妇人，她的姓氏和剧作家新英格兰偏执的表兄弟姊妹的姓氏相同。

艾格尼丝并不知道，在她当初怀沙恩时，奥尼尔也有长时间的狂欢，这一事实很重要。他在《格伦凯恩号》在普罗文斯敦上演后说，这些海洋剧

“因没有稳定的家和不负责任”而让他“想家”，让他感到遗憾的是，他也曾“喜欢写剧本，结婚同房，生养孩子……”

四月中旬，吉米·莱特就普罗文斯敦剧院的事来向他寻求帮助，奥尼尔仍在喝酒，主要是啤酒和麦芽酒。剧院的演出季不景气，财政状况更加糟糕——欠了35,000美元的债务，格林尼治村剧院的赤字是3,000美元。普罗文斯敦剧院赤字最大，不仅因为剧场的座位少，就是演出成功这也限制了盈利的数额，还因为排练了八部戏，而格林尼治村才排了三部。莱特担心执政三人会放弃普罗文斯敦剧院。

有一个演出季，普罗文斯敦剧院没有像想象的那样追求“实验性”，剧院曾三次请求奥尼尔重演过去的剧目（《格伦凯恩号》《琼斯皇》和《与众不同》）。当剧院想尝试冒险上演一些剧目时——埃德蒙·威尔森的《惠斯勒房间里的罪行》，哈森克莱沃（Hasenclever）的《超越》——结果并不如人意。说到迎合观众的品位，剧院曾在吉尔伯特（William S. Gilbert）与沙利文（Arthur Sullivan）短报式的剧本《耐心》（*Patience*）上做得非常好——之所以说是“短报式”，是因为那个小小的舞台上只能容纳九个“害相思病的少女”而不是标准的二十个。

奥尼尔给麦高文写信说：“我希望我们有更加确切的证据证明普罗文斯敦剧院进行了一些有记录的有趣的试验……如果没有，和普罗文斯敦剧院捆绑在一起有什么好处呢？”还有一次，他称赞《大神布朗》是“很好的剧本，比我以前曾写的任何剧本都更深刻、更有诗意，但你要等到读后才知道”！在接下来的演出季，《大神布朗》将被交付给格林尼治村剧院演出，他提到了出演西比尔和玛格丽特的几个可能的女演员人选，然后接着说：“但男主角呢？男主角呢？”

最后他总结说，只有约翰·巴里摩尔能理解迪昂·安东尼一角所有的可能性，他在1923—1924年演出季因扮演哈姆雷特而被公认为美国最优秀的年轻演员。奥尼尔给他写信说：“阁下扮演的哈姆雷特是我知道的戏剧舞台上最出色的形象——对我来说，是一次富有启示的体验！看到这样的成绩，对剧坛的失望情绪也一扫而空。我非常激动。当一个人在努力打造自己时，不管他的方法如何谦卑，再没有比看到真正活的、会呼吸的艺术更令人振奋了。剧作家对此没有不感到振奋的理由。如果他感到振奋，一切皆有可能。”

巴里摩尔接受布朗一角的可能性不大，因为他已是电影界的大腕。奥尼尔一直相信“成明星”意味着什么，就给正在好莱坞的巴里摩尔发了一封电报：“我冒昧把我的新作《大神布朗》发给您，希望您有兴趣。前半部的迪昂和剧本其他部分的布朗应由同一演员扮演，而能胜任的只有您。我真诚地希望这部与众不同且力量强大的剧本能够让您考虑这一请求，希望此举没给您带来不便。”巴里摩尔回复说，他想读一下剧本，但后来回绝了演出。（直到20年后，他才重新回到舞台上，此时由于饮酒和其他方面的减退，他不过是他以前的躯壳而已，他几乎从来没有清醒过，在一些廉价的闹剧中扮演小丑的角色占据了他的私生活。）

因为艾格尼丝的缘故，奥尼尔四月份把全家搬到了南科特（Southcote），一座很大的老房子，在岸上离“坎普溪”和“乌鸦巢”大概半英里的路程；尽管这两座房子绝大部分时间都还可以，但天凉的时候住着就不太舒服，屋顶还漏雨。艾格尼丝原打算去医院分娩，如今却决定在南科特生孩子。有一次她让奥尼尔吻她道早安，他照做了，还说了一些他们已是“老夫老妻，都有孩子了”之类的话，听起来非常像迪昂·安东尼。

5月1日，他告诉麦高文说：“我们的双胞胎女儿随时就要出生了——但姑娘总是要让你等待，不是吗？——艾格尼丝越是镇静，我越是紧张。”他同时还挂念着《泉》，因为像阿瑟·霍普金斯一样同仁剧院也放弃了该剧。他开始把它看作是“一部有厄运的剧本”。他对肯尼思说：“在你和博比到达，以及我同时再把剧本阅读一遍之前，我不会对《泉》做任何工作。也许我会决定我自己演出或者出版该剧——用一个炉火旺盛的炉子！”

给麦高文的那封信是奥尼尔在过去的几个月中所写的为数不多的几封信之一，因为他饮酒太凶没有心思通信。一天，艾格尼丝这样在日记中写道：“他早餐前喝了三次威士忌，再加上‘隔夜的酒劲’，让他进入了一种愉悦的无所谓的状态。现在他在写一首诗——他有好几年没有写过诗了——耳朵后还插着一朵红色的芙蓉花。”但这种精神愉悦的时刻不常见；一般情况下他心情忧郁，或者因为酒劲而痛苦。有一次他冲艾格尼丝发火，她这样写道，他“对我痛苦地咆哮，因为七年过去了，我还不知道如何帮助他”！他悲凉的心境在此期间写的一些诗中有所流露，他无法集中注意力。下面这首诗很典型：

图密善（Domitian）的鬼魂（说）……
“你曾否记得
一个愚蠢的预言家告诉我
我将有被人背后捅刀之祸
于是我命人在每面墙上装上镜子
我看不到的人
如此则不能从后面接近我。
然而，”（他阴冷的目光变得警觉）
“有人真的
从背后捅了我一刀——
生活在镜子的世界真糟糕，”他说
“杀人凶手是——
谋杀者是——
那么——好吧——别介意
你证明我有罪”
然后他跳进了熊熊烈焰
以避开地狱的折磨！

显然，他即将写的下一个剧本《拉撒路笑了》（*Lazarus Laughed*）已经开始在他头脑中酝酿，因为他有一首诗是关于卡利古拉（Caligula）的，他是《圣经》中的主要人物，下面这首诗讲的就是拉撒路本人的故事：

我们感到多么疲倦！
思索很难连贯，
向着骷髅地攀登累人的山坡，
同您和两个盗贼约会；
他们在这里把我们都钉死在
问号的十字架上。
那个人在那边，
这个人在这边，
直把脑袋往岩石上撞，
我亦是如此
我们都是拉撒路
我们谴责您！

在另一首中，有一节具有自传的性质：

尼禄（Nero）对我说：
"哦，是的，我的母亲是一个好女人
我杀死她是因为——
（时间变得何等模糊不清！）——嗯，
因为她有一个疣在下巴上，
因为我是上帝！
难道你不认为有点贬低上帝？
居然有一个母亲？……"

这一节含义深刻，因为艾格尼丝下巴上也有一个疣。

对奥尼尔夫妇来说非常幸运的是，他们新结识的朋友中有一位是路易斯·E. 毕什（Louis E. Bisch）夫人，她以前是一位注册护士，丈夫是纽约的一位精神病医生。毕什夫人既有能力又热心，在艾格尼丝怀孕的最后日子一直陪护在身边，给她提供一些力所能及的帮助，同时她给奥尼尔提供了一些三聚乙醛，帮了睡眠不太好的奥尼尔不少忙。迄今为止，艾格尼丝并没有感到太多的不适，5月31日，她感觉很好，就和奥尼尔一路从南科特走到了海边，奥尼尔在海里游了一个泳清醒了一下头脑。第二天一早，经历了短暂的生产痛苦之后，在医生到达后仅仅20分钟，她就生下了一个漂亮的女儿，黑色的头发，大大的黑色眼睛斜盯着上方，长相迷人，略有东方的特点。从稍早埃德蒙·T. 奎恩在作家詹姆斯·斯蒂芬斯（James Stephens）的协助下提供的一串爱尔兰名字中，给孩子取名乌娜（Oona），因为她的父母“喜欢这个名字和奥尼尔放在一起的读音”。

奥尼尔通常不认为幼儿长得好看，但他对乌娜却非常喜欢，据艾格尼丝说，乌娜“是他唯一（长相）非常喜欢的孩子”。至于艾格尼丝，她很爱这个孩子，想到克拉克夫人对沙恩几乎是占有式的态度和两人间亲密的——非常亲密，她认为——关系，她发誓：这个孩子一定要是我的！

“是个女孩”，奥尼尔给麦高文发电报说。“上帝是仁慈的。有迹象表明，将会是马球场的首席女广播员。预示着将来伟大歌剧的出现。艾格尼丝和孩子一切都好。”而他却不是“一切都好”，因为在发了很多电报后，他又开始饮酒了。仿佛《大神布朗》的创作让他进入了某种不能自已的状态，模仿虚构作品的生活状态，走上了见了酒不要命的迪昂·安东尼的自我毁灭之路。

艾格尼丝对他的感情在同情和憎恨之间游移不定，他的酗酒在艾格尼丝喜得乌娜的感情上蒙上了一层阴影。一天晚上，他又一次喝多了，并且旧话重提，提及了他和艾格尼丝之间关于费恩·马克·库尔的一次争吵，艾格尼丝以泪洗面。他坚持让猎狼犬进入房间，并且说“狗身上的跳蚤不会伤害任何人”。艾格尼丝所能记得的是，如果“有‘重要’的事情”，他会下定决心不喝酒，例如麦高文和琼斯不久之后的来访，但他却没有为了她和孩子而做出过同样的努力。

五月底，在喝了将近两个月的酒后，奥尼尔逐渐减少了喝酒，目的是当路易斯·毕什先生和妻子来访时他可以保持清醒；奥尼尔希望能够从这位精神科医生那里获得帮助和建议。两位男士相处很好，毕什多半是出于讨好，给剧作家留下的印象很好。毕什精力旺盛、抱负远大，他创作了一部心理剧《情结》（*The Complex*），在他动身来百慕大之前，该剧在百老汇上演了不长时间；在接下来的几年，他又写了一个剧本、无数的文章和一些书。他的一本非小说类畅销书，其受欢迎的原因从其标题就可以看得出来：《很高兴你是神经病》（*Be Glad You're Neurotic*）。

为了给酗酒找一个借口，奥尼尔告诉这位精神科医生说，在写完一部剧本后他总感到情绪低沉，这种情况并不像他想象的那样发生过。而这一次却是千真万确——后来他情绪低沉——艾格尼丝的怀孕是他最近狂欢的重要原因。毕什短暂地停留后要离开了，奥尼尔感到很遗憾，他说回到纽约后他要进一步咨询他。

6月6日，麦高文和琼斯过来了，他们发现奥尼尔兴致很高，看起来很健康，急切地想让他们读一读他的《大神布朗》；该剧给两人留下了“深刻的印象”。由于百老汇没有谁对《泉》感兴趣，奥尼尔决定把该剧也交给格林尼治村剧院演出。整整一周，这三位谈论的都是戏剧演出的事情，回顾刚刚结束的演出季，策划着下一个演出季，最重要的决定是他们要把主要的活动都放在格林尼治村。经过新的调整，普罗文斯敦剧团由吉米·莱特担任艺术指导，菲茨担任业务经理，但最终的权力仍掌握在执政三人手中。

两个朋友离开后，奥尼尔的情绪再次陷入低落。他感到心烦、紧张，但他极力抑制住饮酒的欲望，希望换换环境的计划会让他重新提起精神。他认为，尖顶山因为乌娜的缘故显得“过于原始”，他和艾格尼丝决定去楠塔基特度夏。奥尼尔一家人于7月1日到达纽约，奥尼尔在拉斐特酒店（LaFayette Hotel）入住的当天就去了毕什医生的办公室，为他的神经问题寻求治疗方法。一周后，艾格尼丝、克拉克夫人和孩子们动身去了楠塔基特，留下奥尼尔一个人去看毕什医生和处理剧场的事务。

毕什医生对他的治疗并不是精神病学的治疗，而是药物治疗——主要使用了镇静剂——但他对心理分析颇为好奇，就询问他精神分析在他身上有可能产生的效果。奥尼尔两位见过毕什医生的朋友（毕什后来记不起他们的名字了）私下告诉他，他们担心精神分析会伤害甚至毁了身为剧作家的奥尼尔。毕什对此却有不同意见，他认为："这会让他更加自由。我警告他们说，分析奥尼尔将会不太容易，因为他的自我很强。我告诉他们，绝大部分非常害羞的人自我都很强；他们对自己的力量很自信，但却担心别人意识不到他们的力量。我觉得对此进行分析会对他有所帮助；我说这有可能会增强，而不是会压制他的天赋。"（几个月后，奥尼尔咨询了一位精神科医生，与毕什不同，他认为长时间的精神分析有可能会对奥尼尔的创造力产生不利的影响。）

奥尼尔有一次和戴维·贝拉斯科在一起待了一下午，他发现"这位老东家回忆过去时啰唆冗长，而谈到目前的一些实际问题时又非常尖刻直接"。尽管奥尼尔没有从他那里获得《马可百万》上演的确凿日期，还是为贝拉斯科对剧本的热情所感动。还有一次，和沃尔特·休斯顿一起吃过饭后，奥尼尔惊喜地发觉他很有演员的天赋，奥尼尔就同意了博比·琼斯让休斯顿在《泉》中尝试出演庞塞·德莱昂一角的建议。同仁剧院推出的萧伯纳的《恺撒和克利奥帕特拉》剧作中与海伦·海斯搭戏的莱昂内尔·阿特韦尔（Lionel Atwell）表现不俗，也是这一角色的重要人选，只是他现在"狮子大张口，胡乱要价，把自己当成了欧文、曼斯菲尔德和巴里摩尔——简而言之，把别人当成了傻瓜"。

在信中给艾格尼丝讲了一些演出的消息后，奥尼尔在信的结尾写道："我非常孤独！我在（旅馆的）房间里度过的每一秒都很孤独，我想你想得发了狂——躺下来我还想念乌娜。我真的喜欢她！从来没有想到我会有一个孩子！我爱你……绝非用语言所能形容！"

一般情况下，奥尼尔虽然不喜欢接受采访，但为了对格林尼治村的两个剧场即将到来的演出季进行宣传，他还是和蔼可亲地接受了《纽约世界报》一位女记者无所不包的拷问。奥尼尔给她留下的印象不像“有些人所说的那样是一个孤僻、寡言和不容易接近的人”。7月19日，弗洛拉·梅里尔（Flora Merrill）报道说，他是“一位有生气、容易接近和有趣的谈话者”。她突然满怀激情地补充说：“乌娜将会发现他是一位理想的玩伴。”

当天格林尼治村剧院楼上的狭小办公室里热得令人窒息；第七大道上隆隆驶过的卡车的噪音常常淹没奥尼尔不高的声音；麦高文和其他人还时不时地进进出出；但他的镇静和沉着没有受到任何干扰。梅里尔小姐想起了他父亲在《基督山伯爵》和其他一些“出色叫座的传统独幕剧”中的声望，想知道为什么他的戏剧创作却如此不同。“我认为”，他缓慢地回答道（其实他说话速度总是很慢，每一个词都说得很重，仿佛这些词就是陷阱，他必须小心选择路线一般）：“如果大家罔顾心理分析师的观点而接受了我剧中的歌曲与舞蹈，很自然把我的剧本和传统剧本相提并论，把该剧和我父亲联系在了一起，那么我就应该反叛，选择一条新的路线。”他突然咧嘴笑了笑，接着说道：“但我认为在某个时候将《基督山伯爵》重新搬上舞台将会非常有趣，我回忆了一下所有过去的传奇独幕剧，这部是最好的。”

像通常一样，他还被问到了他的人生哲学问题。他说出了他的一个基本观点：“生活的悲剧在于那些使生活具有意义的东西。我想，任何值得生活的生活在于为实现梦想而付出的努力，梦想越高远，就越难以实现。毫无疑问，我们大家都必须有自己的梦想。如果一个人没有梦想，他就等于死了——他死了。唯一的成功存在于失败之中。任何有大梦想的人必定是一个失败者，必须承认梦想是使人活下去的一个条件。如果他曾有一瞬间认为他成功了，那么他就完了。他就此止步不前。”

梅里尔小姐对他的容貌印象深刻，奥尼尔“极力逃避被当作名人”，对此她感到很是惊讶。奥尼尔如今36岁了，长相非常潇洒，瘦高个，瘦削的脸庞由于百慕大的阳光而显出红褐色；但首先是他的那双眼睛——又大又黑，目光深邃——两鬓的黑发已显露出斑白，而眼睛也相对显得更加有神。绝大部分作家长得都跟别人差不多；他们可能长得像银行家、管道工，或者从事其他平凡职业的人，而从奥尼尔身上只能看出他自己：一个感情郁积于内心的人，感情诚挚而强烈。

为《泉》和《大神布朗》寻找合适的演员的困难成了他的思想包袱，因为当问及剧场状况如何的时候，他回答说："在演出方面舞台已经做到了极致，戏剧创作进展也非常顺利，但如果你漏掉了一个对所有规则都例外的人，则在演出方面毫无进展，因为这个人是真正的天才，他就是约翰·巴里摩尔（有意的恭维，因为巴里摩尔没有拒绝《大神布朗》）。我对这个国家的表演事业有强烈的感觉，依我看，除非演员跟得上，否则表演不可能有太大的发展。"

在听说哈莱姆的斯莫尔天堂（Small's Paradise）、康妮客栈（Connie's Inn）和棉花俱乐部（Cotton Club）等地方的夜生活很热闹后，奥尼尔就和保罗·罗伯逊去逛了一圈，到了晚上戒酒的事情就搁置在了一边。但这一次奥尼尔可能是身不由己，《琼斯皇》和《上帝的儿女都有翅膀》的作者在场的消息一传出，大家便蜂拥而至向他敬酒。接下来的几天，在旅馆、表兄菲利普·谢里丹的寓所，以及华盛顿广场的非法酒吧里，奥尼尔都喝得醉意朦胧；他在华盛顿广场的非法酒吧里碰到了他的老朋友比尔·克拉克（Bill Clark），那个曾经的马戏团的莽汉，号称"飞人沃洛"，他现在的工作是给观光大巴招揽客源。奥尼尔想清醒清醒，就在位于纽约布鲁斯特的麦高文的家里住了几天。（"在他家，我肯定看起来糟糕极了"，他后来给他们写信说。"这对任何一个保持清醒的家庭来说都是不受欢迎的。"）当他回到纽约时，饮酒渐渐少了许多。7月27日，他观看了沃尔特·休斯顿对庞塞·德莱昂一角的试演——"不那么激动人心"，他认为——当天晚上就乘一艘小船去了楠塔基特。

刚到达时，奥尼尔除了有那种酒精引起的"抽搐"外，用艾格尼丝的话说，他还显得"奇怪，仿佛被使用了麻醉剂"。一直在服用毕什医生给他开的有助于睡眠的佛罗拿安眠药，但很显然在他身上并没有效果（有可能是因为他在吉米神父的酒吧试图自杀时就使用过这种安眠药），结果药力和睡眠不足使他显得虚弱无力。楠塔基特的食宿对他的精神无补，因为这座位于米尔大街5号的房子较小，又加之临近市中心，并没有什么隐私可言。到达的第二天，他就去了皇家海滩，因为想游泳，但是已经习惯了独处和百慕大海滩的他立刻就离开了。他说："这里不适合我，都是廉价的破玩意。"

他对《泉》剧进行了修订，虽然"对过去的东西提不起兴趣——有可能因为我真的想从事一些新的东西，可是我的良心迫使我把这个剧本又修订了一遍"。他告诉麦高文说，他"又找到了过去创作的感觉，因为游泳、划船和其他的活动，我的感觉和过去一样好"。不久之后，因为感到焦躁不安和紧张，他又开始了饮酒，八月的绝大部分时间他多多少少都感到身体不适。

新伦敦的爱德华·基夫顺道来看他，艾格尼丝告诉他，他"出去寻欢作乐去了，她不知道他在什么地方"。基夫是坐着朋友的纵帆船来楠塔基特的，他想方设法找到了奥尼尔，带他来到停泊在离岸还有一段距离的船上。基夫回忆说："过了一会儿，我的朋友们都上床睡觉了，金和我还在继续喝酒。我不知道他中了哪门子邪，他一度把自己的手表朝桅杆扔去，摔了个稀巴烂。（手表对奥尼尔来说具有不祥的含义：在新伦敦的一家酒吧，他曾把自己的手表往墙上扔；还有一次在里奇菲尔德喝酒时，他把手表扔进了屋外的雪中，手表直到后来雪融化了才被找到。）后来，我们两个上床睡了，但过了一段时间之后，一个水手喊醒了我，告诉我，我的朋友落水了。"

奥尼尔穿着衣服在水里胡乱扑腾，他被拖上了船，烤干了衣服，就上床睡了。一大早，那位水手再次把基夫叫醒，说"帆船旁边的一个小船上有位女士"——艾格尼丝最后找到了她的丈夫。基夫最后看到他们时，奥尼尔在船尾缩成一团，看起来筋疲力尽的艾格尼丝在划着船。

九月份，奥尼尔除了润色《泉》外，还为接下来的两个剧本《拉撒路笑了》和《奇异的插曲》写下了剧情说明。这让他感到"非常激动"，他一连给麦高文写了好几封信，询问至今仍没有确定演员阵容的两个剧本《大神布朗》和《泉》的情况。奥尼尔指责说，他自己的剧院不演他的剧本而花心思演更加逊色的剧本。他对肯尼思说，如果明年初还不能为《大神布朗》确定演员的话，“我情愿把剧本交给普罗文斯敦剧团上演……如果我们必须使用较差的演员阵容，还是让我们去那些不管怎样观众都愿意掏腰包的地方演吧。”

格林尼治村新的演出季以9月7日上演马克斯韦尔·安德森的《冷眼旁观》（*Outside Looking In*）为开端，奥尼尔却对此不太满意，他给麦高文提意见说：“只要你或者博比或者我想象一下我们在剧场想得到什么东西，该剧就没有任何意义。原因何在？难道我们没有能力推出更好的作品了吗？那么实话实说，或者放弃这个鬼东西，或者不再假装是什么新的、有深意的或者重要的东西……我们在普罗文斯敦剧团的第一个演出季比我们目前这个演出季整整早了十年！在我看来，我们这个剧院和纽约的另一座剧院没有什么两样。坦白地说，肯尼思，我对这个想法不感兴趣……不知怎的，我感到我们在走下坡路，已经变成了一个曾拥有光辉的过去的年轻剧场。”

菲茨想请他写一篇文章，以便在普罗文斯敦剧团开场演出的节目单上使用，奥尼尔的不满再次流露出来。他声称他写不出什么有创见的东西，并回应说：“我对剧场的信念，普罗文斯敦剧团或者其他剧场，有点陷入了困境。在对奇迹的看法中我显得格格不入……我没有归属感，明白吗？因为我不相信。”最后他对目前的表演现状和舞台的总体情况大发了一阵子雷霆，他坚持认为：“在对上乘的新戏进行有创建性的阐释方面不可能有真正的进步……除非我们在演员们身上……培养出新的品质……伟大的表演常常能使不好的剧本大放异彩，而一部好的作品如果表演拙劣就会显得扭曲变形——孩子成了一只不匀称、磕磕绊绊、丑陋的小鸭子，剧作家父亲一定会浑身颤抖着盯着它：‘剧院妈妈说你是我的孩子！我想她在过道里和一个演员干了什么见不得人的事了！’”……

“演员们难道要为剧院目前的状况而受到谴责吗？剧院给他们限定了比较容易实现的目标，即在艺术的道路上以痛苦的自我训练为代价，去扮演那些固定的角色。当然不会！如果演员们要受到谴责，那么我们和其他的剧院同样也应受到谴责。除了非常明显的他们天生适合扮演的角色外，我们给他们分派角色了吗？我们让他们尝试了吗？我们没有。在一个剧场和房地产经纪人的投机相差无几的时代，我们没有这样做的资本。一旦犯错，老板就会带着一纸逐客令过来了……他可以眼睁睁地看着莎士比亚在纽约美孚石油公司的汽油中被活活烧死，唯一的担心就是我们国家的标准石油储备在减少。答案何在？剧本，是我的孩子。我们大家都明白这一点——这是事实——那么我们为什么不身体力行并采取相应的措施呢？"

"最后我会抽着烟写一份言辞犀利的报告。关于表演，普罗文斯敦剧团打算如何做？这一次是不是打算改正那些致使其演出失败的弱点？剧院的未来在于演员。只有演员进步了，我们这些其他人——我是作为一个剧作家这样说的——除非用不妥之词，我们才会进步。我现在的人生格言是：'写出来，把它们丢掉！'我郁闷的直觉是，最好什么也不要去做——尤其是最美之事——而不愿冒哪怕再小不过的危险去做得很糟。对美的讨论少矣！"

他补充道："你们的行为是为了革命！"

这不是普罗文斯敦剧团所希望得到的那种回复，但剧社很想依仗他的威望，在经过认真修改后，使用了奥尼尔的这番感慨之词。有些语句的语气被弱化了一些，某些痛苦的直中要害的段落被删除了，奥尼尔的这封信出现在节目单上，标题是"演员是否应该担责？"。

十月份离开楠塔基特的时候，虽然全家其他人都直接回了纽约，奥尼尔在新伦敦停留了两天处理事务。这年稍早，多亏了《榆树下的欲望》演出的成功，他最终得以偿付财产公证所要求的费用和佣金。在新伦敦，他和律师进行了协商，还到处走动去看了他的各种财产，这些都是父亲终生追求安全感而最后留给他的东西。虽然基督山伯爵小屋不再是属于他的财产，他还是在佩科特大街325号停了下来，在这座灰色的旧房子前矗立了好久。房子已空置了多年，缺少粉刷和维修，门廊上方油漆斑驳的牌子上"基督山伯爵"几个字使房子看上去更加凄凉。总之，此次的印象正如他日记中所述："破旧、衰败——伤感。”

当晚，在约瑟夫·甘尼（Joseph Ganey）医生家举行的派对上，大家都喝得烂醉如泥，尤金喝得不少，第二天酒劲还没有下去；在动身回纽约之前，他还想喝更多的酒。他后来向阿特·麦金利开玩笑说，那天晚上“和你的哥哥汤姆、爱德华·基夫、斯科特·林斯利（Scott Linsley）、甘尼医生和其他堕落的家伙一起放荡狂欢”，但派对的结果却让人高兴不起来。奥尼尔重新见到家人的时候劳顿不堪，心情不好。担心他喝酒的艾格尼丝因为他喝了酒而责备了他几句，他立刻勃然大怒。接下来时断时续的争吵在他们位于里奇菲尔德的家里持续了好几天。他们都感到痛苦，同时也勾起了他们过去痛苦的回忆。有一阵子他认为离婚是唯一的解决办法。他心情不好，无法从事创作，就长时间地走路，可能既是为了锻炼，又是为了宣泄不悦的心情，有时候还会花好几个小时把树木砍倒。

他的心情最终平静下来，十月下旬，他开始创作《拉撒路笑了》。他文思泉涌，虽然其间抽时间参加了《泉》剧的排练并对其进行了进一步的修订，他用了三周时间就将第一稿完成了一半。由于没有找到合适的人选，他还是不太情愿地同意了让沃尔特·休斯顿出演庞塞·德莱昂。休斯顿也想演好该角，花了好几周时间和他的姐姐玛格丽特·卡林顿（Margaret Carrington）夫人一起排练这一角色。她是位令人振奋的声乐老师，巴里摩尔接受过她的训练，扮演过令人难忘的哈姆雷特一角。然而不幸的是，正如奥尼尔所担心的那样，休斯顿的努力还是付诸东流。因为尽管他成功扮演了其他一些角色，但他缺少王公贵族的优雅和气势；正如需要的是丝带绸衣，而他却是廉价的棉花绒布。

一天，剧作家在创作《泉》剧时抽时间面试了几位演员，其中有一位名叫利昂娜·贺加斯（Leona Hogarth）的应聘《大神布朗》中的角色。贺加斯小姐获得了玛格丽特一角。正如她30年后所记述的那样，她第一次和剧作家相见时的情景仍历历在目。“我一直演约翰·戈尔登（John Golden）的戏，他的戏还没有进入百老汇，”她说。“我突然接到个电话，让我来格林尼治村剧院见见奥尼尔。他在楼上的一个小房间里接见了我。我们俩坐在直背椅子上，膝盖都几乎靠在了一起。我非常想在奥尼尔的戏里扮演角色，所以我非常紧张。而奥尼尔先生也一时不知道该说什么，我们两个彼此互视着。”

“最后他开口说：‘你看起来并不像是一个演约翰·戈尔登剧本角色的演员（戈尔登擅长写喜剧和其他轻松的闹剧）。你在他的戏中干什么？’我回答说：‘我要吃饭，不是吗？’他马上笑了——虽然只是他的脸上有些细微的动作，但他的整个表情却显得情绪高涨。我不能确切描述出来，他的眼睛仿佛把我整个人都看透了，他仿佛在我的身上找寻什么东西。那好吧，我没有什么能够瞒得过他——我热爱戏剧，我知道我的兴趣所在，我也知道我有能力演好他让我演的角色——我就这样任凭他打量着我，我心里回答他说：‘是的，是的。’现在说起来那有可能没什么意义，但当时事实的确如此，我永远不会忘记当时的感觉。说不上来是喜欢还是反感——当时只有探索和接受这样的探索。他是一个与众不同的人，我很高兴有机会能够接触到他。”

《拉撒路笑了》的进展让他感到很满意，所以他见到贺加斯小姐时心情很好。但第二天在参加过《泉》的排练后他非常“不悦”，就和埃德蒙·威尔森及其妻子玛丽·布莱尔一道开怀畅饮，整整一晚上他们喝酒，聊天，倾诉对剧场的不满。两周后他日渐消瘦，感到了厌烦（里奇菲尔德对我来说不像一个家！无聊之极），他很快就又开始了酗酒，一直持续到十二月底。他即使不总是酩酊大醉，也几乎没有哪一天是完全清醒的。

“我喜欢他”，艾格尼丝的姐姐塞西尔（Cecil）说。“但金是一个与众不同的人——他会变得像一个魔鬼——当他喝醉的时候。”塞西尔有可能想起了她和丈夫爱德华·菲斯克（Edward Fiske）在奥尼尔的书房里和奥尼尔一起喝酒时，他从书桌的抽屉里拿出了一把手枪，用枪管瞄准。“看到那边墙上的东西了吗？我枪法神准，我可以用子弹把它打穿。”他突然把枪晃晃悠悠地对准了坐在离他几英尺外的塞西尔，对她说：“我可以击中你的眉心。”她和丈夫木呆呆地坐在那里好几秒，最后他把枪收了起来。

当由罗伯特·埃德蒙·琼斯担任舞台设计并执导的《泉》于12月1日在

格林尼治村剧院上演的时候，剧作家正在里奇菲尔德狂饮。第二天他预料到“演出结果肯定很糟糕”，拒绝看任何评论。正如他所料：一旦一两个评论家对他颇有微词，大众随之就会觉得他的剧本冗长，缺少戏剧性，不是充满诗意而是矫揉造作。对执政三人来说，这次失败代价很大；尽管琼斯想尽了办法在道具和服装上做到了节约，相对于花了4,000美元的《榆树下的欲望》，这个多幕剧的演出花了18,000美元。

1925年的最后几天，奥尼尔努力不再饮酒，他很想在排练《大神布朗》时助一臂之力，因为该剧用的演员对格林尼治村剧院来说都是新演员——罗伯特·基思（Robert Keith）出演迪昂·安东尼，威廉·哈里根（William Harrigan）出演布朗，安妮·休梅克（Anne Shoemaker）出演西比尔，贺加斯小姐出演玛格丽特。虽然“还有些醉意朦胧”，他仍然参加了较早的一次排练，一时满心欢喜，因为他觉得所有的主角都“很好”。在圣诞前夜的聚会上，他再次开怀畅饮，第二天身体感到极为不适，于是他就喝更多的酒来麻醉自己。后来，他告诫自己，为了剧本《大神布朗》，他必须“保持良好状态”，于是他就开始减量，到1925年的最后一天他就把酒戒了。

# 第十章　奥尼尔悔过

奥尼尔在戒酒后不久，在工作日记中写道："肯尼思安排我约见了汉密尔顿，这使我在绝望中看到了一丝希望。"

汉密尔顿医生的全名是吉尔伯特·V.汉密尔顿（Gilbert V. Hamilton），他是一位精神科医生，受一个科学研究机构的委托，调查已婚人士的性生活及其问题。在过去的一年多中，他通过系统询问的方式对100位丈夫和100位妻子进行了研究——并非是100对夫妇，因为有些情况下调查仅涉及丈夫或者妻子。虽然汉密尔顿调查的重点是被调查者性方面的问题，他问的问题实则涵盖了几乎所有重要的方面，诸如被调查者过去和现在的生活，因为他的研究"在某种程度上是要在成人身上找到童年的影响"。他认为："几乎从我们出生之日开始，国家、社会，还有与我们的生活密切相关的很多人（包括我们的父母）都不知不觉地合谋，让我们长大后变坏或者变得愚蠢。"

麦高文夫妇也是被调查的对象，肯尼思希望汉密尔顿能够在奥尼尔的酗酒问题以及他们夫妇间的矛盾方面提供一些帮助。所有被调查的对象在询问结束后都可以就他们自己的婚姻和其他个人问题进行一些合理的咨询，而且是免费的。

令他感到吃惊的是，汉密尔顿医生从一开始没费什么周折就凑够了调查所需的人数，几乎所有人都坦诚布公地就他们的私密问题和他进行了交流，这让他非常高兴；可是，这些人还不能代表一般大众，因为他们绝大部分都来自艺术圈，是职业人士。格林尼治村两个剧院的新闻发言人斯特拉·布洛克·哈诺（Stella Bloch Hanau）认为，这些受访者“彼此之间都有关联，大家几乎都彼此认识。第一拨参加者介绍来了他们的朋友，而后者又介绍来了其他人，以此类推。”

奥尼尔立刻就对汉密尔顿医生产生了好感，后者看起来像一位慈父，头发过早地白了，和哲学家约翰·杜威（John Dewey）有几分相像。汉密尔顿脾气随和，对受访者的询问也让人感到舒服、自然。他让受访者在一把经过改造并固定的进行精神分析治疗的椅子上坐下来，背对着他，每次安静地递给受访者一张问题卡，卡上写着一些能够反映个人性格的问题。受访者可以选择简单回答或者完整回答，中间不被打断。例如，一个受访者用大约两个小时快速回答完了所有问题——足足有三百多个问题，这是一次受访完成测试一般所需的时间；而另一个受访者却花了三十多个小时。绝大部分受访者需要大约八个小时。汉密尔顿医生既不评论受访者的回答，又不对他们的回答进行任何暗示，而是简单地把他们的话记录下来。他同时也会注意到在谈话过程中受访者任何的焦虑行为。他总结说，关于“性方面的自恋和同性恋”的问题“和女性比较起来更让男性感到不安”；另一方面，女性“在回答有关乱伦想象和乱伦冲动等方面的问题时在感性上更显得焦躁不安”。

1929年，这位精神科医生出版了《婚姻调查》（*A Research in Marriage*）一书，书中列举了这些问题，把对这些问题的回答用表格的形式进行了详细的分门别类，最后对他的发现进行了总结。[金赛性学报告（Kinsey Report）称汉密尔顿为这一领域的先驱，并把他的著作称为（性）研究领域为数不多的著作之一，该研究的科学性是建立在多多少少完整的病例史实基础之上的。] 由于书中并没有提及研究所涉人的名字，很难从列表中说出是哪一位给出了某一特定的答案——所有都是不可能的，但只有一个例外。这一项的调查涉及15个人，他们要回答的问题是关于父母间的摩擦，他们回答说责任主要在于母亲一方；有些人责备母亲好"教训人"或者"牢骚满腹"，她"精神紧张、情绪不稳"，而有一个人——毫无疑问是奥尼尔——回答说，他母亲"吸毒的习惯"是他们家庭不和的主要原因。

汉密尔顿非常敬重具有艺术天赋的人，他既希望对这位剧作家提供些帮助，又担心适得其反给其造成更多的伤害。他认为，具有天赋的人非常复杂，他们创作的天赋往往和他们的神经质之间有千丝万缕的联系，精神分析有可能对于作为平凡人的他们有好处，但同时对于作为艺术家的他们又会造成伤害。因此，他对待奥尼尔慎之又慎；可是奥尼尔非但没有因对方小心翼翼的态度而泄气，反而轻松地向这位热心、父亲般的医生敞开了心扉。

在仅仅六周的时间内，奥尼尔参加了这位精神科医生的性调查谈话，后来还向他进行了咨询；但这一次却奇迹般地成为了他人生中的一个重要转折点：他下定决心要戒酒。除了几次毫无关联的违规外，在其余的日子里奥尼尔一直很节制。毫无疑问，汉密尔顿在奥尼尔改过自新方面起了重要作用，但汉密尔顿所做贡献的实质和大小却很难定论。酗酒问题方面的权威人士通常认为，酗酒的人即使经过多年的治疗也少有通过心理分析能够治愈的，然而仅仅通过几周的治疗，奥尼尔就发誓要戒酒。

汉密尔顿医生判定他有俄狄浦斯情结（根据麦高文和吉米·莱特的说法），显然，他认为只要奥尼尔承认他喝酒自毁的根源在于他的俄狄浦斯冲动及随后产生的内疚感，他就能够改过自新。汉密尔顿当时是独自一人，可他确实有这种看法。"金开玩笑说"，吉米·莱特回忆："经过多次调查和询问，汉密尔顿发现金有这个情结的时候，'汉密尔顿所要做的'，金说，'是读一下我的剧本'。"

据艾格尼丝回忆，奥尼尔本人对汉密尔顿医生评价很高，但对于调查结果他却很失望，不知何故，他自己最终还是鼓足勇气要戒酒。麦高文多多少少赞同他的观点，认为“当要在写作和酗酒之间做出选择时，金放弃了酗酒。他知道他不能像上一年那样无止境地喝下去，写作对于他意味着一切。我认为，那就是我所期待的结果，比汉密尔顿告诉他的一切都重要。”

奥尼尔在研究项目中的参与和随后对汉密尔顿的咨询（他不恰当地称作是“分析”）使他开始了一场怀旧之旅，并撰写了两篇文章，在文中他总结了早几年的经历和家庭环境对他成长的影响。这两份资料的字迹又小又潦草，即使用放大镜也难以辨认；显然，除了他本人能辨认清楚外，他尽可能地使字迹难以看清，以防它们落到别人手里。

其中一篇文章中有一个示意图，大致勾勒了他从出生到青少年时期与父母和保姆萨拉·桑迪之间的关系。[这个示意图在《尤金·奥尼尔传（上）：戏剧之子》中也出现过。]他在此文中只有一次提到了饮酒：“在幼童期，孩子们由于惧怕黑暗而经常做噩梦，父亲就让他们喝兑了水的威士忌来抚慰他们的情绪。这种威士忌像是母亲对孩子的保护——是我英雄父亲的酒。”文章接着谈到“因为上学而对父亲产生厌恶和憎恨（上学意味着与母亲的分离）”，并且提到他的第一个天主教寄宿学校：“在那里认清了现实，又想逃离恐惧——过着一种虚幻的生活，又加上学校的宗教信仰——感觉无法融入现实。”

总的来说，示意图的语言是清晰的，除了“发现母亲的不足之处”，此处谨慎地暗指母亲试图投河自尽的那个新伦敦悲伤之夜，他最终得知母亲是个吗啡成瘾者，是在他出生时染上的。在《进入黑夜的漫长旅程》中，他通过其本人的写照埃德蒙之口说：“爸爸和杰米觉得无法再对我隐瞒事实后，杰米告诉我的。天啊，这件事让生活中的一切显得糟糕透顶！”

另一篇文章，仅有一页纸长，简要记录了他家庭成员的背景信息。整体来看，这两篇文章可以看作是他15年后创作《进入黑夜的漫长旅程》的序曲。

1926年最初的几周，不管奥尼尔走到哪里，他发现他对过去发生的一切无法释怀——和汉密尔顿医生的几次会面；他的主观性最强的作品之一《大神布朗》的排练现场；以及巴雷特·H. 克拉克想与他合作写一部他的传记和评论的专著。但是，据克拉克回忆："他们见面时，奥尼尔感到他对此还没有足够的信心。已经要写一本书了？他怀疑是否有必要如此个人化？他的经历是他个人的，难道不是吗？当然如果我坚持要写剧本的话，我有充足的材料，并且丝毫不会提及那个人（即他本人）？"

"不，我不能那样做。那个人是整体的一部分。长长的停顿——一丝苦笑。"

"对年轻剧作家的个人介绍已经逐渐登载出来，几个谎言和一些夸张的事例；许多传说的奇闻轶事也流传开来，并且一定会有更多的轶事传出。"

"又一丝苦笑。他必须面对形势。如果我不做这项工作，其他人也会做，所以我们最好马上厘清现实。很好，但是我们都不要太严肃了。如果必须要写一本书的话，那么我们要扫清一切障碍。他尽力提供帮助；他冷静地向我讲述了一些虚构的传说，但是他认为我最好通过别人了解一下他生活的概貌。当书稿完成后，他要看一看。他会告诉我那些我无法从别人那里打探到的情况……又一次停顿。事情就这样定了，在整个下午剩下的时间里，我们谈了《榆树下的欲望》和《泉》，普罗文斯敦剧团，来年的写作计划，以及后年的写作安排，但是我们谈的最多的还是《大神布朗》。在过去的一周里，我一直带着书稿，当他拿到它时，问我感觉怎么样……他专心地听我讲着。"

几个月后，奥尼尔在看完了克拉克的书稿后，回信说："不管怎么样——这自然不是你能想到的过错——第一部分的结尾是虚构的，有点不真实，那不是我。事实真相会创造一个更加有趣，更难以置信的传奇人物！这使我感到闷闷不乐。但是我对这件事不抱希望，除非将来有一天我有足够的兴趣和勇气来羞辱该死的自己！其他人即使写我的介绍，也会遇到麻烦，因为我认为目前还没人能完全了解哪怕我生活中的一个阶段，我的人生经历了迥异的很多阶段，其间环境发生了彻底变化，我结交了不同的朋友，等等。连我自己都写不好；因为当我想起一个场景或一段往事时，我自己都不敢确认那就是我本人，我看不懂他，也不敢认同他的所作所为就是我做过的（即使客观上我认可），虽然我的理智告诉我这个人确实是我本人。”

《大神布朗》最终在格林尼治村上演了，成本为4,000美元，由博比·琼斯执导。博比·琼斯同时还负责布景和服装的设计工作。虽然奥尼尔也定期去排练现场，但他像一个心事重重的父亲徘徊不定，从不与演员们交谈剧本和角色的问题，只是与琼斯窃窃私语。演员们都乐于接受他的批评意见，因为这个剧本深奥难懂，琼斯对他们几乎帮不上什么忙。安妮·休梅克回忆说，语气中带着不屑，他建议她读台词时要“像一艘船驶入港湾”（这是一个海洋意象，可能是奥尼尔的首创）。利昂娜·贺加斯也向导演抱怨说：“许多话语寓意深刻，意思晦涩难懂，演员们无法表演出来。最后一幕令人费解，琼斯越解释，我们越感到迷茫。我认为奥尼尔先生不会对最后一部分感到满意，因为我们在这一部分费时太多。”

1926年3月23日是星期六，所以这一天被确定为剧本的首演日；这样，剧评家就有足够的时间梳理他们对剧本的感受，并为周一的报纸写一些相关的评论，评论这个让他们有点费解的剧本。首演日当天晚些时候，奥尼尔和他的同事一致认为评论家需要更多的时间来处理剧本——他们需要剧本的文本材料。于是，打印剧本剩余部分的工作就匆匆开始了；一个副本被及时送到住在拉斐特酒店的奥尼尔手里，以便在最后的排练中他能把修改的部分补充进去。上演日当天，他全神贯注于修改，无暇顾及《大神布朗》的演出情况。

有的评论家虽然对剧本迷惑不解但还是对之饶有兴趣，还有的评论家对剧本完全不解，实际上，大家都发现当迪昂·安东尼死亡后，布朗戴着他的面具去充当死者的替身时，剧情变得令人费解。《纽约世界电讯报》的剧评家弗兰克·弗里兰（Frank Vreeland）道出了大家共同的心声，他认为剧本展示了作者“最超自然的一面，最神秘的一面，最好的一面和最坏的一面”。小理查德·沃茨（Richard Watts, Jr.）在《纽约先驱论坛报》（*New York Herald Tribune*）上写道，奥尼尔的剧本《大神布朗》“至少有一半内容是令人信服的，震撼人心的，富有想象力的”。他接着写道：“结尾是一个精彩有趣，让人半疯半狂的谜。”

在一则有利的评论中，剧作家多次被赞誉为“诗人”。《纽约太阳报》的评论家吉尔伯特·加布里埃尔说：“如果奥尼尔先生在满足他的欲望之后还在为了什么而写作的话，那便是为了子孙后代，而非为了名气。他在书中进行了大胆而不同寻常的实验。他身上的诗人气质和技术人员的娴熟技巧共同演绎，贯穿在十几个不同且有趣的场景中。”

《纽约时报》在几年时间里先后培养了一批评论家：伍尔科特是首席剧评家，言辞犀利，后来他供职于《纽约世界电讯报》；约翰·科尔宾（John Corbin）的剧评墨守成规；斯塔克·扬机敏的观点如今已成为《新共和杂志》的一大特色。现在，《纽约时报》雇用了新的剧评家——布鲁克斯·阿特金森，他把剧评视为一项长期的、卓越的事业。他是个学识渊博的新英格兰人，梭罗研究鸟类的门徒，最重要的是，他对戏剧满怀热情。在一个富有同情心的评论中，他说道：“奥尼尔先生所取得的成就显然比他还未竟的事情更重要。他未能让公众明白他的意思。但他通过舞台向我们展示了在任何一部现代戏剧中都有的色彩之美、真理的细微差别和强烈的情感……文风从意味深长迅速转变到辛辣讽刺；从抽象自然过渡到具体。（剧本）的隐含之义让我们深入了解到作者诚恳、多疑的头脑中存在着最残酷的种种不确定因素。无论清楚与否，《大神布朗》里有许多值得记忆的东西。”

当然，剧中的面具备受争议，剧评家对此各持己见。伍尔科特一派的评论家谴责这一做法（“对演员的风格限制过死，令人窒息”），斯塔克·扬一派的评论家针锋相对地反驳道：“当人物彼此见面时，他们的面具换来换去，快速清晰地说出自己的台词，这样做既方便又省时……他们说的是剧本没说或者可能要说的意思。”

奥尼尔本人对面具也不甚满意，他后来抱怨说：“它们仅表达了个人对事物的看法，但意义含混。这是谁的过错？谁都没有错。只因为没有足够的时间来看它们。也许剧本所期待的效果无法通过剧中对面具的组合使用来实现。”一年后，他对面具仍然不满意，他对一个朋友说：“我们既没有时间也没有资金对剧本进行试演，以确保上演之前一切完美无瑕——陈旧的故事阻碍了优秀作品在美国剧院的演出！当你明白我想用这些面具要表达的意思时——人物背后深奥的戏剧感染力——正如剧中所暗示的那种力量，你就会意识到那些面具是多么的不合适。它们仅暗示了人际关系中人物所表现出的无聊、虚伪、防御性的双重人格特征。”

尽管各家报纸对剧本的晦涩难懂众说纷纭，《大神布朗》还是在格林尼治村一举成名；一定有一些人不喜欢它，也有许多人认为它难以理解；然而，连续几个晚上，观众们仍沉浸在演出中。有一次，迪昂和西比尔在玩纸牌时，一条腿从沙发上掉下来，观众的唯一反应是倒吸了一口凉气，没有笑出声。在市中心的小剧场演了五个星期后，演出搬到了位于35街可以容纳500人的加里克剧院（Garrick Theater），一个月后，演出又搬到了时代广场可容纳800人的克劳剧院（Klaw Theater），收入总额达到193,000美元，其中剧作家本人净赚了10,000美元。

奥尼尔认为这次成功不仅证明自己随心创作的决定是正确的（这激励着他继续创作几乎不可能的《拉撒路笑了》和长剧《奇异的插曲》），而且还是对观众的最好献礼。1932年，他说：“当然，有一些误解。但这种误解总存在于人们所关注的新闻报道故事之外。然而，总体来说，评论家与观众对《大神布朗》是认可和赞赏的——演出现场的情形可以证明，现场观众如潮。”

“我强调这部剧的成功主要是因为这部戴面具的戏的主要价值是心理上的，神秘的和抽象的，它能在纽约上演八个月，在我看来，这似乎证明了它会在公众中引起强烈反响，这一点比现代剧院里上演的任何其他戏剧都更有意义，不管是上演过的还是未上演的。”

1926年2月底，奥尼尔返回到百慕大，在贝尔维尤安顿下来。这是一栋位于佩吉特教区的豪华气派的房子，房子的主体部分古朴典雅，有木雕装饰，楼梯蜿蜒通向宽阔的阳台，穿过一条长满高大雪松的狭长小路，可以远眺大海。在这片25英亩的土地上还矗立着几栋漂亮房子，还有棕榈林和松树林，周围长满海湾葡萄树的洁净的私人海滩——所有这一切每月只需花费150美元。“你一定要过来！”奥尼尔兴奋地对麦高文说：“一定要来！……有很多房间……这真的是我在这里见到的最好的房子。”

他离开纽约时，心情很复杂。现在，他享受着温暖的阳光，沐浴在大海的波浪里，他的身心很快恢复到了良好状态。他当时的心情在尼古拉斯·默里拍摄的电影里显而易见，默里是一位戏剧和服装摄影师，他三月初去了百慕大。电影里的奥尼尔简直和他一贯阴郁的形象判若两人：轻松自在，面带笑容，他用拳击袋手套逗弄着一只鹦鹉，迈着年轻运动员矫健的步伐在海滩小跑。最自由自在的画面是，他一头扎进水里，使劲划了几下，向远处游去。还有一次，他在镜头前把自己打扮成两栖动物，肩膀上披挂着水草拧成的绳子（当30年后艾格尼丝得悉他的死讯时，这样的画面再次闪现在她的脑海里）。

一家人刚把行李搬到贝尔维尤住处，奥尼尔就埋头创作《拉撒路笑了》。他时不时地向麦高文汇报剧本的进展情况：“《拉撒路笑了》越来越好。我仔细检查了已完成的部分，添加了许多新的更好的想法，这些想法主要和我的面具方案有关。剧本在整体上日渐完善。这些天我状态极佳。”……“《拉撒路笑了》越来越完美！……我几乎重写了剧本的前两场。比原来好十倍！”

他在写作中到底对剧本读了多少遍，尤其是他的历史剧，可以从他3月1日写给曼纽尔·科姆罗夫（Manuel Komroff）的信件中略知一二。科姆罗夫是利夫莱特出版社的一个编辑。奥尼尔心中盘算着《拉撒路笑了》和其他的写作计划，同时，他向科姆罗夫索要柏格森（Henri Bergson）的《笑声》（*Laughter*）和“你所知道的希腊作品及古代作品中任何有关笑的精神的书籍”；弗雷泽（James Frazer）的《金枝》（*The Golden Bough*）单行本和从整套书中选出的有关“对水崇拜的部分，不管是海水、河水、池水还是其他水”；穆勒（M. Müller）的《德国工作室碎片》（*Chips from a German Workshop*）和“任何描写古希腊早期哲学包括毕达哥拉斯哲学的优秀书籍”；

琼森（Ben Jonson）的《炼金术士》（*The Alchemist*）和乔治·摩尔（George Moore）的《凯里斯溪》（*The Brook Kerith*）。他问："有没有罗马帝国通史？如果有，我要用。我有费雷罗（Ferrero）编写的《罗马帝国的兴衰史》（*The Greatness and Decline of Rome*），苏埃托尼乌斯（Suetonius）的《人生》（*Lives*）和萨尔图斯（Edgar Saltus）的《伟大帝国》（*Imperial Purple*）。我特别急需自提比略以来的罗马通史。"

有一天，他向科姆罗夫借犹太法典（the Talmud）和古兰经（the Koran）的译本。他说："这些天，我按图索骥研究宗教，这个路线图将是我要写的某部作品的大背景。我已开始着手研究古希腊，我在大学里或预备学校里没有学过这些。如果三四年后，我能够阅读并欣赏原版的古希腊悲剧——里面的思想和含义——我就会找到一处伟大的心灵庇护所，当现代生活——和戏剧——让我无法容忍的时候，我会在那里得到安宁。"

尽管《大神布朗》的成名超出了所有人及奥尼尔的预期，但这一成功无法弥补三个剧本在格林尼治村演出的失败，主要是《泉》，仅上演了28场，一部罗斯丹（Rostand）剧本的英译本，只上演了16场。事实上，《大神布朗》是三个剧本在格林尼治村剧院演出的终结和奥尼尔团队在那里运营的结束。但最终他们还是希望能有一笔意外之财让他们能够继续演下去。

《大神布朗》在城市中心区上演后，奥尼尔就向同事们提议复排由路易斯·沃海姆主演的《毛猿》，沃海姆当时已是《光荣何价？》中的大明星。他也催促麦高文争取诺埃尔·科沃德（Noel Coward）的支持来提高《大神布朗》在伦敦的发行量。科沃德是个英国青年，他作为演员和剧作家在本演出季的百老汇剧场享有声誉。然而，他的愿望未能实现，更让他失望的是，贝拉斯科拒演《马可百万》，因为成本太高，风险太大。一家报纸报道说："除了大都会歌剧院的舞台，似乎没有适合演出《马可百万》的舞台——因为它们无法提供音乐支持。"

令奥尼尔的经济更惨的是，他未能按期拿到版税，这一点他一直十分不满。他对格林尼治村的商业经理亚历山大·麦凯格（Alexander McKaig）怀恨在心。4月28日，他向麦高文诉说了心中的愤懑："从3月6日那一周以来，再也没收到过《榆树下的欲望》的巡回演出的版税！我只收到过普罗文斯敦剧团《琼斯皇》一个星期的版税……没有收到《大神布朗》的一分钱——从两个月前的2月27日那一周以来，这部剧一直在赢利！一直这样下去我该怎么办？我不是奥特·卡恩。我有一大家子人要养活，仅此而已。你想让我卖掉离开纽约时赚取的全部家当（卖掉新伦敦的房产得到的资金）来支付我在这里的账单吗？现在几乎到了这种地步……"

"我不想难为你，肯尼思。我知道你也在为钱发愁，但我还是认为按周给我发薪水丝毫不会加重你的经济负担，如果不这样，我的经济状况会更糟。当我努力使事情稳定下来以便在接下来的几年里能够安心工作的时候，我至少算得上一个慈善家。去年我分期支付的所得税会吓坏你——将近3,000美元！——但我的大部分收入都不知用在了哪里。"

某种程度上，他的经济窘境归因于他自己的过错。他性情吝啬——主要体现在他与艾格尼丝的交往中——另一方面，他贵族气十足，经济上总是入不敷出。例如，上一年，他觉得《榆树下的欲望》的演出为他赚了不少钱，尽管他平时很少用车，还是决定卖掉第一辆车，买一辆更贵一点的新杜邦轿车。这种不明智的消费方式带来的必然结果是：由于他每年的收入时好时坏，很不稳定，而他的消费开支却一直在增加，所以他总是觉得手头缺钱。总的来看，1926年他获利将近18,000美元，其中包括《大神布朗》10,000美元的版税收入，和上一年剩余的6,000美元。

他在信里接着说，"告诉麦凯格，把我列在演员的工资表中。这样就可以名副其实地给我发工资，而不会感到心疼……"

"我的建议是：把我的版税从格林尼治村偷走，搭第一艘船潜逃到这里！我来资助你的船费，这作为你的收税员的佣金，尽管我职业不顺，我会给你提供食宿，就好像你是个诚实的人而非一个经理。"

当说到他的"家庭"成员比奥特·卡恩的多得多时，他可能——除了他的直系亲属和小尤金——还包括了他的姻亲和艾格尼丝的女儿芭芭拉。奥尼尔夫妇离婚后，就赡养费问题发生了纠纷，他说他不仅对艾格尼丝很慷慨而且“还资助过她的家人……为他们修缮房屋，支付医疗费，还抚养了她的孩子”。然而，据其他资料记载，他显然有点夸大事实。他在经济危机期间确实有一两次帮助过博尔顿一家人，除此之外，就很少对他们进行经济上的帮助。博尔顿的女儿们小小年纪就出外工作，母亲也时常打零工。

艾格尼丝的妹妹玛杰里和奥尼尔一家人长期居住在尖顶山和里奇菲尔德，现在又和他们一起住在百慕大，她在这个家里不是个悠闲的客人，而是拿着微薄工资的雇员。除了帮助克拉克夫人照顾沙恩，她还帮助奥尼尔写回信并在打字机上打他的剧本。据玛杰里回忆，她对乔伊斯的《尤利西斯》（*Ulysses*）印象颇深，尽管在美国是禁书，但在百慕大的书店里却公开销售，一本大大的平装书售价五美元。奥尼尔在战略机遇期阅读了这本影响深远的书，因为时隔不久，在创作《奇异的插曲》时，他将借用乔伊斯的意识流写作技巧。

萨克斯·康明斯四月份在贝尔维尤住了两个星期，他最先得知剧作家的下一步计划。有一次，在谈论德莱塞轰动文坛的《美国悲剧》（*An American Tragedy*）时，据萨克斯说，奥尼尔评论说“德莱塞写了一部关于一个普通男人的小说，然而他却（计划）以戏剧的形式写一部关于一个非凡女人的小说”。他说，这部小说将具有“革命性的长度”。

创作完成《拉撒路笑了》之时，他异常兴奋。5月14日，他为自己之前的抱怨向麦高文道了歉（“没有人支付我分文版税让我变得和任何其他慈善家一样思想古怪”），并汇报说他准备马上动笔写《奇异的插曲》（“我的创作欲望蓄势待发”）。

奥尼尔的创造力和拼劲是惊人的。他刚刚完成了一部非同寻常，有一定难度的剧本；接着就开始写作另一部更具挑战性的剧本；除此之外，他告诉肯尼思他有“许多新的想法——一部在技巧和长度方面类似于《琼斯皇》的剧本，由暴民作男主角——更确切地说，是恶徒”！完全用面具来表演——展示一个人从单纯变成被处以私刑的暴徒的过程——（一个白人男子被施以私刑）逐渐变成暴民以及最后一群戴着野兽面具的男人围着俘虏在跳舞，代表了人类的蜕变……我给这部戏剧起了个很好且具有讽刺性的标题‘罪有应得’（The Guilty Are Guilty）。”

“更多新的想法。等待我付诸实施。”

至于《拉撒路笑了》，他说：“当然它包含了我写作的最高水平。和其他剧本相比，它的创作主要是在剧院里完成的。的确，它比以前的剧本更具有伊丽莎白时代的风格，然而又完全（非伊丽莎白）。当然它使用了以前从未使用过的面具，具有深刻的戏剧含义，这一点真正使面具成了现代戏剧中一种可靠而真实的媒介物。当然，我知道没有任何剧本可以与《拉撒路笑了》相媲美，我也知道根本无人能够出演拉撒路——我指的是主人公。当一个人甚至从无意识深处完全失去了对死亡的恐惧而让我们发笑时，谁敢扮演这个角色呢？不过不用担心。我在《大神布朗》一剧中找到了感觉。总之，《拉撒路笑了》很难说属于哪一类型。”但不幸的是，他的激情放错了位置，因为接下来他把《拉撒路笑了》归为他最有信心和最不满意的作品行列；剧作家奥尼尔这一次被神秘主义者奥尼尔引入了歧途。在他的新剧中，形而上学思想和牵强的剧情过分地融合在了一起，他展示了一个从墓穴中死而复活的拉撒路，无所畏惧，摆脱了肉体的所有劣势。“笑啊！”他向一起住在伯大尼的家人和朋友喊道。“和我一起笑啊！亡者已死！恐惧不再！唯有生命！唯有笑声！”

虽然许多人不愿接受他的思想，但事实上没有人——即使那些对他既怕又恨，认为他危害到他们的特殊信仰或者既有秩序的人——能够抵抗他英勇的笑声。他让人群和他一起放声大笑；无论走到哪里，都会有信徒皈依他的快乐福音，甚至在荒淫而血腥的罗马帝国亦是如此，但这种情况是暂时的，因为一旦他离开，他那些暂时的追随者又会陷入先前的恐惧状态。

奇怪的是，奥尼尔一生不苟言笑，竟会赞美一个在笑声中定义自己的人物；奥尼尔，一个怀疑人生，总是“有点偏爱死亡”的人，现在竟会肯定人生，否认死亡的终结。然而，正是这样的人构思出了这样一部戏剧，这样一个主人公：拉撒路是一个追求并实现愿望的人物，代表了作者渴望有所作为的一种精神状态；他是一个残疾人梦想成为完人的巨大影射。实质上，这部戏并不是拉撒路与悲观厌世、自我厌恶的卡利古拉之间的一场争论，也不是拉撒路与鄙视他人及自身的蒂贝留斯·恺撒之间的争论，而是奥尼尔内心的一场挣扎。他背叛了天主教，精神上流离失所，同时在尽力驱除内心的罪恶感和恐惧感。

《拉撒路笑了》充分阐释了他剧作中的循环轮回思想。“学着去热爱生活——接受它，为之感到欣喜”，凯普在《难舍难分》中说道。“那是留给我们的唯一信仰！”在《大神布朗》中，西比尔道出了同样的主题：“春天总是带着新生命重新回来！……”这一剧情在《泉》中也有暗示，奄奄一息的庞塞·德莱昂有一种幻觉：“年龄——青春——全部跟永生同一节奏！……死亡不再存在了（这句话，或者类似的话，在《拉撒路笑了》中好像重复了上千次）……我看到了！喷泉是永恒的，时间是没有尽头的！圣灵之旺火美化了死神！……一切事物都会溶化，永远不停地流动！”奥尼尔的形而上学思想主要受到尼采的永恒循环学说的影响，正如拉撒路的主要思想受到查拉图斯特拉的影响一样。

在总结这部戏剧时，奥尼尔给戏剧历史学家阿瑟·霍布森·奎恩（Arthur Hobson Quinn）写信说：“对死亡的恐惧是所有罪恶的根源，是所有人不幸的原因。拉撒路知道没有死亡，只有改变。他重生了，没有了那种恐惧。因此他是第一个也是唯一一个能够笑得那么自信的人。”

“他的笑是对人生的完整性和永恒性的得意扬扬的肯定。他的笑肯定了上帝的存在，追求个人的永生是不可能的，上帝可以决定他自身的灭亡，为了永生他赋予自身以生命……他的笑直接表达了酒神式的喜悦，和一个宗教庆典主持者的欣喜，这个主持者同时又是人生变化、成长和转变的永恒过程中的牺牲者……生活本身就是上帝赞美自我的快乐的笑。”

人们不禁要说，如果奥尼尔的创作技巧与他的思想一致的话，《拉撒路笑了》将会是——在某些方面，他总是认为它是——他的巅峰之作之一。然而，他的思想观念最可能导致他的败笔之作。当他能够从严酷的新英格兰农场的艰难生活中或者从肮脏的锅炉房里的“毛猿”身上创作出美的意象及事物的普遍性时，他通常会过多地描写诗意的或者崇高的主题，比如《泉》，有时候是《大神布朗》。矛盾的是，他唯有脚踏实地才可能取得更大的成就。奥尼尔努力想通过《拉撒路笑了》达到超验的高度，但同时又不可避免地显得做作和夸张。

受古希腊文学和天主教典仪的影响，他在他的圣经寓言中毫无顾忌地运用了面具和音乐，舞蹈动作，合唱与吟唱应答。通过有效使用象征手法，他让剧中除了拉撒路之外的所有人物都戴上面具，拉撒路是唯一一个能够凝聚所有人的人物，也是唯一一个没有恐惧感的人物。但是，尽管表面上华丽壮观，色彩绚丽，这是一部冗长乏味的戏剧，它的神秘主义色彩太浓了。问题在于，奥尼尔想通过《拉撒路笑了》创造一种，他认为，在教堂里无法体会的经历。

对于《拉撒路笑了》的副标题——“为富有想象力的剧院所作的戏剧”——他解释说:“我指的是一个真实的剧院，古老的剧院，希腊人和伊丽莎白时代的剧院，一个这样的剧院，它敢于自豪地宣称——没有滑稽地亵渎神明——它是基于对酒神的崇拜和人类对生活的富有想象力的阐释，是人类历史上第一个剧院的合法后裔。我指的是能够恢复它作为宗教殿堂的最重要的功能的剧院，在那里，对人生的诗意阐释和对生活的象征性的庆祝活动都可以通过宗教的形式传达给人们，戴着面具的生活让人们内心痛苦万分，这使他们精神上更加饥渴。”

通常，一个剧作家如果花费太多精力来创作“壁橱戏剧”（只适合阅读不适合演出的戏剧），他或多或少会有一种内疚感，由于拉撒路这个角色实际上是很难表演出来的。绝望之余，奥尼尔建议麦高文把这个角色的台词翻译成俄语，由著名歌唱家兼优秀演员费奥多·夏里亚宾（Feodor Chaliapin）出演，其他演员说英语。“这将是一种奇妙的效果”，他说。“只要大多数普通观众能明白拉撒路的意思，那么说俄语他们也能听明白！这听着有点悲观主义吧？是的，我也有些悲观。世界上没有一个导演能为这部戏做点什么，这对我来说是个糟透了的可耻的失败！——直到为拉撒路这个角色找到合适的人选为止。”

在夏里亚宾被确定为合适人选之后，奥尼尔提议保罗·罗伯逊在剧中在脸上涂上白色的油彩。奥尼尔对艾格尼丝说：“他是唯一的演员，能表演出角色的笑，这一点很重要。这也是吸引无数观众的精湛的演技。现在我们要做的是筹集资金！”

《拉撒路笑了》一出版，就备受刘易斯·芒福德（Lewis Mumford）的推崇（“一项伟大而令人振奋的成就”），但康拉德·艾肯的看法却不同。他认为这部剧总体上“过于罗曼蒂克，过于宏伟壮丽，过于严肃呆板；它有一种思想近乎空洞的宏大感……整部剧的格调显得太高”。但它有可能成为“最好的歌剧剧本”。

这部剧在美国上演过两次，但从未在百老汇演出过。1928年，它作为社区项目在吉尔摩·布朗（Gilmore Brown）的帕萨迪纳剧场（Pasadena Playhouse）上演，整场演出（用了400套服装、300个面具和300套假发），由欧文·皮切尔（Irving Pichel）扮演拉撒路，吉尔摩·布朗扮演蒂贝留斯，维克多·乔里（Victor Jory）扮演卡利古拉，深受观众好评。一位评论家说：“这场演出盛会超出了这部剧本身的意义，《拉撒路笑了》今晚成功了。”然而，20年后，这部剧在福特汉姆大学剧院（Fordham University Theatre）再次上演时，布鲁克斯·阿特金森认为它“实际上是难以让人容忍的戏剧”，而小理查德·沃茨称它“冗长乏味，枯燥无聊”。

一家人在贝尔维尤安顿下来后不久，奥尼尔就准备以每年1,000美元的价格把房屋租赁合同延长几年，此时，他喜欢上了小海龟湾旁边一幢叫作“斯皮特海德”（Spithead）的具有200年历史的房子，并出价17,500美元买了下来。因他声称经济拮据，此举显得有些奢侈。事实上，依靠在新伦敦的房子所收的租金和陆陆续续卖掉的家当，他在1926年的经济状况比他抱怨的要好得多；只是想起了他的父亲，他故意在“哭穷”。

像尖顶山的房子一样，斯皮特海德坐落在海边，可以俯瞰海的全景。与贝尔维尤的房子相比，它显得简单古朴，是由原生石砌成的两层住宅楼，建筑风格秉承18世纪初百慕大房屋的纯朴风格。室内装饰粗糙，地板岌岌可危，因为已闲置多年，“只是一个壳”，奥尼尔说，它是“一个很好的壳”，他希望把它变成住所。对房屋的修缮需要几千美元，他打算变卖布鲁克农场来筹集这笔钱。

与此同时，他希望在此定居，他买下斯皮特海德就证明了这一点，他内心十分焦躁不安，渴望改变，这种感觉长时间困扰着他，即使移居到百慕大也没有平静下来。1924年离开普罗文斯敦时，他没有想到从此再也看不到那个海岸防卫站的旧基地了；但由于第二年乌娜的降生，他的住地不便居住，从那时起，他有了想回去的想法。“我厌倦了过去的一切”，4月4日他告诉麦高文说。“我理应摆脱它们——甚至尖顶山——不管怎么说，也是为了接下来的几年……百慕大是新生活的开端——就在去年，在此意义上。回到普罗文斯敦的想法，像我热爱尖顶山一样强烈，使我感到筋疲力尽，痛苦不已。古老的真理不再令人信服。太多的‘东西’隐藏在角落里（指的是《榆树下的欲望》里老凯伯特对农场的感觉）。对于新的航程，我需要的是清新的顺风和新的停靠港。”

奥尼尔所指的“角落里的东西”，我们只能进行猜测，但显然，特里·卡林，弗兰克·谢伊和其他一些喜欢酗酒的朋友是他远离普罗文斯敦的部分原因——他在躲避诱惑。“并不是因为我不再害怕”，他向麦高文保证说，“而是没有必要太为难自己的自我”。他最终决定和家人在缅因州的一个湖畔度过夏天，这个地方是他的经纪人理查德·J. 马登的一个合作伙伴伊丽莎白·马布里（Elizabeth Marbury）推荐的；她本人在附近有个度假的地方。这一决定对奥尼尔至关重要：在缅因州，他遇到了马布里女士的一个房客，这个房客的诱惑力给他的人生带来了巨大影响，而这一影响是他在普罗文斯敦从未有过的。

# 第十一章　缅因州女演员

1926年中旬，奥尼尔回到美国，心里一直想着格林尼治村剧院与演员剧院（Actors' Theater）合并的事情，演员剧院是一个由演员协会资助的非正式剧团，曾经在百老汇上演过易卜生、萧伯纳和王尔德的作品。麦高文是合并的发起者，大家指责他领导了合并势力。奥尼尔最初一直反对合并，因为他担心新公司里保守派会给肯尼思制造阻碍。然而，肯尼思却对经营掌管新公司很有信心。“有胆量”！合约签订后，奥尼尔在6月3日给他这位同事写信说。“记着，老兄，这是一次新的冒险！在我看来，这件事要么成功要么失败！”

这并不奇怪，奥尼尔所说的“有胆量”是指《马可百万》的成功上演。他建议麦高文尽力争取银行家奥特·H.卡恩的资助，卡恩是格林尼治村两家剧院的主要赞助商，也是演员剧院的“天使”。肯尼思对《马可百万》心存疑虑，认为它成本太高，他的公司无力负担，但在读了《拉撒路笑了》之后，他看到了作者对剧本倾注的热情，便决定尽全力筹资支持《拉撒路笑了》的演出。

在纽约的那一周，奥尼尔拜访了霍勒斯·利夫莱特，他很少这样做，因为他不喜欢与他的出版商有社交往来。利夫莱特是一个喜欢社交，派头十足的人，他的出版公司位于西48街（现在是洛克菲勒中心所在地）一坐古老的褐砂石建筑内，非常别具一格：泡吧的漂亮女孩和深夜的派对简直和出版社收到的稿件及编辑会议一样多。“为什么尤金不来见我？”利夫莱特曾问道。奥尼尔对利夫莱特持保留态度，他尊称他是文学界的一支冒险力量。除了资助文坛新秀如舍伍德·安德森（Sherwood Anderson）、卡明斯、艾略特（T. S. Eliot）、庞德（Ezra Pound）和海明威（Ernest Hemingway）外，更不必说奥尼尔了，利夫莱特比任何其他书商都更敢于加入到反对对书稿进行审查的斗争中。

奥尼尔拜访出版商是为了履行他对哈特·克莱恩的一个承诺，即他将尽力说服利夫莱特出版克莱恩的第一部诗集《白色房子》（*White Buildings*）。克莱恩的作品以前仅仅刊登在小杂志上，现在他亟需出书来提高他的名气，实现这个愿望的可能性出现过不止一次。最初，利夫莱特拒绝出版《白色房子》，当他听说是奥尼尔为该书作的序，又改变了主意，但接着，当奥尼尔无法履约时，他的态度又冷淡了下来。

一年多来，奥尼尔发现写作非戏剧的东西并不容易，所以他拖延了序言的写作；他说，任何长度的一篇文章都会像写作一个剧本一样，要付出同样的脑力和体力。虽然在离开百慕大不久他就写了一篇约八百字的序言，但他很不满意以至于从未寄给克莱恩或者从未向他提及此事。下文节选自他迄今未公开的序言：

“哈特·克莱恩的诗并不‘容易’。他的诗与那些可读性强的杂志诗文毫无关联。他的诗无关时事，缺乏吸引力，也不能够引人深思，不容易激发人们日常的同情。它们以全新的视角审视世界，创造性的语言增加了诗歌的个人化色彩……克莱恩使用了强有力的修辞性语言。他善于运用伊丽莎白时代的无韵诗——节奏分明，富有质感。但他的精神气质与英国传统格格不入。麦尔维尔（Herman Melville）和惠特曼是他公开承认的大师级人物。在克莱恩的海洋诗歌中，隐喻海洋的‘航行’（‘Voyages’）贯穿他的作品，某种程度上类似于麦尔维尔对‘海洋的强大内部力量’神秘性的思考。”

由于担心克莱恩会生气，奥尼尔后来给他写信说，他一直感到“无法胜任（写序言）这个工作……鉴于一个外行读者很难读懂诗歌，你需要找一个不仅能够切身理解你的写作意图（我能够做到这一点）而且能够对你的写作方法及目的做出清晰、富有条理的评价的诗人或者诗歌评论家……我觉得我为你写的序言简直糟透了——一篇糟糕的东西，不管它的赞美之词多么热烈，因为有违它的写作初衷，所以在任何场合都会引起非议”。

最终利夫莱特出版了由艾伦·泰特（Allen Tate，他慷慨地提出要署上奥尼尔的名字）作序的《白色房子》，封面上印着剧作家写的简介：“哈特·克莱恩的诗歌意义深奥，影响深远。在诗歌中，他以独特的能力揭示了美的神秘意蕴，用词语传达了诗人的想象。”

利夫莱特同意出版克莱恩的作品除了想讨好奥尼尔外，还有一个特殊的原因——他急于想排演《马可百万》。他是一个内心焦躁不安、思维活跃的人，在出版图书和与审查机构斗争方面，他只用了部分精力，他看上去更像是一个演员——一双敏锐的黑色眼睛，敏感的双唇，刚毅的鼻子，高傲的派头——利夫莱特通过涉足百老汇发现了自己性格中所渴望的那种兴奋和魔力。他曾经出版过埃德温·贾斯特斯·迈耶的《纵火者》，德莱塞的《美国悲剧》的改编本和备受争议的现代版《哈姆雷特》。奥尼尔非常想让他的出版商同时担任他的制作人，但他又担心霍勒斯能否筹集到《马可百万》的演出费用。尽管利夫莱特的出版生意很繁荣——当时出版的图书有德莱塞的《美国悲剧》和安妮塔·露丝（Anita Loos）的《绅士爱美人》（*Gentlemen Prefer Blondes*）——但他享受奢华的生活和投资股票仍需要大量的资金。

在全家人搬到缅因州之前，一向不喜欢抛头露面的奥尼尔出席了耶鲁大学的毕业典仪，他是当天到场的名人之一。在乔治·皮尔斯·贝克教授（先前离开哈佛大学，后来成了耶鲁大学新成立的戏剧系的带头人）的劝说下，他同意并接受了被授予名誉文学博士学位。贝克教授感到，正如他在写给奥尼尔的信中所说，这个学位不仅给他带来了荣誉，而且也创下先例："大学应该承认（一个剧作家）真正的重大成就……这是另一个里程碑。"在5月21日的回信中，奥尼尔说："感谢耶鲁大学授予我的这个（学位），这是种真正的荣誉……希望这种对我工作的认可能够为像我一样正在努力为剧院创作新颖、富有想象力作品的人带来真正的意义。"但他后来对他的一个朋友说，他接受这份馈赠主要原因是："这件事对贝克教授意义重大，我知道他为了我做出了很大努力。我是他最著名的学生，耶鲁大学也因为我而对他十分尊崇。总之，我很喜欢他这个人。"

耶鲁大学新成立的戏剧中心接受了标准石油公司的继承人爱德华·S.哈克尼斯（Edward S. Harkness）的100万美元的资助，这件事在奥尼尔看来，很有讽刺性。在早些年的时候，奥尼尔是新伦敦一个名声不佳的社会党成员，他常常冲哈克尼斯的沃特福德庄园挥动着拳头，痛斥"财神的力量"。后来，结合哈克尼斯（实际上是个害羞的人物）和他的邻居爱德华·克劳宁希尔德·哈蒙德（Edward Crowninshield Hammond，一个粗鲁无礼的势利小人）的性格，奥尼尔把他们讽刺为哈克，《进入黑夜的漫长旅程》中一个未出场的人物，和特·斯台特曼·哈德，《月照不幸人》中一个困惑的游手好闲的乡绅。尽管哈克和哈德这两个名字与哈克尼斯的名字很相似，但他们主要是以哈蒙德为原型，而非标准石油公司的哈克尼斯。

1926年6月23日，获得耶鲁大学名誉学位的16个人中，最著名的两位是美国财政部部长安德鲁·W.梅隆（Andrew W. Mellon）和奥尼尔。奥尼尔坐在那儿，观察着梅隆，觉得他是"冷漠的银行家的典型。完全看不到任何表情。多么冷漠的面孔！多么冷酷而尖刻的眼睛！他脸上的皮肤紧绷着，脸色是古银色羊皮纸的颜色"。当威廉·利昂·菲尔普斯（William Lyon Phelps）教授介绍奥尼尔时，全场响起了"热烈的喝彩声"，教授宣布："他是唯一对欧洲戏剧和欧洲思想产生深远影响的剧作家……他把美国戏剧从平凡、卑微中挽救出来。”耶鲁大学校长詹姆斯·罗兰·安杰尔（James Rowland Angell）在给他颁发学位时，说他是“新的，转向最古老的艺术形式之一的富有创造力的贡献者”。

后来，奥尼尔说毕业典礼并不像他之前所担心的那样令人难受：“令我吃惊的是，尽管很怯场——一种可怕的感觉，听着这些俗套的溢美之词感觉如同一匹马戏团刚出生不久的小马在榆树下偷偷‘撒尿’——但我心情很愉快……我参加毕业典礼的一个原因是我想以新的方式考验我自己。我感觉整个过程让我内心获益匪浅。”

然而，这种感觉很快就消失了；他仍旧尽可能地避开公众视线。数年后，他被告知，他的母校普林斯顿大学想授予他荣誉学位，他批评了授予荣誉学位这种做法，说：“（典礼是）一种折磨，而非快乐。我决定自从1926年在耶鲁大学经历了那次折磨后，再也不会参加任何典礼了。”

耶鲁大学这件事两天后，奥尼尔在去缅因州的途中，顺便在新伦敦做了停留，为的是观看场面壮观、士气高昂的人群，他们中有穿着深红色校服的哈佛大学代表队，以蓝色领带、西服、三角旗和太阳伞为装扮的耶鲁大学代表队，当天是划船比赛日。成千上万的人聚集在泰晤士河边的小镇——有带着家人的学生和校友们，有赌客和走私贩，有扒手，有兜售纪念品的小商贩和普通的运动爱好者——他们聚在这里要么观看两所大学间一年一度的划船对抗赛，要么想从中获利。人们有的驱车而来，有的乘火车来，还有的划船而来，外形各异，大小不一的几百艘船停靠在那里，这些船有的只由一张帆和一块木板组成，有的是远洋帆船，等等，现在，它们形成了一支极端民主的无敌舰队，徜徉在泰晤士河宽阔的河面上。一条新闻报道说，“这场赛事的场面像世界上任何其他体育赛事的场面一样异彩纷呈。”

对于奥尼尔，大学里的划船比赛是很久以前的事情了，这也是他对新伦敦为数不多的清晰记忆之一，然而，时过境迁，这场比赛先前的魅力和宏大壮观的氛围都发生了改变。早些年，帆船队和豪华的公路轿车常常在比赛前几天就到了，他们会进行一周的香槟派对；可是现在，这种庆祝活动，与其说是有吸引力倒不如说是更加喧闹，仅持续一天左右。

然而，1926年的划船比赛是那几年里最让他兴奋的事情之一——也是仅存的闪耀着历史光辉的运动之一。比赛进入高潮的时候，一项四英里的逆流划船新纪录在激动人心的比赛中产生了。当耶鲁队领先的时候，正如一家报纸所描述的，比赛变成了“一场持久的，令人揪心的船尾追逐赛，当他们到达最后半英里的位置时，岸上观摩的人群兴奋地喝彩起来，这时，戴白色帽子，身穿深红色赛服的桨手们没有丧失希望，他们开始冲刺……红队艰难地前进了一条船长度的距离，但仍距飞速向前滑进的蓝色幽灵队有一条半船的距离。”（基于内心对这种壮观的场面和兴奋的欢呼声的清晰记忆，奥尼尔准备以河面上的对抗赛作为《奇异的插曲》的高潮部分的背景。）

观看完划船比赛后，奥尼尔把家人留在酒店里，一个人“非常缓慢地，怀旧式地”开车沿着佩科特大街进行了一次短暂的怀旧旅行。这里是麦蓓尔·斯科特（Maibelle Scott）的故居，他以前只去过一次，因为她的父母反对他追求她（他把这一历史性的一页在《啊，荒原！》里以幽默怀旧的方式表现了出来）；现在，他正经过325号基督山伯爵小屋，这个地方仍旧空无一人，比以前更破旧；他继续往前走，416号住着瑞品一家人（Rippin family）——杰西卡、埃米莉和娃娃（格雷丝），但最重要的是瑞品夫人，她富有同情心又很机智，在他因患结核病而休养的过程中，曾给予他母亲般的照顾。奥尼尔本打算去拜访瑞品一家人，但房子里没有开灯。他继续开车，一直开到海边的沙滩，他和比阿特丽斯·阿希过去经常在艾尔威夫湾附近的一个偏僻角落野餐，这里与世隔绝。“海滩上的暴行”打断了他对过去的记忆——与科尼岛一样被开发了——他急忙返回了酒店。第二天早上，他不再游览，继续驱车赶往缅因州。

奥尼尔夫妇在贝尔格莱德湖区的住处是一个四周松树环绕的两层木屋，称作愚人小屋（Loon Lodge）。“我营地的这个名称”，7月10日他写信一个名叫弗兰克·B. 埃尔瑟（Frank B. Elser）的朋友说：“不是玩笑话，而是事实！在‘贝尔维尤’度过了一个冬天后，我要说，上帝好像对象征主义情有独钟，这又能怎样？我可是不仅心智健全，而且头脑清醒。”

不久，小尤金加入了这个家庭。他16岁，几乎和父亲一样高。艾格尼丝的女儿芭芭拉比他小五岁，她觉得他“年轻帅气，英俊潇洒，精力饱满”，以至于“疯狂地爱上了他”。她对他的迷恋持续了整个夏天。她说：“我想他很享受这种状态，因为他时常拿我开玩笑，这既让我开心又让我沮丧。”芭芭拉是个敏感又重情的女孩，她渴望能为家里做些什么。据她回忆，在和母亲及继父生活期间，她总被派去做家务活。她说，“在贝尔格莱德，我为家人做早餐松饼。我觉得每天为全家人准备完整的早餐非常重要。那个夏天，我对老尤金没有特别的记忆，但我的总体印象是他是一个温和、害羞的男人，眼睛里透着一种柔和的光芒。”

“我们进行了一些比赛——沙恩、小尤金和我——看谁在那个夏天钓的鱼最多。结果，年龄最小的只有6岁的沙恩获胜了。他是个钓鱼能手，好像很喜欢安静地坐着等待鱼儿上钩。”

对于小尤金来说，那个夏天是他和弗兰克·迈耶（Frank Meyer）终生友谊的开始。迈耶的家也在湖边，离奥尼尔家不远。两个年轻人都很聪明，都喜爱读书。对比他们的笔记发现，他们都喜欢赫克托·C. 拜沃特（Hector C. Bywater）关于未来美日战争的小说《太平洋大战》（*The Great Pacific War*）。年轻的迈耶成了奥尼尔住处的常客。他们一起玩书里的游戏，这是一种水球游戏，每个参加人——沙恩、芭芭拉和两个年轻人——分别代表一个不同的国家。偶尔，奥尼尔也加入他们。迈耶说：“我发现他非常善良、和蔼。让我非常喜欢的是，他和你说话时，把你看作是和他平等的人，不会因为你是个孩子而居高临下。我们三个人，包括小尤金，一起谈论拜沃特对20世纪30年代美日战争的预言，我们认为战争很可能会发生。还有一次，我们谈论了弗洛伊德。我清楚地记得我们谈论了和无意识有关的双关语和口误。”

奥尼尔在百慕大时就已开始写作《奇异的插曲》，现在他非常想继续写下去，然而他发现在愚人小屋里很难进行写作，因为墙壁太薄，他能听见外面的任何声响。“他在写作时需要完全安静的环境”，艾格尼丝说。“那就是为什么大多数时间里孩子们不能够待在他身边。”当注意到他变得焦躁不安，他的脸拉得“越来越长”时，艾格尼丝和伊丽莎白·马布里商谈了这个问题，在她的建议下，搭建了一个能够隔离愚人小屋杂音的房间。剧作家每天上午在这里写作，一周七天都是如此。之后，当他第一次出现在湖边时，他面色紧张，一言不发，默不作声，甚至也没有向人点头打招呼，就一头扎进了水里，游了约两英里的一个来回，然后他感到轻松了许多，就加入到了别人的玩乐中。总之，他很享受湖水给他带来的变化，他喜欢划船，撑独木舟，但是，正如他说的，湖泊毕竟“不是大海”。

七月的一天，因为戴维·卡斯纳（David Karsner），他整个下午都沉浸在对往事的回忆中。卡斯纳喜欢奥尼尔的作品由来已久，曾为一家叫《纽约之声报》的社会党报社工作，如今这家报社停业了。显然，出于对奥尼尔作品的敬畏，卡斯纳在刊登在1926年8月8日《纽约先驱论坛报》上的一篇评论中说：“20年来，我在不同的人生阶段和不同程度的成败事件中所遇到的伟大人物，近乎伟大的人物和普通人之间……我想不起任何一个能像奥尼尔一样深深打动我的人，他那炽热的眼神（和）热切的，近乎紧张的外表……作为一个剧作家（他）并没有影响到我，但他这个人却让我感到不安。我想知道是什么让他的眼神那么炽热，什么让他看上去那么局促紧张。”

然而，当卡斯纳谈到他最近看过售价8美元的奥尼尔文集第一部《渴》时，奥尼尔异常兴奋；他“鼓起掌来，他的笑声在湖的对岸都能听得到”。1914年，他的文集最初只卖出了几本，实际上这一版文集出版商每本支付给他25美分。（如今，一本带有护封套的新书卖到了125美元。）

为了答谢他的老书迷，奥尼尔接受了卡斯纳的访谈。他也欣然接受了伊丽莎白·谢普利·萨金特（Elizabeth Shepley Sergeant）的采访，因为他崇拜她的作品，尤其是她对罗伯特·埃德蒙·琼斯的“人物形象研究”，他想知道她将会如何描述他的形象。她刊登在《新共和杂志》上的人物传略，完全是个人的，探索性的，解释说明性的，不同于通常的客观描述。萨金特女士在愚人小屋里花了两天时间，写了一篇奥尼尔的小传。奥尼尔对她说："这是我见过的最优秀的有关我的传记。其他的都很无聊蹩脚。你的是唯一最好的！"最后，经奥尼尔同意，萨金特女士给文章配了副标题"戴着面具的人"。剧作家将她引荐给了自己的朋友。文章开头写道："奥尼尔曾经特立独行，对于他周围的人，他好像是个陌生者。当他依然被他是谁，他要干什么的问题所困扰时，他在遭受孤独的折磨，他努力想通过伪装的浪漫冒险旅行来掩盖他的孤独。在照片上，你看到了一个戴着傲慢蔑视神情的面具。内心受折磨的梦想家的眼睛，花白头发，昂着头，愁眉不展，眼睛瞥着某个正式的彩排现场，力图避开被表扬，这些似乎都证实了关于他的传言是真的。如果你让他为难，你就会发现他高傲之中透出的忧伤与不安。一闪念间你就会明白，在困难的背后，那个面带不信任微笑的，敏感的13岁男孩就是诗人奥尼尔。"

"就这样，总是隐藏自己，又总是暴露自己，这个具有奇怪两面性的爱尔兰裔美国人的神秘性使他的戏剧成了他与难以控制的宇宙奋力抗争的反映。"

在离开百慕大之前，《奇异的插曲》已完成两幕，奥尼尔认为他已经"完全进入"剧本的写作状态；但再次读了剧本后，他重新写了第二幕，仍感到不满意，然后又写了第三遍。奥尼尔的写作进展缓慢，这让他感到很苦恼，他觉得部分原因是他目前的环境造成的。"我可以让更少的孩子待在身边"，他在8月7日向麦高文抱怨说。"因为我好像不习惯与一群孩子在一起，即使是我自己的孩子，我也很容易'生气'。"他尽力缓和说话的语气，而后补充说"然而，他们也得到了补偿"——但是没有证据证明这是他的真实想法。艾格尼丝8月10日对她母亲说："尤金好像认为，除了沙恩和乌娜，如果其他孩子不在身边的话，可能对他的工作更有利。这个夏天到目前为止他还没有进行任何工作，此外，秋季没有上演剧本的计划，《拉撒路笑了》和《马可百万》都很难找到支持者。"小尤金和芭芭拉本应该待到八月底，现在被提前几周送走了。

（一个浪漫的形象，既暗示同时又掩盖了奥尼尔作为一个父亲的不足之处，伊丽莎白·萨金特在文章末尾写道："当奥尼尔和沙恩漫步在沙滩时，他走在后面，身材高大，穿着泳衣，四肢晒得黝黑；他脸上的表情，不像是一个'父亲'，反倒像某个盲信的大孩子，这个孩子已长大步入了一个陌生的世界。"）

由于担心《拉撒路笑了》和《马可百万》上演的事，剧作家需要，当然也找到了替罪羊。在给麦高文的信中，他批评了"这个演员剧场的合并。合并？在我看来，格林尼治村剧院只是被一个低级愚蠢的机构兼并了！当你要他们保留演员剧院的名字和他们好笑的信笺抬头等这一切时，你就犯了一个大错！［董事会的成员名单读起来像美国的《名人录》——埃塞尔·巴里摩尔（Ethel Barrymore）、约翰·巴里摩尔、劳蕾特·泰勒（Laurette Taylor）、约翰·德鲁（John Drew）、简·考尔（Jane Cowl）等等——这个集团的支持者包括小约翰·D. 洛克菲勒（John D. Rockefeller，Jr.）、科尔曼·杜邦（Coleman Du Pont）、奥特·卡恩和马歇尔·菲尔德（Marshall Field）。］上帝啊，我们得到了什么？我们没有钱做实际的工作，我们甚至没有一个剧院可以策划未来——我们完全丧失了控制权"。（虽然麦高文仍是负责人，奥尼尔认为一旦他开始实施他的想法，他就会失去"控制权"）……

"我坦白告诉你，肯尼思，要不是因为我们是朋友，我就会退出这个合并后的组织——《拉撒路笑了》的剧本和一切——我会尽可能快地赶到电报局！……我并不否认格林尼治村剧院因为经济原因而倒闭，他们需要采取一些措施，但我想我们免费让出我们的好名字，是上当受骗了……如果你敢于抗议的话——以我的名义，这会使你免于担责——还会起到良好的效果。告诉有关人员……如果演员剧院不能够筹集资金确保《马可百万》或《拉撒路笑了》的排练所需的时间和设备，我希望正式退出。"

他的抨击指向了剧院。他说："自从认识到在剧院合并中我们得到的是多么可怜时，一种被深深侮辱和伤害的感觉在我心头油然而生。我不喜欢你总向别人祈求资助……为了我的剧本。我不喜欢你把剧本交给那些不能提出任何有价值建议的（人）。这对你我来说都是一种耻辱……让我把所有东西放到奴隶市场拍卖破坏了我的游戏规则……像（《毛猿》中的）扬克一样。我悲哀地质问百老汇上空的月亮：'我该在哪里停下？哪里才是我的栖身之所？'"

麦高文在格林尼治村度过了"被忧虑与困境折磨的三个地狱般的演出季"后，他也有了自己的不满。这封数页长的来信激怒和伤害了他，因为信里质疑他与演员剧院的关系。但几天后，他在回信中耐心地对他那愤怒的同事提出的疑点做了答复。在引用数据证明了合并是一个比先前的格林尼治村剧院更好的调整后，他在8月12日说，因为《拉撒路笑了》的排练至少需要50,000美元，另外还需要"场外的"资金。"如果你想让你的戏剧以更宏大的形式呈现在舞台上，那么你和剧院所面临的风险——和延误——就会相当大。《马可百万》就是一个例子。如果剧本是个噱头，仍旧能靠你的名气来支撑的话，事情会是另一番景象。但不管怎样，一场120人的大型演出不会那么快那么容易搬上美国舞台。"

虽然奥尼尔承认也许他对演员剧院过于苛刻，但他在随后的一封信里又重申了他的不满："我努力推出新剧本以便某个剧院能给予它应有的关注和机会，为的是剧本能够呈现剧本文字之外的新的意义……我厌倦了原来的老剧院，厌倦了没钱没效率，仅有模糊的理想的'艺术'剧院——实际上，我厌倦了现存的美国剧院。"

之前，他曾经向肯尼思建议，合并演员剧院的另一选择是建立一个主演他的剧本的剧院。回到这个话题上，他说："美国的某个地方一定有个米西纳斯（Maecenas），我们可以找到他，他一定会有信心并且会慷慨地资助艺术事业，他会在几年内资助我新剧的演出，当然要以重演老剧为基础，这会给我们提供一次更新老演员和清理旧设备的机会……我也许是个傻瓜，但我相信这一点。我相信如果我们去寻求这样的机会，我们会找到的。（贝克找到了哈克尼斯。）事实上，除了这个梦想，我不太相信剧院里的任何事。我正是在为这样的剧院写作。"

奥尼尔向麦高文坦言，他不仅对自己的事业不满意，而且对他的个人生活也不满意。他感觉他和艾格尼丝更像是谈得来的好朋友。“尤其是在我喝朗姆酒的日子里，我相信世界上永恒的事物，我感觉到周围的人或者（甚至更可怕的）强烈的戏剧幻影，以及对戏剧的痴迷给我带来的空虚感，在我内心和大脑中滋生蔓延，有时纠缠我数周，有时对横亘在梦幻和我们所谓的现实之间的无人区的不断遐想让我感到孤独。但我认为，自打15岁开始饮酒起，我现在比以前‘戒酒’的时间更长。对这个‘干净、绿色的地方’，我内心有一种难以适应的模糊感觉。这并不是说我有想喝点什么的欲望。恰恰相反，我惊讶于为什么我会以如此高的代价来戒酒，这个想法（对任何诱惑都是致命的）现在想来真是愚蠢可笑。但我想这就像熬过了麻风病一样。一个人感觉一切再正常不过了。”

当一个人知道了他内心的深深负罪感，他的放纵行为是自我惩罚的一种形式，是无意识中赎罪的一种方式时，就会明白他内心的不安是必然的。（萨金特女士的文章写道：“你可以追踪奥尼尔的人生，就像追踪一条干旱的西南部的公路一样，忏悔的兄弟把逝者放置在了路边。到目前为止，奥尼尔的剧本是记录陈年旧事的十字架标志。跟随他的人生轨迹，你经常会听到鞭打的声音。仔细看看，你会发现落在他背上残酷的鞭打是由他痛苦的灵魂造成的。”）

因为已戒酒，奥尼尔需要一个替代品，某种可以用来折磨他自己的东西。这种需要成了一个因素——虽然不是唯一的主导因素——但它促成了他与卡洛塔·蒙特利（他在8月18日写给瑞品一家人的信件中称她是“著名的美人”）关系的发展，蒙特利是那个夏天住在伊丽莎白·马布里家里的房客。

蒙特利在1922年出演《毛猿》之前，奥尼尔与她素未谋面。当他和艾格尼丝一起去喝茶的时候，他与蒙特利接触时彼此都非常谨慎。回忆起当时的情景，蒙特利小姐说：“当我们互相被介绍时，我冷静地点点头，没说太多的话。我的女主人——走路跛脚，娇小的双脚很难支撑她庞大的身躯——和艾格尼丝谈了很多。最后马布里女士让我把奥尼尔先生带到淋浴房，因为他想游泳。路上，他问我：'你不喜欢我，对吗？'我明确地告诉他：'你是我遇见的最粗鲁的人。当我出演你的那部戏剧时，其实我是不情愿。戏一演完，我就想去加利福尼亚看望我的妈妈和女儿。但霍皮（Hoppy，阿瑟·霍普金斯）一直纠缠我，因此我很难参加排演，你也从未向我表示感谢。'"

"接着，他走进淋浴房，只找到了一件女士的游泳衣。最可笑的是，那件游泳衣他穿上大得多，但这并没有妨碍他——他只想游泳。我心里想，如果他像那样做事，他不能太自恋了吧。"

在缅因州的时候，艾格尼丝并不担心她丈夫与蒙特利小姐的关系，因为，就她所见："他们两个之间没有发生什么。我不担心她，是因为她对他来说还不够漂亮。我记得她对我们说，她读过莫泊桑（Guy de Maupassant）的所有作品，她有多么地喜欢他的小说——尤金和我互相看了看。在我看来，他好像被她逗乐了，而不是因为其他什么。但我猛然间想起他说过的话——我猜想这是在他对她有好感之后：他说她的眼睛很像他母亲的。"

从出演《毛猿》起的四年时间里，卡洛塔，如果有一些不同的话，那就是在几部戏剧中出演过配角角色并且又有了一次婚姻——这是她和漫画家拉尔夫·巴顿（Ralph Barton）彼此的第三次婚姻。拉尔夫·巴顿身材瘦小，衣冠楚楚，头发泛着黑漆皮似的光泽，帅男孩的模样，热衷于寻欢作乐，和其他事情相比，他更喜欢举办派对和混迹于名人圈。然而，卡洛塔虽有漂亮的外表和自信的举止，她却没有看上去那么自信；在巴顿那些聪明、机敏的朋友中，她感到自己"格格不入"，声称他们中的大多数人很"肤浅"。在查理·卓别林看来——他是巴顿的好朋友——蒙特利小姐想"满足一个天才男人的一切需要，想切断他与任何人的联系，自己一人辅佐他做事，而她自己也能随之受益"。伊尔卡·蔡斯目睹了巴顿夫妇的许多事情后，也有类似的看法。她说："卡洛塔想控制她的男人，成为其一切。她感到巴顿参加社交活动是寻欢作乐，是在浪费他的才华。她有一种使命感，来帮助他成就他自己。"

蔡斯小姐与蒙特利小姐是在1924年一起出演影片《红隼》（*The Red*

*Falcon*）时结为好友的。她写道："巴顿夫妇的生活是波澜壮阔的，富有激情的。巴顿夫人走进剧院时总是情绪混乱，然后向我倾诉她的不幸。因为她非常漂亮，拉尔夫·巴顿并不是第一个让她感到不快乐的男人。"夫妇俩住在位于西67街1号艺术家酒店的一套小型公寓里，伊尔卡"过去总喜欢去那儿，因为他们有好看的书和画，还有美味的晚餐；但他们总是在六点半吃晚饭，即使卡洛塔没有演出任务时，我对此很不理解。我想这和他们的性格有关；他们俩都很有个性，离婚时都感到很轻松。"1926年卡洛塔在外地演戏，有天晚上，她意外回到家里，结果发现巴顿和另一个女人躺在床上，于是他们的婚姻走到了尽头。

奥尼尔将成为她的第四任也是最后一任丈夫，像奥尼尔一样，卡洛塔·蒙特利喜欢自我表现，对世人持怀疑态度，尽管没有人质疑她的傲慢做法，但她的表情中隐藏着一种深深的不安全感；因此她的自我保护格外强烈。和奥尼尔一样，她童年时也极其害羞，认为自己不讨人喜欢，不受待见。而且，她的家庭背景给她带来了阴影，而奥尼尔是以一种冷酷的眼光审视他的过去，试图弄清楚过往的一切，而她却是浪漫化的，试图粉饰她的过去。

女演员是父母早期婚姻破裂时留下的唯一子女。她的父亲名叫克里斯丁·尼尔森·萨辛（Christian Neilson Tharsing），16岁时离开了丹麦的家，以水手的身份闯荡世界，后来在加利福尼亚定居下来，从事水果种植业。他身体健壮，英俊潇洒，体重二百多磅，但他的性情如同他两只健壮的臂膊一样刚毅。如若一匹马不听他使唤，他便会勒着马的鼻孔，快速地一扭马鼻子，一下子把它甩翻在地。他是个40岁的鳏夫，没有子女，18岁的奥克兰姑娘内莉·戈切特（Nellie Gotchett）在固执的母亲的催促下，出于安全感而嫁给了他。她在他身上找到了安全感，双方并没有爱情可言。然而，内莉却像加利福尼亚的土地一样多产，简直克里斯一碰她就会怀孕。感觉自己上当后，她通过骑马流了好几次产（当地的流言蜚语说她骑马时穿着男人的牛仔裤），但有一次她流产失败了。在1888年圣诞那一周，在美国大陆的东部詹姆斯·奥尼尔夫人艰难地诞下她的第三个儿子几个月后，内莉经历了巨大的疼痛后——挣扎了48小时——产下了一个女孩，接受了洗礼，名字叫黑兹尔·尼尔森·萨辛。

当黑兹尔四岁时，她的母亲内莉离开了萨辛，把她寄养在她奥克兰的姨妈约翰·谢伊夫人（Mrs. John Shay）家里，而内莉却在19世纪90年代繁华、充满活力的旧金山（San Francisco, Calif.）继续打拼。能干、勤奋、热爱清洁，这些品质一定是从祖先——德国人、纽约的荷兰人、法裔瑞士人——那里继承下来的。内莉接管了一个破旧的公寓，收拾得干干净净，不久这里就住满了来自体育界和戏剧界的朋友。公寓的生意一开始兴隆，她便以高价售出，接着再重新接管一家破旧的公寓。内莉也从恋爱中获利。尽管相貌平平，但她总能够把自己打扮得很时髦，能够以她的活力和对生活的热爱吸引男人。她喜欢美食，擅长打纸牌，很有幽默感。她的情人——是陆陆续续出现的，从来不同时出现，因为内莉是个实在人，不会和男人乱交——通常都是些要手腕的人；她最长的一次恋爱是和萨克拉门托市的一位主管殡仪员。

谢伊夫妇有两个儿子，年龄略长于黑兹尔，他们待她如亲生女儿，她的母亲经常来看她，但据谢伊的儿子说，黑兹尔“很长时间都非常害羞”。谢伊先生的图书馆里有莎士比亚、斯科特（Walter Scott）和华盛顿·欧文（Washington Irving）的作品。他喜欢在晚上给家人读这些书。这种消遣方式使黑兹尔早早地喜欢上了读书。谢伊夫人是一个非常严格但尽职尽责的母亲，此外，她还是个虔诚的浸礼会基督徒，全面负责照顾黑兹尔。为了帮助黑兹尔克服害羞心理，她给她报名上了语言艺术学校，黑兹尔有很长时间都不喜欢这个学校；但大约一年后，她开始喜欢成为朗诵时的中心人物，并且宣称长大后要当一名演员。

在和谢伊夫妇一起生活到13岁时，黑兹尔在圣格特鲁德天主教学校学习了三年，但暑假除外，这个学校位于加利福尼亚的里奥维斯塔地区。学校里的其他女孩发现她不仅喜欢在校园戏剧中担任主角，而且在日常生活中喜欢用戏剧化的手法。她经常向同班同学详细描述她进校之前做过的眼部手术，使她们感到恐惧。据她描述，医生取掉了她的一个眼球，放在她的脸颊上，对之进行了一番打磨和切割后，又重新放回到她的眼窝里。（戴了几年眼镜后，她把眼镜扔了，但后来，她的眼疾复发，她私下里又戴上了眼镜。她很长时间不听医生让她戴眼镜的劝告，但在其他方面她还是遵从医嘱的；医生的建议使她的眼疾逐渐好转起来，她仰着头，翘着下巴，这个姿势让她看上去很傲慢，这是她给人留下的印象，在某种程度上，这种傲慢也塑造了她的个性。）

她的一个校友回忆着补充说："黑兹尔总是把事情搞得很神秘，她过去经常在其他女生的纪念册里签上'简·C.'（'Jane C.'）这个名字，当被问及原因，她总会说这将是她的艺名，但她从来不说'C'是什么意思。[当时她母亲的律师是乔治·克拉克（George Clark），来自萨克拉门托市的一位殡仪员。] 当我们其他人得到一包食物或糖果时，我们会说出寄送人的名字——我们的父母或亲朋好友，但黑兹尔从来不说。如果你问她，她会装得很神秘。她交女朋友的时候是有选择的——通常是那些家庭背景优越的——但我觉得她没有一个真正的朋友，没有一个好朋友。她多多少少有些不合群。我们周日出去散步时，她总是走在一行人的最前面，和修女们交谈，讨好她们。我们都感觉她在盘算着什么。"

曾经有一段时间，萨辛小姐（像奥尼尔的母亲在女修道院学校时一样）考虑着想要戴面纱。她说："我被它的色彩所吸引——音乐、仪式、修女们的装束——对我来说，就像是演戏一样。但女修道院长是睿智的。她说，我在毕业前夕，先在家里待上一年，如果我仍有同样的感觉，便可以重新回到修女中去。"在圣格特鲁德学校学习了几年后，黑兹尔给其中一个修女写信说："你要知道，我总想要一个骷髅头，我最终得到了一个。我把它放在卧室里，经常看着它，心里想着我将来会是什么样子。"（这不是一时的心血来潮或是年轻人的悲观厌世，因为直到她生命终结时，她的房间里一直放着一个骷髅头，她经常抚弄它。）

据她的一个亲戚说，为了为舞台演出做准备和获得成功婚姻的机会，这个奥克兰女孩从1906年到1911年在国外待了五年，在巴黎学习了法语、芭蕾和击剑术，在伦敦学习歌唱和表演技巧。让她感到不快的是，因为她拥有更远大的理想，而她却在1907年的选美大赛中因母亲提交了她的照片而获得了“加利福尼亚小姐”的称号。黑兹尔不得不暂时回国参加全国选美决赛——她得了第二名——之后她去了欧洲，这一次是由母亲陪伴。内莉后来向谢伊夫妇抱怨说，即使她们手头拮据没钱吃饭时，黑兹尔还坚持要有“一处理想的住所”。在赫伯特・比尔博姆・特里爵士（Sir Herbert Beerbohm Tree）戏剧艺术学院［Academy of Dramatic Arts（later Royal Academy），后来成了皇家艺术学院］学习后，她在那里结交了同学塞德里克・哈德威克（Cedric Hardwicke）和罗兰・扬（Roland Young）。她第一次也是最后一次出现在伦敦的舞台上，是在新版的《艺妓》（*The Geisha*）中。

黑兹尔的第一任丈夫是她在国外认识的，两人于1911年在纽约完婚，丈夫约翰・莫菲特（John Moffat）是个仪表不凡的苏格兰律师，家庭背景很好，足智多谋，比黑兹尔年长九岁。他深深地爱着她。在他们认识之前，他做矿业股票投机生意，但钱财挥霍一空。他希望借助他的家族关系再做一次——他属于科茨家族（Coates）。莫菲特夫妇婚后前几年是在欧洲度过的，然后他们去了加利福尼亚，在那里，由于第一次世界大战使莫菲特无法收回英格兰的资金，他们最终不得不依赖内莉・萨辛。当黑兹尔起诉与他离婚时，她声称他曾经威胁想枪杀她，还有一次他想从宾馆房间跳楼自杀。（尽管如此，两个人仍旧互相爱着对方，直到生命终结时仍旧飞鸿传书。）

在选了一个与她拉丁裔相貌相符合的艺名后，卡洛塔・蒙特利（蒙特利是来自加利福尼亚的一个城镇的名字）在1915年3月首次在百老汇登台演出，在一出性感喜剧《为爱冒险》（*Taking Chances*）中她和卢・特勒根（Lou Tellegen）演对手戏。一位《纽约太阳报》的评论家在3月18日称赞说“她在最后一幕里穿着一件不起眼的服装，创造了一幅性感诱人的画面”。

在女演员接受了第一次访谈后，4月18日的《纽约论坛报》刊载了一篇题为“一个极端的女孩”的文章。蒙特利小姐赞同一个朋友对她的描述“一个具有强烈情感的女孩”。在历数了她的杂乱血统后，她说：“我经常怀疑那些不同国籍的混合血统是否与之有关联。我好像总是游移在两种极端之间，从未选出一条折中的，平和的中间道路。有时候我的内心渴望本质上与艺术中的那种原始、狂野和质朴……有时候我又渴求相反的一面，那种精美的，极高雅的东西……像一个钟摆一样在这两种性格间摇摆，我感到很不快。别觉得我是病态的或是异常的，因为我对生活的兴趣都是有益身心的，这要归功于我少女时代健康的户外生活。我特别享受为自己的人生归宿而努力奋斗。”

接下来的时间里，她开始在全国巡回演出，主要演《天堂鸟》（*The Bird of Paradise*）里不幸的露阿娜（Luan）这个角色，这个耀眼的角色因劳蕾特·泰勒和丽诺尔·乌尔里克（Lenore Ulric）的表演而出名；但和她的前辈不同的是，除了加利福尼亚新闻界把她誉为一个本土女儿外，这个加利福尼亚女演员的表演没有引起任何轰动。更令她感到不满的是，她“讨厌”巡回演出。（一个“极端的”人，她从不喜欢或者不喜欢什么东西；这经常是个她“喜爱”或者“讨厌”什么的问题。）在演过一段时间的《天堂鸟》后，她说：“我宁愿不工作也不愿一直巡回在路上。对我来说，（它）在各方面都是令人厌恶的——半夜里的‘惊跳’；闷热，肮脏的宾馆房间；令人反胃的食物；孤独感。”

1916年10月，蒙特利小姐嫁给了奥克兰的小梅尔文·C. 查普曼（Melvin C. Chapman Jr.）。查普曼是法律专业的学生，比她小7岁——她现年27岁。两个人的结合使这个家庭的关系更加复杂，因为内莉·萨辛一直是查普曼丧偶的父亲的情人和管家。老查普曼是旧金山湾区的一个重要律师，他想娶内莉为妻，但他的儿子一见到她就发现她很“专横”，他让父亲在与情人结婚还是要保全父子之情之间进行选择，然而，他并没有切断与父亲的联络。他的父亲（除了他干的行业，在其他方面没有一技之长）在他与卡洛塔恋爱一事上并没有反对。“内莉劝我这样做”，年轻的查普曼回忆说。“但我已经很迷恋卡洛塔，我认为我很爱她。”卡洛塔和他结了婚，她后来告诉他说是因为她想要个孩子；卢·特勒根建议她，直到她当上了母亲她才能够成为一个好演员。

她和查普曼结婚后十个月，便生下了一个女儿，取名辛西亚·简（Cynthia Jane Chapman），过了不到一年，她把女儿交由内莉抚养，自己却重返舞台。1923年，查普曼在她的请求下起诉离婚——这样她就可以和拉尔夫·巴顿结婚了——然而内莉·萨辛说，正如当年4月23日的《旧金山之声报》所报道的：“（我女儿）对艺术的热爱摧毁了她对家庭和家人的热爱。”

在大约六年的时间里，蒙特利小姐是詹姆斯·斯派尔（James Speyer）的情人，后者是一位上了年纪的华尔街银行家，她和他之前就有染，并且这种关系比她和巴顿的婚姻还长久，斯派尔的“慈善事业有很多并且是多方面的”。因为丧偶又无子嗣，所以他把一生中的大部分财产都做了捐赠。虽然他们从未在一起生活，他还是把他的私人慈善基金的一部分投在了卡洛塔身上，为她建立了信托基金，这个基金让她在有生之年可以享受到将近14,000美元的年收益。谈到他的慷慨大方，当酷爱买鞋子的卡洛塔花费1,500美元买了一双镶嵌有次等宝石的凉鞋时，他感到很不高兴。伊尔卡·蔡斯说，她通常会以买拖鞋来满足她自己，这些拖鞋是“由高价特别订制的皮制成的”——但花费比1,500美元少得多。（一位在20世纪30年代为奥尼尔和卡洛塔设计家装的建筑师说：“他拥有8000本书，而她却拥有300双鞋子。”）

卡洛塔与斯派尔的相识使她在经济上获得了很大帮助，而她与伊丽莎白·马布里的友谊使她在社交和专业领域获益匪浅。几十年来，作为一个著名剧作家的代理人［她的客户按时间顺序先后有萨尔杜（Victorien Sardou）、王尔德、萧伯纳、巴里和毛姆（Maugham, W. Somerset）］，马布里小姐几乎知道大洋洲两岸艺术界的每一个人，她周旋于上层社会；她的朋友包括波士顿的杰克·加德纳夫人（Mrs. Jack Gardener）、金融家摩根的妹妹安妮·摩根（Anne Morgan）和威廉·K.范德比尔特夫人。她为人大方，外向开朗，沉稳冷静，能很好地适应周围的环境，因此她广受大家喜爱。早些时候，卡洛塔·蒙特利可能在是否与她结交朋友这方面感到犹豫，因为马布里小姐尽管一直很谨慎，但在她的朋友圈子里大家都知道她是个同性恋；几十年里，她和装饰家埃尔茜·德沃尔夫（Elsie de Wolfe）一直形影不离。现在，她已经70岁了，行走不便，却异常丰满。很显然，年龄和疾病都不能削弱她慈爱的本性；按照卡洛塔一个亲戚的说法，马布里小姐给内莉·萨辛写信说，她想收养她的女儿并且会指定卡洛塔为她的继承人。然而，缅因州的一些人却开始怀疑，卡洛塔另有其他打算。

贝尔格莱德湖区的夏季度假区里居住着女演员佛罗伦斯·里德（Florence Reed）和她的丈夫马尔科姆·威廉斯（Malcolm Williams）。他们的住地不远处就是奥尼尔的寓所。为了寻找“聊天的朋友”，奥尼尔经常去拜访这对夫妇，但里德小姐对他的印象是：“他是我所知道的最沉默寡言的人。当人们顺便造访时，他坐在走廊上，待在角落里，穿着湿透的游泳衣，摇晃着茶杯——你很难让他成为我们中的一员。他甚至和他的经纪人贝丝·马布里（贝丝是伊丽莎白的昵称）在一起时也会感到不自在。（事实上，马布里小姐的合作伙伴理查德·J. 马登是他的经纪人。）我的丈夫和他相处得很融洽——我猜那是他一直来拜访的原因——我们一直很友好，但我从未能真正接近他。”

“然而，尤金一跳入水中，他就会放松下来，他是个与众不同的人。每次他一过来他就会去游泳。我记得有一天他在游侧泳时，给我讲了《拉撒路笑了》的故事。我当时在他旁边划独木舟。”

一天，当他正在夫妇俩家里做客时，卡洛塔和马布里小姐及其他几个人也一起过来了。当所有客人都离开后，威廉斯问他的妻子是否注意到女演员试图吸引沉默的剧作家的注意；他还说卡洛塔把一条围巾落在了他家里。当里德小姐提出要让他们的女佣去归还围巾时，他的丈夫回应道：“别费心了，她不会因此感激你。只要尤金在这里，明天她会亲自过来取。”

像她的母亲一样，卡洛塔对整理家务有一种热情和天赋。作为马布里小姐的客人，她不是一个悠闲的女子，相反，正如佛罗伦斯·里德所言：“她接管了家务工作，贝丝很高兴她这样做。卡洛塔负责管理仆人们，订购食物，监管烹饪——她照料家里一切事务，并且做得相当出色。我不是夸大其词，她在管理家务方面是个天才。”正如其他人后来也想到的，里德小姐认为卡洛塔作为一个家庭主妇的天赋是她征服奥尼尔的因素之一。“他被深深打动了”，里德小姐说。“因为艾格尼丝正好相反。一天，我去拜访他们的寓所，他们正好在客厅里——他们不知道有人要来访——客厅里挂着一些没有洗干净的婴儿用品。散发着臭味。”

实际上，艾格尼丝没有一丁点像卡洛塔那样管理家务的天赋，然而，两个家庭的对比有失公允。一个是宽阔的修葺一新的房子，里面摆满了精美的古董，房主人许多年来都在这里避暑；另一个则是简陋的小屋，几个小孩子在里面跑来跑去——小尤金和芭芭拉当时也住在那里。为了帮助料理家务，奥尼尔夫妇雇用了克拉克夫人（和打扫卫生比起来，她更擅长做饭），那个夏天，他们还雇用了一个加拿大女孩帮助照料乌娜和看管沙恩。

卡洛塔有了一些微妙的变化，她开始化淡妆，利用每一次可能的机会追求奥尼尔，她大胆、直白的方式不仅没有引起别人的怀疑，反倒起到了先发制人的作用。艾格尼丝和马布里小姐都认为卡洛塔对奥尼尔的好感主要是因为一个女演员想竭力讨好一个著名的剧作家。在一张他们两个人在缅因州的快照中，她挽着他的胳膊，显得非常开心，有一种唯我独有的神气。自从有了童年时的一次创伤经历后，每当她父亲强迫她学习游泳时，她对水有一种死亡的恐惧；但是她过去经常穿着一件大胆的连体泳衣出现在奥尼尔的住地（“一件男式的白色针织泳衣”，芭芭拉·伯顿说，“缺少了通常套装泳衣的罩裙”），冒险和奥尼尔一起泛舟湖上。

在过了令人沮丧的几周后，到九月初，剧作家的《奇异的插曲》的写作取得了良好进展，但他仍旧对脚本忧心忡忡。他9月3日对乔治·吉恩·内森说：“演员剧院的全体员工正在努力为《拉撒路笑了》的上演筹募资金，他们寻求的资助对象是嘴上说着出资百万，实际上只给零花钱的洛伦佐一类人。剧本要花费大约40,000美元（据麦高文估计，花费要超过50,000美元）……恐怕很快我就得寻找一个疯狂的——因而也是一个真正慷慨的——百万富翁，开办我自己的剧院。”

“说真的，我非常讨厌那种长期存在的小剧场，因为除了促成更多的小剧场外，它们推不出任何作品。这对一个艺术家是一种羞辱性的游戏。小说家可以充分利用它。”

剧作家与小说家的对比形象那时存在于他的思想中，因为以多幕剧写成的恢弘巨著《奇异的插曲》实质上是戏剧形式的小说。无疑，他也在提前考虑要为那部剧找一个制作人。当他正忙于《奇异的插曲》的工作时，弗兰克·B. 埃尔瑟给他送来一个剧本，这个剧本改编自他自己的一部小说。奥尼尔看后很喜欢（“非常出色的作品”），虽然他在另一方面感到很消沉：“如果你想成为一个剧作家，其实你已经做到了，你就是！但为什么要成为一个剧作家呢？我非常刻薄地说——因为《马可百万》仍旧缺乏一个喜爱它的足够富裕的有钱人，能以它需要的方式来资助它，《拉撒路笑了》在为演员们为了走进角色而表现出的情感——和精神——方面的勇气而徒劳地哭泣（到目前为止）……所以，在我看来，如果我是一个小说家，而不是一个处境艰难的蠢货，我应该跪下来向某种东西祈祷。”

# 第十二章 《奇异的插曲》

几个月以来，奥尼尔对《拉撒路笑了》的期望时好时坏。有人曾认为马克斯·莱因哈特会把它搬上柏林舞台，随后有可能在百老汇上演；还有传言说，莫斯科艺术剧院的共同创始人聂米罗维奇 - 丹钦科（Nemirovich-Danchenko）和斯坦尼斯拉夫斯基（Stanislavski），正考虑用俄语上演这部戏。芝加哥古德曼剧院（Goodman Theater）的一个新剧团准备接手这部戏。但这些方案都未能付诸实施。然而，公众对《马可百万》的关注却增加了，这源于乔治·吉恩·内森在1926年8月的《美国信使》上对剧本所做的一篇热情洋溢的评论。同仁剧院愿意把这部剧作为自己的一个演出选择，但至少一年内无法上演，而吉尔伯特·米勒（Gilbert Miller）说如果他能为马可这个角色物色到一个合适的演员，他会在当年秋天演出这部戏。

十月中旬从缅因州回来后，剧作家尽快去拜访了米勒，他只想证明米勒最初为角色所物色的演员格伦·亨特（Glenn Hunter）是不合适的。15日，奥尼尔向艾格尼丝汇报说："亨特对剧本赞不绝口，但是完全不理解剧本的意思——真够讽刺的——他想让他的马可成为一个浪漫的，潇洒的英雄！亲爱的演员，你说什么呢！"

1926年10月16日，奥尼尔和客人麦高文一起庆祝了他的38岁生日，庆祝方式是出席了在纽黑文市举行的耶鲁大学与达特茅思学院间的橄榄球比赛。他们坐在校长安杰尔的座位上，这个座位在五十码线上。他向肯尼思炫耀："老奥尼尔博士，耶鲁大学的毕业生，有坐在这里的权力！"比赛结束后，他们两个与贝克教授交谈了一会儿，贝克教授先前说过他想在12月份开业的哈克尼斯剧院（Harkness Theater）上演《马可百万》这部戏；但最终贝克选择了他的学生的一部戏，因为他觉得让一个学校剧团来上演奥尼尔的剧本，实在是太难了。

奥尼尔离开缅因时，由于夏天出租出去的布鲁克农场仍有人居住，他便在纽约的哈佛俱乐部待了一段时间，艾格尼丝带着孩子们和她的父母一起住在新泽西；然而，即使一家人在里奇菲尔德短暂停留期间，奥尼尔大部分时间仍待在纽约。毕竟，他对《马可百万》或《拉撒路笑了》（如果不能同时演两部戏的话）的上演心怀希望并做出了努力。他不得不勉强接受重新上演《天边外》，这部戏现在处于排练中，这是麦高文在演员剧院为他提供的第一次也是最后一次资助。正如奥尼尔所料，麦高文一掌管剧团，他就陷入了"麻烦"和"纠纷"之中。《天边外》是奥尼尔"在冬季里唯一赚钱的机会"。他竭尽全力为这部戏争取成功上演的机会，为此，他缩减了剧本的内容，因为他觉得过于冗长，并与导演吉米·莱特进行了密切协商。奥尼尔对这部戏"很没有把握"，因为对他来说："它是很久以前的事情了。我很难与它重建联系。它让我感到冰冷和不快。"

在他忙于《天边外》的排演和重新致力于《马可百万》和《拉撒路笑了》两个剧本的事务期间，剧作家抽时间就《奇异的插曲》中已写完将近一半的人物心理刻画一事请教了吉尔伯特·汉密尔顿医生。他也再次约见了卡洛塔·蒙特利，她在东67街20号拥有一套整洁的、装修精致的公寓套房。根据她许多年后所做的模糊不清的讲述，奥尼尔给她打电话问他是否可以拜访她，他第一次拜访便向她吐露了心声。她的叙述是由几次访谈片段拼凑起来的，原文如下：

“他三个下午都来了……我几乎不了解他……如果我是那把椅子的话，他便不会再注意我，他开始讲他的早年生活——他没有真正的家，他没有真正意义上的母亲，没有真正意义上的父亲，没有人像对待一个孩子一样对待他……那三个下午我坐在那里倾听着这个人的故事——起初，我有点担心，后来我很不高兴。我想人们都会遭受挫折，一个有才华的人，他已经做了很大努力，他的脸色越来越阴郁，他一直谈啊谈，到最后他说：‘你知道现在几点了吗……？’我回答说：‘那儿有个钟表。’他接着说：‘我该走了，我该走了。’他夺门而出。第二天接着又来了。这种情形这样持续着……他从未对我说：‘我爱你，我认为你很优秀，我认为你很了不起。’他一直说：‘我需要你，我需要你，我需要你。’有时候让我觉得有点恐惧。我是在英格兰长大的，还没有人如此坚定地对我说他们需要我。他确实需要我，我发现……他的身体一直不好。他总是感冒。他吃不好饭或什么的……唉，正是这些把我卷入了与奥尼尔的麻烦之中——我的母性本能表现了出来。”

“我们一起喝了几次茶后，他邀请我一起吃午饭，一个不错的饭店，在他住的酒店里——他住在温特沃斯酒店。……那天我的指甲断了，我向他要指甲挫。他说他可能没有，但是我们去了他楼上的房间，我在他的行李箱里翻找他的盥洗袋。那个破旧的行李箱里放着他的所有物品，一件衬衣、一套缺了纽扣的睡衣、两套连衫裤和两双廉价袜子。随后，我径直到阿博菲奇服装店（Abercrombie and Fitch）给他买了半打连衫裤，半打袜子，半打衬衣和一个合适的洗漱用品袋，送到了他的酒店。他给我打电话时，听上去非常感激。他说：‘你一定花了一大笔钱吧！’”

蒙特利小姐所讲的一些东西与其他来源的描述并不相符；大部分现有的证据，一则，认为她，而非奥尼尔，是追求者。并且，她的回忆录好像缩短了过去的时间，奥尼尔大约一年后对她说的一些内容——例如“我需要你，我需要你”——被移到了今年他的拜访中。不管怎样，他与艾格尼丝结婚后，卡洛塔并不是第一个吸引他的女人，但她更有魅力，更足智多谋，更重要的是，她比任何别的女人更有决心。她告诉他，她每年可以得到14,000美元的收益，但这些钱是她加利福尼亚已经过世的姨妈留给她的，她的姨妈没有子嗣。（一听到她的年收益，奥尼尔对艾格尼丝开玩笑说：“现在我知道卡洛塔无所不有。”）

刚开始的时候，奥尼尔只是因为卡洛塔对他的关注而感到受宠若惊；他并没打算或者，至少是有意地，想卷入一场可能扰乱他生活的轰轰烈烈的恋情中。可是，当卡洛塔激情洋溢地向他表达了爱意后，他的心理防线开始崩溃；她篡改过的家庭背景史和婚姻经历也让奥尼尔备感同情。这年初秋时节，他和艾格尼丝——把孩子们托付给里奇菲尔德的克拉克夫人照看——在城里享受了十天“美妙的日子”，这有点像他们抛开缅因州的繁忙家务后所度的第二次蜜月。然而现在他却被卡洛塔吸引着，不仅仅因为她的美貌和她所声称的对他的爱慕，而且还因为她的勇气和她对他的关怀；她送给他的阿博菲奇服装礼物体现了她的母性态度，这是种感动人的策略。他和她见面的次数越多，他越觉得她在各方面都令人满意。她富有同情心，她善解人意，她对他的工作很感兴趣（艾格尼丝过去常说她“厌烦”他总是谈论剧院的事情），当他抱怨工作中的麻烦时，卡洛塔对百老汇剧院的谴责正好迎合他对“剧院”的轻蔑态度。但最重要的是，她的勇气吸引着他：“艾格尼丝对自己没有信心”，伊丽莎白·谢普利·萨金特说。“所以她不能给奥尼尔提供任何帮助，而卡洛塔总是很泰然自若。她让他感到很舒心。”

奥尼尔想在梅西百货公司买一个皮划艇，但是他又不想混杂在大型百货公司的人潮中，所以他一直拖延这次购物之行，直到卡洛塔听说这件事后，提出要陪伴他去。卡洛塔用坚定的、充满信心的手臂指引着他，这让他感到有她在身边既安全又可靠。在他还未来得及意识到发生的一切时，他就被冲出了自我满足的浅滩，卷入了动荡的深渊。

在纽约的最后几天里，他因犹豫不决和矛盾的欲望而感到痛苦，他也没有任何准备要与艾格尼丝和他们共同创造的生活一刀两断。11月20日，艾格尼丝和孩子们去了百慕大，而他留下来监督《天边外》的彩排，这部戏将于30日在曼斯菲尔德剧院（Mansfield Theater）正式上演。在与卡洛塔做了情感上的分离后（她说："正如我们所期望的，一切都会得到解决"），27日，他登上了圣乔治堡号，客轮一离开纽约港，他便开始给卡洛塔写信，他想通过言语诉说寻求情感上的慰藉。他写道，轮船"滚离了桑迪岬。我想起了我的航海生活，脚底下巨浪翻滚，轮船上下颠簸，让我有一种解脱的兴奋感。那时这意味着自由……现在，那种兴奋感没有了。巨浪仅仅是一种盐水。波浪的节奏感也消失了。由于兴奋而怀揣梦想的自我在很久以前的某个晚上被大海吞噬了。有时候当我以乘客的身份倚靠在甲板上时，我能感觉到他在船底游走，一个溺亡人不散的灵魂，哀叹他过去悲惨的传奇经历或者嘲笑我在水手舱对亵渎神明的讽刺。'大海给了你什么，美国佬，金。'我得意地答道：'哦，名誉，你知道。'……他说：'那个经历不会随我一起下沉，它也不会接受溺死和消失在海里。'我无耻地说，'对了，还有金钱，房子（这里奥尼尔写到但后来又删掉了："妻子和孩子"）——安全感和舒适。''前面院子里的花？'他嘲笑道。'噢，见鬼，那又给了你什么？'……等等。在我最痛苦最孤独的时候，那个溺亡很久的自我，很像毛猿，不断地出现。"

"就像现在。我的灵魂是一个孤独的黑屋，非常渴望见到你，我的爱人……上帝一转身，用力关上门离开了，整个牢狱一片黑暗……"

"亲爱的，写给你的是多么悲伤的一封信啊！首先，我特别不想增加你的痛苦，你已经承担不了了，上帝知道！原谅我！对于你的爱给我带来的巨大的，深深的快乐，这就是忘恩负义……就在刚才你好像离我那么遥远，让我很迷惘，我发现自己处于绝望的迷雾之中。但我知道'曙光会到来的——不久'！"

信件掺杂着他的真情实感、自我怜悯和浪漫情怀，人们很难断定哪一种是主要的。尽管很伤感，他身上的某些部分还是满足于他当时的情形。卡洛塔不仅让他感到"巨大的，深深的快乐"，而且也成了他自我折磨的一个手段。

他内心的那个鞭笞者在给她写的下一封信中更加明显，那封信是他回到百慕大之后不久写的："船上的那两天'糟糕透了'。在船停靠的几个码头，我一步也没有离开船舱——但我的内心却不断地受到各式各样的拷问。唉，那又怎样？人生不是一次免费的野餐——如果是，那就太乏味了！——无法解释为什么我在晚年应该感到困惑并假装好像我刚刚发现似的。当看到珍贵而漂亮的东西的那一刻，你就要付出代价——你应该这样做，并且带着一种自豪的心态，因为没有比这更残酷的代价了，以至于没有人愿意一次又一次地付这样的代价。"

奥尼尔又不失时机地向艾格尼丝讲起了卡洛塔。用他的话说，"有一些事情我不能撒谎——即使是用沉默"。但他坚持说，他对艾格尼丝的感情更深并且无意结束他们的婚姻。按照他的说法，他从未和卡洛塔上过床（不管是否真实，艾格尼丝都相信了他）；他坚持说他们两个人都不应该指责卡洛塔对他的爱恋和他对卡洛塔的迷恋。艾格尼丝深感震惊，但在恢复平静后，她大方地给她的情敌写了一封信，并且收到了下面的回复："我经常想起你、金和沙恩，在某种程度上，我妒忌你们沐浴在蓝色海水和阳光下的舒适生活——尽管我们不那么幸运，但是我们可以用别的东西来充实我们的人生。我尽可能地享受不同的音乐和涉猎各种各样的书籍！"

"这个假日季节让我不再'忧郁'——为什么——上帝晓得——因为我不再有快乐的圣诞节在心中留驻！"

"我希望像你一样出色——说得有点多了！"

对艾格尼丝来说，那段时间很难熬，因为她父亲身体一直欠佳，在被诊断为结核病不久，她听说了她的丈夫对另一个女人的痴情。他父亲现在在纽黑文医院（New Haven Hospital）等待被转入疗养院。奥尼尔很喜欢博尔顿先生，他12月20日给他写信说："从我的亲身经历中，我知道你现在所遭受的一切。在疗养院或医院的前几星期，你会备受折磨，心情会极度沮丧。但不用担心！过了那段时间，你会感觉越来越好，你会发现周围的一切既新鲜又有趣……其实我并不担心我在疗养院住的六个月——在第一阶段的治疗结束后。”

但是，当他为他岳父的病情感到难过时，他自己的情况却困扰着他的思想。他向麦高文这位唯一信得过的朋友吐露了心声：“我还没有完全与上帝和好。两天的航行使我感到内心像一个美丽的小地狱。生活成本似乎高得可怕。你真想拒绝为此埋单。我羡慕那些心灵简单的人，对他们来说，人生总是非此即彼。正是此和彼……用复杂的矛盾冲突慢慢毒噬着你的灵魂……（艾格尼丝）很好。孩子们也都很好。重新回家的感觉也很好。幸运的是，当我这样做的时候，我离开了——因为我爱她、孩子们以及我的家——没有什么能取代他们——哦，天哪，还有其他的东西——‘在山的那边’。”

他寄给麦高文一张25美元的支票，让他给卡洛塔买圣诞节玫瑰花（她回忆道：“天啊！麦高文拿着一大盒子花来了，那个盒子就像棺材一样大！”）。12月16日，他警告肯尼思：“不‘明白’你的那些来信。这些信件不只是给我一个人看！”在百慕大的头几天，他感觉好像“一下子飞上了天空”，“像一片云一样被吹来吹去，只有我的影子在地面上移动，地面上有一些房屋，里面有人居住”。一个月后，他仍感到在漂浮，但他很少向周围人描述他内心的状态；像戴着面具的迪昂·安东尼一样，他带着一种冷嘲热讽的神态。胡贝尔蒂·札霍尔斯卡（Hubertine Zahorska），一位美国姑娘，在汉密尔顿经营着一家亚麻布品店，同时为奥尼尔兼职打字，她感到他在“拿卡洛塔与艾格尼丝抗衡，并从中获取某种满足感”。

斯皮特海德是让他感到异常兴奋的原因之一。他相信：“这个地方修缮后将成为一个奇观——对我来说绝对是个完美的地方，我在这里所做的工作一定会给我带来很大的好处。我很喜欢它。”当他完成对这个地方的修缮和翻新时——除了修复房屋外，他还建了一个混凝土船坞和网球场——他的花费比购买时的价格17,500美元多出了20,000美元。斯皮特海德坐落在海边，从那里可以一览无余地欣赏到大松德海峡和海峡中的帆船、海鸥和许多小岛，它的确很迷人。沙土色的18世纪房屋是用原生石垒起来的，非常坚固。房屋的线条简单朴素。墙壁很厚。经过改造，建了一个从外面直通二楼的双楼梯，这个楼梯好像是伸开的“欢迎的手臂”。斯皮特海德是由海盗船长希西家·弗里思（Hezekiah Frith）建造的。他劫持西班牙和法国的商船发了家，这个地方最初是他们的居住区和贮藏战利品的仓库。当地的一个传说激发了奥尼尔浪漫的灵魂，斯皮特海德被传闹过两次鬼；据说早期居民看见过弗里思船长和他的儿子小希西家的鬼魂，他们俩是在格拉纳薇深海被雷电劈死的。

除了主体房屋，此处还有一个相当大的茅屋，是由厚重的石壁围起来的古老的贮酒室，码头的中间很像一个养鱼池，伴随着巨大的波涛声，潮水时涨时落。在这里，沙恩静静地，慢慢地，尝试着向前挪步，好像脚下的地面随时会坍塌一样，看着地面一点一点地塌陷下去，他会陷入长时间的幻想之中。

对斯皮特海德的翻修工作进展很缓慢，几个月来，一家人不得不在茅屋里将就着度过了“非常拥挤、活地狱般的日子”，奥尼尔要在“一个拥挤着孩子、木匠、管道工、泥瓦匠……的卧室里，和附近的各种嘈杂声中”进行创作。他通常发现在这样的环境中难以进行写作（“金是如何写作的”，艾格尼丝说，“我难以理解”），但是在思考他个人的问题时，他总是不受影响。为了能让《马可百万》尽快上演，他决定让利夫莱特出版这个剧本，并且会在12月份花上一些时间对剧本进行修订和大幅缩减。他还用了两周时间认真修改《拉撒路笑了》，在做了大量改动后，他觉得剧本好得多了。1926年的最后一天，他盘算着1927年该干些什么，然后他就接着写已完成将近一半的《奇异的插曲》。“现在我已胸有成竹”，他在12月7日对麦高文说，“我应该能够在那部戏里才思爆发，一鸣惊人”。

他很快就“深入”到《奇异的插曲》的写作中，仍旧面临着“精神上的折磨和做大量工作所需付出的血汗”，但他坚信这将是“一件伟大的事情——如果成功的话”。尽管他的工作条件很艰苦，他仍取得了理想的进展，两个月内写完了五幕戏，二月底就完成了整个剧本。“这是最伟大的一部。”28日他异常兴奋地对麦高文说：“我对这部戏的深度非常满意。它是独一无二的。”

许多年来，他一直怀着一个梦想，即“以戏剧的形式来书写一部小说的主题，并且这部戏在某种程度上还能成为剧院的主打剧目”。他最终实现了他的梦想，主要是让作品尽可能地长，他认为这很有必要。剧本《奇异的插曲》分为上下部，共九幕戏，时间跨度25年，讲述了尼娜·利兹和她生活中三个男人的故事：萨姆·埃文斯，笨手笨脚，天真单纯，他对尼娜能嫁给他心存感激；埃德蒙·达雷尔医生一直得意于他那种冷冰冰的，科学的超脱精神，直到尼娜摧毁了他的独立性，把他拉入到了她的人生轨道；查尔斯·马斯登，她家的世交，文雅的小说家，“一个费尽一生时间也未能认清自己性别的可怜鬼”！

为了在剧本中体现小说的特性，奥尼尔打破常规，不仅使新剧本的长度异乎寻常，而且也增加了他所谓的“思想旁白”，这沿用了一种古老的戏剧技巧，人物直接向观众说话，舞台上的其他人假装听不见。然而这一次，他比以前更大胆自如地运用了旁白和独白——它们占据观众所能听到的话语的三分之一还多——以传达人物内心的秘密。虽然这种创新方法在《难舍难分》中有短暂暗示，在一场戏里丈夫和妻子彼此自言自语但却互相听不到，这很可能是乔伊斯的《尤利西斯》给他带来的灵感，使他能更明显地使用意识流手法，奥尼尔在开始写作《奇异的插曲》时读了这本书。结果，在他的笔下，两种技巧得到了混合使用。旁白可以反复增强情感或强化场景的意义，提供讽刺性的对比，或者加强对人物的塑造；同时，它们经常显得要么反复啰唆，讲述我们已经知道的东西，要么仅仅是作者用来阐释话语言外之意的一种简单方法。

像几乎他所有的剧本一样，他对《奇异的插曲》（“我们的人生仅仅是上帝圣父以电的形式显示中的奇异而黑暗的插曲而已！”）酝酿了很久。1923年当他在普罗文斯敦听到下面的故事后，他第一次做了一些有关这个剧本的笔记。故事是他“从拉斐特飞行小队以前的一个飞行员那里听说的，讲述了一个姑娘的飞行员未婚夫在停战前被炮弹击落，她由于受到打击而精神崩溃；后来她结婚了，不是因为她爱那个男人，而是因为她想要个孩子；她希望以母亲的身份从生活中获得某种满足感”。

以这个故事为基础，奥尼尔创作了一个女人一生中所经历的一连串事件，如内疚感、滥交、潜在的同性恋、疯癫、通奸、私生子、有乱伦欲望的神经质母亲，和（不足为奇的）情感枯竭，所有这些都说明了人际关系的多变性和时间对人的侵蚀。如万花筒一般，剧本从来没有静止过，剧中的画面不停地转换；在爱、恨与失望变换交织的中心是尼娜·利兹，她是作者刻画的最有魅力但又最不可靠的女性之一。作者好像有意识创造了这样一个女主角，她是所有女性的典型化身；实际上，他想要通过刻画一个既是受害者又是施害者的荡妇形象来表达他对性的矛盾看法。

《奇异的插曲》不仅仅以奥尼尔在普罗文斯敦所听到的故事为基础，而且还明显地基于萧伯纳的《人与超人》（*Man and Superman*），剧中的安·怀特菲尔德（Ann Whitefield）是一个“扭曲的女人”。关于安，萧伯纳说“如果女人都像男人一样挑剔的话，不管是道德上还是肉体上，那人种将会灭绝”。剧中人物的一些对话很适合奥尼尔的剧本：

坦纳：……那是女人的魅力的邪恶面：她让你情愿去死。

屋大维：可那不是死，那是种成就感。

坦纳：是的，那是她的目的；她不是为了她的幸福或者你的幸福，而是出于本能。女人身上的生命力是一怒之下产生的。她为此而牺牲自己：你认为她会为了牺牲你而犹豫不决吗?

萧伯纳所强调的“生命力”在安·怀特菲尔德和尼娜·利兹身上显而易见；然而，尽管《人与超人》和《奇异的插曲》有共同的基本主题和对女性的相似观点，但是却有着完全不同的处理方法：一个机智、聪明、言辞优雅；另一个更关注对灵魂的探索，富有激情，也受尽磨难。萧伯纳的喜剧赋予现实人生更深刻的含义，他用的是无性的语调（很难想象他剧中的夫妻能够耦合在一起）；而另一方面，奥尼尔的戏剧总侧重于描写痛苦的肉体。

奥尼尔曾经考虑把他的剧本命名为《闹鬼》（*The Haunted*），因为所有的当事人都在某种程度上受到困扰，主要是受到戈登·肖（Gordon Shaw）的幽灵所纠缠，戈登·肖是大学里的一个英雄人物，也是尼娜的未婚夫，在第一次世界大战中阵亡。尼娜非常后悔没有与他在战前完婚，她感觉“亏欠”了他，后来她成了一名护士，献身于那些伤残的士兵；但她的这种忏悔方式徒增了她的内疚感。为了以母亲的身份赎罪，他嫁给了萨姆·埃文斯，一个爱慕她而且同她一样崇拜戈登·肖神龛的男人［戈登的姓氏肖具有双重意义，一方面大家把他视为“超人”；另一方面萧（肖）伯纳的戏剧激发了奥尼尔的灵感］。

尼娜的生活一帆风顺，直到有一天她发现了丈夫家族的遗传疯病，而他本人却不知情。在一次流产后，她请求埃德蒙·达雷尔医生与她睡觉，之前他曾促成她与埃文斯成婚；她说他们可以做实验中的一对“豚鼠”，生下一个健康的孩子。于是两个人理所当然地相爱了，并且一直担忧是否把这件事告诉毫无疑心的埃文斯。当事情败露后，她仍旧做着萨姆的妻子、达雷尔的情人，同时与马斯登保持着某种父女般的关系——“亲爱的老查尔斯”，他一直小心翼翼地爱着她。“我的三个男人！”尼娜得意洋洋地说，“我感到他们的欲望汇聚于我一身！……汇合成单一而完整的，美妙的男性欲望，被我吸收……我是全部……他们在我这儿融化，他们的生命成为我的生命……我是跟他们三个怀的孕！……丈夫！……情人！……父亲！”接着，想起了她襁褓中的儿子，她又说：“……还有第四个男人！……小戈登！……他也是我的！……这样才完美无缺！”

《奇异的插曲》一步步地、谨慎合理地使尼娜从一个理想主义的处女演变成一个自我牺牲的荡妇，又从一个尽职的妻子演变成一个毁灭型的大地母亲，等等。然而，她变得越来越不合情理，因为任何解释都无法掩盖她所扮演的一系列角色是为了展示女性的主要方面的事实。最后，在与不幸和痛苦进行了一番搏斗后，她并没有跳出肥皂剧中饱受争议的女性刻板形象的窠臼。

与奥尼尔的其他作品不同，《奇异的插曲》中没有一个人物可以充当他的人格面具，但他的人生片段可以在尼娜、达雷尔，特别是马斯登身上体现出来，某种程度上，马斯登很像懦弱的奥尼尔。通过马斯登，剧作家表达了他由于紧张而对女性产生的敌意，对人生的恐惧（像迪昂·安东尼一样，马斯登“生来胆小”），和对美国社会中不择手段赚钱的现象的蔑视。想起自己在上大学预科班之前第一次去妓院寻乐的伤痛经历，他在马斯登的人生历史中也设置了同样的一页。而在另一个类似传记的部分，剧作家儿子难以忘记他死去的父亲，他借马斯登的开场白表达了对父亲的哀思：“……他的面孔已经变得多么模糊不清了！就在临终时，他要对我说什么……在医院……阴冷的走廊里飘散着三碘甲烷……炎热的夏天……我弯下腰……他的声音已经退得那么远……我不能理解他……什么样的儿子能够理解？总是太近了，太快了，太远了，或者说，太晚了！……”

这个角色的原型主要是画家查尔斯·德穆斯（Charles Demuth）。奥尼尔是在普罗文斯敦和格林尼治村认识他的。剧作家心里还有另一个著名的艺术家——马斯登·哈特雷（Marsden Hartley）（因此剧中的人物叫“查尔斯·马斯登”），他是德穆斯的朋友。这两个艺术家是同性恋——正如剧中的马斯登，虽然他在逃避自己——德穆斯，像虚构的人物一样，有一个强壮的，呵护的和嫉妒的母亲。奥尼尔曾经说过，“我自己非常喜欢‘马斯登’——仅次于‘尼娜’”，“我在生活的不同层面认识许多马斯登，但在我看来，他们还从未在文学作品中被同情或真正被洞察过”。

在塑造这个人物时，他再次得益于萧伯纳，因为《人与超人》里屋大维·罗宾逊（Octavius Robinson）身上有马斯登的影子。（安·怀特菲尔德说，“男人喜欢那样，总是悲伤地生活在舒适的单身宿舍里，被他们的女房东崇拜。”）最终，奥尼尔借用了萧伯纳剧中约翰·坦纳（John Tanner）做达雷尔的原型。正如坦纳认为自己对女人的本性和她们屈从的诡计无所不知一样，

《奇异的插曲》中的达雷尔医生认为自己“对真实的性爱本质有科学的理解，因此他不会与人恋爱”。不用说，这两个男人最后还是被“生命的力量”征服了。

达雷尔是以斯皮特海德附近的一个小岛命名的，他与作者有一些相似之处：他皮肤黝黑，身材削瘦，相貌英俊，“不喜欢照看孩子”，“他的一个特征是，以他那强烈的激情招惹和骚扰女人”。在其他方面，这两个男人没有多少共同点，因为很难想象奥尼尔能像达雷尔一样，为了爱情而葬送自己的人生，或者长年累月与另一个男人共享一个女人；他有强烈的占有欲和嫉妒心，不会无限地容忍一种三角恋爱关系。然而，达雷尔能与他好友的妻子尼娜维持长期的情人关系很可能是受奥尼尔自己的人生经历的启发：在第一次世界大战期间，他与路易丝·布赖恩特（Louise Bryant）在她婚前和婚后有一段短暂的不正当关系，而她的丈夫约翰·里德（John Reed）是奥尼尔的好朋友。奥尼尔当时告诉特里·卡林：“当那个女孩（路易丝）抚摸我时，那种感觉就像一团火焰！”在剧中达雷尔想到尼娜：“天哪！……她肌肤的感觉！……她的裸体！躺在她怀里的那些下午！快活！我还在乎别的什么吗？让萨姆见鬼去吧！”

尼娜的外貌是以爱丽丝·卡斯伯特和奥尔加·柯林森为原型的。这两个女人是剧作家在百慕大时认识的，而她的性格特征主要以路易丝·布赖恩特为原型，路易丝对人生过于贪婪，喜欢被男人包围，为了满足欲望而不顾一切。同时尼娜不仅仅是小说化的路易丝的形象，因为她也包含了作者的某些方面，是他的代言人；她还传达了作者的宠物思想。她说，“我们这些可怜的猴子是怎样把自己隐藏在叫作言语的声音之中啊！”

加入作者想象的尼娜、达雷尔和马斯登的原型来源各异，虽未出场但却无处不在的戈登·肖则完全来源于生活。虽然他不可能是理想化的，肖实际上是霍巴特·艾默利·黑尔·贝克（Hobart Amory Hare Baker）的翻版，普林斯顿大学的无与匹敌的“奥贝（Hobey）”贝克（1892—1918），他是当时“最成功的，神一样的”大学生。据一位权威人士说，“他毫无争议地是常春藤联盟体育赛事史上最优秀的运动员”。戈登·肖的故事与这个普林斯顿男孩相似，贝克是拉斐特飞行小队的成员之一，他在法国时从空中坠亡。他是一个英雄人物，激发了同时代人的想象力，包括他的校友 F. 斯科特·菲茨杰拉德（F. Scott Fitzgerald），他认为贝克是“一个完美的典范，我非常崇拜他，他配得上一切”。

如果不提一下弗洛伊德，那么《奇异的插曲》的资料来源是不完善的，即使奥尼尔矢口否认他的影响。约瑟夫·伍德·克鲁奇是奥尼尔剧本的第一批读者，他发现剧中有些部分沿用了弗洛伊德的方法。对此奥尼尔只是委婉地表示反对，因为克鲁奇很赞赏他的剧本，他回应道：“我觉得，虽然《奇异的插曲》确实有很多精神分析的思想……任何一个艺术家兼优秀的心理学家，即使没有听说过弗洛伊德、荣格（Carl Jung）和阿德勒，也可能写出《奇异的插曲》。”但是几年后，当一个教授准备写一篇有关他的剧本的精神分析方面的论文时，他激烈地表示反对。他声明说：“我的剧本里没有一部刻意运用精神分析资料……我保证尼娜的强迫症不是来自于弗洛伊德《精神分析引论》（*A General Introduction to Psychoanalysis*）中有关梦的这一章节。我只读过弗洛伊德的两本书，《图腾与禁忌》（*Totem and Taboo*）和《超越快乐原则》。（实际上，他也读过《集体心理学及对自我的分析》一书，可能还有其他的。）书中最让我感兴趣的弗洛伊德学派的思想是荣格的《无意识心理学》（*Psychology of the Unconscious*）……如果我无意中受到了影响，那一定是这本书而不是其他的……但无意识的影响总是让我很困惑！它就那么容易地被证实了！我想说的是，对我的剧本影响最大的是我掌握的不同时代的戏剧知识——尤其是古希腊悲剧——而非任何有关心理学的书籍。”

即使你认为——他自己也喜欢这么认为——奥尼尔是个“喜欢凭直觉进行分析的心理学家”，《奇异的插曲》包含的许多言语和思想是由熟悉弗洛伊德理论的人所写的。奥尼尔凭借他自己的亲身经历——特别是他在布宜诺斯艾利斯的体验和在吉米神父的酒吧的经历——通过达雷尔之口说出了内心的恐惧：“尼娜潜水寻找排水沟仅仅是为了确保自己已经触摸到底部的安全感，不能再往前走了！”但当达雷尔说尼娜“需要正常的恋爱对象，因为戈登的死阻碍了她的感情生活”时，他仅仅是附和了弗洛伊德的观点。

一个难以置信的女主角，对弗洛伊德思想的巧妙运用，一个类似于今天的肥皂剧的故事，难以超越常规的语言——总之，很容易发现《奇异的插曲》的缺陷。然而，自相矛盾的是，缺陷却恰恰证明了作者的成功，因为尽管剧本有缺陷，它仍能自始至终激起读者的情感波澜，吸引他们的注意力。部分原因在于，剧作家作为基督山伯爵扮演者的儿子，总是把他的人物置于一次又一次的危机之中。但批评家罗伯特・里特尔（Robert Littell）发现，剧本主要的推动力来自于更深层，某种更真实的东西；在一个不仅适用于《奇异的插曲》而且适用于奥尼尔的所有作品的具有洞察力的分析中，里特尔称：“奥尼尔在所有作家中是个例外，因为他的优点和缺点无法区分，他的几个缺点同时又是他的优点。他的所有剧本和《奇异的插曲》的大部分章节都彰显了他的那种探索精神和他难以抑制的强烈而真挚的情感，许多情况下，他的这种情感比美国任何其他剧作家和几乎所有外国剧作家都更热烈，更执着，更神秘。奥尼尔好像在探索人性的最深处，不是因为他在这些心理的墓穴中寻找有趣的戏剧资料，而是因为这种探索与他的自我追寻密切相关。这种无止境的人性探索是鼹鼠挖洞式的漫长的救赎过程——他对自己的救赎远比剧中人物的救赎艰难得多。”

“如果奥尼尔能把对自己的探索看作是剧中人物的探索，如果他能远离他们，那么这些人物会更加清晰，更加真实，但他们也会失去作者用探索的激情赋予他们的神秘感和完整性。如果奥尼尔幽默感十足，能让一个作家对他的严肃性发出不信任的笑声，他就不可能运用对宇宙之痛发出的呐喊来塑造他的人物，很多情况下，这些人物既奇特又感人。”

1927年3月初，他和家人搬到了斯皮特海德的房子居住，虽然室内各种设施还不完备，但来访者还是络绎不绝。伊丽莎白・谢普利・萨金特是第一批来访者之一，她因在一次车祸中受了伤，所以来这里疗养，她待了六个星期。奥尼尔一听说她遭遇了不幸，就在她出院后邀请她过来居住。她的来访使奥尼尔对卡洛塔的感情变淡了，但他与艾格尼丝的关系好像也不十分融洽。像许多已经戒酒的人一样，他现在对喝酒有一种戒备心，特别是事关艾格尼丝时，他想让她也戒酒。他越来越不愿与人交往，他们两人之间的另一个矛盾是，艾格尼丝出去参加聚会时很少带他。

“金觉得艾格尼丝因他成了禁酒主义者而难过”，萨金特小姐说。“因为在他看来，艾格尼丝以前掌管着家里的一切事物，而现在她不喜欢让他指挥她。这一点是否真实，我不敢说，但那是他的观点。艾格尼丝曾告诉我，她嫁给了一个放荡不羁的人，发现他非常固执己见。我认为她觉得他在压制她，我看他不是一个容易相处的人，但艾格尼丝好像对自己很有信心。她说他非常依赖她。据她说，只要他们分开一段时间他就会给她写信，说没有她在身边他感到很失落。”

复活节假期，小尤金在百慕大待了一个星期，他告诉萨金特小姐，当他几年前得知自己是一个著名剧作家的儿子时，他感到异常兴奋，尤其是在他不再在乎他的继父之后。这个年轻人以前写剧本，现在已改写诗歌，他喜欢站在码头，朗诵他的诗作。一些人说，“就好像他在用诗歌向他的父亲表示爱意”。下面一首诗体现了他诗歌的典型特征：

他们不认识我，
我，上帝之子！
处女之子
我告诉他们我的身份。
他们不承认我，
不！不是我！

耶稣基督重返大地。
我宣扬着我纯朴的教义。
世人对我不理不睬。

他们把我送上电椅，
再次把我钉死在十字架上！
但我坐着嘲笑他们。
他们让我愤世嫉俗！因此我大笑。

你做了一个有趣的梦吗，尤金，
你为何在睡梦中大笑？
你为何一直在笑？
我在下面没看到什么吗？
在那个无底洞里？
那是上帝吗？
或者是虚无？
可能上帝就是虚无。

这个17岁的青年准备在秋季进入耶鲁大学学习（奥尼尔的荣誉学位和他对贝克教授的喜爱使他为儿子选择了耶鲁大学）。在萨金特小姐看来，他与父亲、继母的关系很融洽。“艾格尼丝对他很好，好像很喜欢他。让我感到可怜的是小沙恩，一个令人同情的孩子，当孩子们都应该由父母陪伴时，他却一个人在海边徘徊。我记得一天下午他没精打采地坐在码头，我问他是否愿意跟我一起回家，我给他讲故事时，他非常高兴。就我所见到的，金和艾格尼丝都对他不很关心。金曾对我说，他不知道如何与孩子们进行言语沟通，感觉直到儿子长大他才与他有些联系。”

虽然胡贝尔蒂·札霍尔斯卡在百慕大有自己的住处，但她是奥尼尔的另一个房客。像萨金特小姐一样，胡贝尔蒂也遭遇了事故——她从自行车上摔下来得了脑震荡——在奥尼尔家康复修养；但她在那里过得一点都不安宁。她回忆说：“我只待了几天，艾格尼丝便问要过多久我才能接着在打字机上打《奇异的插曲》，因为奥尼尔希望尽快打出来。我还没有完全康复，但在艾格尼丝无形的压力下，我开始了打字，但疼痛让我经常暗中掉泪。有一次，我边打字边哭泣，金碰巧从窗口经过，他告诉艾格尼丝说我是他最动情的观众。我从来无意让他失望，但我的确向艾格尼丝抱怨过打印手稿本上的内容非常不方便。我疑惑为什么他不写在活页纸上——这样做对他来说也更容易些。艾格尼丝盯着我看了一会儿，笑着说，'金知道它们的价值！'我不确定她说的价值是否是针对他的子孙或者他手稿的交易商而言的。"

在《奇异的插曲》被打印期间，来访者中有一个人是同仁剧院的劳伦斯·朗格内尔，他来百慕大有两个目的，一是为了康复病体，二是为了与奥尼尔改善关系。他知道，奥尼尔因同仁剧院拒绝上演他的剧本而非常气愤（被拒的剧本有《救命草》《最初的人》《难舍难分》和《泉》，更遗憾的是，还有《安娜·克里斯蒂》）；现在看来美国第一个剧作家和美国第一家戏剧公司最终要联手合作了。同仁剧院长时间以来对《马可百万》冷嘲热讽，现在又开始对它大力吹捧。尽管朗格内尔是来商谈《马可百万》的事宜，可是当他听说奥尼尔刚刚完成一部反传统的时长要持续两个晚上的剧本时，他马上兴趣盎然；剧本的长度没有让他灰心，他说，既然同仁剧院能够上演萧伯纳的长篇巨著《回到玛土撒拉》（*Back to Methusaleh*），这个剧本就没有问题。几天后，再次拜访了奥尼尔后，朗格内尔带着《奇异的插曲》的前六幕回到了旅馆。他本打算在上床睡觉前浏览一下，可谁知却看了大半个晚上，他越读越兴奋，最后感觉这是他读过的最伟大的剧本之一。

虽然他对剧本很感兴趣，可是他认为剧本的长度和消沉的人物会成为它受大众喜爱的障碍；同时，他急于想让他的剧院上演这部剧来抬高声望。朗格内尔返回纽约后，便与同仁剧院的其他五个执行董事一起，全力以赴投入到《奇异的插曲》和《马可百万》的排练工作。

奥尼尔不敢把希望全部寄托在同仁剧院身上，他担心资金问题，（他对麦高文说，"我们全家人都恳求我卖掉里奇菲尔德"，）他渴望剧本能上演。他在3月24日对肯尼思感叹道："我希望我们过去的执政三人仍然存在。《奇异的插曲》找不到演出的剧院——除非同仁剧院或阿瑟·霍普金斯对此有兴趣——不是很妙。让我能够放心的剧院经理们也不多。”4月7日，他写信给乔治·吉恩·内森说：“过去那些上演我剧作的剧院，如普罗文斯顿剧社和格林尼治村剧院显然不合适，但可以对我目前的困境有所帮助。”

朗格内尔对《马可百万》做的首次报道——同仁剧院还没有拿到《奇异的插曲》的剧本——发人深省。董事会的大部分成员都喜欢这部戏，但都感到上演起来成本太高；执行董事会的舞台设计师李·西蒙森（Lee Simonson）估算布景、服装、道具等等至少要花费30,000美元。他们要求奥尼尔不仅要削减剧本的长度，而且要删掉几场戏，对整个剧本进行大幅度地缩减。同仁剧院的领导们都不赞成奢华的场景，不仅是为了节约成本，据朗格内尔说，而且还因为他们认为故事中人物的特征和幽默的特性会被华丽的场面所遮蔽。他的同事们都要求他尽最大努力与奥尼尔进行协商。

“你要么倾注全力保证这部戏的演出费用和宏大场面”，剧作家在4月5日回复道：“要么就简单行事。任何折中方案都会造成严重的后果——坦率地说，我认为西蒙森提出的30,000美元只是一半的费用。”他对剧本提出了一些修改的方法，包括删除整场戏，这些改动会“大幅度减少演员和服装的使用”，并希望他的答复能够“表明我是多么希望——多么期待与同仁剧院合作”。后来，他又告知朗格内尔已经把《奇异的插曲》的副本寄了过去，并力劝同仁剧院的董事们“要对剧本的主题和内容保守秘密；不管你们的决定如何，我想你们会认同在上演日期确定以前，信息泄露得越少越好”。

在同事们看完《奇异的插曲》后，朗格内尔很不高兴，因为并不是所有人都像他一样对剧本感兴趣。为了给奥尼尔的两部戏做宣传，特别是这部新剧，他给其他董事会成员写了一封热情洋溢的信，他在信里称赞这部九幕剧可能是自易卜生发起戏剧革命以来“最大胆、影响最深远的戏剧实验”，并宣称剧本包含了“比以前任何剧本都更深刻的有关人的内心的黑暗角落的知识”。为了劝告其他人在剧院中履行好自己的职责，他劝说他们不要因可能会在《奇异的插曲》上赔钱而受到影响。

四月份，艾格尼丝的父亲病危，她乘船去康涅狄格州谢尔顿市的月桂山庄疗养院（Laurel Heights Sanatorium，原来的费尔菲尔德县州立结核病疗养院）看望他。这个地方在过去是一家可怜的简陋的农舍，而现在，月桂山庄疗养院拥有现代化的先进设备和一流的医护条件。奥尼尔本人于1912年在疗养院养过不长时间的病。（几十年后，那次经历仍旧让他内心痛苦不堪，在《进入黑夜的漫长旅程》中，剧作家儿子把谢尔顿这个地方描写为“州立农场”，埃德蒙与父亲就这个农场不断进行着激烈的争执。）

艾格尼丝的离开让她的丈夫陷入了痛苦的深渊。虽然平日里不管他们分开多长时间，他总有一种失落感，但是，这一次他受到的影响如此严重，以至于内心感到矛盾混乱，焦躁不安——很明显，是因为卡洛塔。4月15日，在她刚乘船离开几个小时后，他给她写信：“天哪，我好想你！……当我上楼回到我们的卧室时，我不禁放声大哭，我躺在床上，简直要崩溃了。我知道这有点可笑，毕竟你只是离开一个星期，但我整个人好像都失控了……我需要你，需要你，需要你！——自我们结婚以来，我现在比任何时候都更强烈地需要你。我感觉……这是我人生的关键时刻，这是一次考验，是一次对我所建造的一切的考验——上帝知道是什么！——我们的生活是一种平衡的状态。”

第二天，平静下来后，他告诉她，他喜欢斯皮特海德的住处。“不是因为我的嫉妒心和强烈的占有欲——我的老凯伯特主义！（引用了《榆树下的欲望》）——而是因为我们的……对那个地方的思念与我对你的爱不可分割地交织在一起，我们九年的婚姻在经历了许多苦难后，终于有了这个栖身之所……‘也许，毛猿最终找到了归属地。’你知道，除了这个住所，我从来没有在其他地方体会过如此深的安宁感或稳定感。也许，这种感觉主要归因于我们的改变。在过去那些——现在那些日子对我来说遥远得多么不可思议啊！——酗酒的日子里，我对任何事情都没有安全感。也许我们应该把那个地方重新改名为斯皮特海德戒酒庄园！这当然与我内心的那种有节制的健全的生活有关。”

“但是我想说，此时这个家是如此寂寞……好像赋予它意义和让它成为我的家的精神家园消失了……我爱你！九年来我一直爱你并且只爱你一人。”

他劝她，不要因为卡洛塔这个插曲而怀疑他的真诚，他声称从未爱过卡洛塔，那只是为了增强自己的虚荣心而已。他认为艾格尼丝夸大了卡洛塔施展阴谋的才能，认为只要他一关心卡洛塔他便会被她再次勾引住；他坚持说他已经给她讲了事件的全部真相；并提醒她在纽约时一定要提防那些爱说闲话的“朋友”。他为自己让艾格尼丝受到了伤害而自责，并且说如果一直让他感到内疚的艾格尼丝不再提卡洛塔的名字，他到现在就会忘记她。

除了去看望父亲，艾格尼丝在纽约为她的丈夫处理了一些事情，包括与阿瑟·霍普金斯核实《拉撒路笑了》的演出事宜（他“被剧本打动了，但没有‘理解’它”），和朗格内尔就其他两部剧的演出进行了核实（他认为奥尼尔应该回来与同仁剧院进行一次协商）。在奥尼尔的请求下，艾格尼丝也去拜访了算命大师伊万杰琳·亚当斯（Evangeline Adams），博比·琼斯向她推荐说她是著名的预言大师。亚当斯小姐预言“接下来的一年美国会遭遇严重的经济萧条”，她建议剧作家“清算账目，削减日常开支”，但她也预言他的经济状况会在“十月份好转”。她最后说，他应该尽快与同仁剧院“结束”关系。

同仁剧院的领导们实际上在四月下旬就决定上演《马可百万》，但他们想在排演《奇异的插曲》之前让作者提交一份“删减过的剧本”。5月1日，奥尼尔与他们争论说：“当然你们现在都读过了剧本，知道了它的剧情和写作的新方法，你们应该能够做出明确的决定。它所需要的是大幅删减……就像我平时对所有的剧本所做的那样——但对剧本做大幅度的重新编排确实没有必要……我已经把基础剧本交给了你们，除非我听到要上演的好消息，否则我是不会再对剧本做任何改动的。”

他说，既然同仁剧院不是在和一个新人打交道，他们应该对他有足够的信心，应该能够预见到剧本最后的样子。麦高文、琼斯和与他交往的每一个人都能够证实他的主张，即直到彩排的最后几天，他一直都在关注着是否需要削减内容来提高剧本的质量。

为了表明他“渴望”与同仁剧院合作的决心，他已准备好接受有关他的两部戏剧的哪怕“一点点的进展”，即使“我急需我能赚取的每一分钱”。有一件事让他特别担心，虽然他也让那些读过新剧本的人保守秘密，即在《奇异的插曲》上演之前，他的意识流方法有可能泄露出去，被另一个剧作家照抄。“所以你看”，他在信中接着说：“我需要当机立断，以便你们不能够上演剧本的话，我可以在别的地方采取及时行动。即使在普罗文斯敦剧团上演也比让剧本长时间地冒风险搁置起来好得多。”

在同仁剧院的催促下，他在五月中旬去了纽约，尽管他之前反对过，他仍旧带来了《奇异的插曲》的修订稿。他说，“这只是初次删减后的稿件，随后还需进行彻底的检查润色”。同仁剧院同时选用了这两部剧，但对《马可百万》抱的希望更大，马上把它列入了秋季的演出计划，而《奇异的插曲》只是被列为了一个待选剧目。因为同仁剧院曾长时间拖延剧本后又拒绝上演而声名狼藉，为了保护自己，如果同仁剧院在下个演出季不能上演剧本的话，奥尼尔保留了重新拥有九幕剧剧本的权力。

虽然他因同仁剧院拒绝上演他的戏剧而一直心怀怨恨，但令双方都感到庆幸的是，直到奥尼尔被普遍认可是这个国家最重要的剧作家后，他们才进行了合作。如果这种合作更早开始的话，有可能不会长久。据一个剧院历史学家说，百老汇的人认为同仁剧院“对剧作家傲慢，挑剔，对演员过于残忍”。特丽萨·海尔朋（Theresa Helburn）是六个执行董事之一，她曾经承认同仁剧院董事会想要引进一个剧作家是一次“艰难的考验”。问题在于，约翰·梅森·布朗（John Mason Brown）文雅地总结说：“董事们之间闹起了家庭纠纷，忘记了他们引进的剧作家并不是他们的家庭成员。”［20世纪30年代，一些重要的剧作家——马克斯韦尔·安德森、S. N. 贝尔曼（S. N. Behrman）、西德尼·霍华德、埃尔默·赖斯（Elmer Rice）、罗伯特·E. 舍伍德（Robert E. Sherwood）——对同仁剧院的做法感到愤愤不平，他们成立了剧作家公司来上演他们自己的戏剧。］

在与萧伯纳的交往中，同仁剧院的领导们总是表现得很得体；现在他们对奥尼尔也很和颜悦色。他对海尔朋小姐说，他感觉他们会“非常热情，积极地在一起合作”。

就在他与海尔朋小姐和她的丈夫共进晚餐几小时前，查尔斯·林德伯格（Charles Lindbergh）单人驾飞机勇敢地飞越了大西洋，这一消息令世人振奋。此后，在特丽萨·海尔朋的心里，飞行员和剧作家总是联系在一起的，因为她总把奥尼尔看作是“他所选领域里一只孤独的鹰”。她发现他不仅很害羞，而且当单独与他在一起时，他“让你意识到你自己的羞怯……你不会在表面停留太久……你必须挖掘你的内心深处或者保持沉默”。

还有一个晚上，他出席了为普罗文斯敦剧团募集资金的庆祝会。在经过多年的努力和面临多次倒闭的风险后，剧社终于在这个春季有了新的改观，它上演的一部戏剧——保罗·格林（Paul Green）的剧作《与先祖同眠》（*In Abraham's Bosom*），获得了普利策戏剧奖。在格林尼治村，一些名人强烈要求要支持普罗文斯敦剧团，他们要求奥尼尔就此事发表看法。他看上去有些吃惊，慢慢地站了起来，紧张地咽了咽口水，说：“普罗文斯敦剧团在没有一分钱的情况下做出了出色的成绩。”接着他压低嗓子对自己说：“坐下，你这个笨蛋，坐下！”为了缩短尴尬的冷场时间，菲茨跳起来说：“为了纪念吉格·库克，我们不要掉泪——我们要掉美元！”

在纽约的那一周里，奥尼尔住在朗格内尔家里，他勉强同意他们为自己办一个小型派对。他说他过去喝酒是为了在与别人见面时壮胆，现在他已戒酒，与人交往对他来说比以前更难了。他解释说他发誓戒酒的一个原因是，他被医生所描述的酒精对大脑的影响吓怕了：“就像把你大脑的蛋白质变成了水煮蛋的蛋白一样！”

朗格内尔与萧伯纳结下友谊是在同仁剧院上演他的作品的那几年里，他想知道奥尼尔是否受到了萧伯纳的影响。奥尼尔说，他作为一个普通人比作为一个剧作家受到的影响更大，并回忆说他上大学预科时对萧伯纳的《易卜生主义的精华》（*The Quintessence of Ibsenism*）感到“异常兴奋”。后来，朗格内尔在英国与萧伯纳谈起奥尼尔时，萧伯纳已经公开把奥尼尔称作是“让他的岛屿住满卡利班人的粗野的莎士比亚”。显然，萧伯纳把《琼斯皇》和《毛猿》看作是野人，他的才华由酒精供给，因为他从朗格内尔那里得知奥尼尔已经戒酒后，这个爱尔兰剧作家说：“他可能再也写不出这样优秀的剧本了。”

在朗格内尔家里，奥尼尔第一次见到了约瑟夫·伍德·克鲁奇，一个他非常敬重的评论家。克鲁奇发现在他身上很难看到早些年那个“内心骚动不安的冒险家”的影子，但可以感觉到“在那忧郁的脸庞和黑色的温情脉脉的双眼的面具背后隐藏着一座沉睡之中的情绪的活火山”。很明显，奥尼尔对评论家马上就有了好感，他想反驳把他描述为一个忧郁的、令人生畏的人的流行看法；带着一种“有点顽皮的男孩”的神气，他告诉克鲁奇说，有时候当他在百慕大喝醉的时候，他会脱得一丝不挂，耳朵后别一朵芙蓉花，在月光下一边沿着海滩奔跑，一边背诵着他自己的诗句。

5月30日，在他回家后不久，就给麦高文写信说：“回家的感觉太好了，再次见到艾格尼丝和孩子们真是太好了——还有大海。虽然有点寂寞，有时候我感到孤独，因为我们认识的那些哪怕最不明智、最没有情趣的人都因为季节的原因而离开了。”与前两年不同，当孩子们在其他地方过夏天时，奥尼尔夫妇却待在百慕大，共同保护他们的资金，督促对斯皮特海德住所的整修工作，这项工事持续了很长时间，花费也超出了他们的预算。“如果资金有保障的话”，奥尼尔在6月18日写信给萨克斯·康明斯，“我们会有一个好住处”。但是，直到年底他和艾格尼丝的婚姻破裂时，斯皮特海德，这个他认为理想的工作场所和水陆两用的生活场所，仍旧没有完工。

# 第十三章　奥尼尔的“秃鹰们”

1927年7月，奥尼尔得了一场严重的流感，在床上躺了将近两个星期。在百慕大多年来的热浪天气里，他的体力恢复得很慢。(“你变成这个样子”，他说，“你24小时都在祈祷一个古老阴暗的新英格兰”。)然而这正是他在这个夏天做出不少成果的驱动力。他再次对《拉撒路笑了》做了修订，这部剧将在秋季上演；他完成了下一个剧本《发电机》的具体情节；像过去一样多产，他构思好了四部新剧。然而，他主要的任务是删减《奇异的插曲》，他想把剧本缩减到同仁剧院无法再拒绝的长度。对剧本的早日演出，要么由同仁剧院上演，要么由另一家剧院上演，他很有信心，因为他最敬重的两个评论家克鲁奇和内森在读了原始未删的剧本后，都认为这是他最优秀的剧本。

“你提到的对这部甚至是最优秀的现代戏剧的轻视”，他7月15日给克鲁奇写信说，“也恰是我的感觉……他们完全缺乏真正的力量和想象力”。

带着无意识的讽刺，九幕剧，也是最长的剧本之一，《奇异的插曲》的作者接着说：“但另一方面，我认为，甚至最优秀的现代小说在某个方面也很失败。它们的语言太啰唆……在我看来，那些作者是生活的胆怯的记录员，他们试图躲避对作品进行残忍的选词和删除的责任，只关注能对作者进行考验的关键部分……不，我认为小说家比剧作家更糟糕——他们让人浪费了更多的时间！”

在1927年8月的《美国信使》杂志上刊登的首篇关于《奇异的插曲》的评论中，内森称赞它是奥尼尔整个戏剧生涯中的“最优秀的、意义最深刻的戏剧”，是一部让他之前的作品“相形见绌”的戏剧。特丽萨·海尔朋对那篇评论提出了异议，因为它泄露了剧本对旁白的处理方法并详细地讲述了故事的大概内容，但奥尼尔在8月22日的回信说它是“宏大的故事”，这会“提前激发观众巨大的兴趣”。他告诉海尔朋小姐，他曾担心他的方法会“泄露出去，在公开之前会被人抄袭，但我认为内森的文章正好做到了这一点……现在，它的版权在某种程度上受到了保护”。至于他喜欢那篇评论的原因，他也给出了更个人化的解释；在对内森表示感谢时，他说，“在促成一向谨小慎微的同仁剧院的那帮家伙们做出正面的决定中，它简直帮了大忙——或许，我的剧本会被提交给霍普金斯或其他人。”

内森的文章充满高度的赞誉之词，但和同一月刊登在《剧院杂志》上的本杰明·德卡塞雷斯（Benjamin De Casseres）的文章比，热情度就显得逊色了。评论家回顾了美国“一个戏剧天才”的生涯并重点评论了他新近出版的《马可百万》，称它是“美国有史以来最精彩的哲理剧之一……不仅是美国舞台上的一个里程碑，而且……可能是奥尼尔心理演变的转折点”。奥尼尔和卡塞雷斯在几年前有过短暂会面。（一见到剧作家，卡塞雷斯说“他简直让我生畏……一张冷酷的，不苟言笑的面孔，透露着苦楚，他好像在对我说：‘请见谅，失礼了，可是我刚从地狱里回来’。”）他们通过一两封书信；但这个夏天他们的通信让他们成了好朋友。联系他们两人的纽带是他们都很崇拜尼采。

“你的长信”，奥尼尔写道，“让我很开心；在百慕大这里，尤其是现在的淡季，你很少有机会与一个智商和精神层面都超过陆地蟹的人说句话，这种孤独感有时候让人感觉非常压抑。但这是个工作的好地方……这就是我待在这里的原因”。他派人把《拉撒路笑了》的剧本送给了德卡塞雷斯，感觉他一定会“大发赞叹，因为别人可能”，现在他非常高兴别人“发现了剧本中的查拉图斯特拉思想”。他说，《查拉图斯特拉如是说》（*Thus Spake Zarathustra*）“对我的影响比我读过的任何一本书都大”。

显然，《剧院杂志》上的评论文章表明了奥尼尔对自己的看法，因为他在8月11日告诉剧评家：“我立马就感觉到你所描述的那个人就是我，从外貌和精神气质上看都不是他人。这是一次少有的、愉快的体验……有关我愚蠢的胡言乱语多得我都不愿去记。”他只对文中的一点提出了异议。那篇文章在注意到他的讽刺在《马可百万》中“不再那么激烈”时，下结论说他“向生活发起了进攻并征服了它，他是勒死了毒蛇的拉奥孔，他是驱走秃鹰的普罗米修斯”。

“我的秃鹰们”，奥尼尔反驳道：“正在盘旋，谢天谢地，他们虽然饥饿但无所畏惧；我为他们感到自豪，因为他们是对我和我的自我满足感的考验。如果他们丢下我，去饱餐自己，沉浸在报童们所谓的名誉中，那么我会有一种成功和彻底的失败感。庆幸的是，他们是从后部和内部的黑暗中飞出的一群鸟，而不是来自于外部的灯火灿烂处。他们每飞来造访一次，就会变得更加强大，更加无情——这自然是他们和我之间自夸的事！我期待最后一次造访时他们的翅膀能遮天蔽日，能撕扯出我的最后一块肝脏；我预言他们会成为某个神的天使或者作为交换能赋予我灵魂的萌芽。”

除了表达内心的自我鞭笞和渴望被拯救的痛苦外，那封信和其他一些证据都表明他一直都在改造自己的“灵魂”。几年后，他写了一部自传性的戏剧“大海母亲的儿子”，他说副标题是“一个灵魂诞生的故事”。

德卡塞雷斯在杂志上的评论内容主要是有关剧作家奥尼尔的。在一篇报载文章中，蒙蒂维尔·M. 汉斯福德（Montiville M. Hansford），一个在百慕大工作的美国人，经常见到奥尼尔，对奥尼尔进行了特写。他将奥尼尔描述为一个“行动缓慢的人”，说他给人一种身体上无能为力的感觉，好像他的内心无法操控他的身体一样……在贝尔维尤家里，他从后面楼梯慢慢走下来，加入到一群人中，我发现他在那里站了两分钟，很明显不知道坐哪个椅子好，他在嘀咕（当然从他的表情判断）这聚在一起的都是些什么人。他经常会有一种吃惊的表情，即使在见到他的家人时，好像在日常事务中他不知道该如何安排这个或那个孩子做些什么似的……

“奥尼尔的无助感在快速的言语交流中尤为明显——当说话方侃侃而谈，能言善辩时……他就会迷茫地四处张望，好像对谈话内容一无所知……”

“我总感觉一切事物对奥尼尔来说永远都很新鲜。……奥尼尔在穿着背心，帆布裤子，光着脚时显得很优雅。冷静、沉默、冥想——那种孩子般的好奇会浮现在他的脸上，好像这是他初次赴宴，初次吃上炖羊肉和鱼肉一样……我认为他和任何人在一起都会感到不自在……我对他最突出的印象是他没有归属感。”

吉米·莱特和他的第二任妻子帕蒂·莱特（Patti Light）七月份在斯皮特海德待了一个月，这是奥尼尔夫妇送给他们迟到的结婚礼物。他们有时会感觉得到奥尼尔夫妇间的那种潜在的紧张关系。帕蒂是一个有黑眼睛、黑头发的美人。一天，当她在码头晒太阳时，无意间听到艾格尼丝对克拉克夫人说：“你不觉得她长得很像卡洛塔吗？”

奥尼尔夫妇间争论的一个话题是一家人是否要陪着他去纽约，他要去那里和同仁剧院协商剧本事宜。最终，他听从了艾格尼丝的意见，因为他们的资金不足，所以最好还是他一个人去。他出发前的8月27日晚上，他们进行了一次详谈，在前面的露台上做了爱，感觉他们从未如此亲密。“在夏天的激烈争吵和误解过去后，现在我们的关系又和好如初”，他第二天在船上给她写信说。“现在我感到我们之间非常安宁，好像我们重新有了信任，这种信任将让我们携手共度此生，随着岁月的流逝，我们的爱会更加温柔，不会受痛苦的干扰……很快，我就会回去或者你过来……同时，不要有任何挂虑……我不会再陷入情感的风暴中！”

但是，在纽约仅待了一天后，一直希望能换个环境的奥尼尔就感到特别沮丧，因为他来得太早，没有什么事情可做。他迫切地想把修改好的剧本送给特丽萨·海尔朋，她对《奇异的插曲》仍有疑虑，可是她生病了。霍普金斯、麦高文、琼斯、莱特，他认识的每一个人都在忙着排练节目，“而我不忙”，他在29日向艾格尼丝哀叹说。他接着说：“我有预感，这次纽约之行不顺利。我感到事情很不妙。当然，只要海尔朋病一好，劳伦斯·朗格内尔一从欧洲回来，我会按时与同仁剧院那帮家伙会面，不管他们是集体过来还是单独过来，但除了睡觉，我该如何度过另外21或22小时呢？……我再次告诉你，你犯了一个错误！让我在这么糟糕的环境下住在这样一个廉价的旅馆里，太不明智了（除了夏天在百慕大变得虚弱外，他又在纽约得了传染病）……你只想你自己和带着孩子搬家的不便，可是你没有考虑我和我的工作——甚至我的健康……”

“我全身心地爱你！我像魔鬼一样想念你，否则我不会这么介意这个。你必须意识到这一点！”

“并不是说我的爱或孤独对你多么重要，而是考虑到你已经为我安排好了这个秋季的一切事务，那是非常重要的！到排练开始时，我将变得疲惫不堪，虚弱无力。”

一连好几天，他都犹豫不定，是听从艾格尼丝的建议回到百慕大，还是让她马上来到纽约或者带着一家人重新回到布鲁克农场居住。在玛丽·布莱尔的邀请下，他在康涅狄格州她朋友家里度过了劳动节的那个周末的部分时光，主要是因为那个地方离他里奇菲尔德的家很近，他想过去看看。布鲁克农场之行让他“很伤心”。尽管他过去总说它不好，他告诉艾格尼丝“现在那里真漂亮……我不禁更强烈地感到我们的家应该在那里”。他坚持认为重回“我们的家”比目前他们所有的生活开支都要少；艾格尼丝以事实和数字辩驳说搬家的费用比他所想的多得多。

他从同仁剧院得到的第一个消息很让他难过：《马可百万》的排练在十二

月中旬之前不会进行；在这之前，有关《奇异的插曲》的任何工作也不会进行——也就是说，如果同仁剧院决定上演它的话。结果是，既然两部剧一月下旬之前都不会上演，他几个月都不可能从他们那里拿到分文收入。有一段时间，他希望早点得到《奇异的插曲》的收入，因为霍勒斯·利夫莱特相信剧本会很畅销，所以急于尽快发行，但同仁剧院反对在上演之前发行。

由于要看医生和剧院方面的原因，奥尼尔没有提早乘船回家，而是继续留在了纽约。多年以来，他由于不同的疾病去看过很多医生，有些病是身心性的；他患的一种慢性病是"神经紧张"。在待在纽约的前几天里，他感到如此紧张以至于有种尖叫的冲动，于是他向阿尔万·L. 贝拉克医生（Dr. Alvan L.Barach）和泌尿科医师哈罗德·H. 吉尔（Harold H. Gile）求救。当他接受检查时，他的体重只有137磅。起初，两个医生都没有发现任何生理方面的疾病，但他们很快发现，用他自己的话，"他神经衰弱，看来如此"。他在9月8日对艾格尼丝说："我好像必须冷静地忍受，不得不为过去的一切负责，我其他的病都是心理方面的，这和汉密尔顿公司有关。"

在做了进一步检查后，贝拉克医生诊断他得了甲状腺低能症，并让他进行药物治疗（医生私下里认为奥尼尔的"极度疲惫"感主要来自于"内心的紧张和压力"）。奥尼尔汇报说，贝拉克也"建议我必须马上戒烟……他说他从未见过对香烟如此神经敏感的人"。（他这里有些夸大；贝拉克后来说，他实际上发现有些人对测试分数如此敏感以至于他们"当天吸第一支烟时就脉搏加快，血压升高，但过一会儿又降了下来"。这样的人只有"百分之一"，而剧作家就在其中。）吉尔医生最后诊断奥尼尔有前列腺疾病并让他开始治疗。

奥尼尔过得比之前期待的更开心，他邀了正处于热恋中的乔治·吉恩·内森和莉莲·吉什（Lillian Gish）一起在丽兹酒店喝茶，发现吉什"和你想象中的'影后'正好相反，她很冷静，有头脑……眼睛漂亮"。（吉什小姐认为他"英俊漂亮"，说他的脸是"一张令人难忘的脸；今天的大多数人并没有真正拥有一张脸，可是他的脸很突出；高高的额头，雕刻般的鼻子，双眼像中旬的八月——灼热；他内心在燃烧；他身材瘦削但很匀称，像是埃及壁画上的什么东西”。）内森建议准备重返舞台的吉什小姐，出演《马可百万》中的中国公主，奥尼尔答应会落实这件事（但是同仁剧院的那帮家伙反对这个提议，因为他们担心让她出演《马可百万》中的角色会“引起猜疑和纠纷，进而毁了他们的公司”）。

9月8日，奥尼尔向艾格尼丝汇报说他感觉好多了，同时因为布鲁克农场有了买主而感到兴奋。“我真的很爱你”，他说。“永远记住我说的话，不要担心任何事！”

但是，第二天，他又病了。里奇菲尔德的售卖好像有了问题（未能谈成），他觉得“一切都乱套了”！他对艾格尼丝哀叹道：“好像我们做事总是事与愿违——这个秋天的烂摊子简直可以中奖了！你一定要把事情打理好，不然就准备做寡妇吧！”接着又说道：“请原谅我这样做！但我的确既难受又失望。”

至于艾格尼丝，她也感到那些日子很凄凉。“这个地方死一般的寂静，”在他离开后不久，她就给他写信说：“我有一种与生活完全隔离的感觉……我感到异常寂寞，我可以这样对你说。”有一段时间，她感觉不舒服，有时候她又担心乌娜的健康，但通常她的信件差不多都很乐观。听说他参加了社会活动——一天下午他与吉米·莱特的一个律师朋友罗伯特·洛克莫尔（Robert Rockmore）一起去了贝尔蒙赛马场，还投了十美元的注——她写道：“只管做你喜欢的事情——只要那些事让你高兴或让你开心……你就有必要去试试，以获得某种乐趣……那会弥补不能喝酒带来的不适。”但是，她补充说：“这并不意味着我在鼓励你寻花问柳。”

奥尼尔感觉到了小儿子对他的感情——在一封信里他就小儿子思念他一事询问了艾格尼丝——沙恩默默地崇拜着他父亲。他一个人在码头捉了一条十磅重的鲷鱼后，就马上让妈妈给他和鱼拍了合影，以便能把照片送给“爸爸”。从沙恩的信中了解到他的各种战绩后，奥尼尔称他是“战绩赫赫的渔民”，让他照顾家里的女人们。“有她们在身边真的很好……当你像我这样远离她们，只身一人来到大都市，面临各种诱惑时，你就会意识到这一点！但也许你最好不要把我信件的这一部分读给妈妈听。我想当我回去时，她可能会发狂，对我发火。”

多变，情绪化，深受他不愿承认的压抑的欲望和冲动的折磨，奥尼尔感到“身心俱疲”，他在9月11日的信中对艾格尼丝这样说。在汇报了剧本方面的各种进展后，他说前一天他和卡洛塔一起吃了午饭，她刚从巴登巴登疗养回来。“她说我比她上一次见我时瘦多了，气色也很差。她说的很对。”

他突然话锋一转，意识到如果接着谈论卡洛塔的话，他会陷入微妙的处境，因为卡洛塔一直很关心他的健康，很同情他剧本遭遇到的波折和布鲁克农场未能卖出去的不幸，她如此善解人意以至于他让艾格尼丝，相比之下，显得对他的健康漠不关心似的。为安全起见，他对艾格尼丝讲了他与吉米和帕蒂·莱特一起参加的一个无聊的派对，与房产经纪人协商了买房事宜。但他对艾格尼丝的不满又一次爆发了，也许是被他与卡洛塔的再次相见刺激了。“每次我孤身一人坐在这个憋闷的房间里时（他在西46街温特沃斯酒店的房间，房租四美元），向外望着那些肮脏的，臭气熏天的屋顶和街道，感到沮丧，难受，抑郁，孤独。我感觉当你为了自己的安排和便利而有意牺牲我时，我十分痛心。那不是你的工作（艾格尼丝重新开始了写作）。你应该在里奇菲尔德工作。你不应该卖掉那个地方。即使卖掉了，当我们还住在那里时，我们可以在买主来买之前设个限制。这不是经济问题。”——他接着又重谈了搬回布鲁克农场居住的话题。

他怀疑她不愿和他一起回美国是否是因为她在百慕大有了情人；如果是的话，他在信里接着说，他奉劝她向他坦白，然后他们就离婚。在明确提到卡洛塔时，他说艾格尼丝好像对他目前所面临的“诱惑”漠不关心，他独自一人来纽约就潜藏着灾难，接着说他感觉自己像个毛猿：“一切都蒙在鼓里，明白我的意思吗？这不公平！”

“我感觉不好”，他最后说，“我很寂寞。我爱你。总之，这就是我要说的。”

总的说来，那封信似乎流露了他的真情实感，偶尔听上去有些虚假的调子，好像他在故意以激烈的情绪诉说不满似的；有时，笔调变得很“文气”，这表明他从夸大自己的不幸中获取了某种快感。但那封信主要反映了他对艾格尼丝的暧昧态度，当他指责她有情人，建议他们分开时，同时他也坦白了自己有情人。不管是有意还是无意，他开始为自己对艾格尼丝和卡洛塔的双重情感的变化发展进行辩护。在《奇异的插曲》中，他借查尔斯·马斯登之口说道：“……在追求个人幸福时，我们都是骗子！……偷盗或者饿死！”在生活中，剧作家不可能对自己如此坦诚。

载着那封充满痛苦信件的船只带来了他两天后写的另一封道歉信。根据第二封信的内容，有时候，如果他不向艾格尼丝诉说心声的话，他会变得非常抑郁以至于好像要疯掉。在期待得到她的同情后，他最后说：“爱你，给你一百万个吻，甜心。我希望不久就能够回去和你团聚。”

但是艾格尼丝被他的猜疑和指责深深伤害了，他那些温情的话语并不能让她宽心。她回复说“任何一个有实际经验或常识的人”都会意识到她留在百慕大“是最应该做的事情——然而，这却给了你一个借口说我一定有情人……如果你能理解我在这里是多么无聊和寂寞——没关系，我想我可以收拾行李乘坐下一班船去纽约，带着孩子们和所有家当——接下来我们就等着瞧这样的状况能持续多久……我记得咱们的谈话，你说想与我离婚——我也记得你许多天来对我无言的反感和厌恶。……你觉得我会忘记所有这一切吗——你爱我，现在需要我，是的，因为你觉得无聊寂寞——但只要我们在一起两周时间，那种爱很快就会变成强烈的愤怒。……我在抽屉里已准备好一把小手枪。我的钥匙丢了——否则我想我会拿出手枪马上自尽，就在今晚。我在百慕大这里空虚寂寞，除此之外，还要受到你的怀疑……”

“我很高兴卡洛塔的神经紧张症状没有了。（他写过卡洛塔在去巴登巴登疗养之前处于神经紧张状态。）你认为她会有兴趣接管斯皮特海德这个地方吗？如果是，告诉她我放弃那里的工作。她当然比我漂亮得多。”

态度缓和后，艾格尼丝几天后写到她决意离开斯皮特海德，既然他认为她做得很“自私”，带孩子们一起回去重新经营布鲁克农场。她很抱歉他过得不愉快，最后说：“再见，亲爱的。”

到了九月中旬，奥尼尔恢复了精神——主要是因为治疗甲状腺的药——认为待在纽约的剩余时间里一定是昂扬向上、卓有成效的。也许他与卡洛塔在一起的时间比贝拉克医生的药更令他兴奋，但不管怎样，当他在15日告知艾格尼丝他的身体好多了，并且相信同仁剧院会资助《奇异的插曲》时，他非常兴奋。

他在19日给她写信时，仍旧很激动——他没有收到她责备他的信件——他现在意识到，她留在斯皮特海德的决定“无疑比我感觉受虐的、紧张的、病态的思想明智得多”！他说，同仁剧院准备上演《奇异的插曲》，但直到九月底才能定下来，“地点、时间、形式、演员阵容，等等，我一定得参与其中”。至于为什么他要在纽约待到十月底，他补充说，部分原因是他要治疗甲状腺和前列腺疾病。

他“现在过得很开心，虽没有什么趣事但感觉很愉快”。他与本杰明·德卡塞雷斯（“非常有趣的一个人”）度过了几个晚上；又与罗伯特·洛克莫尔（“你找时间一定要陪我去赛马场！”）一起去了赛马场；与曼纽尔·科姆罗夫一起吃了午饭，科姆罗夫已从利夫莱特出版社辞职，开始自己写书（“一个非常好的人！”）；打算和吉什小姐一起吃饭（“那一定很有趣”）。“我与卡洛塔见过几次面……她对我格外热情，和她在一起很开心——我们两个之间仅此而已。”

在向她讲了些剧院和经济方面的问题后，他说：“亲爱的，我真的很希望你能在这儿！但是别过来！鉴于目前我们手头资金不足，我们会难以维持生计。”

那天晚上，他还没来得及把信寄出去，就收到了艾格尼丝对他言辞激烈的指控，他立刻感到“极度沮丧”。他在附言中承认她“有权对他发火”，但不应该到这么激烈的程度。“毕竟，过去几个月里我整天心神不宁，这里的每个人一见到我就发觉我病了。你为什么总提让我痛苦的事情并且做得出来？你的所作所为对我是一种伤害——甚至比这更严重！——我向你保证我很爱你，我会完全原谅你做的一切……”

“我想你想过来帮我，但你只是带着怒气来的，如果你真来了，那我只是盼来了一个痛恨我的妻子！……我们为什么就不能互相理解，我内心深处的孤独感和我对你的爱让我像一个傻子一样给你写信，你为什么不明白呢？”

次日早上，他给她发了电报，让她收到他最近的一封信后再过来，还附加了第二个附言，他说：“全心全意爱你，亲爱的。原谅那封疯狂的信，忘了它，请一定做到！记住我们都非常渴望开始一种全新的生活。”她平静地回复说好像他已经离开“许多年了，而非一个月”，希望他能在十月中旬他39岁生日之前赶回家。

因为他的信里没再提到卡洛塔的名字，这会让人起疑心，他简单地提到过她几次，有一次还说了一些反话，明显是想表明她对他已完全失去了吸引力。“我觉得卡洛塔这件事”，艾格尼丝说，“最好像你说的那样”。

奥尼尔到目前为止认识了几乎所有重要的评论家——克鲁奇、沃尔科特、布龙、斯塔克·扬，当然还有内森——主要的一个例外是《纽约时报》的布鲁克斯·阿特金森，一个寡言少语，叼着烟斗的新英格兰人，他的矜持掩盖了他慷慨大方的本性。两个人以前有过短暂会面，但最后在9月22日当曼纽尔·科姆罗夫邀他们俩一起共进午餐时，他们有了认识的机会。阿特金森“一直尊崇他是一个来自远方的英雄，居住在遥远的诗歌领域但扎根于人世间”。他在日记中写道：“奥尼尔两鬓斑白，脸上饱经沧桑。丝毫没有疲倦感。看上去非常生动；你马上就会因某种东西对他的个性产生兴趣。他身上有一种可以看透事物本质的力量。虽然通常他会无意中显得羞怯，甚至尴尬，但今天他显得很轻松，谈论了许多话题。至于他自己的作品，他既不谦虚也不狂妄。他坦率地谈了《拉撒路笑了》和《奇异的插曲》的艺术……对于他遭遇的实际困难，他只是愉快地笑了笑。他有一种真正的艺术家的傲慢气质，他蔑视那些不能够上演他的作品的导演和演员们；他坦然又有风度地鄙视那些不愿意慷慨解囊资助上演他的作品的富人们。我很欣赏他有洞悉这些次要力量中本质的能力。虽然他很温和，富有同情心，我确信他会踩倒人生路上的一切障碍。他是不可否认的……”

“我们谈论了人的性格、毛姆、高尔斯华绥（John Galsworthy）、当前的舞台剧、昨晚的邓普希 - 滕尼拳击赛……奥尼尔自然是个隐士。我很高兴能与他这么快就开始了交往。但他的那种隐居让人本能地对他肃然起敬，他自己从来不必主动。他整个下午都神采奕奕。我感觉我是在和戏剧界的典范人物进行交流。”

好像是在百慕大隐居之后他渴望与人交往和受到刺激一样，奥尼尔在纽约的社交活动比以往任何时候都多。除了想成为戏剧制作人的律师罗伯特·洛克莫尔，奥尼尔新结识的朋友包括诺曼·温斯顿（Norman Winston），一个制鞋商，是洛克莫尔的朋友，他曾经资助过普林文斯敦剧社。“当我带尤金去赛马场时”，洛克莫尔回忆：“他说他一直想去但又犹豫不决，因为赛马、酒精和女人是他哥哥堕落的根源。他哥哥是他唯一曾经提到的家人——谈到哥哥，他总是带着深深的遗憾和情感。第一次去时，我想让他采用机会均等的投注法，但他取出一张长单子说，他想自己做选择。在研究参赛条目的前夜，他很晚才睡。当我问他的选择如何了，他说他用数字命理学做出了选择。”

作为对洛克莫尔邀请他去赛马场的回报，奥尼尔带洛克莫尔去麦迪逊广场花园（Madison Square Garden）观看了自行车六日赛，但律师不喜欢这项运动。“尤金对这场比赛的热情”，他说：“是我无法理解的。他买了赛程联票。我去过一次，看了几小时就提前离场了，无聊死了，但他在那里等待着‘挤成一团’。他后来告诉我，他一直等到凌晨四点。”

尽管奥尼尔平日里沉默寡言，据洛克莫尔说，有一次他一连说了好几个小时。“那一天我们去了城市岛屿（City Island）——我经常在周末租一条船——尤金又开始聊他的水手经历，当时他非常健谈，那是我见过唯一的一次。第一次世界大战时，我在海军服役，我对那些粗话并非不熟悉，但这是我听到的最污秽的话。令人感到吃惊的是，尤金的言语通常是很文雅的。（艾格尼丝说，在他们共同生活的头几年里，他经常爆粗口，但后来逐渐转变了。）他经常回忆起布宜诺斯艾利斯的水手酒吧、粗俗的电影和妓院、船上的生活和同性恋倾向的水手。他说，准备将来某一天把所有这些事情都写出来，私下里印刷几本送给朋友们。”

在康涅狄格州斯坦福德市诺曼·温斯顿的家里过夜时，奥尼尔和男主人沿着长岛海湾漫步，一直走到大海边。他注视着水中月亮的倒影，片刻之后，他谈起了早些年在新伦敦他对比阿特丽斯·阿希、麦蓓尔·斯科特和其他女孩说过的一些话。他说，如果他自杀，他会在一个月光皎洁的夜晚到海里游泳，直到溺死。

他在纽约的社交活动还有去看戏。尽管他很少去看戏——他喜欢读剧本，因为这能让他“构思出一个更好的剧本”——但是他喜欢看音乐喜剧。他在齐格菲尔德富丽秀“很开心”[“埃迪·坎特（Eddie Cantor）的表演简直让我笑死了，那些半裸美女也让我很开心”]，他看了两遍《福音》（*Good News*）（“一个精彩的节目”），并在后台会见了泽尔马·奥尼尔（Zelma O’Neill）（“一个真正的人物”！），他不喜欢《纽约人行道》（*Sidewalks of New York*）（“写得最糟糕的一部音乐剧……我坐在史密斯（Al Smith）州长后面，与沃克（James Walker）市长隔了三个座位……真是名人俱乐部。所有坦慕尼协会成员都在那里！”）。

虽然《马可百万》和《奇异的插曲》处于暂停状态——因为同仁剧院正忙于1927—1928戏剧演出季的首次上演事宜——可是奥尼尔有很多工作要做，因为从“社交中获取的兴奋感”让他感到很充实。为了准备写《发电机》，他参观了康涅狄格州离丹伯里市不远的一个水力发电工厂；通向发电厂的是一条泥土路，发电厂坐落在胡萨托尼克河畔旁边一个偏僻的地方，发电厂里那些复杂、神秘的设备看上去与青翠的周边环境形成了戏剧性的对比。剧作家“参观了电厂的角角落落，从房顶到地下室。这是一次非同寻常的经历！”。

他把一部分时间用来校对《拉撒路笑了》，这部剧将在十一月出版，他对剧本又做了很多改动。他感到，"有可能除了"《奇异的插曲》之外，这是他最好的一部剧，因为没有一个制作人认同他的观点，他希望圣经寓言能在读者中引起轰动效应。

剧本出版后，他的收入增加了。利夫莱特出版社以成套普及版发行了这些剧本，有些剧本是由作者签名限量发行的，作者可以直接拿到15%的版税（他的这个版税率已超出了标准税率，到1929年还会增加到17.5%）。他的作品也经常在英国出版发行，最重要的几部作品被翻译成了欧洲的几种主要语言，但他出书的大部分收入还是来自国内。在1927年他对自己的经济收入多了一些担心的理由，但那一年他仅通过利夫莱特出版社就赚了12,000美元，这笔钱的大部分来自于四月份出版的《马可百万》和《拉撒路笑了》。下面是他在1927年之前几年里在国内出书赚取的收入的大概数字：1920年，390美元；1921年，860美元；1922年，2,450美元；1923年，1,850美元；1924年，2,800美元；1925年，3,100美元；1926年，6,930美元，从1920年到1927年总计收入略高于30,000美元。

除了经济上的收益，奥尼尔也由于书的销量而欣喜，因为他认为他永久的声誉不仅依靠读者也依靠能对他的剧本主持公道的将来的剧院。某种程度上，他对剧本的上演很满意，这年初他给克鲁奇写信说："美国剧院还没有真正好的演出，我许多年前就对好的演出放弃了希望！如果我的一部戏剧能有如此待遇我高兴死了。我只能看到劣质的演出。在一个以商业赌博形式运作的剧院里……四个多星期的排练是冒经济风险的危险行为，导演和男女演员们没有机会进行真正的训练，他们缺乏职业所需的背景和传统的艺术感，——为什么还要继续下去？你和我一样了解现实情况——期待一场优秀的演出只是一个戏剧家身上先天愚笨的证明……你不可能用烂朽木建起一座庙宇。只有我们能够在美国的剧院里花得起时间，也只有到那时候事情才会好转起来。"

语气稍微有所缓和后，他希望同仁剧院能够做得像普罗文斯敦剧团和格林尼治村剧社那样好，后两个剧院上演过他的《琼斯皇》《毛猿》《榆树下的欲望》和《大神布朗》。

他的心思长期以来都在凯瑟琳·康奈尔（Katharine Cornell）身上，她是美国最优秀的年轻女演员之一，四肢修长，头发乌黑，身上有一种良好的悲剧气质，在《奇异的插曲》中扮演主角。他从百慕大把剧本寄给了她，感觉"绝对没有其他人能够演活剧中的'尼娜'"。然而，他得知她要在这年初秋出演萨默塞特·毛姆的戏剧《信件》（*The Letter*），他希望她很快厌倦惊悚戏，能够出演他神经质的女主人公。他很有信心，说，《奇异的插曲》"如果演得好"，将是"我所有戏剧中最成功的一部"。康奈尔小姐虽然公开承认喜欢他的剧本，但还是拒绝出演。九月份在《信件》正式上演后，奥尼尔对艾格尼丝汇报说："除了是廉价的情节剧，没有人记得住那部剧的一丁点内容，但它很可能会赚钱。"可能是想起了他父亲在肮脏的火车上颠沛流离的生活，他补充说："她会毁了她自己。"

如今，夫妇俩都原谅了彼此的不足，他给艾格尼丝的信件也总是在安慰她。他在9月23日说："能够回到让我安静的家中，我会很高兴……接连发生的事情让我对家思考了很多，但我内心还是很寂寞。"26日，他写道："又重新拥你入怀将是多么美妙的感觉。"29日，他写道："我只希望你能像我一样，那种希望我回家的急切心情能够减半……！"

但是在信中情意缠绵的丈夫却是自相矛盾的，他的良心在痛苦挣扎，因为这一次他和卡洛塔已经有了联络。吉尔伯特·汉密尔顿医生曾经说奥尼尔"是个感情专一的男人，他不是那种爱搞风流韵事的人"。奥尼尔自己在给艾格尼丝的一封信中宣称，单是性关系不足以引起他的兴趣，爱情是最重要的。他送给了卡洛塔一本他的戏剧集——《榆树下的欲望》《毛猿》和《难舍难分》——他用《毛猿》中的台词做了题赠："真的！你懂得我的意思。当你设法去想它或说它，它就溜了——它藏在老深——老远——背后的什么地方——你和我，我们能感觉到它。真的！我们俩都是这个俱乐部的成员！"然而，尽管他深深地迷恋着她，认为他们之间有种相似感，好像他仍然感觉被“难舍难分”在了婚姻里。九月里他不停地告诉艾格尼丝他将在十月初回去，但当十月份到来时，他又忙活（大概他是这样说的）起了同仁剧院的事情。

10月11日，她给他发电报让他按自己需要可以多在那里待些时候，他回复道：“我厌倦了纽约，在这里跑来跑去的，我的衣服都有些破了。但是这里的事务确实让我获益匪浅——我克服了害羞感……你会发现……将来我会是个更加优秀的丈夫，我们一起来纽约时我会带你到处转转。”

他在21日返回百慕大休息，积攒力气应对将要在同仁剧院上演的两部戏剧的考验。在斯皮特海德住的几个星期里，他和艾格尼丝的关系差不多还算正常；当时也没有明显迹象表明他要做出重要决定。27日他给麦高文留言让他给卡洛塔买些花。11月7日，他通知德卡塞雷斯说要和他见个面，因为他打算大约一周后返回纽约。

“最完美的是”，他补充说：“《马可百万》正式上演后……当我回来时，如果比奥（Bio，评论家的妻子）和你现在能够开始计划……和我一起来我们这里做客，真正和我们住上一段时间。”

但当他于11月5日登上船时，意味着他再也不会回百慕大了。

# 第十四章　婚姻结束

奥尼尔回到纽约时，同仁剧院在他的授意下已经为他的两部戏剧物色好了主要演员，但最主要的一个角色——尼娜·利兹还没有选定。在外面的一些演出公司做了一番选择后，同仁剧院准备与爱丽丝·布雷迪签约，但她最终还是拒绝了（后来她称这是个重大错误），随后同仁剧院又求助于莱恩·方丹，公司里最好的女演员，也是美国最优秀的女演员之一，尤其在喜剧方面。奥尼尔并不知晓，她不喜欢《奇异的插曲》，正因为如此，她的丈夫阿尔弗雷德·林特（Alfred Lunt）也不喜欢这部戏剧，然而他劝她接受这个角色。他认为这部剧，因为它非同一般的长度和小说技巧的使用，更不用说作者的名气了，会是“当季的热门戏剧。每个人都会评论它，谈论它”，他说。“即使它不卖座，你也会因为出演了角色而有所收获，这一点最重要。”在他的建议下，她同意了。

通过与她的丈夫，百老汇最优秀的演员之一，不断地合作演戏，方丹小姐自从在《安娜·克里斯蒂》里出演面无血色、教养良好的安娜·克里斯蒂这个角色后，她的演技进步很大，而之前她是大西洋城“探戈舞爱好者和爱嚼口香糖的甜心宝贝”；但奥尼尔除了知道她很有名气外，对她的代表性作品并不了解。为了对她和林特进行评价——后者准备出演《马可百万》的剧名主人公——奥尼尔观看了同仁剧院上演的再演版《医生的困境》（*The Doctor's Dilemma*），两人分别在剧中扮演了崇拜萧伯纳的艺术家和他的妻子。通常他对演员都会做出机敏的评价，但这一次奥尼尔评判有点失误。他期望林特能表演出一个“非凡的”马克，他想方丹小姐的表演“应该会恰如其分，但她与我的‘尼娜’还差很远，可是，谁又能胜任这个角色呢”？（事实上，她对尼娜的刻画非常出色。）另一方面他认为《奇异的插曲》中的主要男演员会很“优秀”——汤姆·鲍尔斯（Tom Powers，马斯登），格伦·安德斯（Glenn Anders，达雷尔），厄尔·拉里莫尔（Earle Larimore，萨姆·埃文斯）。“因此”，他后来在1927年11月给艾格尼丝写信：“黑暗中总有一线光明……同仁剧院是我们最好的合作伙伴，他们通过我正在竭尽全力。”

剧作家在纽约的前几天里主要是待在试镜间为《马可百万》中的许多角色把关（“一件冗长而无聊的事情”）。支持林特的演员们包括演公主的马格萝·吉尔摩（她演过《救命草》中的艾琳·卡莫迪）、演两个角色的莫里斯·卡诺夫斯基（Morris Carnovsky），以及奥尼尔提议的玛丽·布莱尔。虽然他在选演员时从未因个人的意见而改变决定，他还是很感激玛丽能够出演《上帝的儿女都有翅膀》，特别是在百老汇签约《毛猿》而让卡洛塔·蒙特利顶替了她之后，他私下里曾督促同仁剧院聘用她。因为她不是理想的人选，所以玛丽被确定饰演频繁出现在波罗旅途中的一个永远的妓女，她是除了公主之外的唯一一个重要的女性角色。

奥尼尔同时也在就剧本事宜与同仁剧院的执行总监菲利普·穆勒（Philip Moeller）进行协商，穆勒准备执导《奇异的插曲》，而鲁本·马莫利安（Rouben Mamoulian）准备执导《马可百万》。《马可百万》一剧预计在一月初公开上演，而《奇异的插曲》则在一月底。同仁剧院的前身是华盛顿广场剧团，奥尼尔在这个剧团里待过一些日子，从那时起他就认识穆勒。马莫利安是个年轻的亚美尼亚人，他的事业开始于莫斯科，在百老汇是个新人。令人吃惊的是，因为他的外国人背景，同仁剧院在让他执导杜博斯·海沃德（Du Bose Heyward）的全黑人阵容，具有历史意义的原作《波吉》（*Porgy*）之前，给了他几个月的准备时间；几年时间里，他执导的演出是最具有轰动效应的演出之一。奥尼尔一直想把“节奏感”融入到他的戏剧里，他被《波吉》中那种跌宕起伏的节奏感打动了，他很高兴让马莫利安执导《马可百万》，这是同仁剧院交给马莫利安执导的第二部戏。

12月5日，《马可百万》的排练在同仁剧院开始了，《奇异的插曲》的排练比这晚一周。奥尼尔经常悄无声息地进出于灯光昏暗的观众厅，无人察觉到他在那里。然而，有一次，当扮演马可·波罗父亲的亨利·特拉弗斯（Henry Travers）用一个大包袱博取观众的笑声时，奥尼尔打断了《马可百万》的排练。剧作家立即走上舞台阻止了他。“哦，当我们正式上演时，我不会那样做，奥尼尔先生——”亨利打断他说。“不要告诉我你不会。我了解演员。我父亲就是一个演员。”

有传言说，不管任何时候奥尼尔给同仁剧院送剧本，实际上，他会说：这就是剧本，我不会做任何改动或删减，你们要么接受要么拒绝——任何争辩都无法动摇他的决心。但是传说太夸大其词（直到1946年排练《送冰的人来了》时，他才变得固执己见）。首先他出于自愿，然后是在同仁剧院的劝说下，他对《奇异的插曲》做了大幅度的改动以缩减剧本的演出时间。为了降低演出成本，他也对《马可百万》做了修改。现在，因为这两部作品都在排练中，他又一次做了删减。在《马可百万》排练了一场后，他对罗伯特·洛克莫尔说，他同意删掉“我付出了心血”的一场戏。在管理方面一向节俭的同仁剧院认为《马可百万》，如果有充足的资金支持演出，将是盈利的，但它所期待的是这个九幕剧所带来的赞誉而非资金收益。实际上，《奇异的插曲》的商业前景如此令人质疑，以至于有一段时间，它的演出仅对它的预先签约者有“特殊的”吸引力。奥尼尔反倒很乐观，他相信这部剧会连续三个月受到理智的戏迷的欢迎。

起初，他和他的制作人都认为《奇异的插曲》的演出时长会持续两个晚上，但在他做了首次全面修改后，他们一致认为演出能够并且应该以“拜罗伊特的形式”进行——就是说，在一天之内，要有一段长长的幕间晚餐休息时间。排练时，演出持续的时长比他预期长得多。在穆勒的耐心劝说下，奥尼尔“拼命地”工作以进一步缩减剧本的长度。如果不这样做，他告诉艾格尼丝：“演出从下午演到晚上都不会结束，那样的效果是很惨的。”他和导演没费多大周折就认可了大部分删掉的内容，然而对剧本的修改他们的分歧较大，主要是因为穆勒喜欢剧本中的喜剧场面，认为这样的场景越多越好，而奥尼尔认为，只要它们阻碍了情感和戏剧中场景的创造，就应该删掉。

穆勒将要执导奥尼尔的五部戏剧，在他看来，剧作家好像是“我所认识的最让人捉摸不透的人之一，一个很不快乐、在追寻什么东西的人，但我想那是他作为一个作家的部分创作动力吧”。他们两个从未深交过，奥尼尔之前对穆勒导演并不看好，可自从他们开始合作排练这个九幕剧，他认可了导演的能力和他的奉献精神。

穆勒是一个具有美学品味、害羞而敏感的单身汉，他有点像花花公子——喜欢穿一件歌剧斗篷，嘴上叼着一个长长的烟斗——看上去像是一个业余戏剧爱好者；事实上，他是百老汇圈子里仅有的几个具有创造力的导演之一，是一个具有自己独特方法的导演。多数导演会提前进行全面准备，让自己熟悉剧本，安排好舞台上的一切“事务”，搭好所有的场景；而他会来到首次排练现场，用特丽萨·海尔朋的话说，“奇怪地、有意地不做准备”。当演员阅读剧本时，他让自己给他们“留下全新的第一印象”。在排练过程中，他依靠自己瞬间突发的灵感进行执导。他更像是一个加入到演员队伍中的参与者而非一个指导他们的导演。

“我们过去常常希望”，海尔朋小姐回忆说，“如果菲利普能在执导之前阅读一下剧本该多好啊”。但是这一次，因为《奇异的插曲》是一个庞大的工程——排练分七个星期进行，而不是通常的四个星期——穆勒不仅提前看了剧本而且全身心投入其中。

他的首要问题从一开始就是，在演出中怎样恰当区分“旁白”和对话。他的一个想法是，在舞台上安排一个“特殊的区域”，当剧中人物想表达自己可能的内心思想时，可以在那里进行转换；他的另一个想法是，让演员们使用一种完全不同的声音；第三种方法是，用一种复杂的灯光系统把人物隔离起来，但是观众能听见他在自言自语。在所有他能想到的，又排除掉的大约半打方法中，他努力想达到一种“既简单又自然的效果”，这种方法本身又不至于受到过多关注。

这年一入秋，他就从巴尔的摩市回来了，火车突然停下时，他还在苦苦思索这个问题。“无意之中”，他说，“这可能给了我启示”，因为火车又启动后，他有了一个新想法：“那一刻，为什么不停止表演，让人物内心的思想直接明了地告诉我们他们内心隐藏的秘密，同时又不表现出精心复杂的事先准备的痕迹？”那部戏正是按照这个方法进行排练和表演的，只要剧中的一个人物开始说他的旁白，其他人物马上就停止表演。穆勒补充说，《奇异的插曲》的长度也引发了一个特殊问题：“通过这一部非凡的戏剧我不得不做的是，在演员们所表达的信息和观众们所接收的信息之间保持一种微妙的平衡。这是一部剧院几乎要一口气演完，观众要一口气看完的九幕剧。我认为普通观众对演员所表达信息的理解并不比他们已知的多多少——是的，我实际上指的是演员们无意识的表演！有时候他们能看得懂三幕戏，偶尔能看懂四幕戏。但是如果突然让他们看九幕戏，他们能接受吗？他们会这么长时间地与我们“合作”吗？”

由于这部戏的长度和最终的失败主义论调，同仁剧院希望《奇异的插曲》的演出时间为六个星期左右，这个时间足够满足预约观众的观看。虽然穆勒告诉奥尼尔演员们“充满激情”，但是女演员莱恩·方丹，在剧中演出时间最长的角色之一，却很厌恶这部戏。她认为尼娜不值得被大写特写。“我认为”，方丹小姐说，“她献身于那些士兵，因为她是自愿的。她很喜欢性交。她并不因为他们而感到难过。我并不认为奥尼尔把她塑造成了一个悲剧人物。我觉得他不知道女人最需要什么。”

“我尊重作者们，我真是这样做的，但我对剧情怎么发展有一种强烈的感觉，我不过多关心作者在《奇异的插曲》中是怎么写的。有时候他写得很呆板，很多地方写得太啰唆。我让奥尼尔删掉一些台词，他不答应，所以，我没有告诉任何人——穆勒、海尔朋、朗格内尔和其他任何人——我删减，删减，删减，没有人注意到这一点。我对台词的删减基于这样的一个事实，剧本如此长以至于奥尼尔也不一定能记住他所写的内容。他写的一些场景很可笑。我记得在与内德（达雷尔）的一场激情戏中，我们的性爱正在激情进行，那时我被要求同时进行许多思维活动，我们的动作被要求停止，我们不得不僵在那里，而此时我在自言自语。如果我那样做了，观众会对着我大笑。在性爱欢娱的过程中，你不能停下来想其他的事情。”

两部戏剧同时进行排练，他同时又在思虑着一些私事，奥尼尔处于高度紧张状态（他让方丹小姐想起了“火场中的马”）。他显然还在艾格尼丝和卡洛塔之间犹豫不决，但似乎有可能他下意识里已经做出了选择，只是现在不愿意承认罢了，他在努力做出理智的决定。一天晚上，他去拜访了德卡塞雷斯及其妻子比奥，只希望和他们谈论一下作家和戏剧的话题。尽管现在这两个男人已经成了朋友，可是德卡塞雷斯对他人的私事知之甚少，比奥知道的则更少，因为这是她和剧作家的第一次会面。这对夫妇也没了主意，简言之，奥尼尔打算和妻子离婚，与另一个女人结合。

当剧作家躺在躺椅上与德卡塞雷斯谈话时，比奥静静地坐在一边，观察着他。在谈话的间歇，比奥这个具有半印第安血统，通晓一些神秘学知识的美国人，突然说她想给他看看手相，并且说她在手相学方面很有天赋。奥尼尔面无表情，非常冷淡地伸出了他的右手。比奥回忆说，当她第一眼看到他的手时，被吓了一跳，因为他的掌纹看起来“很复杂”。“你不会回百慕大了”，她兴奋地说，“再也不会了……但你的妻子还不知道这个情况……你爱上了另外一个女人——你在五年前遇上她的……在你和她顺利结婚之前你会有一些困难……你准备长期旅行……你会在法国住上一段时间，随后去旧金山……你的人生会变得声名狼藉——”

她突然停了下来，为自己的情绪感到尴尬，因为奥尼尔的反应一直很冷淡。比奥觉得“我展示了我神圣、神秘的一面，对方却无法理解。我不应该情绪激动，显得很权威的样子，我的行为会受到理智和逻辑的嘲笑”。在她暂停了一会儿后，奥尼尔仍旧对她神谕式的预言显得很冷淡。他向她道了声晚安，然后离开了。

比奥为自己的愚蠢行为感到既难过又郁闷，她为此夜不能寐，丈夫则尽力安慰她。第二天早上，电话铃响了，奥尼尔在电话的另一头问起了卡塞雷斯；能否和他一起吃午饭。德卡塞雷斯回来时非常激动，因为奥尼尔让人“大吃一惊”，比奥的预言绝不是无的放矢，而是把他击中了。他告诉本（本杰明·德卡塞雷斯。——译者注），他爱上了另一个女人这件事是真的，现在“他不知道怎么向艾格尼丝开口说他要离开她，他为此很痛苦”。他迫切想知道比奥的意见，那天晚上他想和她再见上一面。尽管起初不大情愿——因为她“前一天晚上已备受折磨”——可是最终在她丈夫的劝说下，她还是同意了。

当奥尼尔再次出现时，据比奥讲，他“面带微笑，和蔼可亲”，他为没有对她的预言做出任何反应而感到很抱歉。为了应对他的一系列问题，她告诉他，在其他方面，他在同仁剧院上演的两部戏会很成功，他和卡洛塔的结合还需一些时日，他还能活上25年的光景（实际上是26年）。

回到纽约后不久，他告诉艾格尼丝，博比·琼斯和伊丽莎白·萨金特去过几次陶斯的梅布尔·道奇家中，发现与纳瓦霍人打交道是一种神奇的经历，因此他们两人劝他：“一定要去。这一次我被深深打动了……也许在剧本开始上演后，我可以去那里待上几个星期……为了剧本上演，我经历了太多磨难，这次磨难结束后，我一定没有心情继续写作下一个剧本，无疑我已身心俱疲，在沙漠里待上几个星期有可能会使我完全恢复。”他最后说：“深爱你，我最亲爱的。”但他只身一人去新墨西哥旅行的想法暗示了他内心的一个重大变化；在他们以往的分离中，他总是写信说他迫不及待地想与她团聚。

十二月初，在写给艾格尼丝的另一封信中，他主要提到了房产和财务问题。里奇菲尔德的房产卖了30,000美元——这意味着“至少损失了10,000美元”——除去抵押贷款和经纪人的佣金，他得到的款项只有14,000美元。到目前为止，他在斯皮特海德的投入已超过35,000美元，还有约8,000美元的买房欠款，他说，“这对于一个坚持想成为艺术家的艺术家来说，实在是太多了。所以请……对斯皮特海德的资金预算不要超出我们协商好的数字，仅仅因为里奇菲尔德已经被卖掉了。以后，我们的情况可能会大为改观，但目前最明智的做法是把钱放好，为我以后能安心工作做好资金储备，万一剧本上演失败的话……”

“现在有一件非常非常重要的事情，我希望你能尽快办妥。”他接着说，著名的手稿和珍本书经销商A. S. W. 罗森巴赫（A. S. W. Rosenbach）对他的手稿“很感兴趣”，想亲眼看看。“马上能成交没有问题”，奥尼尔说，“但是，鉴于时间问题，他想他能让这些手稿卖个大价钱”。罗森巴赫不久就要出远门旅行，奥尼尔想让他在离开前看看他的手稿。他催促艾格尼丝尽可能以最安全的方式把手稿寄给他，为确保她没有任何遗漏，他叮嘱说：“记住，这对于我们俩和孩子们是一张大大的‘王牌’。我真应该把它们放在一个防火的保险箱里——带到这里，这样它们就万无一失了。”

他把手稿留在家里明显暗示了他打算在十一月份乘船回百慕大。随着日子一天天过去，他越来越焦急，他在十二月中旬写道：“别忘了邮寄那些手稿！早些拿到它们对于我很重要。”他在信里接着说：“你为什么不出去享受一下呢？请不要认为我会反对。你是你自己生活中的老板，你可以随心所欲地享受你的人生，就像我一样，我们之间的重新理解完全基于此。你被束缚的时间太长了，你理应享受你应该得到的快乐。我深深地感到现在我能够真正客观地看待事情。”然而，在信的结尾处，他写道：“深爱你。”

他凭借为了对她公平起见的借口宣布独立，至于艾格尼丝对此事的反应如何却无人知晓，因为她在这段时间给奥尼尔的回信都丢失了；但他的下一封信一定澄清了她对他态度变化的疑虑。他仍旧称呼她“最亲爱的阿吉”，接着他适当地谈起了剧院的话题（“《奇异的插曲》的排练进展很顺利。同仁剧院真的很热情。‘马可’一剧进展也不错”，等等）。突然，他假装道歉，让她原谅他，因为“对我的戏剧谈了那么多……在我看来，很明显你不喜欢我的戏剧，因为你对它们从来没有提起过。（他告诉德卡塞雷斯，当他在给她读他的一个剧本时，她曾睡着过，相比之下，卡洛塔异常喜欢他的作品。）……”

“你从来没提过你的打算。你要过来吗……？我不是为了让你过来参加戏剧公演……把它们完全忘掉，如果你够坦率，你必须承认你把它们完全忘了……请做你喜欢的事情，不要因为伤害了我的感情而内疚。说实话，我不在乎。你再也不能伤害我了，谢天谢地！我是最后一个受你折磨的人。我内心的某些东西已完全死亡，我什么都不在乎了——除了我的工作……”

“圣诞节里一封令人伤心的信？好吧，我本来不应该给你写这封信的。你又年轻又漂亮，挣脱了命运的束缚，你应该享有能给你带来真正幸福的每一个机会——毫无疑问，这种幸福我从来没有，也永远不可能带给你。我当然希望你幸福，艾格尼丝……所发生的一切既不是你的错，也不是我的错。这归因于内心的孤独和时间对人的磨蚀和分解，我们都因此受到了伤害……我们两个都尽力了——我们已尽了最大努力！”

“因此我给你的圣诞节礼物是我真的想竭尽我所能还你自由……你所渴求的……我永远是你的朋友——你最好的朋友，我希望！……”

“看看你的内心，面对现实：你不再爱我了。已经好长时间了……替我吻吻孩子们。我希望他们喜欢他们的礼物。我比你想象的更爱他们。但你对我了解多少，或我对你了解多少？为了他们将来的幸福，我想我最好做他们的朋友而非父亲，而不是相反的情况。”

“愿上帝保佑你，赐予你幸福！”

为了不使两人的关系永远破裂，艾格尼丝给他发电报说她“理解”，这暗示她把他推向卡洛塔；但是他一旦踏上了这条道路就不再会回头。

他马上回信说他“非常爱另一个人”，对方也非常爱他。他提醒艾格尼丝说他们经常互相许诺，如果他们两个人中的任何一方爱上了别人，另一方会避让，要明白“爱情是不能被否认的……我确信，如果我是你的话，我会接受那种不可避免的事实”。他宣称他一直忠实于她，从来没有追求过另外一个女人。他说如果他对她的爱没有死亡，另一种爱情也不会“走入”他的内心。近些年把他们联系在一起的，他接着说，主要是“一种美好的感情和友谊……有些时候我们过去的爱情会重新点燃生活的激情，但你必须承认这种情况越来越少。另一方面，我们之间的那种可怕的仇恨越来越明显，一种极度的幽怨和愤恨，残忍地互相伤害，愤怒，失望和复仇。这扼杀了我们在一起幸福生活的机会。”

“客观地”分析了当前的状况后，他认为艾格尼丝“随心所欲”地做她喜欢的事情对她来说意义重大。她可以永远在斯皮特海德的家生活，“确信，除非我有了大灾祸，否则我将永远保障你有足够的收入，过上一种体面、舒适的生活……最主要的是，你将会有与爱你的，能让你幸福的另一个人结婚的机会”。

他说当她去纽约商谈事情时“我们一定要像互相帮忙的朋友一样，……我们一定要掩人耳目，避免闲话和廉价的宣传报道……我们一定要表现得像是体面的人物，要知道我们两个都是急性子，很容易被对方的话或表情或其他什么激怒……如果我处于你的位置，我知道我该怎么做——我知道我该怎么强迫我自己去做，即使我爱你，而你的决定会使我很崩溃。”

他让她推迟她的行程，直到两部戏正式上演后再过去。他说：“我们两个都不容易……对我来说，我的剧本是最让我操心的，一想起它们，就感觉特别难。但是如果你认为一定要现在过来，就过来吧。在这件事上我不想太自私。”

艾格尼丝没有照他的话去做，而是搭乘第一班船去了纽约，她在温特沃思旅馆住了下来。最让他担心的是卡洛塔一旦听说艾格尼丝去了旅馆的反应。就在几个月前，他送给艾格尼丝一本《马可百万》，并以大汗送给他孙女的一句慈爱的颂词为题赠：“你是一只金色的鸟，吟唱在黑河岸边——男人的生命之河。”但是现在，他内心极度焦躁、痛苦，他送给她一本《拉撒路笑了》，以书中提比略（Tiberius）的一句苍白无力的话作为题赠：“如果我确信永恒的长眠能超越死亡，深度睡眠，并能忘记我在人世间所看到的或者听到的，或者憎恨过的或者爱过的一切，那么我会很高兴地死去！”

在纽约的半个月里，奥尼尔与艾格尼丝的关系在两种情况中摇摆不定，一会儿和谐，一会儿又像斯特林堡或者奥尼尔自己所描写的状态一样。她到纽约后不久就患上了感冒，他建议他的日光灯可能会让她好起来。当他把日光灯送到她的房间时，发现她衣着暴露，他顿时来了性欲，他们做了爱，这可能是最后一次。这种亲密的行为证实了他们的分离，因为，用艾格尼丝的话说，“像是两个幽灵睡在了一起”。

经过多次协商，在律师哈里·温伯格的指导下，这对关系不和的夫妇就离婚的主要条款达成了暂时协议。艾格尼丝根据他的年收入情况每年可以得到6,000—10,000美元（因为过去几年里他每月给她500美元以贴补家用和她与孩子们的衣服费用），她拥有斯皮特海德的居住权；如果她不想在那里居住，想把房子出租，则租金归她所有。

卡洛塔不知怎么听说了艾格尼丝住在温特沃思旅馆的事，她由于担心而变得愤怒，要求奥尼尔把她赶走。卡洛塔不停地要求，并开始无理取闹，让他无法安宁，他突然发怒说他和她离婚了。他们夫妻不和期间，他没有预先告知就突然造访了格林尼治村的吉米·莱特夫妇，说在两部戏开始上映后，他想“借用”吉米陪他去夏威夷旅行。1928年1月9日，《马可百万》在同仁剧院上演，当首场观众都聚集在那里时，作者却缺席了，他没有太多的心思关注这部戏的发展前景；他悲哀地审视着与艾格尼丝破裂的婚姻和与卡洛塔的浪漫情事。

多数评论家对《马可百万》的评价是热忱的，但是一些评论家强调了剧中隐含的讽刺意义，其他评论家关注了故事的幽默性，基本上听起来好像是作者用不同的风格写了两部有关马可·波罗的戏剧。布鲁克斯·阿特金森，站在崇拜剧作家的角度，好像在竭力为他赢得更多的关注。“在艺术性方面，他戏剧的感染力超出了它的神秘性”,《纽约时报》的评论家说。“他淳朴的思想既单调又明晰”，但他总结说该剧是“一部有独创性，有影响力和探索式的戏剧”。通常说话更有力的珀西·哈蒙德在《纽约先驱论坛报》上说：“对于那些不喜欢沉思的人或者去同仁剧院看戏的人来说，这部剧可能显得过长，过于深沉。但对于同仁观众中的博学者来说，它是一部让人开心，优秀、有思想深度的滑稽戏。”

《纽约太阳报》的吉尔伯特·加布里埃尔是热情洋溢的评论家之一，他的评论更富抒情性：“它富有轻松的喜剧特色……它并不比茂丘西奥（Mercutio）的伤口更深或更宽；然而，它意在尘世，人类痛苦、悲伤和光阴虚度那一抹同样的猩红在剧中汩汩而出，使剧本带上一种狂野、激动人心的色彩。”

《布鲁克林鹰报》的阿瑟·波洛克有不同的见解，他认为这部剧的演出不值得花费那么长时间。《纽约晚邮报》的罗伯特·里特尔则更加苛刻，认为这部作品“思想惊人地简单，明显，有时实际上很愚蠢……我们看到的十一场戏浅显，在一英里之外都可以看懂，那是西方人对金钱的攫取与东方人智慧之间的对比，物质主义与理想主义的对比，美元与梦想的对比”。

阿尔弗雷德·林特，美国最优秀的演员之一，出演了马可的角色，但他没有表现出最佳状态，部分是由于他当时不确定的健康状况，但主要是因为他不喜欢那个角色和剧本。在此情形下，演出后真正成名的自然不是林特而是李·西蒙森设计的场景和服装——用阿特金森的话说，他“金色的画布，洛可可式的装饰”。西蒙森巧妙而经济地在大部分场景中使用了一个可改换的布景，这个布景有一个拱门和带有饰板的门廊，构架了不同的内饰以把观众引入从威尼斯到中国的古代世界。

因为他的一部戏上演得比较成功，所以当艾格尼丝带着12岁的女儿芭芭拉于1月14日离开纽约回家时，奥尼尔又长长地松了一口气。实际上，除了艾格尼丝，对每个人来说那次航行是特别愉快的，因为这是他们乘坐的百慕大号邮轮从纽约到百慕大的首航；当豪华邮轮循着哈德逊河航行时，不时鸣响汽笛，以回应其他船只期待她好运的祝福。在报道这一事件时，百慕大的《皇家公报和殖民者日报》在1928年1月17日写道："所有船员和乘客都很兴奋，热情高涨。对整个航程充满了期待；这么一大群人欢快地驶往休闲岛还是首次……这次处女航真的是通往仙境的奇幻之旅，或者是通往乐园的航行。"艾格尼丝乘船离开之时，奥尼尔和卡洛塔的关系也和好如初。

对于卡洛塔来说，她将来的生活并不是很乐观；她不仅和奥尼尔互相托付终身而且还顺利地解除了与詹姆斯·斯派尔的关系，他多年来一直是她的保护人。她告诉斯派尔，奥尼尔一离婚便会和她结婚，她向他描述了奥尼尔和艾格尼丝沉闷的生活——房间里凌乱不堪，他工作时得不到平静和安宁，他的妻子不关心他的事业——并且说这种不和谐影响了他的创造力。她宣称，她和剧作家之间并没有什么浪漫，而是他不停地说他"需要"她，她转而同情他，认为帮助这个天才人物是自己的职责。她请求斯派尔同意她嫁给那个备受煎熬的剧作家。考虑了当时的情形后，这个银行家，一位守旧的绅士，来自于德国的一个富裕、有教养的犹太人家庭，同意了卡洛塔的结婚请求，并送上了对她的祝福，同时向她保证她终生享有他提供的年金。

奥尼尔和卡洛塔在斯派尔位于第五大道的宅邸一起吃过几次饭，两个男人对彼此的印象还不错。从卡洛塔的描述中，奥尼尔把银行家看作是她在城里一位最年长的朋友，一个没有子女的鳏夫，对她有一种父亲般的关爱。在了解到斯派尔在建造纽约市博物馆（Museum of the City of New York）过程中是个主要人物后（除了担任金融委员会主席，他还捐资将近500,000美元），剧作家决定把他收藏的一些戏剧方面的藏品送给他，包括他父亲表演过的剧本《基督山伯爵》。

奥尼尔的朋友们对他的新恋情看法不一。肯尼思·麦高文从一开始就知道他的恋情，他为艾格尼丝和孩子们感到难过（他自己也有两个孩子），但同时认为卡洛塔"对金更合适——她使他有了良好的生活状态。她有他在妻子身上所需要的坚强性格，而艾格尼丝不够坚强能干。他好像对她有一种敌意，这种敌意随时有可能爆发。我记得有一次，当他们住在里奇菲尔德时，他来到我家里，当时他还在喝酒。‘你知道’，他说，‘我实际上不喜欢艾格尼丝’，我认为那语气比如果他说他讨厌她更强烈。”

卡洛塔习惯托起下巴，头向后仰（因为她小时候患过眼疾），让她显得很傲慢。初次见到她时，伊丽莎白·萨金特为她“了不起的气度”所震惊，卡洛塔知道奥尼尔喜欢这个杂志社作家，所以她竭尽所能表现得礼貌得体。萨金特小姐与麦高文有同感，她认为卡洛塔“会使奥尼尔的生活规律有序，使他的生活更加便利；他必须要过一种特殊的，远离尘嚣的生活，他每天必须要工作，我想，卡洛塔会尽最大努力去帮助他；但是大家都在猜测她爱的是著名的戏剧家还是他这个人”。

罗伯特·洛克莫尔和诺曼·温斯顿私下里认为，剧作家没有马上再婚是幸运的，因为他们怀疑他和卡洛塔能否建立一种理想、永久的关系，认为奥尼尔自己过不了太久就会意识到这一点。因为德卡塞雷斯不喜欢女强人，他的观点是可以预见的。他同意比奥的看法，认为蒙特利小姐是“一个优秀的、有灵感的女人”，她“会有助于奥尼尔的创造力”。他认为两个人都个性坚强，所以料定他们到时候会有摩擦。

奥尼尔没有把卡洛塔介绍给他剧院的同事们，他只是悄悄带着她去过几次《奇异的插曲》的排练现场，但莱恩·方丹已经认识了她；他们是在作家卡尔·范韦克滕和他的演员妻子范妮亚·马里诺夫（Fania Marinoff）举办的派对上第一次见面的。方丹小姐记得当时的情景，因为她认为卡洛塔“是我见过的最漂亮的女人之一……她有白皙的肌肤，乌黑的头发，神秘的眼睛，她的声音刺耳，沙哑，这让人很吃惊——当你听到一种低沉的声音来自于一张漂亮的脸蛋时”。

在同仁剧院，卡洛塔最有力的支持者是罗伯特·西斯克（Robert Sisk），他是个宣传员，崇拜奥尼尔。他很高兴奥尼尔终于找到了一个如此呵护他，挚爱他的女人。“在我看来，她是他的理想人选”，西斯克说，“他不是个好相处的人”。西斯克直率，和善，曾经当过船员，认为他们两个人结合可以帮助自己更容易与内向的剧作家打交道。奥尼尔和卡洛塔过了一段时间后就会与许多人断绝关系，与他们不同的是，在卡洛塔的坚持下，西斯克成了他们俩终身的朋友。

奥尼尔不喜欢寒冷，经常抱怨一月份的天气。卡洛塔曾经给她前夫拉尔夫·巴顿买过一件毛皮大衣，这让他很高兴。她此时决定送一件同样的礼物给奥尼尔，感觉他一定会喜欢。起初，奥尼尔感觉如果穿上这样一件奢侈品会很不好意思——让他感觉“像一个小白脸”——然而他又迫不及待地想炫耀一下。在他收到衣服的当天，他在办公室给罗伯特·洛克莫尔打电话让他下班后顺便去趟温特沃斯酒店。洛克莫尔回忆说，当他到那里时，“金只是点了点头，一声不吭地走进了卧室并且关上了门。我不知道他要干什么。几分钟后他穿着那件带貂皮毛领的黑色长款大衣出来了，接着他掀开大衣让我看毛皮衬里。当他问我是否喜欢时，我可能应该更热情一些。‘衣服很好’，我说。”

“‘仅仅是好吗？’他接着问我。‘这可是来自雷维龙公司（Revillon Frères），价格高达800美元呢！’”

他对衣服的另一次展示更让他满意。当他摁响吉米·莱特家的门铃时，帕蒂开了门。她回忆说：“金站在那里，像一个孩子一样咧嘴笑着，等着我对他那奢华的外套进行评价。‘真漂亮’，我说，‘穿在你身上真好看’！”

尽管他在新恋情中找到了幸福，但每当他想起与艾格尼丝一起生活的日子和“时光的流逝”对他们的影响时，他心里总有“一种痛苦的忧伤”。他“无法容忍”生活总是排斥那些“美好漂亮的东西”，这些东西可以经得起“任何长时间的考验，人类命中注定要在彼此身上破坏掉能给他们带来幸福的那些美好的东西”。然而，他把自己抑郁的根源归因于对过去的后悔，好像也有可能归因于他对目前生活的一种内疚感。在他和艾格尼丝分手之前，他不得不说服自己她不爱他了，他能做的最公平的事情是给她自由；从长远来看，孩子们离开他会过得更好，因为不然的话，如果他们夫妻的婚姻继续拖下去，孩子们会生活在父母的激烈争吵中，这会给他们彼此造成不利的影响。然而，他的辩解仅仅掩盖了而非减轻了他内心屡屡出现的自责。

在艾格尼丝去看望他期间，他努力想让她认识到发展她个人才能的重要性；写作对他来说意义重大，可以实现他的愿望，他坚持认为写作也有助于她的自我拯救。她回到百慕大后，他在给她的第一封信里说："我希望你不久给我写信说你真的又开始做一些实际的工作了。这不是一种唯利是图的愿望——这是我希望你能找到自己的幸福的愿望！"他在接下来的一封信里写道："你已经开始工作了吗？请一定要去做，艾格尼丝！……因为我强烈地感到那可以给你带来安宁和一种全新的生活……不要再重蹈覆辙了！"

但是她的信让她陷入了良心的不安之中。他在一月底说道："知道你这段时间很孤独，我很伤心——一想起孩子们，我也会很痛苦。这些对我来说也不容易……但是一个人必须按照内心真实的想法去生活，不然生活有什么意义呢。我强烈地感到，只要我们度过这一关，重新让自己适应新的生活，这对我们来说就是幸福。"

现在他和卡洛塔决定在《奇异的插曲》上演后乘船去欧洲国家，他们已经很清楚他们的事情已引起公众的注意和骚动。有几家报纸就有关他的婚姻危机的传言向他发问——他否定了那个传言——一家叫作《图像》（*Graphic*）的报纸刊文说他和艾格尼丝已分手"是一个谣传"。他只是向他的经纪人理查德·J. 马登，他的律师哈里·温伯格和几个他最信任的朋友透露了他的真实计划，而他对其他人，包括艾格尼丝，说他准备去加利福尼亚，因为《拉撒路笑了》四月初要在那里的帕萨迪纳剧场进行首演；按他自己的说法，他打算去协助戏剧的排练。

就在《奇异的插曲》准备上演的前几天，奥尼尔和同仁剧院的同事们都很愤怒，因为《名利场》（*Vanity Fair*）杂志二月份那一期刊登了由亚历山大·沃尔科特写的一篇毁灭性的评论，标题是"让奥尼尔痛苦吧"。大家普遍猜测，因为他是林特夫妇的一个好友，他可能提前看过方丹小姐的剧本，但是同仁剧院里没有人敢质疑她。沃尔科特长着一张圆脸，鹰钩鼻，很像一只消化不良的猫头鹰，自从《安娜·克里斯蒂》和《毛猿》上演以后，他对奥尼尔越来越苛刻——他也抨击过《榆树下的欲望》和《大神布朗》——但是他其他的攻击性评论都没有最近这篇尖刻。可能是因为这个评论家的外表和行为带有一种模糊不清的性别身份，他被查尔斯·马斯登的性格给触怒了；他意味深长地告诉朋友们说奥尼尔的戏剧“包含有九场戏和一个阴阳人”。[在戏剧上演成功后，他称它是“伪知识分子的《埃比的爱尔兰玫瑰》（*Abie's Irish Rose*）。”]

当同仁剧院向赫伯特·贝亚德·斯沃普（Herbert Bayard Swope），沃尔科特在《纽约世界报》的上司抱怨时，他立即认可说在本报刊登沃尔科特对首演的评论是不当的，并且让同仁剧院承诺保守秘密，因为他打算在最后一刻换掉那个阴阳怪气的评论家。同仁剧院于是向奥尼尔透露说“精明的亚历克”会被换掉。

在观看了最后的带妆排演的一场后，奥尼尔认为他的这部时间较长的戏剧会从头到尾吸引住观众的注意力。当排演结束时，他告诉方丹小姐：“你演那个角色正合适，就好像那个角色是为你量身定制的。”虽然很高兴，但是因为女演员的内心既实在又多疑，她纳闷是否“他说的是真心话，或者仅仅是为了让我更有信心，帮助他演好这部戏剧”。（在随后的几年里，当奥尼尔谈到所记录的在他的作品里优秀的表演者时，他从未提到过方丹小姐；也许他已听说她不喜欢那部戏剧，她的丈夫过去把它称作是“一次为期六天的两性角逐赛”。）

带妆排演是作者最后一次看到的这部戏剧的表演。1月29日那天是星期天，整个剧场座无虚席，这是一次邀请演出，同仁剧院的要员们开始认为这次非凡的演出一定会成功。罗伯特·西斯克兴奋地对住在卡洛塔家公寓里的奥尼尔高声喊叫，并报告说“表演进展得非常顺利”。奥尼尔唯一的评价是：“我并不感到意外”。预演结束后，当演员们还在卸妆时，消息就在百老汇传开了，说这部新戏似乎很成功。

30日，距正式演出前一个小时左右，特丽萨·海尔朋最后一次给奥尼尔打电话劝他出席，他又拒绝了。大约在同一时间，在《纽约世界报》社，斯沃普告知沃尔科特由另外一个人来撰写剧评，接着为了安慰这个愤怒的剧评家，他让他陪伴斯沃普夫人去观看戏剧的首演仪式。在约翰·戈尔登剧院

（John Golden Theater）的后台，方丹小姐正赶往化妆室，她向格伦·安德斯抱怨说："这就像生孩子——这部戏不值得这样做！"

此时距奥尼尔上演他的《天边外》几乎已有八个年头。在此期间，他一反传统，创作了没有爱的兴趣的剧本，关于黑人的剧本，使用面具传达深奥含义的剧本。有的剧本反映了乱伦、弑婴和异族通婚的主题。有些是短剧，有些是长剧。在《天边外》上演时，有一个评论家声明说"不管他对人物分析得多么细致入微，他不应当把剧本写成六幕那么长"。另一个评论家告诫他"观众去剧院可以坐上一到两个小时，而不是一整天。奥尼尔先生好像认为在阐释自己的思想时，时间是一个可以忽略的因素"。现在他在等待百老汇对他最长的一部戏剧的评判。

1928年1月30日下午五点一刻，幕启时，评论家们都紧张不安，约瑟夫·伍德·克鲁奇后来评论说："近些年没有一部戏能像《奇异的插曲》一样引起如此多的事前推测……我想，没有一个剧评家不在紧张地期待着那个意义重大的下午，正如一个经验丰富的观察家一样……他们都在担心两件事——一方面，担心他会过高估计自己的影响，另一方面，担心他会对一切都不在乎……他会如何做呢？是冒着风险让后辈们嘲笑他是个软弱的傻瓜呢？还是冒着更大的风险在十年之后让人说他的杰作只是一个笑话？"

当演出在七点半进行唯一的一次幕间休息时，麦高文和他的妻子匆忙赶到温特沃斯酒店与奥尼尔共同进餐，他们非常兴奋地向他描述了他们对演出的感受和观众的明显反应。虽然他在听了他们的描述后，显得不那么紧张了，但是他只是在肯尼思谈到剧院附近的一家杂货店在做"奇异的插曲"的三明治广告时，才唯一一次露出了笑容。"我知道那是什么意思"，剧作家笑着说。"那是除了火腿，什么东西也没放的四层三明治！"

演出在九点又开始了，十一点之后不久就结束了，当首场观众离开剧院时，他们的脸上，据一位观察者说，"显得疲惫但绝非是厌烦，疲倦但绝非是厌倦。那是人们在历经了深刻的情感经历后表现出的真正的疲劳"。

作为查尔斯·马斯登的主要原型，查尔斯·德穆斯在观众中，他有理由厌恶这部戏剧，但当他给朋友阿尔弗雷德·史蒂格利兹（Alfred Stieglitz）写信讲述“尤金的首场演出”时，他保守了这个秘密。那部戏剧“当然是一个惊喜”，他说，“你从头到尾看一遍，每一部分都很有趣。弗洛伦［弗洛伦·史提海莫（Florine Stettheimer），一个画家］和我认为……他出色地使用了所有‘技巧’，但至于是否有真正的特质（或者你称什么都行），它没有！——一点都没有。但你一定要看看这部戏。它是一部那样的戏——但确实不比……多。”

“因此马斯登（哈特雷,《奇异的插曲》中查尔斯·马斯登的另一个原型）又和我们在一起了。真是令人悲喜交集——就像人生一样。告诉他等我见到他时让他再回来。”

新闻界的评价总体上是好的，大约有半数评论家的评论完全是热情洋溢的。“《奇异的插曲》站稳了脚跟，它是一部鸿篇巨制”，《纽约太阳报》的吉尔伯特·加布里埃尔说：“因为它开拓了新的领域，探索了寻找真理的方法，这一点传统的戏剧很少能做得到，作为一种方法……满足了剧本的需要，那些只能并且适合用弗洛伊德的观点进行解释的剧本……不管是谁，都是对戏剧做出的最重要的贡献。”

令沃尔科特气愤的是，达德利·尼克尔斯（Dudley Nichols），替换他做《纽约世界报》记者的那个人，他的剧评也受到了瞩目。尼克尔斯后来成了好莱坞的主要评论人［为《告密者》（*The Informer*）、《关山飞渡》（*Stagecoach*）、《迷失部队》（*Lost Patrol*）做过剧评］。他在报纸上撰写了整整两栏的评论，赞誉《奇异的插曲》是“奥尼尔戏剧事业的巅峰之作”。他说，旁白和独白“使用得恰到好处”，能够使剧作家“深入到生活的海洋中，他是一个深海潜水员，为自己发明了一种新型的防护外套，把深海里那些怪异的形式全部提到了水面……好像（奥尼尔）不仅创作了一部伟大的美国戏剧而且还是一部伟大的美国小说……一部有巨大影响力和深度的心理小说。”

与此相反，布鲁克斯·阿特金森对剧中的旁白持两种看法；他认为一些旁白“本身有戏剧效果”，这经常是碰巧的。然而，他主要的质疑不在于作者的技术手段而是故事的病态本质。阿特金森抱怨说，剧作家“又回到了创作中期的那种病态化，主要关注人的那种黑暗的、扭曲的冲动……他的观点既没有增加内容的趣味……也没有从怜悯者的角度阐明主题或者阐释它的意义”。可是他承认剧本“从头到尾都具有吸引力”。在他周末的评论中，他重申了他的异议后，做出了更肯定的评价：“奇怪的是，这些带有不满的评论是由一个喜欢奥尼尔作品的人写的……带有精神变态般的愤怒的九幕剧可能很无聊，但是如果把奥尼尔先生当作是个黑色魔法师时，就不觉得那么无聊了。”

像许多其他评论家一样，《纽约晚邮报》的罗伯特·里特尔认为《奇异的插曲》是美国有史以来写得最优秀的剧本。他发现剧本“具有小说的广度和深度，间歇性和广泛的错综复杂性，也具有戏剧的出奇制胜、神秘性，对身体的冲击和现实性”。《布鲁克林鹰报》的阿瑟·波洛克详细分析了剧作家后，写了一篇有洞察力的评论：把奥尼尔描述为“一个与生活抗争的传道者”。他补充说：“在某个时期，世人一定对他做出了不公正的评判，他不会原谅的。”

关于剧本的商业前景，有几个大胆的预测，其中《纽约每日新闻》（*New York Daily News*）的伯恩斯·曼特尔说“这部戏剧可能会引起一小部分公众的关注。它的色调是纯灰色的，节奏是缓慢的，表演上重复啰唆，冗长得吓人”。

《奇异的插曲》是奥尼尔事业上最大的成功，是十年间公众谈论最多、写得最多、受嘲讽最多的一部戏剧（罗伯特·本奇利称它“只是一部普通的九幕戏剧”），是同仁剧院有史以来盈利最多的演出之一。这部戏剧在百老汇上演了441场，巡回演了三个演出季（大多数时间里有两个巡演剧团同时演出），为作者赢得了第三次普利策奖，最终作者净赚了约275,000美元，这笔钱包括他应该获得的75,000美元的电影版权的一半份额和售出的十万多册图书的版税。

《奇异的插曲》上演的前几周里，去看戏的观众大多数是同仁剧院的签约客户——约翰·戈尔登剧院场地较小，只有900个席位——过了一段时间后，大家，包括奥尼尔，都觉得这部戏的演出将会非常成功。他对自己“伟大的艺术成就”感到“特别自豪”，想知道是否它会“营利”，他后悔没有在当季提早上演，因为他预见：“春天一到，下午时间就会变得温暖宜人，没人想在5:15去剧院看戏——我不会责怪他们。”

然而，他最大的担心不是演出的进展情况，而是艾格尼丝会怎么做，因为一个据说是她朋友的人告诉他，她不会让他过得那么自在。有人劝告艾格尼丝，据他所听到的说法，答应奥尼尔要求她做的一切但是什么都不要做，“拖住他”，让他的“新生活”过得不那么顺利，这样他就“无法工作，然后就会屈服，回到她的身边”。奥尼尔的信息提供者接着说，艾格尼丝喜欢这个建议，并且计划付诸实施。

“当然，我不相信这个说法”，奥尼尔二月初给她写信说。“我们曾经发誓互相尊重，保持我们的友谊，可是那样做违背了我们的诺言。那样做也不切实际——为你自己考虑考虑，或者为孩子们想想。因为那样无疑会让我无法工作——然后就不可能有新的剧本和你我赖以生活的收入来源——直到你决心守信于我。”至于他们俩的关系，他说，他憎恨她也是应该的，如果她要毁掉他眼前的幸福的话。然而，他怀疑那个消息的真实性，他反复说，他禁不住为之感到难过。

几天后，他收到艾格尼丝的一封来信，信中责备他没有给她发送《奇异的插曲》的评论，他回复说：“演出很成功。成功后的麻烦是我当时被自己的生活所困扰，我对剧本没有了兴趣。你还记得《毛猿》的首演之夜吗？当时我母亲的遗体正安放在殡仪馆的大厅里。‘生活本来就是这样’，我猜想。或者至少我的‘生活’是这样。”

对于他的上一封信，他进一步解释说，她在纽约期间，他听到了有关她说过的话令人不愉快的传言，特别是关于她发誓说要抓住他不放手的传言，让他感到很不安。艾格尼丝否认她有这样的阴谋，她建议他回百慕大一个星期时间以便他们能解决这个问题；同时，她也特别希望他们两个能够和解，她补充说她仍旧爱着他。为了减轻他的内疚感，他认为如果按她的建议行事:“对你，我或孩子们都不好。一个星期后，你和我可能会再次痛恨对方——看看你在纽约时的情况！不，艾格尼丝，我们在长时间内不要再互相见面了——直到我们内心所‘拥有的’东西全部死掉……这将对你酿成大错——会阻碍你独立人格的成长——如果我回去了，我会去看望沙恩和乌娜，但是——从长远来看，这也有利于他们……”

“你发现日子很艰难，我为之感到难过——但是，我真的无法相信你爱我……你不可能做你做过的那些事情。比如，你不可能喝酒。那会把你呛死——如果你真的爱我。现在我真的被爱着，相比之下，我只是非常清楚地看到你未能给予我的一切东西。我不是在责备你（他在《进入黑夜的漫长旅程》中用了同样的方式——先是谴责，随后又马上撤回说过的话）。这对我来说也是如此。这就是生活对爱情的所作所为——除非你仔细观察它，小心呵护它。”

在信里他总是嘱咐她替他亲亲孩子们，有一次，他抗议说他对孩子们的爱比她知道得多。“只是因为我不善于表达我对他们的爱。”

二月初，他和沙恩道别后，他写信说他准备去加利福尼亚帮助指导《拉撒路笑了》的舞台演出。他说，可能要过上很长一段时间才能再次见到沙恩和乌娜，但是:“我会经常想着你，我会非常想念你们两个。晚上睡觉前我经常躺在床上——或者当我睡不着的时候——我会想起斯皮特海德的情景，想着你们每天都在干什么……接着我会很伤感，生活对于我来说就是一件又傻又蠢的事情，即使在最好的时候……但是你还年轻，体会不到那种感觉——我真希望你永远不要知道，希望你一直过一种简单、惬意的生活！”

因为不确定自己要在国外待多久，奥尼尔用了一整晚陪着大儿子，他现在是耶鲁大学的新生，并且向他吐露了自己的真实计划。他的知心话对年轻的尤金意义重大，他抬头看着父亲，对父亲谈到的《奇异的插曲》很是兴奋，希望获得自己的文学声誉来继承父亲的事业——最近他有一首诗歌发表在耶鲁大学的期刊《诗神》（*Helicon*）上。（小尤金以前很喜欢艾格尼丝，此时他开始站在父亲的角度审视她，自从父母分居后，他一次也没见过她，也没给她写过信。他和沙恩的关系也开始疏远，尽管在随后几年里，这两个同父异母兄弟在格林尼治村漂泊时经常互相碰面。）

随着他出发的日期临近，奥尼尔的事情已经安置妥当。他在新伦敦的大部分东西在那几年里已零碎地卖掉；里奇菲尔德的房产最终也卖掉了；他剧本的手稿现在也安全地存放在纽约。最重要的一件悬而未决的事情是他的婚姻，他只希望艾格尼丝能尽快让他解脱。与此同时，哈里·温伯格用一个律师的影响力与艾格尼丝进行协商，答应每个月给她500美元的生活费用。

奥尼尔希望在不被注意的情况下悄悄离开美国，除了散布消息说他要去往加利福尼亚外，他还以假名预定了伯仑加利亚号邮轮（*Berengaria*）的船票，这艘轮船准备在2月10日星期五午夜启航。星期四晚上他紧张得难以入眠，他约了诺曼·温斯顿一起到海边观光，他指认了一些他过去常去的地方包括富尔顿街252号的吉米神父的酒吧，然后两个人基本上整个晚上都在驾车闲逛。他在星期五做的最后一件事是，去拜访了同仁剧院，在那里他在穆勒持有的《奇异的插曲》的剧本上题写了这样的话："献给菲利普：我曾经一起工作过的最有同情心和最善解人意的导演——我非常感激他为这部戏剧找到了活路，尽管我是个剧作家，他的协作是无价的。"

早在邮轮启航之前，卡洛塔就已经在船上安顿了下来，她很快就开始担心尤金，他住在另一个船舱里。他计划在诺曼·温斯顿的协助下，通过三等舱悄悄溜上船，以避开船上新闻记者的视线。夜深了——轮船发出了启航前的汽笛声——此时他才现身。

"他说的所有的话"，卡洛塔回忆说，只是"'嗨，我来了，'然后温斯顿就离开了。他没有说谢谢你或者我爱你之类的话，我是冒着败坏我的名誉的风险来的。那样做对于我已经够糟糕的了，可是接下来他并没有注意我，他站在那里，望着舷窗外面，眼泪顺着面颊淌了下来。他说：'丢下这么多你所爱的人，和一切对你很重要的东西，这太可怕了。''好吧，卡洛塔'，我告诉自己，'你这一次已深陷其中了'。我可以让他为爱窒息！"

# 第十五章　奥尼尔和卡洛塔

在伦敦待了一个星期后，因为没有人知道“一个声名狼藉的美国佬”的故事，奥尼尔不得不“坦言”——这是“奥尼尔所做的一次非常诚恳的坦言”——他承认在所有他知道的城市中，他最喜欢伦敦。在这里，他感觉到“某种如此可靠、坚实自信、非常谦恭的东西”，这种感觉就像“在经历了纽约的劳累之后进行的一次舒缓神经的沐浴”。

在伦敦期间，他和卡洛塔住在伯克利酒店，他对伦敦的印象某种程度上基于他日常的心情。“天啊，我希望告诉你，我好幸福！”他在1928年2月22日写信给麦高文说。“我傻傻地沉浸在蜜月的快乐中，我被这种幸福惊得目瞪口呆，这次蜜月让我感到千倍地刻骨铭心，甜蜜和兴奋，因为它出现在我这样的年纪，由于一个人的过去——特别是像我的过去一样——它更让人强烈地体会到幸福的意义，这是多么珍贵的体验……真的，在我内心神秘的角落，好像有个有怜悯心的上帝，看在我和卡洛塔生活不幸的分上，对自己说：‘唉，我给他们的生活开了小玩笑，他们应该从我这里得到补偿，如果他们有勇气接受这份礼物，他们就理应拥有对方。’……”

“与我和卡洛塔现在的爱情相比，我以前的爱情是苍白无力的。这是一种焕然一新的感情，为了表达我十足的感激之情，我可以跪拜在阿芙洛狄特神庙的门槛外，直到把头叩破。”（他内心的这种异常强烈的思想，表明他身上的某个部分反对他获得幸福。）

在伦敦停留了将近两个星期后，他们又去巴黎待了几天，在那里他们开车沿着卢瓦尔河进行了一次令人陶醉的旅行—— 奥尼尔认为都兰城堡是他见过的“最漂亮的、最迷人的地方”——然后他们在比亚里兹做了短暂停留，直到他们在盖塔里（Guéthary）附近租了一套别墅住了下来。奥尼尔很是兴奋，这是他“第一次一身轻松地度过的一个假期”；但同时他急切地想开始创作《发电机》，他认为玛格丽特别墅是他写作的最佳场所，而他们这座房子的租期只有六个月时间。坐落在一片僻静的树林里，屋后是雄伟壮观的比利牛斯山，别墅是一座结实的老房子，石头砌成的阳台，还有私人海滩。尽管当地人都觉得海水太凉不适合游泳，可是奥尼尔却经常在比斯开湾游泳，他怀疑当地人会把他当作“一个疯狂的美国人”。

为了隐瞒他的行踪，特别是对艾格尼丝和新闻界［《巴黎先驱报》（*Paris Herald*），好像急于想追踪到他，刊登了两条消息，说他“在法国的某个地方”］，他把他的主要通信地址落款为“伦敦蓓尔美尔大街信托公司”。在国外的第一个月里，他与家里的情况完全失去了联系，但是不久，在盖塔里，他开始收到由伦敦转寄过来的信件。他从中了解到，《马可百万》和《奇异的插曲》演出情况进展良好，但有关他个人的事情让他很不舒服，因为《纽约每日新闻报》刊登了他与艾格尼丝的一篇新闻“早期感情甚笃”，称她是“值得大家同情的、可怜的被遗弃的妻子”。不合情理的是，奥尼尔希望那篇新闻报道会让艾格尼丝和他一样“愤怒”。

他处于一种奇怪的情感状态，这种状态持续了几个月，一方面他因为卡洛塔而异常高兴（他发现她“非常善良体贴”，“如此深爱着他”以至于他对她满怀“谦卑的敬畏感”）；另一方面，他对艾格尼丝心存怨恨。在给她写信时，他尽可能地安抚她，但几乎总是直接或间接地，他对她的敌对情绪会明显地表现出来。“我现在非常幸福”，他在异国写给她的第一封信里说，“我比我梦想的还要幸福——一切都那么美好。我有一种脱胎换骨的感觉（在这段时间里，他多次宣称他有种“脱胎换骨”的感觉）。我确信！我终于有了归属感！”他的信件对于艾格尼丝来说是一种徒劳的安慰：“我的幸福因一件事情而不完美，当你写信告诉我你有了新工作，适应了目前的生活，开始看到你有寻求新生活和新幸福的自由——找到了你的新恋情！我才会感到完全幸福。”

当艾格尼丝坦言发现他对他目前的幸福“抱怨太多”时，他回复说：“我幸福极了，我是那种喜欢沉思的人……当然，我也有心情不好的时候，主要是因为我自己，我对过去的一切难以释怀……”

他急切地想从婚姻中得到解脱，他想他和艾格尼丝已基本达成离婚协议，她打算不久就去里诺和他办理离婚手续。但是，艾格尼丝告诉哈里·温伯格：“至于他想让我签署的最终协议是什么，我一直被蒙在鼓里……我们在纽约时多多少少谈论过此事，仅此而已。我不知道他是否乐意让我继续待在斯皮特海德，或者是否会让我在那里度过余生，或者他是否能够爽快地把那个地方送给我。至于谁来支付孩子们的学费问题，我们从未协商过……整个事情，在我看来，仍旧悬而未决。然而你和金却认为事情已解决。”

当奥尼尔了解到她的处境，她想尽快得到2,500美元支付在百慕大欠下的账单时，他对他们已经达成的和解感到“特别绝望”，指责她试图“掠走我的一切”。他说，她的态度“让我无法安心创作新剧本，如果我的写作停下来，我的收入就不能够维持我们其中一人的生活，更不用说维持四五个人的生活了！”（他说的“四五个人”包括小尤金在内。）

除了对艾格尼丝提出的过多经济上的要求感到愤慨外（艾格尼丝没有明确说出她自己的要求，但她提出了沙恩和乌娜的抚养费和确保拥有斯皮特海德的要求），奥尼尔对她在一封信里的“言外之意”也非常反感，她暗示说她“受尽了苦难；看在上帝的分上”。他愤怒地说：“你不觉得我也在遭罪吗？……有时候——经常！——当我想起沙恩和乌娜时，我对他们感到特别愧疚，我让你受苦，我也很内疚。你非常清楚我是那种害怕让别人受到伤害的人。（愤怒、争斗和尖酸刻薄的话都没有意义。）这一点体现在我作品的字里行间……”

稍微平静下来后，他安抚她说，“你是公平的，我知道”，但是他对哈罗德·德保罗、本杰明·德卡塞雷斯又抱怨说，她在用“合法的方式敲诈”他。耐人寻味的是，在他从城堡寄给艾格尼丝的一张风景明信片上显示的是“艾格尼丝”的坟墓，特别是自从他对麦高文说过艾格尼丝对他来说已经“死了”的时候。

过去的两个冬天他是在百慕大度过的，此时，德保罗从百慕大给他写信说要告诉他一些有关艾格尼丝的重要事情。他希望奥尼尔不要生他的气，因为他觉得他必须要对老朋友讲实话。（在那封信之后不久，德保罗从艾格尼丝那里借了一些钱以帮助奥尼尔一家人返回美国。）奥尼尔回复说哈罗德“一定听说了艾格尼丝在百老汇散播的一些肮脏的谣言……但是我知道你对女人如此了解，可以让你不理会那件事——你对百老汇也很了解。一个著名的美女，来自于一个优越的家庭，怎么会有自己的钱呢？怎么在剧院外避开观众而不受诽谤中伤呢？这些从没有发生过……对于人生，我不再是个毫无任何经验的新手……在人们防御性的外表下，我还从没有误判过客观事实。因此……我相信我发现了一种罕见而珍贵的东西，这种东西经受了时间和大量苦难的检验。”

他对过去的事情做了润色修饰，为的是使他目前的处境看上去是一种不可避免的结果，在向艾格尼丝诉说时，他把他的生活描述得比实际情况更加艰难、阴暗。他相信德保罗“在第三者插足他们的婚姻之前”就已经看到他们婚姻关系的裂隙：“……你知道，我们的关系一点也没有改善，我们不得不彼此容忍……至于我对此事的处理办法——我承认会招致另一方的强烈反对！——只要我能偶尔醉酒一次，那些难以忘怀的事情就不会淤积在我的心头让我无法忍受。我借助酒精把这些事情全部忘掉。但是当酒醒时……我觉得这样做对孩子们影响太坏了。可是，我又能做什么呢？如果家里被一触即发的怨恨和敌对情绪所笼罩，那对于孩子们简直是灾难……我知道，沙恩私下里已经对这种潜在的不良氛围变得极端敏感，也因此变得十分焦虑。我故作没有太关注他，但我相信我知道他心里在想什么，这一点我比艾格尼丝要清楚十倍——因为他很像我，唉，真可怜！”

在给艾格尼丝的信里，他不断地重复：别让孩子们忘了我。他给沙恩写信说，“眼下为了写作剧本，我不得不待在这里，我可能还要去其他国家，但是时间不会太长，我们再次见面时，那将是多么美好的时刻……”由于良心不安，他告诉艾格尼丝：“有时候我会强烈地想念他和乌娜。不要嘲笑我！我和你一样十分爱他们——也许比你更爱他们——以我这种隐晦、不善表达的方式。不管怎样，他们会发现我是一个好父亲——（正如尤金所做的那样）——当他们长大时他们会理解所发生的一切，他们也会真正了解我和我所做的一切。”

对于只有八岁的沙恩来说，那段时间他的悲伤无以复加，因为不仅他的父亲而且克拉克夫人，疼爱他的乳母——他幼小世界的主要支柱之一——也离开了他。上年秋天，克拉克夫人因为百慕大温暖潮湿的气候腿疾加重，她很不情愿地辞去了管家的工作，暂住在普罗文斯敦的一个老朋友家里。可是，发现自己割舍不下沙恩后，她渴望能再回来。过去的一切经常萦绕在她心头，有一天，她沿路走着，正如她在信中给沙恩说的那样，“我一直沿着蜗牛路行走——你知道，那条路通向尖顶山沙坝”。

虽然艾格尼丝给普罗文斯敦的克拉克夫人写信说，她可以“永远把我们的家当成你的家”，他们从百慕大回来时想让她重新回到他们家里，几周过去了，艾格尼丝没有再提起这件事。老妇人开始担心起来；她给奥尼尔写了一封狂乱的信，那封信“几乎让他失声痛哭”。他给她寄了一百美元，但他对艾格尼丝说：“她所需要的不是钱……你难道不能为此做些什么吗？……我会支付你花在她身上的一切费用。你明白我不能为她做任何事情。这样做是为了让她能接近所爱的孩子，她在我们家已经八年，这里几乎成了她的家。”（当艾格尼丝返回美国时，她再次接受了克拉克夫人，但是沙恩已经有了一种恐惧感，他担心再也见不到她了；他在早年就了解到了人际关系和家庭生活的不稳定性。）

报社因为打听不到奥尼尔的行踪，也无法从艾格尼丝处获得任何消息，所以只有刊发一些猜测和谣言，报道这对关系不和的夫妻的近况。奥尼尔对一些谣言很恼火，他在四月份向她发牢骚说："那些人在这样的报道下嗅到了很多负面传言，他们开始非常放肆地拼凑新闻。一家海岸报纸说你准备和我离婚，'传言说'是因为我经常酗酒，因为……另一家报纸说'据奥尼尔夫妇的好友说'，我的'眼睛一直紧盯着我的女主角不放'。太可笑了，——但也让人愤怒。伊利诺伊的一家报纸更加无聊，报道说——我要与你离婚——因为什么，没有说明原因。真是一个疯狂的世界！"

夫妇二人在哈里·温伯格的建议下避开了报社的跟踪，但是现在奥尼尔认为艾格尼丝有必要发布一条声明声称她准备起诉离婚，因为"我们关系不和"，并没有"第三者"插足，他在四月底写道，"仅仅因为我们的事情太过保密，所以它持续发酵，报社一直在骚扰你和我的朋友们……既然没有什么可隐瞒的，那为什么还要隐瞒呢？报社的记者们正期待有关我们俩的丑闻，我们为何还要吊他们的胃口呢？辛克莱·刘易斯的例子和我们的很相似。尽管大家都知道他已经在柏林和另一个女人同居［多萝西·汤普森（Dorothy Thompson），一个新闻记者］，但他对这件事做得既低调又不失尊严……一次简单的离婚，如果没有了第三者，就没有什么新闻价值，不管当事人名声有多坏……"

"谈到刘易斯的例子，我希望你看看那个女人得到了什么——你非常清楚她尽可能地从他那里榨取每一分钱……他净收入的四分之一给了她，足有48,000美元，之后她再没有得到什么。她没有得到过年金。你所得到的一切比她强多了（每年6,000到10,000美元，这取决于我的收入）……他在过去十年里的收入至少是我的三倍。"

艾格尼丝于四月底回到纽约，之前她并未收到他最近写给她的那封信，她否认了自己起诉离婚的打算。她对此事的讲述刊登在1928年4月27日的《纽约世界报》上。据她说，她的丈夫和“几个朋友”在欧洲旅行，她很快也会去那里。至于报纸报道的他和卡洛塔·蒙特利的传言，艾格尼丝说就她所知，女演员并不是旅行一行人中的一员。《纽约世界报》详细报道了各种谣传，包括三个主要当事人的婚姻史，并且引用了艾格尼丝对女演员的评价，她说蒙特利小姐在《毛猿》里的角色仅是一个“不起眼的小角色”而已。

虽然奥尼尔意识到艾格尼丝没有及时收到他的信件，他还是被报社对艾格尼丝的采访给激怒了，因为他认为“一个简单的离婚声明就会扼杀掉记者们制造谣言的希望;（这是在5月初写的）我们的秘密仍旧能让他们感兴趣——因为他们很清楚你在撒谎，他们想知道为什么”。

“但是不要认为我在责怪你。我知道你也被这件事所困扰。非常对不起，艾格尼丝，我让你卷入这一切麻烦之中！可是我能做什么呢？这是命运。但是一旦他们意识到他们只是在对另一个里诺离婚案件小题大做时……他们就会远离我们……这件事一直烦扰着我，使我无法安心工作。所以为了我们大家，我们还是尽快把事情解决了吧。”

他之前告诉她，他暂住在比亚里茨地区，但是现在他说他已经在布拉格附近住了一段时日了，因为他喜欢捷克斯洛伐克，并且希望“一旦目前舆论界的麻烦事解决掉，我就能真正投入工作，你的生活也会步入正轨；可是，如果这件事得不到解决，而你执意要更多的钱时，明年剧本《发电机》就不可能在同仁剧院顺利上演……我不能够同时兼顾两样事情”。

“你觉得你能够——至少目前是这样——损害我的工作，你不是高兴得要命？多么伟大的复仇！但是也许我错怪了你。如果是这样，我向你道歉。”（这里又是《进入黑夜的漫长旅程》中的模式：严苛的话语后紧接着是抚慰的话。）“如果我们能一起商谈——孩子们的未来、财产的分配，等等——一切都会好起来，事情在半个小时之内就能解决，但是如果不能商谈的话，我们只能感到痛苦。”

在他们的婚姻中，经济问题一直是他们两个争论的话题，因为某种程度上，他像他父亲一样，害怕贫穷，尤金从来不认为自己是成功的；他内心的另一面一直为未来担忧。可是，现在，他生活的环境不同了；他尽管还不知道《奇异的插曲》会给他带来一小笔财富，他为卡洛塔的经济独立而感到快慰。“财产每人分一半……这是我们说好的”，他告诉麦高文，“虽然我们花钱很奢侈，但我们的花费还不算高得离谱”。实际上，卡洛塔的年金收入对于他也有不小的吸引力。因为他担心艾格尼丝可能拒绝离婚，他告诉肯尼思他“最终会让她忍饥挨饿不得不离婚。当然，这样做会有牺牲；几年内我的剧本我会拿在手上……只要我的资金能维持我的生活，我会一直坚持下去；我在这里打个赌，此外，卡洛塔有足够的收入保证我们过上体面的生活，因为这里的生活成本不高”。

在去英国的途中，剧作家就已经开始创作《发电机》，现在他在法国盖塔里一安顿下来，马上就开始接着写作。因为希望避免“他在《奇异的插曲》上所做的重写、删减那样的烦琐费力不讨好的工作”，所以他这一次写得很慢，为的是让第一稿“尽可能地和终稿一样”。最初几周，即使他的思想和整体构思还在孕育中，他的写作还算顺利。他虽然担心他的婚姻“困境”会阻碍他的“创作进度”，到四月底时，剧本还是完成了将近一半。

他从同仁剧院那里听说《奇异的插曲》上演了几个月后仍有许多站票观众去看戏。他对特丽萨·海尔朋说：“那是狂热的盲从……我自己，我不会在那里站四个半小时观看耶稣受难式的原创演出。”

为了让同仁剧院的导演们对他的新作感兴趣，他向他们简单透露了新剧的主题以吊他们的胃口，让他们持续关注新剧的进展。他告诉海尔朋小姐，“在第一部分，我同时使用了外在的东西和心理描写两种手法，这种方法在《榆树下的欲望》中曾产生过明显的效果（至少在我看来是这样）。第二部分的技术手段（声音的使用）借用了《毛猿》的方法。我在整个剧本中断然使用了音效来达到明确的戏剧效果……”

“至于人物的对白，和幕间的休息差不多。人物的思想像实际说话那样重要，但是简短的旁白会少得多”，因为《发电机》涉及的是一些“不太理性的人物。”

他预测，这部剧一定会“引起无休止的争论；……它触及了我们最关注的宗教的问题，即上古之神和新科学的问题，从心理学和象征学的角度来反映这一主题是前所未有的”。

他在忙于创作《发电机》时，收到了德卡塞雷斯新近完成的一部作品，因为他想让奥尼尔帮忙写一篇序言。奥尼尔发现非剧本以外的写作对他来说异常困难，通常他都会拒绝朋友们这样的请求——他甚至拒绝过麦高文和琼斯，这两人合作写过一本书——在给哈特·克莱恩的书作序失败后，他发誓再也不会破例为别人写序。但是他强烈地感觉到德卡塞雷斯是最受美国人忽视的作家之一，因此他答应当他的心情“稳定下来”时便给这个批评家写序。

“如今”，他4月25日给德卡塞雷斯回复说，“我没有心思为你作序，因为我被家里的麻烦事弄得精疲力竭，我还要躲避那些下流报纸的跟踪”。然而，从两天后他给麦高文的一封信里可以看出，他对自己的心理状况有些言重了［也许因为他想接着写作《发电机》，而不想花费时间为德卡塞雷斯的《诅咒》（*Anathema*）写序］，因为他告诉肯尼思他有“许多新的创见——枯树发出了新芽”。

但是，他并没有夸大他的担忧，一些报刊可能会打听到他的行踪，用他自己的话说，一些“致命的东西，在这种情形下，正中了我妻子的计谋，更不必说流言蜚语会伤害到世界上最后一个我想伤害的人；这是最坏的情形”，他痛惜地向德卡塞雷斯说，“我曾经置身于——像是野外一片空旷的田野里，敌人在那里伏击你，而你却不能跑（因为你和别人有联系）。我不是在抱怨。事实就是如此，我内心非常平静、幸福，我对未来充满信心。可是这一切让人神经紧张，我心里特别担心，仿佛神经质一般，这对我的写作很不好”（他告诉麦高文《发电机》的“写作非常顺利……比预想的更具有深度，内容也更加丰富”。）“……在这里的最初几周时间里，一切都很美好，但是随后我收到的每一封信件都会让我不断地产生新的恐慌和额外的担忧。用拳击场的一句话来说就是‘拳头如雨点般落下来’！”

他提醒德卡塞雷斯说，序言可能“会写得很蹩脚……我几次都想为我自己的书写序言……但尽管我费尽心思，还是写不好；我在那上面费的力气比我写半个剧本费的力还要多”。

德卡塞雷斯的写作风格矫揉造作，这一点在他的作品《诅咒》里表现到了极致，这部作品以富有哲理性的散文诗的形式，娓娓道来，内容冗长空洞，缺乏细节性的描述，可能受到这一写作风格的影响，奥尼尔最终写好的一篇序言可以说是他所有写作中最空洞的一篇。“一个声音响亮的醉汉”，序言中写道，德卡塞雷斯“吟着幻灭之歌，唱出了他对苍穹的礼赞；他才思敏捷，思维活跃，不知疲倦；他用振聋发聩大写的是表达了抗议！他是一个卓尔不凡的讽刺家，他拒绝温和，他非常轻蔑，但态度果断”。

除了用蓓尔美尔大街银行作为他大部分信件的落款外，奥尼尔也用其他一些办法来隐瞒他的住处。他把他在盖塔里的住址告诉过几个人并叮嘱他们不要泄露给“任何人”（他总是在这个词下面加下划线），同时让他们放出口风说，他的信件来自于布拉格或维也纳或“除了法国以外的任何地方”。此外，利用路易斯·凯勒莱姆现在在欧洲的事实，他让这个自由作家从德国给他邮寄了一些风景明信片，他在上面写上一些信息，然后他把这些明信片回寄给凯勒莱姆，让他从那个国家再寄给他们。奥尼尔感觉凯勒莱姆是个可信赖的人，因为艾格尼丝对他并不友好（艾格尼丝过去常认为凯勒莱姆是在讨好她丈夫）。然而，尽管用尽各种办法，尤金还是很担心他的“气味”变得越来越“强烈”，他马上就会被“公众嗅到”，他告诉德卡塞雷斯他已离开盖塔里，并让他和麦高文用他伦敦的地址。

尽管他和卡洛塔的关系越来越深入，他偶尔还是感到“有点寂寞”（他肯定地对麦高文说，他和卡洛塔“比以前更彼此相爱了”），五月份他让凯勒莱姆去他那里暂住了几天。可是，不幸的是这次拜访却结束得很突然，因为奥尼尔在为艾格尼丝的意图担忧，三年期间他一直在喝酒，他的身体变得很虚弱。一天晚上，在将要就寝时，他拿着一瓶酒来到凯勒莱姆的房间，他们边喝酒边追忆他的哥哥杰米、特里·卡林和过去的时光，他和他的客人都喝得酩酊大醉。

“我知道他在那个房间里喝酒”，卡洛塔回忆说。“因为我听见金在放声大笑。我既难过又愤怒。第二天早上我收拾好行李，让一个仆人告诉奥尼尔先生我去巴黎了，然后就坐车去了火车站。随后我就开始想他会怎么样——他是如此无助——我决定要把这件事情处理好，所以就转身回去了。”

卡洛塔对凯勒莱姆保持着友好态度，因为她担心他向别人谈起奥尼尔的醉酒行为，会滋生一些谣言说一场伟大浪漫的爱情正在衰退。凯勒莱姆说：“她经常给我写信，说金过得怎么样，抱怨金的朋友们——她称他们是他的‘假朋友’——给他写信讲述艾格尼丝的方方面面，这让他对她一直旧情难忘。”

凯勒莱姆的拜访结束后，奥尼尔便给他写信再三要求他忘掉那次醉酒的事，并说他有足够的信心管束自己，他说，他现在觉得“需要经历一次惨痛的打击和一次长长的失败经历来证明我已经戒酒！这是最好的办法”。

他病了两个星期，在他病倒后不久，他描述自己的病是“扁桃体轻微发炎和普通的流感，身体还随之急剧消瘦，这一切是由于我对家里的事务纠纷过于担忧造成的”。这种家务事（他在6月9日给特丽萨·海尔朋的信中提到）“一年来悬而未决，我的身心由于过于紧张而开始崩溃”。

六月中旬，他身体康复后，奥尼尔和卡洛塔开着他们刚买的雷诺汽车沿着地中海进行了为期一周的旅行，他发现，与哥特巴斯克（Côte Basque）相比，蓝色海岸（Côte d’Azur）显得“无精打采”，“非常沉闷”。“我很喜欢哥特巴斯克乡村和那里的人们”，他对海尔朋小姐说，“我在想……我可能会在这个地方度过余生。我对这里有一种深切的家的感觉，即使我的法语水平还不到初级，更别提哥特巴斯克语了！”（实际上他能读懂法语文章，当别人说得慢时，他也能听懂，可是他自己不会说）“……但是他们说巴斯克人与最初的皮肤黝黑的爱尔兰土著有共同的血统，显然我属于这一血统，也许事情就是这样”。

最终在核实了流言蜚语后，艾格尼丝接受了《纽约每日新闻报》的独家新闻采访，这一报道刊登在6月21日的报纸上，她宣称要在里诺或者墨西哥起诉离婚。当着一个记者的面她写下了声明：“我们实际上已经分居两年，我们决定以法律的形式为分居正名……”

“我曾试着给我那个艺术家丈夫以人身自由，他说这是为了他的戏剧事业的成功。也许，从戏剧艺术和美国戏剧事业的角度来看，我的决定或许是成功的；从婚姻角度来说，这是一个失败。这种幻想的自由——男性长期以来所渴望的，特别是艺术家型的男性——简直就是一个错觉。现在我明白了给一个男人他想要的自由的唯一的方式是为他打开禁室之门。”

当她写下最后一个词时，记者注意到，艾格尼丝的嘴“挤出一丝嘲笑”。

报道说，据谣传“漂泊的剧作家”在欧洲与卡洛塔·蒙特利住在一起，但接着说，当艾格尼丝被问到她是否愿意说出另一个女人时，她回应道：“不，没有必要让金或者其他人无益地不开心。”

虽然报道让人感觉他们俩的离婚迫在眉睫，可是，一年后，艾格尼丝才提起诉讼。那篇新闻报道在报纸的第三页头版刊载了奥尼尔、艾格尼丝和沙恩在百慕大的合影照，配发了一个两行标题：“妻子将准许奥尼尔渴望的‘幻想自由。’”

新闻采访刊登后，奥尼尔再也没有给艾格尼丝写过信，在给孩子们的信件里他总是把她称为他们的妈妈，从来未提起过她的名字。

七月份，他与萨克斯·康明斯再次相聚，后者的生活也发生了巨大变化。除了再婚外——与音乐会钢琴家多萝西·伯利纳（Dorothy Berliner）结了婚——萨克斯，书生气十足，喜欢纯文字的东西，他放弃了收入丰厚的牙医工作，冒险从事写作。大学期间，他通过为同学们“代笔”写学期论文而赚取一些微薄的收入；在罗切斯特市，尽管忙于牙医工作，他还成功地与一个朋友合著了《心理学概述》（*Psychology: A Simplification*）一书，这本书探究了弗洛伊德和荣格的思想，由利夫莱特出版社于1927年出版；作为一名编辑，他将以牧师的身份献身于他的宗教信仰。不管是校订威廉·福克纳、辛克莱·刘易斯和奥尼尔的手稿还是那些初出茅庐的年轻作家的稿件，他都会尽最大努力。在医院住院期间，在生命的最后时刻，他仍仔细为收到的稿件校样；在去世的前一天，他想起一个地方需要修改，便打电话给兰登书屋把这一想法付诸实施。“凡是让他当过编辑的作家没有一个”，默里·坎普顿（Murray Kempton）说，“再换另一个编辑的”。

萨克斯和多萝西都是理想主义者，他们在巴黎住了一年时间，各自干着自己的事业，仅靠他们有限的积蓄生活。奥尼尔一听说他们的到来就写信催促他的老朋友来盖塔里造访他，并且说经过深思熟虑后他不打算邀请他自己的妻子过去，因为她的出现“在那种场合下……会让大家感到不舒服”。他指控说，艾格尼丝的律师试图“敲诈我——当然是，合法地——他提出的离婚费用如此高昂，恐怕我的后半生只能受钱奴役了”。他补充说，《发电机》已写完三分之二，他对这个剧本“非常满意”。像麦高文、德卡塞雷斯和其他人一样，萨克斯也按照他的意思散播消息说，他是从布拉格或法国之外的其他地方收到奥尼尔的来信的。

7月13日，萨克斯去造访他之前不久，奥尼尔给特丽萨·海尔朋写信说，他相信同仁剧院会同意上演《发电机》，他同意在他不在场的情况下上演该剧，因为他打算十月份去远东地区。他想知道她和菲利普·穆勒是否能在八月底去盖塔里或者巴黎造访他，当时他们两人正分别在欧洲大陆度假。他希望到时候能写完剧本，和他们一起商谈“剧本的一些重要思想和一些场景问题”。

他想找人把剧本打出来，并为此事一直担心不已，因为他“一刻也不想让剧本离开我”，因为他家里的情形，他不能够“让任何我不能够完全信任的人来这里”。康明斯帮他解决了这个难题，他本人自愿来做这件事，他带着手稿回到了巴黎。不久，他不仅在为剧作家干着所有打字的活，而且还花费时间为奥尼尔和卡洛塔干了各种各样的活。奥尼尔和卡洛塔从未遇到过如此无私和忠实的朋友，可是最后萨克斯，因为和卡洛塔的关系，而遭受了情感之苦。

在他拜访期间，卡洛塔受奥尼尔的启示，她以特有的激情来表现自己，萨克斯完全被她打动了，因为她把他看作是一位年长的，最亲密的挚友；萨克斯被她对他的热情所打动，也被她对奥尼尔充满爱意、无微不至的关怀所打动。

8月9日，她给康明斯回信说："我收到了你宽宏大量的来信，你对我的称赞，我愧不敢当……我现在忙于安排香港的一些事务（旅行详情）。金没有心思想那些事情。当我们九月份离开这里时，就没有欠债或其他一连串事情了……我听到欠债、混乱及优柔寡断（暗指艾格尼丝。——作者按）的说辞时，我真的无法理解这种愚蠢的做法！……哦，算了——总有一天会得到安宁的——金和我会携手走向阳光，忘记过去那些'乌烟瘴气'的事情！"

卡洛塔对他工作的热情支持和深切惦念使奥尼尔越来越爱她。在安排好让卡尔米先生（Monsieur Calmy）把《奇异的插曲》改编成法语的事务后，卡洛塔在8月16日写信给萨克斯说："我真的希望他能干好这个工作——因为我想让人把我喜欢的《拉撒路笑了》翻译成其他语言。但是翻译这部戏剧的人不仅要懂得（最好是精通）法语和英语——而且必须在骨子里是一个诗人！一个真正的诗人！我现在只知道卡尔米——也许他是个合适的人选！"

卡洛塔的态度让奥尼尔感到欣慰，在某种程度上，他应该庆幸艾格尼丝在离婚赡养费条款上百般纠缠并因此让他陷入婚姻僵局；她的固执（他自己的看法）缓解了他良心上的负担，让他感觉在抛妻弃子之后他是受害的一方——他现在尽可能地利用每一个机会扮演这个角色。他给迈克尔·戈尔德写信说："我非常高兴——尽管……纽约有一些流言蜚语，为此，我在更努力地创作'作品'。……"

"一个人不受点挫折就不会突破常规……自从我放弃了我不得不屈从的那种生活方式后，我已经变成了一台写作机器人，我活着的唯一目的就是写作。如果我能坚持许多年的话，这对我的写作和生活都会至关重要。"

奥尼尔八月中旬完成《发电机》时，这种时候他通常会感到失望，他怀疑（卡洛塔对萨克斯说）“是否这部剧会很糟糕或者相反！在这个阶段，这是创作者一种非常好的健康的反应！我理解，我很镇静——！我的这个恋人，也是我的孩子”。此后不久，奥尼尔恢复了自信，称这部戏“好极了”。

剧作家因为未能与穆勒和海尔朋小姐见面，就把自己想说的话写了下来，9月10日，向同仁剧院递交了他的“论文”和剧本。他的文章涵盖了剧本演出设想的各个方面——角色分配、舞台灯光、场景设置——但主要详述了声音效果。从一开始创作剧本，他就把背景声音当作一个重要的戏剧手法:《渴》里令人感到压抑的沉默（这有一种声音的作用）和黑白混血儿忧郁的低吟声;《东航卡迪夫》里，当扬克躺着死去时，响起了悲哀的雾号声；在《安娜·克里斯蒂》里，再次使用了雾号声，强化了老克里斯对大海的恐惧感;《上帝的儿女都有翅膀》里街道上嘈杂的声音中不断变化的男高音歌唱声；效果最好的是《琼斯皇》里印第安手鼓沉重的敲击声，它使脉搏跳速加快了。

对于他的新剧本，他特别关心第一幕里的雷暴声和第三幕里的发电机声。他说，这些不是“偶然发出的噪音，而是戏剧里有重要意义的弦外之音，是整部戏剧的重要组成部分”。他想让“雷声听上去阴森恐惧，就好像是某个电上帝在山上驱策所有这些人，影响着他们的思想和行动；发电机奇怪的噪音，不像其他机械的噪音，它与平静柔和的大自然里水流经过附近水坝的声音的融合和对照都需要得到处理”。

“博比·琼斯曾说我的戏剧与其他当代作品的不同之处是，我是通过耳朵来为耳朵写作，我的大部分戏剧，甚至是对话的节奏，都有明确的乐曲的结构特性。这话说得一针见血。我并不是有意为之，而是不知怎的我的戏剧就用了那个形式。[这是否是僭越是个见仁见智的问题。当然我认为这是个很大的优点，***尽管这是我为什么因那些无用的重复***（斜体字是为了强调）而受到责备的主要原因]，这一点对于我非常重要，是为了重复强调主题。”

《发电机》一完成，作者就透露说它是设想的三部曲的其中一部分。另外两个剧本都已经“构思好”，剧名准备叫作“无尽的岁月”（Without

Ending of Days）和“它不可能疯狂”（It Cannot Be Mad）。他想给三部曲的总标题叫作“上帝死了！谁称万岁？”（“God Is Dead! Long Live—What?”）。他准备用三部曲阐明他的情感，他对德卡塞雷斯说，科学能够给饥渴的宗教冲动的任何“答案”就像是“给一个狮子喂一块小狗饼干一样”。

设想的三部曲是他早已有的计划。早在1922年，一个采访记者在描述了剧作家更迫在眉睫的计划后，报道说“在他的脑海里，仍旧朦胧地有一个分析和阐释我们物质文明的三部曲”。

1928年8月26日，在给乔治·吉恩·内森的信里，奥尼尔详细解释了他对德卡塞雷斯所说的话的意思，他说《发电机》是“一部象征的和真实的传记，讲述眼下大部分美国人（不仅仅是美国人）的灵魂里正在发生的事情……（三部曲）会挖掘今天我所感觉到的弊病的根源——老的上帝死了，科学和物质主义未能找到一个令人满意的新的上帝，让现存的原始宗教本能在其中找到人生的意义以慰藉对死亡的恐惧。在我看来，任何想写出伟大作品的人都会把这个大主题隐含在他的戏剧或小说的小主题背后，或者他只是对事情的表面乱写一通，这样他顶多只是一个客厅艺人”。

据奥尼尔所说，他的新剧本讲述的是一个人对发电机的崇拜，他的这个想法源自他对里奇菲尔德附近一个发电厂的参观，那里的发电机让他想起古代的石头神像。然而，好像他对新剧本的想法有可能萌芽于《亨利·亚当斯的教育》（*The Education of Henry Adams*）（“一部了不起的著作”，他曾经说），在搬到里奇菲尔德之前，他仔细阅读了这本书。在这部自传中，亚当斯回忆了他在1900年美国圣路易斯博览会的机器长廊里的那种敬畏感，他说发电机对他来说成了“一种象征无穷力量的东西……他开始感觉到四十呎的发电机是一种道德力量，很像早期基督徒对十字架的感觉……一个人开始向（发电机）祈祷；在沉默的、无穷的力量面前，遗传的本能教会人自然地表达自我；在极限能量的上千种象征物中，发电机不像其他一些象征物那样人性化，但它最具有表达力”。

早在奥尼尔阅读亚当斯的自传之前的许多年，就有迹象表明他发现机械设备既奇怪又有趣。在他1912年写的一首有关海上生活的诗歌里，他说："发动机昏昏欲睡地低吟着 / 世界如此神秘！" 在贝克教授的课上他写了一部长剧，剧名是《人生方程式》（*The Personal Equation*），剧中唯一有趣的人物是轮船上的一个工程师，他极其害羞，深深迷恋上了由他负责照管的机器；在他看来，那些机器简直就是人。读完亚当斯的自传后，奥尼尔的想法变得更加神秘，他在《毛猿》里刻画的扬克就是例证；扬克粗鲁而暴力地崇拜着电、能、力，想象着自己"归属"其中，因为他是"发动机的一部分"，驱动着大船；总之，他的态度主要是宗教意义上的。

《发电机》中的鲁本·莱特和扬克除了性格完全不同外，有一个重要的共同点：在机器面前，两个人都认为自己无能为力。鲁本的父亲是个偏执的牧师，鲁本很惧怕他；他的母亲是个占有欲很强的女人，他特别依恋她。然而，他的这种恋母情结未能阻止他偷偷与隔壁一个无神论者的女儿恋爱。在中了那个无神论者的计谋后，当他的母亲把他的秘密告诉他的父亲时，鲁本恼羞成怒。电闪雷鸣之时——莱特父子都害怕雷电交加（就像奥尼尔一样）——鲁本不知怎么地就陡生了一种勇气，这种勇气让他敢于反抗父亲，对抗母亲，放弃他的宗教信仰。（詹姆斯·奥尼尔，在哀叹他的情感时，将会很喜欢这样的戏剧性场景。）当退场时，鲁本就像要投入战斗一样，高声宣称："没有上帝！没有上帝！只有电！我再不会被吓住！"

大约一年后，鲁本回来了，他已长成一个男人，那双眼睛变得"冷若冰霜，深陷的眼窝里射出灼人的光芒"，是一个崇拜发电机的狂热者。他说，所有生命"最终都会变成电"。在宣布放弃他父亲的加尔文主义的教条时，他只是变成了另一种宗教的狂热者。当得知在他离家出走期间母亲死亡的消息时，他瞬间被震住了，他通过把母亲等同为附近发电厂的发电机来寻求安慰，那是"一台庞大的黑色发电机，看起来像是一尊魁伟的女性偶像"，像"一位伟大的黑母亲！听她歌唱……这是电的赞歌……假如你能够回到它中间……知道它的意义……那你就知道了真正的上帝"！他跪下来，对着发电机祈祷："啊，生命之母，我母亲已经去世，她已经回到了你身边，请告诉她原谅我，帮助我找到你的真理！”

像奥尼尔的其他剧本一样，这部新剧体现了他对女性的矛盾心理，但这一次他对女性的敌对情绪因他对艾格尼丝的厌恶感进一步增加了。《发电机》里的三个女人中，只有一个活着——那个无神论者的妻子，一个迷离恍惚的，像牛一样的大地之母，不管鲁本做了什么，她总是对他报以同情。最初他由于羞怯而不敢触摸艾达，那个无神论者的女儿，但是后来他转变了，他认为爱情“只是性爱”，开始从她身上寻求快活。然而，不久，因为他母亲不喜欢艾达，发电机在他面前隐隐约约地成了母亲的化身，于是他放弃了肉体之欢。剧本快结束的时候，故事的各种发展汇聚交织在了一起，鲁本因一时的软弱和艾达在发电机面前交媾在一起，之后又立即惩罚了他的娼妓，射杀了她；然后，他对他的罪恶进行赎罪——不是因为杀了人而是奸淫罪亵渎了“神明”——他以自己的身体拥抱发电机来祭祀神明（他的命运让人想起扬克因拥抱大猩猩，另一个“又大又黑”的物体，而死亡的命运）。

显然，正如作者所说，《发电机》有“强烈的戏剧性”。不幸的是，剧本的思想曲折，象征手法令人迷惑，故事明显是编造的。亨利·亚当斯（Henry Adams）所做的是通过在高耸的发电机和十字架之间进行对比来安抚我们的想象力，而奥尼尔所做的是表现一个近乎疯狂的狂热者对一台机器的祈祷，只是缺少了真正祈祷者的慈悲。亚当斯轻描淡写的和引起共鸣的地方，奥尼尔却通过粗略的、无法令人信服的人物，对之进行锤炼并大肆渲染，以达到戏剧化的目的。

尽管《发电机》是作者最拙劣的作品之一，但仍然唯有有创见才能的剧作家才能创作出来，且不管那些荒淫和荒诞的地方，实际上每个场景都涌动着狂热和痛苦的情绪。当《发电机》上演时，斯塔克·扬说它“有时会涉及深刻、永恒的人性问题，有时又会关注青春期的、老套的、习以为常的问题；但是……每件事情背后的感情是亲切的、真实的和有关个人的。这基于作者自己混乱的生活和情感的需求……这种情感对他的重要意义也触及了我们灵魂的最深处，我们都是他的子嗣，不是因为他说的话而是因为这样说对他意义如此重大……作为个人记述,(《发电机》)具有重大意义”。

这个评论很深刻;斯塔克·扬对奥尼尔家族史上的悲剧毫不知情,因为这个秘密直到《进入黑夜的漫长旅程》上演后才为人所知,就像作者作品中许多地方所体现的,他能感觉到这部戏的力量主要来源于作者的个人经历。鲁本对他母亲的背叛行为的激烈反应在很大程度上反映了奥尼尔在知道他母亲是因生他而染上毒瘾时的那种背叛感觉。“天啊”,在《进入黑夜的漫长旅程》中他借埃德蒙之口说道:“生活中的一切好像都发臭腐烂了!”莱特牧师把鲁本母亲的死归咎于鲁本,因为在他失踪后,她“放弃了想活的念头”;同样,奥尼尔过去总感觉他家里的其他成员,在他们的灵魂深处,都把埃拉染上毒瘾的那种虽生犹死的生活归咎于他。最终,现实中的和虚构的儿子在失去了对母亲的信任后都放弃了他们父母的宗教信仰。在一定程度上,因为和机器的联系,《发电机》是《进入黑夜的漫长旅程》的习作。

在剧本写完后不久,奥尼尔和卡洛塔去巴黎待了一周时间,在那里他们经常与萨克斯和多萝西·康明斯相见。多萝西是这样介绍这位女演员的:她非常迷人,极有风度。但是多萝西和剧作家早在几年前就在纽约见过面,地点是雕塑家埃德蒙·T. 奎恩的家里。当时多萝西住在韦斯切斯特,她在奎恩的家里有一间房以方便她在城镇里居住,一天她正在为市政厅的演奏会练习时,奎恩带着奥尼尔敲开了她的门,说,“这儿有个人想见你”。

在回答奥尼尔的问题时,这位来自柏林的小姐说她一直在练习弹奏巴赫的“帕萨卡利亚与赋格”,应他的要求,她又弹了一遍。当有力优雅的和弦曲结束时,他说:“谢谢,太美了。”在打量了多萝西后——金发碧眼,长相超凡——他疑惑地问:“你何来的力量能演奏出这样的曲子?”她一时懵了,突然她有了主意,摸摸额头说,“也许从这里”,对于她的回答,他若有所思地点点头,“我猜你是对的”。后来,当听说萨克斯娶了多萝西时,他对他说的第一件事就是:“别让她放弃了钢琴。”

在拜访巴黎期间,奥尼尔雇了辆轿车,两对夫妇在一个薄雾天去沙特尔教堂做了礼拜,薄雾使教堂里用于庆祝的彩色玻璃窗的颜色变得柔和暗淡。

其他人都对古老教堂的壮美赞叹不已，而奥尼尔看上去也被教堂的美打动了，可他很少说出来。多萝西看到教堂里的雕像都是男性，有所触动，认为其中的一个人物雕像看上去像《旧约全书》里的一位先知。“那使我想起”，她说，“犹太教里为男人祈祷的一句话‘感谢上帝，我没有生为女人’”。奥尼尔突然笑着说：“最早可以追溯到那个时候！”

这年早些时候，剧作家还在写作《发电机》时，告诉麦高文“我人生的杰作——自传性的‘大海母亲的儿子’——经常出现在我的梦里；（显然，在他离开美国之前，他已经和肯尼思谈过这件事，因为这是他在信件中第一次提到他的自传计划。——作者按）；如果我能把梦里的东西都写出来，我自认为它将是那些不朽的大作之一”。

“大海母亲的儿子”未能实现，然而它和《奇异的插曲》及“上帝死了”的三部曲计划证明了奥尼尔的雄心和魄力鼓励着他成为文学巨人。他在8月26日告诉内森，“杰作将既不是戏剧也不是小说的形式，尽管里面有很多戏剧的成分，它涵盖的领域比我知道的任何一部小说都要宽泛”。他在9月16日继续对德卡塞雷斯炫耀说，它的“领域足以涵盖我有胆量掌握的和自我创造的所有人生经历……与之相比，《奇异的插曲》应该像是一个简短的、微不足道的东西；它将包含十个或更多的插曲，每一个插曲都比‘奇异的插曲’更深刻、更有影响力，然而，所有的插曲都将是一个整体；相信我，本，我将借此一举成名或者疯狂地试验一下”。

在去亚洲之前，奥尼尔曾希望和艾格尼丝达成协议，当他和卡洛塔为他们的行程做准备时，他感到特别难受。“我最近烦死了”，他在9月21日向麦高文抱怨说：“因为家里的争吵——每隔几天，我都要接到哈里（·温伯格）的电话。要做的所有决定——只有一个结果，至今，那件令人心烦的事情仍僵持不下……它让我感到伤心——卡洛塔也很难过。但是，相信我，肯尼思，我一摆脱那个宝贝，就准备安排我自己的生活和事务，我要让她为此付出代价。”

“除了以上这些之外，我的生活很幸福。那听起来像是个玩笑，但不是。

我的意思是，我因为这件事既担心又愤怒，但它对我的内心没有影响，我没有受到伤害……她死了，我内心有很多真爱来保护我。”

他尽管因为婚姻陷入僵局而生气，偶尔也因此“心存感激”，因为“这样我就不可能回纽约，否则的话，我作为作者的良心就会迫使我回来排演剧本”。从童年时代开始，他就经常因吉卜林（Kipling）的丛林之书而做梦，他一直渴望见到印度和远东国家；“我梦想着在那儿住上一段时间，感受”那里的氛围。奥尼尔感觉这样的一次经历将“对我将来的写作非常有价值”，他希望离开欧洲九个月时间，打算和卡洛塔在东方国家或者有可能的话南非的某个地方住上一段时间，其间他要写作他的下一个剧本。他们准备在十月初乘船去香港，但他们的其他行程是暂定的。“老金·奥尼尔重生了”，他说，“我的心情非常好——我可以游览我日思夜想的世界了”。……“我感觉年轻了十岁——我又要出去冒险了！”

虽然他和艾格尼丝不再有信件来往，但她还是把孩子们的信转寄给了他，为了缓解他的缺失对孩子们的影响，他尽可能地用充满慈爱的字眼给孩子们回信。但是在写作《发电机》期间，他几个月都没有给他们回信。在艾格尼丝写的一封信里，这封信从未寄出去，她说：“今晚，（乌娜）上床后，我说我要带她去纽约，她马上说道：‘我可以把玩具放在行李箱里带给爸爸看吗？’我说你不在纽约。‘他在哪里？’在欧洲。‘他会回来吗？……我想他，妈妈。’（这是字面意思。）我说：‘宝贝，他会回来看你的。爸爸爱你。’接着她说：‘他会回来和我们一起住吗，妈妈？’然后她哭了起来。我简直伤心极了。我想这是我听到的最奇特的一件事，因为一个三岁的孩子会有那样的记忆。……她能在报纸上马上认出你的照片——”

“……不管怎样，你为什么不给她写信。你也不回来看看她。或者，也许，最好让她完全把你忘掉。”

最终，他终于开口说话了，他问乌娜她的信是用哪种语言写的。“我看着有点像埃及语！我想见到你，因为我很想你。”

沙恩写信说“加加”带他去了水族馆、动物园和自然历史博物馆，奥尼尔，一个永远在追忆过去的人，想起了他自己的童年时代。他仅有几次提到过萨拉·桑迪，其中有一次他说："我小时候有一个保姆很像加加，我上了寄宿学校后，那时我的母亲不在纽约，我每个假期都去看她，她经常带我去那些地方。"

他给沙恩的信相当于第二次告别。"对不起"，他接着说，"虽然我非常想念你和乌娜，我一直都很想念你们，但我短时间内还不能回去；为了创作一些剧本，我不得不在海上长期旅行"。他随信寄了一张支票，为了庆祝他儿子的九岁生日，因为那时他要开始旅行，他补充说："但不管我离你多远，你知道我在那一天（10月30日）都会想你，也许我的思绪会飞越长空，你会听到它，会想起我。告诉我，你会那样做。"这些话不是玩笑话，因为奥尼尔相信心灵现象，包括心灵感应现象。比如，在《发电机》里，他以个人的感情来写作，不仅仅借助于权宜的戏剧手法，当鲁本·莱特的母亲奄奄一息时，他让他突然做出了回家的决定。"……当时"，鲁本后来回想，"我第一次感到想回家看她……就那么奇怪"。

尽管奥尼尔早些时候相信同仁剧院一定会上演《发电机》，可是他一把剧本寄出去就开始感觉心里没了底，因为那是"一部极端的剧本，你无法预测委员会里的六个成员会做出什么样的评价"。他已对同仁剧院说过在他开始航海旅行前，他想知道他们的决定，当他和卡洛塔10月5日在马赛登上"鸯特莱蓬"号（S. S. *André-Lebon*）时，他很担心，因为他没有收到任何消息。不过，在船舱里，他收到了一份电报说剧本被接受了。

"我担心了这么长时间，终于有了结果"，卡洛塔写信告诉萨克斯。"我哭得像个傻子，简直窘死了！但那是极好的送行方式，金可以放松休息了，终于没有后顾之忧了！——天啊——我的爱人有一个多么可爱的灵魂啊——我是个多么幸运的女人啊！——上帝知道我很感激他，我只祈祷……我能够让他幸福，给他安宁！"

# 第十六章　第三次婚姻

第一段航程平安无事，在邮轮通过红海的时候，奥尼尔度过了他40岁生日（1928年10月16日）。他对其他乘客没太在意，他们大多数是法国人。“一群可怜、无聊的人，他们是一些离家赴任的海军士官，由于天气炎热，他们看上去情绪低落。”海上数日，邮轮只在法属索马里兰的吉布提做过短暂停留，在斯里兰卡首都科伦坡（Colombo）停靠了一段时间，在那里，“虽然烈日当头，奥尼尔还是游起了泳”；但是在更接近南方的新加坡，他却因为沉溺于这项他最喜爱的运动而中了暑，感觉“恶心难受，头晕”。邮轮的下一个停靠站——西贡（Saigon），让他印象深刻，是所有停靠港中最具吸引力的一个地方。

在西贡，一个古老的亚洲人曾经写道：“在‘神秘的东方’，一切发生的事情都是应该发生的。”你可以吸食鸦片，吃荔枝和熊掌（曾经是充饥的食物，现在是百万富翁的美味佳肴），你可以花30美元买一个精致漂亮的妻子，可以一怒之下来一场赌博。你可以去拜访那些‘花季少女’，从父母把她们卖掉的那一刻起，她们的整个人生就奉献给了最好的，但大多数情况下，最坏的男人。”接下来发生的事情让他感到很吃惊，而卡洛塔却感到惊恐，当一个法国朋友给他介绍了一家豪华赌场时，奥尼尔马上陷入了当地的赌博热潮中；他“开始在转轮上赌钱——游戏一下子迷住了”他。在给哈罗德·德保罗写信讲述这件事时，他想起了他哥哥对赌赛马的狂热：“终究我还是受到了杰米的影响。我变得非常狂热——这不是因为喝了酒。算了，我还是不说那些可怕的细节了吧。不必说，我输了一大笔钱……你能比得过吗？我！”

在新加坡，卡洛塔曾告诫他身体不好时不要去游泳（“我请求他不要去”），这一次因为赌博她又责备他时，他生气了。经过一番激烈的争吵，他去了赌场，继续玩轮盘赌，他声称，他想让她知道，她不能支配他的生活。她常说，“他是我见过最执拗的人”。

在快要离开西贡时，他感染了当地正在流行的流感，并且不小心传给了卡洛塔。庆幸的是，旅途中她随身带了一个护工，名字叫图威·德鲁（Tuwe Drew），是她的贴身保姆，德鲁夫人是一个强壮的金发碧眼的瑞典人，在船上照顾患病的夫妇俩。由于患病，又加上天气炎热，他们俩感到精疲力竭，希望在香港能享受到更加凉爽宜人的天气，香港是他们行程计划中的第一站，但他们发现那里的天气“潮湿乏闷”，只好决定继续航行直到上海，在那里，他们告别了“鸯特莱蓬”号，入住了汇中饭店。

一天，当两个人出去散步时，奥尼尔被阿尔弗雷德·巴特森（Alfred Batson）撞见了，巴特森是他在格林尼治村认识的一个年轻的加拿大人，他当时在《北华捷报》（*North China Herald*）工作。奥尼尔一听说对方的工作，就赶紧说：“帮我一个忙，不要报道我的状况。”在与卡洛塔一起过了几个月与外界隔绝的生活后，他渴望有一个男性伙伴，所以就与巴特森一起住了一段时间，巴特森提出要带他参观一个游客很少光顾的景点。

巴特森回忆：“最让奥尼尔感兴趣的地方是警察总局的犯罪博物馆，有个房间里摆满了杀人武器、重要案件的展品、审讯刑具，等等。其中一样刑具是中国的土匪使用过的，即墙上挖一个洞，土匪们把人捆绑起来，在洞的一侧裸露出他的胸膛，在洞的另一侧有一个装有老鼠的笼子。他们用烧红的火棍戳那只老鼠，而老鼠只有一个出口可以逃出去——即通过那个人的胸膛。金对这个刑具很感兴趣。墙上有一些干血渍，那一定是几百个人留下的。另一种刑具叫'千刀万剐之死'。土匪们用双股电线把一个人严严实实地捆起来，让他身上的肌肉突起，然后一刀一刀地割下他的肉——割上一千刀。"

在上海，奥尼尔一直忐忑不安。自离开西贡起，他和卡洛塔的关系就很紧张；东方国家的现实状况和他的浪漫期待并不相符；不过，不管他如何为自己辩解，都无法从良心上忘记艾格尼丝和孩子们。他最近因为"重生"和最终"有了归属"非常开心，可是现在他又开始寂寞起来，又回到了他以前那种状态。他在一张用作书签的金色纸上抄下了《查拉图斯特拉如是说》里的一部分，开头是："我是一个漫游者和登山者，他对自己说。我喜爱的不是平原，似乎我不能长时间地静坐着。"

"不管什么，比如命运和经验，仍在压制我——我仍要漫游，仍要登山：最终只有自己一个人去体验。"

如果他正在写作，他可能会使自己的内心平静下来；实际上，他天性中的紧张感和对黑暗的恐惧正迅速在他内心聚集。在做了一番自我挣扎后，最终，还未等流感痊愈，他又喝起了酒，酒是他过去的安抚剂。

当他第一次和巴特森晚上喝得烂醉回到住处时，卡洛塔在他房间里等他，她当时在汇中饭店单独住在一个房间。"你在干什么？"他责问道。"监视我吗？"她抗议说天色已晚，她"很担心他"，他们的争吵越来越激烈，她试图安抚他时，他推了她一把。突然，他整个身体摇晃着，双眼闪着怒火，狠狠地扇了她一记耳光，由于用力过大她差点摔倒。他扬言："我不想让一个老婊子来告诉我如何去做！"为了保持他的尊严，他傲视阔步走出了房间。卡洛塔回到她自己的房间，收拾好行囊，叮嘱饭店工作人员不要告诉奥尼尔先生她的去向，然后和德鲁夫人一起住进了浦江饭店。

第二天早上，巴特森接到了奥尼尔的电话，他顺便去了汇中饭店，结果发现奥尼尔还在饮酒。他向他说起了他们吵架的经过，奥尼尔说："我打了卡洛塔，她走了。她回家了，我猜想，但我不在乎。"巴特森因为要去上班，就答应说当晚再来看他。

晚上，两个人光顾了几家酒吧后，因为奥尼尔想去看中国姑娘，最后，两个人去了圣乔治舞厅（St. George Dance Hall），这是上海市经营到深夜的几个场所之一——像英属殖民地的大多数城市一样，实际上所有上海人到夜里九点钟就入睡了（"亲爱的英国人"，尤金说，"一定会诅咒他们所接触到的一切东西的乏味无聊"）。圣乔治舞厅，是一个名叫圣吉米·詹姆斯（St. Jimmy James）的美国人经营的，这里吸引了从邮轮上下来的客人、旅行推销员和船员。虽然到舞厅时已经半醉，奥尼尔还是被周围的环境吸引了，他开始审视那个地方，大厅中央有一个舞池，周围摆满了桌子，中国的舞女们正沿墙耐心地坐着。当他和巴特森小口喝着香槟酒时，奥尼尔开始细说那些职业舞女，说她们既有魅力又美丽动人，还有一丝羞涩，并拿她们和美国的舞女相比，不停地称赞她们。他们那天晚上过得有些乏味，奥尼尔为那些孤零零靠墙坐着的女孩们感到难过，为她们每人点了一瓶香槟酒，尽管巴特森提醒说，他会"被人称为'钱袋子先生'，在上海会被骗的"。

当他看到男卫生间里的服务员时，那个人是一个身体壮实的农民，其中一只耳朵上戴着金耳环，他又起了怜悯之心。"你为什么干这种活？"奥尼尔问道，但那个人听不懂英语，只是嘟哝了一下。"好样的！"奥尼尔大声说。"让资本主义见鬼去吧！"他抽出一沓钞票——在巴特森看来，好像有一千美元或者一千英镑左右——都递给了服务员。巴特森把钱抢了回来，只给了那个人一美元的小费，劝说奥尼尔"凡事看开些"。

几个小时后，剧作家和记者都喝了很多酒，他们从舞厅走了出来，可是刚到路边，奥尼尔便瘫倒在地，哭了起来，说道："我告诉过你我对艾格尼丝有多么混蛋吗？不，的确如此，我把这一切都讲给你听。"他沉浸在自责之中，很像有时候他哥哥对着镜子谩骂自己，奥尼尔例数了自己的一些过失，描述了他是如何对待艾格尼丝、孩子们和卡洛塔的。他们两个在路边很快引起了其他人的注意——他们是锡克教的一些官员，蓄着胡须，包着头巾，从舞厅对面的巴布令威尔（Bubbling Well）警察局里走出来，当看到这些上层人醉得像傻子一样时，他们用胳膊肘互相推搡着，哈哈大笑起来。

由于恶心呕吐，奥尼尔的讲述突然中断了；当巴特森把他送回汇中饭店时，他浑身发抖。亚历山大·雷纳（Alexander Renner），一个内科医生，很快就来了，他的妻子紧跟在他身后，她问巴特森："这是剧作家尤金·奥尼尔吗？哦，正是，我写了一个剧本，想读给他听。我马上回来。"当雷纳医生在床边照料病人时，他的妻子坐在床的另一边，读起了她的剧本，并且不时停下来问："你在听我读吗？""但是金"，巴特森回忆，"极力拒绝医生给他扎针，对她不理不睬，他的眼睛一直向上望着，显得很绝望"。

在医生的坚持下，虽然奥尼尔最初很不情愿去，他还是被转到了位于大西路上的由英国人开的乡村医院（Country Hospital）。按照巴特森的说法，那个地方非常安静，但奥尼尔后来却说"我永远不会忘记那家医院的经历……我的神经几近崩溃，每天晚上睁着眼躺在那里，我能听见威尔士军团夜晚的操练声，那个军团的驻地在两个街区以外，我能听见中国人驱赶鬼魔的敲锣声，要么是迎接婴儿的降生，要么是迎娶新娘，要么是死人出殡，要么是为了赶走其他一些妖魔鬼怪。那架势差一点让我爬到我房间的墙上胡言乱语一番。"

虽然不在他身边，可是卡洛塔却一直在监视奥尼尔，起初是通过汇中饭店的线人提供情报，现在她通过医院里的其他人，给这些人都付了大量的报酬。因为她的骄横，她总是不信任别人，还担惊受怕，不断寻求朋友和盟友与她站在一起。一些人是她花钱雇用的，特别是一些社会地位比她低的人，其他人像萨克斯·康明斯，她通过母性的关怀和热情友好赢得他们的支持。奥尼尔一住进医院——大约有十天——卡洛塔就和雷纳夫妇结成了盟友，他们是很容易感动、热心肠的奥地利人，很快，他们的同情心就轻而易举地被漂亮、受虐的女演员利用了。

西瑞兹·雷纳（Therez Renner），一个可爱带有贵族气质的金发美女，被卡洛塔深深感动了。“卡洛塔转向我”，她回忆道。“像上天派来的一个朋友。她对我大加赞扬，表示感激，并对我百般殷勤（这些“殷勤”包括送我一些精美的礼物），她对我感激不尽似的。很快，我们就好像姐妹一样，非常倾心的姐妹。我们每天一起去购物——我带她去最好的地方买东西——她也经常向我倾诉她对奥尼尔的不满。我被她深深打动了。我唯一不喜欢她的一点是，她对待她的保姆德鲁夫人的方式就像对待一个地位低下的仆人一样。我的父母住在奥地利，他们也有保姆，我们知道如何正确地对待保姆。”

奥尼尔在医院住下后，他对卡洛塔的敌对情绪有所缓和，当得知她和雷纳医生有联系时，他开始求助医生帮他与卡洛塔和好。她没有理睬奥尼尔几天后，两个人在医院满怀激情地和好了。他在随后送给她的一张纸条上写道：“上帝保佑你！……我爱你——一直到永远！原谅我！我会做一个好男人——我会尽我最大努力！送你千万个吻，神佑你！”

奥尼尔想尽可能长时间地隐匿他的身份，阿尔弗雷德·巴特森尊重了他的选择，但剧作家住院的情况和他不断出入浦江饭店以及卡洛塔住的宾馆，意味着越来越多的人会知道他已到上海。为了不让竞争对手获得这个独家新闻，巴特森在他的报纸上刊发了一条有关奥尼尔来到上海的消息，消息说他最近生了病，正在康复。接着又说，“在上海期间，他希望过一种平静的生活，以便恢复他的健康”。

如果隐居的剧作家对新闻界不那么小心翼翼的话，新闻媒体可能只是在一两天内报道一些有关他的小道消息，但他想避开新闻报道的努力正好让他登上了全球新闻的头版。1928年12月9日，紧随着巴特森的新闻报道，驻上海的美联社记者也做了报道，他的这篇短篇报道在美国国内被广泛刊印，报道说，奥尼尔“在上海卧病在床，但他有望在一周内康复。他的内科医生亚历山大·雷纳说，今天由于过度劳累和旅途疲惫，剧作家有点神经衰弱，患上了支气管炎”。

在和尤金通了几次电报后，哈里·温伯格被新闻报道震惊了，为了弱化他的委托人的病情，他在报上发表了一篇声明。新闻界对此事的报道到此为止。但几天后，奥尼尔给雷纳医生写了一封非常具有戏剧性的信后就消失了，因此他又成了报纸的头版新闻人物。美国的一家报纸大力报道了12月13日美联社来自上海的新闻发稿，详细地引用了信中的内容：如有必要，奥尼尔将淡出公众视线去南极寻求安宁和僻静之地。

奥尼尔曾告诉过雷纳医生，因为很多人打探他的私事并试图采访他，他觉得“即使身体完全康复”，也不能再继续留在上海工作了。他接着说，他“来到中国是为了寻求安宁和平静，希望在这里……人们只是管好他们自己的事，并允许我做好我自己的事情。但是我发现，在这里每平方英寸土地上的窥探和八卦新闻比任何拥有一千户人口的新英格兰城镇还要多。这不符合美国报纸记者的风格，因为他们是最体面的，以一种最绅士的方式履行他们的职责。”

“我准备去火奴鲁鲁，然后，可能去塔希提岛，如果火奴鲁鲁以上海的方式来对待我的话，即我是一个政治家，我的生活应该公开。不管怎样，如果有必要去南极的话，我是为了我的工作去寻找安宁和僻静之地。”

“我的支气管咳嗽好了，我的神经也正常了。我希望我的身体尽快恢复到最佳状态。”

“那封信表明”，美联社接着报道说，“剧作家在写信的当天（12月11日）就准备离开上海，尽管那天没有驶往火奴鲁鲁的汽船。然而，很有可能他会乘坐一艘大家不知道的日本汽船去往日本，在那里他能赶上一艘跨太平洋的邮轮”。可是，也有猜测说剧作家只是从浦江饭店搬到了上海的另一个藏身处，因为所有的船运航线“驶往日本或者火奴鲁鲁的都声明说，没有人告诉他说最近有启航或者说有船只运输的安排”。

他失踪的秘密直到德国“科布伦茨号”（*Coblenz*）邮轮于12月18日到达马尼拉时才真相大白。邮轮上的乘客中有一个叫威廉·奥布赖恩（William O’Brien）的牧师，实际上，当奥尼尔被一个拿着他的照片的记者撞见时，他就承认了他的身份。但是他仍旧想误导新闻界，说他顺道去意大利，将在那里的拉帕洛完成一个电影场景的选取。卡洛塔当时把自己锁在她自己的特等舱里，后来她说她能听见记者们“跑来跑去，互相说，‘她一定在这附近的某个地方’”。

在船上的那天晚上，由于天气闷热和绞车卸货时发出的嘎吱声的搅扰，奥尼尔一夜都未合眼。第二天早上，他看上去很憔悴。外国记者沃尔特·罗伯（Walter Robb）说他被奥尼尔的神情吓了一跳，认为他“被东方国家的经历折磨得更厉害了”。“然而，这可能表明，在西贡患了流感后，他那么快地赶往上海对他来说是致命的。”“但是我希望”，罗伯在12月20日给H. L. 门肯写信说：“当这封信到你手里时，可能它已经过时了。当我看见奥尼尔时，他的神情呆滞，精神恍惚，注意力很迟钝，但明显他想努力用意志力控制自己的大脑。他对每个人都很和蔼，但他的体力严重透支。”

与在上海时遇到的野兔与猎狗的情形不同，奥尼尔配合了菲律宾的记者们，主要是因为他不想让他们问关于一个女人和他一起旅行的传言。在一次短暂的观光旅行后，他对《马尼拉论坛报》（*Manila Tribune*）说，这个城市是“一个很好的拍戏场景；这个围城里有古代的教堂、塔楼、狭窄的街道，城里所有的一切都充溢着历史和传统的气息……可是我不敢触摸这样的物质财富；我不指望去了解它，不，很快就会；我一定要在这里停留几个月，也许几年。我在写这个城市之前一定要体验这里的生活”。

当“科布伦茨号”邮轮于12月24日停靠在新加坡时，奥尼尔早前收到过劳伦斯·朗格内尔的一封电报，表达了对他的挂虑，现在他给朗格内尔回复道：“我现在感觉很好。上海和马尼拉的新闻报道太白痴了。说什么发现、失踪、绑架、被匪徒杀害、死亡，等等。祝大家圣诞快乐。”

事实上，他的身体欠佳，因为他再次喝酒，他和卡洛塔之间又出现了矛盾。在“科布伦茨号”邮轮上，他与F. 西奥·罗杰斯（F. Theo Rogers）成了朋友。罗杰斯是驻马尼拉一家美国报纸的执行官。罗杰斯的船舱，用他的话说，“为奥尼尔躲避卡洛塔的唠叨提供了避难所；他是我见过最和蔼的人之一，而她则是个专横跋扈的女人，有强烈的占有欲，想把他据为己有；因为他寡言少语，不善社交，奇怪的是，他喜欢与下层社会的人进行交往；他给我讲了许多他知道的有关走私贩和骗子的故事；的确，他喝了很多酒，他只喝白兰地，尽管我告诫他在热带地区喝白兰地是有害的”。

正如她的一个朋友所说，虽然卡洛塔“至死都会坚持她想要的东西”，可是她和奥尼尔的关系变得如此水火不容以至于她没了信心。对于她的打算，她没有向奥尼尔透露任何信息，她于1929年元月1日在斯里兰卡的科伦坡辞别了“科布伦茨号”邮轮，那是她经历的最萧瑟的一个新年；但是她有所预备，她让德鲁夫人继续跟随奥尼尔一起航行。“我去了一家能俯瞰海湾的宾馆”，卡洛塔回忆，“坐在阳台上，望着船只渐行渐远，直到消失在远方。我感到很害怕。‘天哪’，我对自己说，‘我在这里干什么’？我感到好像我放弃了一些我应该坚持的东西。我问值班服务员美国使馆在哪里，他说如果你想让事情快速得到解决，就去英国使馆（在东方国家，事情的确如此——或者过去曾经是）。唉，我去了英国使馆，因为是假期，负责人不在，但他的助理在，上帝的羔羊，上帝保佑他！我让他看了我的旅行支票，对他说，‘我有宝石’。我告诉他我想搭乘下一班船离开。他说明天有一班轮船，他帮我登上了船。”

那是隶属于美国总统轮船公司的“门罗总统号”（President Monroe）邮轮，从旧金山出发，向西做周游世界的航行。“驶向远方”，邮轮的宣传册上写着，“越过阳光照耀着的，闪闪发光的海面，到达充满浪漫和冒险的土地……然后，亲自与全世界的人民和文明进行交流，这将让你更深刻、更详细、更清晰地了解人生和幸福……”

卡洛塔在邮轮上一安顿下来，就给德鲁夫人发电报报告了她的行踪，嘱咐她要对奥尼尔保守这个秘密，还打探了他的状况。在和保姆通了几天电报后，她得知奥尼尔因为她的失踪感到很绝望，威胁说要用酒把自己喝死，于是她开始与他联系。一听到她的消息，他欣喜若狂，这一点从他的回信中可以看出，很快，他们的交流就频繁起来，并且充满了柔情蜜意。

他们俩在电报中互相表达着对彼此炽热的爱。不久，卡洛塔对那个收发电报的人产生了好奇心。根据邮轮上首席无线电话务员乔治·H.威利（George H. Wiley）的说法，她去了无线电室，并做了自我介绍。在发现他是一个忠实的倾诉对象后，她就经常去拜访他。在他的航海日记里，威利写道，船员们给她起了个“绰号‘玛丽皇后’……原因是她的冷淡态度和对周围事物的横加指责；她坐在无线电室里，向我讲述她的前一段婚姻，她称赞奥尼尔先生既有魅力又有才华，并问我是否谈过恋爱；起初我有点吃惊，以为她在开玩笑，我告诉她我经常谈恋爱；蒙特利小姐有点生气，她解释说她指的是认真地谈恋爱；当然我回答说‘没有’”。最后，无线电话务员说，“与那些阅历丰富的人交谈非常有趣”。

根据他日记的详细记录，威利后来写道：“卡洛塔对任何事情都横加指责；她以公然武断的方式对比人、事、做事方法，这种对比是不恰当的，当与她过去的经历对比时，她很快发现，她自己的状况还是蛮不错的。谈到奥尼尔先生，她好像把他的问题（喝酒）归咎于他身边的同伴了，她对他的记者朋友特别反感。毋庸置疑，我认为她特别爱他、崇拜他。”

“她谈到了女儿，说她在加利福尼亚一个寄宿学校读书，她说她试图给女儿灌输一种思想，即真诚的重要性。她接着说她告诉女儿，她可以原谅任何错误或状况，只要不是蓄意诚心，但如果是由愚蠢，懒惰或者粗心所致，她绝不会饶恕。在讲这些时，卡洛塔的言辞有些激烈。”

“科布伦茨号”邮轮和“门罗总统号”邮轮距离不远，当两艘船越过阿拉伯海接近红海时，奥尼尔和卡洛塔都很激动，因为他们的船有可能同时到达塞得港口，这样他就可以换乘到她的船上了。他们的通信很密切，因此，威利估计，她的无线电报（一个字是16美分）的费用高达150美元左右，奥尼尔的通信费用和她差不多。

“可笑的是”，卡洛塔说，“无线电话务员对我们俩的情况非常了解，船上的人听说后，开始猜测——两艘船会相遇吗？这个疑问持续了几天。当然了，我们的船最先到达塞得港口，最后，我们听到警察上了我们的船，咚，咚，咚，他踉踉跄跄地走到踏板上来，嘴里说着'哦，亲爱的，我爱你，我需要你'，等等。他很害羞，害怕公众的注意力，然而，此时他哭了起来，在公众面前好好秀了一番。不管怎样，我已经为他准备好了房间，扶他上了床。我把两只鞋从他的脚上脱下来——'现在抬起你的脚'。……他做错事后，总会表现得像一个四岁的孩子，脸上会露出天使般的微笑。他本可以是个了不起的演员。"

然而，她的讲述并不完整，因为据报道，她自己也"好好秀了一番"。船上的二副乔治·W. 斯特德曼（George W. Stedman）说："他们在'门罗总统号'邮轮上相聚时，嬉笑怒骂，欢呼雀跃，爱抚着彼此的头发，跺着脚，搂搂抱抱，最后长时间地拥在一起，激情地亲吻起来。从那时起，他们就像一对爱情鸟一样。"

他们订了去马赛的船票，可是却在1929年1月21日在意大利热那亚（Genoa, Italy）下了船，因为奥尼尔认为船上的乘客都在谈论他们，于是急切地想上岸。他们继续前行一直到法国的里维埃拉（Riviera），在那里，卡洛塔迅速安排好了一切——找了一个住处，雇了佣人，等等——这样，到一月底他们在法国卡普戴尔（Cap-d'Ai）位于大海林荫道的含羞草别墅（Villa Les Mimosas）住了下来，这个地方正好位于蒙特卡洛城外面。"这里有我亲爱的金喜欢的大海"，她在1月26日给萨克斯·康明斯写信说，"这还有我喜欢的花园！——我终于找到了安宁之乡！……金比以前更可爱了，他是我的天使！"在30日给萨克斯的另一封信里，她写道："金的事业如日中天——！他收获颇多。我对他既欣赏又崇拜！对一个女人来说，这是多好的福命啊？！"

剧作家写给美国同仁剧院的第一封信是："《发电机》的排演进展怎样？首演日确定了吗？……真希望我能过去帮忙，但我的家务事仍未解决，直到卡洛塔和我结婚后我才能回美国。"

为了驳斥报纸对他的不实报道，他写信告诉大家，尽管他患病并被新闻界报道，他在东方国家的旅行是"一次美妙的经历"。他认为没有人知道他喝酒的事，于是便说他遭遇了中暑和流感。“为了使事情听上去更严重”，他告诉哈罗德·德保罗：“我的一个朋友被我感染了流感，比我病得更厉害。大家过得都很愉快！那个值得尊敬的瑞典已婚女士既是我的保姆又是我的秘书，尽管她被吓坏了，但仍然为冒险之旅感到浪漫激动……她夹在我们和新闻报纸之间，接二连三地受到恶名攻击。报纸竟公开影射她是我的情人——对她来说，这件事很严重，因为她的婚姻很幸福，她的丈夫和一个孩子都在英国。我的情人！你不能容忍这样的玩笑，但是如果你见到她，你会有这种想法！”

他给沙恩和乌娜写道：“给我100万美元，我也不会错过（旅行）。我见到了各种奇妙的地方，遇见了各种各样的人……我感觉好像是到了一个全新的世界一样。”他从哈里·温伯格那里听说艾格尼丝病了。他接着说：“告诉妈妈，我由衷地感到抱歉。告诉她当我在上海病重住院时，我对她所有的怨恨都烟消云散了，未来几年时间会证明我说的话。”

如果此时他能更心平气和地看待艾格尼丝，某种程度上是因为他对卡洛塔的兴奋感有所减弱。在东方国家发生争吵之前，他们之间的一些对抗情绪已暴露了他们之间的裂隙，他喜爱的是对一个名叫卡洛塔·蒙特利的浪漫幻觉；现在他爱的却是有着同样名字的现实中的一个女人，他发现她并不完美。最终，与她的形象相比，艾格尼丝倒不那么一无是处了；但他自欺欺人地认为“他对艾格尼丝的所有怨恨都烟消云散了”。时过不久，他称艾格尼丝是“背信弃义的夫人”，很快，随着他年复一年要支付她离婚赡养费，他对她的怨恨又逐日俱增起来。

在乘船去东方国家之前，奥尼尔通过理查德·J.马登让几个朋友——内森、麦高文、德卡塞雷斯、吉米·莱特——在公开上演之前，阅读了他的新剧。他在2月14日给内森写信说：“没有收到你有关《发电机》的来信，我想它没能打动你。也许当你看到演出时，你会对它刮目相看。我希望如此。最近我重读剧本时发现，你一定要亲自去剧院观看演出才能体会剧本的真正价值。”

他的第一猜想是正确的，因为内森不喜欢那个剧本。在一篇语调圆滑的文章里，他对剧本做了简短的批评，接着又引用剧本里的语言即第一幕的舞台说明部分继续对之进一步进行了指责：

> 内心进行着痛苦的思想斗争
> 带着愤怒的自卑
> 愤怒地握紧他的拳头
> 他的双眼闪烁着野蛮的光芒
> 蓦地害怕起来
> 任性地抗议着
> 勃然大怒
> 以一种宗教式的狂热
> 带着一生的愤恨与失望
> 痛苦地自卑
> 无情地，厌恶地斜视
> 阴郁地看了一眼

诸如此类的批评在1929年3月的《美国信使》杂志上连续刊登三页多。但是用奥尼尔自己的话攻击他自己是一个非常聪明的伎俩；这用了一种最有效的方式暴露了剧中那个脾气暴躁的人物。在文章结尾，内森认为剧本是“业余水平的，粗糙的，幼稚的”，并且说：“当奥尼尔用感觉写作时，他经常会写一些非常美丽、感人和优秀的作品。但当他用科学和哲学写作时，比如《发电机》，他好像就会不知所措。”

几乎所有其他评论家对《发电机》都有同样的看法。剧本于1929年2月11日在马丁·贝克剧院（Martin Beck Theater）首演。由菲利普·穆勒执导，在格伦·安德斯、达德利·迪格斯、克劳黛·考尔白（Claudette Colbert）和海伦·韦斯特利的带领下，一些演员对自己的角色分配提出抗议，但收效甚微。几年后，特丽萨·海尔朋说："对于那部戏，我主要记得它的舞台道具和场景布置得非常精彩，克劳黛·考尔白穿着一件红色紧身裙，在楼梯上跑上跑下。"

吉尔伯特·加布里埃尔，长期以来是奥尼尔的拥护者之一，他之前在《纽约太阳报》供职，现在为《纽约美国人报》工作，这一次他没有被奥尼尔的戏剧打动。理查德·洛克里奇（Richard Lockridge）继承了他在《纽约太阳报》的工作，他指责说："很不幸，作者没能忽略掉明显的东西。剧中处处充斥着那种老旧的、非常幼稚的争论，这种争论长期以来一直被乡村的无神论者和牧师当作一种教化手段——也许——教化那些……仍旧为我们可能来自于猴子的思想所困扰的人们。"

百老汇评论界的另一个新人言辞更加犀利，他是剧评家圣·约翰·欧文，《纽约世界报》正是让他取代了亚历山大·沃尔科特。"剧本的开头很乏味"，欧文说，"随着人物间无休止的沉闷的对白，剧情缓慢地一点一点进行着，一些无聊的人物说啊说啊，简直让人无法容忍，看着这部剧，我们感到很疲惫……"

在剧作家遭遇的失败挫折中，《发电机》最让他烦心（仅上演了50场），几个月来，他摇摆不定，一会儿指责剧评家，一会儿又自我谴责。看了剧评后，他在2月28日给理查德·J.马登写信说它们"没有让我如此失望，就剧本本质而言，同仁剧院的各位持有强烈的异议，对此我感到惊愕。你知道——对于我的剧本，总是有不同的意见和分歧——这种分歧总会有，但愿如此，因为这是真实生活和勇气的表现"。

但是，不久，那些剧评有些让他气愤，于是他进行了反驳。"那些评论的家伙们和吹毛求疵的专栏作家们着实让我恼火"，他给一个记者回复说。"这并不是第一次——也不是最后一次，但愿如此，因为当那些该死的失败缠住你的时候，这释放出了明确的信号，你是成功的或者你死了。"对海尔朋小姐，他坚持认为《发电机》在批评家眼里是"一个失败"，即便"这个剧本像《哈姆雷特》一样出色！他们因为《奇异的插曲》的成功而把这个剧本从我的生命中抹掉了”。

他再三强调，最让他失望的是，“不管是正面还是负面的评论，都未能发现我在剧本里要表达的主题思想”。他向一个朋友愤懑地说，那些剧评家“热衷于探索我三个剧本普遍的抽象主题——只有傻子才会泄露给他们——还没有剧评家能够发现《发电机》的主题，即一个年轻人陷入心理困境的故事，因为他突然感觉整个世界都背叛了他，他变得胆小怯懦。尤其是她母亲对他的背信弃义彻底击垮了他。从心理层面上说，剧本的兴趣点在于——对我来说——他是如何应对这个困境，以至于以触电的方式终结了他霸气凌人的父亲的上帝，在发电机那里又找到了死去的母亲的灵魂——一个借助伪科学手段被神化了的母亲——他为了最终回归到母亲身边，甚至被迫牺牲他深爱的姑娘，因为他母亲对这个姑娘既嫉妒又厌恶。当他拥抱发电机时，他说出了最后一句话：‘永远别让我离开你了！求求你，母亲！’还有什么能比那个结尾更明白的呢？……别人怎么能想到，在《发电机》里，我会浪费时间在伪宗教与伪科学之间的斗争中胡扯呢？这一点只有我自己更清楚。”

他感觉“这个剧本和我其他剧本相比是受误解最深的，除了《上帝的儿女都有翅膀》以外”。他把这两部剧相提并论是有深刻意义的，因为他自己深知这两部剧本和他的家族史有渊源。观众在《上帝的儿女都有翅膀》里看到了一个异族通婚的故事，而他看到的却是他自己父母的婚姻故事；在《发电机》里，其他人看到了如何处理新上帝和过去的宗教信仰之间的关系的问题，而他却着力于如何通过剧本来反映自己与埃拉·奥尼尔之间的创伤关系。难怪他认为这两部戏剧都受到了“误解”。

最终，他承认剧评家对《发电机》的批评大部分还是合乎情理的；他意识到母子关系“在明显的宗教信仰冲突中完全失去了控制，变得毫无人性，不足以令人信服，这一点反映在剧本的后半部分”。他向德卡塞雷斯悔恨地说：“我让剧本脱手得太快了——我还没来得及修正我对剧本的观点。（艾格尼丝既没有读过剧本也没有看过演出，她对一个朋友说：“金总是对他的剧本进行多次修改，我想他的错误在于，他把剧本送出去得太快了。”——作者按）并且，我上一次重读剧本时，心里非常紧张慌乱，完全没有心情进行修改。”

他向菲茨祖露了他的心声，菲茨当时仍在努力维持普罗文斯敦剧团的运行，他说剧本“是在我不应该写作的状态下写出来的；艾格尼丝的背信弃义让我心乱如麻，她的每一封信都让我心烦意乱；我内心一直处于愤怒和憎恨的状态……我满脑子都是对她的愤恨”。

在对剧本做了大幅度改动并且重新写了三场戏之后，他信心十足地向霍勒斯·利夫莱特说他已把《发电机》修改成“一部出色的剧本”，但实际上，正如他对约瑟夫·伍德·克鲁奇所说的，他对剧本仍不满意：“我现在更喜欢这部戏了，但还不是很喜欢。我倒希望没有写这部戏——真的——然而我觉得它在我的创作生涯中应占有一席之地。这让我很困惑。让我失望的是，这部剧如果不是标志着我创作的倒退，就是我创作的停滞不前。它不值得我去写，所以我的最佳写作水平没有发挥出来。但这对于我是一次很好的教训。今后，除非我找到一个特别值得我为之付出的主题我才会写作，否则我就等待，直到这样的主题出现。”

萨克斯和多萝西·康明斯对来自东方国家有关奥尼尔的新闻报道感到很震惊。他们二月份在含羞草别墅住了几天，看到剧作家身体状况良好，心里宽慰了许多。现在，奥尼尔回顾起旅途中的奇特遭遇和他躲避新闻记者的经历，感到十分可笑（“那真是我碰见的最滑稽的闹剧”），但是卡洛塔对那些“缺乏教养的记者们”的报道仍感到很气愤，“我应该杀了他们”！多萝西，一个温柔天真的女士，对她女主人的独特个性（这让她感觉很不舒服）和奢华的服装印象很深刻。她说：“卡洛塔有一些我见过的最漂亮的东西。一天，她带我参观了她的衣橱，她接连打开了几个抽屉，里面都是手工制作的精美内衣，有一些是在上海买的；接着她打开了一个很大的壁柜，里面装满了上乘的礼服和外套，最后一个壁柜里摆放了三十多双鞋子。她的珠宝首饰、服装，所有一切都与众不同。当我称赞她的衣服都很合体时，她说她无须去巴黎试装，衣服就很合体，因为巴黎的时装设计师波烈和梅因布彻已制作了她的身材模型。”

在康明斯夫妇拜访期间，奥尼尔的精神状态很好，因为艾格尼丝最终接受了分手协议，同意去里诺办理离婚手续。奥尼尔于2月14日给乔治·吉恩·内森写信说：“我们可以稍微平静一下了。我们终于等到这一天了。‘天知道我们所遭遇的曲折’——太多了！——因为艾格尼丝任性的等待。她的动机不是为了钱财。财产的事很早以前就协商好了。她推迟离婚是因为她拒绝接受一个条款，条款规定她不能够发文讲述有关我或者我们的婚姻生活，或者写一些有关我的自传的文章。”

“一笔丑陋的交易，整个事件！生活在丑闻的边缘，还要保护双方家人和孩子们，简直让人精疲力竭，这种生活让人感到屈辱。要不是卡洛塔和我的宽容大度，整个事情就会很快公之于众，成为大家津津乐道的谈资，或者干脆见鬼去吧！”

分手协议规定，双方都可以“像未婚男女一样生活”，艾格尼丝每年可以得到6,000到10,000美元的赡养费，这取决于他每年的收入多少，她终生享有在斯皮特海德的居住权或者出租权——这和他们在纽约最后一次见面时达成的协议一样。《纽约美国人报》在二月中旬刊发了他们的分手协议，内容很完整，文章说17日艾格尼丝“立约承诺不会在采访中谈及她和奥尼尔的婚姻关系，不会就此撰写回忆录或自传；奥尼尔认为这一点对他很重要，所以他在协议中写了一个条款，即如果他感觉艾格尼丝违反了承诺，他可以进行强制仲裁。如果董事会中三个仲裁员都认为她在利用他们的婚姻关系去赚钱，他就可以把给她的赡养费减半”。

然而，《纽约美国人报》的报道在一些方面出了差错，其中包括“对奥尼尔在东方国家的最后一次报道，说剧作家和女演员卡洛塔的友谊将近结束；据奥尼尔夫人说，那位黑发美女打算不久后返回美国”。为了弥补那个错误的报道，奥尼尔给哈里·温伯格写了封信，并交代他把信的内容“透露”给报社，信中说：“我的妻子一和我离婚，我就马上与卡洛塔结婚。”他没有过多述说在东方国家的经历，但他补充说，因为他“强烈地感觉到，在到达苏伊士以前，我没有写过东西，因此我渴望能马上动笔写作”。

《纽约先驱论坛报》的一篇报道援引了他信中的内容，说艾格尼丝还没有进行离婚诉讼，随着日子一天天流逝，她仍没有行动，奥尼尔变得越来越焦虑。他在3月12日给德卡塞雷斯写信说：“让比奥试着把灵异力量集中在我手上，我会伸出手，想象着她在4月1日（这个日期很容易记住）下午11:30看着我的手的情景。纽约时间应该是下午6:30。你准备好了吗？我想知道她说的安宁日子什么时候会到来！”

实际上，此时，德卡塞雷斯夫人不需要任何灵异力量去预测他未来的婚姻状况，因为报纸报道说艾格尼丝已经抵达内华达州，准备在那里建立合法居所。然而，比奥在4月1日用灵力研究了他的手后，给他写信说，他在七月份就可以自由结婚了。他在5月10日回复说：“我很高兴听到你信里的吉言……你应该记着你昨晚（在纽约）说的话吧，你说我的新生活要到41岁才能开始——我想至少得等到那个时候，我才能把所有事务料理妥当，我内心的自我才不会死亡，会有意识地以一种全新、自由和重生的方式活着。”

第二天，他给哈罗德·德保罗写信说，他“从没有像现在这样幸福宁静，如此强烈地意识到活着的乐趣”。信里接着说，再婚“最终让我重新找到了安宁；从那时起，我会拥有一个朋友般的妻子，她会时时刻刻为我提供帮助”！

然而，那时他们俩之间的关系并不和平，主要因为她讨厌他的那帮老朋友，那些人也是艾格尼丝的朋友，而他却竭力护着他们。他们回到欧洲后，就听说了一些谣言，说他们在纽约时关系不和，一些有关她的过去的风言风语和她把他引入了奢靡生活的传言——还有传言说，卡洛塔不仅谴责艾格尼丝而且还指责他在格林尼治村的一些“所谓的朋友”。他们还听说他以前的一些合作伙伴都同情被他抛弃的妻子和两个年幼的孩子。卡洛塔个性很偏激，她认为那些同情艾格尼丝的人只能证明他们对奥尼尔“不忠诚”，她反复提到他朋友的问题，最后他们之间爆发了一场争吵。这让奥尼尔很伤心，随后，他给她写信说，他“很绝望，我们之间又出现了争吵；我对这种丑恶的，疯狂的吵闹如此困惑，如此惊恐，以至于我感到迷茫，我被我们的争吵彻底击败了，毁掉了；为什么？为什么？为什么，天啊！我爱你！我全身心地爱你——我以我全部的精力爱着你"！……

"现在我们马上要过上（幸福日子）了，我们为之辛苦付出的目标也马上要实现了，我们几乎要安宁了，我们为什么要互相抵触，互相损毁呢？"

"哦，我最亲爱的，看看我们在塞得港彼此赠送的戒指，感觉一下我们之间的情意！（他们在船上相聚时，互相赠送了戒指，表示他们对彼此的"重新认识"。——作者按）那才是你我真情实意的表达！……其他的一切都是日常生活中的紧张和忧虑造成的。朋友？朋友与我们有什么干系？其他人与我们有什么干系……？"

"我爱你！我爱你！你是我的生命！是我的一切！你爱我！其他的一切都是谎言！我们彼此折磨，尤其在一些无聊的事情上，我们简直太傻了！"

他们的争吵平息了，但是卡洛塔仍对他的几个老朋友心存芥蒂。在他的请求下，她开始"编辑"由他的剪报社送来的新闻条目，她要筛选掉那些让他心烦的条目。她告诉萨克斯·康明斯，结果是，"100条新闻中他只能看到5条！可是，我无法编辑他的信件——'有些人'似乎认为他不会满足，快乐——同时又决心把他拽回到过去的生活中去！他们不久就会厌倦这一切，但愿如此！？！"

然而，事实上，在奥尼尔不知情的情况下，她同时也在编辑他的私人信件，并极力将那些她不喜欢的邮件拦截下来。奥尼尔4月6日给将要返回美国的萨克斯写信说："你告诉普罗文斯敦的那些伙计们，我感到很痛心，因为没有一个人给我写信。比如吉米·莱特好久都没给我写信了。"可是，偶尔会有一封信逃过卡洛塔的监管到达奥尼尔手里。他给菲茨回信说："能收到你的信，我太高兴了！我以为你把我忘了呢，一如既往地，请接受我的一片爱心，菲茨！我曾经深爱着你！"

他和卡洛塔在里维埃拉仅待了几个月。当第一次搬进别墅的时候，他们打算一结婚就返回美国；但当他喜欢上加利福尼亚时，卡洛塔想早日返回美国的想法淡了下来，主要因为——他不知道——她不想与她的母亲和12岁的女儿辛西亚住得那么近。内莉·萨辛似乎发现小女孩不好管教。“我母亲写信告诉我”，卡洛塔对多萝西·康明斯说：“如果我不回去看她们，她这个夏天就会带我的孩子来欧洲！事情更复杂了！可是夏天很长时间才能过完！”

法国卡普戴尔的住处对奥尼尔来说并不那么僻静——例如，萨卡·圭特瑞（Sacha Guitry）的别墅距海岸一步之遥——因为他一直很喜欢都兰那个地方，在卡洛塔的建议下，他们在四月份去该地区寻房子。到五月底，他们在勒普莱西（Le Plessis, France）城堡定居下来，这是一座灰色的，十分古朴的城堡，城堡是圆形双塔建筑，里面有35间房屋，是圣昂图万迪罗谢（Saint Antoine-du-Rocher）700英亩庄园的一部分，离图尔市只有10公里的路程。卡洛塔首次提出要在那里居住时，他认为有点“显摆，故作时髦”，但不久，像他给斯塔克·扬写的那样，他就“喜欢上了那个地方：这里有种类繁多的古老的大树和大片的田地，一座古色古香的城堡，里面有很多雕刻精致的木雕家具，其中有从朗热（Langeais）城堡沿袭下来的唱诗班座席，楼下的房间里有古老的挂毯——总之，这是个非常完美的地方，最主要的是，我的内心能够沉静下来，对这里的一切进行静思默想，在这里，时间凝固成了铆工手下断断续续的点和线，变成了一条流动的曲线。除了一大片农场上有人外，周围没有人居住。……业主经营着这里……然而，我们能够很容易地亲近动物和土地，不用担心挤不到牛奶，祈不到雨水。我无意要吓到你，像这样美的地方，我们支付的年租金低得让人难以置信。就是对法国不是来旅游的人来说也非常划算。”

这个地方的年租金只有30,000法郎（当时大约相当于1,200美元），价格这样低是有原因的。勒普莱西城堡里的大理石地板和其他的“豪华设施”缺乏现代生活最基本的便利条件，比如电（这里只能用油灯和蜡烛照明）、盥洗室（卡洛塔把一间卧室改造成了盥洗室）。而且，城堡由于常年闲置，里面布满了蜘蛛网、灰尘和死蛾子。实际上，当奥尼尔夫妇搬进来时，这里很适合做哥特式情节剧的场景，尤其是在夜里烛光摇曳的时候。

卡洛塔6月9日对康明斯说："我在城堡的两端来回奔走（在这样大的城堡里，一天要走上好几里路），指导钳工、油漆工和清洁工的工作。这些活一干完，这里会很漂亮。"她干的第一件事是在双子塔的一端为"金"装修一个书房，从那里他可以全方位欣赏树木茂密的乡村风光。她早期的另一个计划是，要在城堡后面为他建一个"小型的"混凝土游泳池，实际上游泳池的规模很大，水源来自于天然河流，游泳池的造价花了大约七万法郎。总之，他们对这个城堡的装修花了150,000多法郎（大约6,000美元），租期为三年。

勒普莱西城堡的主人是当地贵族家族的三姐妹［凡尔登侯爵夫人（Marquise de Verdun）、邦维尔子爵夫人（Vicomtesse de Banville）和拉布瓦西埃夫人（Madame de la Boissiere）］。在奥尼尔看来，她们"很高兴让一个作家当她们的租客"。他对一个朋友说，她们可能发现"有点不可思议——尽管我拿出了美国文学艺术协会授予我的绶带（这又有什么！），来证明我真是那个作家"！三姐妹马上买了《奇异的插曲》去读，据奥尼尔说，她们"尽管承认对尼娜那样的女人持有己见，但并没有说其他什么"。

因为他被新生活吸引，所以很少给沙恩和乌娜写信，虽然他一直叮嘱他们不要忘了他，这很可能是因为他下意识中认为他们会淡忘了他——这样做他觉得良心上不至于太愧疚于孩子们。他从东方国家回来后不久，就给他们写信说："有时候我很想见到你们，恨不得乘坐第一班船回到美国——但是我在这里有重要的事情要处理，所以不得不再多停留些时日。"可是现在，艾格尼丝已来到里诺，他希望回家的虚情假意到此结束。有一则新闻讽刺他说，一生中都对父母怀有宿怨的剧作家儿子，把他的这种宿怨反复写入他的剧本，现在他的这种情绪对孩子们造成了严重影响。

虽然四岁的乌娜比他想象的更需要他，他的食言对十岁的沙恩影响更大，沙恩正步入一个需要父亲为他树立榜样的年龄段。沙恩总是沉溺于自己的世界，变得越来越孤僻，除了和"加加"在一起时；不幸的是，她的身体状况越来越差，不久将永远离开他。沙恩曾上过新英格兰的寄宿学校，但几个月后，因为想家，艾格尼丝把他领了回来，带他一起去新泽西的西波因特・普莱森特的老宅子里居住。有一段时间，不管她怎么对他讲，他总是说，“我想回百慕大”——那里曾经是他们拥有完整家庭的最后一个地方。

艾格尼丝在里诺期间，她的两个孩子由她的姐姐塞西尔和克拉克夫人照看。“沙恩的行为太野了”，塞西尔回忆说。“很难管教。他的母亲不在身边，他的父亲也不在——他有很久没有见到父亲了——我猜想他认为大家都会抛弃他。结果，他把内心的不满发泄在可怜的乌娜身上，她看上去像一个受到惊吓的苦命孩子。（据另一个亲戚回忆，乌娜是一个“安静的、独立的孩子，她不会对任何人提出要求”。——作者按）但不管沙恩做什么，‘加加’总觉得是对的。她总是袒护他，为他开脱。”

艾格尼丝的离婚听证会于7月1日在里诺秘密进行，听证会仅持续了大约15分钟，主要谈了她和奥尼尔之间达成的离婚协议的证据。两天后，她被允许起诉，起诉的理由是被遗弃。为了减少对这件事的宣扬，《纽约先驱论坛报》第二天报道说她“拒绝见任何报社记者”，“甚至坚持要把她的离婚起诉书和离婚协议的副本密封起来”。《美联社》在7月4日的报道中称它是“在里诺通过的最秘密的离婚案件之一”。

他们的分手协议是离婚文件的一部分，规定了有关沙恩和乌娜的各种条款。协议声明：“丈夫和妻子对上述两个孩子有同样的监管权力，无论何时都有同样的探视权和单方面的监护权；但这些权力不能妨碍上述孩子的健康、福利或者接受学校教育的权利。”其中的一个条款，奥尼尔坚持，孩子们到13岁时，“就应该就读美国一流的寄宿制预备学校，学校应由父母双方协商选定”。按照协定，如果她得到的离婚赡养费至少有80,000美元的话，艾格尼丝应支付孩子们的一切“学校或大学费用”；否则，这些费用则由奥尼尔支付。

7月6日，艾格尼丝从内华达回来后不久，克拉克夫人就去世了——享年66岁——遗体被运回了普罗文斯敦，因为在那里她第一次加入这个家庭，负责照看刚出生的沙恩。对年纪尚小的沙恩来说，母亲的死亡——或者说是代理母亲——仿佛是对他的遗弃。不管是出于憎恨还是悲伤，也可能两者都有，沙恩很长时间不愿意走进老宅子里“加加”生前居住的房间。

离婚事件让住在城堡里的夫妇稍有些激动，因为用卡洛塔的话说，他们俩为此“等待得太久，经历得太多”，以至于不再那么兴奋；再说，他们两个人感觉已经“结婚”了。他们期待的一些法律手续对于他们来说“仅仅是一个‘仪式’”，然而，当他们于1929年7月22日在巴黎真正举行结婚仪式时，两个人还是被打动了。奥尼尔“感觉仪式有一定的含义——这不像在美国办一个养狗证那样”，可是，对于卡洛塔，它意味着“我第一次真正地结婚了；其他人的仪式只是在履行一些法律化的事务”。

在结婚仪式上，他们互相赠送了戒指，戒指上刻有摘自《拉撒路笑了》的语句：“我是你的笑声”（奥尼尔送给她的戒指），“你是我的”（她送给奥尼尔的戒指）。但是，那一天举行完仪式后的其余时间就不那么浪漫了。卡洛塔想去马德里咖啡馆吃饭庆祝一下，可是他像往常一样，不喜欢在公众场合吃饭；然而，卡洛塔抗议说如有必要，她要自己去，最后他同意了。卡洛塔回忆说：“我们回到宾馆后，他说，‘我累坏了，我要睡觉’，我说，‘我也是’。于是，我们各自回了自己的房间——我们总是分开居住——那就是我的新婚之夜。”

第二天，奥尼尔给萨克斯和多萝西发了电报（“重大喜讯。我和卡洛塔昨天结婚了。送上对你们的爱。”），他还把这一喜讯告诉了哈里·温伯格。同时他还交代律师哈里·温伯格告知新闻界他和卡洛塔正在提洛尔（Tyrol）度蜜月，但实际上他们已经返回勒普莱西城堡。

奥尼尔收到了一些普通朋友的祝贺，但没有收到他在普罗文斯敦和格林尼治村老朋友们的祝贺，他感到很受伤，猜测说他们都站在了艾格尼丝一边。可是当他伤心的消息传到朋友们那里时，弗兰克·谢伊、玛丽·希顿·沃尔斯（Mary Heaton Vorse）、伊本·吉文和其他人都很吃惊，因为他们都给他写了信表达对他的美好祝愿。玛丽·沃尔斯说：“当我听说他伤心时，实际上我给他写了第二封信，但是未收到他的回复。我们并没有站在艾格尼丝一边——我们希望他们两人都幸福——但他们再也不能够，再也无法在一起了。他耗尽了她的精力。我记得艾格尼丝曾说：‘我厌倦了剧院，我再也不想听到任何有关剧院的消息了。’”

卡洛塔在编辑奥尼尔的信件时，“删除”了许多祝贺他们婚礼的来信，她隐瞒了这一行为，向康明斯编造了另一种事实。“别再提这件事了”，她8月24日写信给萨克斯说。“但是我很好奇（尽管一点儿也不吃惊），为什么普罗文斯敦的好友们没有一个向金写信表达对他的美好祝愿呢……他们不能够再利用他了——！！！！金对我的解释比他自己的更感到尴尬——为什么——天晓得。因为我一直听说他们不忠……我很高兴他们傻到露出了他们的真实本色！请不要向任何人提起这一点——甚至你的妹妹！”（萨克斯的妹妹和她的丈夫E. J. 巴兰坦是普罗文斯敦和格林尼治村圈子的成员。——作者按）

卡洛塔一直想阻断奥尼尔与格林尼治村好友们的联系，可是哈里·温伯格是她的一大障碍；因为他是奥尼尔的律师，她拿他没办法。在哈里·温伯格给奥尼尔的一封信里，他提到了吉米·莱特和菲茨，卡洛塔看到后大为恼火。她于8月30日向萨克斯抱怨说：“如果还有什么消息要告诉你的话，那便是，我们非常，非常讨厌听到这两个人的消息！现在，人们都跑到菲茨小姐那里，告诉她因为金结婚时，她没有给金写信或发电报祝愿，金很‘伤心’！那是谎话——他没有‘伤心’！他对他们不够圆滑感到很吃惊——现在他们一心想向金索取恩惠，过去他们已经得到很多了！……”

“有一天晚上，金向我吐露说——他正在经历一种新的发展——新的乐趣——新的财富——新的研究目标——都融入了他的生活——旧的皮肤已经脱落！伴随着旧的寄生虫一起——我希望！……”

“我和金想与过去一刀两断，重新开始！你是我们想见的少数几个老友之一！……我们渴望得到自由——不受外界干扰——为了工作！为了安宁！——人在生活中要么前进要么后退——没有静止状态！……金不会以此种方式给任何人写信——但他会忍受想写信的痛苦！……”

她授意萨克斯“把这封信毁掉，忘了它”！

肯尼思·麦高文曾一度不受卡洛塔的喜欢。他要更正对有关奥尼尔在国外的奢华生活的报道，以正视听。他向《纽约客》杂志（*The New Yorker*）做了更客观冷静的描述。杂志报道说：“对法国城堡生活的华丽描述夸大了它的宏伟壮观。那里不是一个名胜地，只是庄园上的一处老住宅，庄园由三个女贵族拥有，她们把那个地方租给了奥尼尔夫妇，租金约等于纽约的一套四居室公寓的一半。城堡里没有电，只有一个卫生间。”

卡洛塔起初“非常愤怒”，接着，当她发现那篇未署名的“致歉书”是出自麦高文之口，并且“很友善”时，她大为吃惊。她马上坦诚地给他写了封信，讲述了她的感受，之后又向萨克斯气愤地说：“金的朋友们对他的个人生活和工作——（那是他和他们的事务）随意撰文，但我是奥尼尔家庭的另一半——我身处无情的窘境。”

她接着说：“我每年花费几千美元。不经我的同意，任何通过金的朋友们所做的宣传报道都是不允许的！……我不需要向公众或金的老朋友道歉……不管我是住在30间房里还是3间房里。我支付了费用——这和其他人无关！现在金是和卡洛塔·蒙特利结的婚而不是和艾格尼丝·博尔顿——就他的个人生活和家庭生活而言，这很重要！我甘居幕后已经近两年——听着各种辱骂和不公正的指责，有关我自己和我的家庭——我的经济地位——我的道德心和任何可以想到的东西。同时，我一直在付钱——付出我的精力和关爱——而这些普罗文斯敦人——和金的其他寄生虫——几乎把我和他都逼疯了——我已经忍无可忍。”

在“保护她免于受到这些说闲话的蠢货们的伤害”方面，尤金亏欠于她。于是，她声言，如果他不能做到这一点，她将自己采取行动！

在许多人看来，卡洛塔就像站在门口的一个凶神恶煞的女人，把他们挡在了奥尼尔的门外，她是一个拥有强烈占有欲的女人，想把他据为己有；但事情不像看上去那样明显。就算她是占有型、妒忌型的女人，就算她想支配他的生活，可是，事实是，他需要一个像她一样干练、坚定、强大的女人来保护他的隐私，让他不受外界的干扰，当他专注于工作时，她能够全身心地呵护他、关爱他。简言之，他同样也是一个占有型的、苛刻的男人。他对女人要求甚多，卡洛塔尽其所能为他付出；他应该为之付出代价，总的说来，他这样做是心甘情愿的。

代价的一部分是他失去了某些朋友。然而，这里的情况也很复杂，因为有时候他好像对失去朋友这件事有点不在乎；他们对他来说没有他们认为的那么重要。有些时候，虽然卡洛塔出于厌恶和偏见，排挤他想保持联系的老朋友；但是，为安宁起见，他多数情况下是顺从她的，虽然不都是这样。结果，大家普遍认为，卡洛塔支配了他，他们的外表和举止好像证实了这一点——他说话和蔼，有点害羞，而她看上去飞扬跋扈，说话盛气凌人。然而，她只是在他允许的情况下才会这样；他绝不是一个柔顺的人。

奥尼尔去世后，她在总结他们的婚姻生活时说："和他一起生活是一种荣幸，因为这种生活会给人带来精神上的刺激。天啊，有多少女人的丈夫能给她们带来刺激呢？"她接着说，但这种生活充满了艰辛。"我拼命地工作。我是他的秘书。我是他的护工。我营造并打理他的家。他写作剧本。我为他做着其他一切事情。"最后，她感到"金像爱其他任何人一样爱着我，但是他唯一真正爱的是创作他的剧本；他完全活在他自己的世界里"。

# 第十七章　城堡生活

几年来，奥尼尔考虑着要写一个基于希腊悲剧的剧本，地点发生在美国，并能体现现在的思想观点。早在1926年他就在思索：“能否把和古希腊命运相似的现代心理学融入一个剧本，让接受过教育，不相信上帝或者超自然报应的当今的观众，接受它并为之感动？”同年下半年，当他读到由达德利·菲茨（Dudley Fitts）和罗伯特·菲茨杰拉德（Robert Fitzgerald）对欧里庇得斯的《阿尔刻提斯》（*Alcestis*）令人耳目一新的翻译的时候，他对这一主题的兴趣更浓了。“这部古老的剧本让因时间、语言和文化不同的障碍而与原著阻隔开的观众一样感动，印象深刻。”根据剧评，这个新的译本“颇有 H. D.［希尔达·杜利特尔（Hilda Doolittle）］对希腊作品的翻译风格”。奥尼尔读到该评论时，艾格尼丝向杜利特尔进行了核实，并向他进行了汇报：“译本对剧中希腊和罗马的生活及人物进行了重塑——将其放到了现代——你可能会对此感兴趣。”

在对古典戏剧进行了一番研究之后，奥尼尔决定基于埃斯库罗斯的《奥瑞斯提亚》（*Oresteia*）三部曲来构思自己的故事，他认为这比古希腊悲剧的其他作品“更能揭示家庭中隐藏得很深的关系”。这个剧本讲述的是一个与人通奸的妻子（克吕泰墨斯特拉，Clytemnestra）谋杀了自己的丈夫（阿伽门农，Agamemnon），然后在她女儿（伊莱克特拉，Electra）的撺掇下反而被自己的儿子（俄瑞斯忒斯，Orestes）所杀。从奥尼尔的“家庭中隐藏得很深的关系”这一说法可以看出，他认为家庭生活其实是一种殊死搏斗。尤其重要的是，他认为伊莱克特拉的弑母情结是“剧本中所有女性人物身上最有趣的东西”。

奥尼尔一般情况下会有好几个剧本在大脑中酝酿，他从来不“强迫”自己产生某个想法，而是依靠默默工作着的无意识慢慢去构思；他会等到一个想法浮现并充斥了他的大脑，他知道这个时候就可以有意进行创作了。1928年11月，在乘船去远东的途中，他发现他在考虑他的那个新古典主义念头，并在日记中写下，他一定要“赋予现代的伊莱克特拉这个人物形象与其人物相称的悲剧性结尾；在这个希腊故事中，她在平淡无奇的婚姻中耗尽了一生；这样一个人物命运悲惨心灵饱受折磨，怎么能够容许——复仇女神让她逃脱了惩罚？为什么命中注定的犯罪和报应的链条却对杀害母亲的凶手无视？——对我们来说，希腊悲剧中一个致命的缺陷是，在杀害克吕泰墨斯特拉后，再没有了关于伊莱克特拉生活的剧本；当然了，该剧和其情节一样具有想象性悲剧的可能性”。

当奥尼尔和卡洛塔搬到卡普戴尔别墅的时候，他的这个希腊悲剧式剧本的想法“牢牢地控制了”他，“迫使他立刻写出来”。在修订《发电机》出版的间隙，他开始列出了这个新剧的梗概，他将该剧构思为一个发生在某一历史时期的“现代心理剧”。他在美国历史中寻找和原作中的特洛伊战争时期相对应的事件，他觉得美国独立战争“过于久远，和中学历史书中浪漫想象一起淤积在人们的心头”，而世界大战对于一个需要服装和时间维度的故事来说又“距离现在太近，太易于辨识”。他总结说，美国内战（Civil War）

这一时期对他这个“关于家庭中残酷的爱和恨的剧本”再合适不过。

他决定把故事的地点放在新英格兰的一个港口小镇，其主要原因并不是由于他在新伦敦度夏而对这种环境非常熟悉，而是因为信奉加尔文教的新英格兰，畏惧生命，否定生命，“对犯罪、报应、命运之链这种希腊故事情节在戏剧上最合适不过”。这个地方是现成的，道德环境也是现成的，在这里，死一般的沉静掩盖了狂暴的激情，贵族式的表象下古老的家庭衰败了，用剧作家的话说，“用人生而有罪，应受到惩罚这种清教的信条”鞭挞着自己。纵然被良心困扰过的新英格兰在历史上不存在，为了他这部新作，奥尼尔也会创造出这样一个地方。甚至那个符合他的目的的那个历史时期的当地建筑风格，即受古代庙宇激发而想象出来的新希腊风格的大厦，在19世纪中叶的新英格兰也是一种时尚。奥尼尔构思的家庭就坐落在寒气逼人、令人压抑的这样一座建筑之中，“一座奇怪的反常的东西”，这座希腊庙宇式的建筑象征着这里生活的意义。

1929年的前几个月，奥尼尔在构思该剧的故事梗概时写了大量的工作笔记。经典原作的处理方式是在关键的时候神介入剧情；与此不同，奥尼尔的故事只是沿着主人公的激情及其破坏性冲动这一条线发展。例如，奥尼尔笔下的克吕泰墨斯特拉因为性生活受挫而憎恨丈夫，曾经的激情变成了怨恨，因为他“对犯罪的清教认识”将爱情等同于了欲望。再者，奥尼尔的新伊莱克特拉命中注定是母亲的情敌，每次都注定要失败。

奥尼尔四月份在他的日记中总结道：“伊莱克特拉爱父亲，忠于弟弟（弟弟长得像母亲），憎恨母亲——俄瑞斯忒斯喜欢母亲，忠于姐姐（她的脸长得像母亲）而憎恨父亲——阿伽门农，他对克吕泰墨斯特拉的爱情受挫，他爱长得像母亲的女儿伊莱克特拉，同时憎恨并妒忌自己的儿子——把（显示家庭命运的）成员相像及其身份作为一种象征可见的家庭命运，继续发展。”显然，尽管奥尼尔常常否定自己是一个弗洛伊德主义者，他却在剧中使用了弗洛伊德心理学中的一个现象——恋母情结——比以往更有计划地点燃了人物性格下的地狱之火。

具有启发性的剧名再次显示出了奥尼尔的天资，他将这部新作的剧名确定为《悲悼三部曲》，用他的话说，这个剧名具有双重含义："这适合于——这应该是伊莱克特拉去哀悼"，第二层含义更具讽刺意义，"哀悼（黑色）在渐渐地适合她——黑色是一种成为她命运的颜色"。他最初计划把剧本分成两部分，但是在继续扩展思路的时候，他决定为了实现材料的"全部价值"，像埃斯库罗斯一样，他要把剧本写成一个三部曲：第一部分是归家，丈夫被杀；第二部分是女儿和儿子向母亲及其情敌复仇；最后是姐弟的命运。他分别给这三个部分起了不同的标题，分别是《归家》（*Homecoming*）、《狩猎》（*The Hunted*）和《闹鬼》。

奥尼尔把主人公的姓确定为孟南（Mannon），因为它和阿伽门农相似，又加上他们家是镇上最富有的家庭，该姓和财神（Mammon）很像。父亲是格兰特（Grant）的陆军准将，名字被确定为艾斯拉·孟南（Ezra Mannon），而克吕泰墨斯特拉在剧中成了克莉斯丁（Christine），俄瑞斯忒斯成了奥林，伊莱克特拉成了莱维妮亚。

经历了《发电机》一剧的不快后，奥尼尔对泄露正在从事工作的任何消息都非常小心，但同时他又因非常激动，所以不会长时间对此保持沉默。8月4日，他对萨克斯·康明斯说，他对目前所写的剧本"热情度非常高"，但他没有说出剧本的名称，也没有对剧本的性质给出暗示。"它有可能会成为现代戏剧中最了不起的作品——但并不排除其他人的剧作。至于我是否有充分的能力实现上述可能性，则是另外一回事……无论如何，我情愿做大事失败，在精神世界里保持成功，也不愿再继续重复我以前所做的工作，或者与之相当。"

他向约瑟夫·伍德·克鲁奇再次表达了对自己的疑惑，他说，创作这个新剧本的想法"极有可能"要求作家"必须回到希腊人和伊丽莎白那个时代的人中才能写出来"。他感叹道，"哦，去寻找剧中使用的语言！寻找戏剧性的对白而不仅仅是对话。写对话时，我感到非常困难。方言的问题让我烦透了。可是，我去哪儿找那样的语言呢？"

他将《发电机》的失败主要归结为没等思考成熟就写出来了，此后，他决定尽可能地多谈论谈论，以便剧本能够更好地成形。回忆过去，令他感到遗憾的是，在过去的11年中他写了不下18个长剧。他说："这太多了。至少其中的7个都不应该写——至少，不应该写成那个样子！"

尽管他获得了成功和大家的认可，如果有什么不同的话，他想象中的演出和他在剧场中实际看到的演出之间的反差令他感到不快。他提前预测到了《悲悼三部曲》的演出有可能会面临的困难，就给德卡塞雷斯写信说，演出"和创作出来的剧本是两码事，还经常不一致"。他接着说道，在所有的作家中，只有剧作家（我指的是要求高的剧作家）必须要与这个问题做斗争。他说："一个剧本有可能演得很棒，但仍然可能与剧作家的本意相差很远。我有很多剧本，演得非常好，但是我还没有发现一部剧本在深层意义上是我的剧本。"他解释说，那就是为什么在排练阶段结束后，他很少观看自己剧本演出的原因。

他用同样的语气对菲茨说，他有可能再写剧本时就在"剧本的封面上用红色字母标出'严禁演出'字样才准许出版"。他对"幻灭的折磨和称之为排练的妥协"都感到疲倦了，同时对"《奇异的插曲》带给我廉价的荣誉和污名"也感到厌烦——"《发电机》是带来同样污名的另一个原因"。如今已是《奇异的插曲》在百老汇演出的第二个年头，而且成了那十年最有名的剧本——"一个大肆宣传的畸形物"，剧作家这样称呼它。这个剧本在经历与百老汇审查者的冲突后，不但给他赢得了第三个普利策奖，而且两个巡演剧团在全国几乎每个地方的演出都打破了票房纪录，同时剧本的销售也创下了美国剧本出版的最高销售纪录。

自从开始演出以来，这个剧本的新闻便没有停止过，奥尼尔"非常不喜欢成为公众人物"，对剧本渐渐淡出公众视线感到快慰。他对菲茨说："我要规划未来的生活，这样我就可以安安生生回到过去我还是没有烦恼缠身的艺术家的日子——我是否能不让我的剧本演出和为大家所知，直到我最后被大家忘记。"但是他并不能控制局势。1929年5月27日，在他给菲茨写信两周之后，这位渴望被大家“忘记”的剧作家又被席卷而来的坏消息所包围；或者，用报纸上的原话说，“当今的文学和戏剧领域为之感到震惊”。

那一天，一位女士向纽约法院提起诉讼，指控奥尼尔的《奇异的插曲》剽窃了她1924年个人出资印刷的小说《雅典娜神庙》（*The Temple of Pallas-Athenae*）。乔治斯·刘易斯（Georges Lewys）（化名）宣称，在剧本演出前好几年，她将她的几本小说送给了同仁剧院和霍勒斯·利夫莱特，她把他们列为了奥尼尔的共同被告，主张停止该剧的演出和剧本的销售，并索赔125万美元。由于这次公共事件，票房的销售异常火爆，又加上，同仁剧院已经打出了演出最后几周的广告，剧院宣布演出继续无限期进行。不幸的是，预备出资75,000美元购买该剧的派拉蒙影业公司（Paramount Pictures）因为此次诉讼取消了购买计划。

在给媒体的一个说明中，刘易斯女士列出了她的小说和剧本的各种相似之处：

两个故事都围绕选择父亲这一主题展开。

两个故事都围绕年轻的女主人公展开，她们都是故事的主角。两个故事中她们都嫁给了年轻的男性。

两个故事中，男性都来自有疯病的家庭。两个故事中的疯病都是遗传的。

两个故事中，女主人公都有意请另一位男性做自己孩子的父亲。在两个故事中，都有男孩出生。在两个故事中，女主人公都爱上了自己孩子的亲生父亲。

两个故事中，男孩都长大成人，个子高高的，如运动员一般，身体健康。在两个故事中，男孩子都爱上了年轻貌美的姑娘。两个故事中，母亲都对未来的儿媳充满了妒意。

两个故事都特别强调了用科学的态度选择一位身体健康的父亲等等，不一而足。

刘易斯女士向媒体说自己其实主要是一位诗人，她说她“最近给一位男性”写了“一百首爱情十四行诗，其中的七十二首是在一个月之内创作完成的——所有都具有伊丽莎白风格”。

“你可以想象得到三个月前我第一次去看《奇异的插曲》时感到吃惊和好笑的样子。尤金·奥尼尔使用我的材料，但是都用错了。他借用了一个好思想，但用得如此低下，我很震惊，并且招致了流言。”（有一家报纸报道说：“《雅典娜神庙》因为在加利福尼亚受到了淫秽的指控已经被联邦政府进行调查。”）

奥尼尔对指控的内容感到非常震惊，他立刻做出反应说，他“从来没有听说过”刘易斯女士的书，她“肯定是疯了”。比刚被扣到头上的污名更让他恼火的是，为了辩护他不得不要忍受很多麻烦和进行大笔的开销。媒体上列出的她的书和他的剧本的比较让他感到是“闹剧”，“想到这个神经的敲诈者通过故意中伤我，不但给自己捞了100万美元，还给自己做了宣传，这让他愤怒不已”。哈里·温伯格把她的书给他送来了一本，他发现这是“我遇到的最糟糕透顶的玩意——劳拉·J. 利比（Laura J. Libbey）、埃莉诺·格林（Elinor Glynn）和“年轻的来访者”（the Young Visitors）的大杂烩！”

他在给普罗文斯敦剧团约翰·弗朗西斯（John Francis）的信中写道，假如他“喜欢在文学上偷窃，我去偷窃莎士比亚——或者试图这样去做——也不会去偷一个乞丐一样的作家！……这些敲诈别人的骗子们身无分文——无论指控多么愚蠢，你什么都别想得到”！

在6月20日给斯塔克·扬表达同情的回信中，他赞同“《奇异的插曲》收到了期望中的某种成功，你还可以加上一句，达到了我的胃所能容忍的限度”！在感激该剧使他受益的同时（在某种程度上，它解放了我），他觉得剽窃的指控是“结束整个事情合适的廉价结语”！

然而，另一件即将发生的事情又进一步把他推进了公众视野。他的剧本《奇异的插曲》激起了全国范围内戏剧界人士和公民自由主义者的抗议，波士顿对该剧发出了禁令，用该市市长的话说，原因是该剧“宣扬谋杀未出生的孩子，是无政府主义和家庭不忠的温床，还有令人作呕的不道德场景”。在回答媒体提问时，他承认他从来没有看过这个戏。因为禁演的原因，波士顿成为了很多卡通、社论和新闻报道的笑柄；临近的昆西（Quincy, Mass.）市预约上演该剧，若非前面这个插曲，这定会成为引起全国兴趣的奥尼尔剧作在百老汇以外地区的又一次大狂欢。

尽管奥尼尔已经尽了力，对他来说，他仿佛会命中注定要在公众的审查下过日子。在因为剽窃指控而受到公众关注的同时，他听说，根据报纸上的消息，他的身体状况堪忧。美联社于6月6日在伦敦发稿说，剧作家因为“身患肺病，在瑞士病重”，不能参加其《难舍难分》在当地的首演仪式。想到上一次报纸同样报道他在远东旅行途中生病的事情，奥尼尔对一个朋友说，他“甚至懒得去否认”这些关于他的最新消息。“我对这些无稽之谈越来越厌倦了。只有肺病才能让我不在首演的夜晚露面，这个说法肯定会让那些知道我的人长时间大笑不已。”他自豪地说，他的肺比绝大部分人都强健，但他又补充说：“我的神经却不好，这是真的，否则，我的体质就像我父亲那样了。”

[1933年，全国结核病协会（National Tuberculosis Association）邀请奥尼尔加入其防痨邮票委员会（Christmas Seal Committee），他表示同意，条件是列他的名字时“不要对他过去的历史有任何评论和指涉；我的肺病经历已经在传记、报纸和杂志上的文章中被反复提及，并被夸大到无穷的程度——坦白地说，我厌倦提它，尤其是，正如已经发生的那样，当高深莫测的心理学家试图在我的剧作中解读出肺病的后果对我剧作意义的影响等等的时候”。]

关于他肺病的报道和波士顿的插曲仅仅是令他暂时感到心烦的事情，法庭的诉讼案件却时时令他牵肠挂肚，因为需要很长时间才能进入审判。8月3日，他对内森说：“这个案件让我很恼火，几乎快崩溃了！这个案件非常荒唐，从表面都可以看出纯属是虚构出来的，但是同仁剧院、利夫莱特和奥尼尔合法的一方仿佛并没有办法将此诉讼撤销。”他担心该诉讼案到后来会花费高达50,000美元的律师费和案件审理费，正如他向康明斯所抱怨的那样：“还极有可能让你碰上这样一位法官，他根本不知道兔子写了一本书……我敢肯定，她整本书都是从某一地方偷过来的，有可能是法国的色情作品。”

搬家、安顿、剽窃诉讼、结婚，还有持续不断的客人，当他1929年夏天创作《悲悼三部曲》时不断面对着各种干扰；但他还是努力于六月完成了《归家》的详细故事构思，七月完成了《狩猎》的构思，八月完成了《闹鬼》的构思。在该剧最后一部分的构思完成后，他非常高兴，他已经赋予了他“美国的伊莱克特拉与其身份相符的一个悲剧性的结尾——俄瑞斯忒斯亦是如此”。

乔治·吉恩·内森和莉莲·吉什是到勒普莱西城堡来探望奥尼尔的第一批客人，给他们留下深刻印象的是，奥尼尔过着男爵式的生活，卡洛塔把城堡料理得整洁有序，而且非常关心奥尼尔。她吩咐家里的佣人穿上卧房的拖鞋，这样走路时就不会弄出声音打扰到奥尼尔写作。在卡洛塔的建议下，他们还购置了一把英格兰制造的特殊椅子，很像带有衬垫的牙医使用的椅子，带有活动的扶手和腿部支撑，这样他坐在上面工作时就会感到非常舒适。

吉什小姐说，“她所有的心思都在他身上；她像母亲一样照顾他。我一辈子见了很多夫妇，但我从来还没有见到过哪一对像卡洛塔和金这样如此亲近和忠诚。看起来他们真的不需要其他任何人了。”

卡洛塔对内森的来访感到有些不安，尽管奥尼尔劝她只管放心，因为她常将内森想象为一个尖刻、傲慢的人——尤其是在他对《发电机》进行了毁灭性的评论之后。但是，内森的来访进行得很顺利，尽管他对他朋友对待妻子的兴趣持保留意见，他表现得非常亲切，而由此带来的结果是，卡洛塔觉得他是“一个迷人、讨人喜欢的客人，这让她都感到吃惊”。

根据内森的记录，他觉得剧作家有“一股孩子气，在很多方面天真、朴实……这恰是（他）魅力所在……尽管他外表严肃，在游泳池里游来游去，还咯咯地笑着，穿上他从中国买的五颜六色的衣服，带有铃铛的手表，用大杯子喝可口可乐，让人人都觉着那就是威士忌，所有这一切都给他带来了无比的快乐；他非常可爱的妻子穿着非常扎眼的衣服下来吃饭的时候，他就像来到了乡村大集市上一样，脸上突然一亮；‘你喜欢吗？’每一个场合她都会故意这样问；尽管非常明显地可以看出他非常满意，他就像一个不想很快就缴械投降的人或者承认什么的孩子一样，他总是含含糊糊地说：‘哦，是漂亮，不过我更喜欢蓝色’”。

这位评论家还认为他是“我认识的人中工作最勤奋的，在我所认识的作家中，有很多工作非常努力；在他醒着的时候，他的思想没有一分钟不是以这种方式或者那种方式在工作上；就是睡着以后，卡洛塔告诉我，他时不时地也会咕哝一声，可以听到他咕咕噜噜说的是希腊面具、弗洛伊德心理学或者菲利普·穆勒”。

在内森发誓会保守秘密以后，剧作家对他说了《悲悼三部曲》的故事梗概；将近一年过去了，他才对外人说，但他不能阻止别人对他正在创作的剧本感到普遍的好奇，他将它称作是他“曾做过的”“最伟大的”或者说是“最野心勃勃的事情”。

卡尔·范韦克滕和他的演员妻子范妮亚·马里诺夫是卡洛塔的老朋友，这年夏天也来这里做客了。范韦克滕粉脸善目，写过敏感而精致的小说，他喜欢珠宝和结交名人，仿佛是奥尼尔觉得最合不来的一种人，但是两人有些共同的兴趣，这构成了他们友谊的基础。两人都非常喜欢谋杀小说，两人都在艺术作品里支持黑人，两人都喜欢爵士乐和布鲁斯音乐，这些从美国黑人心灵的深处奏响的音乐。奥尼尔感谢范韦克滕送给了他一些唱片作为礼物，尤金在笔记中写道：“我所住的巷子里就有圣詹姆斯医院。我现在还记得歌词。你认识路易斯·阿姆斯特朗（Louis Armstrong）先生吗？如果认识的话，请替我向他送去兄弟般的祝福。他是一个了不起的人……‘床上空空’（“Empty Beds”）是一首很棒的音乐，我过去非常喜欢的‘柔音踏板’(“Soft Pedal”）和‘唱吧，唱吧’(“Sing, Sing”）亦是如此，是保罗·罗伯逊给我推荐的。”

在卡尔和范妮亚到达勒普莱西城堡之前，他们在巴黎碰到了拉尔夫·巴顿，虽然他也已经再婚，他还是想知道他们是否听说过奥尼尔和卡洛塔相处得如何。范韦克滕说：“他让我们向她问好，我想，因为卡洛塔嫁给了比他有名的人，他其实感到不安和生气。这对他的自我是一个打击。”

像内森和吉什小姐一样，范韦克滕对卡洛塔对丈夫的照顾以及他们两人之间的亲密关系印象深刻。范韦克滕说：“他对她的依赖性很强，她尽其所能让他开心。卡洛塔对我说，就是家里没有客人的时候，她常常打扮一番才来吃饭；她有一些从巴黎带来的精致的东西，除了他任何人都没有见过。”他接着用卡洛塔当时的话说：“对他来说，她不只是一个妻子。她像母亲一样非常关心他，她替他回信，给他打手稿，她接管了丈夫一般要做的工作。她尽其所能让他把注意力都放在创作上。”

八月下旬，在父亲的资助下，小尤金在德国旅游。他们在勒普莱西城堡和他团聚了，这把他们之间的关系拉近了许多。小尤金身材高挑，长相英俊——比六英尺高的父亲还要高两英寸——这个年轻人在耶鲁大学的古典文学研究成绩斐然。奥尼尔对内森说：“我为他感到骄傲，我们俩之间的关系自然得像兄弟一般，没有丝毫强装出来的‘好父亲 - 儿子’的样子。看到他身上的这些优点，想到我在他这个年龄（19岁）时糟糕透顶的生活，我一点做父亲的优越感都没有，相信我！他和我们相处非常融洽。卡洛塔喜欢他，他也喜欢她。我相信，他这次和我们在一起比过去和我在一起时更自在。”在父子二人在城堡前拍的一张照片上，小尤金慵懒地坐在椅子上，脸上有种非常满足的神情，仿佛可以听到他高兴的感慨，奥尼尔嘴唇微微张开笑着。（他后来把尖顶山的房子送给了小尤金，但是一年时间还没有到，暴风雨袭击了海岸，房子顺着流沙滑动，在大海中解体了。）

卡洛塔不喜欢提到艾格尼丝和她丈夫在格林尼治村的朋友们。她这个新来的继子没有提及这方面的任何话题，这让她非常高兴。8月30日，她给萨克斯写信说：“一个很好的年轻人，我的上帝啊——非常机智！他从到达起谁的名字都没有提！我们在一起谈论书、音乐、建筑和抽象的思想——他的此行给我们带来了双倍的乐趣。他们两个每天游一两次泳——生活按部就班——安静、稳定——美常常在空气中颤抖——渴望向上，创造生活和艺术世界的完美和成绩！”

虽然奥尼尔对目前井然有序的生活很满意，据这年造访奥尼尔的玛德琳·博伊德的说法，他并非全然摆脱了对过去的回忆。一天晚上，卡洛塔上楼去忙其他杂务去了，他们两个开始在壁炉边东拉西扯地聊起来，博伊德夫人碰巧提到了她的一个朋友玛丽·布莱尔的名字。“金突然来了精神”，她回忆说。“他喜形于色，开始聊起普罗文斯敦剧团、吉格·库克、菲茨，还有其他人，但主要是玛丽。他赞扬了她的智慧、勇气——他说，当时没有其他合适的女演员，她和罗伯逊及时出现了，他为此常怀感激——他最后说她是‘一个上帝的儿女’。他把心里话都讲出来了，他对记忆中的这些东西感到高兴。听话音他非常留恋格林尼治村和过去那些时光。最后，卡洛塔从楼上下来了，‘金，该上床睡觉了’，他的脸立刻沉了下来。那样子仿佛是他被打了一巴掌。”

博伊德夫人是奥尼尔夫妇的老熟人，她出生在法国，是一位文学经纪人，在格林尼治村曾经见过剧作家，在卡洛塔和巴顿婚姻存续期间她就认识卡洛塔了。她本来要在这里停留一周，卡洛塔显然听到他们谈论了有关玛丽·布莱尔和格林尼治村的事情，第二天卡洛塔向她暗示她应该缩短在此停留的时间。玛德琳·博伊德说：“我总觉得，她和巴顿婚姻的解体是因为她总是控制他，现在看来她又在奥尼尔身上犯同样的错误了。”

伊丽莎白·谢普利·萨金特第二年拜访了勒普莱西城堡后，有了和别人不一样的看法。尽管她觉得卡洛塔在很多重要方面对奥尼尔来说比艾格尼丝更好，令萨金特小姐感到遗憾的是卡洛塔“让奥尼尔远离了大海；她让奥尼尔感受到了在艾格尼丝身上从没有感受到的安全感，她做到了事事安排得非常完美，奥尼尔可以在安静和舒服的环境中工作；但是我不知道，手工缝制的鞋子和一座城堡对奥尼尔这样的艺术家来说是不是最好的环境”。

卡洛塔说：“我教会了他如何生活。这是他唯一有钱的一次，真正地有钱了——我指的是《奇异的插曲》——所以我就鼓励他买他想买但从来没有得到的所有的东西。我觉得这对他好，这可以让他觉得他的穿着打扮和其他人一样得体。这真的管用，但我必须连说带劝，磨破了嘴皮子才行。有一次我们俩出去散步，他的脚开始瘸起来，我让他脱下鞋。他的脚趾头弯曲着，我说：‘天呐，你难道不会买双合脚的鞋子吗？’好像卖鞋的人曾跟他说过他的鞋子尺码太大了。他不听我的话，他说我把他当成了小白脸或者其他什么靠女人养活的人了，但是我还是拉着他来到了一个可以定做鞋子的地方（他的脚型很漂亮，修长、有力，就跟他的手指一样），他非常喜欢，一下子定了12双。最后，他买了75双鞋子。后来，我又带着他去了裁缝店。当我们回到美国的时候，他从未再买一件衣服、一双鞋或者其他什么东西。这是好事，因为我们回国的时候大萧条（Depression）开始了。”

勒普莱西城堡的生活围绕他的工作展开。照例，每周七天，他每天上午会写四五个小时，他吩咐说不要打扰他，按照卡洛塔的说法，“就是房子着火了”也不要打扰他。有一段时间他和她一起吃午饭，她回忆说，但“我坐这边，他坐那边，并且他所有的心思都在剧本上——幕、线索、思想。我不说话，我不得不默不作声地坐着，不让椅子和其他什么东西弄出任何声响。这让我感到紧张，看到我坐在那里他也感到紧张，于是最佳做法就是他用餐盘在书房里吃午饭”。

奥尼尔的下午基本上都是在户外度过的，游泳、晒日光浴、在乡间的小巷里骑自行车，如果心情激动，还会开开他的布加迪（Bugatti）牌双人座敞篷跑车。除了在城镇里，这里没有限速，他喜欢在几乎空无一人的公路上以最高速度疾驰。（“奥尼尔做事不做一半”，伊丽莎白·萨金特1927年写道，“他创作时，也以同样的速度缩短了经历的里程”。）车子用的时间长了他就会厌倦，布加迪已经是他到欧洲后买的第三辆车了。他对萨克斯·康明斯说，他的新车据说是“世界上速度最快的跑车，速度每小时能达到170公里——106迈；棒极了！车的悬挂很好，有减震器和上乘的座椅织物，卡洛塔和我开车时非常舒服；我想这辆车会给我带来很多乐趣”。

“那辆车给他带来了非常快乐的时光”，卡洛塔说。“当他感到紧张或者累了，他就会开着这辆跑车出去，开到95迈，回来时就像19岁，脸上没有一丝皱纹，非常放松。一天，他载我出去了一趟，几乎需要有人把我从车上扶下来。我感到头晕目眩，我吓坏了。”

奥尼尔夫妇搬到城堡居住不久，就买了一只猎狐梗犬，一只讨人喜欢的家伙，喜欢和奥尼尔一起游泳；但当他们从英格兰得到了一只白银斑点狗（Silverdene Emblem）后，它的位置就退居其次了。这只斑点狗是一只大麦町，很讨他主人的喜欢。其实，卡洛塔对她女儿，奥尼尔对他三个孩子的感情明显都没有他们对“伯莱明”（Blemie）好。直到这只狗死亡12年后，用奥尼尔的话说，他是“（我们）痛苦时的安慰，使（我们）幸福时更加快乐”。卡洛塔说，“他是我们孩子中唯一一个没有让我们失望的”。他的颈圈、皮带、外套和雨衣，都是在巴黎爱马仕定制的，小睡床有四根帷柱，铺着上好的亚麻制品，床上还有一个篷盖。卡洛塔回忆说：“我和金在壁炉边看书的时候，为了不偏心，他会先卧在我们其中一个的身边，然后起身再卧在另一个人身边。他不想伤害我们俩任何一个人的感情。一个小外交绅士，我们的伯莱明！”

莉莲·吉什也觉得这只大麦町非常可爱，她说，他是“一个人，奥尼尔家完全的一员，城堡中一个正常的主人；当有人把早餐送到你身边的时候，他就会跑过来，身上有一股他仿佛要确保一切都没有问题的神气；在我离开后，卡洛塔给我写信说，伯莱明趴在地上，四肢伸开，长长地叹了一口气，仿佛是说，‘谢天谢地，终于结束了’；现在他身上没有责任了”。

从1929年9月中旬开始，奥尼尔夫妇在巴黎停留了三周，对牙齿进行了彻底治疗。自他们到欧洲以来，第一次进剧院看戏，他们看的是雷诺曼（Lenormand）的《混合物》（*Mixture*），因为他已经成为了他们的朋友，然而奥尼尔却拒绝去看乔治斯·毕多耶夫（Georges Pitoëff）法语版的《毛猿》，尽管他和毕多耶夫的关系也很好。在这个剧本开始演出后不久，奥尼尔给斯塔克·扬写信说他并不关心该剧的反响。他在9月23日说：“剧场让我烦透了，美国的、法国的、保加利亚的，等等，我觉得法国剧场是最疯狂的……因此，我强烈地预感到，观看用俄国的设备和法国的演员演出的《毛猿》所带来的紧张感是一种狂喜，它可能会使我永远否定我自己！我不想太找乐子。”

然而，他不想观看毕多耶夫版本演出的主要原因是他觉得，《毛猿》“不可能被忠实地翻译过来；翻译过程中肯定会有没有翻译过来的东西”。10月22日，他对乔治·吉恩·内森说：“而恰恰是质量……才是最有价值的东西——精彩对话的节奏，语言富有活力的驱动力。剧本在感情方面的重要性和意义是法国式的理性思维花上100万年也不能企及的。法国剧场颈部以下都死去了——这就意味着剧场已经完全死掉了，不是吗？”

一般说来，他对他的作品在欧洲的演出兴致颇高。这年上半年他对理查德·J. 马登抱怨说，瑞典皇家剧院对向他提供《奇异的插曲》演出信息的要求置之不理。他问他的助理：“难道没有办法做到这一点吗？当你准许他们上演你的作品时，你可以加上一个附加条款，并要求他们（用英语、法语或德语）完整地给我写清楚，在演出后向我提供记录材料（我可以请人翻译过来）和一套演出的剧照。”一般情况下，他无力影响国外的演出，但当谈判该剧在伦敦的演出时，他指示特丽萨·海尔朋“合同里必须有这样一个条款，必须不折不扣地按照同仁剧院的演出脚本进行演出；欧洲导演们的胡导乱演让我吃尽了苦头，我却对此无能为力，可是，在说到奥尼尔时，不能再让人议论说，他让讲英语的人把他说得一无是处”。

他的这部马拉松式的九幕长剧如今在欧洲四个国家上演。该剧在瑞典斯德哥尔摩批评的声音和成功的欢呼共存；在匈牙利布达佩斯，更多的是表扬的声音；在丹麦的哥本哈根，剧本对尼娜·利兹性行为的刻意展示让保守党的领袖非常不安，他在丹麦议会起身做了“一次惶恐而又令人作呕的公开演讲”；然而最为严重的反应是在柏林。奥尼尔对曼纽尔·科姆罗夫说：“批评家们狂喊乱叫，就好像一支美国军队已经来到了前线！他们指责我模仿他们所能想到的每一个德国剧作家，包括席勒，然后又加上了易卜生、斯特林堡、契诃夫（Anton Chekhov）和莎士比亚。这是事实！我并不夸张。以上只是一天内的战果！虽然有这些不和谐的声音，该剧的导演给我写信说是一部成功的作品。伊丽莎白·贝格纳（Elisabeth Bergner）觉得演得很成功——

在任何地方，任何人扮演这一角色都会非常成功。”

奥尼尔认为，许多欧洲人“对我们的素材比他们的好而恼怒不已，如果他们承认了我们也可以培养出艺术家，那么他们面子就会挂不住”！《毛猿》在巴黎上演时，沙文主义的偏见再次显现，虽然程度没有在柏林糟糕。他告诉康明斯，他们的反美主义预示着“其下正流动着一种深深的焦虑感”。

在奥尼尔去巴黎几个月前，有人愿意出十万美元请奥尼尔为《地狱天使》（*Hell's Angels*）写对话，这是年轻的实业家霍华德·休斯（Howard Hughes）正在拍摄的一部电影。奥尼尔在电报中回复了三个字“不，不，不”回绝了——但是，当他在巴黎看了《红伶秘史》（*The Broadway Melody*），他看的第一部有声电影，像过去一样，他对电影的潜力变得兴致高昂。早在1921年，《卡里加里博士的小屋》就让他眼界大开，意识到了“我以前连做梦都没有想到的神奇的可能性”，由此，他渴望能有一场和小剧场运动相媲美的电影艺术运动的发展。

11月12日，他对内森说，现在电影已经实现了有声，他“兴致高昂”，并非针对《红伶秘史》这一电影，而是“想到了当将来有声电影完善了，它将会是什么样子”。奥尼尔常常为舞台的物理局限性感到苦恼，他想象着这项新的电影技术“在很多方面可以使我获得解放……自由地完成对伊丽莎白性质剧本的处理，充分表达主题的全部精髓；不是说‘有声’的人可以让我实现这些梦想中的某些梦想，在我看来，这样一天终会到来，将来会成立一个同仁剧院的‘有声’部门，它将仅仅依托大城市就可以获得自己的观众”。

考虑到未来几十年多媒体技术的发展，这位具有远见的剧作家有这样一个想法，“将一部舞台剧和屏幕上的有声背景结合在一起，将舞台人物脑海中的回忆等内容通过图形和图像形象地展示出来”。他让内森“对我的想法保密”，接着突然觉得他是否太异想天开了，问道：“我对‘有声’的热情是不是让你觉得我很白痴？”

在过去的几年中，从1913和1914年开始，他多次尝试写电影脚本，他列出了故事的详细内容，主要是喜剧和探险故事，希望快速地挣100美元，但都没有成功。早在20世纪20年代，他制定了一个将《琼斯皇》拍成电影的新计划，他打算与罗伯特·埃德蒙·琼斯合作，但他们没有争取到资金支持。几年后，他想引起好莱坞对《毛猿》和《榆树下的欲望》的兴趣，就准备了内容详尽的故事介绍，他把原作的故事进行了大幅度改动，并在《纽约先驱论坛报》的电影评论员理查德·沃茨的帮助下将其出版。沃茨讨论了这两个剧本的详细剧情，没有对它们做出评判。关于奥尼尔《毛猿》的这个修订版本，他说奥尼尔"干脆将舞台版本弃之不用，用涉足电影业的剧作家尚无人能及的慷慨将剧本进行了改写，把作品当作电影对待"。

在《毛猿》的电影版本中，钢铁大亨的女儿米尔德里德·道格拉斯既遭到了扬克的抵触，又对他具有性吸引力，他们之间有几次冲突，其中一场是一群暴民，具有独幕剧的性质，扬克想用炸药炸掉她父亲的一座工厂。但是，脚本的第一部分和最后一部分和舞台版本很相似。电影版本把《榆树下的欲望》改写得更是大手笔，把爱碧·普特南变成了一个匈牙利农村姑娘，名叫斯蒂芬妮，她非常冷酷地让凯勃特家的四个男人——父亲和三个儿子，对她燃起了激情，并让他们彼此间发生了你死我活的冲突；但在故事的最后，在伊本失手杀死了父亲后，爱碧作为他的同谋接受了法律的惩罚。

两个电影版本有一个相似点，斯蒂芬妮和米尔德里德·道格拉斯的新形象比舞台版本更加有力，在导致主人公堕落的过程中罪孽更加深重。奥尼尔在谈到《毛猿》的故事情节时说，他的想法是"增加扬克和米尔德里德之间的吸引 - 排斥、憎恨 - 欲望这类东西，让她变得更坏"。

奥尼尔的剧本接连被拍成电影的时候，几乎毫无例外，如果说不是形式遭到了损害的话，就是变得平淡无奇，奥尼尔随即对电影失去了兴趣。他显然是忘了他当初因为看了《红伶秘史》而曾想象的让剧本反映出"伊丽莎白"时代特点的可能性，他在1944年对特丽萨·海尔朋说："我对电影这种媒体从没有兴趣。"

虽然成功的戏剧和小说当今被电影制片人拍成电影会挣很多钱，奥尼尔却几乎没有从好莱坞挣到钱。他一生共有七部长剧（包括作为一个整体的《戈伦凯恩号》的那几个中等长度的剧本）被卖给了电影公司，挣钱最多的有两个剧本，75,000美元，在绝大部分情况下他还不得不和舞台制作人平分这些钱。他只有一部剧本赚了大钱，《安娜·克里斯蒂》的第二版，该部电影是葛丽泰·嘉宝有声电影的首秀，但是该部电影的成功在很大程度上归功于她的知名度。这部剧作1929年被卖给了一家无声电影公司，因对话版权又另外获得了7,500美元，奥尼尔共获得了12,500美元。有人从剑桥给他写了一封信，让人想起了他在哈佛大学读书的年月，信中说哈佛大学剧院的"大遮檐上刻着下面一行大字，一直延伸到（贝克教授的）那座旧'工作坊'——奥尼尔的'安娜·克里斯蒂'由葛丽泰·嘉宝主演"。而在其他地方，这部电影的宣传词是："嘉宝的有声电影！"

1929年秋，奥尼尔在巴黎的最后日子因为纽约股票交易所的崩盘和为未来感到担忧的友人们的来信而被笼罩上了一层阴影。多年来一直在艰难度日的普罗文斯敦剧团成了早期破产者之一。就在华尔街灾难发生前仅仅几个星期，格林尼治村的这帮年轻人进行了最后一次努力，搬到了加里克剧院，想通过吸引观众来巩固剧院的地位；如今，普罗文斯敦剧团已经变成了历史和传说。

对于康明斯的焦急询问，卡洛塔11月18日回信说："由于我不从事投机，也建议金不要这样做——在这次华尔街崩盘事件中我们俩都没有招致损失。所有有麻烦的都是那些聪明人，他们把华尔街当成了赌博的轮盘赌……如果把市场作为投资则是安全的——也会使国家的经济地位变得更加稳固。"

然而，她好像并没有实话实说，有可能是因为她想让尤金和她本人以及那些在华尔街遭受重大损失的不计其数的人比较起来显得明智些罢了。几年后，奥尼尔对汉密尔顿·巴索（Hamilton Basso）说，他将《奇异的插曲》所得版税的一大部分都投资在了股市，一半都在1929年的这次股市大崩盘中蒸发掉了。他说还有一次，他"没有股票保证金，但我有了以后，直接就投进去了"，说到这，他还心有余悸。

# 第十八章 《悲悼三部曲》

当奥尼尔1929年9月开始创作《悲悼三部曲》时，他觉得“写好很容易；这个故事一定要写好——这是一个我想避免的危险（他在8月31日写给乔治·吉恩·内森的一封信中说。——作者按）；剧本一定要有非同一般的品质，在容易的可能性之上进行提升，使之具有经典悲剧的韵味——否则，不管别人怎么看，在我的眼里这就是一个彻底失败”。

在经历开始几周的不顺后，他开始“想尽一切办法寻找新的方法、途径和风格”，他决定废弃所有“精巧的计划”，努力做到“非常简单和自然”。当他从巴黎回来，并于9月份开始继续创作的时候，他很有信心他最终找到“正确的路线”，给自己制订了“不惜一切代价”每周创作一幕戏的计划，直到写完第一稿。

奥尼尔每天都在城堡的书房中写作，圣诞节和新年也不例外，创作进展非常顺利。卡洛塔对特丽萨·海尔朋说，“这个新戏”（同仁剧院并不知道他在写一部三部曲）简直是“从他的脑子里汩汩流出！……他创作的速度再快不过了”！！！奥尼尔给康明斯写信说，他希望二月中旬完成第一稿，但是《发电机》的不快经历仍历历在目，他接着说：“不，就是对你，我也不会说出这个剧本的任何信息——不是因为我认为你会泄露秘密，而仅仅是因为我本人不赞成说出该剧的任何信息，除非剧本创作完成，能够自成一体。这是我所做的最野心勃勃的事情，我只能说这么多，在技巧方面没有进一步的试验。剧本本身已经非常有力，明显使用技巧越少越好。”

正在创作的这个剧本对他来说有的时候是“宏大”，而有的时候确实“糟糕”，但不管他心情怎样，他的创作热情没有丝毫的减退。有很多天，卡洛塔只能在吃午饭的时候见到他，而且就是坐在那里，他的思维仍专注于创作，仿佛并没有意识到她的存在。十一月，他觉得“《奇异的插曲》中有所限制的、简化了的技巧”对这个三部曲来说才是合适的；到了元月，他又觉得“剧中使用的那些有所限制的欢庆”显得不太合适。“剧中关于对话、想法的计划纷至沓来，弄得（我）头都疼了。”

1930年2月21日，奥尼尔创作完成了剧本的第一稿，虽然创作令他筋疲力尽，但第一稿质量颇高，这让他很是高兴。他对内森说：“从来还没有什么事情把我催这么紧过。每一个剧本自始至终都很紧张，这需要勇气。”他打算完整地写完三稿——第二稿三月份在开车出去旅行之后完成，最后一稿在间隔几个月之后完成。他解释说，他想把几稿的完成时间间隔开，不仅可以避免有不新鲜的感觉，还可以让他有时间考虑。“如果你知道在这个三部曲中，我有完整的十二幕长戏，你就可以看出来我是一个很贪婪的人，应该接受惩罚。但是，我觉得最后的结果使我当初的付出没有白费。”

在赞扬卡洛塔为他的工作所做的付出时，奥尼尔说她“把这座古老的城堡管理得非常高效，外界的任何干扰都没有发生在我身上，也没有片刻阻止我大步前进的步伐；一个很棒的妻子和朋友。她让我感动得流泪——不仅仅是感激；虽然对我们来说，城堡很孤独……然而有时候，我们感到快乐，在孤独的城堡生活中我们的生活非常愉快”。

在巴黎做了短暂停留之后（他对内森说，“卡洛塔两眼放光，就像看到新衣服时的眼神”），奥尼尔夫妇在法国旅行了两周。在旅行期间，他们和在城堡一样远离人群。卡洛塔说：“金不喜欢与他人在一起——陌生人让金感到紧张。我们在船上从来不与他人一起用餐，我们坐车旅行的时候，我们在自己的房间里吃饭——总是这样，因为在公共餐厅他感到紧张。他的双手会开始哆嗦，神情也会一沉……接着便开始出汗。”她接着说，这就是为什么他们回到美国后也几乎不进剧场的原因。“如果我们去看戏，就会有人看见他，说‘哦，奥尼尔先生，见到您真高兴’，接着人群就会聚集在他的四周。我发现他几乎要崩溃了。这种感觉很不好，所以我们就待在家里。”

奥尼尔最初对第一稿非常满意，旅行结束回到勒普莱西城堡后，他如今却觉得第一稿是一堆“骨瘦如柴的东西”，“独幕剧式的情节使故事的初衷得不到彰显”。3月27日，他在工作日记中写道，这部三部曲最需要的是“笼罩在人物和家族命运上”更强的“命运感”。他在日记中写下了他对《悲悼三部曲》详细而有趣的想法，在27日的工作日记中他进一步写道：“现在这个版本遗漏了我的很多想法！——在下一个版本中，无论如何我必须改正——冒着走向另一个混乱极端的危险——使用各种手段赋予我的剧本更多的深度和广度——接下来删除不必要的东西……一定要剧本走得更远，更有见地……更能意识到那些隐藏在我们把真正的事实称之为事实的东西后面那些非事实的东西！……坚持对话的现代节奏，不再矫揉造作地使用内战那个时代的语言。第一稿是正确的。为三部曲的第一部找到固定的形式结构，这样接下来的两个剧本可以遵照执行——室内场景和室外场景的模式，每一个剧本都以室内场景开始和结束——在第二个剧本的正中间使用船上的情景（这同时也是整个三部曲的正中间位置），强调这个家庭的海洋背景和大海作为逃避和解脱的象征性动机——每个剧本用镇上的人群开头，在室外活动，起到固定的合唱队的作用——把喜欢偷窥、评判、好奇的镇子作为孟南家这个戏的当下背景。”

孟南家的所有成员，包括他们的堂亲亚当·布兰特（Adam Brant），脑海里都经常浮现南海诸岛的意象，并渴望到海岛去，以逃避现实。奥尼尔曾说："将南海岛屿的动机扩展——南海岛屿对所有人都充满了诱惑（以各种不同的形式）——解脱，宁静，安全，美丽，远离良心的谴责，没有犯罪感，不一而足——渴望原始的状态——母亲的象征——渴望母体中那种没有担惊受怕、没有竞争的自由。"

《悲悼三部曲》的第一稿多多少少有点自然主义意味；在奥尼尔于1930年3月1日开始写的第二稿中，他决定采取折中的方法，即，他采取《拉撒路笑了》曾使用过的半面具的技巧，尽管他曾在《奇异的插曲》中试图使用旁白的手法，但后来又放弃了。通过使用面具，他计划凸显克莉斯丁和她的女儿莱维妮亚，艾斯拉·孟南，他的儿子奥林和克莉斯丁的情人亚当·布兰特［一个新的埃癸斯托斯（Aegisthus）］之间都长得非常相像这一点。在刻画他的人物时，剧作家努力"将活人和个人身上造作的表面特点尽可能地排除在外，这种处理在全剧始终保持一致——除非这些表面特点是人物内心不可回避的本质，这种处理意蕴丰富"。他总结说，他要解决的最基本的问题是"随着剧本对由于过去造成的心灵命运的展示，要能感受到整个不可避免的、独幕剧一样的行动——于是就收到了悲剧的效果！——一个可怕的问题，一个没有神灵参与的对古典命运悲剧的现代悲剧阐释——因为至关重要的是它必须是一部现代心理剧——命运来自于家庭本身"。

他在工作日记中屡屡把家庭或者过去当作命运，这预示着他大脑中考虑的东西和最终让他写出《进入黑夜的漫长旅程》的是同一个东西，后者是他自己家庭的故事，以及在彼此相互关系的折磨中，奥尼尔家的每个成员是如何被塑造，如何被扭曲的。的确，《悲悼三部曲》中负罪的母亲听起来就像《进入黑夜的漫长旅程》中向邻居家的女儿进行倾诉的玛丽："我曾经也像你一样——很久以前……但愿我能停留在我当时那个时候！为什么我们大家不能保持天真，充满爱心和彼此信任呢？但是上帝不会放过我们。（虔诚并在修道院读过书的玛丽·蒂龙本应该说'生活'或者'命运'，而不是'上帝'。——作者按）上帝使别人的生活变形、扭曲和痛苦的同时也在使我们的生活变形、扭曲和痛苦，直到——我们把彼此毒死！”

五月末，剧作家中断了工作与卡洛塔一起去巴黎观看了《上帝的儿女都有翅膀》和《榆树下的欲望》的演出，演出在卡梅尼（Kamerny）剧院进行，该剧院由亚历山大·塔罗夫（Alexander Taïrov）建立，目的是反抗斯坦尼拉夫斯基的莫斯科艺术剧院（Moscow Art Theater）的自然主义。塔罗夫将演员们训练了好几年才准许他们公开演出，他的目的是想在高度风格化的演出中把戏剧、音乐、舞蹈和布景融为一体。在柏林出现批评《奇异的插曲》和巴黎对《毛猿》的不利评论这些反美的声音后，奥尼尔非常高兴“世界上最著名的现代剧院之一”正在欧洲巡演，其保留剧目中有两部由“一位没有文化的美国佬”写的剧本！

他发现卡梅尼剧院将他两个剧本演得“非常有趣和具有想象力”！在去后台探访时，他立刻感到和塔罗夫及其演员们关系很近。他后来说：“上帝啊，但愿在我们剧场的某个地方能有他们的组织精神和对戏剧的爱——想象的爱——就好了！”

在塔罗夫的鼓励下，他兴致高涨，打算将来到莫斯科去一趟，但是尽管他没有成行，他还是给这位导演写了一封热情赞扬的信表达了他的激动之情。6月2日，他说他对这两部作品的反应是：“惊异——和最深深的感激！请允许我谦恭地承认，我是带着说不出的疑虑走进剧院的。不是因为我对你们精彩演出的本身表示怀疑……我知道卡梅尼剧院的声誉……知道得很清楚，完全胜任。但作为作家，我担心作品在翻译成另一种语言，放在另一个环境中的时候，其内在的精神——那种难以定义的对作者来说最重要的基本特性，就像……他作品的灵魂——由于种种障碍，有可能会不可避免地被扭曲和丢失。”因此当发现演出“如此真实地忠实于我作品的精神”时，他感到“惊异和感激”。他在信中继续写道：“看到我的作品被这样富有创造性的想象力的剧院演出一直是我的梦想！卡梅尼剧院替我实现了那个梦想！”

但是，《纽约时报》的舞蹈评论家约翰·马丁（John Martin）为巴黎的这两部作品写了剧评，在他看来，奥尼尔对它们的表扬有些言过其实了。马丁欣赏爱丽丝·科宁（Alice Koonen）的表演，她是塔罗夫的妻子和俄罗斯的一位著名女演员，在《上帝的儿女都有翅膀》和《榆树下的欲望》中分别扮演了埃拉和爱碧。6月15日，他说："布景和服装因为长途奔袭都走样了，给人的感觉是不整洁，这种情况在纽约一刻也不允许，在巴黎也不会受到热情的欢迎……当然了，这样的剧院不是一个人梦想中的、完美的、具有'戏剧性'的剧院。"

尽管语气有些否定，他的评论仍然说明了"渴盼具有创造性想象力的剧院"的奥尼尔为什么非常喜欢这两场演出的原因。在马丁看来，卡梅尼剧院的剧目中有最有名的两场戏——《上帝的儿女都有翅膀》中埃拉发疯的那场独角戏和《榆树下的欲望》中给孩子洗礼的派对。这位评论家说，在第一场戏中，科宁夫人用程式化的动作使该剧进入了"伟大悲剧的王国"。在《榆树下的欲望》中派对一场戏中，"邻居们的衣着和化妆都很奇异，踏着步子跳着缓慢而有力的广场舞，就像建筑物上石制的兽形滴水嘴；科宁夫人坐在一边……身上有一股像美狄亚那样雕像般的美丽和超然离群之态；舞蹈被不祥的合唱队短促的对话和咯咯笑声打破了，每一次舞蹈重新开始的时候，其节奏和活力随之增加，到最后是老凯勃特壮观的独舞；总体来看，它本身就是一个芭蕾舞"。

这年春天和夏天，从吉米·莱特开始，奥尼尔夫妇的客人很多，这让卡洛塔颇为不悦。吉米·莱特因获古根海姆学者奖而身在欧洲。因为莱特和他的妻子帕蒂和艾格尼丝关系很好，卡洛塔认为他们对她心存敌意，而她尤其不喜欢莱特夫人（Mrs. James Light），因为她曾说到过莱特夫人与普罗文斯敦剧团的菲茨以及玛丽·布莱尔是那些在背后说她闲话反对她的人。莱特在城堡（卡洛塔直言不讳地拒绝接待莱特夫人）所度的周末就成了他的一次不自在的经历。第一个晚上在一起吃饭时，他提到了供职于一家化妆品品牌的海伦娜·鲁本斯坦（Helena Rubenstein）计划资助巴黎的一家和普罗文斯敦剧团相似的剧院，这个主意却遭到了卡洛塔的嘲讽。他们第一次见面时，他直呼卡洛塔的名字，她回应道："我希望你叫我奥尼尔夫人！"

回想起他这次短暂来访，吉米说："她几乎没有让我和奥尼尔单独待在一起过，我想我知道其中的原因——她担心奥尼尔会倾诉对她的不满。"由于普罗文斯敦剧团关门了，奥尼尔想帮帮他的这位老朋友，就授权给他，让他负责把《琼斯皇》《毛猿》和《榆树下的欲望》卖给英国或者欧洲电影公司的谈判工作；然而，考虑到卡洛塔，这是他最后一次见莱特。

到仲夏的时候，卡洛塔觉得她简直像"一家小旅馆里的女经理和表演艺术家"！在莱特来访后，她和奥尼尔接连接待了特丽萨·海尔朋及其丈夫；菲利普·穆勒和海伦·韦斯特利［他们两个无意间发现卡洛塔非常有意思，后来对朋友们说，她"像法国王后玛丽·安托瓦内特（Marie Antoinette）那样，拿着一根牧羊女的弯杖走来走去"］；给奥尼尔在纽约治过病的阿尔万·贝拉克医生及其位朋友乔治·德雷珀医生（Dr. George Draper）；伊丽莎白·萨金特；乔治·吉恩·内森和莉莲·吉什；还有，正如卡洛塔7月27日在写给康明斯的信中所说的那样，"纽约的记者会时不时来访，以证明我们是正常、健康的人类。"

奥尼尔再也无法隐瞒制作人，在叮嘱同仁剧院来做客的那些人保守秘密之后，就把《悲悼三部曲》对他们进行了简要介绍；但同时他建议他们说，他的剧本有可能赶不上1930—1931年的演出季。

两位医生来到勒普莱西城堡后，用贝拉克医生的话说，卡洛塔穿着一件希腊风格的裙子，"倚着车道旁边的一根柱子，"她"把自己包裹了一个严严实实"。在第一天吃午饭的时候，德雷珀医生关于从事文学的人的性格讲了一个又一个故事，这让两位主人非常高兴；德雷珀医生是独角戏表演者露丝·德雷珀（Ruth Draper）的兄弟，他本人也是一位极具天赋的讲故事能手。贝拉克医生说，"卡洛塔笑了很多，显然感到非常愉快"。吃过饭后，那天晚上的谈话转向了严肃的话题，诸如对生活意义的探讨，以及心理对身体的影响等——德雷珀是首倡身心药物疗法的人——听过了一会儿，卡洛塔找借口上楼去了，整晚再没有下来。第二天又发生了同样的事情。德雷珀吃饭时讲逗人的故事，卡洛塔听得很开心，但是，用贝拉克的话说，"当晚上我们谈论哲学话题时”，她“待的时间就不会太长；显然，在这些大问题上，她和奥尼尔没有相同的兴趣；她感到轻松愉快，我觉得奥尼尔喜欢卡洛塔身上的快乐，而这正是他本人缺少并压抑的东西”。

第一位来勒普莱西城堡做客的记者是沃德·莫尔豪斯（Ward Morehouse），他详细记述了奥尼尔夫妇的生活情况——“30间房子……2座18世纪的塔楼……游泳池……布加迪跑车……卡洛塔的法国名车……一大帮仆人”——并总结说：“剧院最终让奥尼尔成了一位富人。”（他的报道1930年5月14日被刊登出来后不久，艾格尼丝就给哈罗德·德保罗写信说：“你读到《纽约太阳报》上关于金的那篇文章没有？”）

其他来自媒体的访客是一起过来的，他们是《纽约先驱论坛报》的电影评论员理查德·沃茨；同一家报纸的运动版作家唐·斯基恩（Don Skene）；《纽约时报》的约翰·拜拉姆（John Byram）。沃茨是奥尼尔的崇拜者，在纽约时和奥尼尔的关系很好，他认为奥尼尔的“温柔”可能会让那些通过他的作品了解他的人感到吃惊。这位媒体人写道：“没有人比奥尼尔更害羞、更安静，甚至善良得让人真的感到尴尬。”三人在城堡停留的夜晚，在这位电影评论员看来，“当时那个场合的英雄人物是唐·斯基恩，因为奥尼尔立刻就对他有了好感”。沃茨写道：“我从来没有发现很难跟奥尼尔说话，但是在和斯基恩在一起时他很兴奋。他喜欢运动、老的流行歌曲和关于丰富多彩人物的故事，这些都是唐的强项。结果我们整晚上过得都非常高兴，唱着歌，真是高兴，奥尼尔这个主人很讨人喜欢。”

“这可能只是我并不真正了解奥尼尔的最后证据，但我对他最深刻的记忆是……他那天晚上表现出来的热情和能力。这需要和唐·斯基恩的那种精神一样的精神，才能暂时让他将不快的想法放到一边，让风趣的意识甚至欢快得到暂时的表现。显然，他是个伤心的人……但并不是一个令人生畏的人。”

在从早到晚连续工作了数周之后，除了外出吃饭的时间（“从来没有像在这个该死的三部曲上如此长时间地高强度工作过”），奥尼尔于7月11日完成了三部曲的第二稿。他感到“才思枯竭”，并怀疑他是不是在从事一项对他来说太宏大的工程，他为曾“努力做这样一件该死的事情”而感到后悔，因为整个剧本仿佛是“空纸一文”。他对自己感到好笑，他在11日的日记中写道，他第二天要动身去巴黎——“打算好好地度个小假，去看看牙科医生！对于总惦记着自己的不妥之处这种不好的心情来说，这是一针有奇效的镇静剂……当一个人的精神变得越来越好，坦然地接受牙科医生的钻头，一切其他的东西也皆有可能！”

回到家一周之后，他觉得第一稿比他担心的要“好得多”，尽管剧本还需要他进行大量的工作。他曾尝试在剧中使用旁白，然后又都删掉了；如今他发现他的第二次尝试是一个错误，因为他们“没有表现出关于人物的东西，我没有能够在人物独处时通过其谈话或者独白非常自然地将这些东西表达出来——（旁白）却阻碍了剧本发展的动力”。他总结说，《奇异的插曲》所使用的技巧对“一个神经质的、分裂的现代灵魂来说”是合适的，但是“用于那些具有坚强的意志和激情直爽的人物身上，这种技巧就成了剧场并不必要的‘老把戏’”。

从七月中旬开始，他花了两个月时间对第二稿进行了修改；除了删除了所有旁白外，他用风格化的方法对独白进行了重写，凸显了重复性、单调性和节奏性，他希望以此在剧中实现与《琼斯皇》中汤姆鼓的敲击声相当的声音效果，甚至是完全相同的效果。新的独白目的是表达出“在（孟南）家族历史中酝酿的激情的持续不断的驱动力，这构成了家族的命运”。

当奥尼尔正忙于修订第二稿时，他从萨克斯·康明斯那里听说霍勒斯·利夫莱特被从他自己的公司驱赶出去了。生活奢靡，又加上作为百老汇制作人的投资，占用了他的一部分资金，但绝大部分资金都在华尔街打了水漂。他是一位有天分的出版商，但却是一位蹩脚的商人，利夫莱特总是缺钱，时不时地把自己的股份出售给阿瑟·H. 佩尔（Arthur H. Pell），到后来佩尔持有了绝大部分股份，接管了公司。佩尔是霍勒斯·利夫莱特的主管会计，做事谨慎、生活节俭。萨克斯还为另一家出版社工作，他只能告诉奥尼尔一些大概的事实，但利夫莱特公司一位老员工曼纽尔·科姆罗夫给奥尼尔讲了事情的内幕。由于科姆罗夫觉得佩尔及其合作者们经营利夫莱特公司（公司名称保留了）的经济基础较好，奥尼尔让他捎话说“他们会得到我的倾力合作”。

剧作家只对同仁剧院的导演和他几个最信得过的知已讲过他正在进行的工作。他收到了罗伯特·西斯克的来信，信中说《悲悼三部曲》的消息开始走漏了，还有人称赞其为他的“代表作”，他感到很沮丧。8月28日，他回信说：“除了我之外，在没有任何人读过这个剧本一句台词的情况下，有谁能说这个剧本是个‘代表作’而且还‘显示出了出乎意料的力量’……我敢保证，这些无稽之谈中至少有些是那些几乎不了解我的人说的。我已经听到了从我这里回去的有些人的传闻，他们说他们是我的客人——就像我的一位家人——除了踩着我的尸体，有谁能够进我的家门。”他告诉同仁剧院的新闻发言人说，他除了对为数不多的人说过《悲悼三部曲》的故事梗概外，对其他人说的就是“这是我从事的最困难的工作，并解释了为什么会花费我如此长的时间……我想以此来驳斥说我在这里睡着床铺，在城堡中过着赖利那样的生活，开着跑车，大把大把地花钱，忘了工作，等等的说法。我听到很多这样的傻话。”

他接着说，不可能禁止关于他这部作品提前出现的这些谣言，因为“多年来他恶名昭昭，《奇异的插曲》更是首当其冲，让我与佩吉·霍普金斯·乔伊斯（Peggy Hopkins Joyce）（一个结过多次婚的艳舞女郎。——作者按）齐名！如果我的作品停止演出几年，还说得过去，当然了，这么节制几乎不值得……还是让我盼望他们会发现这个演出季另外一位‘美国最佳剧作家’吧”！

在向西斯克描述了《悲悼三部曲》之后，他说他在九个月里把这个剧本写了两遍——“相当于六个长剧的长度！天呐，我怎么写出来的……但还必须写”！他在信中继续写道，他努力“去做一件大事，我才不介意谁知道不知道这件事……我总是努力做大事；正是这种努力带来的快感让我一直创作剧本……我对现代剧场兴趣和热情都不高，为了成功或者恶名而创作，或者甚至为了创作出好的剧本，我一分钟都不会干；在我身上，沽名钓誉有可能没有希望，时间会说明一切，但它会给活着的人带来极大的热情”。

当他在因《悲悼三部曲》的谣言而感到不安时，9月8日，爱说长道短的专栏作家沃尔特·温切尔（Walter Winchell）又造了一个谣言，标题是“尤金·奥尼尔夫妇（卡洛塔·蒙特利）兴奋不已！”——他装模作样地报道说一对夫妇要生孩子了。这则错误消息背后的真相是多萝西和萨克斯要当父母了——如果生的是男孩，孩子将用他剧作家教父的名字奥尼尔来命名——但显然这些事情到达专栏作家那里时已经被曲解了。奥尼尔对特丽萨·海尔朋愤怒地说：“生孩子这则新闻是沃尔特·温切尔的臆想！他着了魔！（身在美国的艾格尼丝也被这则专栏信息搅得心神不安。——作者按）她甚至让美国联合通讯社给我们发电报求证！我根本连一句谢谢你都不会说！我已经有三个孩子，卡洛塔一个孩子，在收入不景气的日子养四个孩子当然已经足够了。”

九月中旬，他完成了第二稿的修改工作，但他对此只有一半的满意。他认为，删除旁白使剧本得到很大的提升，但现在他发现风格化的独白“对剧本构成了阻碍，打破了节奏，阻碍了剧情发展的流畅性”，而且人物身上“那些手势或者对白所直接或清晰暗示的东西没有能够被展示出来”。

他进一步决定，孟南家的半面具也应该摈弃，因为它们“太多地闯入戏剧的前景”，呈现出“有违我初衷的人物性格双重性的象征意义”。然而，他打算使面具具有象征性作用，即“作为一种可视的符号，代表着分离、这个家庭致命的不和，以及这个家庭命运的标志，以区分这个家庭和世界上其他家庭的不同”。他想让孟南家人的脸上“在安静时”呈现出活灵活现的死人面具的神色，并认为这种形象效果可以通过化妆实现。他在日记中写道：“我可以想象得出，人物脸上在安静时呈现出来的死人面具似的表情突然被激情撕破将非常有效。”

尽管风格化的独白证明是一个错误，他们还是让剧作家对人物产生了新的看法，他对惯常表现的主题有了新的想法。他如今想“用自然而直接的对话实现这一目的，对话尽可能简洁、直接、充满活力”。回顾迄今为止他所做的努力，他告诫自己“不要对这些人物做任何事情——让他们自己展示自己——尽管（或者也许就是因为！）他们长时间压抑着激情，我觉得他们渴望这样做”！

十月上旬，剧本的修改一完成，经历了一夏天连阴雨、渴望阳光和户外生活的奥尼尔和卡洛塔就开始了为期一个月的度假，地点是西班牙和西属摩洛哥。他在丹吉尔（Tangiers）向罗伯特·西斯克报告说，游泳“在非洲这个脖颈一样的地方真是棒极了”。而卡洛塔11月5日给玛德琳·博伊德写道：“东部旅行又开始了。昨天我们骑在骡背上穿过狭窄的街道。摩尔儿童就像洋娃娃！”夫妇二人在盖塔里停留期间穿越西班牙边境进行了旅游，这是他们第一次深度旅游。“作为一个老天主教徒”，奥尼尔发现西班牙是“一次精彩的经历，是欧洲最有趣的国家”。他们参观了高级住宅区的林荫大道，塞维利亚（Seville）和布尔戈（Burgo）的大教堂，科尔多瓦（Córdoba）的清真寺，瓜达卢普（Guadalupe）的寺院，但是最能激发奥尼尔想象力的是西班牙国王菲利普二世（Philip II, King of Spain）建造的那些威严的皇家和教会的建筑群：埃斯科里亚尔建筑群（the Escorial）。此后好多年，他都想着要写一部关于一个统治者的剧本，他掌管着宗教审判所的生杀大权和基督教国家中最黑暗的法庭。

正当夫妇二人在西班牙旅游的时候，他们听说辛克莱·刘易斯成为了第一个获得诺贝尔奖的美国人，剧作家给他发去了一份贺电。奥尼尔在给乔治·吉恩·内森的信中写道：“我不羡慕他。仔细想想——不是吃不上葡萄说葡萄酸，因为我没有希望获奖！——我认为，只有你上了年纪……诺贝尔奖……要你付出的比奖的本身要多。我觉得，刘易斯会发现这个奖是套在他脖子上永远也无法摆脱的枷锁。”[上一年，就在托马斯·曼（Thomas Mann）被提名诺贝尔奖的时候，《巴黎先驱报》就报道说，刘易斯、德莱塞和奥尼尔有可能获此殊荣，顺序如此。]

“我的朋友德莱塞怎么接受这个打击呢？”奥尼尔问内森。“太糟糕了！他比任何一个美国人都应该得到（诺贝尔奖）。”

辛克莱·刘易斯在即将坐船去斯德哥尔摩的时候，在纽约告诉记者们说，如果奥尼尔获得该奖，他也会“同样高兴”。后来，在瑞典皇家科学院的正式授奖辞中，他说奥尼尔“在过去的十到十二年中，除了将美国戏剧从争相欺骗、纯粹虚假的世界变成了一个壮观、恐惧、了不起的世界之外，并无太大的贡献”。他接着说，奥尼尔认为生活是“令人恐惧的、壮观的，而且常常是非常可怕的，一种和火山、地震或者破坏性的大火相似的东西”。

在奥尼尔去西班牙之前，他对自己的剧本很看好。但是，回来的时候他非常沮丧地发现《归家》的前两幕有问题，就动手修改起来。12月1日，他伤心地对内森说：“这个该死的三部曲让我烦透了！我开始不喜欢它了，诅咒我产生这个想法的那一天。”内森说他要提前写一篇文章，但是奥尼尔提醒他还是等他读了《悲悼三部曲》之后再写。“我不知道是不是值得你写一篇文章或者其他什么。”

“这绝非一个作家的谦虚之词！我对它的感觉真的不好。”

几天后，他倍加小心地对德卡塞雷斯说：“别问我有多好或者有多糟糕！我对整个事件的想法就跟对落在一张纸上的苍蝇的想法一样。我唯一的想法就是尽快把它清掉，去干其他什么事情。这是一件费力劳神的工作。”

如今，修改《悲悼三部曲》和住在国外都令他感到疲惫，他怀疑漂泊在国外是不是“所有问题的解决方案”。在欧洲的前几个月，他“深深感到这里有一种宁静的感觉，每天仅仅活着就有真正的乐趣，这种感觉以前从来没有过”。他说，任何“从事创作”的人，“在美国为了击败生活浪费了很多精力，而在这里一个人却可以把更多的精力投入到工作中”。然而，如今“一种没有真正的归属，和土地以及人没有联系——没有根，也没有成长”的感觉在困扰着他。

如果有什么的话，卡洛塔则更加感到幻想破灭。本来就因为无事可做而心烦不已，接下来发生的事情则令她感到震惊，由于她待人一向慷慨，她发现房产经理和生意人都在用子虚乌有的开支和多收费的方法对她进行盘剥。她抱怨说：“法国人对生丁（法国货币单位。——译者注）比美国人对美元想得还要多。”

奥尼尔一心忙于三部曲，没有意识到卡洛塔孤独之中的感受。第二年，奥尼尔把《悲悼三部曲》献给了她，并说是为了“纪念该三部曲创作之时，你在那无尽的多雨的日子所勇敢承受的寂寞——在那些日子里，我忙着工作，而你，除了家务的烦恼和勒普莱西城堡窗外灰色地面上苍凉的景色外，无事可做，黑色树木静静地立在那里，湿漉漉的，鬼魅般的雾气伤心地笼罩在水田上……那些日子，对你来说，痛苦而孤独，而我却离你很远，沉浸在我自己残忍、野蛮、阴暗的王国”……

“总之，在那些日子里，在写这该死的三部曲的时候，你与我通力合作，只有深深的爱才能做到！……让我们期望三部曲中的东西能够回报为此经历的磨难！”

他盛赞她为“母亲、妻子、情人和朋友”！他又补充说：“还是合作者，合作者，我爱你！”

1930年结束的时候，他们两个都患上了流感；在平安夜给仆人们包礼物时，卡洛塔晕倒了，大概一天之后，尤金也卧床不起了。两周后当他们到巴黎请人打印剧本时，他们仍然感到走路不稳，但是尽管他努力还能站住，卡洛塔却病情复发在美洲医院（American Hospital）住了两个星期。1931年元月20日，奥尼尔在写给曼纽尔·科姆罗夫的信中抱怨说：“都兰（Touraine）漂亮的土地宛如凄凉的沼泽。从中你可以看出我不喜欢冬天时这个面带微笑的美丽的法国……无论如何，我不会在这里再过第二个冬天了。”在对科姆罗夫又写完了一部小说表示祝贺后，他接着说：“我向耶稣祈求，我的剧本完全完成了。目前，剧本最后的修改收尾工作让我忙得昏了头。”

在利夫莱特的公司，曼纽尔有好几年都很少给奥尼尔干过活或者帮过他的忙了，现在奥尼尔可以指望的是萨克斯·康明斯，通过奥尼尔和科姆罗夫的共同影响，他最近以编辑的身份到了法国。奥尼尔从巴黎托萨克斯对他的负责人说，亚历山大·金（Alexander King）曾给奥尼尔几个剧本的豪华版做过插图，他这一次反对让他给他的《拉撒路笑了》做插图。金曾给他写过一封信，元月24日，他说："信的语气有些狂热，他说他患了癌症，要死了，他希望多活些时间完成《拉萨路笑了》的插图……他来信的语气中有什么东西让我相信，亚历山大已经听说了我对他过去所做的插图很失望……他想通过这个催人泪下的故事激起我的怜悯之情。"（他的直觉是正确的：金成了20世纪50年代的畅销作家和电视台的常客，比奥尼尔多活了十多年。）

真不愧是詹姆斯·奥尼尔的儿子，奥尼尔一有机会就嘲弄英国人。元月27日，他对内森说《奇异的插曲》将在伦敦上演，他担心剧本"演出时间太长了"，因为他明白"那些可爱的英国佬"被从下午茶硬拉到了剧院——尤其是被一位爱尔兰裔美国人，他们肯定受不了。后来，当《榆树下的欲望》最终首次在伦敦西区上演的时候，在一次剧评中他特地说了一句话："人人都需要如此残忍吗？"奥尼尔觉得该剧是"一块非常、非常漂亮的宝石——典型的英国式的势利行为"。

从巴黎回来后，他1931年2月在《悲悼三部曲》上所做的工作主要包括删减他上次修改时增加的内容，因为他意识到他最近增加剧本价值的尝试只会使剧本已有的东西显得黯淡无光。20日，这部三部曲多多少少又恢复到了原来的样子，他和卡洛塔离开了灰蒙蒙、湿漉漉的都兰，去加那利群岛（the Canary Islands）的拉斯帕尔马斯（Las Palmas）享受阳光和游泳；但是这对他来说却不是一次度假，因为他并没有停止手头的创作工作。尽管在他看来，剧本看起来"相当不错"，他还是觉得剧本"太长"，于是就花了好几个小时进行删减和压缩。

夫妇二人还在拉斯帕尔马斯的时候，乔治斯·刘易斯诉奥尼尔的《奇异的插曲》剽窃的案件于3月11日在纽约由联邦法官约翰·W. 伍尔西（John W. Woolsey）开始审理了，审理地点是伍尔沃斯大楼内他的内庭。奥尼尔向法庭提交了证词，他对特丽萨·海尔朋说："证人席上五分钟，我的替罪羊和脾气就永远不见了。我曾当过证人，法官用轻蔑的态度威胁我，我心里另外一个声音在向上帝祈祷不要让他们想到我。你知道，总有人不喜欢猫。那么，法庭让我有同样的感觉。我不喜欢法庭以及和法庭有关的东西。"

审判一开始，抗辩一方力图案件能够立刻被撤销，但没有成功，因为即使刘易斯小姐的小说《雅典娜神庙》的主要意思和奥尼尔的剧本相似（这一观点抗辩一方不同意），但思想不受版权保护。利夫莱特的律师阿瑟·加菲尔德·海斯（Arthur Garfield Hays）颇像一个格言家，他认为，第一个使用某种思想的人是“创始人”，第二个是“剽窃者”，第三个“从常识中汲取这一思想，第四个使用这种思想的人从事研究工作”。

原告是一位高个子女士，一头狂野的红发，举止夸张；作为第一个证人，她健谈但不着边际，法官和她的律师不得不提醒她回答要有节制。随着抗辩方对一些作家的举证，从普鲁塔克（Plutarch）、莎士比亚到易卜生、肖、艾米·洛厄尔（Amy Lowell），案件的审理慢慢变成了对世界文学的快速概览，他们所表现的主题和情况与原告小说中的都相似。在接受询问时，原告坦言她对美国作家考虑甚少，不管是过去的还是现在的。当奥尼尔的律师哈里·温伯格问她是否读过艾米·洛厄尔的诗歌时，她不屑一顾地把头一甩，说道，她“从不写诗”。在回答一个与此类似的关于美国文学的问题时，这位证人说：“我没有发现太多。”

案件的听证进行了将近一周，并被媒体进行了广泛报道。在此过程中，关于奥尼尔在创作这个剧本之前是否读过刘易斯的小说有大量的证据，正反的证据都有。她在诉状中说，1924年她的书在取得版权以后，她送给了同仁剧院一本，希望能够改编成戏剧上演，同时也送给了博奈和利夫莱特。

和奥尼尔的剧本一样，她的小说讲了一位妇女，因为丈夫家族的遗传疯病，在一位老年妇女的建议下，去和婚姻以外的男人生孩子的故事；但是，在其他方面，这两个故事还有一些相像。《雅典娜神庙》的语言是华而不实的废话，但有一些女性的妩媚，讲的是两代人的故事，故事重点放在了巴黎一座特定的全是男性的房子里，不但其中的工作人员是清一色的男性，就连房子给人的感觉都有一种男子气概。援引刘易斯和书一起送给同仁剧院的摘要上的一句话：“嫁给了年老、笨拙或者堕落的丈夫们（‘便捷的婚姻’。——作者按）的美国和欧洲漂亮女性们背着自己的丈夫来到了这座房子，目的是生下漂亮的孩子，改善人种。”后来，一个人的儿子和另一个人的女儿彼此相爱，但不幸的是他们却是同族——他们的母亲都接受了同一个男人的服务，一个无人能比的男人，名叫阿多尼斯——于是这对彼此倾心的情侣不得不分手。（当刘易斯女士提起上诉时，她对媒体抱怨说，奥尼尔的剧本“迎合了人的放纵心理；他拙劣地模仿了我的作品，把纯洁的英语变成了当今的俚语”。）

奥尼尔断然否认了他的剧本受到了原告小说的启发，他在证词中说，直到1929年她起诉的时候，他根本没有听说过这部小说，更不要说读了。他说，他的剧本基本上是基于1923年夏天他在普罗文斯敦听说的一个真实故事；根据他的证词，几个月后，他在工作日记中写下了该剧的初步想法，设想中的标题是“教父”（“Godfather”）。为了给奥尼尔的证词提供文件支持，温伯格在出示证据时提交了奥尼尔的工作日记，里面记载了“教父”的故事梗概，还有三十多个尚未有创作的基本想法。

在接受温伯格的质询时，刘易斯女士说，在起诉《奇异的插曲》后，她回忆不起来她是否将其私人印刷的书送给了帕斯卡尔·科维奇和唐纳德·弗里德（Covici，Friede）出版社。第二天，奥尼尔的律师出示了证据，证明她送过书，但没有成功。她在和奥尼尔的律师交流时，激烈地否认对他人说过“不管案件结果如何，我都可以得到100万美元，闹得沸沸扬扬值得”。抗辩方还透露，刘易斯女士1926年还起诉过环球影业（Universal Pictures），索赔100万美元，指控其工作室剽窃了她个人印刷的另一部书。温伯格说，案件在庭外审理，判赔500美元，然而当被问及此事时，原告仅仅回答说数额“令人满意”。

她作为证人的几次出庭给人的不好印象是，这个最初看起来就没有胜算的案件越来越具有闹剧的性质；但是，法官并没有试图缩短案件的审理进程。显然，他希望案件能够获得尽可能多的公众关注，希望以此阻止其他无实质内容的剽窃行为的发生。伍尔西具有学者品味和进步思想，他后来做出了具有标志意义的判决，还受到淫秽指控的乔伊斯的小说《尤利西斯》以清白。

3月16日的最后一次开庭，随着原告的首席律师丹尼尔·F.科哈兰（Daniel F. Cohalan）对那天的明星证人乔治·吉恩·内森故意用讽刺和毫不掩饰的毁谤态度进行激怒，让他心理失衡，辩论演变成了两人之间的唇枪舌剑。尽管内森的脾气是倾向于推销自己的观点而不是接受别人的观点，他还是毫不退缩地让对方讲了那些伤人的话。他说，当他和奥尼尔两人第一次相识时，奥尼尔“还不太出名”。听了这话，科哈兰插话说：“哦，我明白了，他结识了你之后，他的创作开始变好些了。”内森回应说：“我不是你那个意思，我要说的是，我给他卖出了他的第一部长剧，出版了他的几部独幕剧。”

他又举了几个帮助奥尼尔物色出版商的例子，科哈兰突然插话说：“换句话说，你扮演的是一个商人的角色，而并非一位戏剧评论家？”内森扭动了一下身体，努力微笑了一下：“我仰慕奥尼尔，我想帮他。”

在接受直接问询时，他作证说，剧作家第一次向他谈起《奇异的插曲》时是在1923年的一天晚上，当时他们正沿着第六大道散步。内森回忆说：“他告诉我说，他有个宏大的想法，要写一个剧本，详细地展现一个女人从年轻到45岁的生活。他说，这个女人失去了理想和幻想，这个剧本力图展示她通过其他的方式重获这些理想和幻想。”

内森盛赞奥尼尔毫无疑问是美国最著名的剧作家，但是，为了维护他作为批评家的权威，他说他的这位朋友“是一个非常固执的人，非常自负”，“关于他的剧本，他很少接受他人的建议”。

科哈兰在总结时称奥尼尔“非常胆小”，没有来参加庭审和接受问询。温伯格反击说：“在美国一个来钱最快的行当是剽窃，任何一个成功的作家都有可能沦为它的牺牲品。”

阿瑟·加菲尔德·海斯在温伯格的立场上又往前走了一步，他请求法庭不仅要做出有利于他们委托人的判决，而且要求原告支付被告由此产生的开销以阻止这种捏造的案件的发生。

一个月后，伍尔西法官在对被告长达42页的裁定书中称刘易斯小姐的诉讼“十分荒谬”。他判令她赔付奥尼尔7,500美元的开支费用，赔付同仁剧院5,000美元，利夫莱特5,000美元；但是所有这些被告都没有收到她一分钱，因为，正如奥尼尔所一直认为的那样，她根本没有钱。第二年，当被催要这笔钱时，她说她要“开始创作，写出一部畅销作品，精彩和肮脏兼而有之的东西”。一年后，她破产了，从此以后就淡出了公众视野——再也没有了剽窃诉讼。

在拉斯帕尔马斯期间，剧作家努力进行《悲悼三部曲》的创作，感到比他和卡洛塔三月底离开海岛时还要累。在巴黎的时候，他为剧本进行了最后的润色，他请人在宾馆他的监视下将剧本重新打了一遍——他不让剧本离开他的视线片刻——4月7日，最终“将这要命的东西从我心里放下了”，他长长地舒了一口气，把剧本寄给了同仁剧院，同时还寄去了一封信。他在信中写道：“你可以看得出，技巧没有脱离常规。《悲悼三部曲》的独白和旁白只会对这些激情强烈和思考甚少的剧本构成阻碍……剧中使用的对话是当今的口语。房屋、具有时代特点的服装、内战等这些东西都是这部真正的心理剧的面具而已，实则和那个时代并无真正的关系。我认为，我的剧作已经获得了足够的希腊命运意识——在现代意义上接近希腊命运意识，我的意思是说——这种希腊命运意识来自孟南家庭内部，具有希腊式的悲剧效果。”

他同时给内森寄去了一本，并给他写道：“这真是让人痛苦的工作！在克莉斯丁身上达到了足够的克吕泰墨斯特拉的效果，莱维妮亚具有足够的伊莱克特拉的效果，奥林身上具有足够的俄瑞斯忒斯的效果，等等，但基本上始终让他们是美国人；让孟南家人身上体现出希腊命运的意味（甚至连清教徒式的旧约中的上帝都不使用），使不信仰宗教和道德伦理的现代观众能够接受；防止看似独幕剧的情节压倒真正的戏剧；设想一些谋杀情节，但没有警察和法庭追铺；最后让我本人置身于剧本之外，关于生活和命运不透露任何个人态度——所有这些都使得创作的道路变得非常艰辛、漫长！”

他不确信他在多大程度上实现了自己的目标。他在信中继续写道：“我非常清楚的是，在读完剧本之后，尽管我熟悉剧本的每一页内容，我都在精神上感动和不安，我感到剧本中有一种真正的广度，这和剧本的长度没有关系；感到有了一种有效的戏剧体验，强烈的激情受到折磨，和其他现代戏剧的那种理想或广度有所不同。”

奥尼尔最优秀的作品在未来写出来了，然而，单纯从叙事和他敏锐戏剧意识的传达方面来讲，《悲悼三部曲》是一部非常出色的作品。剧情完全发生在一座新希腊风格的大厦里或大厦前——克莉斯丁·孟南觉得这个大厦是一座“坟墓”，一个“墓”，一座“异教徒的庙宇，前脸像戴着一个面具，镶嵌在清教徒式的、灰白色的、奇丑无比墙壁上”！——剧本一开始伊莱克特拉就发挥了自己的力量。从莱维妮亚和克莉斯丁第一次摊牌，莱维妮亚责备她与人通奸的母亲并威胁要把她的事情告诉父亲，剧情就开始像一条巨蟒一样紧紧地缠绕在一起，把厄运难逃的孟南家的成员都吞噬了，在充满谋杀、自杀、濒临疯狂和追杀的这十三幕戏中，它的缠绕丝毫没有放松。

有时候，奥尼尔觉得有一个目标没有实现，因为他总是不能防止“看似独幕剧的情节压倒了真正的戏剧”。但是，他讲的故事非常可怕，只有最高的艺术，正如他本人所体现的那样，才能使剧中的暴力变得高尚。早些时候，他曾对约瑟夫·伍德·克鲁奇疾呼：“喔，找到一种可以从事戏剧创作的语言！”最终，尽管《悲悼三部曲》在百老汇受到了热情的欢迎，他并不觉得他解决了那个核心问题。阿瑟·霍布森·奎恩认为，这个三部曲是“美国戏剧史上的一个里程碑”，1932年，奥尼尔对他说，他希望这个剧本“有你所认为的那样的价值；对它非常满意——（综合考虑，我认为，它是我最好的剧本）——但同时，又对它非常不满意；它需要伟大的语言进行提升。我尚未实现；从自我安慰的角度讲，从当今的创作情况来看，我并不认为，伟大的语言对生活在我们这个不和谐、支离破碎和信仰丧失的时代是可能的。人们所做的顶多就是用感人的、戏剧性的、含混不清的表达让故事做到感伤和意味深长”。

《悲悼三部曲》是一部谙熟古希腊悲剧的剧作家才能创作出来的作品，其中还渗透着弗洛伊德理论的一些重要思想，至关重要的是，还使用了詹姆斯·奥尼尔那个时代的剧场所用的令人动容的面对面的直接对抗。尽管基于古希腊悲剧，这个三部曲的结构基本上还是严肃的独幕剧，又融入了如火的俄狄浦斯的激情和磨难。儿子爱母亲而嫉恨父亲，女儿爱父亲而讨厌母亲，父母对子女亦是如此——《悲悼三部曲》非常明显而不折不扣地遵循了弗洛伊德对子女和父母关系的看法。然而，作为文学作品，该剧的弱点恰是它作为戏剧的力量所在，因为弗洛伊德的心理结构学说常常给戏剧舞台带来冲突。一个能力欠缺的人可能会找到这样一种重讲《奥瑞斯提亚》三部曲的方法，上演一次有趣的演出，但只有奥尼尔赋予了他的故事一定的尊严和高度，一种无法回避的感觉，他用的手法是塑造了这样一些人物，其感情之烈使他们比现实生活中的人更加高大；简而言之，剧中的暴力仿佛都无情地源自人物的本性。其实，孟南一家人都不太像人类（很难想象他们会吃饭、喝酒、睡觉），而是像会走路的激情，因为他们完全被他们的爱、欲望和仇视所控制。

如果剧作家误用了精神分析思想，那么他的过错与其说在于他让主人公对他们自己和彼此都太过于了解，倒不如说在于他把家庭成员之间的关系放在了一个纯粹俄狄浦斯的环境之中。这些内战时期的人物仿佛在心理疗法的沙发上花费了时间，能够辨识出他们桀骜不驯情感背后的冲动。克莉斯丁试图给她和亚当·布兰特之间的非法情感找到正当的理由，她对莱维妮亚说："那么，我希望你明白如果我把奥林留在身边（她的儿子参军了。——作者按），我就不会爱上亚当了。"还有一次，她想击败女儿，指责她说："我明白你，维妮！……你想做你父亲的妻子和奥林的母亲！你千方百计地要窃取我的位置！"

由于孟南家人的乱伦倾向早就明显，当奥林向姐姐提出要和她像丈夫和妻子那样一起生活时，它在《闹鬼》一剧中变成了一种突降，而不是一轮新的恐惧的高潮。因为迫使母亲自杀而伤心自责，他此后随即变得近乎疯狂，他走开了，开枪自尽，又增加了一具新的尸体。

在恐怖戏的背后，《悲悼三部曲》和《榆树下的欲望》有些相似。在《悲悼三部曲》中，再次出现一个儿子（亚当·布兰特）一心想为年纪轻轻就被累死的母亲报仇；儿子和他的对手继母之间发生了乱伦的爱情；还有一位妻子和他退避三舍的丈夫。陆军准将孟南从战场上回家，想与妻子重归于好，但他们的和好化为了泡影，这和《榆树下的欲望》卧室中的那一幕很像：老凯勃特把自己的经历等心里话讲给不接纳他的爱碧。在这两个剧本中，丈夫最初刻画得都不讨人喜欢，而最终却颇令人同情。

在孟南家的两位上一代的人死亡后，故事集中在莱维妮亚和奥林的关系上，《悲悼三部曲》的力量随之减弱；但是先前发生的事情没有一件——克莉斯丁谋杀了丈夫，莱维妮亚发现了父亲死亡的事实真相——像三部曲最后静悄悄的结尾那样令人感到战栗。的确，当莱维妮亚转身进入了房间，而与此同时老仆人在努力阻止她这样做，《悲悼三部曲》突然上升到了真正悲剧的高度。

她对老萨斯说："别害怕。我不走母亲和奥林的老路。那是逃避惩罚。能惩罚我的人，一个也没有了。我是最后一个孟南家的人。我必须自己惩罚自己。独自一个人与死人为伴，一起住在这里，这是一种比死亡和囚禁更坏的报应！我绝不出门，也不见任何人。我要把百叶窗钉得紧紧的，不让一丝阳光进来。我要单独和死人同住在一起，保守他们的秘密，让他们来纠缠我，直到我把所有的孽债偿尽，而孟南家的最后一个人可以得到一死的时候！（带着一种奇怪的残酷的微笑，仿佛得益于自我惩罚的那些年月）我知道他们一定要叫我活得很久！生活对于孟南家的人就是一种惩罚！"

她不仅仅在为自己说话，也在为她的作者说话。他同样也在用过去惩罚自己；尽管他生活在这个世界上，也和亲人有联系，但他身上残酷的一部分，正如他的作品一再暗示的那样，已经永远和他已故的家人关在了一起。尽管《悲悼三部曲》是他主观色彩不强的一部作品，它仍然表达了他冷静的观点，那种弗洛伊德称之为"家庭传奇"的东西。或者，正如剧作家自己所说，他特意把《奥瑞斯提亚》三部曲又重讲了一遍，"因为它比任何其他"经典悲剧"更可能解释家庭内部深藏着的关系"。

# 第十九章　回家

1931年5月17日，奥尼尔夫妇在纽约登岸了。由于风暴和浓雾，这次航行是一次不愉快的经历，这很快就证明是他归家再合适不过的序曲。像通常一样，奥尼尔想避开公众的注意，在船上事务长的帮助下，他们登岸时没有碰到簇拥在船边的新闻记者，也不用躲在东58街麦迪逊酒店的房间里。他们提前对归程进行了保密，只告诉了几个知己，以至于同仁剧院的负责人直到第二天才得知他们回国的消息，当天是星期一。经剧作家不太情愿的许可，同仁剧院计划星期三举行一次媒体集体见面会，一次性接待那些急于想采访他的报社和期刊记者；据预测，这部三部曲已经引起了广泛的猜测和关注。但是，在记者招待会举行前，奥尼尔和卡洛塔——和拉尔夫·巴顿有关——双双成为了美国全国报纸的头版人物。

19日星期二午夜时分，在离麦迪逊酒店只有几个街区的东57街的顶层公寓内，巴顿认真地为风风光光离开这个生命舞台做好了准备。他为世人打了一封诀别信，信头是红颜色的“讣告”二字；他草草地为他的女仆写了留言，并附上30美元的现金；在床头放上了一本格雷的《解剖学》（*Anatomy*），打开翻到了绘有人体心脏插图的那一页；穿上了丝绸睡衣，上了床。抽了一会儿烟，他对着右侧的太阳穴开了枪。星期三早上女仆到来后，她发现他斜靠在枕头上，一只手里拿着香烟，另一只手里拿着手枪。

在“讣告”中，他说认识他的人都会有“不同的猜测来解释他为什么这样做。也许所有这些猜测都具有戏剧性，并且是完全错误的；任何精神正常的医生都知道自杀的原因毫无例外都是精神病理学的，真正的自杀方式造成了他自己的困难；我真正的困难不多；相反，随着生活的继续，我的生活曾一度非常风光；我得到了我应得的爱和仰慕”。

“我所认识的最讨人喜欢、有才智和重要的人物都喜欢我，我的一大帮对手也都极力讨好我。我身体总是很好，但是从童年起，我就患上了抑郁症，在过去的五年中开始表现出躁狂抑郁症患者的疯狂症状。这阻碍了我完全实现自己智慧的价值，过去的三年，工作也变成了一种折磨……我从一位妻子那里跑到另一位妻子那里，从一栋房子跑到另一栋房子，从一个国家跑到另一个国家，非常滑稽地想逃避自我。在这样做的同时，我很担心我给那些曾爱我的人带来了很多不快。”

“尤其是，我非常懊悔我没能好好珍惜我漂亮的已失的天使，卡洛塔，我曾爱过的唯一女人，现在我依然尊重和爱慕她，超过对所有其他人。她是唯一一个本可以拯救我的人，如果我还能被拯救的话。她已经尽力了。没有谁有这样一位非常尽职尽责、善解人意的妻子……”

“没有什么事情，也没有什么人应对此负责——除了我自己。如果有谣言坚持说有什么确切和令人震惊的原因的话，就让他们选择我与牙医的预约或者我现在碰巧非常不幸地缺少现金这一事实吧……我非常谦恭地把我的遗体捐给任何一所对此有意向的医科学校，或者用来做肥皂……我亲吻我亲爱的孩子——和卡洛塔。”

在消息在纽约传播开来之前，奥尼尔夫妇是第一批获知巴顿自杀和告别信的人。他们是从《纽约客》杂志的编辑哈罗德·罗斯（Harold Ross）打来的电话中获知这一消息的。卡尔·范韦克滕和范妮亚·马里诺夫星期三在剧作家所住的宾馆房间与夫妇二人一起吃了午饭，他们发觉剧作家比平常更加沉默寡言，而卡洛塔对巴顿这一话题却很健谈。

范韦克滕说："她不明白他为什么把她牵涉进来。她坚持说，巴顿已经多年不爱她了。我个人认为这是自我的问题，想让大家尽可能关注他的死亡。他憎恨她嫁给了比他有名的人，想带给他们烦恼。我和拉尔夫非常熟悉，不久之前我还见到过他。他债台高筑，已有多年入不敷出了，他已经看到了一切，并且做了一切，看不到继续活下去的希望了。"

"也不要忘记，大萧条还在继续——人们没有心情关注他的复杂艺术。他作品的市场已经萎缩，他对未来并不看好，所以他决定在公众的瞩目下离开人世。"

在新闻报道中，巴顿的兄弟、演员荷马·巴顿（Homer Barton）说，拉尔夫"仍然爱着（卡洛塔），意识到他失去了她让他心碎；我相信，这是冲动的结果，因为拉尔夫非常冲动；当奥尼尔先生和夫人回到纽约的时候，他非常友好地拜访了他们"。巴顿的兄弟讲了这番话后，奥尼尔夫妇再也无法对公众保持沉默，他们通过哈里·温伯格发表了一份声明，声明说，自从他们回来后他们从来没有见到过巴顿，"自从五年前离婚后，她也没有收到过她前夫的来信或者见过他"。

即将面对媒体的狂轰滥炸使奥尼尔比以往感到更加不安，他原考虑取消媒体集体见面会，但最终他让同仁剧院通知报社他只讨论《悲悼三部曲》和其他戏剧问题。星期三媒体记者们出现在了同仁剧院总部（如今是安踏剧场），同仁剧院的宣传员乔·海德特（Joe Heidt）提醒大家剧作家的约定。同时，奥尼尔主动出击，问了许多问题，并指定一名记者作为众记者的发言人向他发问。选中的是《纽约每日新闻报》（*New York Daily News*）的戏剧栏目记者约翰·查普曼（John Chapman，后来做了《纽约每日新闻报》的戏剧评论员）。查普曼说："当他面对着他唯一的询问者时，他面色苍白，浑身哆嗦，满脸是汗，我也是这样。”

采访持续了大约一个半小时，一直到最后进展颇为顺利。根据一则报道，奥尼尔坐在桌子后面，“慢慢且经常地变换着坐姿，害羞地微笑着，常常低下一双深陷的眼睛，对那些简单问题的回答他的声音低而伤感，还有些犹豫”。如果他喜欢某一个特定的问题，可以明显看出他脸上会突然一亮。他说，他在欧洲生活最大的好处是，这让他对“美国看得更清楚了，也更加喜欢美国了……绝大部分去国外旅行的人都有种势利的思想，认为他们接触到了某种更好的东西；我不那样认为”。与他当初的预料正好相反，他发觉欧洲剧坛总体“疲惫不堪”，现在他认为欧洲很可能会出现“戏剧的新生”。

他接着说：“我个人对戏剧的兴趣是看看戏剧到底会有多大的建树——不仅是为了我，也是为了每一个人。给戏剧的推动越大，戏剧的成就也就更多。这就是为什么我对（《悲悼三部曲》的）接受情况非常感兴趣的原因。”有人问他：“你在意吗？”他才第一次提高了声音，回答说：“我当然在意了。我一年半以来一直像一个特拉普派修士那样拼命工作。”

在谈到《悲悼三部曲》时，他说，每一个剧本都要演一个晚上，他希望预演一周，连续两晚演《归家》，然后是《狩猎》，最后是《闹鬼》，这样可以为剧评家的评论提供方便。此后每个剧本每次演一周。

展望未来，他说，他“规划好了至少五年”的写作工作，然后继续说道：“我有一件非常想做的工作是再次使用面具……我认为，面具也可以被现代观众所接受——与古代一样——但是，是在一种新的意义上。人们凭借现代心理学知识一定承认每个人都戴着面具——我指的不是一个人，而是成千上万的人。我相信人们会在剧院中接受面具。我认为《大神布朗》演的时间不长，只是因为它使用了新奇的手法。”

记者招待会即将结束时，有几位记者就巴顿和他兄弟的话题对奥尼尔纠缠不休。奥尼尔回答说：“据我所知，我从来没有见过拉尔夫·巴顿。他没有拜访我们。我不想对他兄弟的诚挚表示质疑，因为也许巴顿对他说他拜访过我们。他的精神状况很特殊。我知道他没能够见到奥尼尔夫人。”对于卡洛塔现在身在何方的连续追问，他的回答仅仅是她在“国内”。

《纽约每日新闻报》报道说，在交流期间，他好像“在努力控制自己；他时不时地脸上一红，诚挚的眼睛一亮；还一度好像马上要发火了；那是当记者们追着他问他妻子身在何处的时候”。也许是为了打破越来越僵的局面，当同仁剧院的负责人从房间里喊他过去，他只是抗议道：“这不公平！”他回到招待会现场，结束了采访，对记者们表示了感谢，而后就道别了。

磨难结束了，但他轻松的感觉又被打断了，因为窗口旁边的乔·海德特发现几位记者上了停在同仁剧院前的出租车；显然，他们想尾随奥尼尔到他藏身的地方，以期找到卡洛塔。海德特感到有些尴尬，认为剧作家肯定会被冒犯，于是他对奥尼尔说，悄无声息走掉的最好方法是上到屋顶，跨到临近的大楼，那儿有出口通到大街上。奥尼尔接受了这个建议，很快跟着这位新闻发言人上上下下地顺着消防通道跨过了屋顶，没有被任何人发现，来到了回麦迪逊酒店的路上。根据卡洛塔的说法，他对她说：“男记者还可以，而女记者们问了一些该死的个人问题。”

一天，奥尼尔夫妇去了新伦敦，她曾听说，他母亲“像鬼魂一样”在房子里到处游荡，以及无数次两个兄弟和父亲喝醉的情况，丈夫想看看那座房屋，这让卡洛塔感到奇怪。她说，“别这样做，亲爱的”，她想说服他不要过去，“别回去了”。

她回忆说：“不行，他一定要去。于是我们乘车过去了。在金离开的日子里，这座城市开辟了一条街道，沿街还建了一些低矮的房子，一直建到了海边，（起初）他找不到那所房子。唔，当我看到坐落在那里的那栋古怪的像鸽子笼一样的小屋的时候，我非常吃惊。他说，‘我本不该来’。我说，‘哦，没关系，你已经来了。我们出去吧’。他说，‘好的，我们走吧’。”

到六月中旬的时候，奥尼尔夫妇在长岛的诺斯波特（Northport, Long Island）安顿了下来，他们住在了长岛海峡（Long Island Sound）一座有私人海滩的房子里；奥尼尔再次成为了“大海母亲的儿子”，在勒普莱西城堡的时候，他感到被陆地包围了，现在又住在了可以看到大海的地方。他和卡洛塔最开始打算在加利福尼亚度过一部分夏天。内莉·萨辛从外孙女出生起就在加利福尼亚照看她，现在她要求减少她照看孩子的责任。卡洛塔已经答应要处理这一问题，但是当丈夫忙于《悲悼三部曲》演出前的准备工作时，她就以此为借口推迟了加利福尼亚的行程。

和卡洛塔相比，虽然奥尼尔对父母的职责更为细心，但看起来奥尼尔基本上和她不像个母亲一样，也不是一个好父亲；他本人在很大程度上就是一个“儿子”，在感情上极度依赖自己的父母，以至于自己不像一个父亲。而与此同时，作为一个有良心和有永久自责意识的男人，他想在三个孩子身上履行父亲的职责。只要孩子们不破坏他特定的生活方式，尤其是他的工作，他倒乐意扮演父亲的角色；他想让孩子们喜欢他，让孩子们明白他很在意他们。相比而言，卡洛塔的经历表明，至于她的女儿辛西亚对她有什么看法，她多少并不在意。

奥尼尔不喜欢直接和艾格尼丝打交道，他通过其律师哈里·温伯格安排沙恩这年夏天来长岛度夏；乌娜如今6岁了，他打算晚些时候在纽约见见她。沙恩是一个安静、内敛、瘦弱的年轻人，在父亲的建议下，他秋季就要进入新泽西州的劳伦斯维尔中学（Lawrenceville School）读书。起初，因为他年纪小——他不到12岁——以及没有接受适当的教育，劳伦斯维尔中学的管理部门不打算接收他，但鉴于他父亲的名声，最终天平向着有利于他的一边倾斜了。

奥尼尔对这一决定“非常高兴”，就写信给该校的校长助理小威廉·A.詹姆逊（William A. Jameson, Jr.）说：“我认为我很客观，当我声明我相信沙恩是一块真材实料，劳伦斯维尔中学能帮助他将此充分展示出来的时候，我就不仅仅是一个家长了。在过去的几年中，我住在国外，他接受到的教育不连贯，没有按部就班，他从来没有真正的好机会走上正确的道路。”

在沙恩求学遇到麻烦的时候，小尤金在耶鲁大学的学习却是捷报频传。这年早些时候，他因其希腊和拉丁诗歌的博学第一次获得了温思罗普奖（Winthrop prize）；秋天，他有幸成为被选出来的为数不多的几位“一流学者”之一。奥尼尔自豪地向朋友大倒苦水：“我不知道怎么和他交谈。对我来说，他太博学了。”但在另一方面，他对他的这个21岁的儿子颇为不快。在获得耶鲁大学教师们的同意后，这是对本科生的要求，小尤金于6月15日和一位来自皇后区森林山（Forest Hill）名叫伊丽莎白·格林（Elizabeth Green）的姑娘结了婚。尽管从诺斯波特可以非常方便地开车到长岛市的婚礼现场，剧作家却没有参加儿子的婚礼，有可能是为了避免见到第一任妻子感到尴尬。

奥尼尔回到国内后，就再也没有开过车，因为他太紧张，应对不了路上的车流，然而他买了一辆车并雇了一个司机。他告诉布鲁克斯·阿特金森：“是的，是一辆凯迪拉克！但是以免这辆车对一个态度严肃的剧作家来说显得过于奢侈，请允许我赶快解释我买的是辆二手车。才跑了两千英里，我绝对保证，看起来崭新，优惠了一千多美元，在全球不景气的情况下，有谁能抵御这个好礼物呢？我抵御不了，在车和船的事情上，我是一流的势利……这种傲慢要追溯到我的儿童时代。”尽管他过去常指责父亲吝啬，如今他却说，“我的父亲，基督山伯爵，总是给我买上等的船，我们开着我们的第一辆帕卡德：汽车在康涅狄格州，回到了戴着风镜的时代。”

和在勒普莱西城堡的生活比较起来，他在诺斯波特的夏天满是社交和职业活动。在接待的客人中，沙恩过来待了两周，小尤金和他的新娘度完蜜月过来了，后面还有萨克斯·康明斯、乔治·吉恩·内森和莉莲·吉什、卡尔·范韦克滕夫妇，以及几位来自同仁剧院的客人。剧作家和同仁剧院的人不仅探讨了《悲悼三部曲》，还通过萨克斯，同利夫莱特公司的新负责人进行了磋商。《奇异的插曲》销售了近11万册，阿瑟·佩尔和他的同事们希望《悲悼三部曲》能够取得《奇异的插曲》那样的成功，他们迫切希望《奇异的插曲》在百老汇一上演就出版这部三部曲。作为促销，他们计划发行一个手册，刊登国内外一些戏剧界和文学界的名人撰写的关于奥尼尔的文章。康明斯被指定收集这些材料，他在索取评论的信中说，利夫莱特的公司计划“出版这部不负作者盛名的戏剧作品”。

萧伯纳的秘书布兰奇·帕奇（Blanche Patch）在替他回信时写道，他“让我说没有什么比相互吹捧更令人反感和不忍卒读，他请求你在这个计划让你破产之前放弃它；否则，你可能会起诉他给你带来了破坏”。

托马斯·曼抱歉地说他非常忙，没有时间写文章，但他说他在奥尼尔的戏剧中发现了“可以和厄内斯特·海明威的抒情作品相媲美的戏剧性”，尤其是《琼斯皇》和《毛猿》给他“留下了深刻的印象”。他接着说，他对奥尼尔后来的作品不熟悉，希望能够尽快翻译过来并在德国上演。

最热情洋溢的反应来自辛克莱·刘易斯、卡梅尼剧院的亚历山大·塔罗夫，和肖恩·奥凯西（Sean O'Casey），一个奥尼尔非常敬仰的作家。刘易斯在他的诺贝尔获奖词中盛赞奥尼尔，他写道，剧作家“接过了在他之前业已存在的，显得迂腐和俗丽的美国戏剧，使之发生了翻天覆地的革命”。他总结说，奥尼尔是“一个非常伟大的人”。

塔罗夫首先对奥尼尔称赞他为剧坛所做的贡献表现感谢，他称奥尼尔是“我们这个时代最重要、最有趣、最令人激动的剧作家”。但是，在称赞美国剧坛的过程中，这位俄国人用他作为例子对资本主义国家大加批判了一番。他说，奥尼尔剥去了“同时代西欧和美国文化漂亮华丽的外衣；他用无与伦比的深刻性和真实性揭示了隐藏在这些文化内部不可调和的冲突和灾难”。

奥凯西具有使语言唱歌的天赋，他认为“让我说奥尼尔为什么是以及如何是一位伟大的剧作家有些不合适，常常在已经出版的作品中，以及在舞台上，他的作品都见证了伟大和美丽，这拯救了剧院，没有让剧院蒙恶名和贼窟之羞，让剧场中及其周围的土地像火焰中的荆棘一样神圣……”

“在我看来，奥尼尔，像所有生来灵魂中就有原罪的人一样，用忧思和批判的态度讲，有我们称之为他的缺点的东西。我记得有几位名不见经传的剧作家，他们视而不见，充耳不闻，向我指出他们自认为的奥尼尔作品中极脆弱的时刻。当然了，充满张力和力量的一个小时中存在着脆弱的时刻，其危险性并没有软弱松垮的一个小时中存在着有力的时刻大，所以我们还是把奥尼尔交给他自己，把那些名不见经传的剧作家交给上帝。”

“一位剧作家在都柏林的一家文学期刊上发表了研究奥尼尔作品的书评，他说，‘奥尼尔任何时候都可能创作出一部伟大的剧本’。就是这个样子，一个轻歌舞剧剧作家，跳着他戏剧的小舞，摇动着对话的响板……”

“还有一个人，并不是一位剧作家，在同一期刊上，对《泉》的演出提出了批评，抱怨剧本的文学质量。他说：‘奥尼尔使用，我们说，水手的话，我们喜欢他粗犷的风格。’但是同一个人，如果让他听到七个音节的水手的话在他耳边大声说出，他定然会吃惊得一周都昏迷不醒，那样，需要一位非常高贵的圣人这样讲话才有效果：‘先生，听我说，请从昏迷中醒来，走吧。’”

“但别介意；尤金·奥尼尔是可以的。但愿奥尼尔能够生命久长，让戏剧和剧坛变得更加高尚，更有力量。”

奥尼尔想提前听听关于《悲悼三部曲》的看法，也许是有利的评论，就把剧本送给了几个人，其中包括布鲁克斯·阿特金森和巴雷特·H.克拉克。他对阿特金森说：“创作一个剧本付出了漫长的辛劳，我对它产生了完全的认同感，只有把它作为一个整体去看待或感知，才能把握其整体效果。某些部分的瑕疵，听得多了，已经非常熟悉，感到难以名状，我没有关注。开启我心智的评论……直到开始演出之后才会出现，不管好坏，都已经结束了。这是为什么我喜欢在演出之前让评论家（我尊重他们的意见）读读我剧本的众多原因中的一个。不幸的是，制作人非常反对我这样做。他们不惜一切代价希望获得令人吃惊的效果。同时，你我都明白，如果评论家对他们要评论（很多情况下会评论有误）的剧本一无所知的话，剧本的演出和导演往往会获得更好的评价！……该死！我觉得在演出之前我应该先把剧本出版，而不用管会伤害到谁。”

《纽约时报》的一位记者整体上对奥尼尔的作品印象深刻，他对这部三部曲的某些地方有保留意见。在收到他的评论后，奥尼尔在6月27日回信说，他“满篇都是‘我反对’，但我不想让‘我反对’充溢整个信件；太激烈了……大家要一直等到你来观看了我们的演出，我能对此发表意见为止。（虽然我不太擅长言辞！这真是为了你们好！）”他态度有所缓和，承认阿特金森的某些评论有道理，他说，当再次阅读剧本时，他会用“怀疑的目光”来看待它，而且“在排练时会用怀疑的耳朵去倾听”。

巴雷特·克拉克虽然总体态度是热情洋溢，但他认为《悲悼三部曲》受到了弗洛伊德的过多影响。奥尼尔在回信中反驳说，当今的评论家在“本来写的和心理分析学说为人所知之前一样好的作品中，读出了太多该死的弗洛伊德的东西。如果司汤达、巴尔扎克、斯特林堡、陀思妥耶夫斯基等人现在还在写作，想象一下在他们的作品中所读出来的弗洛伊德式的错误吧！……我三部曲中人类复杂的爱恨，和文学现象一样古老，我对这些感情的阐释，对促成家庭成员彼此间关系的潜在动机怀有极大好奇心的任何时代的任何作家都会做到。”

他说，荣格比弗洛伊德更能引起他的兴趣，他发觉荣格的一些说法“根据我对人类潜藏动机的体验，非常具有启发性；但至于他的说法对我作品的影响，和过去的心理作家，例如陀思妥耶夫斯基等人对我的影响，比较起来，他确实没有”。

八月，《悲悼三部曲》已经淡出剧作家的视线好几个月了，当读到它的出版校样时，奥尼尔很受感动。在他看来，剧本中有“力量、动力和我希望实现的非真实的现实那种奇怪的品质……剧中有一种命运的感觉，否则我就是个傻瓜；在主题方面，有一种在现代心理学意义上和古希腊命运悲剧很近似的东西”。尽管他总体对这个三部曲感到满意，他发现很多冗长的段落和“模糊不清的地方”，主要是在《归家》和《闹鬼》这两个剧本中，他后来又好几个晚上工作到很晚进行修改。8月3日，他对海尔朋小姐说：“第一个剧本是很多赖以存在的基础，故事的发展应该集中，不能有无关紧要的思想、句子或者短语这些拖沓松弛的东西。剧中要充分展示过去的事情，不能有一丁点多余的东西。”

菲利普·穆勒当初对《奇异的插曲》导演得非常成功，打算能够亲手把奥尼尔的这部鸿篇巨制搬上舞台；至于布景绘画，同仁剧院却不令人满意。奥尼尔对李·西蒙森在《发电机》一剧的置景工作不太满意，应奥尼尔的请求，将由罗伯特·埃德蒙·琼斯负责布景和服装的设计。奥林的角色分配给了厄尔·拉里摩尔（Earle Larimore），他曾在《奇异的插曲》中扮演尼娜的丈夫；克莉斯丁由俄裔演员埃拉·娜兹莫娃（Alla Nazimova）扮演，她在职业生涯中曾对易卜生的作品做出精彩演绎，后来多年混迹于愚蠢的好莱坞，后者几乎毁掉了她的天赋。

特里·海尔朋通知奥尼尔，同仁剧院考虑使用娜兹莫娃，奥尼尔回复说他也在考虑她。他说："如果给她指导一下，就像她第一次出演易卜生作品的角色那样，消除她后来养成的表演夸张的造作行为，她会非常了不起。"让她在他剧中出演角色唤起了他的怀旧之情，在他还在普林斯顿大学上学时，他就对她演的海达·高布乐（Hedda Gabler）情有独钟，她演的这场戏他看了不下十多场。

经剧作家的推荐，经过关于报酬问题的拉锯战，托马斯·查尔默斯（Thomas Chalmers）将出演克莉斯丁的情人亚当·布兰特，他曾在1926年重演《天边外》时扮演那个出海的哥哥。查尔默斯对同仁剧院说："低于200美元，我不登台。"同仁剧院因给演员开的工资低而名声在外，其理由是这是一个艺术剧院，而非商业剧院。

最主要的演员问题是莱维妮亚，这是一个报酬最高的角色。莉莲·吉什非常想出演这个角色，她完整地学习了这个角色；一个周末，她亲临诺斯波特，带着强烈的渴望，劝说奥尼尔她是最理想的人选；但是，在试戏后，同仁剧院认为她的声音太弱，不适合像莱维妮亚这样性格刚硬的人物。剧作家的下一个人选是安·哈丁（Ann Harding），在她成为电影明星之前，这位金发女郎靓丽的美貌和青春的活力曾点燃了普罗文斯敦的小剧场，尽管他怀疑她"肯定脱不了身，或者每周会要100万的报酬"。没想到，哈丁小姐非常想演这个角色，然而由于电影合约在身，她无法抽身；几年后，她将这件事情称为她职业生涯中的"大悲剧"。这个任务最后落到了爱丽丝·布雷迪的肩上，她最大的悲剧是她曾拒绝了出演尼娜·利兹的机会。

在奥尼尔夫妇搬离诺斯波特之前，他们在派克大街（Park Avenue）1095

号租了一套跨两个楼层的公寓，共有八个房间，卡洛塔好几个星期奔波往返于长岛和曼哈顿之间收拾这个新家。这套公寓对奥尼尔来说意味着极端的一步，因为他对大都市生活总进入不了角色，可是卡洛塔曾劝他说纽约不仅刺激，而且如果好好收拾一下还会非常舒适。经历了三年隐居式的国外生活，勒普莱西城堡的生活对卡洛塔来说非常枯燥乏味，她渴望被大家认可，希望能有一次更好的机会做尤金·奥尼尔夫人；但是尽管她渴盼一定程度的社交生活，她仍决定像过去一样好好呵护丈夫的隐私。

因为长度很长，《悲悼三部曲》的排练被确定为七周，而不是通常的四周，排练于1931年9月4日开始，剧作家和妻子经常亲临。卡洛塔对于变化的生活感到欣喜；她以前是个演员，很大程度上靠自己的美貌过活，而如今她的地位是可以对在才华上超过她的人发表评论和进行评判。她回忆说："我坐在金的身边，记录或者干其他什么。我们坐了七周，我丝毫没有感到厌倦。金非常喜欢娜兹莫娃和爱丽丝·布雷迪对人物的演绎。但是随着（排练的）继续进行，她们越来越不像他在剧中所写。"1946年，奥尼尔本人说："很少有人能够明白剧作家看到自己的作品被搬上舞台时吃惊的样子。爱丽丝·布雷迪和埃拉·娜兹莫娃的演出非常精彩……但是他们并没有把我所希望的东西演出来。我看到的演出和我写的不一样。"

给排练又平添波澜的是，两位女演员不仅在扮演的母女角色之间有冲突，她们的个性之间也有冲突。卡洛塔说："她们彼此讨厌对方，但这是好事——这给她们扮演的角色增加了真情实感。"两人之间的敌视主要来自娜兹莫娃一方。她富有激情，感情强烈，喜欢自我标榜（她曾说，"我的心诞生在深深的阴影里，我不能长时间经受阳光的照射"），娜兹莫娃工作卖力，是一个喜欢多虑的人；她对自己的角色很认真，就像一个金矿的矿工在认真寻找最后一粒小小的矿砂。几年前，在经历了一段令人灰心丧气的时光后，她开始在伊娃·列·高丽安（Eva Le Gallienne）的市民剧院（Civic Repertory Theater）复排契诃夫的作品；她把奥尼尔的这个三部曲看作是稳固自己地位的绝好机会，所以她现在下定决心要超过每一个人，尤其是爱丽丝·布雷迪。

布雷迪小姐性格外向，喜欢狗，爱交往，喜欢喝酒和叮当作响的珠宝饰品——大概是这个顺序——对她的工作仿佛只用了一半的心思。排练时，她常常带着一两只狗和一本《黑色面具》（*Black Mask*），这是一种侦探杂志。如果哪一场戏里没有她的角色，她就会拿着杂志蜷缩在一边，很明显并不关注几英尺之外正在排练的戏剧，这让菲利普·穆勒非常恼火。如果能够看出她一直在角色里，穆勒本不会介意。但是，她的专注度非常不一致。奥尼尔没有把自己的担忧讲出来，他把她当作“一个好的童子军，然而是一个不守规矩的人，她父亲真正的女儿”——威廉·A. 布雷迪，一个好喝酒的百老汇制作人。

其实，布雷迪小姐对她的角色非常上心，比她看上去要努力得多。尽管她多才多艺，具有个性，但她对于把控像莱维妮亚这样一个压抑、呆板的角色却有一定的难度。回想起她当初努力找到适合角色身份的声音时，她说：“最初的几星期，我把手握得非常紧，以至于前臂出现了类似职业神经炎的症状。”她找到奥尼尔寻求指导，她说：“我觉得莱维妮亚不会坐在那里咂巴着嘴吃可口的烤牛肉。是吗？”“不会”，他回答说。关于莱维妮亚他给她讲了很多。

一天，奥尼尔夫妇带着他们的斑点狗来看排练，狗却在剧场外和布雷迪小姐的硬毛梗犬塞米（Sammy）撕咬了起来。在把它们弄开后，剧作家带着这位女演员的宠物来到了她的化妆间，告诉她说：“塞米在外面遇到了我的狗，塞米嗅了嗅，说道，‘我妈妈在你爸爸的破戏里演了一个角色’，我的狗自然咬了他。塞米应该放明白点。”

最开始的时候，演员们，尤其是那些次要角色都很畏惧奥尼尔，敬畏于他的名气和内向的性格。有一次，一位扮演村民的上了年纪的女演员非常胆怯地走到他身边问了他一个问题。正当他回答的时候，正在舞台另一边和穆勒谈话的朗格内尔喊奥尼尔过去加入他们的谈话，“等一下”，他用责备的口吻说道，“我正和这位夫人讲话”。然后又接着和她长篇大论地谈论起她的角色来。还有一次，他对一些次要角色的戏份进行了删减，他走到每一个相关演员身边，宽慰他们说删减并不代表他们的表演情况。

虽然他在八月和九月上旬对《悲悼三部曲》进行了大量的删减和润色，排练一开始，他发现还有很多地方可以进一步修改，主要是删减，于是他继续让剧本变得紧凑，一直到剧本实际演出的那一天。十月份，三部曲第一次完整地演了一遍，比原来缩短了很多；此后，同仁剧院宣布，这三个剧本不再每晚上演不同的剧本，而是放在一起演出。首演定在了10月26日，最高票价是6美元60美分——当时市内最贵的票价；例如，卡罗尔伯爵剧院的《虚荣心》（*Vanities*）最高票价是3美元，《齐格菲尔德富丽秀》（*The Ziegfeld Follies*）最好的座位才卖4美元40美分。媒体说，奥尼尔的这部作品是秋季剧场演出季的"大事"。

在演出前不久，43岁的剧作家接受了《纽约时报》S. J. 沃尔夫（S. J. Woolf）的采访，后者在奥尼尔的眼睛里发现了"隐秘的伤感"，这种神色"熟悉而又令人迷惑"，后来他想起来了"同样的伤感"在坡（Poe，指埃德加·爱伦·坡。——编注）的老照片中看到过。沃尔夫说，奥尼尔"和大家对他的想象不一样，更加脆弱、更加纤瘦、更加与众不同；在他平静的外表下是高度紧张的神经，当他用长长的手指敲打他大腿上的刺青或者抓挠手掌时，精神紧张的情况变得更加明显"。

剧作家回想起了演《基督山伯爵》的父亲，在他的脑海里历历在目，他说："我仍然能够看到（他）浑身湿漉漉的，沾满盐水和锯末，后面是汹涌波涛的剪影，在爬上一张凳子……聚光灯照在他长长的胡须和褴褛的衣衫上，他向外伸展着双臂大声宣告这个世界是属于他的。"

"这标志着整座剧院即将爆发出震耳欲聋的掌声。……那是一个矫揉造作的时代，一个以自己的感情为耻的时代，剧场也反映了这一思想。德行常常取得胜利，邪恶得到应有的惩罚……我在剧院长大这一事实使我憎恨这种矫揉造作以及对这些传统顺从的接受。"

自从《天边外》谨小慎微地在百老汇日常演出以来，在大约十年的时间里，纽约剧坛已经因为上演西德尼·霍华德、乔治·凯利（George Kelly）、马克斯韦尔·安德森、埃尔默·赖斯、菲利普·巴里、S. N. 贝尔曼、罗伯特·E. 舍伍德等剧作家的作品而成熟了许多，更不要说奥尼尔本人的了。那些一度只能在格林尼治村演出的作品如今在城市中心区的剧院里大受欢迎。

但是，奥尼尔一直是位有眼光的人，他发现百老汇商业气息依然很浓，他告诉沃尔夫说，他感到遗憾，那些由“受真正想法激发的”人“尝试各种创新的实验剧场不见了”。尽管他对作为一个整体的制作人仍表示怀疑（“他们一直落后于他们的时代十年，从来没有给公众带来应有的足够感觉和品味”），在国外的生活经历使他对具有天赋的美国人产生了新的尊重。他说：“我相信我们国家有世界上最好的导演、最好的作家、最好的演员和最好的布景绘画师，但是他们都在以自己的方式做事。如果把所有这些具有天赋的人……聚在一起，通力合作，我相信我们的演出将无人能敌。”

《悲悼三部曲》的演出时间比《奇异的插曲》长将近一个小时，原计划的正常演出是下午五点，但是为了方便评论家，1931年10月26日的首演下午四点就开始了。当基本上都是由评论家和其他戏剧界人士构成的观众星期一下午聚集在同仁剧院的时候，他们脑子里最挂记的问题是他们是否看到的是另一场《奇异的插曲》，或者是一次惨败。奥尼尔在给演员们的一封电报中说：“像艾斯拉·孟南一样，当要说我最想说的话的时候，我有点不知道说什么好，但我一定要让你们知道，我对你们表现出的出色合作精神深表感谢……今晚祝你们大家好运。记住那些死去的孟南的家人吧，为他们欢呼吧，因为他们可能不喜欢我们已经做过的事情。”

尽管爱丽丝·布雷迪在排练时显得镇静自若，但演出一开始她就感到痛苦地紧张。她后来说：“我快吓哭了，我相信我完全忘记了台词。你知道，奥尼尔先生每一次排练时都在不断修改剧本的台词……所以，每当我想起一句台词，我就惶恐不安地怀疑那句台词是否已经被他修改或者删掉了。”此外，她的膝盖由于早年的一次事故受了伤，有时候会突然滑倒。“演出最吓人的部分是我第一次上台，我从孟南家的房子里走出，顺着台阶下来。没有人告诉我那些台阶的事情！”

幸运的是，她的膝盖没出问题，她的台词记得很准确，《归家》的故事在静悄悄的剧院里展开了。从六点到七点十五是幕间进餐休息时间，此后接着演出《狩猎》和《闹鬼》，两部戏之间有十五分钟的间隔。由于奥尼尔对戏剧形象的感知和罗伯特·埃德蒙·琼斯非常高贵的舞台设计，演出给大家呈现出了难以忘怀的舞台场景；而最后一幕给人的冲击最强烈。正如评论家约翰·哈钦斯（John Hutchens）所写的那样，“当莱维妮亚一袭黑衣出现在孟南大宅白色门柱中间的那一刻，落日的余晖洒在她的脚下，激情飞驰——就在那一刻，剧作家、演员和艺术家给全剧画上了一个只属于奥尼尔戏剧的完美句号”。

当十点三十五分演出的大幕落下，全场响起“作者！作者！”以及要求演员多次出台谢幕的欢呼声。好友们飞奔过去向威廉·A.布雷迪道贺，他的女儿扮演了一个演出时间最长、演出难度最大的角色。他微笑了一下，极力显出不屑一顾的神色，说道：“爱丽丝演得还可以，但愿她的台词再多一些就好了。”

该剧获得的评论是奥尼尔一生中获得的最热情的评论（只有在他去世后上演的《进入黑夜的漫长旅程》超过了这些评论）。尽管珀西·哈蒙德一向吝啬对奥尼尔的称赞，但他这一次很激动。他在《纽约先驱论坛报》上撰文称，这个三部曲是“一系列病态但吸引人的体验”，“就算你希望戏可以短一些，就像我，你也会像我一样从座位上站起来，和其他人一起激动得欢呼。”他盛赞剧本的作者和主要演员，认为克莉斯丁毒杀丈夫并被女儿发现那一幕“令人震惊，表演得和同类的情景一样出色……自从异教徒演员在狄俄尼索斯的剧场里表演了类似的场景，而与此同时异教徒的观众却在用老虎的头骨吃花生。”

约翰·梅森·布朗是一位新秀，他即将成为美国最著名的评论家之一，他对《纽约晚邮报》的读者说，《悲悼三部曲》“恢复了戏剧高贵的身份，是一次极大的成功……一次纯粹的、耸人听闻的、直接的故事讲述试验，同时扩大了戏剧的有限领域，令观众感到激动和恐惧”。

《纽约每日新闻报》的伯恩斯·曼特尔说，这部新作“在艺术上很重要，但在身体上很累人”，他早先预测这部关于尼娜爱情生活的故事演出时间不会太长。他说，《悲悼三部曲》“不可能像《奇异的插曲》那样受到广泛的欢迎，它缺少那个剧本的新颖性和基本的吸引力”。比较热情的评论来自《纽约美国人报》的吉尔伯特·加布里埃尔（“一部宏大壮观的戏剧……一部当今世界戏剧的名作”），《纽约太阳报》的理查德·洛克里奇（“奥尼尔的第一部具有永恒重要意义的剧本……一部无法安抚和无情的悲剧”）和《纽约期刊》（*New York Journal*）的约翰·安德森（John Anderson）（“具有真正、永恒、伟大的标志”）。

布鲁克斯·阿特金森发现修改后的剧本比他当初读到的那个版本改进了许多，他称该演出是“一次伟大的狂欢；奥尼尔先生写了一个了不起的故事，并且冷静、明了地讲了出来；从持久的思想和艺术方面来讲，这是他最优秀的作品”。在接下来刊登在《纽约时报》周日号的文章中，这位批评家说，《悲悼三部曲》“把奥林匹斯山湛蓝天空中希腊悲剧的冷峻光辉带到了当代生活的论坛”。关于《悲悼三部曲》是否是“一个伟大的剧本”，他说：“我认为，它缺少真正的伟大之处；一个伟大的剧本需要人物高尚……当阿特柔斯的府邸被换成了孟南家的大宅后，你会发现人物个性中的卑微”。但是，总的来说，他认为该剧是“现代剧坛上最伟大的成就之一”。

尽管很多评论家对这部三部曲给出了很高的评价，也有人认为它是一个较小体裁的经典范例；比如《布鲁克林鹰报》的阿瑟·波洛克称该剧是一个“独幕剧，一部纯粹的独幕剧，无精巧之处”。罗伯特·本奇利持相似的观点，他在《纽约客》杂志上表达了自己的疑惑，是否“我们没有忘记（奥尼尔）灵感的一个重要来源，如果没有它，他可能只是一个词山的堆砌者？在同仁剧院舞台的两翼难道没有站着……一位老演员的鬼魂，戴着白色的假发套，手握出鞘的利剑，自豪地看着这部鸿篇巨制式的长剧慢慢在观众面前展开……并低声说，也许还在咯咯笑着：‘很好，儿子！把他们带回到了老剧场？’我提到的这位演员不需要给今晚上了年纪的男孩子和女孩子介绍了吧——詹姆斯·奥尼尔先生，那位‘基督山伯爵’和我们当今英雄的父亲”。

“让我们停止闷闷不乐地谈论‘不可避免的是一部希腊式的悲剧’……让我们承认，我们坐六个小时，努力倾听每一句台词……是因为《悲悼三部曲》中充斥了精彩、古老、让人弯腰的独幕剧。这是对当过巡回演员父亲的继承……在这部壮观的作品里，他没有给我提供新的东西，也没有给我提供值得思考的东西……但是它着实让我们感到震撼。”

约瑟夫·伍德·克鲁奇是那些对该剧印象非常深刻的人之一，他在《国家民族政坛杂志》上说，《悲悼三部曲》“有可能是20世纪对戏剧文学所做的唯一永久的贡献……再一次，我们有了一部了不起的作品，但是它却没有在易卜生、萧，或者高尔斯华绥戏剧意义上所具有的意义；恰恰相反，它的意义和《俄狄浦斯》(*Oedipus*)、《哈姆雷特》以及《麦克白》一样——即，人类被极大的激情控制时是伟大、骇人的动物，公开展示人类的故事不仅吸引人，而且同时也令人感到害怕，具有净化作用”……

“剧本的情节，只有气势磅礴的语言和深刻的诗意才能与之相称，如果我们听到这样诗意的语言，我们将被裹挟到莎士比亚时代以来没人达到过的高处……然而一个现代人的语言配不上奥尼尔的戏剧，缺少这一语言能力，我们就要接受惩罚，生活在一个没有诗意的时代。也不应该认为我有保留意见目的仅仅是为了说奥尼尔的剧作没有莎士比亚最好的剧作好；相反，我这样说恰是为了表明，为了找到有比较价值的东西，我们应该朝哪个方向努力。”

下一代的评论可能是肯尼思·泰南（Kenneth Tynan）做出的。1955年，他在伦敦观看了《悲悼三部曲》的重演后说道：“尽管剧本的结构华美，它仍然是本世纪最出色的传统剧本，我之所以这样说，是因为奥尼尔没有找到和剧本主题同样震撼的词语。虽然如此，他努力创造出了一个让人感到压抑，如同坟墓的一个世界，里面发生了他所描述的那些可怕事件；这本身就说明他是一个天才。”

剧作家还有诺贝尔文学奖等待去征服，但是《悲悼三部曲》开始演出后，他的神话就完整了。《纽约时报》将他和政治家、电影明星、冠军运动员等量齐观，1931年11月2日把他作为了封面人物，上面还有一句摘自这部三部曲的一句话："受诅咒的人不哭泣。"像《奇异的插曲》一样，这部新作成了百老汇的智者们喜欢谈论的对象，称其为"黑夜漫漫"（Evening Becomes Interminable）、"奥尼尔的哀悼"（Mourning Becomes O'Neill），还有人灵感爆发，称其为"俄瑞斯忒斯的发展"（Orestes' Development）[说得快了，听起来就像"发育停滞"（Arrested Development）]。

在欢呼声减弱之前，朱迪思·安德森（Judith Anderson）和佛罗伦斯·里德率领的第二个演出团队就被派出进行了巡演。在波士顿和东北部城市的巡演不仅受到了评论，通常是热情洋溢的，还有社论，常常是评判性的，批评剧作家刻画了新英格兰的负面形象，先是在《榆树下的欲望》里，如今是在《悲悼三部曲》中。例如，《波士顿先驱报》（*Boston Herald*）哀伤地质问道："为什么奥尼尔以把新英格兰人塑造成堕落的人为乐？他住在马萨诸塞州时发现堕落的人了吗？他难道就没有发现甚至值得他打折尊重的人吗？上星期一，一个非常熟悉乡村生活的波士顿人，站在纽约殖民剧场（Colonial Theater）的大厅里，感慨地说，他想杀死舞台上的那些人物，首先他要杀死把这些人物弄到舞台上的剧作家。"

《悲悼三部曲》在百老汇演了150场，考虑到三部曲忧郁的性质，尤其是随着大萧条的继续蔓延，百老汇的票价居高不下，这个演出场次已经够高的了。但是，虽然受到如此赞誉的美国戏剧不多，《悲悼三部曲》还是与普利策奖失之交臂；奖项被授予了《为君而歌》（*Of Thee I Sing*），原著乔治·S.考夫曼（George S. Kaufman）和莫里·里斯金德（Morrie Ryskind），乔治·格什温（George Gershwin）和伊拉·格什温（Ira Gershwin）兄弟分别作曲和作词，这是第一部获此殊荣的音乐剧。

和通常做法一样，奥尼尔等待了几天读到了《悲悼三部曲》的评论（在他看来，错位的表扬和不恰当的批评一样都令他感到不安）；在首演后的第二天上午，他和同仁剧院通了一个电话，获知媒体的短评都是肯定有加。和这个三部曲一起生活了两年，最高潮时是排练的那几星期，他觉得“疲惫极了”。11月2日，他给阿瑟·麦金利写信说：“过去把酒狂欢是一剂良药——以它自己的方式——然而我好多年没有这样做了，想到喝酒让我觉得老了。”

由于《悲悼三部曲》不再占用他的时间了，他现在有时间做一些私事了，他安排乌娜和沙恩过来和他与卡洛塔共同度过了一个下午，自从百慕大那次相聚后他还没有见过乌娜。想到要见她想不起来长得什么样子的父亲，乌娜感到紧张、害羞，两个成年人几乎都在和沙恩交谈，这让她放松了许多，但同时她也因和这位温柔、潇洒的人有关系而感到高兴。在一起吃午饭的时间令乌娜感到不好受，因为卡洛塔不习惯招呼小孩子们吃饭，对6岁的乌娜来说，卡洛塔准备的饭她感到陌生、不合口味——牛肉腰子派。她不安地把她那一份吃完了，当被问到是否还想多吃点时，她礼貌地回答说是。

饭后，四个人一起坐上凯迪拉克去了中央公园，沙恩坐在了副驾的位置，乌娜坐在了两个成年人中间。他们腿上盖着一条衬毛皮的车毯。奥尼尔和沙恩谈论着这辆车，卡洛塔调侃着丈夫的这辆“新玩具”。乌娜想到了吃的牛肉腰子派，开始感到胃里不舒服。车子拐上了鹅卵石路，开始颠簸起来，她再也控制不住自己，一下子吐到了车毯上，以及父亲和继母身上。司机立刻停车，几个人都盯着她，还连忙擦去污物。“天呐，这孩子！”卡洛塔叫道。“为什么你不吭一声呢？！我们本来可以停车的。你可能知道你感到不舒服！是新车啊！可怜的沙恩！不是她的错，她感到恶心，可是为什么她不说一声呢！”

十一月中旬，渴望阳光和安静的奥尼尔夫妇开始为期一个月的海岛（Sea Island, Georgia）度假，这个海岛是离佐治亚海岸不远的一个度假胜地，是女演员伊尔卡·蔡斯给他们推荐的。这个小岛在20世纪20年代末变成了一个度假的好去处，上面建了回廊和一家很大的西班牙风格的休闲宾馆，由于大萧条的影响，小岛的开发步伐放慢了，所有岛上的自然美景相对来说还没有被房屋建造和其他的开发所破坏。他们到达海岛几天内，就决定永久在这个地方定居。

海岛公司（Sea Island Company）非常想让这位著名剧作家在岛上居住下来，该公司几乎对岛上的所有土地拥有所有权，就以12,600美元的价格把价值17,000美元的面向海洋的一片土地卖给了奥尼尔夫妇。随着股市再次下跌，几周后，奥尼尔夫妇又从急需现金的私人所有者手中把面积相当的相邻的一片土地也买过来了。卡洛塔对开发公司的乔治·博尔（George Boll）说："我们真的买不起，但我们一定要有隐私。"她让博尔明白她和丈夫将融入当地的社区，她说他们家将不会是一个"社交活动或者体育活动"的场所，而是"一个工作坊"。

奥尼尔把一本他亲笔签名的《悲悼三部曲》送给博尔时，他的观点颇有诗意，他称博尔为"魔鬼房地产经纪人，引诱我们降落在这个海岛天堂"。他在送给伊尔卡的那个剧本上写道："献给伊尔卡，为我们找到了幸福岛，致以最深沉的感谢"——让人联想到了在备受磨难的孟南家的人脑海里浮现的，充满诱惑的南海诸岛，被称为"罪恶发现之前的天堂花园"。

# 第二十章　海岛生活

奥尼尔迫不及待地想在“天堂岛”定居下来，和卡洛塔从南方回来后，他发现，和以往相比纽约的吸引力变小了很多。卡洛塔至少还有为新家采购而带来的快乐（她给乔治·博尔写信说，“今天买了件西班牙艺术品，如果这种疯狂再继续的话，甚至就不能开车去佐治亚了”）；而奥尼尔对他曾认为“纽约是一个从事创作的好地方这种白痴的想法……”感到懊悔，“感到无聊死了”。

在纽约居住的最后几个月，让奥尼尔感到快乐的一件事就是在麦迪逊广场花园举行的为期六天的自行车赛，虽然卡洛塔对此热情度不高，但总陪伴在他左右。尽管他不喜欢人多，但待在成千上万的运动爱好者中间他却感觉良好，因为不为人注意他感觉很坦然。但是在少数情况下，例如卡洛塔拉着他去看戏，他就会感到忧虑和紧张，担心会被认出来和搭讪。他喜欢举这样一个例子，他说，有一次他坐在一个男人的后面，那个人正在谈论有关奥尼尔的话题，话语中充满了毁谤，这种话题奥尼尔已经司空见惯了。那人说，他是奥尼尔在格林尼治村的一个老朋友。他说，剧作家吸食毒品，他常接到电话说“金正躺在水沟里”，让他过去照看他。像他过去讲时一样，就在他离开剧院之前，他向前探了探身体，对那个他并不认识的人说：“我不记得你在水沟里曾搀扶过我。其实，我以前从没见过你，但我想让你知道我喜欢的是酒——我一生从来不碰毒品！”

1932年初，卡洛塔在和自己的母亲、女儿分别五年后团聚了，女儿已经14岁，是一个大大咧咧的姑娘，渴盼激情，不喜欢被抛弃；她用假小子式的风格掩盖起了自己脆弱的一面。辛西亚·简·查普曼（Cynthia Jane Chapman）说：“我觉得我不属于任何人。”据她的亲戚说，她父亲结了好几次婚，和卡洛塔一样，都没有尽到父母的责任，而承担这一责任的是内莉·萨辛。内莉常常对她的外孙女说，是她在照料她，为的是最后辛西亚能够对她进行照顾，然而当这个姑娘表现出桀骜不驯性格的时候，内莉非常想把照看这个姑娘的责任交还给卡洛塔。奥尼尔小时候感到被自己的父母遗弃了，立刻就对辛西亚有了好感，夸她是一个“运动健将”。

女儿、母亲和外祖母的相聚时间短暂而感人，但不太和谐。卡洛塔给辛西亚报名上了康涅狄格州的一所学校，她却不想待在远离朋友和熟悉的环境的东部；卡洛塔拿着辛西亚婴儿时期穿过的一只鞋子，心情不安，泪水涟涟，女儿“对为她所做的一切”并不感激；在要离开时，内莉对还没有来得及看一眼外孙女的新学校就要被送回加利福尼亚而愤愤不平。在开车去康涅狄格州的路上，卡洛塔和辛西亚几乎没有说过一句话，而一向少言寡语的奥尼尔却一直和辛西亚说个不停，一边说，一边给这个继女指着窗外的景色。到了学校，他和卡洛塔受到了校方负责人的热情接待；他们刚一离开，女生们便蜂拥着去抢坐被这位著名剧作家带来荣誉的那把椅子。辛西亚说：“学期中间来上学很不好，因为这时候所有的小集团和关系都已经结成，而我从五岁开始就在寄宿学校上学，所以我在他们的小集团外面，我知道如何照顾我自己。”

在海岛度假以及如今在纽约的时候，剧作家没完没了地忙个不停，为五个新剧本列出了初步提纲。他认为五个剧本中的两个“还不太成熟”，需要继续酝酿，而为其他剧本写出了详细的故事概要。所有这三个剧本的故事都发生在美国，其中一个剧本的时间是独立战争时期，另一部是19世纪40年代，第三部是20世纪20年代。这些提纲大概就是他为由多个剧本构成的组剧所做的初步工作，时间跨度是从18世纪至今，他要写上好几年的时间。

他从佐治亚州回来之后不久就接受了《纽约每日新闻报》的系列长篇专访（文章的刊载日期是从1932年元月24日到30日）。考虑到他以前听说过“奥尼尔是个令人难以捉摸的人，奥尼尔性格孤僻”，《纽约每日新闻报》的记者弗雷德·帕斯利（Fred Pasley）执行采访任务时感到很惶恐，而剧作家渐渐开始了对过去的回忆，这让他感到他是受奥尼尔欢迎的。好几个下午，奥尼尔坐在他摆满书籍的书房中，翻动着记忆的书页：早年跟随父母巡回演出（“一般说来，儿童有一个正常、稳定的家，但是……我只知道演员和舞台。我是母亲在舞台两翼和化妆间养大的”）；他上过各种各样的学校；去洪都拉斯的淘金经历和布宜诺斯艾利斯的航海生涯；在纽约水滨那些居无定所的日子（我在吉米神父的酒吧学会了不要坐在那里判断一个人）；他短暂的报社记者生涯（我是个流浪记者，但我认识了多彩的小镇生活）；在结核病疗养院当剧作家的决定；在普罗文斯敦一个智力有缺陷的小男孩问他“天边外有什么”？

这位创作出了九幕《奇异的插曲》和十三幕《悲悼三部曲》的剧作家无意中用讽刺的口吻对帕斯利说，哈佛大学的戏剧创作课教会了他“不要用十行文字去说可以用一行说完的东西”。回想起他早年为剧场所做的努力，他说他父亲“认为我疯了……不明白我为什么创作那样的剧本……这些剧本没有市场……（但他）相信有朝一日我会出息——只要我还活着”。

奥尼尔好几年没有见到乔治·泰勒了，当泰勒过来做客的时候，他们再次谈到了过去。卡洛塔在邀请信中说：“我想听听关于一个爱尔兰小孩的故事。”那天晚上对奥尼尔来说喜忧参半，因为在和父亲的老朋友一起追忆他的父亲和杰米的时候，他伤心地发现泰勒对百老汇的衰落感到很痛苦，奥尼尔也注意到了这种情况。泰勒的痛苦背后还有更多对过去的怀念；他曾是一位戏剧制作人，自从20世纪20年代中期以后就没有取得过成功。

如果奥尼尔有可能忘记过去，那么他收到的信件使这种情况不可能发生，因为他会经常收到老朋友和熟人的来信：不是泰勒，就是阿特·麦金利询问《悲悼三部曲》的票房情况，接下来是结核病医院的戴维·R. 莱曼医生（Dr. David R. Lyman）来信向奥尼尔索要有他亲笔签名的剧本送给他在瓦萨学院读书的女儿；接下来就是贾斯珀·迪特尔，他在费城郊外建造了一座剧院，奥尼尔的剧作对他们来说非常重要——他希望奥尼尔能够出席他们的一次演出；不是迪特尔，就是哈洛尔德·麦吉，他是普罗文斯敦剧团的一员，捎话说尖顶山那个海岸警卫队旧基地的房子在经历了重重危险之后还是滑进了大海；不是麦吉，就是来自旧金山一位上了年纪的老妇人，她有詹姆斯·奥尼尔以及尤金和杰米小时候的珍贵照片，她提出要把这些照片送给奥尼尔（她父母是詹姆斯和埃拉的好朋友）。尤金在回信中问："您碰巧是否有我母亲的照片呢？她一生很少拍照，我只有一张。"

三月，奥尼尔在由同仁剧院为纪念这位著名的德国人而举行的一次小型午宴上见到了格哈特·豪普特曼，一个仍健在的他所敬仰的为数不多的几个剧作家之一。他前不久才到达美国，参加庆祝歌德周年的学术活动。他对媒体说，他最想见到的两个作家是辛克莱·刘易斯和奥尼尔。两人的会面于3月5日《悲悼三部曲》的幕间午餐休息时间举行，豪普特曼和他的随行人员看了当天的演出。在互致问候以后，奥尼尔用低沉、犹豫的声音回忆说，他在学习戏剧创作时，多次观看豪普特曼的《织工》（*The Weavers*），豪普特曼、斯特林堡和易卜生对他的创作影响非常大。在他的讲话被翻译过来之后，豪普特曼说，尽管有语言障碍，《悲悼三部曲》的第一部分他很容易理解，他觉得它非常美。

在美国停留期间，豪普特曼在哥伦比亚大学进行了一次演讲，并在全国进行了广播，还通过短波对德国进行了广播；他被授予了一些学术荣誉；

在纽约市政厅和白宫分别获得了市长詹姆斯·沃克和总统胡佛（Herbert Hoover）的接见；16日，豪普特曼登船回国，他对记者们说，《悲悼三部曲》是他在美国观看的唯一一场演出，以及他和该剧作家的会面，是他此行的“两件大事”。他说，奥尼尔是“一位很好的人；他身上闪耀着天才的光芒”。

奥尼尔夫妇在纽约停留的最后几周因患病而蒙上了一层阴影——尤金得了流感，伯莱明在宠物医院住了两个星期——还有，他们意识到购置新家耗尽了他们的财力，这个新家连同土地等一切要花费10万美元。（在海岛建造同样一座房子将会花费40万美元。）奥尼尔原以为《悲悼三部曲》的版税支付这笔开销绰绰有余，然而这个剧本并未像他想象的那么成功，四月中旬就停止了演出；尽管利夫莱特销售了六千多册《悲悼三部曲》，对于一个剧本来说销量已经非常可观了，公司原来希望销售量比这要大得多。4月18日，卡洛塔在就找人帮忙做家务的事宜和乔治·博尔进行沟通时告诉他，这是“我一生中第一次没有私人侍女——而我的收入一下少这么多（将来还会少更多）！我连一个仆人都雇不起了；（我讨厌贫穷）”。四月底离开纽约前，奥尼尔夫妇从银行贷了15,000美元。

在佐治亚州，卡洛塔和建筑师密切合作，看到房屋在海边慢慢建起奥尼尔很是高兴：一座不规则的砖结构建筑，颜色是灰白略显绿色，仿佛墙面上有一层薄薄的海水。主要按照古代西班牙的农舍风格建造，按照卡洛塔的特殊要求，房子有“一种宗教的感觉”。客房有点像僧侣的禅房，门很大，门上有几个窥孔，高高的卧室从房子的一侧突了出来，宛如一座半圆形后殿。房间里的装饰有日本能剧的面具、古代非洲的面具、中国的雕塑和西班牙的艺术品，还有几个放在壁龛中的圣母像。卡洛塔的床后面还有一个十字架，在卧室的墙上挂着一件像展翼的鹰一样的蓝色僧袍，上面还镶嵌着廉价的宝石。

和其他20间房子不同，奥尼尔的书房具有海员的风格，让人想起了一艘古代帆船上船长的舱房。用横梁搭建的天花板，覆盖着橡木拱条，看起来很是坚固，最有特点的是，一根主桅上布满了穿索针；还有一个小侧间，窗户弯曲着，像向上高高翘起的十五、十六世纪西班牙大型帆船的船尾；房间里有一个金属材质的螺旋楼梯，就像灯塔里的那种，楼梯直通屋顶的观景台，海滩、大海和天空一览无余。（奥尼尔最后变得不太喜欢自己的书房，觉得它“太像舞台设计师设计出来的作家的书房”。）

房子朝向大海的一面通向露台，开阔、具有友善的气息，而房子的正面有一扇很大的对开门，使房子看起来像一座寺院或修道院，令人望而生畏。（这座看起来像修道院的大门是从新奥尔良的一所妓院弄来的。）奥尼尔夫妇住在该房子的四年中，很少有人能够在近处看这座房子，因为在房子的四周建了一座八英尺高的院墙，增加了他们的私密度，他们还在重要的地方种上了竹子和灌木。

作为他们两人一体和不可分开的象征，夫妇二人给他们的新家起名为卡萨·吉诺塔（Casa Genotta）——用他们两人的名字造的一个新词。在他们搬到佐治亚之前，奥尼尔在送给卡洛塔的一个剧本上题了词，引用了《马可百万》中的一句话：“在她的目光中，我看到自己的生活被她的爱所保护。”这句话再合适不过，不仅因为这是卡洛塔对他的爱的最基本写照——他感觉到她保护他免受外界的伤害——而且因为他已经开始创作一个剧本，剧名暂定为“无尽的日子”，讲的是一对已婚夫妇在生活中的相互关怀和不确定因素中，把他们的夫妻关系变成了一种神圣。

在他们的新家建好之前，奥尼尔夫妇一直住在那座修道院式的海边木屋里。他每天工作、晒太阳和游泳，而卡洛塔则“小心翼翼地监督着”卡萨·吉诺塔的建设进程。她后来说：“我负责房屋建造的所有工作，建造的事情，将想法付诸实施，争论！感谢上帝，和我合作的是一位非常熟悉自己工作的建筑师，他喜欢新奇，也非常聪明，知道正在造房子的这家人的意见值得听取！”她的想法不止“一个”；在开始砌第一块砖之前，她好像非常清楚她到底需要什么样的一座房子，甚至具体到最后的壁橱和抽屉。建筑师弗朗西斯·路易斯·阿布鲁（Francis Louis Abreu）回忆说，在她的具体指导下，壁橱上的一些抽屉深达五又八分之七英寸。卡洛塔对工程的进展颇为满意，五月份回到了纽约，就不再用派克大街的公寓，把所有家当都运到了南方。

22日，奥尼尔给萨克斯·康明斯写信说："她可能快要累死了，才把事情处理停当，回到这里。我们已经分别了好长时间。我非常想念她！"他在孤寂之时给她写了一首诗，在诗中首先称呼她为"女主人"和"妻子"。他写道："母亲，你使我找到了已逝的生活，你是我的结束以及开始，你是我在孤独的黑夜中可以牵拉的手臂，使我免堕鬼影幢幢的幽暗情愫。"

七月上旬，就在他们刚搬到新家不久，奥尼尔夫妇接待了他们的第一批客人，小尤金和他的妻子在这里居住了两星期，之后是沙恩。小尤金以优异的学业成绩刚从耶鲁大学毕业；他获得了著名的伯克利奖学金，这是美国历史最悠久的大学奖学金之一，他还获得了另外一个奖学金，这两个奖学金都是授给那些古典文学的优秀学生的，而且从一开始，他就是他们班的艾菲奖得主（Ivy Laureate）。秋季，为了将来读博士学位和从事教学，他即将在德国的弗莱堡大学（University of Freiburg）开始硕士学习。奥尼尔对一位朋友自豪地说："他是一个极为优秀的学生，另外，身高6英尺2.5英寸，身体强壮，是个户外型的男子汉。一个出色的小伙子！我对他取得的成非常自豪。他十分清楚他要从生活中得到什么东西——他要朝什么方向努力，如何实现自己的目标。他很棒！"

然而，虽然卡洛塔对小尤金在勒普莱西城堡时的表现非常满意，她却反对他在有能力养活妻子之前结婚。她如今发觉他是一个有可能要靠他们过活的人，私下称他为"教授"，但当他模仿父亲的样子称自己是爱尔兰王室的后裔时，她变得不耐烦了。有一天，当奥尼尔在给他的两个儿子讲有关他们祖先的事情的时候，沙恩非常害羞，什么都没有说，而他同父异母的哥哥却总在发问。卡洛塔后来回忆说："我私下读了一下爱尔兰的历史，我了解到爱尔兰没有什么国王，只有部落的首领，我把这些跟他们说了。他们中有一个人，我想是金，说道：'我们应该相信她的话吗？'——仿佛我是个局外人、仆人或者其他什么人一样。最后我说：'这过头了。你们这些爱尔兰国王们在这里处理皇家事务吧。我还有重要的事情要做。'”

卡洛塔和自己孩子的关系并不令人满意。她向朋友坦言，她的女儿不喜欢她，也不喜欢东部；学期末，她让人把辛西亚送回了加利福尼亚内莉·萨辛身边。奥尼尔想鼓励鼓励辛西亚，就给她写了一封信，信中说他已经“学会了尊重和欣赏你……我想让你觉得我的家就是你的家，只要你想来就可以过来，就凭我对你的爱！……你是一个勇敢的姑娘，一个真正的姑娘！做你的继父，我很自豪！”毫无疑问，他被这个女孩的困难处境给打动了，但他很可能不喜欢她在这里待的时间过长，因为她会使他和卡洛塔融洽的关系以及对卡洛塔的依赖变得复杂。

作为父亲，他又多了一份责任，因为这年夏天他做了康明斯夫妇刚刚出生的第二个孩子的教父，这个孩子是个男孩，名字叫尤金·戴维·康明斯（Eugene David Commins）。奥尼尔向多萝西和康明斯建议说，“只要不像我年轻时一样，他就能成为一个出色的年轻人！”

由于经营海岛的海岛公司帮了大忙，奥尼尔夫妇就款待了公司的管理者和他们的夫人们，一次招待一对夫妇。在连续举行的这几次午宴上，有些人犯了和剧作家谈论或者想谈论文学和戏剧的错误。在这一帮人中，唯一成为奥尼尔和卡洛塔朋友的是乔治·博尔，他是海岛公司的一位下级雇员，他负责把土地出售给奥尼尔夫妇，每天都受到卡洛塔每日公报的狂轰滥炸，从谈判伊始就代表奥尼尔夫妇遭受了无尽的痛苦。乔治·博尔是一位性格和善的年轻学者，喜爱运动，对艺术完全没有兴趣，这一切对奥尼尔来说再好不过了。他们两个经常出去钓鱼——尤金对钓鱼这个运动情有独钟——博尔常来卡萨·吉诺塔吃饭。“尤金有很强的幽默感，乐于交谈”，博尔说，“我发现他是一个通情达理的常人，我知道，这和其他人过去认为的不一样”。

海岛公司的负责人原希望这位举世闻名的剧作家会成为这个地区的社交大鳄，然而他却提醒他们说，按照建筑师阿布鲁的说法，他是一个“非常害羞的人”。他们发现给卡洛塔归类很难，因为她易于变化，一会儿像位贵妇，一会儿又非常像个女演员。第一次去海岛公司总部的时候，她看到董事会主席办公室里的一张大沙发，大笑起来："天哪，活脱脱的一个剧院办公室！有分配角色用的长沙发！"

首先，她被认为是一个工作卖力的人和一个完美主义者。一天，当她整理房间时，阿布鲁的一位同事顺便来访，发现卡洛塔跪着在使劲地打磨地板。她决定，用于内装修工作的工具都应该装上涂有润滑油的轮子。伊尔卡·蔡斯在奥尼尔夫妇家待了几天，他说房子"很安静（仆人让穿上了橡胶底的鞋子），非常干净，东西用特殊的箱子和袋子装着以免发霉，家里的黑人女仆打扮得像荷兰人"。奥尼尔本人都叹服卡洛塔的能力，把家里收拾得干干净净。7月30日，他给辛西亚写信说："你妈妈真是个持家的能手！我想有一天她会一不小心抓住我，还没等我来得及反抗就把我擦洗一番，用吸尘器吸吸，再用地板蜡给我抛抛光！每当伯莱明看到萨普里奥（Sapolio，20世纪早期美国著名肥皂品牌。——编注）或荷兰清洁剂广告的时候，他就会吓得发抖！"

不久之后，奥尼尔夫妇发现，海岛的生活条件远非天堂。除了要和数不清的蚊子做斗争，这个地方非常潮湿，他们要锲而不舍地防止物品发霉，窗户上的金属制品必须是特制的青铜，因为任何不耐用的金属都会生锈。劳伦斯·朗格内尔和妻子以及范妮亚·马里诺夫第一次来访期间，劳伦斯想知道为什么天井靠近尽头地方的灌木的叶子都被剪掉了。卡洛塔解释说："这样我们就可以看到下面是不是有蛇。"她接着说，岛上有很多响尾蛇。客人们露出惊恐的神色，根据朗格内尔的描述，奥尼尔面带微笑接着卡洛塔的话说道，和这个地方的"粉红色的小珊瑚蛇相比"，响尾蛇还"相对无害"。朗格内尔写道："范妮亚比我还怕蛇，此后在乡间行走时迈步都非常小心，我也不太放心。"

奥尼尔一搬到海岛就立即开始了"无尽的日子"的创作，这个剧本是他计划要写的"上帝剧"三部曲中的第二部，第一部是《发电机》。那个剧本对电持有神秘的观点，将科学奉为了神灵，这个新剧将人类的爱作为了神圣之爱的替代物。

奥尼尔1927年在百慕大的时候，对“无尽的日子”一有了想法，就为其写下了故事梗概。两年后，当《发电机》开始演出后不久，他还在等着艾格尼丝和他离婚的时候，就对其纽约的牙医 J. O. 利夫医生（Dr. O. Lief）说：“直到我个人的事情了结并忘记以后”他才会继续三部曲中第二个剧本的创作。“这是一个滑稽的巧合。在我离开百慕大以及我的家庭生活会失败的迹象出现之前，我就有了那个剧本的想法。它相当客观。但现在却显得非常主观，具有自传色彩，因为事情发生了变化。真是一件奇怪的事情！可能是我心中有什么东西在发生神怪、有远见的作用。”

他或者是在欺骗利夫医生，或者是非常幼稚地在欺骗自己，他否认“无尽的日子”具有自传色彩。剧本讲述了一桩看似完美的婚姻因丈夫的一次通奸行为而出现了危机；甚至在妻子怀疑他不忠之前，他就在遭受精神折磨，因为他们之前的婚姻一直很幸福，他如今感到很丢人。鉴于奥尼尔是在他和卡洛塔有了时间不长的浪漫纠葛之后才产生了这个剧本的构思，当时他认为他们的浪漫关系结束了，显然，这个剧本源自他对艾格尼丝的愧疚之情。因此，“无尽的日子”背后最大的讽刺就是他开始创作这个剧本时，引诱男主人公的那个女人的最初原型卡洛塔，已经变成了他忠实的妻子的原型。

作为一个标题，“无尽的日子”仿佛是不经意间受到了罗伯特·埃德蒙·琼斯的启发。他爱奥尼尔和艾格尼丝就像爱一个人，他曾给艾格尼丝写过一个纸条，她非常自豪地展示给丈夫看，纸条上写着：“我非常高兴再次见到了你和金。关于你们两个，总有充满活力和灼热的感觉，我感到一切安好，世界永无止境。阿门，阿门。”当奥尼尔开始创作这个剧本时，琼斯所写的那个纸条早已不知所踪，他想追寻这个标题的来源，但没有成功；他认为他可能在《圣经》上读过这个说法或类似的措辞。最后，他将剧本的标题修改得与琼斯的说法很相似，标题变成了《无穷的岁月》。

1932年夏天，他对巴雷特·克拉克说，他的创作进展顺利。“我创作时，感觉良好，思想自然流出，无须冥思苦想——这至少证明剧本的诞生已经成熟了。同时，剧中有一种新的观点，新的理解，一种内心的积极态度，这对我来说既有趣又刺激。写这个剧本将很愉快。”但最后证明，他是一个糟糕的预言家；他的创作和当初创作《悲悼三部曲》时一样漫长、辛苦——效果甚微。剧本的创作源自他本人的愿望、迷惑和矛盾，然而最后的结果是该剧是其最糟糕的剧本之一；但是对于那些对创作这个剧本的剧作家非常感兴趣的人来说，该剧十分重要。如果分析得当，该剧有助于解释他性格中焦虑和阴郁的隐秘原因。

尽管佐治亚州夏季炎热，他仍坚持长时间工作，到八月上旬的时候完成了三幕——还有第四幕要写——他突然有了一个新的想法，决定要把第一稿废弃。在开始重写之前，在乔治·吉恩·内森的要求下，他抽时间给《美国观察家》（*American Spectator*）写了些东西，这是一份即将在秋季发行的文学月刊。虽然内森是在列的编辑之一——其他编辑还有欧内斯特·博伊德、詹姆斯·布兰奇·坎培尔（James Branch Cabell）、西奥多·德莱塞和奥尼尔——这个期刊的工作基本是由内森一个人来做的。奥尼尔尝试了几次，想写一篇文章，都没有成功（“我对该刊的发行热情很高，不能投寄卑劣不成熟之作”），他就写了一篇有关面具的文章（“唯一能激起我兴趣的话题”），该文将分章节刊登在该期刊的前三期上。

早在1913和1914年，当奥尼尔刚开始从事戏剧创作时，他就曾对新伦敦的朋友们说，“人人都戴着面具”，意思是说，他打算在他的作品中撕掉伪装。如今，上了年纪，更显睿智，他却弄不清哪一个是面具，哪一个是脸了，他觉得人人都戴着“成千上万个面具”。他在面具中——或者说，在面具这一说法中——发现了人类处境多变的象征。他在刊登在《美国观察家》的那篇文章中写道：“一个人的外部生活受他人面具的缠绕，在孤独中度过；一个人的内部生活被自身的各种面具所追逐，在孤寂中消磨。”

奥尼尔力主大规模使用面具这种手段，他认为面具很好地解决了现代剧作家们的“问题，即他如何——用最大可能的戏剧清晰性和戏剧手段的经济性——才能表达出心理学研究持续揭露的隐藏在大脑中那些深刻的冲突……归根结底，对人类原因和结果的新的心理学观点就是对面具的研究，脱去面具的一种练习？”……

“为什么未来不在所有经典戏剧复排时都使用面具呢？例如，《哈姆雷特》。面具，作为唯一的‘明星手段’，将会把这个剧本从其目前受限的情况下解放出来。我们将能够观看我们现在只适合阅读的那些剧作，产生对哈姆雷特的认同感，他是我们每一个人身上命运的象征性反应，而不再只是看到一个大明星在表演他扮演的角色。”

促使奥尼尔创作《无穷的岁月》的宗教冲动在这篇文章中很明显。奥尼尔提倡“非现实主义的、富于想象力的剧场”。他说，他意在“真正的剧场，古老的剧场，古希腊和伊丽莎白时期的剧场，真正有值得夸耀之处的剧场——不是闹剧似的冒犯圣灵——第一座源自……（人类）对狄俄尼索斯膜拜的剧场的真正后裔；我的意思是说，一座恢复其最高和唯一圣殿功能的剧场，给被日常生活弄得心力交瘁而精神上充满渴望的人们进行充满诗意的宗教解读以及对人生具有象征意蕴的歌颂，每天为生活而抗争是活着的人的面具”。

九月上旬，奥尼尔已经完成了《无穷的岁月》的第三稿，令他感到欣喜而惊奇的是，一天早晨醒来的时候他突然“脑子里有一个完整的”新戏，这个剧本他以前从来没有考虑过，也就是说，没有有意地去想过。他这次甚至连剧名都有了——《啊，荒野！》（*Ah, Wilderness!*），来自《鲁拜集》（*Rubáiyát*）中一个短语的变体。以前在《榆树下的欲望》一剧上也曾有过这种情况，剧作家梦到了一个完整的剧本，但是当时他的想象力被西德尼·霍华德的《知己知彼》给调动起来了。当时那个故事的想法不太明晰。奥尼尔将《无穷的岁月》先放到了一边，匆匆写好了故事梗概就立刻动手开始创作《啊，荒野！》，文字“完全是汩汩而出”。九月还没有过去，他就完成了对昔日一个英格兰小镇上激情而又幽默生活的刻画。

也许《啊，荒野！》最令人震惊的地方不是创作了《悲悼三部曲》《榆树下的欲望》和《毛猿》这些忧郁低沉的剧本的剧作家创作出了一部喜剧（他的第一部也是最后一部），而是他从创作悲剧的同样人物和素材中提炼出了喜剧的东西。剧中再次出现了一个和父母矛盾不断、敏感、充满悔意、喜欢喝酒、一事无成的老姑娘；令人好奇的是，考虑到这个剧本的愉快气氛，她成了迄今为止剧作家塑造的最真实的妓女形象。除了她和其他几个次要人物，我们熟悉的奥尼尔的人物都得到了极富幽默的表现。

奥尼尔否认《啊，荒野！》具有自传性。他说，这个剧本“在某种程度上是说出来的欲望；我渴望的童年就是那个样子”。尽管如此，他的话并不能改变他本人非常清楚的事实，那就是，这个剧本和他本人的历史息息相关。为了找到把斯温伯恩和王尔德永远挂在嘴上的17岁的理查德・米勒（Richard Miller）的主要原型，这个人物在革命性的时刻，还会提到萧伯纳，只需要看看作者本人就可以了。在锡德（Sid）叔叔这个喜欢喝酒和插诨打科的影子里站着皮肤黝黑、经历复杂的杰米・奥尼尔，他故意饮酒过量而死。莉莉（Lily）这位上了年纪的未婚姑妈的原型主要是贝茜・谢里丹（Bessie Sheridan），一位上了年纪的未婚女教师，也是剧作家最喜欢的一位姑表亲。

剧中虚构的父母的原型是剧作家在他的家庭之外找到的。母亲埃西・米勒（Essie Miller）主要是基于伊夫琳・艾塞克斯（“埃西”，Essie）・麦金利（Evelyn Essex McGinley），她的儿子阿瑟（Arthur McGinley）、汤姆（Tom McGinley）、温特（Wint McGinley）和劳伦斯（Lawrence McGinley）（他们的名字，而非其性格，在剧中出现了）都是奥尼尔的好朋友。最后，为了向他们关系好如父子的人表示敬意，剧作家将报业主纳特・米勒（Nat Miller）的原型主要放在了弗雷德・拉蒂默（Fred Latimer）身上，他是新伦敦的一位编辑，他在刚当记者的尤金・奥尼尔的身上发现了“很高的天分”。除了这位编辑个头较矮外，他和剧中对那位父亲的描述非常像：“又高又瘦、皮肤黝黑……不端正，没有什么出众之处，但他那对漂亮的眼睛既敏锐又富有幽默感。”拉蒂默、纳特・米勒——作者小心翼翼地让他们的名字非常相似。

由于这一次奥尼尔既没有在空中搅起风暴，也没有向下探究，纵然不会低估《啊，荒野！》，也极易发生误判；但是，无论从其本身，还是对未来作品的预示，这部作品都是一部经典。这部喜剧不是他作品中的一部反常作品，其基础仍是剧作家对家庭生活和他本人过去题材的痴迷，这两样东西是他写出精品的基石。尽管这部新作的基调轻松，但它却包含了《进入黑夜的漫长旅程》中的某些时刻。锡德叔叔在七月四日的野炊上喝多了，醉醺醺地回到家，他找的借口是酒是“一个好人身上的缺点”——《进入黑夜的漫长旅程》中詹姆斯·蒂龙也会使用同样的借口。玛丽·蒂龙会把莉莉的话用在杰米身上，莉莉姑妈说起锡德叔叔时说，他“不负责任，不是故意要伤害谁，而是身不由己地给他人带来了伤害”。

除了年轻的米勒和他紧张得发抖的15岁心上人令人不悦的月光和玫瑰那一幕外（这对少男少女之间短暂的爱情是对奥尼尔在新伦敦时和麦蓓尔·斯科特之间那段恋情的温柔戏弄，当时奥尼尔24岁，麦蓓尔·斯科特18岁），尽管剧中的人物理想化了，这个剧本仍具有持久的魅力，也令人信服。1941年，路易斯·克罗恩伯格（Louis Kronenberger）说：“米勒一家的亲切和优雅非常逼真，他们身上除了德行也有一些局限性。这些人——不同年龄——有教养，保守，没有上进心，都在守护着他们的现状，都是伟大的感情和发现的敌人。因此，为了模糊事实，奥尼尔让《啊，荒野！》具有了某种幻想性质，某种感情旅行——这就是为什么这个剧本显得不起眼，这也是为什么这个剧本看起来不虚假的原因。”

为了防止感情过于强烈，剧作家时不时地在其中加入了幽默，赋予了作品现实主义意味和准确的观察。例如，在进到大厅的时候，莉莉姑妈“不好意思地走到直背椅子那儿……而把舒服的椅子留给了其他人”。原因是莉莉姑妈在此住在哥哥家，只需要为她的食宿出一点钱。当纳特·米勒发现理查德头一天晚上和一个妓女在一起喝酒时，他担心这孩子可能与她上床了。锡德叔叔说：“我希望你弄错了，那种人对像狄克这样的孩子来说是危险的。”此刻，两个人担心这孩子会染上性病，很显然，尽管剧本用怀旧的手法柔化了事实，它真的和现实世界有关系。

剧作家这一次很放松，他没有刻意追求诗意，也没有试图表达不可言喻的东西或者为狂暴的感情找到耸人听闻的措辞，他使用的是新鲜而通俗的语言。在剧中一处最精彩的地方，当尴尬得发呆的米勒努力想用一对一的方法与儿子谈论“某些身体的欲望”时，剧本马上显得很好笑，同时也很感人。正如剧作家所说，《啊，荒野！》演绎了他所“渴望的童年就是那个样子”。他像理查德那么大的时候，在他哥哥的诱导下，就对妓女和妓院并不陌生。

有好几个月，在奥尼尔让卡洛塔把剧本送给萨克斯·康明斯打印之前，只有卡洛塔一个人知道《啊，荒野！》的事情。她给萨克斯写信说：“这是一部金以前从来没有写过的剧本……一定要严格再严格地保密——将来可以”用笔名“来演出。”

奥尼尔又把卡洛塔的信引申了一下，他对萨克斯说他“对创作这个剧本感到非常满意——我非常喜欢这个剧本——非常喜欢，我不知道我是否会屈尊把它搬上舞台或者是出版；对于我来说，它承载着对已逝青春的美丽幻想，对遗憾的沉思，以及对已经过去的人和事的深刻而痛苦的记忆——但对那些仍在世的人来说，则是令人愉悦的记忆”……

“萨克斯，这件事一定要对所有其他人保密！千万别让任何人知道——虽然你手里有了剧本！”

在收到萨克斯热情洋溢的回信后，奥尼尔回信说，他“怀疑其他人是否会产生和我在剧中同样的感觉……这是一个非常简单的小剧本……它全部的重要性和现实性就在于它传达了一种记忆，它恰如其分地将满怀渴望的微笑和如鲠在喉的感情融合在了一起，给人带来了启迪”……

“但是你笑了吗？……你喜欢剧中的爸爸妈妈和其他人吗？在我看来，他们都是好人。很讨人喜欢！我希望在他人看来他们亦是如此，这是事实。在美国，有无数的这类人。除非生活将我们带离了轨道，我们再也见不到或认识他们，仍然会有这类人……但是，如果美国摆脱了目前一团糟的局面，朝着恢复过去的正直和独特发展，我认为美国将会感激这些人身上最基本、简单的朴素与庄重……我的意思是说，我相信，作为创立一种新的美国信仰的基础，这种东西依然存在。”

由于他不想将《啊，荒野！》搬上舞台，《无穷的岁月》也遇到了一些麻烦，奥尼尔在1932—1933演出季将没有新作上演以缓解经济状况。十月，他向萨克斯抱怨说，利夫莱特没有按时支付给他六个月的版税，在此之前他还曾对理查德·J. 马登说，他不赞成《悲悼三部曲》在伦敦演出，除非接到"大笔预付款"。他说，他已经"发誓不再免费把剧本送给英国人"，他又接着说，如果"以演基督山伯爵而闻名遐迩的詹姆斯·奥尼尔听说我让可恶的英国人休了一点假，他就会从坟墓里出来，用李木手杖揍我一顿！哎呀，他不喜欢他们"！

随着大萧条越来越严重，他收到了一些老朋友的求助来信。1932年10月10日，他在给阿特·麦金利的回信中说："随信奉上的已经是我最大的能力了。我自己的经济也很紧张，和大家一样，我的投资也遭受了严重损失——没有一分钱了。去年《悲悼三部曲》的全部收入都投在我们建造的这栋房屋上了……我要支付高额的赡养费，还有四个孩子要上学，整整一年没有上演一部新戏。我不是向你哭穷。只是想直白地解释一下。我真想拉你一把……是这样，为了皮特，还继续做原来那个工作吧！有一样谋生手段的人当今不亚于一个百万富翁。真是困难时期啊，不是吗？"

他对拒绝乔治·泰勒的请求深表歉意，他说，如果刚刚发行的电影《奇异的插曲》证明非常成功，那么这一成功就会推动好莱坞购买他其他的剧本，这样他将来就可以帮助他。但是，他对此感到悲观，因为他只卖给电影公司一部《奇异的插曲》（1931年的剽窃案后不久，在收到的37,500美元购买款中，剧作家得到了一半），《安娜·克里斯蒂》和另一部"已经被遗忘的独幕剧，我一分都没有得到……他们都害怕触碰我的作品"。

《悲悼三部曲》由好莱坞有"儿童天才"之称，米高梅电影公司（MGM）的欧文·塔尔贝格（Irving Thalberg）执导，被拍成了电影，虽然演员是以瑙玛·希拉（Norma Shearer，塔尔贝格夫人）和新星克拉克·盖博（Clark Gable）为首的明星阵容，但是电影的成功却不温不火。奥尼尔看了这部电影，认为塔尔贝格让他的妻子演尼娜·利兹是个错误，然而他"却对他们所做的事情丝毫不在乎”。正像他说的那样，“除了钱，电影对我来说并不存在，他们不做什么也好，或者做什么也好，对作为一个剧作家的我的作品来说都不重要”。

他提到的那部“被遗忘的”剧本是《不顾一切》（*Recklessness*），是《渴》那卷剧本集中的一部（据我所知，这是该书中最糟糕的一部，是其创作的低谷），一家小影音工作室于1932年花5,000美元购买了该剧。该影音工作室接下来对这部剧作进行了大刀阔斧的修改，剧名等一切都动了，拍成了一部电影，名称为《忠诚女郎》（*The Constant Woman*），完全成了另一个故事，宣传时说电影是基于奥尼尔的剧作。一位记者给他来信说，“最可笑的是学究式的评论者们搜肠刮肚地试图找出你和他们在影片中看到的……堕胎之间的联系”。

利夫莱特的公司正遇上资金问题，尽管版税很低，还是非常高兴谈成了一单生意，每月读书会（Book-of-the Month Club）将把奥尼尔的剧本集作为福利送给其会员。读书会打算邀请乔治·吉恩·内森挑选奥尼尔的九部剧作，让约瑟夫·伍德·克鲁奇写前言。奥尼尔将自己的立场向萨克斯·康明斯讲了，他说希望该部作品集“能让每个人看出我作品里重要的倾向，老实跟你说，我不想把选择剧本的任务交给内森……我无论如何都不相信，或者说曾经相信，他能绝对可靠地对我的作品做出评判，或者对我作品内在的精神倾向有全面的把握；他有很多（他坦率地承认）盲区；他完全不理解具有宗教感情的所有剧作（他因为其他原因而喜欢《大神布朗》）和涉及社会革命意味的剧作；他喜欢《泉》和《黄金》！——却瞧不起《拉撒路笑了》，完全不理解我在《发电机》中的用意，认为《毛猿》和《难舍难分》中含有激进的宣传……认为《榆树下的欲望》（奥尼尔也许指的是《难舍难分》。——作者按）是对斯特林堡的模仿；对内森在我剧作中解读出来的意思以及赞扬，我无言以对，感到既可气又可笑”。

“不要把这看作是对内森的批评或者对他给我制造的争端缺乏感恩之心。我说的只是他的批评，在我和他的争论中，我常常提到这一点。”

每月读书会想在剧本集中收录《安娜·克里斯蒂》，但遭到了奥尼尔的坚决反对，因为大家一般认为他给这个剧本安排了一个快乐的结尾，而他不喜欢大家的这一看法。这个剧本集的书名是《九个剧本》，书中收录了《琼斯皇》《上帝的儿女都有翅膀》《榆树下的欲望》《马可百万》《大神布朗》《拉撒路笑了》《奇异的插曲》和《悲悼三部曲》。

1932年整个秋季，他都在进行《无穷的岁月》的创作，但绝大部分时间创作并不顺利。11月5日，他向巴雷特·克拉克大倒苦水，“我的脑袋都要炸了”。他没有泄露这部新戏的性质，他叹了一口气说，其“主题很难清晰地表达；哦，为了过去那些美好的日子，我那时候满足于头脑简单或者头脑朦胧神秘——如今，我的目的是做到清晰的心理性和神秘的清晰性，等等；一种不屈不挠的抱负”！

1932年的最后几周，奥尼尔在超负荷工作；十一月底，完成第四稿（第一次完整的作品）后，他通读了一遍，觉得不太满意，就加倍努力要让剧本像个样子。卡洛塔在圣诞假期期间给康明斯写信说：“我要强迫金休息。他彻底累垮了……工作在照看这个孩子。”

奥尼尔彻底丧失了信心，而且平生第一次患上了“神经性消化不良”，1933年一开始，他就把《无穷的岁月》放在了一边，想过一两年再写，转而写另一个剧本；但就在几周之内，他又开始接着写《无穷的岁月》了。3月6日，他对罗伯特·西斯克说：“我本想把它放一放，暂不去想它，甚至完全放弃，但我总是惦记着它。”

尽管他认为《无穷的岁月》与《发电机》有关系，但这一剧作更像《难舍难分》和《大神布朗》两个剧本的融合；像《大神布朗》中的迪昂·安东尼一样，作者再一次让《无穷的岁月》中的主人公成为了一个性格分裂的人，在精神上存在着与自我的斗争。“人生下来性格就是分裂的”，迪昂的这句话成了《无穷的岁月》的完美宣言。“他通过缝缝补补生活。上帝的荣光是黏合剂！”

实际上，奥尼尔决定写要《无穷的岁月》是受到了他回到美国后不久读到的一本书的激励，该书称赞《大神布朗》是奥尼尔最优秀的作品，并认为如果奥尼尔能够再次表达这样的观点，他就一定会实现“作为一位真正的悲剧诗人的终极解放”。该书的名称是《我们变化中的剧场》（*Our Changing Theater*），作者是理查德·丹纳·斯金纳（Richard Dana Skinner），他是天主教期刊《公益》（*Commonweal*）的评论员。斯金纳声称，《大神布朗》中“具有精神洞见、虔诚的信仰以及对眼泪的神秘谷的理解这些高潮”，在该剧中，剧作家最后“逐渐洞悉了世俗苦难的意义；也许这些年来没有谁能像奥尼尔那样强烈地感受到痛苦。这让他真的很着迷……但是直到他创作《大神布朗》，他才透过人生的灾难看到了可能的救赎……在该剧中，他告诉我们天堂永久的笑声源自尘世的泪水……人应该做尘世永远的朝圣者……像上帝那样的朝圣者”！

虽然这位天主教评论家过于强调了《大神布朗》中的天主教思想的调子及作者对此所持的肯定态度，他的话还是触动了奥尼尔。奥尼尔本人很看好《大神布朗》，他最大的理想就是成为“一位真正的悲剧诗人”，但首先他渴望获得救赎，渴望人生的意义。但是，不管他受到多么大的诱惑想重新信奉天主教，他更想置身其外，用来自远方的祈祷声和他尚不知道的对宁静的愿景来惩罚自己。也许他无意之中让自己受到了这些诱惑，结果让自己遭受了折磨；他怀有深深的自责之情，并因此而憎恨自己，为了“生来就有的”罪恶，他好像（就像莱维妮亚说到孟南家那样）要义无反顾地惩罚自己，而且常常达到痴迷的程度。

奥尼尔努力想克服其阴郁的冲动，用正面的措辞说出来就是，想实现改变，这可以在他《大神布朗》的几个修改版本中看得出来，尤其是结尾部分。在第一稿中，主人公自杀了；在接下来的修改稿中，主人公不承认耶稣是上帝的儿子，把他当作了苦难人生的象征；而在另一个版本中，当主人公的妻子去世时，他对上帝进行了诅咒；在第五稿中（第二个完整版本），奥尼尔从他刊登在《美国观察家》上的那篇有关面具的文章获得了启示，把主人公一分为二，变成了两个人。文章说：“歌德的《浮士德》（*Faust*），从心理学层面讲，在所有经典作品中应该是离我们最近的。在演这个戏的时候，我想让靡菲斯特费勒斯戴上浮士德的靡菲斯特费勒斯面具。因为对我们这个时代来说，歌德揭示的全部真理不就是靡菲斯特费勒斯和浮士德是一个人或者说完全一样——是浮士德吗？”

“约翰”代表了《无穷的岁月》中与那个浮士德式的主人公完全相反的一面，渴望相信，渴望获得救赎，而他却有一个具有讽刺意义的名字“洛文（Loving，爱的意思。——译者注）”，他是一个愤世嫉俗的无政府主义者，想把对方毁灭掉。洛文，剧中这个戴着面具的人物（他戴着已经死亡的约翰的死亡面具，嘴唇上带着嘲讽），对于约翰和观众来说是可见的；他讲话的时候，其他人会把他的声音当成是约翰的。从某个角度看，《无穷的岁月》中使用了将思想活动讲出来让人听到的技法，洛文就是这种技法的邪恶的具象化的体现，他说出了“约翰·洛文”身上约翰担心并不敢表达的一面。从自传的角度看，他也可以被看作是作者的哥哥杰米（在《进入黑夜的漫长旅程》中，杰米被描述为戴着“一张靡菲斯特费勒斯面具”）的邪恶的翻版。由于剧本的中心内容是约翰是否能重新信仰天主教或者屈从于洛文的恶行，因此该剧主要讲述的是一位具有两面性的主人公相互矛盾的两个自我之间的论争。

在论争中还有第三种声音的存在，那就是约翰那个曾当过园艺工的叔叔，贝尔德神父，他试图实现约翰宗教信仰的皈依。在某种程度上，贝尔德就是詹姆斯·奥尼尔的理想化形象（但是，正如剧作家常常把爱尔兰人刻画成具有沙文主义风格的父亲形象一样，对他来说，他虔诚的母亲代表了天主教）。奥尼尔正在创作《无穷的岁月》时，收到了新伦敦一位老朋友的来信，这位朋友回想到奥尼尔和父亲之间的过结。来信触碰到了他的痛处，他回信说：“父亲去世前的那年冬天，我们父子就是好朋友了，彼此理解对方。但是在你提到的那些日子里，我私下对他怀有怨恨——忍不住去想他没有给我那些东西而且还一直笑。”在《无穷的岁月》中，奥尼尔让约翰对他的叔叔说：“在过去的日子里，你真的没有对我不公……回想起来，我吃惊地发现，你竟然对我这样公平。”

这部新剧在很多方面具有自传性质，讲述了一位虔诚的天主教徒的儿子约翰15岁时脱离天主教的故事，尽管他祈祷并发誓终生献身于“虔诚和善行”，那一年他的父母还是相继去世了，先是父亲，而后是母亲。不要忘了，奥尼尔在快要15岁时听说了母亲吸毒的事情，然后就马上背信了天主教。这个剧本意味着在某种程度上，对于奥尼尔来说，上帝和母亲都已经死了，因为他都不再相信他们了。

与奥尼尔在精神上的无家可归一样，约翰除了曾游弋于其他世俗思想之外，他先后投入到了社会主义思想和尼采学说的怀抱；但是，在他爱上埃尔莎之前，他找不到什么来代替上帝，埃尔莎是个不折不扣的理想主义者，对丈夫非常忠贞，两人亲密无间。对他们来说，婚姻中的爱就是上帝。奥尼尔在《难舍难分》中将他和艾格尼丝的关系戏剧化了，《无穷的岁月》展现了他与卡洛塔感情的一角。在剧中，埃尔莎回忆说，约翰曾说：“纵然世上其他的婚姻都变得堕落或者成为谎言，我们彼此的爱将会使我们的婚姻变成真正的圣餐。”1934年，奥尼尔引述了这句话，并把它写在了送给卡洛塔的一本《无穷的岁月》上，他还写道：“我们的婚姻是一个幸福的婚姻！”

《无穷的岁月》和《难舍难分》不仅是基于剧作家个人的经历对婚姻所做的剖析，这部新剧还成了《难舍难分》具有讽刺意义的一个结束语。这个剧本在某种程度上演绎了那个古老的谚语，唯一比没有得到你想得到的更糟糕的是你得到了。《难舍难分》中迈克尔·凯普与妻子不和，抱怨命运多舛，因为她不愿与丈夫同心同力；而在约翰实现了与妻子的幸福结合后，反而感受到了煎熬，因为他身上有种东西（他通过洛文的口说，“也许，在我的灵魂中，我讨厌爱情”！）让他因为通奸而把婚姻置于了危险的境地。埃尔莎对一位朋友说，如果约翰对她不忠，那就会“永远杀死我对生活、真理、美和爱的所有信仰！我不想活了”！

正像她所说的那样，在约翰间接承认了他的罪过之后，埃尔莎患上了肺病（有意思的是，约翰的母亲死于同样的疾病），这等同于她的自杀；然而，埃尔莎及时宽恕了她的丈夫，燃起了生活的意愿，身体也随之开始康复。她突然改变了主意的背后，神秘的直觉在起作用。在她经受身体的危机时，约翰的精神危机达到了顶点，他跪在附近教堂中一座十字架前，思想在怀疑和信仰之间摇摆。几乎在埃尔莎病情好转的同时，约翰重新恢复了对耶稣的信仰。洛文遭受了致命的打击，瘫倒在地板上，身体呈现出一个十字架的形状；冉冉升起的太阳通过教堂镶嵌着彩色玻璃的窗户照进教堂，投射进多彩的阳光；贝尔德神父冲进了教堂，带来了有关埃尔莎的好消息；约翰·洛文变成了一个身心统一、融洽的人，感慨道："有了上帝的爱，生活再次露出了笑脸！生活满怀着爱在微笑！"

还有其他的重要剧作家写过构思如此寻常或者顿悟如此微弱的剧本吗？为了写这个剧本，奥尼尔必须违背他某些强烈的感情和某些坚定的信念。事实表明，奥尼尔很久以来反对给剧本安排一个喜剧性的结尾（在他最初具有浮士德风格的那个版本中，埃尔莎死了），1933年的绝大部分时间，他都在对剧本进行修改，在修改了几稿之后，他做出了让步。而最终在剧本被搬上舞台后，他很遗憾地认为剧本结尾自己看起来也很假，他想对最后的一两场做出修改；然而他却没有心思将其付诸实施。这个剧本已经让他受够了，他就让剧本在"哈利路亚"的合唱中保留了亨德尔式的结尾。

《无穷的岁月》在本质上是作者驱魔的尝试，因此该剧对奥尼尔来说非常重要，当他对剧本感到泄气的时候，他却欲罢不能。在这个剧本中，他不仅解决了他和父母之间关于宗教的长期争论，而且仿佛还与他内心深处隐秘的一面，以及藏在心底的对卡洛塔的矛盾感情达成了妥协。尽管他非常需要她，尽管卡洛塔给他带来了安全感，她就是终极目的（在一次生日祝辞中，他把她对他的爱称作"这个陌生人在地球上唯一的家园！"），仍有迹象表明，在他对卡洛塔的付出进行回报的同时，他身上隐秘的一面是憎恨她的，并对自己对她的依赖心生怨恨。如果认为《无穷的岁月》具有很强的自传性，剧中的女主人公等同于卡洛塔的话，那么在奥尼尔早年给该剧写的笔记中可以找到奥尼尔对卡洛塔感情的一些线索。在《无穷的岁月》的那个版本中，埃尔莎死了，她的丈夫在圣母玛利亚像前自杀了。笔记这样写道："崇拜母亲，受到压抑而显得病态，结束时是死亡之爱和渴望——因此，圣母与圣婴像，将（主人公的）母亲和埃尔莎认同为圣母，将他本人认同为圣子，渴望通过大地母神与她们相聚，这是他自杀的真正原因……而与此同时，他对母亲由来已久的怨恨，以及对作为母亲替身（没有信仰）的埃尔莎的怨恨，使他没有向天主教屈从。"

很显然，虽然剧作家的父亲和哥哥的形象和其母亲的形象比较起来，在《无穷的岁月》的最终版本中十分抢眼，但是当剧作家构思这个剧本时，在他大脑中出现最多的还是埃拉·奥尼尔。

在《无穷的岁月》中，约翰总在为洛文的怨言进行道歉，剧本也在极力使洛文的话不那么刺耳，这在某种程度上成为《进入黑夜的漫长旅程》的前兆，在《进入黑夜的漫长旅程》中蒂龙一家人游走于攻击和道歉、攻击和收回攻击的话之间。在《无穷的岁月》一开始，洛文奚落他的两面性："害怕直面你自己的鬼魂？"对此约翰回应道："这是很危险的——去召唤鬼魂。"在创作《进入黑夜的漫长旅程》时，奥尼尔终于鼓足了勇气"去召唤鬼魂"，将在《无穷的岁月》中以各种伪装出现的家族的鬼魂暴露在阳光下，并去直面他们。他对面具情有独钟，洛文在《无穷的岁月》中是个戴面具的人物，这是他最后一次使用面具技巧；这个剧作家儿子的身上一种决定性的冲动使他创作时更加直白，更加无遮无拦。

# 第二十一章　有争议的剧本

奥尼尔夫妇好几个月为经济感到不安，1933年春，他们得到了一笔意外之财，约翰·克利姆斯基（John Krimsky）、克利福德·科克伦（Clifford Cochran）这两位新电影制片商以三万美元的价格购买了《琼斯皇》；由于演过这部剧作的普罗文斯敦剧团已经不存在了，所有购买款项便归剧作家一人所有了。他最初对这部电影充满了希望，因为电影邀请了保罗·罗伯逊扮演自己原来的角色，百老汇著名演员达德利·迪格斯扮演斯密泽斯，电影脚本的作者是杜博斯·海沃德，他曾创作过《波吉》，他来海岛参加一个短篇小说会议，奥尼尔对他的印象很好。其他人对海沃德的电影脚本进行了修改，使之更加亮丽、有趣，最终拍出来的电影是一种折中，既非艺术片，又非商业片。奥尼尔说："我不会感到哀伤。我得到了钱。"

奥尼尔的这部电影虽然带给他的收入不多（演一场80美元），但当由路易斯·格林贝格（Louis Gruenberg）改编的具有歌剧风格的《琼斯皇》在纽约上演的时候，奥尼尔获得了更大的赞扬。大家一致认为，后者的成功更多得益于剧作家的原作而非改编者的工作。因为该歌剧而出名的劳伦斯·蒂伯特（Lawrence Tibbett）也同样受到了大家的高度赞扬，然而这位扮演斯密泽斯的德裔男高音并没有全完展现出这一人物的性格；奥尼尔甚至听说他的一句台词是这样念的："我正在忘记银弹的事情。"

四月上旬，当剧作家仍在努力进行《无穷的岁月》的创作时，他从萨克斯·康明斯那里听说他的出版商濒临破产。自从霍勒斯·利夫莱特被迫离开他自己的公司，在将近三年时间里，阿瑟·佩尔通过降低员工的工资和其他的削骨刮髓的节约手段避开了破产这一天的到来；但是，利夫莱特任性的领导所带来的弊端，又加上大萧条的影响，发挥作用了。

霍勒斯本人虽然已经破产和无所适从（尽管他仍将宏大的计划挂在嘴上），他还是常常在原先属于他的这个出版社到处晃荡，终于有一天佩尔反对他在这里出现。他的声音满屋都可以听到，他说："霍勒斯，我觉得你最好不要再来了。这样对业务不利。"霍勒斯以往几乎是在单枪匹马地与审查员和州立法者周旋，而其他的出版商害怕顶撞这些人，这一次他却一言不发地离开了。几个月后，利夫莱特这个表演者、装模作样的人、赌徒和花花公子，在宣传新思想方面比20世纪20年代任何一个出版商所做的努力都大——他推出的作者有弗洛伊德、艾略特、庞德、奥尼尔、福克纳、海明威——却死于肺病，时年46岁。在六年的时间内，他出版了七个人的作品，而他们相继都获得了诺贝尔奖；还有一个月，有六本畅销书都是利夫莱特出版的。据说，他留下的财产是500美元。

萨克斯·康明斯缺乏自信，但没有私心，很容易受其他人思想的影响和受他人的利用，但当朋友的利益受到威胁时他表现得很勇敢。他担心在奥尼尔收到最新的版税前利夫莱特会破产，他就给佩尔以及其他的主要持股人下了最后通牒：除非他在24小时内拿到支付给剧作家所有款项的有保证的支票，他将通知媒体奥尼尔打算更换出版商了。佩尔做出了让步。几天后，萨克斯就带着支付给奥尼尔的支票踏上了南下的道路，奥尼尔一直盼他来海岛做客。

这不是萨克斯第一次为保护朋友的经济利益两肋插刀。一年前，萨克斯告诉奥尼尔出版社近况不佳，奥尼尔就让佩尔签署了一份协议，如果利夫莱特破产了，该公司与他签署的所有关于他作品的协议将失效，作品所有的权力将收归著作人所有。萨克斯在佐治亚州探访奥尼尔期间，他们还就奥尼尔的下一个出版商达成了一些意向。在其他的意向中还有，奥尼尔应得20%的纯版税收入（在利夫莱特公司，他的版税收入是17.5%，比例已经相当高了）以及合同签署时一万美元的预付款。

1933年春，利夫莱特公司破产的消息一出，很多出版商就直接或通过其经纪人理查德·J. 马登找到了奥尼尔。在经过沟通交流之后，奥尼尔就让科沃德-麦卡恩出版社（Coward-McCann）的托马斯·R. 科沃德（Thomas R. Coward）来到了海岛，并在此待了一晚。他和蔼可亲，具有格罗顿（Groton）、耶鲁毕业生和壁球运动员的绅士风度，很讨奥尼尔夫妇的喜欢，但是奥尼尔夫妇此后收到的图书清单却令他们颇感失望。

与此同时，奥尼尔通过其经纪人还有一个更好的选择，那就是兰登书屋的贝内特·瑟夫（Bennett Cerf），尽管想到一大帮出版商在他家走马灯似地等着见他，他还是接见了他，尽管时间不长。瑟夫认为，剧作家身上具有“我所见到的所有人身上都有的自然的尊严；我性格急躁，从来不让一个人讲完他说的话，但是我从来没有打断奥尼尔的讲话，虽然他讲话速度慢，非常慢——词和词之间有很长时间的停顿”。

贝内特·瑟夫以前是利夫莱特公司的副总（霍勒斯经常资金不足，他常常将公司副总的职位出售给热心出版事业的富有年轻人），于1925年离开利夫莱特公司，带走了公司最有价值的资产——现代图书馆出版社（Modern Library），他购买该出版社的费用是235,000美元。这是利夫莱特的致命错误。尽管他生活奢侈，剧院投资也没有盈利，在华尔街遭受了重大损失，他还是经受住了所有这一切和大萧条的打击，也许是因为他有现代图书馆出版社的缘故，该出版社的经典书目和称得上经典的书目定价合理，从一开始销路就很好（近年来，其毛收入每年超过300万美元）。在贝内特·瑟夫接手现代图书馆出版社后不久，他与唐纳德·S. 克洛普弗（Donald S. Klopfer）联手，还一起组建了兰登书屋（Random House），出版价格高的限量版图书。如今，两人有一段时间考虑着要扩展业务，发行一些新书，因此奥尼尔对他们来说不仅作为畅销作家具有吸引力，而且其剧作，就是那些在舞台上不成功的剧作，只要印刷出版就可以盈利。例如，所有评论家都不看好的《发电机》却卖了17,000册——用奥尼尔的话说，"是一般小说销售量的三倍"！

6月5日，奥尼尔对萨克斯说，他觉得他和科沃德或者瑟夫的合作"不会不愉快"，他认为这位来自兰登书屋的要员"更有能力……（他）喜欢精美图书，欣赏上乘的文学作品，有沿着坦途扩展业务的……雄心"。卡洛塔于5月30日向萨克斯谈了他对瑟夫的印象，她说，瑟夫"是位非常聪明的生意人；他孩子般热情的外表和无忧无虑的作风使他非常幸运……别以为我不喜欢瑟夫——我喜欢他——然而他有点像奥尼尔纽约的那些朋友们——［多萝西·帕克（Dorothy Parker）、沃尔科特和《纽约客》杂志的罗斯］"。

奥尼尔所签协议的一个重要条款是，他的新出版商必须按照合同规定给萨克斯提供一份工作，自从1929年从欧洲归国后他的经济情况就不太好；如今他有两个孩子要养活，他的处境更加艰难。奥尼尔决定，"不要让萨克斯因利夫莱特公司的糟糕情况而失业无助"。兰登书屋完全符合他的条件，他之所以选择兰登书屋，是因为他觉得它对他本人和他的朋友都有利。他对萨克斯说，"和瑟夫签约，毫无疑问，需要你贡献出你自己的真实想象以及对真正作品的判断，你在这两个方面曾非常称职"。萨克斯非常称职，他很快就成了兰登书屋的编辑主任，是该领域最有名的两三个人之一；这些著名的作家，如奥登（Auden）、福克纳、辛克莱·刘易斯、约翰·奥哈拉（John O'Hara），还有奥尼尔，都从他的编辑工作中受益良多。几十年后，瑟夫说，康明斯"对我们来说甚至比奥尼尔还要重要"，而他的合伙人克洛普弗的说法有过之而无不及，称萨克斯是"两个人中最有价值的一个"。

1933年6月，奥尼尔再次阅读了《啊，荒野！》，几个月来他第一次觉得该剧是一部像"欧文·戴维斯（Owen Davis）的作品那样糟糕的作品"。

由于他整个心思都在《无穷的岁月》上，对《啊，荒野！》这部作品感到不满意。同仁剧院的演出季不温不火，非常希望在秋季的演出季上演奥尼尔的一部新戏，但奥尼尔不敢确保他到时候能够写好一部新戏。他暂时停止了《无穷的岁月》的创作，花了两星期的时间对《啊，荒野！》进行了删改（剧本的第一稿非常好，其实根本没有必要重写），然后把剧本送给康明斯尽快重新打印；他想送给很快就要来海岛的内森一本。内森到来后，盛赞该剧堪称奥尼尔所写过"最好的剧本之一"，而认为《无穷的岁月》是奥尼尔一部不成功的作品，他是在佐治亚州读的这个剧本。

奥尼尔并没有因内森对《无穷的岁月》不看好而受到影响，因为内森不太喜欢具有宗教性质的作品；奥尼尔把他最新版本的《无穷的岁月》送给康明斯打印，康明斯对剧本的新结尾和奥尼尔的看法并不一致，这让奥尼尔和卡洛塔感到有些担心。卡洛塔回信说："我们发现你是从错误的角度看待这个剧本的结尾的，金和我几乎大吃一惊。让埃尔莎复活和天主教或者祈祷根本没有关系——是她对丈夫伟大的爱（"爱"被强调了七次）让她复活了！"

"通过对丈夫的爱，她感觉到丈夫有危险，是爱（强调了四次）给了她复活和为丈夫而活的勇气——我们相信没有人能够理解这一点——你并不理解！"

奥尼尔更加关注的是，大家认为这个剧本预示着他对圣母的回归。他向罗伯特·西斯克预言道："已经有太多关于这个剧本的议论、误解、立场选择，还有人试图在剧中人物身上找出作家的影子，很快就会有关于这个话题的讨论！想到这，我烦得要死！"

在同仁剧院接受了《啊，荒野！》和《无穷的岁月》后——后者引起的热情并不高——主要问题是两个剧本的演出顺序问题。奥尼尔觉得《无穷的岁月》会引起争议和"非常严厉的批评"，他倾向于先演喜剧《啊，荒野！》，但他还是担心出现同样的问题，于是他在两个因素之间权衡，不知道如何是好。他犹豫不定的主要原因是大家会把在《悲悼三部曲》后首次推出的新戏和那个成功的三部曲相对比，那么结果相应地将会很糟。他尤其怀疑《啊，荒野！》是否有比其“明显的表面价值”“更好”的东西。

同仁剧院决定按照奥尼尔的建议在1933—1934年的演出季推出这个喜剧，接着在圣诞节后推出《无穷的岁月》。他认为：“如果有的话，那么，人们就会记得他们过去的宗教背景——或者现在的——如果有的话。”（看起来非常重要的是，多年来，圣诞节期间他总是情绪低落。）

奥尼尔发现海岛的水太热，游泳不舒服，为了躲避海岛湿热的夏天，他和卡洛塔到阿迪朗达克山区（Adirondacks）去度假。他们在纽约进行了短暂的停留，和同仁剧院的导演、贝内特·瑟夫以及其他人交流了意见；此后，夫妇二人八月的绝大部分时间都是在毗邻纽约浮士德的狼湖（Wolf Lake）湖畔一座远离尘嚣的林中小屋中度过的。在游泳、划船、钓鱼的间隙，奥尼尔继续修改他的新作［如今，他私下把这个剧本称为“无穷的折磨”（“Pangs Without End”）］。回到纽约后，奥尼尔夫妇立刻忙于为《啊，荒野！》物色演员、排练和其他一些演出活动，卡洛塔时刻陪伴在奥尼尔身旁。

有人建议让乔治·M. 科汉出演剧中的父亲一角，虽然同仁剧院起初对此表示怀疑，奥尼尔却热情很高。同仁剧院的负责人认为，虽然他非常多才多艺，但他主要是位歌唱和舞蹈演员；但是在奥尼尔的鼓励下，他们给科汉送去剧本的脚本，令他们感到惊奇的是，他居然接受了。虽然他有多年的舞台演出经验，但他出演纳特·米勒是他第一次在非自己写的剧中扮演角色。

《啊，荒野！》的演员人选任令所有人，不仅是海尔朋和朗格内尔公司，感到诧异。因为科汉洋洋自得，无礼傲慢，有点自嘲的意味，仿佛是和《奇异的插曲》与《悲悼三部曲》的作者最不搭界的人。在奥尼尔的剧本中他还是那个“《胜利之歌》中的美国佬吗”？不可能！很显然，科汉对他接受这一角色所引起的轰动很满意，当被问及他在一部“文学戏”中出演角色有何感想时，他将帽子一歪，遮住了一只眼睛，慢条斯理地说道：“搞啥鬼，都一样。演出就是演出。都有脚本、帷幕、脚光和前面等着娱乐的观众。”

虽然科汉的父亲和詹姆斯·奥尼尔是好朋友——他们一起成立了天主教演员同仁剧院（Catholic Actors's Guild）——他们的儿子们却只有一面之交。

科汉根本没有指望这位剧作家“有过人之识和惊人之举”，反而觉得他“只是一般人；他和我一样对进球得分感兴趣……他知晓戏剧；他不是白白出生在43街街角和百老汇的”。

菲利普·穆勒对于指导一个习惯于指导别人，而且整个演出的成败其实全在他手中的人，感到紧张不安。排练开始的时候，他对科汉说：“喂，科汉，你兼导演、演员和剧作家于一身啊。如果你认为我做的疯狂，我希望你能告诉我。”当受到尊重的时候，科汉通常表现得和蔼可亲，他回答说：“我每天都学到了东西。”然后，他把一只手搭在穆勒的肩上，说道：“另外，我是认真的。”然而，当同仁剧院的负责人给他送去一份写满了建议和批评的备忘录时，他对他们充满了敌意。他对剧务吼道：“告诉那帮子天才的董事们，别再找我！”

一般情况下，舞台演出相当顺利，大部分原因是奥尼尔、穆勒和罗伯特·埃德蒙·琼斯之间的工作关系融洽，琼斯设计的道具和服装在奥尼尔看来堪称“杰作”。剧作家常常对他剧本的演出有保留意见，排练多多少少就变成了一种折磨；但是这一次他却非常高兴，因为他觉得演员整体上是他所有演出中“最好的”，而且认为他们“真的（让剧本）和我原先的设想很接近”。

尽管奥尼尔以前见过拉塞尔·克劳斯（Russel Crouse），他如今接替了罗伯特·西斯克做了同仁剧院负责宣传工作的负责人，《啊，荒野！》标志着他们亲密关系以及终生友谊的开始。百老汇是地震一样的小世界，一个引起人们自我、性情和自负震颤的地方，拉塞尔·克劳斯却是百老汇的例外，他头脑冷静，心地善良，有幽默感和区分事情轻重缓急的能力。用他从不会改变的观点来看，他怀疑他或者其他任何人是否会真正地了解奥尼尔，去理解“面具”后面的那个人。克劳斯说：“金让我想起了你在报纸上读到的那些故事，讲的是一个人被锁数年，吃饭在柜子里或者一个狭小的房间里，最后终于被放出来了。有很长时间，我们每次见面，金都会像一只机警的动物一样退缩；接下来便活跃起来，开始摇尾巴。”

《啊，荒野！》中的绝大多数演员，尤其是那些年轻演员，在奥尼尔在场时起先都很胆小。其中一位演员说："他看起来真像我们一流的剧作家——瘦瘦的，头发灰白，穿着量身定做的花呢衣服，完美无瑕。"而在奥尼尔那一方，他尽力鼓励他们，并与几位演员交上了朋友，卡洛塔一般是他和其他人之间交往的桥梁。卡洛塔替丈夫跑腿、做记录、给穆勒带口信，偷偷溜出同仁剧院给丈夫带饭回来，低声和他交谈——卡洛塔很多情况下都在排练现场。卡洛塔每天都穿一套不同的衣服，有时拄着拐杖，她像奥尼尔一样与众不同。露丝・霍尔顿（Ruth Holden）在酒馆那一场扮演拉客妓女，在她看来，她就像"一位打扮入时的公爵夫人（卡洛塔几乎所有的服装都是几年前的，是他们在欧洲时买的。——作者按）；她是位漂亮的女人"。霍尔顿小姐说。"但她穿的衣服很奇怪——我记得有一件像披肩一样的东西——不化妆。"

奥尼尔希望演出尽可能具有现实主义风格，让当时的故事更具真实性，而不是像棉花糖上包裹的那一层糖衣。在他的建议下，博比・琼斯使用了固态的道具，看起来真的可供人们使用；剧作家建议露丝・霍尔顿化妆时在脸上加上几个痦子（"我在新伦敦认识的所有妓女长得都不好看"）。乔治・M. 科汉也在剧中加入了一种无需理由的真实感：像他在剧中扮演的角色一样，他和儿子之间有了矛盾，在有些场景里他和小以利沙・库克（Elisha Cook, Jr.）之间起了冲突的演员，他总是眼睛里噙着泪水。科汉对剧作家说："如果我演不了这个角色，我最好请辞。"

科汉和同仁剧院都希望将剧本缩短，但原因各异。科汉和在他百老汇所表现出来的性格不同，他非常羞怯，非常拘谨；他所演过的剧本和音乐剧中，没有一部有"肮脏"的台词或者一个真正下流的场景——任何关于性的话题都会令他感到不舒服——而如今，在他的演员生涯中，他第一次在有妓女的剧本中扮演角色。他坚持认为，酒馆一场戏没有必要，和故事的其余部分不搭，应该删除，奥尼尔没有采纳他的建议。

同仁剧院觉得，按常理，《啊，荒野！》太长了，希望剧本在宾州匹兹堡进行为期一周的试演时做些删减。和绝大多数剧作家不同，奥尼尔并不看重戏剧进入百老汇前的试演（“只要有观众看，我看没有这种必要”）。但是，由于演员在喜剧中的表演时机非常重要，甚至比在悲剧中的表演时机更重要，同仁剧院计划利用在匹兹堡演出的机会，让演员把握一下演出的节奏，在观众的配合下，确定一下剧中的笑点。

匹兹堡演出的评论虽然正面居多，但剧本在有些地方显得拖沓，总的感觉相当温和。奥尼尔还在纽约的时候就尝试性地决定，剧本应该再紧凑一些；在看了匹兹堡周中的日场演出后，他决定对剧本进行进一步删减，尽管他后来对朗格内尔说，他坚持认为从试演中他并没有获得什么有价值的信息，剧中所有的删节在来匹兹堡演出之前已经确定了。卡洛塔担心公众会“反感奥尼尔写了这样的剧本”，在日场演出后就立即给康明斯写了一封信说，他“仍在忙着对剧本进行删减——（但并不是为了出版）——而是为了压缩时间”。他总共把演出时间压缩了大约半个小时。

《啊，荒野！》于1933年10月2日在同仁剧院上演，是剧作家一生中第二次大成功（只有《奇异的插曲》超过了它），纽约媒体总的评论都是褒扬。和卡洛塔的担忧相反，公众非常高兴奥尼尔写出了一部传统意义上逗观众开心的剧本，剧本演出了289场。可想而知，评论家吃惊地发现剧作家心情非常好（有人开玩笑说，他“一句无足轻重的话常常令我们的灵魂感到不安，头发都竖了起来”），有人甚至把他与《十七岁》（*Seventeen*）和《男孩彭罗德的烦恼》（*Penrod*）的作者布思·塔金顿（Booth Tarkington）相提并论。《纽约美国人报》的记者吉尔伯特·加布里埃尔认为这种对比对奥尼尔不公，他把这次演出称为“一个俏皮而超级愉悦的夜晚”。理查德·洛克里奇在《纽约太阳报》上盛赞该剧是“一个非常迷人而又极具真理的故事”。在其他对该剧赞誉有加的名人中，布鲁克斯·阿特金森认为这是剧作家“最有吸引力的”作品；透过其幽默的表象，《纽约时报》的这位记者认为，最后父子一幕“抓住了这种关系所掩盖的全部的爱和痛苦”。

并非所有的评论家对该剧的评论都是正面的。例如，珀西·哈蒙德认为该剧“与其说是一杯美酒，倒不如说是一块面包，是（奥尼尔）所有剧作中一部平庸之作”。但是几乎所有的评论都极富热情，尤其是对科汉塑造的父亲形象都非常喜欢；他们感到，尽管他过去有过很多成功，这次演出是他演员生涯的巅峰。

奥尼尔将剧本的出版归功于乔治·吉恩·内森——“他也曾经穿着萝卜裤，过着衣食无忧的生活”。在首演后，奥尼尔送给了所有演员人手一册有他亲笔签名的剧本。在送给科汉的剧本中，他这样写道：“非常感谢同时也非常欣赏您对于纳特·米勒的精彩演绎，这对于演出的成功功不可没——怀着（我希望）一个好人对另一个好人的真正友谊！祝贺！再次向您祝贺！”虽然如此，他对科汉的美好感觉很快就减退了。

身为一名演员，科汉对于这些评论感到高兴（“一部了不起的作品”……“（他）最成熟、最出色的表演”……“绝妙的演绎”，等等）。但是作为一位剧作家，奥尼尔注意到了这些溢美之词中的批评声音。布鲁克斯·阿特金森在表达自己的观点时说，这部新作“比他为自己写的任何滑稽古怪的东西都更切中科汉的天分和个性；虽然听起来有些讽刺，但奥尼尔向我们展示了乔治·M. 科汉是多么出色的一位演员”。

这些评论令科汉感到不悦，还因此影响到了他的表演。虽然声音不大，但围坐在米勒家餐桌旁的其他演员还是能够听到，他对奥尼尔和他的这个喜剧说了一些毁谤性的话。更具破坏性的是，他放慢了这个本来节奏就不快的剧本，加入了自己的一些东西，台词中间出现了越来越长时间的停顿。这变成了坊间的一个笑话：“奥尼尔删减了30分钟，科汉又把这30分钟填上了。”同仁剧院发来了备忘录，还特地派人前来要求他加快表演的节奏。一天晚上，奥尼尔在更衣室责备了他（科汉阻止了他以前做过警察的保镖殴打剧作家），然而没有人能够劝说得了他；他仍然故意按照他自己的节奏表演。奥尼尔在晚年还是不能忘记也不能宽恕这件事。他对记者们说，科汉对这个剧本的做法是错误的，因为他“使剧本失去了光彩”，人物喧宾夺主；剧作家说，米勒的儿子，而非米勒，应该是“主角”。私底下随便聊天时，奥尼尔称科汉为“一个杂耍演员，他想把演出变成他的独角戏”。

《啊，荒野！》首演后不久，奥尼尔45岁生日时，卡洛塔送给他一架老式钢琴，多年来他一直想有一架和喜剧中酒馆里的那架一样的钢琴。夫妇二人第一次在位于42街的沃立舍钢琴商店（Wurlitzer's）询价的时候，店员认出了奥尼尔，觉得他们是搞错了，就想推销给他们一架和这位著名剧作家身份相称的钢琴；他最后明白夫妇二人主意已定，就给他们找到了他们想要的钢琴。

奥尼尔回忆说：“当我在沃立舍钢琴商店最远的那间仓库突然发现它的时候，这是我生活中伟大的时刻，它很美，颜色深绿，用玫瑰花纹饰边。这架钢琴所在的新奥尔良的下等酒吧——或者妓院，肯定有位艺术家满心失落。”奥尼尔马上给这架钢琴起了个名字，“罗西”（Rosie），他即将在这架旧钢琴上度过很多快乐的时光，他在钢琴上弹奏“亚历山大的爵士乐队”（“Alexander's Ragtime Band”）、“神秘的拉格泰姆”（“Mysterious Rag”）、“孤独”（“All Alone”）和“等待罗伯特·李”（“Waiting for the Robert E. Lee”）。他常常用脚打拍子，兴致高时还会不由自主地哼唱。

他开玩笑似的说道：“我不知道听我在罗西上弹这些老歌是不是一个好主意。我努力想记起魏尔伦（Verlaine）的一首诗，念出的却是‘人人都在做’（‘Everybody's Doing It’）或者‘哦，你这了不起的漂亮大玩偶’(‘Oh，You Great Big Beautiful Doll’）中的诗句。”

好莱坞的肯尼思·麦高文向他的老朋友最近的成功表示了祝贺，并希望他的工作室在购买这个剧本时能够胜出其他的出价者，肯尼思·麦高文如今效力于雷电华电影公司（RKO Pictures）。[《啊，荒野！》由米高梅电影公司以75,000美元的价格购得，所得由剧作家和制作人五五分成，在电影中由莱昂内尔·巴里摩尔出演父亲，华莱士·比里（Wallace Beery）出演酒鬼叔叔。] 奥尼尔10月16日在给肯尼思的回信中说，他认为剧本的成功表明，“在感情上我们渴望传统家庭关系的休戚与共”。

至于《无穷的岁月》，他推测其结尾可能会令麦高文感到“震惊”。他说，“（个人原因）我不赞成这样的结尾，但这样的结尾却是顺理成章的，不得不这样结尾”。他认为他两个最新的剧本会让肯尼思“感到我的创作突然发生了重大改变；事实是，在《悲悼三部曲》之后，我觉得我遵从过去的创作路线时间已经很久了——至少暂时是这样；我认为用各种各样表达传统感情态度的措辞把我推到巅峰，等于把我的作品钉死在了十字架上，即我的创作一直遵从精疲力竭的公式……我感到有必要把我从自身解放出来，也就是说……如今，不管《无穷的岁月》结果如何，我非常高兴创作了这部作品，因为我内心感到非常自由”。

十月中旬，回到海岛后，剧作家就继续从事《无穷的岁月》的创作。从一开始，他就避免把剧本写成一个天主教剧本。在第一稿中，主人公的叔叔是位善良、守旧的乡村医生；在早期的另一个版本中，是一位没有指明教派的新教牧师。在第五稿中，奥尼尔做出了让步，将他刻画为一位天主教牧师，然而他再次改变了想法，又让他成为了乡村医生，但是“给剧本增加了宗教色彩”。因此，奥尼尔说，他要避免“所有基督教或者天主教牧师的模糊，保留所有有价值的东西”。然而，这个最终基于作者自身经历的故事具有了天主教的背景；他给这个剧本的副标题起的名字是“一个现代奇迹剧”。

他最新的三个剧本表面上没有丝毫联系，其实在某种程度上，它们都是同一个主题的不同表现形式：《悲悼三部曲》中常常有《失落园》（*Paradise Lost*）的调子，孟南家的每一个人，包括亚当·布兰特在内，都曾经渴望南海小岛上那些裸体岛民天真烂漫的幸福生活；《啊，荒野！》是《复乐园》（*Paradise Regained*）的中产阶级的家庭版；而《无穷的岁月》，鉴于其对于宗教的纠结和剧本高潮时的顿悟，则是《失落园》和《复乐园》兼而有之。这三个剧本在五年内完成，它们，尤其是《无穷的岁月》，证明了剧作家心中有一种永恒的渴望；它激起了作者世俗的愿望，这其实是一种精神的渴望。

几年前，在格林尼治村的地狱洞酒吧，奥尼尔常常能凭记忆完整地背出的诗歌“天堂的猎犬”（“The Hound of Heaven”）；给人的感觉是他在和自己说话。在《无穷的岁月》中，牧师引用了弗朗西斯·汤普森（Francis Thompson）的诗句，对他背叛了宗教的侄子说，那只“猎犬”仍在追逐他。在奥尼尔创作该剧时，猎犬到底差多少就抓住了奥尼尔，我们并没有十足的把握；证据良莠不齐。和丈夫不同，卡洛塔基本不涉及精神问题，她深深被这个剧本及其中的天主教仪式所吸引，她认为他应该恢复相信祖上的信仰；她相信这可以给他带来宁静。

十一月份，因为《无穷的岁月》排练的事情，夫妇二人回到了纽约，剧作家非常想避免对天主教问题处理的任何错误，就让理查德·丹纳·斯金纳将剧本给他读了一遍。从这个剧本以及和奥尼尔的几次交谈中，这位信奉天主教的评论家认为，这位背弃天主教的人正在复归。他给一位牧师朋友写信说：“我敢保证，奥尼尔创作这个剧本，不仅是怀着最大的虔诚，而且是奥尼尔剧烈的内心和个人斗争的结果……他的妻子不遗余力地想让他重新回到天主教堂。”斯金纳接着说道，由于奥尼尔的前两次婚礼是在“教堂外”举行的，按照天主教的观点，这两次婚姻就是无效婚姻，“如果他能够回到天主教堂，和现任妻子一起生活他就不必有什么顾虑”。

一天晚上，在斯金纳家里，奥尼尔向纽约主教教区的著名文化人乔治·福特牧师（Rev. George B. Ford）简要介绍了他的剧本。福特牧师惊奇地发现奥尼尔“非常健谈”，和他半隐士的公共形象截然不同。他说：“我想他的特点是，话题感兴趣时就侃侃而谈——至于他，就是他的作品——如果话题仅是家常，他就无话可说。剧本结尾是男主人公跪在一个很大的十字架前。他讲完剧情后，我告诉他，十字架是教堂建筑中相对不太重要的东西，那个人应该跪在圣坛前。然而尤金却说，那样的话戏剧性就欠佳，舞台效果不好。”

与斯金纳不同，奥尼尔给福特牧师留下的印象是，他不是正在回归他原来的宗教信仰。“那天晚上我们根本就没有谈宗教这个话题，他只是把剧情讲出来，等待我的反应。此后还有两三次，卡洛塔给我打电话说奥尼尔想和我讲话，让我不要挂断电话，接着她回到电话机旁，告诉我他又不说话了。她常常加上一句，‘我希望你理解’。我不明白她是否想让奥尼尔和我讲话，而在最后一刻他又不讲，还是给我打电话就是他的主意而他又改变了想法。”

经过奥尼尔的允许，现为电影制作人的罗伯特·西斯克送给马丁·奎格利（Martin Quigley）一本《无穷的岁月》，他是电影杂志的出版商和天主教的头面人物。在收到奎格利的来信后，奥尼尔回信说：“我很高兴你对这个剧本的反应是肯定的——特别是你读的那个版本非常长，字数多，缺少我所希望的那种简洁精练，就更让我高兴了……要到剧本上演时才会达到我希望的简洁精炼。”

几个月前，他和同仁剧院同意让厄尔·拉里莫尔（他在《奇异的插曲》中扮演了尼娜的丈夫，在《悲悼三部曲》中扮演了奥林）出演《无穷的岁月》中那位痛苦的主人公，斯坦利·里奇斯（Stanley Ridges）出演魔鬼一样的洛文。尽管伊尔卡·蔡斯经常演喜剧，她扮演引诱主人公与其通奸的这家的朋友。然而，妻子一角很难找到合适的人选；卡洛塔非常想演这个角色，因为这个角色的原型主要是基于她本人，她可以演好这个角色。奥尼尔夫妇回到城里前，卡洛塔于11月14日写信给朗格内尔：“金和我就娜兹莫娃出演埃尔莎一事商量了很久！！有很多人反对，也有很多人同意（很少有演员能够感受到人物表象下的真实——表演得非常肤浅。我一直不喜欢（简·考尔）。娜兹莫娃知道爱和痛苦的含义——纵然在表演的过程中她的头发弄得乱蓬蓬的！”最终，拉里莫尔的妻子萨琳娜·罗伊尔（Selena Royle），一位长相优雅的金发女郎，出演了埃尔莎一角。

罗伊尔的丈夫“崇拜”奥尼尔，她从丈夫那里对奥尼尔有了预想的印象，他们一见面这一印象就大大改变了。她发现奥尼尔并不像她丈夫所说的那样是一个至高无上的人，她觉得他“内心很空，疲惫不堪，没有柔情；我为他感到难过”。[对于在《啊，荒野！》中出现角色露丝·霍尔顿来说，他好像是“一个我所遇见的最有同情心的人，非常害羞，但如果你对自己没有把握，他又非常关心[你]”。] 罗伊尔夫人第一次见到奥尼尔时，他们在他宾馆的寓所喝了下午茶，整个过程卡洛塔一直在谈论“按摩，发饰，所有漂亮女人喜欢的东西”。在这位女演员看来，显然卡洛塔把《无穷的岁月》当作了“金给她谱写的爱的颂歌”。

奥尼尔希望把《啊，荒野！》的演出，但他发现《无穷的岁月》的排练是令人失望的苦差，因为和他所希望的相距甚远。12月15日，在写给阿特·麦金利的信中，奥尼尔抱怨说，他“因为这个剧本比原来更忙了——一部很难演的戏，几乎没有时间干其他的事情——每天的全部时间，没有时间吃午饭，带着一块三明治去剧院——那样的东西”。穆勒导演的是该剧的第五个版本（也是最终版），他与穆勒密切合作，继续对剧本进行修订、删减和润色。

由于在创作符合正统天主教的剧本时，他必须克服内心强烈的担忧，因此来自天主教层面对该剧哪怕再小的批评也会让他非常愤怒。天主教作家协会（Catholic Writers' Guild）的一位牧师知道奥尼尔喜欢拉塞尔·克劳斯，就邀请媒体经纪人共进午餐，午餐即将结束时说出了此次邀请的目的。他说，如果剧作家在剧中非常明确地声明，曾有过婚史的埃尔莎不是个离了婚的女人，而是一个寡妇，天主教作家协会就认可这个剧本。毋庸置疑，奥尼尔拒绝了。他生气地说：“如果他们乐意认为她的第一任丈夫死了，我没有意见。但我不会修改一个字去讨好他们！”

贝内特·瑟夫建议他从“教堂的最高神职人员”那里获得“提前许可”时，他更加完整地表明了自己的观点，他声称这一行为“我无论如何也不会去做！这会让人误解我创作这一剧本的全部初衷；剧本是关于一个天主教徒的故事，是我表达天主教神秘主义中蕴含着何种值得生活的深意的尝试——是对生活的一个方面的公正态度，而我在其他剧本中曾对此不屑一顾；然而（这个词下面画了三次线以示强调。——作者按）这个剧本也是一个心理学研究，即使主人公信奉佛教或者希腊正教，其心理事实在本质上都是相同的；这个剧本不是对天主教的宣传！剧本面世后，如果教堂想在剧本上打上同意的封印，那好吧，由他们决定了；但不管他们同意还是不同意，我都毫不在乎——我当然不会采取任何行动来获取他们的提前批准”。

为了让《无穷的岁月》的演出有一个有利的环境，同仁剧院计划在百老汇演出之前在波士顿演出一周，希望能激起纽约里众多爱尔兰人的同情心。和他上次去匹兹堡看他写的那个喜剧演出相比，他这次做了更好的准备。他答应观看该剧将于圣诞节两天后在波士顿的演出。

在剧本试演前不久，奥尼尔收到了特里·卡林的来信，他和特里多年未见，但仍然在帮助他。特里一生绝大部分时间喜欢喝酒，如今他因为老龄（他79岁了）、疾病和清醒的现实而生活潦倒。这位上了年纪的无政府主义者目前住在波士顿伊顿大街49号的一栋公寓楼里，他对他的朋友和恩人说，他缺钱了。尤金回信说，他已吩咐律师增加了每月寄给他的支票上的钱款，所以特里“不必为此担心”，他还告诉特里不要为还钱的事套上过重的负担。“我了解你！你会出去采蘑菇（用来制造某种含有酒精的东西），而且会采到毒蘑菇。”

按照珍妮·格尔森（Jeanne Gerson）的说法，当地媒体宣布奥尼尔的新戏将在波士顿试演的时候，卡林显得非常激动。卡林在伊顿大街租住的房屋的房东是珍妮·格尔森的母亲。格尔森小姐说：“我现在还记得他的样子，一张骨瘦如柴的长脸，长长的白发，坐着轮椅。他常常面带笑容，但他不快乐，常常说，‘我不想活了，我只是大家的麻烦’。想到又要见到金了，让他为之一振，他又焕发了新的生机。他喜欢谈起他和金在一起喝醉的那些日子，他们如何一无所有地度日，以及他们认识的各种各样的人。在通信联系之后，奥尼尔确定要来看他，但是当天下了暴雪，一下就是几个小时，特里说，‘雪下这么大，他可能不会出来了——但我猜他会告诉我’。”奥尼尔既没有来，也没有打电话；他没有来可能不是因为天气，而是因为他不愿意看到老朋友穷困潦倒的样子。

这次未能如愿相见之后大约一周，卡林被送到了波士顿城市医院，两天后死于肺炎。在奥本山（Mt. Auburn）火化后，他的骨灰被一位朋友带到了普罗文斯敦，撒在了河面上。听说这一消息后，奥尼尔非常动容。奥尼尔替他支付了医疗和最后的开销；几年后，特里成了《送冰的人来了》中拉里·斯莱德的原型，在某种意义上还了奥尼尔的债。

波士顿对《无穷的岁月》的一些评论，尤其是《波士顿抄本》和《波士顿旅行家》（*Boston Traveler*）上的评论都鼓舞人心，但是奥尼尔对这一结果还是心存疑虑。哈佛大学一位名叫弗雷德里克·I. 卡彭特（Frederic I. Carpenter）的教员和他的妻子观看了演出。他写道："演出结束的时候，我们顺着过道慢慢地走着，同时谈论着我们对剧本结尾的不满和疑惑，突然我们注意到一个人坐在过道边最后一排的座位上，观察着经过的观众。有一段时间他黑色的眼睛打量着我们——然而不是真正地看我们——是发现我们困惑的感觉，他的眼睛看出了这一点。然后，他站起身，匆匆消失在了舞台的侧翼。我们惊奇地面面相觑，叫道：'那个人是奥尼尔。'"

奥尼尔夫妇邀请菲利普·穆勒来他们位于丽思卡尔顿酒店（Ritz-Carlton）的住所共进晚餐，欢度新年前夜。尽管剧作家和导演的职业交往很密切，但奥尼尔见到他的次数还没有见劳伦斯·朗格内尔多；因为朗格内尔非常想和剧作家发展友谊，穆勒是一位有文化的单身汉，对莫扎特和莎士比亚情有独钟，但对于在世的人却感到矜持。这位导演觉得《无穷的岁月》将是剧作家创作生涯的转折点，在新年这天，他写下了对奥尼尔夫妇二人的重要印象：

"昨晚饭后与金和卡洛塔聊了一些话题，这对写奥尼尔今后50年传记的人可能很有趣，也具有决定性作用。"

"那天晚上没有我原想的困难。在吃饭的时候，我将话题转移到了尤金剧本中的音乐结构，然后又转到了（希特勒）对犹太人的迫害。（后面那个话题因为小尤金的原因，激起了奥尼尔夫妇的个人兴趣；虽然他想完成弗莱堡大学的研究生学习，但他"憎恶希特勒领导下的德国"，在国外待了一年后回到了耶鲁大学。"）

"晚饭后，话题自然地转到宗教上。显然，从谈话可以看出，（《无穷的岁月》）在主题上是她的剧本，而不是他的剧本。他们两人都承认这一点。"

“她说尤金过去是现在也是一位天主教徒，她希望他一定要回归这一信仰，无论何时只要他做好了准备，她都高兴与他一起去，然而他不喜欢被强迫。”

“我们长时间谈到了天主教信仰的神秘之美。他说剧本的结尾毋庸置疑是他愿望的实现。他给我讲了他几个信奉天主教的亲戚（新伦敦的谢里丹和布伦南夫妇）简单而可信的幸福。他想过那样的生活，获得显然他尚未得到的幸福。非常明显，他这桩完美（？）的婚姻好像不能给他带来这种幸福感。”

“他承认书房一幕最开始是他个人人生理念的投射。这我从一开始就感觉到了，我告诉他这不太好办，因为这一幕和他本人以及他个人的情感太相近了……”

“尤金说，他个性中对宗教奇怪的憎恶很大程度上是因为结识了一位精神有问题的男孩，他有宗教情结和迫害的狂热，来百慕大见奥尼尔。（剧作家对别人说这个孩子被福特汉姆大学开除了，他找他是希望奥尼尔能够给他以精神指导。剧作家苦笑着说：‘你能想象得到吗，竟然有人向我寻求这方面的帮助！’）”

“整个晚上，尤金将生活的不满抛到了脑后，显得非常直接和吸引人。他心情好的时候，非常讨人喜欢。”

“奥尼尔夫人再一次就那些老话题喋喋不休地说了很多，她把所有都联系在了一起，让人听起来既有趣又有些可气。”

“那五个星期过得真不容易，尤其是面对尤金受伤的虚荣心我要克制自己。对一位名人尤其是戏剧天才来说，他的性格中有一些人们常有的缺点。但实现精神的安宁可能是他作为一位重要剧作家的目标。”

“当时的情况可悲而滑稽的是，奥尼尔没有得到（卡洛塔）想带给他的东西。这种关系从心理学的角度讲具有很多可能性。表面的平静和表面的安逸是否会在他的创作中胜出？最重要的元素是否仍然存在？”

（穆勒默然讲出的有关奥尼尔的问题，几年后成了令罗伯特·埃德蒙·琼斯真正非常担心的问题。在拜访了奥尼尔夫妇后，罗伯特·埃德蒙·琼斯回到纽约，激动地对一位朋友说："她会杀了他，她会杀了他的！"他是一位神秘主义者，在他看来，奥尼尔在尖顶山海边的生活是他理想的生活，他继续解释说，由于卡洛塔一丝不苟的工作，"尤金所有的衣服都在衣橱里挂得整整齐齐，所有的东西都放在合适的位置。我真想把那个衣橱烧掉！那种生活不适合尤金和他的创作"！）

穆勒在结束时写道："几年前我说过尤金会在十字架前跪倒，显然他已经做到了。这和这位美国最伟大的剧作家未来的创作又有何干？"

在波士顿试演后，《无穷的岁月》在纽约亨利·米勒剧院（Henry Miller Theater）接下来的演出并不顺利。1934年1月7日，卡洛塔对他们在卡萨·吉诺塔的厨娘薇拉·梅西说，她和奥尼尔"坐卧不安地等待着明天的首演"！同一天，奥尼尔对马丁·奎格利说，他脑子里考虑最多的问题是，"这个剧本中"是否"有足够的力量和信念来压倒纽约评论界和订票观众心目中那些伪知识分子的矫揉造作，认为宗教信仰是一个过时的主题"。

奥尼尔照例给萨克斯和多萝西·康明斯送去了首演的门票。看过首演后，萨克斯的妻子因为孩子而急匆匆地回家了，萨克斯在麦迪逊酒店见到了奥尼尔，并告诉他观众们看得非常认真。他注意到卡洛塔为这个重要的夜晚打扮得非常得体，穿着一件羊绒长大衣，围着一条围巾和一条又细又长的金色饰带——总之，像一件漂亮的袈裟。

正如剧作家心情不好时所担忧的那样，总体上的评论是负面的。约翰·梅森·布朗在《纽约晚邮报》上说，《无穷的岁月》"和《发电机》与《难舍难分》一样，绝对是（剧作家）最苍白的作品……传统奇迹剧中所有那些简单、直接和让人提不起精神的尖刻的东西在这里都变成了冗长……浮肿和造作的时代的虚假说教"。约翰·安德森认为，奥尼尔"最基本的错误，具有戏剧性的是，在于他认为信仰是一个文字可以胜任的知识过程；在我看来，其最核心的东西远非理性所能及"。他在《纽约期刊》上总结说，这个剧本"在戏剧性上太假；为了宗教信仰的尊严和朴素，他丢弃了美好的感情和一些含混的思考”。在布鲁克斯·阿特金森看来，剧作家的叙事有时让人觉得“仿佛他（以前）从没有写过剧本；众所周知，他深谙戏剧之道，鉴于此，他的创作水平如此参差着实让人感到震惊”。这位评论家在另一天的《纽约时报》上的评论十分尖刻，“有些（对话）……听起来仿佛是奥尼尔在尽力想说服自己”。

其实，所有的评论都对穆勒的导演、李·西蒙森的道具，尤其是厄尔·拉里莫尔对于一个非常不好演的角色的表演赞誉有加。在主要的批评家中，只有《纽约太阳报》的理查德·洛克里奇和《纽约每日新闻报》的伯恩斯·曼特尔对剧本给予了肯定。洛克里奇认为这是一个“奇特而感人的戏，最后的几场非常质朴……让人感动”。 曼特尔认为，这个戏“对那些很少或者没有戏剧品味的人来说，并不能给他们带来欢愉；然而，学生们可以好好研究一番，它把所有的信仰神秘化了”。

正如剧作家所预料的那样，《无穷的岁月》引起了争议；世俗的评论家基于艺术的原因对该剧进行了批评；相应地，天主教媒体基于宗教的原因对它大加指责。《布鲁克林简报》（*Brooklyn Tablet*）指责剧中的人物是“反基督的奴才”，然后用奥尼尔写给马丁·奎格利信中相似的句子接着说：“这些评论家中绝大部分都是伪知识分子，他们错误地认为，信仰的主题过时了，并以此来掩盖他们的无知。正是这个原因，那些出现在很多报纸上的奇谈怪论显得非常愚蠢可笑。”天主教周报《纽约美国人报》用同样激烈的口吻表达了对该剧的不满，因为该剧“代表了多年来他们一直反对的东西……他们谩骂该剧……语言之恶俗就是那些肤浅的不信教的人为了永恒的真理也不会使用”。

为了缓和争议，理查德·丹纳·斯金纳1月26日在《公益》上称：“信仰绝非因使用了物质的术语而变得客观。因此，那些没有信仰或者从未有信仰经历的人，无法体悟到《无穷的岁月》固有的戏剧价值。”

“为公平起见，对于奥尼尔先生的这部了不起的剧作，以及那些没有看到这部作品内在之美和戏剧力量的批评家们，我们只能接受这样一个事实：

如果两群人不用同一种灵魂的语言讲话，很难让他们找到相互理解的地方。”

天主教评论家们一个接一个对这个新剧给予了盛赞（“这个时代伟大的天主教戏剧”……“奥尼尔的伟大拉开了序幕；希望其伟大是‘无穷的岁月’”），然而，对于剧作家来说，他们所有的称赞或多或少地被一位拉韦尔先生（Monsignor Lavelle）给抵消掉了。他负责此事，尽管这个剧本获得了批评，但他却反对该剧的上演，也许是因为埃尔莎第一任丈夫的不确定性。斯金纳哀伤地对一位朋友说：“这让各种各样的天主教团体接受该剧的义演变成了不可能。天主教世界里真是奇怪和复杂！”

奥尼尔给该剧的演员发了一封电报鼓励他们：“你们知道，我预先告诉了你们不用太在意（那些批评家）。这个戏不是给他们那号人写的，但我明白，像在波士顿一样，这里会有越来越多拥有智慧和没有偏见的观众理解这个剧本的意思，喜欢这部了不起的剧作，赋予这部剧作以生命……所以，加油，对最终的结果抱有信心……我们泄气了吗？没有！”

其实，大众对演出的评判让他深深地感到不安，比以往更加不安——可能大家对《发电机》的反应是一个例外，这个剧本是另一部有瑕疵的作品，源自剧作家的父母过去的争吵以及他们的宗教信仰。为了在冷冰冰的评论里找到些许的温暖，他尽可能利用一切，哪怕再少的让他感到宽慰的机会，给自己打气，正像1934年2月14日他在写给麦高文的信中所讲的那样，他喜欢这个事实，“每晚演出的最后演员都要谢六到十次幕——同仁剧院的观众有四分之三都是犹太人！可是，那帮挑剔的笨蛋竟然有胆量说该剧的技巧并不成功！”

首演后过了几星期，他对内森说，出版后剧本的“销量已经和《啊，荒野！》相差无几”。内森看不起这部新作，奥尼尔认为，“当你最终生出了这样的灵魂”，（尽管剧作家再也没有重回教堂，令所有认识他的人感到吃惊的是，内森在年老的时候皈依了天主教，）内森会慢慢喜欢这个剧本的。

奥尼尔最大的快慰就是收到了叶芝的电报，希望能够获准尽快在艾比剧院（Abbey Theater）上演《无穷的岁月》。2月27日，剧作家激动地对拉塞尔·克劳斯说："显然叶芝知道剧本的意思，并且还喜欢这个剧本——叶芝就是叶芝。同时，他不是天主教徒。不管他有何偏向，我想他的反对是多于赞同的。"

奥尼尔的剧本在一个具有战略意义的时刻在由政府资助的艾比剧院上演了，此举遭到了耶稣会的反对，理由是据称剧院演出了反宗教的剧作。剧院担心政府会终止对剧院的资助，因为政府要多少顾及教会的声音。幸运的是，帕特里克·麦卡坦（Patrick McCartan）看过这个剧本的演出，喜欢这个剧本，他是叶芝的一位朋友，也是美国的一位爱尔兰事业的斗士。2月16日，叶芝给麦卡坦写信说："你把奥尼尔的新剧推荐给我们，并且送给我们一册该剧的剧本……你真是帮了我们的大忙。我们收到了（他）友好的回复，在复活节后不久就要演出该剧……这是一部非常有力量的作品，正像你所说的那样，有天主教的氛围。"

在伦诺克斯·罗宾逊的指导下，艾比剧院在其最优秀的几个天才人物的帮助下，将《无穷的岁月》搬上了舞台，他们是F. J. 麦考密克（F. J. McCormick）、阿瑟·希尔兹（Arthur Schields）、巴里·菲茨杰拉德（Barry Fitzgerald）、艾琳·克罗（Eileen Crowe）和梅·克雷格（May Craig）。当演出开始的时候，叶芝正住在疗养院，他收到了妻子发来的电报："巨大的成功，了不起的演出，出色的制作。"诗人后来对麦卡坦说，评论者"持赞成态度，他们知道怎样做出评论，但是表扬是一桩他们知之不多的东西；表扬而不流露感情是优秀记者的一种天赋……这部正统剧作的成功对我们来说来得正当时，因为我们和政府之间有了麻烦"。

然而，该剧在爱尔兰大受欢迎仍然改变不了百老汇的这一事实，用奥尼尔的话说，公众"像野蛮人一样一群一群躲得远远的"。在该剧结束演出之后——多亏了同仁剧院的各预订方，该剧演了57场——他对拉塞尔·克劳斯说他感到解脱了。"因为违背希望的希望是一场令人疲倦的游戏……你知道，在开始排练的时候，我就预想到了那些搞评论的家伙会有什么样的反对意见。在我倾尽全力创作这部作品的时候，我从来没有被幻觉所欺骗，那就是，这部作品会在现代舞台上取得经济成功。”

奥尼尔非常高兴普罗文斯敦剧团以前的一位成员哈洛尔德·麦吉喜欢这个剧本，他预计在其他国家这个剧本的“春天即将到来”。到处传言说，奥尼尔即将回归他的宗教信仰，他对此感到恼火，他用嘲讽表达了自己的不满。在发现同样是叛教者的麦吉并没有“被《无穷的岁月》感动得重新恢复宗教信仰”之后，他接着说，他也没有恢复宗教信仰，“尽管从那些传到我耳朵里的闲言碎语来判断，你会认为我马上就要成为一名特拉比斯特派修道士了”。

尽管有些批评家嘲笑《无穷的岁月》（约翰·梅森·布朗称主人公和他的另外一个自我为“灵魂 - 灰尘孪生兄弟”），只有一个人对该剧恶语相向：本杰明·德卡塞雷斯，一个非常极端的人。他曾用形容世界文坛巨擘的那些词汇称赞奥尼尔，如今却严词指责奥尼尔背叛了自己的天赋，走上了艺术自杀之路。在一篇名为“无尽的鼻涕”（“Drivel Without End”）的恶搞中，该文是对《无穷的岁月》的拙劣模仿，他让奥尼尔的一些人物嘲笑他们的创造者。例如，克里斯·克里斯托弗森说：“所以那个老魔头大海——神圣的大海——抓住了你。”安娜·克里斯蒂说：“爸爸，我情愿看到你醉死在吉米神父的酒吧的桌子底下，而不愿看到你是教皇唱诗班中一位纯洁的男童。”

这篇讽刺性的文章差一点就出现在杂志《全景》（*Panorama*）上，然而就在付诸印刷的时候，这份文学期刊的编辑艾萨克·戈德伯格（Isaac Goldberg）改变了主意，他和奥尼尔彼此认识；他认为，这篇文章不值得冒引起奥尼尔反感的危险。但德卡塞雷斯还是决定让奥尼尔听到他的意见，他自费把那篇文章印成了小册子，寄送到了它有可能会发生影响的地方。根据德卡塞雷斯的传记，乔治·吉恩·内森表扬了这篇文章，但遗憾地表示，他和奥尼尔的友谊使他不能写同样具有破坏力的文章。奥尼尔本人对这部戏仿作品的反应——德卡塞雷斯送给了他一本——是沉默；他再也没有给这位曾经的朋友和非常狂热的支持者写信，也没有再见过他。

经过长时间努力，《无穷的岁月》终于成形了，奥尼尔感到精疲力竭。几个月前，在他45岁生日那天，他自豪地对麦高文说，他觉得“无论在身体上还是精神上，都比35岁或25岁时年轻了很多”——他将这完全归功于卡洛塔对他的影响。然而，非常明显，他年轻的感觉主要是因为《啊，荒野！》的成功上演;《无穷的岁月》结束演出后，他回到了海岛，精神随之变得低沉起来，也感到老了许多。他对麦高文说他现在“绝对是在浪费光阴”。他说:“一连22个月，根本没有停歇——我不是在创作，就是在排练——除了剧本外什么都没有想——我感到在剧院我就像捕鼠器上的奶酪都变馊了。在相当长的时间内，我不打算写新的剧本。我受够了。”

1934年的绝大部分时间，奥尼尔毅然决然地虚度了，因为乔治·德雷珀医生在离开这座城市之前警告过他，他“处于神经崩溃的边缘”。除非他好好休息休息，“恢复原状”，就像尤金概括他的症状时所说的那样，他将会“完全垮掉，多年一蹶不振”。

像奥尼尔一样，虽然医生将奥尼尔的状况归咎于他长时间高强度的工作，有人还是怀疑主要原因并不是他工作的强度，而是其作品的性质。如果说工作时间长的话，他原来写《悲悼三部曲》时工作时间更长，更辛苦，也没有付出身体健康的代价；然而，在创作《无穷的岁月》时，他写的东西是违背他的性情的，他激怒了他真实的自我，因此便有了他现在的心神不安。再过几年，他将会创作《送冰的人来了》，这又是一部揭露一位男性对妻子隐秘的憎恶之情的剧本，同时也揭露了其他的东西；但这一次这个剧本的创作很容易，剧本“一页接一页地自然流出”，因为奥尼尔写的是他的真情实感，并没有违背这些感情。结果是写出了一部代表作。

# 第二十二章　诺贝尔奖得主

1934年，奥尼尔全家几次造访纽约，第一次是在四月份，因为一桩官司。两年前，他们家雇用的司机和一个名叫路易斯·甘斯（Louis Gans）的布朗克斯人撞了车，如今他和他的女儿对这位剧作家提起了诉讼，要求赔偿28,000美元。该案件由布朗克斯高等法院（Bronx Superior Court）审理。除了不喜欢抛头露面以外，奥尼尔还讨厌法庭、案件和与此有关的一切，他会想尽办法拒绝出庭作证，好在他的健康状况给他找了一个台阶。卡洛塔替他出了庭，她告诉法官说奥尼尔在接受治疗，不能工作，除了她本人和医生之外他任何人都不见。

对卡洛塔来说，这次审判是一次“可怕的经历”，她在证人席上申辩说，原告及其女儿不可能受了重伤，因为他们俩走过来和她的司机进行了争论。当被问及事故发生时奥尼尔家车的速度时，她说她“是个非常紧张的人”，“不允许开快车”。“你现在看起来不紧张了”，原告的律师说，她回答说“她吓得要死”。1934年4月13日的《纽约先驱论坛报》对此有所报道。离开证人席时，她不得不由人搀扶着进了隔壁的房间，休息了好一阵子。几天后，陪审团做出了判决，判奥尼尔赔偿3,200美元。

七月份奥尼尔夫妇第二次去纽约时，他们顺道在阿迪朗达克进行了逗留，二人参加了一次在纽约市博物馆举行的题为“剧坛上的詹姆斯和尤金·奥尼尔”的展览，卡洛塔在此之前为该展览送去了一些展物，该博物馆已经收集了相当数量的奥尼尔创作手稿和其他纪念物，有些是卡洛塔捐献的，有些是在她的请求下奥尼尔捐献的。

展览的物品包括演出服装、道具、照片以及《天边外》在内的一些剧本手稿。《天边外》的字体非常小，写在打字机用纸上，正反都有文字，只有18页。有些照片激起了剧作家心中的记忆：《东航卡迪夫》在条件简陋的普罗文斯敦首演，这次演出具有历史意义；《渴》是关于他和路易丝·布赖恩特的故事，他当时非常爱她；《天边外》，父亲眼睛里噙着眼泪看完了该剧；《毛猿》，主演是路易斯·沃海姆和卡洛塔·蒙特利，卡洛塔当时觉得奥尼尔没有礼貌，而奥尼尔认为卡洛塔缺少才华；詹姆斯·奥尼尔的照片展示的都是其最有名的角色——埃德蒙·唐戴斯、弗吉尼厄斯（Virginius）、萨尔米·莫尔斯（Salmi Morse）的《受难记》（*The Passion*）——最出彩的照片是这位老演员手里拿着《基督山伯爵》的脚本。

“奥尼尔夫妇参观了半个多小时的展览”，博物馆戏剧藏品负责人梅·达文波特·西摩（May Davenport Seymour）说：“卡洛塔把一只胳膊搭在我的肩膀上，我们在房间里慢慢围着展品前行，谁都没有说一句话。我很害怕，等待他的评论。有一件特殊的东西让我更加感到不安——那就是奥尼尔先生的一副面具。他没有在哪一件展品前停留的时间比其他展品长，都在认真看着，注意力毫无二致。最后，他来到我们身边，伸出手：‘达文波特女士，你让我们很了不起。’”

奥尼尔夫妇在阿迪朗达克荒野深处的狼湖度过了八月和九月，奥尼尔游泳、漫游、沉浸在他最喜欢的遁世文学中，阅读侦探小说和神秘的谋杀故事。他说，“阅读这些东西，我兴致最高”。他在回答媒体记者时说，他不打算在1934—1935的演出季上演新戏；其实，原因是多方面的——最近常常身体欠佳，花了好几年在从事一个宏大的项目，全世界都在受到战争的影响等——奥尼尔在百老汇推出新戏是在十多年以后。

回到纽约以后，奥尼尔在忍受每年一次牙医折磨的同时，非常高兴见到了肖恩·奥凯西，二人一见如故，因为乔治·吉恩·内森都对他们彼此友善地提到过对方（这位评论家现在支持奥凯西的程度和当初他支持奥尼尔一样高）。此外，两位剧作家此前也曾诚恳地通过书信。早前，爱尔兰裔美国人奥尼尔曾给爱尔兰人奥凯西写信说，《心门之内》（*Within the Gates*），“是一部了不起的作品；由衷地祝贺你！我深受感动——我承认，也非常妒忌！——剧本的美少有、敏感而富有诗意；我祈祷上帝让我写出那样的剧本”！

“这里所有喜欢你剧作的人——我们中有很多！——都希望这部戏由合适的人指导，在纽约推出该剧，它有这种实力。”

《朱诺和孔雀》（*Juno and the Paycock*）以及《犁和星》（*The Plough and the Stars*）是奥凯西写的20世纪最出色的两部英文剧，可是物质的成功却与他无缘。如今，为了《心门之内》在百老汇的演出，他第一次（也是最后一次）来到了美国，他希望此举可以改变一下他拮据的处境。奥凯西面容消瘦、红润，鼻子很有特点，到达美国时，几乎身上穿着他所有的衣服——《心门之内》的故事发生在伦敦，他对船边的新闻记者说话的腔调仍旧和蔼可亲，但当被问及他为何抛弃了凯尔特主题时，他不屑地哼了一声——“凯尔特这，凯尔特那”！他高声说道：“谁听说过凯尔特的什么东西？这个词在词源上同样也可以用在威尔士人和苏格兰人身上，我在爱尔兰住了四十多年，从来没有看到一次什么凯尔特黄昏和凯尔特黎明，或者其他像这样毫无意义的东西。”

（观众对《心门之内》的关注度参差不齐，该剧在纽约演了101场，准备到波士顿继续演出；但是迫于天主教团体的压力，波士顿当局不准许该剧在该市演出，该剧的演出不得不重新回到百老汇，然而几周后该剧在百老汇的演出许可就过期了。“从各方面说，该剧的演出很精彩”，奥凯西说，“舞台上的任何瑕疵都在于剧本本身”。）

几天后，在向本传记作者回忆起他对奥尼尔的印象时，奥凯西写道，尽管他和奥尼尔仅仅见过几面，“老实说我已经成了他的一个朋友；我们第一次见面时是和内森先生一起……（他）给他的朋友买了几个小玩具——我想，当时是奥尼尔的生日——这虽然像一个玩笑，但绝非如此，因为奥尼尔一生既是一个孩子，又是一个了不起的成年人；奥尼尔穿着一条达克斯牌子的新裤子——这是卡洛塔送的礼物，对此他自豪得像个孩子；我们一见面，关系就变得非常密切，不用姓氏称呼彼此；当然了，卡洛塔也在场，她是一位非常漂亮的女士，对奥尼尔痴心一片。”

“我们谈论了很多，从达克斯谈到戏剧。我告诉了尤金我对他的看法，他很高兴，对我的夸赞，他俨然一个害羞的孩子。他并没有真正意识到他是多么伟大；我们边走边谈，他在意的只是他已经做过的和打算做的工作。最后一次，当我即将离开时，我们拥抱了一下，我意识到我们彼此间的感情已和爱相差无几。”

当奥凯西的朋友布鲁克斯·阿特金森看到这封信时，他眼睛眨了眨，说道，“我能猜到是谁先拥抱的谁”。

一次在和奥尼尔夫妇去他们位于麦迪逊大街的住处吃饭的路上，内森和奥凯西决定捉弄一下他们的这位朋友。根据评论家后来的说法，他们俩一唱一和地“将他引入了套子，我们表现出极大的不满，因为他沉湎于自己的天地，不和他人以及爱尔兰裔的人打交道；我们认为，我们用巧妙的演技，慢慢地引诱他慷慨陈词进行自我辩护，说这是艺术家必须做的事情——尤其是剧作家应该做的事情——如果他想了解生活并能解释生活的深层意义和生活的变故的话，他就要汇入生活的洪流；过了几个小时，奥尼尔身上渐渐发生了变化，最初是态度柔和的不安，情绪逐渐变成了愤怒，最后是公开的激烈反驳；他从椅子上跳起来，和我们两个针锋相对，面色通红，进行了一次据我所知是过去17年中他最长的一次演讲”。

他咆哮道：“你们说的纯属一派胡言！像你们说的那样融入他人和生活，不会给艺术家带来什么好处，只会让他失去什么东西，失去那些有价值的东西。如果他内心什么都没有，那么他就会一事无成。外部的生活只会从他身上偷走东西，对他并无益处，除非他是个下三滥。你们谈论城市的喧嚣，以及对比鲜明的乡间所谓的孤独与停滞。喧嚣是什么？无非是很多毫无意义的噪音，大量纷至沓来的琐事，难闻的气味，一堆撩拨你兴致的毫无价值的事情！你们谈论城市的美丽，好吧（指着窗外。——作者按），看看这些高楼大厦吧！它们是什么？它们代表什么？除了无数孩子们的积木，它们什么也不是！你们意思是说，它们意味着人性的伟大灵魂，意味着深藏其下的人性的精华、希望和命运？你们都是疯子！”

奥凯西说奥尼尔的创作“像爱尔兰人”，不“像美国人”，才挽回了些局面。“金很愉快”，卡洛塔后来说道，“他不知道如何是好”。

奥凯西启程回国时还对他遇见的很多人念念不忘，记忆最深刻的就是“奥尼尔，修长、瘦削的身材，脸上洋溢的温暖、悦人的微笑冲淡了一脸的严肃，这位伟大剧作家深邃的目光中仿佛发出了久经沙场的十字军眼中的光芒，站在布满石头、被太阳晒成棕色的山坡上，眺望着远处的耶路撒冷城”。

奥尼尔在纽约停留期间去见了正在耶鲁大学攻读硕士学位的儿子小尤金，他想成为一名教师。而奥尼尔此次并没有见到另一个儿子沙恩。沙恩在（新泽西州）劳伦斯维尔学校学习了三年之后，现在在佛罗里达军事学校（Florida Military Academy）学习。艾格尼丝希望军事学校的纪律能够对他“有点好处”，因为他在新泽西的学校表现不佳。

“他学业成绩差，对各种家庭和学校的活动提不起兴趣”，沙恩在劳伦斯维尔就读学校的校长小威廉·A. 詹姆逊（William A. Jameson, Jr.）说：“沙恩的老师们和其他学生都觉得他很懒散，但我不相信答案如此简单……他总是显得心不在焉。［几年后，沙恩对他的女朋友玛格丽特·斯塔克（Margaret Stark）谈起过他的童年生涯——住在远离人群的地方，上学时断时续——

让她印象深刻的是，他一到劳伦斯维尔就"几乎成了另一个卡斯帕尔·豪泽尔（Kaspar Hauser）"。她说，"他想学代数，可他连简单的算术也不知道"。] 我认为，在智商和能力上，沙恩并不比其他孩子差；只是在思想和心智的成熟度方面不如别人……我记得，（他的智商）足够通过考试，可能还要更好。在成绩公布后，我和他交谈过无数次。……我仿佛在和一堵白墙谈话……他礼貌地倾听，或者看起来如此，在合适的地方用是或者不是来应和，答应要努力，可还是老样子。"

"最后，我给他父亲写了一封信，把情况和他讲了，希望他能来学校一趟……这有可能会给沙恩的学习态度和进步带来重大变化；他到底看没有看到这封信，我心里没数，因为我收到了他妻子的回信，大意是这不可能。"

"沙恩既没有发生令人感到'新鲜'的变化，也没有态度无礼，其实有时候我倒真的希望他能够这样……他有种让人捉摸不定的人格魅力。有可能他给人的印象是，和绝大部分孩子比较起来，他更需要兴趣和友谊。"

奥尼尔从欧洲回来后，到目前为止，他才见过女儿一次——1931年那次见面后乌娜就病了；他们的联系也仅仅是为数不多的几封信，而且常常是在她快过生日或者圣诞节时。这年早些时候，9岁的乌娜写信说，她想来佐治亚州看看父亲，可是卡洛塔，奥尼尔的大部分通信都由她负责，拒绝了她的要求，理由有私人的，也有工作的。

乌娜有一阵子在曼哈顿的一所天主教学校读书，可是按照一位亲戚的说法，这"并不符合她的意愿；受此影响，她没有了气色，话少，表情严肃——非常严重"。乌娜回忆说："一天上午做弥撒时，我昏厥了，虽然刚开始还比较顺利，于是我就有了昏厥综合征；从此以后一闻到燃香的气味，随之而来的便是昏厥——吸入一点那东西，便感到眼前一黑，我就不得不离开教堂——以至于不久我就干脆不去参加弥撒了，我想，最初事情就是这样。"她转到非教会学校上学后，变得更加活泼，精神也好多了。

这年秋天，在写给父亲的一封信中，乌娜提及她长大后想当演员。卡洛塔替奥尼尔回了信，就她的想法把她批评了一番。卡洛塔在10月17日的回信中写道：“纽约和好莱坞有很多可怜的流浪儿，他们为父母所迫，留着大波浪型的头发，口中谈着剧院和电影，这很让人心痛。而你，天哪，并不是他们中的一员。你父亲慷慨地供你上学，把你养大。别再提电影、服装设计和踢踏舞这些无聊的话题。”她这个年龄，应该“务实、甜美和讨人喜欢”，把心思放在学业上。卡洛塔接着写道，如果她长大成人后有“美貌和天赋”的话，可以考虑当演员。

“可是，如果以上两点你都不具有的话，还是学学成为一位好妻子吧……找个家庭出身好的体面男人嫁了，也好自谋生计！”

有时候，卡洛塔也会为自己的女儿感到愧疚，但为了自己的面子，她说：“一个人只能信奉一个上帝，可以对任何人好。否则，他就会到处流浪。”辛西亚如今16岁了，这年早些时候已经开始了新的生活，在母亲和外祖母的福佑下，她嫁给了奥古斯都·巴内特（Augustus Barnet），一位刚从加利福尼亚大学毕业的学生。她的一位亲戚在写给另一位亲戚的信中说：“我真为她感到高兴。在婚姻和家庭方面，她非常渴望有自己的天地。很久以前（她）就意识到她在被（祖外母）忍受，而不是喜欢。”

十月末，奥尼尔回到了海岛，精力旺盛，干劲十足，体重比原先增加了20磅，他迫不及待地开始了创作。他说，“必须创作的时候去闲逛真是糟透了！”1934年后面的几个月，他一直在创作《贝茜·鲍恩的一生》（*The Life of Bessie Bowen*），其实该剧的标题是《它不可能疯狂》；但是，由于《发电机》和《无穷的岁月》演出效果不佳，可想而知，剧作家不想让任何人知道这个剧本是他创作的“上帝死了”三部曲中的第三部。前两个剧本探讨了科学和婚姻之爱，而且做得还不够，《贝茜·鲍恩的一生》以汽车工业为背景，“黄金成为了上帝”。

很长时间以来，奥尼尔一直犹豫不定，他是否要单独写一个以汽车工业为题的故事，和其他的“上帝剧”有松散的联系，或者作为关于一个贪得无厌的家庭组剧的一部分。大概一年多前，他尝试着列出了该组剧的提纲，不知怎的媒体听到了风声，提早宣布这个“马拉松式的长剧”必将使他成为

“剧作家中的瓦格纳”。

最终，奥尼尔决定接受这个挑战（他坚持认为：“生活就是成长，或者是自己和自己开的玩笑。一个必须做出的选择”），于是就把尚未写完的“贝茜·鲍恩”放到了一边，并在1935年最初的那些日子里开始了一个他可以充分实现其想法的项目，他打算写一个由多个剧本构成的组剧，涵盖美国过去的大部分历史，表现的是一个“远非现代”家族历史中的重要事件。这个组剧总的主题不仅和《贝茜·鲍恩的一生》相同——贪婪的物质主义对人性的破坏性影响——剧作家还计划在这个全景式的组剧后半部分加入《贝茜·鲍恩的一生》。最终，该组剧被定名为《一个占有者自我剥夺的故事》，它被设计为剧作家主要思想的最后宣言，传达了多年来他要表达的观点。

1922年，有一位评论家认为悲剧和美国人的性格格格不入，奥尼尔与之争辩说：“假如有一天我们灵魂的明目突然看到了我们战无不胜的物质主义的真正价值；假如我们发现了这样做的代价——还有在永恒真理方面的代价！那将是一个了不起的纯粹的美国式的悲剧……”

“悲剧不是我们本土的东西吗？唉，我们就是悲剧，是已经写出来和没有写出来的最令人震惊的悲剧！”

在剧本《泉》（面庞是庞塞·德莱昂的，而声音却是奥尼尔的）中，他谈及哥伦布的水手们时说：“土地的掠夺者，所有人！没有一个人会把这看作是奋斗的目标。上帝同情这片土地，直到所有的土地掠夺者都从地球上消失。”

1925年，当被问及《榆树下的欲望》的主题时，奥尼尔将该剧称为“一个占有者的悲剧——一个令人同情的人渴望利用权力占有土地、家人和金钱”。

关于这个组剧，奥尼尔解释说，他“继续了这一理论，美国不是世界上最大的成功，而是最大的失败；最大的失败，是因为她被赋予的东西比其他任何国家都要多……她的主要理念是，通过占有灵魂以外的东西来占有灵魂是个永远的游戏……这在《圣经》中还有更好的阐述；‘如果我们占有了全世界，却失去了灵魂，又有何意义？'在这一点上，我们是再清楚不过的例子”。

很显然，奥尼尔虽然不是牧师，他母亲曾经希望他成为牧师，他身上有相当多的道德和宗教气质。

奥尼尔最初计划《一个占有者自我剥夺的故事》由五个剧本构成，但在1935年的写作计划中，这个世家组剧被扩展为了七个剧本。按照总的设想，故事开始于1828年，一开始讲的是两个对比鲜明的家庭的故事。一个姓梅洛迪（Melody）的爱尔兰移民家庭的几位成员，一个姓哈福德（Harford）的新英格兰贵族家庭；在第一个剧本结束后，该组剧的重心转移到了萨拉·梅洛迪（Sara Melody）和西蒙·哈福德（Simon Harford）的爱情故事上，叙述了两个家族后代命运的变迁，故事一直到20世纪30年代早期。虽然萨拉有天主教文化背景，西蒙是个新教教徒，“除了非常偶尔作为不太重要的真实细节以外”，宗教在剧中并不占据重要位置。

剧作家尽可能让每个剧本既成为一个自洽的整体，又是整个组剧的一部分，每一个剧本讲述一个家庭成员的“最后命运”和整个家族的发展。组剧一个重要的主旨是，“在不同情况下，家族特征的再现（物欲、权欲是一个重要特征）”。因此，该组剧不仅关注“父辈对第三代、第四代孩子的不公”，还展现了每一代人身上频现的家庭的“不公”。奥尼尔还希望揭示“随着时代的变迁人们心理特征的发展变化——铁路、恐慌带来了什么样的变化”。在此过程中，这个美国故事很大一部分都被讲出来了——即，奥尼尔对美国历史上塑造美国民族性格的主要潮流和决定性事件的看法。

尽管他明白《一个占有者自我剥夺的故事》需要付出“好几年艰辛的努力”，他依然对该计划及“该剧有可能是美国剧坛的一部力作”“兴致高昂”。他列出了该剧的提纲，做了无数的笔记，而后开始写下所有七个剧本具体的情节方案，每个情节方案大概25,000个单词。这一计划后来扩展为八个剧本，然后九个，最后是十一个剧本，下文是他七个剧本的情节方案，1935年做的一些基础性工作（标题相应地也都构思出来了，除了一两个例外）：

《诗人的气质》（*A Touch of the Poet*），伦敦，1828。

《更加庄严的大厦》（*More Stately Mansions*），新英格兰，1837—1842。

《南回归线的无风带》（*The Calms of Capricorn*），几乎所有的故事都发生在一艘帆船上，时间是1857年，波士顿港口、南大西洋和旧金山的金门。

《地球的极限》（*The Earth's the Limit*），西海岸，1858—1860。

《除了荣誉，什么也没丢》（*Nothing Is Lost Save Honor*），“主要在华盛顿（特区）附近”，1862—1870。

《骑在铁马上的人》（*The Man on Iron Horseback*），纽约市，1876—1893。

《狗毛》（*The Hair of the Dog*）（包含《贝茜·鲍恩的一生》），中西部（底特律？），1900—1932。

拉塞尔·克劳斯三月份在卡萨·吉诺塔度周末时，听说了奥尼尔的这个组剧计划，他是最早得知该计划的人之一。他带着这一消息回到了纽约，同仁剧院的董事们非常渴望获得与此有关的更多消息。不久之后，劳伦斯·朗格内尔全家去拿骚（Nassau）进行了短期度假，在回来的路上他们顺便去了海岛。朗格内尔发现奥尼尔完全沉浸在了这项工作中，“像个赤身搏击的拳击手”。一天下午，当他们在海滩晒日光浴时，奥尼尔向他概述了这个组剧，朗格内尔觉得比较起来该组剧让高尔斯华绥的《福尔赛世家》（*The Forsyte Saga*）都显得相形见绌，但是他担心这位剧作家在海岛令人倦怠的气候条件下是否有毅力完成这项宏大的计划。接下来，两个人一起游了泳，“金朝海里游了很远，脑袋和有力的双臂在棕绿色的海水中划过，宛如一个水陆两栖人，既不属于大海，也不属于陆地”。

特丽萨·海尔朋后来得知这个计划的时候，她想起的不是高尔斯华绥，而是巴尔扎克，认为该剧是一部“具有戏剧性和人性的喜剧”。卡洛塔对丈夫的这个新冒险吃惊不已，对海尔朋说，“最让我担心的是——现在金开始了可以使他充分发挥想象空间的剧本的创作——接下来他会写关于人类历史的剧本”！

奥尼尔认为《一个占有者自我剥夺的故事》是“《奇异的插曲》的进一步深化”。他对罗伯特·西斯克说：“这个组剧在方法上也许没有《奇异的插曲》强——我想，一般说来，更加具有诗意——在语气上比《大神布朗》更进了一层，而且象征意义更强，更复杂……探索得也更深刻。”媒体对他的新计划有些错误的报道，他不太高兴，他告诉西斯克说，他委托了同仁剧院起草了一份声明，纠正了“报纸上刊载的说我打算写一个九个剧本组成的自传的愚蠢的混蛋传言！这足以招致大家对我的不满——我不责怪他们”！

显然，《一个占有者自我剥夺的故事》是对他内战三部曲的进一步深化（家庭和过去再次成为了“命运”），但是把该组剧视为他创作趋势的巅峰，并预示着《悲悼三部曲》的到来，更具有启发意义。他的这一创作采用了不止一种形式，但从根本上说是试图展示启示录式的观点，下具有决定性的结论。要追寻这一创作倾向的发展历程，只需要看看奥尼尔大部分代表作品即可。除了《马可百万》和《泉》，具有道德意味的古装戏蔚为大观，20世纪20年代的前几年，他写的所有剧本尽管各有优点，但不够丰满。《琼斯皇》《与众不同》《黄金》《安娜·克里斯蒂》《毛猿》《难舍难分》《上帝的儿女都有翅膀》以及《榆树下的欲望》——所有这些剧作多多少少都在这些故事的框架之内，就是有冗余的脂肪，也不太多；一般说来，没有一个剧作让人把神经绷得非常紧，或者是非常明显地试图达到某种普适的真理。然而，从《大神布朗》开始，就出现了某种刻意而为的倾向，试图在剧本中尽可能地融入更多的故事，更多的意蕴——因而剧中大量使用了象征手法，面具的使用也变得复杂，结论变得深奥难懂。

在谈到《大神布朗》时，奥尼尔说：“它是神秘的，这种神秘任何一个男人和女人都能感觉得到；但事件的意义，或者说地球上生命中偶发事件的意义，他们并不了解。我在舞台上表现的正是这种神秘。”

随着他的追求变得更加强烈，从《大神布朗》到《拉撒路笑了》《发电机》和《无穷的岁月》，这些剧本对神秘的表现更加直白——上帝和死亡。如果说，他的这一创作趋势将他的作品引到了过度神秘主义和晦涩难懂的错误方向，那么他的这一创作趋势也同样让他能够努力探索人性最深处的真相，大声说出人类处境的必然结局；全面探究这一主题的冲动驱使着他。所以，在《奇异的插曲》中，他的目的不仅仅是讲述一个女人的故事，而是所有女人的故事，她们的角色是女儿、妻子、柏拉图式的朋友、情人、母亲，她们柔弱而坚强，亲切仁慈，但同时又有破坏性。由此，他为他的这部新古典主义剧作再次选择了《奥瑞斯提亚》三部曲，因为这可以提供“展示一个家庭内部所有深藏关系的最大的可能性”。正如卡洛塔所说，现在他正在写“一百年来这些伟大而光荣的州县的政治、金融、精神和文化的历史”。她对拉塞尔·克劳斯说，“为了这部作品，他不得不读很多东西，数量令人发狂”。

1935年春天和早夏，从四月份接待范妮亚·马里诺夫和卡尔·范韦克滕开始，奥尼尔连续接待了几拨客人。几年前，范韦克滕有一份私人收入，可以尽情从事自己喜欢的事情，开始是写小说，后来从事摄影；他擅长为艺术界的名人或者即将出名的人拍肖像，他们中很多都是他的朋友。在卡萨·吉诺塔，他绝大部分时间都在给他的主人及主人家的仆人拍照。作为回报，奥尼尔把自己早年的一张照片送给了他；照片上，奥尼尔在新伦敦的一个山坡上，屈身坐在画板前。在送给卡尔的照片上，他写道：“在过去那些美好的日子，我画轮船！”在范妮亚的照片上，他写的是：“过去是艺术家，如今只是剧作家——魂牵梦绕地想尝试，乱了套！”他在卡洛塔的读物上留下的题词是：“正如你所见，你心不在焉的艺术家！”

五月，卡洛塔和女儿团聚了一次；她三年没见到女儿了，女婿也是第一次见。令母亲欣喜的是，17岁的辛西亚在她们分别期间有了“风度和尊严”，辛西亚的丈夫在这对著名的岳父母面前表现非常敏感，这让他们感到不自在。六月，卡洛塔忙着“尽力”让小尤金夫妇“快乐高兴”（她对一位朋友说，“关于继子，不得不倍加‘小心’”）。继小尤金夫妇之后来访的是内森。卡洛塔后来说，“我们关系很好，天哪，我们那个争辩啊！他离开时，我们都筋疲力尽了——可我们依然是朋友”！

尽管家中有客人来往，奥尼尔一周七天都在工作，直到吃饭时间才出现。和过去两年不一样，他如今整个夏天都待在海岛（卡洛塔说，“我不明白，这么热的天，金是如何工作的”），他想一直工作到把所有的剧情安排都写完。在前期准备工作中，他为哈福德家族及其亲属列了一个家族谱系，画出了国家的地图，标出了这个家族几代人的活动轨迹，还为他的第三个剧本《南回归线的无风带》中的帆船画出了草图，并在上面标示出了每个主要人物居住的地方。1935年9月17日，在给克莱顿·汉密尔顿（Clayton Hamilton）的信中，他写道：“现在我的大脑被一千零一种技术和心理问题所困扰，因为要完善和勾勒出这个组剧七个剧本彼此之间的关系提纲。当我完成了一天的工作量，我都不愿再提剧本一个字！”他说，剧本创作是“折磨人的差事”。

即使没有百老汇的演出，由于剧作出版、剧本演出、股票和期货的收益，奥尼尔的收入也相当可观。但是，他的生活方式和义务，尤其是艾格尼丝的赡养费和小尤金的教育费用，掏空了他所能挣到的所有的钱；由于至少几年中，他没有为百老汇准备什么剧本，未来的财政就成了他常常关注的问题。这年有一阵子，好莱坞要购买《毛猿》，但这桩交易最终搁浅。让他感到最为快慰的是，定价为120美元有他亲笔签名的一套作品特辑销售非常成功；出版后不久，全部750套便销售一空。1935年10月4日，他自豪地对罗伯特·西斯克说：“给你带来了一个新奇迹！我一直担心大萧条终结了定价为120美元精装本可以销售一空的日子，尤其是剧本。”

十月，他和卡洛塔在纽约待了两周，主要是为了每天一次的牙齿治疗；除此之外的1935年全年，剧作家都在有条不紊地“奴隶般地”从事组剧的创作。动身前，剧作家完成了七个剧情方案；回到家后，最终开始了最初题为《诗人的气质》的那个剧本的创作。在很大程度上，卡洛塔现在在卡萨·吉诺塔的生活又和当初在勒普莱西城堡的生活毫无二致了，连续多日、好多周几乎无事可做；由于丈夫埋头工作，跟丈夫打的交道也非常有限。十二月份，她47岁生日那天，他把《悲悼三部曲》的手稿送给了她，里面有他排练时对剧本的最后修订。他说，这部剧作献给你，“再一次像过去一样，我惊异于（你）对我的错误和缺点的忍耐，满怀好奇地惊喜于（你）对我不再给予你关注和健忘的耐心”。

如今，如果说他对卡洛塔还有什么幻想的话，这些幻想也不多了，他见识了她所有的情绪；他见识了她激烈的性格中充满激情的喜爱、激烈的厌恶和尖刻的怀疑；可他也明白她对他的事业是完全投入的。劳伦斯·朗格内尔说，“卡洛塔将所有的智慧和努力都用于营造一个迷人的家庭和环境，奥尼尔可以有自己的私人空间从事创作，她对此满怀热忱”。

由于两个人性格强，好挑剔，他们的关系并不融洽。他们在卡萨·吉诺塔的一个仆人恰巧碰见了他们俩的一次激烈争吵，当时奥尼尔说“……这会杀人的”！这位仆人回忆说，“在此之后好几天，她坐在餐桌边，也不吃饭，泪水顺着面颊往下流”。

卡洛塔对为他们工作的黑人女仆苛求，有些专横，但慷慨，充满母性。她开出的报酬比当地的水平要高，圣诞节和其他时候还会送给她们很多礼物。如果他们要去休假，她通常会硬塞给她们一张五美元的钞票，并叮嘱道：“给自己买些花生。”通常说来，她没有把她们当作非常聪明的孩子，需要进行事无巨细的教导。她们一起在海滩散步时，她会用小望远镜监视她们，因为她命令她们不要和其他人家的女仆讲话。薇拉·梅西（Vera Massey）给她家当了三年的厨师，回忆说，“只要你完全按照她的吩咐去做，她人很好”。由于无聊和寂寞，卡洛塔非常信任薇拉，后者是一位警觉、年轻漂亮的女士。卡洛塔曾自豪地对她说，她已经让奥尼尔远离了前妻；然而，薇拉在违背了“尊夫人”的建议结婚后，发现她过于吹毛求疵，于是就辞了职。

另一位叫玛蒂·鲍威尔（Mattie Powell）的女仆回忆说，“家里出奇地安静，在那里工作期间我一直感到很压抑”。可是，家庭看似平静的表面下是激流和旋涡。奥尼尔夫妇在卡萨·吉诺塔居住的第一年，除了雇用了一名黑人帮忙外，他们还雇用了一对白人夫妇——赫伯特·弗里曼（Herbert

Freeman）和他的妻子丽莎（Lisa）。弗里曼来自佐治亚州的一个小镇，声音沙哑，当了奥尼尔夫妇的私人司机和杂务工；丽莎是一位身材高大、满头金发的德国人，是女仆的头领。卡洛塔把丽莎解雇后，这对夫妇的婚姻也随之解体了，因为丽莎讨厌受到严密的监控，而弗里曼却不愿离开慷慨的雇主，此后又追随奥尼尔夫妇好几年，按照卡洛塔过去的说法，他“其实成为了家庭的一员”。尤金喜欢和弗里曼一起玩足球，弗里曼上高中时就喜欢足球，因而像卡洛塔一样，尤金也打心眼里喜欢这个雇工。与他们的想法正好相反，奥尼尔夫妇对他的感情却没有得到同样的回报。弗里曼责怪是卡洛塔造成了他婚姻的短命，打心里和她产生了过节，在他对剧作家表示尊重的面具下，他看起来并不尊重他们。最后，他的雇主也不再对他有什么好感。

奥尼尔用了大约五个月的时间，于1936年早春完成了《诗人的气质》的第一稿，并欣喜地觉得只需对该稿进行细微的修订便可以定稿了。按照他目前的创作速度，他觉得每年平均可以完成组剧中的两个剧本。不幸的是，尽管他时断时续地创作了好几年组剧，《诗人的气质》是唯一令他感到满意的一部戏。时不时生病，世界局势又不太平，这让他无心工作；单独的、不属于该组剧的剧本也需要创作——很多的事情交织在一起让他无法实现组剧的创作目标。

完全符合当初组剧总的设想，《诗人的气质》自成一体，写出了剧中主人公的“最后命运”，也架起了和后面组剧中其他剧本之间的桥梁。该剧对人物的呈现和故事本身都令人印象深刻，其主人公是奥尼尔刻画的最活灵活现的人物之一：一个喜欢自吹自擂的爱尔兰人，经历了拿破仑战争时期那些辉煌的岁月——现在时间是1828年——在波士顿近郊经营着一家小酒馆。他有一张“拜伦式的脸，脸上写满了怨恨”，每一个可能的场合，他都会迅速地自卫，并大声说道：“科尼利厄斯·梅洛迪（Cornelius Melody）上校，曾经的皇家第七龙骑兵团的一员。”他最得意的记忆是，塔拉韦拉一役后，惠灵顿公爵（Duke of Wellington）“当着全军将士的面”赞扬了他的勇敢。现在，当科·梅洛迪一个人的时候，他喜欢一边欣赏着镜子中的自己，一边朗诵着《恰尔德·哈洛尔德游记》（*Childe Harold's Pilgrimage*）中的诗句：

我没有爱过这人世，人世也不爱我；
它的恶臭气息，我从没有赞美过，
也未曾向它偶像崇拜的教条下跪……

（30年前尤金在普林斯顿上大学时，喜欢给同学们高声朗读同样的诗句。）

梅洛迪的父亲靠自己的奋斗获得了成功，梅洛迪虽然也是在爱尔兰的城堡中长大的，然而上流社会家庭并不接纳他；虽然他的财富越来越少，他仍说他来自精英阶层。他的小酒馆收入微薄，妻子诺拉在厨房里做着繁重的家务，女儿萨拉沦落到了女仆的地步，尽管如此，他还是养着一匹纯血统的好马，傲气十足地骑着马，看不起来他店里消费的爱尔兰酒客。若非剧作家时不时提及他的弱点，尤其是他对不讲条件、全心全意爱着他的妻子的态度，科·梅洛迪就完全值得同情；然而，在他不可一世的举止下，他也备感苦恼。其实，他是一个经常在奥尼尔剧作中出现的人：他像埃玛·克罗斯比，想象着自己和所有的其他人都“不一样”，也像自认为“有归属感”的扬克，还像《上帝的儿女都有翅膀》中的埃拉，认为自己比自己的黑人丈夫高贵得多。科·梅洛迪生活在谎言中，或者生活在《送冰的人来了》中就此主题而给出的定义性说法，“白日梦”中。奥尼尔越来越感觉到，人只有通过自欺欺人才能忍受生活，一旦梦想破灭了，做梦的人也便在精神上或者现实意义上死去了。

《诗人的气质》中梅洛迪和女儿萨拉之间爱恨交织的亲情，不仅是《送冰的人来了》的前奏，而且也是《进入黑夜的漫长旅程》的序曲，该剧中蒂龙一家（实则是奥尼尔一家）彼此之间的感情在爱恨之间游走。正如埃德蒙和杰米责怪父亲吝啬一样，萨拉对父亲的虚荣自负大加讽刺。（可是，虽然两位父亲都喜欢卖弄文采，有喝酒的毛病，喜欢沉醉在过去的荣誉中，他们的不同还是多于相同；梅洛迪总是装腔作势，蒂龙从根本上是个“简单、不做作的人”。）最后，在被美国佬奚落了一番后，梅洛迪开枪杀死了他的良马，即他那个自欺欺人的象征，又重新和酒馆里爱尔兰下层人走到了一起，和他们做起了朋友。然而，萨拉非但没有高兴，还伤心不已，仍鼓励他继续他那贵族的派头。这些分裂使奥尼尔塑造的人物栩栩如生；萨拉是故事中继梅洛迪之后，最重要、最令人信服的一个人物。

说到诺拉·梅洛迪，她因为操劳和家务繁重而未老先衰，剧作家把她塑造成为了一个穿着旧鞋的家庭中的圣人。也许关于她最有趣的一点是，她身上明显体现了奥尼尔对女性的看法：女性应该毫无私心地献身于丈夫；在他之前的第二个长剧《苦役》（*Servitude*）中，他塑造了一个话语不多、品德高尚，具有自我牺牲精神的妻子。［后来，大概在1946年，一部名为《局外人》（*Odd Man Out*）的英语电影打动了他，电影讲述的是黑色和褐色人种在爱尔兰遇到的麻烦，女主人公想尽一切办法拯救他的情人。奥尼尔当时说：“就应该这样。如果一个女人爱一个男人，她应该做好为他献出生命的准备。”］

剧本标题中的“诗人”是西蒙·哈福德，一个新英格兰家族的后代，喜欢幻想，讨厌父辈的拜物，打算写一本提倡乌托邦社会的书。如今，在小酒馆楼上的房间里，他卧病在床，这位年轻的哈福德家的人尚未出场，但他和萨拉之间不断发展的爱情预示着故事的戏剧性。萨拉真心地爱着他，她同时也很实际，她虽然没有承认，她还是把他看作是她在这个世上往上爬的大好机会。诺拉向丈夫预言，“我们会看到这一天的，她穿着华丽的丝绸衣服，坐着马车，带着车夫和随从”。萨拉不仅仅是穿上了丝绸衣服和坐上了马车，按照奥尼尔该组剧的大主题，通过和西蒙的婚姻，她进一步增强了哈福德家族血液中贪婪的特性，这一特性还会在一代代哈福德家的后代身上显现。

西蒙的母亲是《诗人的气质》中出现的唯一一个哈福德家的人，这一人物的原型主要是不喜与人交往的埃拉·奥尼尔和乔治·克莱姆·库克古怪、理想化的母亲。德博拉·哈福德爱挑剔，很自我，有贵族的品位，整天把自己关在花园里，默然地听着“生活的脚步在高墙外离开、退去……”。她的行为很可笑，虽然她反对西蒙和萨拉的结合，她在舞台上警告西蒙，如果他和那个酒馆老板的女儿结婚，父亲就会剥夺他的继承权。

哈福德夫人也向萨拉提出了警告。她说，尽管西蒙有些高贵的想法，和萨拉相似，她丈夫家族的绝大部分人同样也是“大梦想家……各人有各人的方式”。她接着说，问题是，“纵然这些不可能实现，哈福德家的人也会抓住这些梦想不放……这是家族的魔咒”。她不相信西蒙能写出那本改革社会的书来，但也极有可能，她提醒萨拉说，“这已经铭刻在他的心灵上了”，因此这将是他永远的磨难，他生活中永远的阴影。

尽管没有达到奥尼尔最高水准作品的高度，《诗人的气质》仍相当成功，对人物性格的研究富有启示，对家庭的刻画也远远超出了故事本身。梅洛迪是个骑士，他的女儿对他冷嘲热讽；通过这件事，我们看到的不仅仅是人物性格的冲突，家庭内部的恩怨，也是旧世界的浪漫主义和年轻美国野心勃勃、务实精神之间的摊牌；历史力量在这里仍在起作用。科·梅洛迪自我任命为某种生活方式大旗的旗手，越来越显出时代的错误，他注定要被打败，但是他的结局也是某种意义上的复生。该剧具有丰富的结构和多重的意义，这意味着《诗人的气质》还可以有个合适的副标题，“装腔作势者之死”或者“美国人的诞生”。

奥尼尔还在从事《诗人的气质》的创作时，决定把这个组剧扩展为八个剧本，因为把哈福德家族放到更早、更有名的历史时期介绍看起来是一个明智之举。按照这个新计划，该系列剧的故事开始于1806年，这个戏的标题是《那让我去死吧！》（*And Give Me Death*），《诗人的气质》变成该组剧的第二部。1936年3月，特丽萨·海尔朋造访卡萨·吉诺塔，她“很惊诧创作工作所涉及的工作量：前期调研、无数的标注、详细的故事方案”。奥尼尔给她粗略地讲了一下整个项目的梗概，接着告诉她，除非他至少最终完成几个剧本，否则同仁剧院不会拿到他的脚本。海尔朋女士在和她的助理协商后，写信给奥尼尔说，他们越能早一些读到剧本，他们就越能早一些物色最合适的演员。同仁剧院计划专门为奥尼尔的这个组剧招募一帮演员，奥尼尔鼓励他们这样做。

4月7日，奥尼尔回信说："别指望我的第一稿。我的第一稿长得让人受不了，字也多——我是故意这样做的，我把所有的东西都写进去……全靠以后的修订，过一段时间会有更好的想法，就重点写关键的，把累赘的东西删去。对一个读第一稿的人来说，该稿就是该剧给他留下的第一印象，极有可能这个印象的的确确是错误的。我的第一稿常常让我长时间头痛不已，我很难保证它们会让别人不那么头痛。"

他在信中继续写道，他不确信第一批剧本何时能够完成，因为写作取决于"太多因素，而这些无法预测；例如，古老的潜意识有可能会顺利地进入创作，当我进行第一稿创作时，我有可能会发现我的创作能力高涨，写完一个剧本又写一个剧本，甚至写出五个、六个，甚至八个剧本；你想想，在任何一种情况下，外界的干扰让我暂停创作我都会疯掉——对我来说，尤其是像演出这样让人费尽心力的干扰，之后随之而来的往往是很长一段时间创作能力的空白"。

实践表明，他渴望的"创作能力高涨"已经来到了他的身后。在刚过去的一年，他热情高涨，写下了上千条的说明，创作提纲和剧情方案也进展神速；可是，这年春天他在完成《诗人的气质》第一稿，接着开始创作《那让我去死吧！》时，他禁不住变得犹豫，还感到懊悔。他对贾斯珀·迪特尔伤心地说："虽然作为剧作家，我遭受了一千次再生的折磨，我再也不会去尝试一个八个剧本的组剧！" 他在给劳伦斯·朗格内尔的信中说："我建议你将来写个组剧吧——也就是说，如果我恨你，我就建议你去写！和这比起来，一位怀着五胞胎的女士的日子倒显得愉快和开心了。"

除了媒体上偶尔出现的关于他组剧进展状况的报道（往往不准确），奥尼尔几乎从新闻中淡出了；然而，四月份，报纸刊发了他写给纽约剧评界（New York Drama Critics' Circle）一封信的摘录。他对被普利策奖纳入候选的剧目感到不满［1935年普利策奖选择了佐伊·阿特金斯（Zoe Atkins）

的感伤剧《老处女》（*The Old Maid*）候选，而没有选择更优秀的作品，诸如克利福德·欧茨（Clifford Odets）的《醒来歌唱！》（*Awake and Sing!*）、莉莲·海尔曼（Lillian Hellman）的《孩子们的时光》（*The Children's Time*）和罗伯特·舍伍德的《化石森林》（*The Petrified Forest*）]，这些评论家们最近成立了“纽约剧评界”，负责每年一次的奖项评选——第一届奖项颁发给了马克斯韦尔·安德森的《冬景》（*Winterset*）。作为该组织的主席，布鲁克斯·阿特金森曾邀请奥尼尔在授奖宴会上致辞；万一出席不了，也发来一封信。

奥尼尔首先称赞安德森的剧本是“美国上乘剧作中……一部了不起的作品”，接着写道，纽约剧评界奖承载了“所有从心底关心美国戏剧未来”的人的希望。“坦白地说，我不愿承认这一点。事事都恭维评论家……是非常可怕和令人心痛的事情。事情已经盖棺定论……这事显得病态和不正常。”

他接着变得严肃起来，希望应能惊醒公众：“我们的戏剧如今已经长大成人，完全可以和当今任何国家的戏剧相媲美；不再仅仅是纯粹的剧场和插科打诨的嬉笑怒骂，而是成长为了一个艺术可能存在的地方。”（私底下，他的感觉正好相反；几个月后，他满怀希望地回忆起与麦高文、博比·琼斯的交往，就写信给肯尼思说，他常常梦到他们三个如果用过去那种高涨的精神从头再来，“必将有了不起的突破”。依他看，如今的纽约剧坛根本缺少任何“精神”，“什么都没有了——除了14街的激进宣传——没有一样东西为了管它什么目标而树立明确的抱负”。）

这年的整个夏天，奥尼尔夫妇都住在卡萨·吉诺塔，因为奥尼尔不愿意扰乱《那让我去死吧！》一剧的创作。这年早些时候，在天气变得非常炎热之前，他们招待了一些老面孔的来访——拉塞尔·克劳斯、朗格内尔夫妇、范韦克滕夫妇——还第一次接待了萨默塞特·毛姆。他通过伊丽莎白·马布里认识了毛姆。两位作家在纽约见过几次，但当时奥尼尔很紧张，也不主动；在位于海岛的家中，奥尼尔主动来到毛姆身边，“很容易交往，完全没有自我意识”。毛姆觉得这个住所“太孤独”了，据这个英国人后来回忆，奥尼尔却“痛苦地抱怨他被人群包围着，让他不得安生”。与他的感觉很像，卡洛塔曾写信给朋友说，“(海岛）人太多了——没有宁静——没有私人空间”!

其实，自从四年前奥尼尔夫妇在那里居住以来，海岛几乎没有发生变化；那里仍是一个宁静的处所，除了修道院和一些小房子，只有几个稀稀落落的住户。偶尔会有刺探消息的新闻记者，或者想一睹剧作家真容的人会想方设法越墙来到卡萨·吉诺塔。一般说来，奥尼尔夫妇的不满都对准了住在隔壁的乔丹·兰伯特（Jordan Lambert）家，这对年轻的夫妇是社会名流，有几个孩子，来自宾夕法尼亚。而兰伯特家不是在奥尼尔之后搬来居住的，在奥尼尔夫妇搬来之前他们就一直住在这儿。

兰伯特和他的妻子特丽萨（Teresa Lambert）精力旺盛，喜爱运动，酷爱飞行，他们属于费城塔门俱乐部（Pylon Club，Philadelphia）。他们所在俱乐部的成员往南飞时往往会在海岛停留，首先在兰伯特家房子的上方嗡嗡地飞一阵以表示他们到了，然后降落在当地的一个临时机场，主人的豪华轿车很快就会过去接他们。奥尼尔喜欢光着身子在房顶的露台上晒日光浴，最初怀疑这些飞机是在窥探他，就让卡洛塔向海岛公司进行投诉；但来自天空的噪音依然不断。一天，卡洛塔站在阳台上，冲着头顶盘旋的飞机破口大骂，还诅咒说希望飞机坠毁，机上成员全玩完。或许，在那些孤独无聊的日子，对兰伯特家社交生活的妒忌增加了她的敌意——客人来来往往、家庭聚会、海滩上的野炊，好多喝的，高高低低的乐手演奏着音乐，通常会持续到晚上很晚。

格外炎热的夏天进一步加剧了奥尼尔夫妇对这座“天堂岛”的不满。尤金向一位朋友抱怨说，“我和卡洛塔在冲击奥林匹克和世界流汗纪录方面不分上下！我们只有不断地跳进水中，浑身滴着水出来”。奥尼尔工作时赤裸着上身，为了保持干燥，就在胳膊上套上图书管理员的袖子，手下垫上吸墨纸，身下坐一条浴巾。为了给自己打气，他努力想在1936年八月中旬写完《那让我去死吧！》的第一稿，但前面的创作仍旧“长路迢迢”，这让他很沮丧。8月18日，他在给哈罗德·麦吉（Harold McGee）的信中写道：“我感到我把要说的都说了，我要把所有过去获得的锡制奖章和报纸赠予我的花环都交出去……后半生放松放松。”

虽然有时很泄气，奥尼尔并没有停止扩展剧组。第二年，他决定展现哈福德家族早期的故事，于是他决定把组剧扩展到九个剧本，剧名为《驯服者的贪性》（*The Greed of the Meek*），时间跨度是从18世纪70年代到90年代。不幸的是,《驯服者的贪性》和《那让我去死吧！》的确切内容现在无从知晓，因为剧作家于20世纪40年代将这两个剧本销毁了；两个剧本都没有写完第一稿。奥尼尔觉得，每个剧本都和《奇异的插曲》一样长，都需要进行大量的改写，他还在工作日志中写道，两个剧本“过于复杂——（我）在剧中想写的东西太多了，穿插了过多的主题和动机，心理上的，还有精神上的”。

尽管这两个剧本现在都不存在了，剧本的本质和叙事仍可从《诗人的气质》一剧推测出来。剧中德博拉·哈福德见萨拉·梅洛迪一幕，用了大量的篇幅追忆德博拉儿子的父辈，他们有些人当时既是自由论的狂热分子，又是以自我为中心的贵族，这些都在哈福德家的魔咒在讽刺地发挥着作用这一点上得到了例证。西蒙的曾祖父乔纳森·哈福德（Jonathan Harford）在邦克山（Bunker Hill）被杀，德博拉猜测他具有利己主义意识，把美国独立战争仅仅看成是他本人获得“纯粹自由”的象征而已。他的儿子埃文（Evan）也是同一教派的狂热分子，诅咒独立战争，说“为了他的解放”，革命“向理想主义做出了太多的妥协”。移民到法国后，他做了罗伯斯庇尔的追随者，心甘情愿抱着他“圣洁的救世主一起上断头台，可是他是个不重要的小人物，所以他们忘记处死他了”。他回家来之后，这个“上了年纪，无趣、温柔、坚强、无用的空想家”就建造了“一座小小的自由教堂”，并生活于其中，这最后就成了德博拉的花园和避难所。

德博拉对萨拉说：“但关键是，你根本想不到哈福德家里的人追求自由的行为会给予他们同生死的女人们带来什么样的报复心理。”

在德博拉讲的家族故事中有三个老女人，她们的身份（这是奥尼尔的错误）被错当作乔纳森的儿媳妇；她们和这个家族的实际关系并不确定。无论如何，正像大家所知道的那样，这些“姐妹们”好像是这个家族中非常贪得无厌的人。德博拉一边咕哝地说着，一边快速挥动着双手。她对她这位未来的儿媳说：“我感到遗憾的是，如今她们已经离开了人世，无法认识你了。我想，他们会对你很中意。她们觉得你身体强健，目标高远，做事坚决，有不达目的誓不罢休的决心。她们会像饿得奄奄一息的毒蛇一样对你笑脸相迎，欢迎你落入她们的圈套。”

该组剧的写作计划采用了詹姆斯·奥尼尔常年上演的剧目《基督山伯爵》的模式——规模更大，当然了，艺术技巧也更多；也就是说，该组剧融合小说和历史事实。这一模式尤其引人注目，因为拿破仑这位在大仲马小说背景中出现的大人物也在组剧的早期几个剧本中隐隐约约地出现了：埃文·哈福德参加了使波拿巴走到前台的法国大革命，科·梅洛迪在西班牙和波拿巴交过战；德博拉·哈福德和丈夫去巴黎度过蜜月，同去的还有那几个“姐妹”和家庭的其他成员，他们都“见证了”波拿巴的加冕典礼。

剧作家从童年起对《基督山伯爵》再熟悉不过，他好像不但继承了父亲的戏剧艺术细胞，而且还继承了剧本的素材。父亲对他的职业影响大得也许超过他的想象。

1936年夏末，位于西雅图（Seattle, Wash.）的华盛顿大学（Washington University）的一位教授，索弗斯·K. 温特（Sophus K. Winther），和他的妻子埃利纳（Eline）在卡萨·吉诺塔待了一周。剧作家和教授以前见过面，对他的书《尤金·奥尼尔：批判性研究》（*Eugene O'Neill: A Critical Study*）印象深刻（了不起的工作……“研究性的批判分析，构思完美，完成出色”）。由于通信频繁，卡洛塔对温特夫妇感情也很好；简言之，这两对夫妇一见面就像老朋友。温特夫妇来访时，奥尼尔夫妇厌倦了海岛上令人窒息的夏天，决定“把美国南部的州留给流行歌曲出版界”，搬到一个不那么令人感到萎靡不振的地方去。两位客人热情地说西北地区景色宜人、气候凉爽，听了这些话，他们决定在不久的将来在西雅图尝试性地住一下。尤金认为，他至少可以为他组剧中在海岸发生的故事吸收一些地方特色，找找西部的感觉。

按照卡洛塔几年后的说法，好像即使奥尼尔对他们离开海岛不负唯一的责任的话，也要负主要责任。她说："他想住在海边，海水夏天不热，冬天又不冷，一年四季都阳光普照。他在寻找天堂，这是他想得到的。我总在寻找家，因为奥尼尔先生身体不太好——我听说很多身体不好的人都一样——认为，都怪天气和气候：太潮湿了，或者太干燥了，或者太这样了，或者太那样了……所以我们会卖掉房子，去下一个地方安家。"

可是，她当时也像她丈夫一样想离开佐治亚州。"我讨厌南方（一直讨厌！）"，这年夏天早些时候，她在给多萝西·康明斯的信中写道，"我希望有朝一日卖掉这个地方，在遥远的北方搭建一个结实而朴素的小棚屋"。

卡尔·范韦克滕说："卡洛塔喜欢安新家。在拥有了她想要的一切之后，一切顺利的话，她就失去了兴趣，变得厌烦，她无事可做。不仅仅是金一个人习惯了居无定所。"

一旦奥尼尔夫妇决定在什么地方居住，他们就会感到像刑期结束的囚犯一样迫不及待地想动身离开。十七年的蝉破壳长大了，已经紧张不已的卡洛塔被它们无休止的尖利的嗡嗡叫声弄得焦躁不安，以至于她不得不抑制着想对它们大吼一通的冲动。她告诉温特夫妇说，为了金的缘故，她努力说服自己她乐意在海岛居住；正如当时的情况一样，她接着说道，他"并不知道我在这里感到多么孤独"。

快到九月底的时候，剧作家感到很糟糕，"夜里严重盗汗，感到身体疼痛，虚弱无力"，他担心是肺病复发了。尽管他和卡洛塔原打算在海岛一直居住到房子卖了以后，十月初他们来到了纽约看医生。幸运的是，医生的诊断表明，他并没有器质性病变，医生建议他长时间休息一下。卡洛塔也疲劳过度，医生让她住院一两周，她决定还是照看丈夫，她相信西北地区比医院更能让她恢复过来。奥尼尔夫妇在洛厄尔（Lowell）的东63街住了一个月时间，治病和处理牙齿，在此期间还和同仁剧院、兰登书屋、代理人和律师进行了沟通。30日，他们踏上了西去的火车。

这对来自海岛的逃难者在木兰崖（Magnolia Bluff）的僻静处找了一个安身之所，以前他们曾在此租住过三个月，普吉特海湾（Puget Sound）、高大的常青植物和山顶被白雪覆盖的奥林匹克山一览无余。望着海湾中游弋的船只、听着雾笛和海鸥嘶哑的鸣叫声，奥尼尔立刻觉得，哪怕是暂时的，这是一种家的感觉。

他避开公共视线的希望从一开始就没有效果。《西雅图时报》（*Seattle Times*）获得铁路部门透露的信息，11月3日，奥尼尔夫妇到达的时候，报社派了一名记者在火车站迎候他们。他们很感谢报纸没有透露他们的秘密藏身处。为了保护他们的隐私，他们使用了没有公开列出的电话号码，卡洛塔提醒电报公司不要把他们的地址给任何人；可是，就在几天内，因为剧作家获得了新的殊荣，来自报纸、电台和新闻影片的一大拨记者就闹嚷嚷地出现在了他家门口。

11月10日，他收到了拉塞尔·克劳斯发来的一封电报，电报上说据传言他是1936年诺贝尔文学奖的获得者；奥尼尔并没有感到高兴，他对该奖项在辛克莱·刘易斯获得此殊荣仅仅六年后再次授给美国人表示怀疑。他认为，“应该是一位法国人得到——纪德（Gide），或者瓦莱里（Valery）。”第二天，报纸上简短地报道说，根据“瑞典消息灵通人士的说法”，这位美国剧作家是居于领先的候选人。12日早上，美联社由于联系不到奥尼尔，就叫醒了索弗斯·温特，通知他传言已经被斯德哥尔摩证实是真的，他于是就打电话给奥尼尔。该奖项是40,000美元的现金奖励。

随便穿着法兰绒长裤，灰色的运动衫，由卡洛塔和温特陪着，当他在卧室面对着记者和镜头时，这位诺贝尔奖新得主显得和蔼可亲，但非常明显也很紧张。他说，他本来以为如果诺贝尔奖委员会选择了一位美国人的话，奖项“应该颁给德莱塞——他该得这个奖”。虽然该奖项的颁发是考虑到总的成就，而不是某一特定的作品，奥尼尔还是认为《悲悼三部曲》是他能够被提名的一个关键因素；他主动说，令他最满意的作品是《大神布朗》，接下来，是《毛猿》。访谈时不时地被大雾笼罩的普吉特海湾中驳船嘶哑的汽笛声所打断。“我喜欢汽笛”，奥尼尔在被提问的间隙说，“汽笛让有些人保持清醒，而会让我入睡”。

当被问及感觉如何时，他飞快地咧嘴笑了笑说：“我当然高兴啦。我感到像一匹刚被授予蓝色缎带的马。”（后来他对该意象进行了更多说明，他告诉一位朋友说，他像过去一匹拉车的马，尾巴上扎着蓝色的缎带——累得要死也无法转身把这蓝色缎带吃了，或者怎么样。）当被问及组剧时，他觉得每个演出季可以上演两个剧本。“这个组剧观众可以看上好几年，会一直演下去。我希望，八年把该组剧中所有的剧本演一遍，还会有人抓住机会把这些剧本继续演下去。这定会引起观众的轰动，再也不想看其他的戏。”

可以预料得到，纵然是诺贝尔奖也不会给他带来参加公共典礼的动力。12月10日，古斯塔夫五世国王（King Gustav V）进行宣布的时候，奥尼尔假托目前一些私人事务尚未处理好，不能到斯德哥尔摩，他说他打算晚些时候过去。

此起彼伏的电话铃声（他们的号码不再是秘密），接踵而来的贺电和贺信，演讲的邀请或者做社交、文化和文学事务的嘉宾，来看他们家和想一睹这位大人物的人群，都令奥尼尔夫妇感到在木兰崖陷入了围城。11月15日，在写给特丽萨·海尔朋的信中，奥尼尔说，“像这样的激动时候有些多了，剩下的都可以用讣告来总结了”。尽管他愉快地与报纸进行了合作，他却没有给从好莱坞飞来的电台和电影新闻片记者面子。这拨电影人不敢相信他会拒绝一次在全世界人面前露脸的机会，仍在坚持着。

“他们追了我好几天”，索弗斯·温特回忆说。“希望我能劝说奥尼尔改变主意。他们想让金在一个他刚刚得知获奖消息的假情景中做个样子，在镜头中一个电报投递员慢慢走近奥尼尔的家门口，按响了门铃，奥尼尔开了门，卡洛塔陪伴在身旁，当看到获奖电报时他咧开嘴来了个大大的微笑。当把这些给金讲了以后，他只是说了句‘让他们见鬼去吧’！”

就连1934年诺奖的获得者皮兰德罗（Pirandello）、豪普特曼、雷诺曼这些欧洲人都发来了电报，但只有几个美国人，即西德尼·霍华德、爱德华·谢尔登、S. N. 贝尔曼和拉塞尔·克劳斯［克劳斯开始与霍华德·琳赛（Howard Lindsay）合作，他们的合作非常有名］不嫌麻烦地向奥尼尔表示了祝贺。没有马克斯韦尔·安德森的音讯让奥尼尔尤其恼火，他曾非常慷慨地把马克斯韦尔向纽约剧评界进行了推荐。奥尼尔同意辛克莱·刘易斯的观点，认为“高尔基（Gorki）从来没有得过这个奖，这极不光彩；（今年）他去世时，我给纽约的一家苏维埃杂志写过一篇吊唁他的文章，明确表达了我认为他在所有健在的作家中独占鳌头”。［部分原因是受了高尔基《底层》（*The Lower Depths*）的影响，奥尼尔在几年后创作了剧本《送冰的人来了》，一个关于一群被社会遗弃的人的佳作。］

报纸上到处刊载的是奥尼尔坐在桌子边工作的照片，卡洛塔站在他的身后，俯身看着。在位于庞特普莱任特（Pointed Pleasant）的家里，艾格尼丝为12月6日的《费城询问报》（*Philadelphia Inquirer*）准备了一篇题为《从生活的沉渣到诺贝尔奖》的整版故事，配图是卡洛塔和丈夫在一起的照片。（沙恩发来了贺电，后来他听说父亲并没有收到，他怀疑是卡洛塔截留了电报。）

国内外对诺贝尔奖的评选热情都很高。《曼彻斯特卫报》（*Manchester Guardian*）评论说：“一战以来，在全球范围内从来还没有哪一个人能像奥尼尔一样在戏剧界激起人们如此大的兴趣。”《锡兰每日新闻》刊登的一篇文章深受奥尼尔的喜欢，文章称他为“成功跨越2,000年时间的海洋，穿梭于当今与古希腊的最近代的剧作家”。

英国的萧伯纳感到“非常高兴”，他说，他已经猜到“今年的奖项应该授给厄普顿·辛克莱（Upton Sinclair）或奥尼尔，无论如何美国人应该得此大奖”。其他持赞成态度的爱尔兰作家有伦诺克斯·罗宾逊（“奥尼尔对戏剧的贡献真的价值很高”）和叶芝（“我非常喜欢他的作品”）。11月25日，奥尼尔告诉克劳斯，令他非常高兴的是，爱尔兰驻华盛顿的大使代表爱尔兰自由邦（Irish Free State）称赞他，“和萧伯纳、叶芝一道，为古老的爱尔兰增添了荣誉”。奥尼尔最后说：“还有比这更完美的吗？”（几年后，在向汉密尔顿·巴索回忆起这件事时，他再次特别提到爱尔兰官方的评述。）

然而，赞誉声中也有不和谐的音符。据11月12日美联社的一篇报道，那些“不喜欢”奥尼尔和诺贝尔奖结果的人“指出，虽然该奖项开始于1901年，但还有些人从来没有得过奖”：托尔斯泰、普鲁斯特、哈代（Thomas Hardy）、D. H. 劳伦斯、康拉德、亨利·詹姆斯（Henry James）、贝内德托·克罗斯（Benedetto Croce）、马克·吐温和乔伊斯。《纽约工人日报》（*New York Daily Worker*）13日用一种尖酸的口吻宣称，奥尼尔被授予诺奖不是“因为他是个革命作家、工人、梦想家、反叛者、毛猿和下层人的记录人”。这份共产党报纸评论说，他已经“越来越变得自保和保守……奥尼尔开始时是个工人阶级的剧作家，创作中期结束后就变成了一个令人作呕的中产阶级了”。

但是最辛辣的攻击来自伯纳德·德沃托（Bernard De Voto）。他在11月21日的《星期六文学评论》（*Saturday Review of Literature*）上撰文说，奥尼尔往好里说，是“对剧场来说作品最有效果的唯一的一位剧作家；往坏里说，他写出了我们这个时代最做作的蹩脚剧本”。攻击了奥尼尔和支持他的活动［“小剧场是粗棉布和鲁特琴（Mandolutes）”］。沃托并没有就此罢休，他还抨击了同仁剧院，责怪是它的资源和威望，以及“可以引导各阶层品味的力量”应该对奥尼尔获得了他不应该得到的“殊荣”负责。（非但没有“引导各阶层品味”，同仁剧院最近一直在走下坡路，正在遭受来自各方的非难。理查德·沃茨通过《纽约先驱论坛报》说，同仁剧院“过去一年的日子不好过，连续三个戏不成功，一股悲观的气氛在它时而热情时而冷淡的支持者中蔓延……剧场的创造力出现了问题，必须采取措施了”。）

“（不管德沃托是谁，）德沃托的文章对我来说并没有什么关系。”11月30日，奥尼尔对一直在为他的反应而担心的特丽萨·海尔朋说。“太整齐划一的赞许会让我觉得像是在我头上立了一个墓碑！所有作家都赞同的那些作家必死无疑！”

奥尼尔获得的新荣誉所带来的不同反应打消了他打算去西北部休息一下

然后一鼓作气的想法。虽然他试图在普吉特海湾钓鱼、冲浪，但他的时间绝大部分都花在了想方设法避开把他奉为名人和如潮的祝贺方面。在一次回信时，他的怀旧之情非常明显。12月3日，在给玛丽·克拉克（Mary A. Clark）的回信中，奥尼尔说："他们中绝大部分都死了，剩余的因为各种各样的原因疏远了我，最主要的原因是时间的磨难。"玛丽·克拉克是奥尼尔在盖洛德农场（Gaylord Farm）的佣人，他在《救命草》中写过她。

麦高文在信中提到不久的过去，这提醒了他。他回信说，他常常想起那段时光。"你非常努力而又无私地把我的剧本推向舞台……你是最出色的家伙，也是我最好的朋友。肯尼思，我们再无机会彼此问候一声您好，更不用说在一起工作了……这是糟糕和遗憾的事情。"在尤金的鼓励下，麦高文乘飞机到西雅图过了一次周末，两人见面后一个谈百老汇，一个谈好莱坞。他们一致认为20世纪20年代的纽约剧场要远远超过这十多年的记录。

在接受波特兰《俄勒冈人报》(*Oregonian*)记者理查德·纽伯格(Richard L. Neuberger)采访时，奥尼尔谈话的兴致很高，他找到了对联邦剧场计划（Federal Theater Project）寄予厚望的原因，它是政府设立的公共事业振兴署（Works Progress Administration）的一部分，旨在消除大萧条的影响。奥尼尔说，公共事业振兴署的剧场部门"可以把那些从来没有上演过的剧目呈现给观众；这种可能性非常大"。奥尼尔咧嘴笑了笑说，在他所生活过的这个国家有很多地方的人对戏剧并不熟悉，戏剧的推广者要和跟现实中真正的演员在一起时一样对剧本进行宣传。

奥尼尔对联邦政府的计划表示欢迎，认为这是政府对戏剧迟到的认可，戏剧艺术需要得到政府的资助。他说："迄今为止，美国人对戏剧的看法受到商业考虑的主导，百万富翁们捐资给艺术博物馆、大歌剧和考古探险，但必须给戏剧一些预算。"

他曾当面贬斥过父亲的戏剧，如今他却满怀敬意地回顾詹姆斯·奥尼尔和埃德温·布思的那些辉煌年月，当时所有城市，不管大小，都成立了一个驻演剧团；他希望公共事业振兴署的计划能够复活当时的“一些文化和特色”。他说，“如果演出过去一些剧作家的上乘之作，同时把新人最好的作品呈献给观众”，公共事业振兴署的戏剧部门“对国民生活将极有价值”。[虽然私底下他对此表示怀疑；12月7日，在给一位老朋友，公共事业振兴署负责纽约剧场大众票务的爱德华·古德曼（Edward Goodman）的信中，奥尼尔说，他从来没有看到过公共事业振兴署的一次演出。“我必须承认，私底下，避开你所在机构耀眼的例子，关于贵署的演出我听到的版本是……一个令人伤心的故事，没有竞争力，贵族式的繁文缛节倒不少。”我远不赞成这个主意。]

纽伯格是位坚定的民主党员（后来当选为俄勒冈州的参议员），领导了这次和政界的对话。他有机会报告说，奥尼尔“对罗斯福（Franklin D. Roosevelt）以压倒多数当选很热忱；他认为，国家在新政下发展了，认为罗斯福是一位伟大的民主党领袖”。

在他身边的奥尼尔提起了约翰·里德的话题，里德在波特兰出生、长大成人，如今埋葬在克里姆林宫的墙下。剧作家用满怀激情的语调说，里德当初是普罗文斯敦剧团创始者中的一员，人人爱戴。虽然奥尼尔并没有提及她的名字，毋庸置疑，奥尼尔也想到了路易丝·布赖恩特，这年早些时候她去世前，她的生活一塌糊涂。1920年里德去世后，有一段时间她的生活还算顺利——有一份体面的驻外记者的职业；嫁给了社会主义者外交官威廉·布利特（William C. Bullitt）；生了孩子；在巴黎安了一个温馨的家。可是，她后来染上酗酒、吸毒，交友圈子也成问题，布利特指控其“人品有问题”，和她离了婚。根据后来传到格林尼治村的一个说法，路易丝从她位于左岸的肮脏的旅馆蹒跚着下来，赤身裸体，拿着一瓶伏特加，41岁的她此后不久就去世了。

十一月份，奥尼尔有一段时间在准备斯德哥尔摩的演讲稿，他不确信他写的稿子是否比宣读的稿子要好一些，于是就给拉塞尔·克劳斯送了一份以听取他的意见。稿子的某些部分很真诚。稿子写的并不符合他本意，奥尼尔写道："不仅我的作品受到大家的推崇，同时还有我所有美国同行们的作品——……诺贝尔奖标志着美国戏剧时代的到来。纯粹是时间和机缘的运气，我的戏剧成了自一战以来……美国剧作家写出来的家喻户晓的作品。"

其实，他为其他的剧作家整体感到愤愤不平。他向克劳斯描述上面那一段文字："充满了不只是一小点关于我美国同行的和蔼但华而不实的说法——到底为什么我应该如此和蔼，我想我并不知道，对于为数不多的人来说，即使有原因，也没有人敢于体面地承认我的作品对于美国剧坛和他们来说到底意味着什么，或者说我的开拓性贡献打破了过去的教条，使他们有了可以随心所欲地写自己想写的东西的自由。（他们中不是很多人都有敢于在平凡之中写出非凡的勇气——可是他们本来可以做到。）"

他向克劳斯保证，他演讲稿的其余部分非常真诚。在演讲稿中，他宣称他"非常高兴"地承认"我的作品得益于所有现代剧作家中最有天赋的一个，贵国的奥古斯特·斯特林堡。当我刚开始从事创作时，就是通过读他的剧本……尤其是，首先让我有了现代戏剧意识，并首次激发出了我要为剧坛而创作的动力。如果我的作品里有什么持久性的价值的话，正是那种来自他的最初的创作冲动，自那以来一直激励着我。"

"当然了，在瑞典，我的创作受到斯特林堡的影响不是什么新闻。那种影响非常清晰地存在于我很多剧本……对于我来说，像尼采一样，他在他的领域是位大师，纵然到了对我们任何人来说更加近代的今天，他依然是我们的领袖。"

"考虑到今年的诺贝尔文学奖，我可以自豪地想象，他的精神可能在微笑，觉得他的追随者不是太对不起他的导师。"

奥尼尔把演讲稿出示给索弗斯·温特看，并说，他希望有来生，这样他就有机会见到斯特林堡了。温特评论说，稿子"在证明其不朽一面做得还不够"，奥尼尔脸一红，回应道："对于我来说，已经足够了！"

显而易见，奥尼尔对斯特林堡的热情不仅仅源自他对斯特林堡文学天赋的尊崇。正如艾格尼丝·博尔顿所写的那样："金为斯特林堡个人痛苦的生活所感动，这在后者的小说中有所揭示［《女仆的儿子》（*The Son of a Servant*）及其他作品］；尤其是，他和那些看起来好像总在利用他的那些女性之间痛苦的关系……这些作品伴随金好多年，金读这些小说的次数比读斯特林堡的剧本的次数还要频繁。我不明白——但我想，奥尼尔直到去世之前在感情上和这位痛苦的伟大的瑞典人是一样的。”

# 第二十三章　组剧束之高阁

奥尼尔来西雅图时本想着有可能在此地安一个家，可是连续几周下雨和大雾使他们取消了这个决定。奥尼尔和温特开车围绕奥林匹克半岛进行了为期两天的旅行，其实他们并没有机会欣赏美丽的风景；尤金半开玩笑地不断引用着《安娜·克里斯蒂》中的句子："雾，雾，雾，一直都是雾。你根本看不清你在往哪里去。"

据1936年12月15日的《西雅图时报》报道，奥尼尔夫妇已于前一天乘火车离开，"绕道返回"海岛；但该报道并不准确。为了避开公众的注意，这个自从"诺贝尔炸弹爆炸"后，对他们来说一个重大的问题，他们让卡洛塔的女儿辛西亚开车过来送他们去旧金山，因为他们决定在加利福尼亚的北部安家。辛西亚对前面的旅途感到紧张不安，因为她正在闹离婚，把罗伊·斯特拉姆（Roy Stram）也一同带来了，她即将和他结婚了。令她感到放心的是，卡洛塔尤其是奥尼尔立刻就喜欢上了罗伊。罗伊来自加利福尼亚，活泼、直率，曾在大船上当过事务长，进行过几次环球航行。奥尼尔问起了罗伊的航海经历，罗伊想起了在从布宜诺斯艾利斯返航的途中吃已经生了虫子的硬面包，奥尼尔咯咯笑起来。

虽然卡洛塔常常说她“讨厌”加利福尼亚，如今她却非常高兴待在“我亲爱的”旧金山，她和奥尼尔在费尔蒙酒店（Fairmont Hotel）找了一套公寓住了下来，该酒店俯瞰着金门大桥和海湾。奥尼尔总是喜欢围绕海湾在山坡上蜿蜒而建的小镇，他上次来这个地方是1909年，当时是逃避第一桩婚姻，在去西属洪都拉斯的途中。休息了几天后，他让罗伊·斯特拉姆开车载着他去纳帕（Napa）、马林（Marin）和索诺玛（Sonoma）地区转了转，希望能够找到一所结实的老房子，他和卡洛塔可以改造一下变成他们的新家。乡下有个房子让他非常感兴趣，三楼有一个小剧场，这个设施让剧作家不得不猜测什么人曾住在那里而且自己演戏。他和卡洛塔又去了这个地方一次，可卡洛塔说她不喜欢旧房子，更喜欢“造一所当家的喜欢的房子”。

在提到丈夫时，她现在用“当家的”这个说法，而且用得严肃自然。辛西亚和罗伊觉得，当奥尼尔单独和他们在一起时，他显得更加自然、更加放松；卡洛塔在场时，他们觉得他显得有些拘谨，“仿佛他常常不得不是那个世界闻名的剧作家尤金·奥尼尔”。

奥尼尔在西雅图的最后几天和在旧金山的最初几天看起来还好好的，可是慢慢地神经变得紧张起来。由于长时间工作，又加上缺少休息，尤其是过去在海岛的两个夏天，获得诺奖的兴奋使他不能得到身体所需的睡眠，他的身体健康受到了影响。他感到腹痛，12月26日进入了奥克兰的塞缪尔·梅里特医院（Samuel Merritt Hospital）；三天后，他感到阑尾灼痛起来，就接受了阑尾切除术。卡洛塔对拉塞尔·克劳斯伤心地说：“我都能听到新年夜号角的嘟嘟声了，而我可怜的金却在医院里遭受痛苦。”

奥尼尔住院一天后她就住院了，住在了他隔壁的房间，不是因为她病了，而是能够更好地呵护他的隐私，也可以防止他可能和护士或者其他人有染。在辛西亚和罗伊、索弗斯·温特夫妇，还有他人诸如海岛的乔治·博尔看来，如今48岁的卡洛塔生活在一种顽固的恐惧中，她担心另一个年轻的女人会把她取代。“你要让那些剧团中的女演员离我丈夫远远的！”克劳斯从西雅图赶来，并捎来了奥尼尔认识的一位女演员对他的问候，她这样告诫他说：“我已经到了敏感的年龄！”

奥尼尔的手术主刀医生是查尔斯·杜克斯（Charles A. Dukes），他是卡洛塔及其母亲的一位老朋友。奥尼尔生病的消息最后走漏了风声——消息首先出现在1937年元月3日——杜克斯医生告诉媒体奥尼尔夫人也病了，差一点感染肺炎。

奥尼尔的手术康复得很好，迫于媒体的强烈要求，他于元月11日在医院的病床边举行了一次集体记者见面会，旁边的桌子上放着厚厚的一摞侦探和谋杀故事书。奥尼尔渐渐恢复了力气，精神很好，虽然双手颤抖得厉害，他还是告诉记者们，关于那个组剧，同仁剧院“每年会演两个剧本，尽可能是非商业演出……就是一个剧本的演出非常成功，也不继续演下去，而要给组剧中的下一个剧本让路”。他接着说，他打算写出四五个剧本之后才将剧本搬上舞台。

说到外国的剧作家，他说：“欧洲大陆好像一片沉寂，我没有听说过斯堪的纳维亚的剧作家。比较重要的英国剧作家是两个爱尔兰人，萧伯纳和奥凯西。”

接受采访后不久，奥尼尔旧病复发，持续了好几天，体温升高，神志不清，他能不能挺过去也是未知数。虽然奥尼尔24小时有护士照顾，卡洛塔由于不分昼夜地照看他快疯了。奥尼尔后来说，病因是“体内脓包溃烂，有毒物质侵染了机体”。元月下旬开始康复了，医生警告他，出院后他也应该继续休息，近一年内停止所有的工作。

他住了两个多月的院。病人中有一个叫简·玛尔格林（Jane Malmgren）的姑娘，一心想当演员，听说奥尼尔也在同一家医院，非常激动，就写了一首诗，诗中提到最近加利福尼亚大学演出的《悲悼三部曲》，她还把建筑物正面具有新古希腊风格的梅里特医院比作了孟南家的府邸，随诗还送来一些小礼物——气球、糖果和口香糖。在一个护士的帮助下，她躲过了卡洛塔的监视，把包裹想方设法送给了奥尼尔。元月26日，在写给她的纸条上，奥尼尔感谢她送来的礼物，并写道："很美丽的诗句……但是，千万别说现在的情况和孟南家很像……那是个令人沮丧的想法——因为，据我所知，孟南家的男性囚徒运气不佳，失去的要比阑尾多得多。"

令奥尼尔夫妇长长地舒了一口气的是，卡萨·吉诺塔最后卖出去了，不久之后，二月份，卡洛塔在海岛花了将近两周的时间收拾和装运行李——主要是书和钢琴"罗西"。她的帮手有辛西亚、斯特拉姆和弗里曼，后者是奥尼尔夫妇在加利福尼亚雇用的。几年后，斯特拉姆夫妇觉得卡萨·吉诺塔是以65,000美元的价格卖出的，但是乔治·博尔回想起当初的价格是83,000美元；不管哪种情况，奥尼尔夫妇都损失了很多，因为这笔交易不仅包含了房屋的价格，房子值大概100,000美元，还包括所有的家具和装修。

2月17日，奥尼尔从瑞典驻旧金山总领事卡尔·沃勒斯特德（Carl E. Wallerstedt）那里收到了一枚诺贝尔奖大奖章和带有凸起文字的获奖证书，在场的见证人只有杜克斯医生和一个护士，卡洛塔当时在佐治亚。获奖证书上写道，奥尼尔"因其创造性的剧作，刻画的具有气质、强烈情感和诚实的人物，以及对人物深入的剖析"而被授予此奖。当剧作家起身迎接登门的沃勒斯特德时，他双膝颤抖，双手哆嗦；大使不得不双手放在奥尼尔的腋下，帮助他回到椅子上坐下。

沃勒斯特德说："照例，是诺贝尔奖获得者去瑞典领奖，只有在极少数的情况下，这个顺序才颠倒过来。这一次，常规不得不给紧急情况做出了让步，因为我的国家不会推迟为一个在他选定的努力领域获得最高成就的人授予荣誉。"奥尼尔面色苍白，笑了笑，对他表示感谢，签收了奖章和证书，整个仪式不到五分钟就结束了。

卡洛塔待在佐治亚期间，奥尼尔让他的护士凯思琳·拉多万（Kathryne Radovan）开车送他去拜访住在奥克兰的内莉·萨辛。迄今为止，尽管他已经和岳母见过几面，但他们从没有进行过多的交谈，彼此并不非常熟悉，因为卡洛塔实际上从来没有让他们单独在一起待过。虽然卡洛塔尽力隐藏这一点，但只要母亲在近旁，她总显得局促不安。因此，尤其是听内莉说她们家其实并不像卡洛塔向他所说的那样，尤金有些怀疑。内莉几乎不是卡洛塔让他认为的那样，而是一位有涵养、知书达理的夫人：她有幽默感、胃口好，虽然已经70岁了，仍然扑克能打到凌晨一两点。（如果是在她家里玩，她常常让客人们喝酒，虽然她本人打牌的时候喝酒从来不超过一杯；照例，打扑克赢的总是她。）

尽管内莉·萨辛能应付任何场合，当女婿突然出现在面前，并开始向她询问他妻子的生活背景和早年的经历时，她表现得“非常紧张”。可以肯定的是，她告诉他的并不多；然而有一天当奥尼尔友善地提到卡洛塔那个膝下无子的姑姑时，内莉差一点犯了大错。按照卡洛塔的说法，她的姑姑在经济上给她带来了生活的保证。内莉刚一张口要纠正他［那个姑姑身无分文，死在了圣拉斐尔（San Rafael）的疗养院］，她立马控制住了自己，往嘴上拍了一下，住了口。

奥尼尔3月4日出院后，回到了费尔蒙酒店。住在酒店，他感到非常不高兴；与此同时，卡洛塔继续努力寻找更好的住所，最开始的时候并不顺利。“我们无所适从”，1937年3月20日，她向温特夫妇抱怨道。“没有根，也没有家。我们想租一所有家具的房子，可是……一听到我们的名字，要的租金让人觉得可笑。”最后，奥尼尔夫妇在康特拉科斯塔县（Contra Costa County）停留了下来；在离拉斐特不远的地方租了一套房子，一直租到年底；还在丹维尔市（Danville）的拉斯泉帕斯山（Las Trampas Hills）的山坡上购买了160英亩的土地作为他们下一个家的地点，该地位置非常偏僻，可以满足他们隐私的渴望。

这年夏天，妻子忙着建新家，奥尼尔小心翼翼，不敢过度劳累，写下了《一个占有者自我剥夺的故事》的新构思。他打算塑造一个人物，梦想着一个理想社会，语言激进；他让萨克斯·康明斯给他一些巴枯宁（Bakunin）和克鲁泡特金（Kropotkin）的作品，他们想象出了一个“无政府主义的乌托邦”。在等书上门的日子，他希望两人不会“因合谋用这些煽动性的文学作品污染邮政系统而进局子”。

他的新构思主要是要把系列剧扩展为九个剧本，其中一个剧本的标题是《驯服者的贪性》，故事开始于1775年。他对巴雷特·克拉克说：“这个组剧和我过去对讽刺悲剧的观点相契合——我希望，加进心理学的深度和见解。整个组剧将会很独特，好吧，但愿我能写完……仅技术问题就够受的了……我写每一个剧本时，不得不考虑这个组剧是九个剧本，家族150多年的故事具有持续性。但只要时间和身体允许，我能写出来。”

奥尼尔最大的梦想是永远忘记百老汇，仅仅把剧本出版就可以了。他告诉克拉克，直到组剧的所有九个剧本都写出来，他才会允许同仁剧院演出他的组剧。他继续在信中写道，演出是“非常令人伤脑筋的干扰……‘表演的事情’……剧本写出来就成为了一个物，演员不能对它断章取义，而演员们的性格又和剧本的人物常常不符（即使演出非常成功）；但我不知道情况是否允许我这么长时间置身于演出之外”。

“组剧目前的情况是一个剧本（《诗人的气质》）已经煞笔，仅仅需要一些修订即可；另一个剧本（《那让我去死吧！》）写出了第一稿，长度和《奇异的插曲》一样，需要进行全部重写。所有剩余的剧本的故事方案都已构思完毕，还有许多细节都已确定。八亿条笔记——大概这个数！”

一次，斯特拉姆夫妇和内莉造访拉斐特，奥尼尔将罗伊请进书房，让他看了他为组剧的主要人物画出的家族系谱图。罗伊回忆说：“系谱图非常大，有好多页很大的纸张拼成，上面画着方框和圆圈，标示出了姓名，出生、死亡和结婚的日期等等。他把系谱图固定在一个绘图板上，说这个绘图板的尺寸和他在南美当‘流浪绘图员’时所用的桌子差不多大。金说，他创造了这些人物，他们为他‘工作’，但他提前并不知道他们要做什么。”

虽然斯特拉姆对加利福尼亚的历史非常熟悉，他发现剧作家的信息更灵通。“金了解这里所有古老家庭的事情——斯坦福家族（Stanfords）、亨廷顿家族（Huntingtons）、弗勒兹家族（Floods）、费尔家族（Fairs）等等。一次，他和卡洛塔住在亨廷顿旅馆，他们的房间正好对着破旧的詹姆斯·弗勒兹大厦（James Floods mansion）[现在是太平洋联合会俱乐部（Pacific Union Club）]，他立刻想起了当今一些非常富有的家庭当初是如何发家的。他知道（这些家族的先人们）哪个是最早发现了金矿发了家，哪个经营银矿发了家，哪个娶了妓女。当今的一些社会名流是粗野矿工和舞厅妓女的后代，知晓这些信息，他很得意。"

奥尼尔刚从事创作时，在新伦敦曾告诉一位姑娘说，他打算写一个重要的美国家庭的历史，揭露其本质的卑下。奥利芙·埃文斯（Olive Evans）说："我记不清是洛克菲勒家族、范德比尔特家族或者其他什么家族了，但他告诉我其中的一个家族的祖先曾挨家挨户卖鱼。尤金不喜欢富人和社会名流——他称他们为'道貌岸然的家伙'。"

从根本上说，《一个占有者自我剥夺的故事》是一个奥尼尔早就想写的揭发丑闻的社会剧。他把他的情感投射到一个平常人身上，揭露自身比他意识到的要多，他曾经说，"复仇是个人与社会上其他人交往的无意识动机"。剧作家以是爱尔兰人为豪[尽管在政治上他不喜欢那些职业爱尔兰人和圣帕特里克节（St. Patrick Day）在第五大道上游行的爱尔兰人]，从来没有宽恕过新伦敦那些曾瞧不起詹姆斯·奥尼尔和他的家庭的上流家庭。他的这部历史组剧的动机是向这类家庭进行报复。如今，他把组剧中这些"远非模范的"家庭命名为哈福德，对人物的命名也是处心积虑，他嘲弄贵族的老学校，那些装腔作势的新英格兰人把孩子送到这里读书。例如有些男性祖先，像《诗人的气质》这个剧本中一个非常著名的人物，西蒙·哈福德就是一个哈佛大学的毕业生。

整个1937年的后半年，奥尼尔开始创作《驯服者的贪性》，卡洛塔忙着游走于承包商、木匠、管道工、油漆匠和电工们之间。用她丈夫的话说，她处于"创造活动的狂热"之中，他希望他们的新家能成为"她的杰作"。和卡萨·吉诺塔相比，新家的建造时间更长，难度也更大，因为不仅要建造一个住所，还要建造一个游泳池，修缮并且铺一条通向房子的路，有一英里长，在泉眼那里建造一个引水系统——建筑师将所有这些称为“荒野”。

劳力和材料的成本要比大萧条最严重的时期他们建造海岛的那个家时要多得多；同时，和南方那些没有组织的黑人比较起来，这里有组织的白人更加独立。卡洛塔一直不太喜欢和有组织的劳动者打交道，还担心罢工会耽误建设的工期（泥水匠一天工作六个小时，“要求”13美元的报酬！）卡洛塔对罗斯福总统一直心怀不满，她认为他是工会主义崛起背后的坏人。特丽萨·海尔朋、萨克斯·康明斯、罗伯特·西斯克、埃利纳·温特和索弗斯·温特、罗伯特·埃德蒙·琼斯和所有在他们的新家建造期间来探访奥尼尔夫妇的人都听到了卡洛塔不满的完整版本以及她的坚定判断，即，工人变得越来越强大标志着美国的衰落。

总的说来，尽管卡洛塔抱怨，她和奥尼尔还是非常喜欢这一段时光的；建造一个新家给卡洛塔的创造冲动和潜能提供了一个发挥作用的渠道，而她丈夫随着身体健康的日渐恢复，非常欣喜地再次开始了创作。虽然他告诉朋友们说，他的创作只是“随性”而为，但《驯服者的贪性》仍进展顺利。周六，他常常会破例放下手头的任务，和卡洛塔及斯特拉姆夫妇去伯克利看球赛，因为他已经成为加利福尼亚大学球队忠实的粉丝。罗伊说：“坐在五万多人中间，而没有人认出他，这让他感到很好笑，也非常高兴。”10月18日，刚过完49岁生日两天后，他给内森写了一封信，信中说：“还没有来得及对时间无情的进攻大发不满”，日子便过去了。“坦白地说，我想，和过去两三年相比，此次生日在健康方面我感到年轻了许多。”在信的最后，他引用了他哥哥最喜欢的一句话：“怎么着啊！”

卡洛塔喜欢东方的东西，她告诉合同的总签约人劳埃德·辛普森（Lloyd C. Simpson），她希望房子“外部有古代特色，而内部有中国特色”。建筑师弗雷德里克·康弗（Frederick L. R. Confer）说，卡洛塔还有一个特殊要求，要有放下“八千册书和三百双鞋的空间”。房子的墙壁用仿土砖的水泥块造成，墙壁的内外都被刷成了白色，新房子具有早期加利福尼亚-西班牙乡间别墅的风格；屋顶上的瓦是黑色的，具有东方风格，房子内部所有的门都被刷成了鲜亮的中国黄或者中国红，房子后面还砌了一堵蜿蜒曲折的墙——遵从了中国一句谚语的说法，即，鬼只走直路。

餐厅具有中国和齐本德尔（Chippendale）式风格，卧室里有一面乌木（Coromandel）屏风，价值约八千美元，还有一对用旧黑檀雕成的龙——绝大部分家具都是从旧金山阿甘的（Gump's）家装店购买的——家里到处都是书架，甚至通向二楼的楼梯上也是。在奥尼尔这个有22个房间的家里最与众不同的一样东西便是他的床，那是一条乌木长沙发，过去是放在豪华鸦片抽烟室里的。其他的家具有彩色的镜子，有一面绿色的镜子放在入户门口，有人回想起这面镜子反射的"可怕的影像"会让客人吓一跳，还有一面黑色的镜子放在剧作家的卧室，用拉塞尔·克劳斯的话说，镜子"让你看起来像死人，千真万确"！他继续说，"金的很多剧本都以自杀结束"。"罗西的房间"（即放置钢琴的房间）呈现出较多的愉快基调，里面摆放着那架老钢琴，从旧物商店里搜罗过来的固定照明装置，墙上挂着许多照片，主要是詹姆斯·奥尼尔身着演出服装的剧照或者穿着便装的照片和《基督山伯爵》的剧照。

尽管墙壁光亮，门也是大胆的红色，这个新家的内部却有一种沉思的调子。辛西亚和罗伊觉得新家"像一个要塞"，其他人也觉得新家有些令人提不起神来。卡洛塔的眼睛不能接受阳光的刺激，她在房子所有的窗户上都装上了威尼斯风格的百叶窗，除了她丈夫房间的窗户外，她通常会关上所有的窗户。新家位于一个山坡上，本来就够偏僻的了，奥尼尔夫妇还用混凝土加长了他们U形房子的两翼，可以使他们拥有更多的隐私，房门口的地面被完全围进去了。

奥尼尔夫妇用中文"道"给他们的新家起了一个名字，"道"即"正确的生活方式"。在他们通向庭院的黑色、笨重的大门口，放置着一尊用钢筋弯曲而成的汉字"道舍"（Tao House）。包括土地、房屋、游泳池和修路，劳埃德·辛普森估计房子值大约10万美元，而卡洛塔自己给出的数字是15万美元，如果没有夸大的话，她也许把装修的开支也计算在内了。十二月底，当奥尼尔夫妇搬进去住的时候，才弄好了几个房间；他们希望两个月能够完工，但在最后一个建筑师撤出的时候春天都要来了。房子还在施工期间，卡洛塔抱怨说，建造新家就像“奥尼尔写一部很长的剧本”；当房子竣工时，她说：“为了隐私和景色，付出了何等的代价啊！”

这里风景宜人，奥尼尔曾毫不夸张地说，这是他看到的“最好的景色”。他坐在位于二楼书房的窗户边写剧本，长着胡桃树、梨树和树丛的圣拉蒙谷（San Ramon Valley）一览无余，再远处是若隐若现的岱阿布罗山（Mount Diablo）。展现在他面前的这些田园般的美景和他创作《送冰的人来了》和《进入黑夜的漫长旅程》中所产生的痛苦和自我折磨的景色之间构成了鲜明的对比。

奥尼尔夫妇搬进来之前，卡洛塔告诉她母亲和女儿，除非受到邀请，任何情况下，她们都不要带朋友前来。辛西亚说：“我没有关系，可是喜欢社交，喜欢让人来家中做客的内莉被卡洛塔的态度伤害了。据我所知，她常常挥动着双手，说，‘我真弄不懂她’！在和我说话时，她从来不称卡洛塔为‘我女儿’——总是称‘你妈妈’。我想内莉既害怕她，又为她感到自豪，同时还常常恼火和生她的气，从来就不爱她。我想，除了（内莉的）晚年，内莉不恨她，因为晚年时内莉恨所有人。”

卡洛塔给她住在萨克拉门托（Sacramento）而且关系非常好的表兄拉维达·埃德加（LaVeda Edgar）满怀热情地写信说，她对母亲和女儿的命令是她既保护丈夫的隐私又保护她自己的隐私的总的计划的一部分，但她对可能的团聚持逃避态度；奥尼尔夫妇住在加利福尼亚的九年中，他们都没有团聚。梅布尔·库斯（Mabel E. Kuss）是奥尼尔夫妇住得最近的邻居，她住在连接道舍和外部世界的奥尼尔家的私人道路边，距离道舍半英里。库斯早年认识卡洛塔，当时她和她的姑妈在度夏。库斯小姐回忆说：“卡洛塔安静、内向——一个苗条、白皙的姑娘——但不知怎地，她很引人注目，看起来比实际年龄要大些。奥尼尔夫妇搬来居住后不久，她的律师就通知我的律师说，如果我和他们家的仆人有任何交往，奥尼尔夫人不希望我谈起我认识她的事情，也不要谈起任何有关她的家庭的事情。我碰见过她几次，但我们只谈论时事，根本不谈论过去。我也从来没有去过他们家，也从来没有和奥尼尔先生说过话。我能见到他的时候就是他乘车路过的时候。”

与卡洛塔以及库斯小姐童年一起度夏的卡洛塔的那位姑妈名叫索菲·达尔（Sophie Dahl）夫人，奥尼尔认为她给卡洛塔留下了一笔年金。

剧作家的创作进展非常顺利，在他和卡洛塔搬离拉斐特附近的那所房子时，《驯服者的贪性》的第一稿就基本完成了；但在1938年上半年有几个星期，就像大病前的预兆一样，而且这种预兆越来越笼罩在道舍的上方，那就是他患上了神经炎，一生中第一次患这种病，还一度没法工作。卡洛塔对沙恩说：“看着他的样子让我心碎。非常瘦，也非常紧张。”

在此期间，奥尼尔写过为数不多的几封信，在其中一封信里他回绝了一本名为《生活哲学》的书的稿约，该书的撰稿人都是名人。1938年元月8日，奥尼尔给这本计划中的书的编辑克利夫顿·费迪曼（Clifton Fadiman）回信时说：“我不会写这样的一篇文章，除非我可以写出一些正面的东西——没有什么可写的。除了我剧本中，直觉或者隐隐约约的直觉有可能或者将有可能是什么之外，我连一个最终答案都不知道，因为我自己也困惑，我相信，对其他人来说，任何答案都不真实。”

奥尼尔对待生活的态度常常是忧虑不安，20世纪30年代，因为大萧条的缘故他越来越感到悲观——他认为是公共部门那些不称职的官员，如果不是腐败的话，和贪得无厌的投资利益导致了大萧条——国外的变化让人有不祥之感，尤其是希特勒的崛起和西班牙内战。他常常说，需要“第二次大洪水”来涤荡这个世界。在克利夫顿·费迪曼向他约稿的几个月之前，奥尼尔说出了他所认为的一条重要的“哲学”信条，在写给巴雷特·克拉克的信中，奥尼尔说，“我们这些猿常常爬树——从树上掉下来——行为模式都一样，让人感到无聊”！在信的最后，奥尼尔写道：“上文最后的话听起来悲观，但我却在近些日子感到充满了希望。我注意到了世界是如何蹒跚前行的，我确信，人类肯定已经决定要毁灭自身，我认为这是人类所做出的决定中唯一真正明智的决定！”

同仁剧院依旧在走下坡路，一直催促奥尼尔能够提供组剧中的一两个剧本。1938年2月13日，奥尼尔在给特里·海尔朋的回信中写道：“不行，下一个演出季也别指望什么剧本。”他的口气听起来就像常常对家人哭穷的詹姆斯·奥尼尔。剧作家说，如果他能够不“死在济贫院或者养老院，直到组剧中的所有剧本都写出来，他都会阻止组剧的演出；他说，至于何时至少四个或者五个剧本能够写出来，这主要取决于他的健康状况；他接着说，创作出组剧的一个单元，要比创作一个简单的剧本、一半的《奇异的插曲》或者《悲悼三部曲》中的一部要复杂得多；我常常在一个工作日开始的时候为我正在创作的剧本写出对话，在工作日结束时为第八个或者第九个剧本中的一幕写出建议性质的笔记！当然了，这种做法在后期非常有帮助，不过也耗费时间和精力，同时也延缓了正在从事的工作的进程”。

两年后，沙恩和父亲再次相聚，沙恩此次由佛罗里达军事学校转学到了科罗拉多州的一所预科学校，他在道舍度过了春假。父子都在努力接近对方，他们一度感觉到他们之间“出现了新的理解”。沙恩个子高高的，身材纤瘦，长得非常像他的父亲。他今年18岁了，佛罗里达的经历使他部分地改变了不与人交往的习惯。在佛罗里达的时候，他任校报的编辑，说要当一名作家，给其他年轻人的印象是他酒量不小。尽管他努力说话大嗓门，但他给人最重要的印象是害羞、不果断。引起他不自信的一个重要原因是，尤其是在他父亲看来，他常常感觉到和他同父异母的哥哥比较起来，他受苦了。

小尤金已经是耶鲁大学教员中一位非常出色的年轻学者，和普林斯顿大学惠特尼·欧茨（Whitney J. Oates）教授共同编辑出版的两卷本《希腊戏剧全集》（*The Complete Greek Drama*）又给他带来了新的荣誉。该剧本集在萨克斯·康明斯的建议下，由兰登书屋出版。奥尼尔对萨克斯说：“我对尤金在书中所做的工作非常满意。”可是，他大儿子的个人生活却不太令他放心。一年前，他的第一任妻子和他离了婚，他马上又结了婚；如今，第二次婚姻也将走到尽头，他已经找到了第三任妻子。1938年4月30日，卡洛塔在写给埃利纳·温特的信中说："他第二次离婚（和耶鲁大学一位教授的女儿）将会危及他在耶鲁大学的工作……但金说如果他不太理智——唉，那是他所担心的！"

另一方面，辛西亚·斯特拉姆的第二次婚姻很幸福，今年夏天就要生孩子了［名字部分是按照剧作家的名字起的，斯特拉姆夫妇独生子的名字是杰拉尔德·尤金·斯特拉姆（Gerald Eugene Stram）］。卡洛塔非但没有为这个即将来到人世的孩子感到高兴，她告诉温特夫人说："试想，故意弄一个孩子到这个疯狂的人世。她的勇气要比我在相似的情况下大得多（抑或是不太明智？！）"

卡洛塔和奥尼尔是性情中人，他们把他们不能给即将来到人世的孩子的爱都倾注到了伯莱明身上。这年春季，这条狗一连好多天病得很厉害，看起来离死亡不远了。正像剧作家在给内森的信中所说的那样，"整个奥尼尔庄园都感到非常伤心"，当卡洛塔告知索弗斯·温特宠物狗的病情时说，他"一直很诚实、有趣、讨人喜欢；很感激我们的照顾和喜爱。我们其他的孩子都没有给过我们这么多"！

这只达尔马西亚狗（Dalmatian）受到了最大的娇宠；他有四根帷柱的床在罗西的房间里非常荣幸地占据了一席之地，床的价值不菲；地下室还装了一个连着水管的全规格洗澡盆，归他专用。道舍的园艺工邓肯·麦克雷（Duncan MacRae）回忆说，"狗一年中每天都有牛排吃"，语气中透出不赞成。他并不是奥尼尔家唯一对这只狗的特殊待遇持批评态度的人。虽然奥尼尔夫妇记得赫伯特·弗里曼对伯莱明的感情和他们相同，他其实并不喜欢这只狗，主要是因为他总要不停地用吸尘器打扫地毯上伯莱明的毛。

奥尼尔的神经炎因为两个多月的连阴雨加重了，又加上房子尚未完工，工人们还在到处敲敲打打，剧作家在道舍所过的第一个冬天把他抛进了"忧郁的深谷"。但到了1938年四月中旬的时候，奥尼尔的健康和精神状况好多了，继续从事组剧的创作工作，开始写第四个剧本《更加庄严的大厦》。剧本的名字是对奥利弗·温德尔·霍姆斯（Oliver Wendell Holmes）作品《鹦鹦螺》（*The Chambered Nautilus*）具有讽刺意义的借用："给你建造更加庄严的大厦吧，哦，我的灵魂……"

除了沙恩，奥尼尔夫妇这年春季只接待了两位客人，拉塞尔·克劳斯和贝内特·瑟夫，前者和霍华德·琳赛的戏剧创作合作成果颇丰。剧作家用轻蔑的口吻向两位访客提到了同仁剧院近年来的运作，尤其是演员中有好莱坞"名字"的最新做法；奥尼尔还说，在这种情况下，他非常高兴他没有准备好作品上演。

5月7日，《纽约世界电讯报》（*New York World Telegram*）报道说，据最近道舍的一位访客说，奥尼尔"已经制订出了演出（组剧）计划，这有可能会导致他和同仁剧院的决裂"。事情的大概是，他将租用一个剧场，和一帮演员签一个长期合同，在他的管理下于1940年开始上演他的九个剧本。奥尼尔对这个说法很是不满，10日给同仁剧院的乔·海德特发了一封电报，并把电报内容透露给了媒体。奥尼尔称那则报道是"无稽之谈"，并说，组剧的前两个剧本已经签给同仁剧院了，该剧团对他一直"很好"，他对该剧团的感情是"感激而忠诚"、"完全信任"。

剧作家猜测，"谣言（在1938年5月29日写给内森的一封信中。——作者按）的来源可能是瑟夫在某个聚会或者其他场合不经意说出来了"。让他非常心烦的不是消息的不实，而是消息的时间。他解释道："即使我恨同仁剧院，对他们没有友好的感觉的话，我也不会在人人都对他们指手画脚，他们的演出季不景气时，做一只和他们决裂的虱子。"

尽管他的电报公开刊载，报道仍在持续，说他要离开同仁剧院，还有一个故事版本说他租下了伯德赫斯特剧院（Broadhurst Theater）演出组剧。8月2日，他对朗格内尔说："如果发生这事，在此之前还有两步是必须的。第一，我必须被诊断为疯了，要被送进疯人院。第二，我将会逃跑。"

他在信中继续写道，他感到对同仁剧院的有些指责可能"武断和不公——甚至是恶意中伤"，但评论一般还是公正的。在他看来，同仁剧院征募电影明星的做法是不合常规的，背叛了使它成为美国剧坛"著名领导者"

的东西。“你本应该坚持古老的理念，成功、失败或者退出……你本不应该失去……（不属于）你内心的东西……毕竟，理念也是某种东西。否则，我们就应该向我们自己撒谎说，无论如何毕竟为了生活吧；因为如果不是为了生活，那到底是为了什么？”

在卡洛塔和奥尼尔住过的所有地方中，奥尼尔好像对道舍情有独钟。他对一位朋友说：“我有了一个真正理想的家，完全是乡下，没有一丝的郊区痕迹，可是我们离旧金山市中心只有50分钟的车程。”奥尼尔和他父亲很像，后者喜欢修剪他位于新伦敦基督山伯爵小屋门前的树篱，奥尼尔也喜欢修剪他房子周围的树木。游泳池坐落在房子后面蜿蜒曲折的道路的尽头，游泳池与其说是带来了快乐，倒不如说带来了方便和必需——他向往大海。卡洛塔听说温特夫妇要开车从西雅图到加利福尼亚南部去旅游，就让他们顺便过来一趟，捎上尤金，让他在海里游一周的泳；可是，当时机真的来临，他将全部的精力都放在了《更加庄严的大厦》的创作上，不想被打扰。

尽管奥尼尔不希望任何人和任何事打扰他每周七天的写作定额，这年夏天晚些时候他还是在家接待了温特夫妇、小尤金、罗伯特·西斯克夫妇和卡洛塔的一些老朋友——米格尔·科瓦鲁维亚斯（Miguel Covarrubias）及其妻子罗莎（Rosa）。科瓦鲁维亚斯是一位墨西哥艺术家，他要在即将举行的金门博览会（Golden Gate Exposition）上处理一些壁画。科瓦鲁维亚斯夫人是位摄影爱好者，给奥尼尔夫妇拍了好多照片，这些照片后来广泛发表，包括几张剧作家坐在那架老钢琴前，满脸孩子气咧嘴笑着的照片。

九月初，经过几个月的工作，《更加庄严的大厦》的第一稿完成了。此时剧作家在工作日记中发现，剧本“需要进行大量修改和重写——和《奇异的插曲》一样长！——觉得不能缩减太多”。后半年他忙着修改，1939年元月1日完成了第二稿。三周后，卡洛塔借助放大镜——他的稿件字迹太小了——完成了第一稿的打印稿。卡洛塔现在不仅给他回复大部分信件，还给他打剧本。1940年和1941年，在经过进一步修改后，奥尼尔觉得这个剧本很好，几年后烧掉了剧本的手写稿而留下了打印稿，同时烧掉的还有两个剧本——《驯服者的贪性》和《那让我去死吧！》——唯一的手稿。与此同时，他小心翼翼地给打印稿加了一页，上面写着："未完成作品。如本人死亡，请销毁该稿！尤金·奥尼尔。"

剧本打印稿的演出时间大约九个小时，该稿在奥尼尔去世后碰巧得以留存。1964年，经卡洛塔许可，剧本的删减版由耶鲁大学出版社（Yale University Press）出版，前言中加上了："按照作者部分修改的稿子由卡尔·拉格纳·吉耶洛（Karl Ragnar Gierow，瑞典皇家剧院的执行导演，剧本的缩减版在该剧院进行了全球首演）删节而成，由唐纳德·盖洛普［（Donald Gallup），耶鲁大学善本图书馆（Beinecke Library，Yale）］馆长负责编辑。"在这种情况下，尤其是由于出版的版本长度是完整版的一半不到，就是奥尼尔的剧本要得到公正的评价也是不可能的。那些看起来是奥尼尔的不足有可能是缩减后不可避免的结果。毫无疑问，如果他在天有灵的话，他定会反对对他文学隐私的侵犯。然而，对他剧本感兴趣的人却心怀感激；盖洛普说，"虽然有不足，改写得也不完整，和《诗人的气质》比较起来，《更加庄严的大厦》还是很好地表明了（奥尼尔）组剧的初衷"。就凭这一个理由——尽管还有其他理由——《更加庄严的大厦》在奥尼尔的经典作品中占据了一席之地。

《诗人的气质》的故事发生在1828年科·梅洛迪生活中关键的一天；《更加庄严的大厦》的故事发生时间从1832到1841年，讲述的是三个主人公纷繁的生活中的危机和重要事件：西蒙·哈福德在较早那个剧本中是一位没有出场的人物；萨拉·梅洛迪在这个剧本中嫁给了西蒙；德博拉·哈福德是西蒙的母亲，与众不同，令人难以捉摸。和奥尼尔的许多主人公一样，西蒙也在和自己做斗争；他不愧是母亲和父亲的儿子，他父亲是位无情、贪心的生意人，而他有"诗人的气质"，这在他梦想着一个更好的世界这一点上能够看得出来，但同时他也抗拒不了对成功和权力的渴望。按照奥尼尔该组剧的总计划，西蒙分裂的人格象征美国人生活的分裂的两面性，这是一种基本情况，贪婪的物质主义力量强大，具有威胁和破坏性，破坏了我们民族遗产中那些高尚的东西。

西蒙·哈福德打算一赚到“足够”的钱，不用为自己未来的经济和家庭担忧时，就隐退，写一本倡导“一个理想社会”的书。但是，随着他越来越成功，他的胃口变得越来越大，贪欲也随之膨胀。虽然他已是商界的“拿破仑”——用剧中一个惯常的说法——他身上“诗人的气质”屡屡对他的成功构成了破坏；在每次巧妙获胜后，他感到“空虚……不安和漫无目标”。

西蒙的理想主义和物质主义之间的冲突仅仅是造成他自我折磨的一个方面，并不是主要原因。在奥尼尔最具有斯特林堡风格的主人公中，西蒙被他对妻子和母亲自相矛盾的情感折磨得非常绝望。另外，萨拉和德博拉内心也充满了敌对的激情，剧本充满了万花筒式的斗争，斗争的联盟和战线永远在变动之中。一会儿是西蒙和萨拉结成同盟反对德博拉，一会儿是两个女人共同反对这个男人，一会儿是母亲和儿子结盟反对妻子，另外，有的时候是每个人各自为战，被两个战线合围。

1938年，当奥尼尔还在创作《更加庄严的大厦》时，他告诉麦高文说，这次创作比原来预计的时间要长，他接下来说：“这是，我想——希望——命运中最困难的。和心理学密切相关，很难不变得狂野和不经受剧本创作的煎熬。”剧本“和心理学密切相关”的主要原因是，通过西蒙对萨拉和德博拉爱恨交加的感情，在很大程度上，剧作家是在探索他自己对妻子和母亲的隐秘感情，并将这种感情戏剧化了。

哈福德家的这两位女性和奥尼尔生活中两位重要女性的平行之处从她们一出场就开始了，还有她们的性格。埃拉·奥尼尔和德博拉·哈福德都有白发，身上有少女的特质，颧骨高高的，还有她们最重要的特点就是眼睛出奇地大，也非常黑。在《进入黑夜的漫长旅程》中，埃拉·奥尼尔被她的儿子冠以玛丽·蒂龙的名字。她们都瞧不起丈夫想获得成功的野心，都逃避现实——一个待在吗啡雾中，另一个待在奇幻的白日梦中。最后，德博拉退缩进了任性的疯狂之中，这种结局让人想起了童年的奥尼尔担心母亲吸毒会导致她失去判断能力，大脑也会出现问题。

尽管卡洛塔和萨拉并不太像，但两人都有复合型的特点，就像剧作家说萨拉那样，“大家通常认为……贵族和农民的特点”。据说，卡洛塔的父亲是一位丹麦贵族和一位女仆的非婚生子。卡洛塔从腰部往上具有贵族的气质，但她的手粗壮，双腿短而有力，具有干重活的农民特质。奥尼尔常常对她说，她是他的全部，在他们的关系中她扮演了全部的女性角色。与她相似，剧中的萨拉说到西蒙时说：“除了我和我的爱，他一无所有。我集母亲、妻子和情人于一身。”

萨拉的话和剧本中一段非常奇怪、也是非常重要的情节发展有关。西蒙让她作为合伙人参与公司的业务，条件是萨拉对他要像“情人”一样。作为回报，他发誓用“我所有世俗的东西”回报她，“你可以从我这里得到我整个公司……一点一点地，你把公司赢走”！虽然萨拉最初感到尴尬，她很快就同意了：“不管什么游戏，只要你喜欢，我就和你做，假装我是一个卑鄙、充满欲望的荡妇，让你成为我美貌的奴隶，真有趣。”他的“游戏”虽然无害，但他最终几乎精神崩溃，完全受控于萨拉。

《更加庄严的大厦》一次又一次地预示着《进入黑夜的漫长旅程》的诞生；其实，两个剧本中的某些段落都是可以互换的。例如，西蒙·哈福德说：“只要我们活着，过去就不会死亡，因为我们大家都是过去。”而玛丽·蒂龙总结说：“过去就是现在，难道不是吗？它也是将来。”

如果大家认为《更加庄严的大厦》中的西蒙就是作者自己的化身（其实就是如此），不考虑虚构的成分，剧本暴露的关于作者对母亲的态度非常值得注意；通过另一个人讲话，他可以说得更自由，他的态度也可以表现得更直接，也比《进入黑夜的漫长旅程》中更狂野。西蒙对德博拉的感情非常极端，从乱伦式的渴望、孩子气十足的对母亲完全依赖的欲望到不共戴天的敌人这些冲动都有。萨拉问他为什么对母亲怀有敌意，他逃避式地回答说：“几乎任何一个傻女人都有一个儿子，而每一个傻男人都有一个母亲！……我们赋予这种关系的虚伪价值都只是愚蠢。”

西蒙对母亲的不满要追溯到他的童年，她那时候编了一个童话故事——讲的是“一个快乐王国的年轻国王”和一个把他从他的王国驱逐出去的“美貌妖妇”的故事。其实，通过这个童话，德博拉向她警觉、敏感的儿子传达的信息是，她觉得儿子对她的占有欲令她感到身心俱疲，她想摆脱他，过属于自己的日子。回想起这件事，西蒙责备母亲说：“我永远没有忘记被突然背叛，被伤害……和生活中孤寂无助的痛苦感觉，生活中没有了安全感、信念和爱……天哪，我那时候憎恨你！我希望你死了！我希望我从来没有出生！”

显然，奥尼尔用这个创伤性的童话故事替换了他童年时发现母亲吸毒这件事，这个他一出生就开始了的“魔咒”。关于自己失去了童年的天真时，奥尼尔在《进入黑夜的漫长旅程》中通过埃德蒙·蒂龙（Edmond Tyrone）的口说：“上帝啊，这让生活中的一切都变坏了！”但和西蒙不一样，西蒙毫不掩饰地对母亲充满敌意，而埃德蒙其实从来没有这样。

虽然在母子关系上《更加庄严的大厦》是《进入黑夜的漫长旅程》的预示，这两个剧本在其他方面也有共同的地方，但是，这两个剧本在质量方面没有可比性。后者是一部代表作，大家都能看得出来。这个组剧非常不平衡，跳跃性很大，涉及的东西也非常多。有可能在剧本的完整版中，这三个主要人物是可信的，但在这个被缩减了很多的版本中，他们对彼此的爱和敌意变化之快令人困惑；他们的行为仿佛不是出于自己的本能和感情，而是剧作家随性而为。最后大家困惑不解地猜测，是剧作家非常想卸掉心里的负担，《更加庄严的大厦》不仅预示着《进入黑夜的漫长旅程》，在某些方面还预示着《送冰的人来了》，在这个剧本中“送冰的人”象征着死亡。西蒙·哈福德在表达他对生活完全不再抱有幻想时说：“我们每天都在等待，违背希望地盼望着，可是当最终新郎和新娘来了的时候，我们却发现我们在亲吻死亡。”［显然，剧作家是从他认识的一位名叫沃尔多·弗兰克（Waldo Frank）的小说家的小说《新郎来了》（*The Bridegroom Cometh*）中，给西蒙的话和《送冰的人来了》这个剧本的标题找到了灵感。］

1938年秋，当剧作家还在写《更加庄严的大厦》的第二稿时，《旧金山观察家报》（*San Francisco Examiner*）询问他10月16日的第50个生日如何过。在收到卡洛塔的回信后，报纸14日报道说，那一天将“像其他的日子”一样过，在他“白色墙壁的大房子里……在大宅中过着隐居生活，个子高高、头发灰白的剧作家生日那天将会在写作、写作、写作中度过”。报道说他的隐私“不可侵犯”。“一年前，他开始安新家时，曾读过他剧本的附近丹维尔和核桃溪（Walnut Creek）学校的孩子们听说一位名人将在他们中间定居都激动不已。但他们都没有越过分散排开守护着通向山顶奥尼尔家的那三块写着‘严禁擅入’的牌子。他们中的任何一个人也都没有见到过他。”

18日，奥尼尔对卡尔·范韦克滕说，他并没有庆祝生日，那天“因为风湿病而卧病在床”。他接着说道：“伯莱明对我家的猫说，‘老头看起来一点都不像183岁多了’。它说得对，我也感到并不比那个年龄大。”

同年的后半年，奥尼尔越来越对欧洲的局势感到担心。英国的内维尔·张伯伦（Neville Chamberlain）认为，慕尼黑将权力交给希特勒使“我们时代的和平”有了保证，而奥尼尔却对此颇有微词，他比任何时候更加相信欧洲正在滑向战争。12月28日，他在写给麦高文的信中说：“你对这些天来我们所处的世界有何看法？我呢，我宁愿是猪圈里的一个猪仔……上帝真应该感到不满，再次发动一次改进版的黑死病……历史上人类愚蠢的贪性最近愚蠢地重演，我感到非常恼火。”

奥尼尔渐渐失去了对他“如大象般的作品”的新鲜感，在《更加庄严的大厦》第二稿完成后他想休息休息，然后再写组剧的第五个剧本《南回归线的无风带》。然而，1939年的前几个月他还是对《诗人的气质》进行了修订，使其与《更加庄严的大厦》的联系更紧密。5月13日，他向内森抱怨说：“花很多时间进行修改，这种工作真要命！一心一意写单独剧本的人没有一个能够想象得到这要额外涉及多少思想和劳动。有时候，我对此感到厌烦——一直努力写，但从最终定稿的角度看，好像并没有取得什么进展。”

他曾向斯塔克·扬坦言，他如果能“预见到（组剧）要耗费的时间和精力的话，他就会尽力把这个主意抛到脑后，去写一些不太伤脑筋的东西”。

内森告诉他说，肖恩·奥凯西的最新作品因为有教条的左翼思想而受到批评，奥尼尔五月回信说：“我觉得是这个可恶的时代造成这种情况，很多作家都在社会学宣传的粉碎机中不能自拔。对他们的绝大多数人来说，这没有什么关系。他们不会损失太多……可是，奥凯西是位艺术家，肥皂盒是装不下他的大智慧的。当艺术家开始拯救世界的时候，他便开始失去了自我，这看起来糟透了。我明白这一点，因为我有时候也被救世军臭虫叮咬。但这只是暂时的……我真正相信，值得为此欢呼雀跃的是第二次大洪水（在《更加庄严的大厦》中，德博拉·哈福德希望有“第二次大洪水，冲刷掉愚蠢的人类，还地球以洁净”！——作者按），关于人类有趣的是，他们并不是真的希望得到拯救。”

多年来，奥尼尔脑子里时不时、零零碎碎闪现要写一部关于“社会底层人”的剧本的念头，故事发生在一个破旧不堪的酒馆，里面的人都是他过去熟悉的在社会中漂泊不定的人，那时候他常常借酒浇愁，逃避自我。他想不出来一个统一的主题和故事，就没有刻意要把这个剧本写出来，而是像往常一样，让剧本在“脑后”自己酝酿。1939年，他还在修改《诗人的气质》时收到了内森的来信，就是那个时候他突然意识到，那个酒馆的剧本在他的思想里变得清晰起来，零零碎碎的想法最终变成了成形的东西。不管是不是那些关于奥凯西的话给他带来了灵感，他在《送冰的人来了》中塑造的主人公是一个自我任命的救世主，一个深深遭受“救世军臭虫”之苦的人。

《一个占有者自我剥夺的故事》如今让奥尼尔劳累不堪，他预计大约需要五年才能写完，于是就把组剧暂时放在了一边，一完成了《诗人的气质》的修改任务，六月初就开始了新剧的创作。尽管《送冰的人来了》是他的长剧以及最复杂的剧本之一，但该剧在他的脑子里构思非常成熟，经过几年的孵化，该剧自然而然诉诸笔端化作了文字。

虽然作为父母，奥尼尔做得还不够，但他也是一个非常有良心的人；在忙着从事《送冰的人来了》的创作时，他还是不由自主地为沙恩感到担心。

这个年轻人上年秋天瞒着父亲再一次更换了学校，如今他又因为“学业成绩不好”而被校方开除。奥尼尔托卡洛塔把对他的关心带给了沙恩，7月6日，卡洛塔鼓励他给父亲讲讲他未来的计划——不要讲“你想干什么等愚蠢的废话”。沙恩快20岁了，老老实实地给父亲报告说，今年夏天他在新泽西海岸的一艘渔船上工作，还想着要去养马（他曾经在科罗拉多草原上的一所预科学校待过几个月）。在此后不久的另一封信中，他说，他考虑着或者写短篇小说，或者去学习当兽医，但他两个想法都放弃了；如今他在养马和从事商业艺术之间举棋不定，他随信寄来了他画的几幅样品画。

最后，在7月18日的回信中，奥尼尔对他在渔船上工作过的消息表示赞赏，称之为“朝着自食其力正确方向的第一步”，但不赞成他养马的打算，因为他缺少经验，而显然他是想从最顶部开始。奥尼尔认为，沙恩养马不可能取得成功，除非他采取“一种和你求学完全不同的态度”。他父亲觉得，他“太依赖别人”，“对自己要求太少”。奥尼尔接着说道：“我所能做的就是努力鼓励你去做你真正喜欢做并且有能力做的事情……努力去做你想有一番成就的事情是通向幸福的唯一道路……在真正重要的人生决定方面，其他人帮不了你。不管他们如何想帮你。你都必须依靠你自己。那是我们每个人的宿命。”

他很少在信中向沙恩和乌娜提艾格尼丝。他讨厌她因为赡养费的事情一直很敏感，随着他收入的下降，付赡养费越来越成为他的负担；令他非常恼火的是，他还要为付给艾格尼丝的钱付个人所得税。

尽管他让沙恩每年见他一次，可是自从上一次见乌娜以来，八年已经过去了；上一次见面时很不走运，那是在中央公园，孩子突然病了，吐了他和卡洛塔一身。这年稍早，他写信给乌娜说，他们该见见了，正如7月14日他所说的那样，他“盼望着见到你的这个伟大时刻”！但是，他对麦高文说，他“非常担忧”，因为他不知道“她会是什么样子”。最后证明，父女的相见对他来说是当年八月份一件“令人高兴的事情”。她来之前，奥尼尔和卡洛塔已经接待过小尤金和他的新妻子，奥尼尔对小尤金的新妻子感到有些失望，甚至有些泄气。罗伊·斯特拉姆患上了风湿热，还一度差一点没有挺过去。

奥尼尔对乌娜非常满意——卡洛塔同样如此——他向麦高文称赞乌娜道："无论是相貌，还是举止，一个真正讨人喜欢的姑娘。她也很聪明。"9月8日，卡洛塔在写给律师哈里·温伯格的信中说："在当今的进步学校和所谓的现代教育中，能找到一位懂礼貌的14岁孩子，本质敏感，关心他人，真是令人欣喜的事情……祈求上帝让她永远具有魅力和懂礼貌。"温伯格和艾格尼丝关系很好，卡洛塔希望他把信的副本转交给艾格尼丝；显然，卡洛塔想巩固她刚刚建立的与她非亲生女儿的关系。

黑色的眼睛和头发，非常漂亮，乌娜和沙恩一样，长得像她的父亲，她身上也继承了父母双方的优点，继承了艾格尼丝的高颧骨和小巧的鼻子。和哥哥不一样，她有主见，不固执，但坚强，有内在成长的能力。她基本上不太与人交往，有些内向，她努力用和年龄不相称的镇静来掩盖害羞，觉得比她年龄大的男孩子要比她的同龄人有趣得多。乌娜在学校的学习成绩并不是出类拔萃，但也非常好了，她喜欢运动，尤其喜欢游泳，父亲听说了非常高兴。

虽然乌娜到道舍有十天了，她还是非常紧张，不仅仅是因为她发现父亲是一个陌生人，而且听说他的妻子是一个令人敬畏的人。到达的第一天晚上在一起吃饭时，小姑娘感到头晕（有可能是潜意识里浮现出了上次见面的情景），幸运的是卡洛塔注意到了她的这种情况，急忙让她上床休息。此后，乌娜此访各方面都很顺利，卡洛塔对待乌娜就像一个女人对待另一女人一样，这让乌娜受宠若惊，也完全没有了紧张感；过去从来还没有谁让她有过成年人的感觉。乌娜向卡洛塔承认，她"讨厌"小孩子，小孩子让她紧张不安，卡洛塔曾担心乌娜可能是一个"涂着口红和红色指甲油的小孩子"，这让卡洛塔也感到高兴，她说乌娜是长大了。卡洛塔带她去了金门展览会，在旧金山购物时给她买了一些礼物，还把她从中国带来的一条漂亮的丝绸裤子送给了她；卡洛塔说个不停，总是直截了当，这样乌娜觉得很有意思。

很快地，当乌娜和父亲在一起时也不紧张了。最初，父女大约一点半吃午饭时见面，这时候奥尼尔会停止创作，下午晚些时候他会在游泳池边独自待上一个小时。游泳池边的浴室引起了小姑娘的兴趣，因为室内的四壁上贴着她祖父演《基督山伯爵》的招贴画，还有其他一些东西。就是当父女间真的没有进行交谈时，他们也不会不自在地沉默不语，因为他们都在彼此的身上找到了对对方的喜欢和尊重。（奥尼尔后来给乌娜写信说他对她感到“非常自豪”。）像卡洛塔一样，他从来没有用高人一等的口气和乌娜说话，只是方式不一样。他谈起了组剧遇到的困难（但从来没有提到他正在写的剧本《送冰的人来了》），向她询问沙恩的情况，还回忆了他在欧洲的生活和去远东的旅行。晚上乌娜读书或者和卡洛塔聊天时，她父亲独处，或者听听他收藏的一些唱片——他收藏了很多爵士乐和布鲁斯音乐。乌娜在道舍的最后几天被外面的世界发生的事情蒙上一层阴影，奥尼尔夫妇也感到非常沮丧，因为在她仍然住在道舍的时候，德国于9月1日入侵了波兰，在欧洲点燃了第二次世界大战的战火。

小姑娘满怀着对父亲和继母的激动之情回到了家。在耐心地听了好几天女儿如同叙事诗般的对卡洛塔的称赞后，艾格尼丝最后再也受不了了，对女儿说卡洛塔的许多话都是针对她的伤人话。艾格尼丝说：“例如，卡洛塔一直担心乌娜是一个‘涂着口红和红色指甲油的小孩子’，为什么？”

奥尼尔在道舍如今花很多时间听有关战争的新闻广播，他感到心情低落，有一段时间还停下了《送冰的人来了》的创作；和欧洲悲剧的战火比较起来，戏剧是再无足轻重和再无用不过了。9月10时，他爆发了，对麦高文说：“人类令人难以置信、自取灭亡的愚蠢贪婪的本性！想到从1918年到现在所发生的这一切，这是我唯一能找到的评论措辞。”

# 第二十四章 “送冰的人”奥尼尔

奥尼尔在《送冰的人来了》中所要表达的思想对他来说非常重要，他对战争爆发的失望让他停止创作的时间并不长。接下来的创作很顺利，剧本1939年6月8日开始创作，11月26日，他便怀着热情与激动写完了。他认为该剧是他最好的剧本之一——他也曾对几部有缺陷的剧本诸如《难舍难分》和《发电机》等持有同样的观点——但这一次他的理由更充分，因为刚刚写出的这一剧本是他迄今为止写出的最好的。菲利普·穆勒，一位有天赋的业余音乐家，说奥尼尔的剧本中有音乐结构——这种说法尤其符合《送冰的人来了》的情况，这是一个复杂、能引起共鸣的剧本，具有对位音乐的效果、重复出现的主题和交响乐般的广阔。剧本也有种海洋的特点，段落慢慢展开，让人想起大海慵懒的海浪，然后慢慢发展到沸溢的高潮，就像浪涛涌起，撞击着海岸。

《送冰的人来了》不仅是他迄今为止最好的剧本，也是他在哲学意义上最悲凉的剧本。很久以来，他对人类的处境和人类未来的看法悲观；他其实已经放弃了所有对进步、文明和未来的希望，认为欧洲的战争好像是板上钉钉。正如他这部新戏所示，生活对于他来说就是一个骗子。《送冰的人来了》的故事完全发生在曼哈顿下区一个肮脏不堪的酒馆，里面的人仿佛是一群坐在筏子上的社会弃儿和绝望的家伙，通过威士忌和幻想来避免撞上人生的暗礁。该剧认为，人类不能面对现实，尤其是关于他自己的现实，而不得不躲在“白日梦”中。在一段重要对话中，剧作家两个重要的代言人之一拉里·斯莱德说：“让事实见鬼去吧！世界历史证明，事实对任何事情都毫无意义。正如律师们所说，事实不相干，而且也不重要。只有白日梦才能把生命赐给咱们这伙不走运的疯子，不管喝醉了的还是清醒的，全都一样。”

《送冰的人来了》的故事发生在1912年，奥尼尔还在写这部戏时，感到“我把自己牢牢地锁在了我过去的回忆中”了，因为剧中有大量的自传成分。剧中酒馆的原型是他在纽约的时候常常去的三家酒馆：吉米神父的酒吧，其实就是坐落在富尔顿大街252号的詹姆斯·J. 康顿（James J. Condon）酒吧，就在老华盛顿市场（“这里生意很好”，剧中有人这样说，“人们从市场过来，穿过大街”。）的对面；地狱洞酒吧，其实是位于格林尼治村第六大道的金天鹅酒吧（Golden Swan）；还有位于麦迪逊大街，毗邻破旧的麦迪逊广场花园的花园酒店（Garden Hotel）的酒吧。在剧中，拉里说：“这是不走运的馆子……最下等的酒吧间，最糟糕的咖啡室，最蹩脚的啤酒坊！难道你没注意到这儿美妙宁静的气氛？就因为这里是人生最后一个落脚点。在这儿没人担心他们下一步该怎么走，因为他们已经山穷水尽、无路可走了。”

除了几个妓女和充当皮条客的男招待外，哈里·霍普（Harry Hope）酒馆里的酒客们——曾经的记者、军官、警察、马戏团的工作人员、学法律的学生、无政府主义者——在这里看到了他们美好的日子。每一个人都毫无例外地坚守着一个“白日梦”（这个词在剧中屡次出现），就像醉汉要彼此依靠才能站得住一样，他们中的绝大多数人都坦言，相信他人的自欺欺人的说法。在所有的白日梦中有一个最基本的东西，就是“明天”：明天，他们将不再饮酒，把握自我，成为社会上可敬的一员。

奥尼尔说，这些各种各样的人物的原型都是“我曾认识或者知道的，尽管没有一个……是对某一个人不折不扣的再现”。但是，主要有四个人物和他们的原型极为相似。酒馆老板哈里·霍普自从妻子20年前去世后就再也没有踏出酒馆半步（“她走了以后，我什么也没做。我失去了所有雄心”），汤姆·华莱士，一个多年住在地狱洞酒吧上面的公寓内的半隐居的人这样回忆。雨果·卡尔马（Hugo Kalmar），其姓氏由卡尔·马克思（Karl Marx）缩合而成，是一个无政府主义者，无论在肖像、性格，还是剧中他个人经历方面，都和奥尼尔在格林尼治村的一位朋友希波吕特·哈维尔（Hippolyte Havel）极为相似，他也是地狱洞酒吧的一个常客。

剧中另外两个虚构的人物——詹姆斯·卡梅伦（James Cameron）[即吉米·托莫罗（Jimmy Tomorrow）]，是剧中“明天运动”的领袖；拉里·斯莱德，“那个老哲学家”，他的原型是奥尼尔非常熟悉的那些人。在现实生活中，卡梅伦是詹姆斯·芬勒特·拜斯（James Findlater Byth），他曾是詹姆斯·奥尼尔的出版社经纪人，当奥尼尔住在吉米神父的酒吧时，他常常去那里喝酒，当奥尼尔试图自杀时，他是救了奥尼尔的一个关键人物。以前有两次，在短篇小说《明天》（*Tomorrow* 和独幕剧《驱魔》中，奥尼尔曾计划将拜斯变成文学上永生的人物；这一次，他成功了，因为卡梅伦成为了奥尼尔名作中刻画得最敏感的人物之一了。显然，剧作家相信了拜斯，声称曾是布尔战争（Boer War）的一名新闻记者的谎言，因为他在剧中赋予了拜斯的替身这样一个背景。拉里·斯莱德其实就是特里·卡林——奥尼尔知道卡林的内心，他曾是一位无政府主义者和能说会道、讨人喜欢的酒鬼，后来因完全对生活失去幻想而自杀。在一段饱含热情的描写中，奥尼尔说斯莱德张着“一张消瘦的爱尔兰人面孔，大鼻子，高颧骨……这种表情使他看起来像一个老牧师，对人满怀同情，但已筋疲力尽、无能为力”。

霍普酒馆中几乎所有的酒客都住在破旧不堪的酒馆楼上，当故事开始时，他们在焦急地等待“希基”（Hickey）——西奥多·希克曼（Theodore

Hickman）的到来。他是一位旅行推销员，会定期来酒馆，并请大伙大喝一通，他自己也会喝得醉醺醺的。他不仅仅因为慷慨大方受到大伙的喜欢，他还是“一个讲笑话的行家里手，能让人兴奋不已”。他最喜欢的一个笑话是，给大家出示一下他非常漂亮的妻子的照片，然后说，他把她留在了家里，和“送冰的人”上床睡觉。

像藤壶附着在破船上，霍普酒馆的常客们仿佛长在了他们的自然栖息地，但新来的唐·帕里特（Don Parritt）很显然不属于这个地方。他稍稍令人感到反感，母亲罗莎·帕里特（Rosa Parritt）是一位无政府主义者领导人，和其他几个男性盟友一起因为在西海岸搞爆炸被判终身监禁；显然，他们是被自己人出卖了。（这一历史背景其实是基于20世纪最初十年发生在洛杉矶的那桩臭名昭著的麦克纳马拉爆炸案（MacNamara bombing case）。特里·卡林当初告诉奥尼尔，一个女无政府主义者的儿子唐纳德·沃斯（Donald Vose）被人拿钱收买了，举报了他们，政府当局后来把最后一个恐怖分子都抓到了。）很明显，唐·帕里特是顶着压力来到霍普酒馆寻求拉里·斯莱德的安慰和同情的，因为拉里以前是一位无政府主义者，也曾是罗莎·帕里特的情人（罗莎的原型是埃玛·戈德曼，她是沃斯母亲的一位老朋友）；然而，斯莱德从这个年轻人身上感觉到某种不好的东西，就一次次试图躲着他。

在整个长长的第一幕，当斯莱德和帕里特紧张地自卫的时候，酒馆中的酒客在彼此善意地斗着嘴，回忆或者谈论着“明天”要开始新的生活，还热情地想起了希基，在霍普生日庆宴后不久他就会到了。但当最终希基到了以后，他变得和原先他们所知道的那个希基不一样了：虽然他仍然说话俏皮，嘲讽每一个人，开始招待大家酒喝，但他现在一心想救他们。作为牧师的儿子，希基相信已经找到了自我救赎的唯一方法，坚持认为白日梦是“真正的毒药，会毁掉一个人的生活”。他坚持认为他找到了“真正的宁静”——他经常用这个说法——他最终面对了自己，而不需要戴上“过去的假胡子”；现在，他想让霍普酒店中的所有人，这些他“最好的朋友”，向他学习，摆脱无法洗心革面的愧疚感。我们过了一段时间才知道希基自欺欺人的本质，但他的妻子伊夫琳（Evelyn）最喜欢做的梦，多年来她一直顽固地坚守的梦，是希基能够摆脱他周期性的疯狂饮酒，不再和妓女以及其他的下层人搅和在一起。

希基第一次见到帕里特就发觉其身上有他熟悉的东西，断定他们是“同一个俱乐部的成员——在某个方面”。还有一次他说道：“我自己心里有过鬼，人家肚里有什么不可告人的事我看得出来。也许这是为什么我觉得……我们之间有些共同之处。”从帕里特那一边来说，他害怕希基，觉得希基“该死的狞笑和玩笑背后有些非人性的东西”。

由于希基不断施压，霍普酒馆这些被社会遗弃的人不太情愿地去实现他们“明天的”梦想，可是他们非但没有找到像希基所说的那样的宁静，还陷入了失望，他们开始憎恨自己，当然还憎恨彼此。希基早先告诉他们，他的妻子伊夫琳死了，如今深感绝望的希基却泄露秘密说，当妻子还在睡梦中的时候，他杀死了她——但他坚持说他是为爱才杀死妻子的，这是为她好，于是他感觉到“真正的宁静”了。所以，剧本的标题既具有粗俗的意义，还具有邪恶的意义：首先，标题指的是过去那个玩笑，有个男人冲他的妻子大声喊：“送冰的人来了没有？”她回答说：“没有，但他呼吸变得急促了。”其次，也是在黑暗的意义上，剧本的标题意味着“送冰的人”“死亡”已经来到伊夫琳·希基身边。

其他人惊恐地退缩了，希基用奥尼尔作品里一段最长也是最富有激情的话，用魔鬼般的逻辑解释了他杀死妻子的原因。通过他的自杀，他不能给妻子以“宁静”，他很长时间以来都想这样做，因为“我的自杀会要了她的命啊；想到我会这样对待她，她要伤心死的；她还会为此自责；逃走吧，那不是办法……她会抬不起头来，要悲痛死的；她会以为我不爱她了；你们知道，伊夫琳爱我，我也爱她，问题就在这里”。

可是无论他干了什么，即便当希基把性病传染给伊夫琳时，她“这个天底下最温柔的女人”总是会宽恕他；没有什么能够动摇她对他的爱，或者“杀死”她相信丈夫有朝一日会改过自新的白日梦。希基大喊道：“天哪，你能想象得到我让她痛苦不堪，她总让我感到内疚，我多么憎恨我自己！……我开始担心我会进精神病院，因为有时候我不能原谅她原谅了我。我甚至因为她让我觉得我非常讨厌自己而憎恨她。你能感到的自责、给予的宽恕和怜悯是有一定限度的！”

就在希基杀死妻子，在他动身前往霍普的生日宴会前不久，他突然意识到他常常感觉到死亡是“让她安宁，把她从爱我的处境中解救出来的唯一办法；我意识到，对我来说这也意味着安宁，因为我知道她已经安宁了；我感到仿佛卸下了良心上的千斤重负；我记得当时我站在床边，突然大笑起来……我记得听见自己在对她说话，似乎这些话我早就想说了：‘啊哈，现在你总该知道你的白日梦足够你受用的了吧，你这个该死的臭货！’”

他对这些记忆惊恐不已，马上又补充说：“不！那是假话！我从来没有说过——！天哪，我不可能那样说！如果我说了，我肯定是疯了！哎呀，我爱伊夫琳胜过生活中的一切！”

正如帕里特的名字所暗示的那样，他的情况和希基的几乎一样：虽然他没有杀死母亲，但他有某种弑母情结，他诅咒母亲会以某种方式死掉。当初，他向斯莱德坦言，出于爱国的动机他告了密；接下来，他需要些资金尽快谋生；最后，这个年轻人低声对拉里说：“我一点都不在乎钱。因为我讨厌她！”和希基一样，他话里隐含的信息比他意识到的要多。斯莱德痛苦地答应了，帕里特再也受不了自己了，就从霍普酒馆顶楼的逃生梯那儿跳了下去（这个结果让人想起了1913年在吉米神父的酒吧芬勒特·拜斯的死亡一跳）。希基把他的事情报告给了当局，任凭法律发落。

在《送冰的人来了》中，奥尼尔借鉴了其他文学作品［高尔基的《底层》，他非常喜欢的一个剧本，还有易卜生的《野鸭》（*The Wild Duck*）］、自己的生活经历和其他一些他熟悉的人的故事。除了对他认为合适的这些素材的选择和加工之外，他当然也运用了想象。就像他说的那样，虽然故事的“主要情节”是“想象出来的”，例子很多，例如，帕里特揭发那些搞爆炸的无政府主义者等，其实是受到真实事件的启发。奥尼尔从生活中另一个非常重要的借鉴是希基和伊夫琳要命的关系；在很多重要方面，这一关系和那桩著名的查尔斯·查宾（Charles Chapin）谋杀案存在着平行之处，查尔斯·查宾是一家著名报社的行政主管，1918年奥尼尔曾怀着极大的兴趣在该报社工作过。《纽约夜生活》（*New York Evening World*）都市板块的编辑，名字也叫查宾，像他剧本中的希基一样，在妻子睡觉时朝她的头部开了一枪，后来他坚持说他此举是受爱情和对妻子福祉的关心所驱使。

起初，查宾在杀人现场留下的供词中说，他担心自己疯了而且永远无法摆脱疯狂，杀了妻子后原打算自杀，因为她“没有其他的亲人，非常依赖我，如果我不在了，她不可能继续生活下去”。他搞不清楚为什么没有自杀。他说，在被羁押后，经济困境使他的脑子变得绝望。虽然他一系列的解释都不一样，还相互矛盾，但他态度坚定地认为他和妻子一直是“好朋友”，他把她“当成了偶像崇拜”。在他被抓那一天，他说多年来他第一次感到“快乐”（就像希基杀死伊夫琳后感受到了“真正的安宁”一样）。查宾对当局说：“大家知道，真的没有别的什么办法。我非常高兴我走上一个可敬的男人唯一会走的路。”查宾最初坚持自己头脑清楚并说想被电椅处死（希基也是这样），但他后来却以暂时疯癫为理由主张自己无罪。陪审专家没有采纳他的辩词，做出了有罪判决，他被指控二级谋杀，被送进了纽约州辛辛监狱终身监禁。在他1920年出版的自传中，最后有几句这样的话：“几乎两年过去了。在孤寂的牢房中，我在深刻自省，甚至比最擅长分析的公诉人对我的分析还更彻底，我脑子里做出的不容置疑的裁决是，我做了我唯一能做的事情。没有其他的方法能够救我的妻子。”

查宾疾风骤雨般的人生在很多地方与希基很像，奥尼尔在写《送冰的人来了》的时候，肯定再次参阅了这桩离奇的杀人案，而不是仅凭记忆。然而，最重要的不是剧作家严格照搬了案件的事实，而是对案件进行了巧妙的利用。

《送冰的人来了》是一个丰富、层次多的剧本，值得从多个方面进行研究，首先剧本的标题就充满象征意味，具有双重和深藏的含义。剧作家总是努力给他的人物起一些重要的名字，对这个剧本他尤其认真。除了帕里特，当然还有哈里·霍普。这两个人，他们和蔼可亲，酒馆里那帮坚守不可能实现的白日梦的酒客都听他们的话，还有雨果·卡尔马，他和报纸上刊登的那些身揣炸弹的外国激进卡通人物非常相似。渎职的前警察局警官麦格洛因（McGloin）让人想起了曼哈顿破旧不堪的腾德莱恩（Tenderlion）那个地方，那儿的警察搜刮酒吧和妓院，中饱私囊。还有一个贪心的酒吧侍者名叫皮奥吉（Poiggi）。两个来抓捕希基的侦探分别叫利布（Lieb）（德语是“爱”的意思）和莫兰（Moran），后者让人想起了诸如“哀悼”（mourn）和“陈尸间”（Morgue）这些词，所以这两个人代表了爱和死亡；更进一步说，总是莫兰在讲话，这是对希基即将到来的命运的微妙暗示。

由于《送冰的人来了》暗藏的线索和丰富的意义，该剧一直是研究的对象；剧作家的剧本还没有哪一部能像该剧一样被详尽地研究。其中一种研究独具慧眼，赛勒斯·戴（Cyrus Day）教授在希基的情况和《圣经》记载的耶稣在地球上的最后时日之间找到了很多平行的地方。教授发现，希基“有十二个门徒；他们在霍普的生日聚会上喝酒，按照奥尼尔的舞台说明，他们一帮子人聚集在舞台上，使人想起了列奥纳多·达芬奇的名画《最后的晚餐》。像耶稣一样，希基离开了聚会的人群，心里明白他要被处死。三个妓女在数量上和三个玛丽相呼应，就像三位玛丽同情耶稣一样，她们也同情希基……”

“还有一个被社会抛弃的人，帕里特，在很多方面和犹大（Judas Iscariot）相似。他在剧本的人物列表中居第12位；在《圣经》的《新约》中，犹大在十二门徒中的序位是第12。为了区区200块钱，他背叛了自己无政府主义者母亲；犹大为了30个银币出卖了耶稣。他来自遥远的太平洋海岸；犹大来自遥远的犹地亚（Judaea）。希基看穿了他的想法和动机；耶稣看穿了犹大。帕里特说，他的母亲把脱离‘无政府运动的人’看作是要在油锅中遭受熬煎的犹大，他把自己也比作是一个犹大。”

因此，《送冰的人来了》的标题不仅具有下流和邪恶的含义，也具有《圣经》的含义。沃尔多·弗兰克的小说《新郎来了》有可能给了剧本标题直接的启发，它让深谙《圣经》的剧作家想到了《马太福音》中的这段文字："新郎徘徊的时候，她们都打盹、睡着了。半夜有人喊着说：'新郎来了。'"戴教授注意到："在神学的象征体系中，新郎总是指耶稣。……等待新郎象征着人类获得救赎的希望。"

奇怪的是，教授没有指出那个救世主推销员名字的象征意义：西奥多（Theodore），源自希腊语"theo"，"上帝"的意思；而希克曼（Hickman）——意思是愚蠢的人，一个轻信、自欺欺人的家伙。在哈里·霍普酒馆所有做着白日梦的人中，希基的自我欺骗最具有破坏性，他认为他是爱自己的妻子的。他多年来生活在谎言中，折磨着自己，直到痛苦令他再也无法忍受。他同时也是一个假的上帝，一个具有欺骗性的救世主，因为他希望给朋友带来安宁，却给他们带来了绝望和死亡的气息。在某种重要的意义上，他又像奥尼尔的另一个救世主式的人物，拉撒路，因为他也想解放他罪过和恐惧的门徒，但最后却把他们抛入了更加黑暗的深渊。

肯尼思·麦高文是最早读到《送冰的人来了》的人之一，曾怀疑希基是否来源于现实生活。很显然，奥尼尔没有告诉任何人他应该感谢查宾这个案件。他回信说："不，我根本不认识他。他是剧中最具有虚构性质的人物。当然了，我认识我那个年代的许多推销员，他们时不时喝得酩酊大醉，但是希基不是他们中的一员。你可以说，他是他们中的所有人，同时又不是他们中的任何一个。"

乔治·吉恩·内森是最早读过这个剧本的人之一。奥尼尔告诉他："有一个（我认识的）时不时喝得大醉的推销员，他真是个有意思、讨人喜欢的家伙。他就是那个典型的推销员，好伤感地对着妻子的照片流泪，在其他的情绪下，还会喝得醉醺醺的喋喋不休地喊着口号，诚实是上策。"

在某种程度上，希基看起来也有可能是按照奥尼尔在吉米神父的酒吧结识的另一个推销员塑造的。之所以这样说，是因为剧本《安娜·克里斯蒂》的前身《克里斯·克里斯托弗森》中有一个叫亚当斯的推销员，用吉米神父的酒吧老板的话说，他“整天在我的耳边喋喋不休，吵得要死，我听得都厌烦了”。（在《送冰的人来了》中，其他人也就希基发过相似的怨言。）《克里斯·克里斯托弗森》中的老板还有一次说起亚当斯：“也是一个聪明的家伙——当清醒的时候……一份工作从来不会做得很长。他有酗酒的习惯……他总是喝得眼睛发红，最后一个离开。常常在这里喝酒。想着这里除了我没人认识他，喝到极限也不会感到不好意思。嗨，他一有钱就会花个精光。”

由于20年后奥尼尔在希基身上赋予了相似的特点，那么他脑子里好像真有一个这样的人。显然，希基在很大程度上是基于那个推销员和查尔斯·查宾；但是，就是排除这三个人，奥尼尔告诉麦高文说希基是“最具有虚构性质的人物”，他“根本不认识他”，这些听起来也不可信。

具有悲剧意义的真相是他太了解这个人了，因为希基长久以来怀着一种他并没有意识到的憎恨心理，尤其是对自己的憎恨，这个被愧疚和自憎感情折磨着的希基就是奥尼尔本人，他同样也是帕里特，后者诅咒自己的母亲生不如死，他心里清楚这一点，所以感到苦恼。奥尼尔，一个极具自传倾向的剧作家（也许在这一方面只有斯特林堡能和他相提并论），在剧本中屡屡展现了母亲的形象，把对她的态度搬上舞台。在希基和帕里特彼此关联的故事中，他最后把对埃拉·昆兰·奥尼尔的不满统统发泄了出来，她吸毒，是剧作家良心不安和自责感情的主要来源，这些感情一直持续到剧作家生命的最后。

在《送冰的人来了》中，关于吗啡，拉里引用了海涅的诗句：“睡觉很好，死亡更佳；真的，不来到这个人世简直是绝妙。”

斯莱德的塑造者并不是随意将海涅的诗句拿来的。当奥尼尔还在写《送冰的人来了》的时候，他就已经在构思他的下一部剧作《进入黑夜的漫长旅程》，不折不扣地再现了他母亲的吸毒以及他从一出生就开始的自责。

奥尼尔对父母的感情非常复杂，对父母双方都有自相矛盾的思想，但很多证据表明，他基本喜欢父亲，而对母亲有敌意。虽然他知道母亲是不经意染上毒瘾，也很无辜，但在感情上他还是不能宽恕母亲。正如他通过希基之口所说的那样，“你所能感受到的愧疚感有个极限……你禁不住也开始责备起其他人来”。在另一段袒露心扉的话中，他让希基说，帕里特“应该受到惩罚，这样他就可以饶恕自己了”。毫无疑问，这就解释了为什么多年来奥尼尔常常酗酒的主要原因，在布宜诺斯艾利斯和纽约水滨和下层人厮混时的自我折磨，以及在吉米神父的酒吧他试图自杀的时光，是他此种情绪的极点。

但是，奥尼尔对母亲埃拉·奥尼尔的感情非常矛盾，有时候认为她是丈夫的受害者，他有时也展示母亲温柔的一面，主要是通过《榆树下的欲望》中伊本·凯勃特对母亲的回忆实现的，给人印象最深刻的就是《大神布朗》中迪昂·安东尼的挽歌式的哀叹。但这些可爱的展示背后是这样一个严峻的事实，那就是，这两个女人仅仅是奥尼尔剧本中很多已故妻子和母亲的一部分，人数多得可能超乎人们的想象，因为这些鬼魅般的人物有些在故事开始之前就已经去世了，有些仅仅是稍有提及。奥尼尔极有可能都没有意识到他的剧本中，在其他明显的形式下有种严峻的形式在不断发展，但是这无论如何改变不了这一事实，即他怀有强烈的弑母冲动，通过他的剧作他一次又一次地对吸毒的埃拉·奥尼尔进行了复仇。

大家有可能会对下面这一说法持有异议，即他笔下的男性有较高的道德水准，或者命运不济，他们的堕落在很多情况下都是由一位女性不经意或者故意造成的，因此这些又给奥尼尔作品中的厌女倾向提供了额外的证据。在他的第一部长剧《奶油面包》中，以及在独幕剧《早餐之前》(*Before Breakfast*)中，主人公因其妻子脾气大而自杀。《天边外》中，罗伯特·梅约，一个天生的梦想家和流浪者，因为露丝·阿特金斯选择了他没有选择他的哥哥而命运多舛；他留在了农场慢慢死去。《毛猿》中的扬克对自己非常得意，当一个来自上流社会的姑娘看到他被吓坏了之后，他就被抛入了一个充满敌意的社会中开始了危险重重的漂泊。《榆树下的欲望》中农场主的妻子勾引继子引发了一连串的悲惨事件。

这些剧本没有一部能像《发电机》一剧更能揭示奥尼尔对母亲的不平，

在该剧中，牧师的妻子在背叛了儿子后就去世了，她的儿子因为失去了对母亲的信任而变得几乎疯狂，转而向科学寻求救赎。难怪，在《发电机》上演不成功之后几个月，剧作家还愤愤不平地向朋友们抗议说这个剧本被误解了，他其实感兴趣的是母亲对儿子的背叛和这种背叛给他带来的毁灭性的影响，而不是将科学作为了新的救世信条。

通过最后的分析，甚至在剧作家塑造的那些理想的女性人物——早期的长剧之一，《苦役》中尽职尽责的妻子；《马可百万》中的中国公主；《诗人的气质》中的诺拉·梅洛迪；《月照不幸人》中的那个大块头农村姑娘——也都证明他对女性心存偏见。和物理学一样，在人性动能的驱使下，一种极端像处于高位的钟摆一样，自身具有向相反方向运动的趋势。和他的导师斯特林堡一样，奥尼尔塑造的大多数女性人物或者是坏女人，或者是不幸的代理人，或者是高贵得不可信的人物。他只会用夸张、不实际的词汇歌颂女性。既有美德，又有不足，有普通人性的女性在他作品里很少。一般说来，将女性传奇化的男性常被恐惧和厌恶或者被两者所驱使。他们不能对女性做出应有的判断，于是就把对女性的偏见用一种溢美的态度伪装起来；而这样做的最终结果是他们为他们奉若偶像的女性留下了极少的犯错空间，空间不足导致了她们在人性上并不可靠。换句话说，这些浪漫主义者为他们自己的幻灭搭建了舞台。

奥尼尔对异性的感情中有一个令人费解的因素，对“母亲”——一个强大的母亲保护他免受世界的伤害——的欲望和需要。奥尼尔儿时，当母亲深深地躲在吗啡中的时候，他感到被抛弃了，于是他心怀感激地在他家保姆萨拉·简·巴克内尔·桑迪坚定的保护下找到了庇护——她其实成了他第二个母亲——这种情况一直持续到他被送到寄宿学校。在成长的过程中，两种截然不同的母亲形象在他的脑海中扎下了根：一种是屡屡辜负他的母亲形象；另一种是只要他需要就随时会出现的母亲形象。

虽然，奥尼尔早年对萨拉·桑迪的依赖和他对埃拉·奥尼尔复杂的感情，在很大程度上或者非常显而易见地构成了奥尼尔笔下的许多对母亲非常迷恋的主人公，在剧作家成长的经历中还有第三个人应该被考虑到：他的哥哥杰米。那个小时候常常用手轻轻拍打着母亲刚刚沐浴过散发着淡淡幽香的水的杰米，那个父亲去世后完全占有了母亲，并在母亲的要求下戒了酒的杰米，那个母亲去世后对生活丧失了兴趣并又开始酗酒，结果早早撒手人寰的杰米。

在奥林·孟南（Orin Mannon）身上所体现的恋母情结这一点上，杰米的因素要比奥尼尔多，正像西蒙·哈福德，他的母亲躲避着他，他非常爱自己的母亲，同时又非常恨她，他身上就有奥尼尔兄弟两人的特点。剧作家的作品中有很多具有恋母情结的主人公，并不足以像许多评论家所说的那样表明，他非常喜爱自己的母亲。而是恰恰相反。有人回想起几年前，奥尼尔和马尔科姆·考利聊起斯塔科尔《爱的伪装》（*The Disguise of Love*）时说，个人的历史可以“给所有活着的剧作家提供情节”。非常重要的是，他提到了一个事例，一个小男孩在母亲引诱他后便疯掉了。

奥尼尔看起来好像是在1926年开始意识到他对母亲的真实感情的，当时G. V. 汉密尔顿医生就他的父母对他进行了详细的询问。我们应该注意到，在结束了和这位心理学家一起的课程后，15岁开始饮酒（在他获知埃拉吸毒后不久）的奥尼尔开始了禁欲，这颇让人感到费解；除了去东方旅行和其他几次孤立的场合，他后半生都是这样。与此相似，希基杀死妻子后最终对自己有了清楚的认识（尽管他立刻又有了一个白日梦），他发觉他不再“需要”酒了，完全变成了一个禁酒主义者了。

从奥尼尔最早的作品之一《雾》（*Fog*）中的诗人开始，奥尼尔塑造了一系列非常明显的自画像式的人物——《奶油面包》中命运不济的主人公，《救命草》中的新闻记者，《难舍难分》中的剧作家，《大神布朗》中的迪昂·安东尼，《无穷的岁月》中的丈夫——在几乎每一种情况中，这一形象在相貌和性格上多多少少都和奥尼尔一样。但是，奥尼尔在塑造《送冰的人来了》的自画像时却小心翼翼，其行为和相貌与奥尼尔迥异；希基身材矮胖，他“那种友好、大方的性格使大家一见面就喜欢上了他”。换句话说，奥尼尔通过希基说出一些他最为隐秘的情感，想方设法对大家进行误导，不让他们追寻他作品里传记的痕迹。

除了奥尼尔对母亲的态度和希基对妻子的态度相似外，两人在其他方面也有相似之处。正如剧作家把他的舞台感归功于《基督山伯爵》，希基从他牧师父亲那里继承了能说会道的语言天赋和对福音的热情。毫无疑问，当剧作家让希基说出，在他周期性狂欢之后，他常常看起来像“一个躺在烂泥沟中的东西，就是野猫也不愿意屈尊下来——从贝尔维尤一家医院的病房里连同垃圾一起扔掉的某种东西，某种应该死掉而不应该存在的东西”！

略显悖论的是，尽管《送冰的人来了》中关于人类需要白日梦的信息显得凄凉，希基的故事显得悲惨，该剧仍不失为一个充满温暖和幽默的剧本。在霍普酒馆的那帮游民中，存在着一种令人感动的友谊精神。1946年在谈到这些真正的生活原型时，奥尼尔说，用希基关于他们的原话就是，“他们是我最好的朋友”。从表面来看，这句话令人感到好奇，因为他最好的朋友，举几个例子，有肯尼思·麦高文、拉塞尔·克劳斯、乔治·吉恩·内森、罗伯特·西斯克、索弗斯·温特、埃利纳·温特，尤其是萨克斯·康明斯，他为了奥尼尔而不顾一切。这句话后面也许意思是说，萨克斯和其他人在生活中的位置已经确定，他们“有归属感”，和他不一样，所以打心眼里他感到与水滨下等酒馆中那些曾和他一起喝酒，喝得麻木的社会下层人，关系更为亲近；看起来他真的把自己看作了这些社会下层人中的一员。

奥尼尔和卡洛塔本来就因欧洲的战事而心情低落，1939年后几个月家中发生的一系列事情让他们更加感到不安。罗伊·斯特拉姆染上了风湿热，几乎要了他的命，从此终生残废。此后不久，辛西亚出了车祸，车完全撞坏了——她神奇地幸免于难，只是断了一条腿——就在同一时间，内莉·萨辛因肺炎而不久于人世。这年秋天，卡洛塔自己也患上了流感，奥尼尔的身体却相对较好。但自从他住进奥克兰医院以来，他并没有完全康复——他处于他称之为的“低潮期”——从儿时开始患上的双手颤抖的毛病时不时困扰着他，现在变得越来越成为问题。

奥尼尔一旦写完一个剧本之后往往会等上几个月，以便产生新的想法，然后再进行修改，可是关于《送冰的人来了》，他清楚地知道他想要说什么，所以卡洛塔把剧本一打好他就立刻着手进行修改。这个剧本的创作不到六个月，共有四幕，演出时间大概四个小时，其创作要比《奇异的插曲》和《悲悼三部曲》容易一些，因此该剧也是一个标准长度的剧本；相比而言，《无穷的岁月》创作时很大程度上不太顺利，花了他将近两年的时间。

1939年的最后几周和1940年的前几周，奥尼尔忙于该剧的第二稿和最后一稿。元月底，萨克斯·康明斯在道舍做客期间，把该剧的修改稿打出来了，带了一份回到了纽约，保存在了兰登书屋，只有贝内特·瑟夫和乔治·吉恩·内森获得许可阅读该剧本。奥尼尔要求两人对此保密，为了抵御过早上演带来的压力，他不想让同仁剧院甚至他的经纪人理查德·J.马登知道有这样一个剧本。除了觉得演这样一个剧本时间不对外，战争时期观众可能不会接受像《送冰的人来了》这样一部虚无主义的剧本，奥尼尔担心他会像在1937年一样，屈于纽约和排练的压力，有可能再次“精神崩溃”。就算“一定能大获成功”，奥尼尔也不愿意冒这个险。他唯一的愿望是在身体好时继续进行创作——“我的职业唯一让我感兴趣的东西”。

内森对《送冰的人来了》的反应（他认为剧本“甚至比高尔基的《底层》还要好得多，深刻得多”）让奥尼尔很高兴。1940年2月28日奥尼尔回信说：“我相信你会喜欢这个剧本的，但是——那么好吧，你知道怎么回事，你写一个东西，越来越自信，越来越高兴，最后写完时有一种兴奋不已的成就感。突然，你听到了反应，你便感到劳累和空虚，你已经做的工作在脑子里变得模糊不清了，你所有记得的东西是很多对话和一些看起来已经死去的人物……因此，你的信对我是个极大的鼓舞，我感到身体康复了，我很感激。”

几个月后，这个剧本的消息还是走漏了，于是他就许可朗格内尔和海尔朋女士读了这个剧本，他们二人都非常喜欢这个戏。剧作家在写给朗格内尔的信中说：“从个人来说，我喜欢它！我相信我的喜爱也不是完全受到了对‘生活在海底’的那些亲切但死亡的日子的怀念的激发！我有一种自信的预感，这个剧本……是我写过的最好的剧本之一，也许是最好的……剧中有些时刻会突然把一个人隐秘的灵魂剥得一丝不挂，不是带着残忍和道德上高人一等的神态，而是带着理解的热情，把他看作具有讽刺意义的生活和他本人的受害者。对于我来说，这些时刻是悲剧的深刻之处，对此不可能再有什么可以说的。”

1940年早些时候，在认真阅读并修改完《送冰的人来了》之后不久，心情兴奋不已的奥尼尔病倒了，后来证明是流感复发了。他身体欠佳的那几周刚一开始，他就于2月8日对内森说：“我可不是以前（1937年）害了很长时间病的那个人了，再也不会这样了。”在此期间一个好消息是，奥尼尔作品在好莱坞的热情支持者罗伯特·西斯克激发了导演约翰·福特（John Ford）和作家达德利·尼克尔斯想把《格伦凯恩号》改编成电视系列剧的想法。这是好莱坞的一个优秀团队，他们的作品有《告密者》《愤怒的葡萄》（*The Grapes of Wrath*）和《关山飞渡》这些著名的影片，两人有资金支持，可以独立拍摄《格伦凯恩号》这部电影并通过联美电影公司（United Artists）发行。奥尼尔最初希望得到两万美元，另加如果电影的发行超过一定的量，再追加一定比例的利润，但最后他决定只要一笔钱。

福特和尼克尔斯合拍的这部电影名字叫《归路迢迢》，是四个《格伦凯恩号》组剧之一，是奥尼尔拍成电影的作品中拍得最好的一部（他本人称赞该剧本说，“出色的画面，没有明显的好莱坞的废话，也没有多愁善感的情话”）。但是，虽然对这部电影的评论都很热情，但它太不符合传统了，商业成功很严峻。

奥尼尔由于在《送冰的人来了》中确凿无疑地表达了对母亲的敌意，他现在打算立刻毫不保留、更加充满激情地写他全家的故事。这部新作品毫无疑问是《进入黑夜的漫长旅程》。该作品在他还在创作《送冰的人来了》时就已经在脑子里成形。卡洛塔最早听到这个计划是在1939年6月的一个晚上。她回忆说：“无论什么时候，只要金感到不安或者紧张，他就会来到我的房间，或者喊我过去，把心里话统统地都告诉我。这天晚上，他告诉我他打算写一部关于他家庭的戏。这件事一直萦绕在他的脑际。他痛苦不堪，非要写出来不可……他要把它写出来，他必须宽恕那些导致了他、母亲和父亲之间出现悲剧的一切东西。”

“他整个晚上说个不停——就像自言自语。我住了口不再说话。他说：‘我一定要把这写出来。我担心将来有人会发现我们谈的这些，写成粗俗的独幕剧，甚至写成一个剧本。可是这些事情并不粗俗！即使我父亲吝啬，当事情太多我母亲受不了时就吸毒，即使我哥哥常泡妓院。’”

“晚上我们常常坐在壁炉前，我记得一天晚上金望着壁炉中的火，说，‘我在想着我们家每一个成员所经历的地狱——各自的’。”

“他开始写《进入黑夜的漫长旅程》时，你看到有人被他自己正在写的东西折磨成那个样子很奇怪。一天结束，他从书房走出来，显得憔悴不堪，有时还在哭泣。他的眼睛总是红红的，看起来比早上走进书房时老了十岁。”

比弗洛伊德早好多世纪的《圣经》具有弗洛伊德的眼光，《圣经》上说：“人要离开父母与妻子连合，二人成为一体。”显然，奥尼尔从来没有真正“离开”自己的父母。他是父母永远的儿子，过去永远困扰着他，他对家庭关系的主题非常着迷，尤其是父母和子女之间的关系。虽然他年轻时到处漂泊，生活阅历丰富，但他还是在家里发现了最重要、最丰富的主题。可以毫不夸张地说，《进入黑夜的漫长旅程》比奥尼尔的任何剧本孕育的时间都要长；是一个他一成为剧作家就无意中非常想写的一个剧本。的确，在他的第一部长剧《奶油面包》中，他片片断断、粗糙地写了他的家庭故事，接下来在《上帝的儿女都有翅膀》《榆树下的欲望》《大神布朗》，还有其他的剧本诸如《发电机》等剧中，他都用各种技巧和伪装写了他的家庭故事。[约翰·亨利·罗利教授把《拉撒路笑了》也包括进去了，因为他觉得皇家的罪恶三人组合，提比略、庞培娅（Pompeia）和卡利古拉就是剧作家父母和哥哥关系的投射。]

当奥尼尔还在构思《进入黑夜的漫长旅程》时，位于北加利福尼亚的公共事业振兴署的作家部给他寄来了一本詹姆斯·奥尼尔的专著手稿，这是多卷本旧金山戏剧史的一部分，这让奥尼尔对父亲的记忆更加清晰起来。罗西的房间里到处都是奥尼尔父亲的照片，游泳池边的沐浴间里也都是父亲演《基督山伯爵》的海报。奥尼尔认真修改着文稿中的错误，最后就一些问题做了答复。专著中刊登了奥尼尔的一封信作为后记，上面标注的日期是1940年1月15日。

奥尼尔说，他祖父母"非常贫穷"，他父亲十岁时就去工作了，每周50美分。这让大家得以对他的这部家庭剧有所提前了解。他说，他仅凭几个故事是不足以表现父亲的性格特点的，"如果我写他的逸闻趣事，我会写一本书，因为他性格中有很多相互矛盾的方面"。

奥尼尔在信中继续写道，在他拥有的父母早年的物品中有父母的结婚证书。（母亲的婚纱是《进入黑夜的漫长旅程》中一个常常提及的话题，标志着她天真不再，幸福已逝。剧终时，母亲拿出了婚纱，这一幕令丈夫和儿子们感到心痛，婚纱存放在阁楼上，岁月久远，有些泛黄，也不太干净了。）奥尼尔对父亲知道得不多，他感到有些遗憾，话语中隐藏了很多东西，最后，他半遮半掩地说，他"长大一些的时候，就没太在意"，后来又"去读书了，到处流浪，绝大部分时间都没有和家人生活在一起"。

奥尼尔对这部专著非常满意，称它是"一部了不起的作品"，该书的作者也姓奥尼尔——叫帕特里克·奥尼尔（Patrick O'Neill）——奥尼尔和他有通信往来，他也非常想从奥尼尔这位名人那里获得帮助和建议。得知华盛顿叫停了公共事业振兴署的作家项目，奥尼尔付给这位年轻人50美元购买了一部有关他自己的尚未出版的故事集，并允诺他可以联系杂志卖给他们；有好几个月，奥尼尔抽时间写信给他打气。有一家出版社拒绝了帕特里克·奥尼尔的一部小说。剧作家说："每个想成就一番事业的作家身上都会发生这种令人沮丧的事情……你要经受这样的考验，你要证明给自己看。……给黄页中所有出版商打电话——然后继续你自己的工作！你不得不这样……不管付出什么样的代价……出版很重要，但是出版可以等待，因为你不能掌控。但你身上的东西可不能等待。"

1940年早春，奥尼尔开始创作《进入黑夜的漫长旅程》，最初进展迟缓。写完了第一幕，他觉得筋疲力尽，劳累不堪，写不下去了，在接下来的五月和六月的绝大部分时间里，当时正值德国突破了马其诺防线，法军溃败，英国在敦刻尔克进行了英勇的大撤退，他绝大部分时间都用来听收音机。世界的崩溃让奥尼尔意志消沉，他两个月一个字都没有写。“世界上这么多悲剧在上演”，他觉得“严肃认真地对待悲剧不容易了”。然后，他还是在六月末继续了他的创作。他说：“你不可能让一个瘾君子长时间不碰毒品！”（在《进入黑夜的漫长旅程》中，奥尼尔本人的替身在称母亲为“瘾君子”时和哥哥有了冲突。）

沙恩有将近两年没有见到父亲了，这年夏天稍早，他在道舍住了两周。他仍然没有安顿下来，上年在纽约的艺术生联盟（Art Students’ League）学习了一些课程，常常和一些同学去格林尼治村泡吧。沙恩相貌英俊但不自负，极度害羞但性格随和，因此非常讨人喜欢，朋友都有保护他的心理。他讨厌拿他的名字做交易，他非常高兴“人们不谈论我的父亲或者问我关于我父亲的事情”，但还是有很多人当从其他渠道听说了他的身份之后纷纷过来向他劝酒。在位于第八大道他常去的老殖民酒吧（Old Colony），他曾说：“我想写一个剧本。一个人在酒吧对他的朋友说，‘我相信我会乘烟而去’。不久之后，他说，‘我想，我会的’。”接下来据他们所知，他这样做了——乘烟而去，消失了。沙恩对这个构思并没有加以发展。

奥尼尔一直对朋友们说，他的小儿子一旦找到正确的生活道路就会“一切都好了”，但他私下却感到担忧。他对儿子的艺术才能持怀疑态度，奥尼尔和他谈过；6月18日，卡洛塔对萨克斯·康明斯说，“直接而肯定地告诉他，他必须在船厂找一份工作——或者类似这样的工作——证明他有勇气工作，有自食其力的抱负”。她接着说，如果他做到了，“金会帮助他——如果做不到——”！她本人觉得他是个“好孩子”，但瞧不起他没有生活的目标，缺乏动力，她将这一切都怪罪为艾格尼丝的教育。

乌娜完成了弗吉尼亚一所学校的两年学业后，这年秋天想进入布莱利学校（Brearley School）学习。乌娜的成绩很好，布莱利是曼哈顿一所很好的女校。七月，她打算和艾格尼丝去百慕大小住一段时间。出发前不久，她给父亲写信说她想回来后看看父亲。虽然表示非常欢迎她的到来，奥尼尔在回信中说她可以九月份过来，因为他和卡洛塔八月的绝大部分时间不在家（然而，这并非事实）。因为乌娜想得到一些辅导，以便能够在布莱利有一个好的开始，他认为"为（你）自己考虑，最重要的"是把注意力放在学习上。可是，他让乌娜自己做决定，在7月3日的这封信的结尾，他这样写道："我为你考虑了很多，我非常爱你，你是我的骄傲。"

也许他有些不太想让她来，因为在写《进入黑夜的漫长旅程》时他将全部心思都用在了剖析他和父母的关系上了，他担心她的来访会让他分心；否则，在重新体验做儿子的生活的同时，他不得不有一段时间扮演父亲的角色。不管怎样，直觉敏感的乌娜领会到了父亲的言外之意，这年没有去拜访他。

按照卡洛塔的说法，奥尼尔从来没有当着她的面说过他爱她，但却常常在她的床边或者其他显眼的地方留下一张热情洋溢的纸条。七月，在他们的结婚纪念日奥尼尔照旧是这样做的。他在22日写道："在此祝贺我能够有您11年的幸福相伴！时间蹒跚，文明瓦解，价值观不见，昔日的美人变成了下流的娼妇，世界爆炸，个人税收上涨，岁月让我们和伯莱明不堪重负——然而，依旧！爱并没有消亡……那又如何！"

八月，特里·海尔朋去好莱坞招募演员，中途在道舍进行了短暂停留。她对《送冰的人来了》大加称赞，但对奥尼尔今年秋季打算公演该剧提出了质疑。然而，奥尼尔态度很坚决，他还告诉她不要惦记那个组剧了，因为他计划无限期推迟组剧的写作计划。

奥尼尔在写给乌娜的信中说："想到组剧，令人泄气……对于我完成时我们有可能生活的那个世界来说，将没有什么意义。普遍感到不安和不断变动的时期对于并不是某种宣传的严肃创作来说是糟糕的事情。更不用提戏剧不景气，如果剧本不能按应该的那样进行演出，是不是有人愿意演就值得怀疑——这个戏必须按我的方式演，否则这个戏就不演了。”

过了六个月，到八月底的时候，奥尼尔写完了《进入黑夜的漫长旅程》的三幕，其间他还曾患病，因为战事而意志消沉耽误过一些时间——他还要写第四幕。他劲头十足，工作的时间越来越长，仿佛着了魔一样，九月底就完成了剧本的创作，然后立刻开始修改。卡洛塔回忆起这段时光时说：“写这个剧本差一点要了他的命。”……“在写完一天的任务量后，他在身体和脑力上都疲惫不堪。每天晚上我都要紧紧地抱着他，他才能放松、入睡……剧本就是这样写完的。”

像《送冰的人来了》一样，《进入黑夜的漫长旅程》是一部佳作。在写这两部剧本的过程中，奥尼尔的艺术创作最终变得成熟了。《纽约时报》的西摩·佩克（Seymour Peck）在奥尼尔去世后采访卡洛塔时，就《进入黑夜的漫长旅程》问了一个关键问题：“为了这个剧本，他个人真真切切地回到了过去，这才有了他创作力的大爆发，你是否这样认为？”

她回答说：“我不能告诉你，我不想猜，我不知道。”她接着说的话同样也适用于《送冰的人来了》：“问题是他要把发自内心的东西写出来……他必须写这样一个剧本。”

自从踏上戏剧创作之路以来，奥尼尔心里就有一个创作《进入黑夜的漫长旅程》的计划。他并没有告诉内森这个剧本具有自传色彩，在完成第一幕后他对内森说，这个剧本将是一个家庭一天的故事。“这一天发生的事情激起了全家对过去的回忆，揭示了彼此间错综复杂关系的方方面面。一个充满悲剧的剧本，但并没有激烈的戏剧行动。在最后一幕，人物仍然彼此为过去所困，每一个人都感到内疚，但同时又很无辜，看不起别人，但又充满爱心，彼此怜悯和理解，但又不是完全理解，宽恕但命中注定又永远不能忘记。”

《进入黑夜的漫长旅程》所使用的很多原材料都被密密麻麻地写在两页纸上——尤其是概要占了一整页——这些东西是奥尼尔1926年在接受汉密尔顿医生一个接一个的询问时写下的，只有他自己的眼睛能够辨认，能够对他本人做出提示。概要本身很有趣，家庭早年的故事中有几件事情令人感到奇怪，最主要的一件是，在教会学校长大的虔诚的埃拉·奥尼尔在第二个孩子死后有过几次“非自然流产”。（非常有意思的是卡洛塔的母亲在她不情愿地生她的第一个孩子也是唯一的孩子之前也有过几次流产。）这页纸和《进入黑夜的漫长旅程》放在一起一对比更显得有意思——文字写下来的故事和这个经过选择的、戏剧化的家庭故事——它让我们看到了奥尼尔具有创造力的大脑里在思考什么东西。

故事概要将埃拉称为“M”，即“母亲”的意思，将尤金称为“E”。这份用极小的字体写成的秘密文件（他尽力使用很小的字体，以防他人能够读懂）上有整个故事，写在一页打印纸的一面：

“母亲——生活孤独——婚前很娇惯［丈夫是（她）父亲的一位朋友——父亲很崇拜他——酒友］——在教会学校读书的时髦姑娘——信奉宗教、天真无邪——具有音乐天赋——身材俊美——由于丈夫职业的原因，婚后失去了亲人朋友——婚后生活孤独——和丈夫的朋友们也不交往——丈夫是个标准男人——喜欢喝酒——每晚和他人外出喝酒直到很晚——睡得很晚——陪她的时间很少——对金钱很吝啬，因为他童年经历过贫困，父亲在他很小的时候撇下了一大家子人，回到爱尔兰度晚年去了［他因误服毒药而死，不过也有人怀疑他一时疯狂绝望自杀了——因为遗弃而良心有愧（？）］（在以后的日子里，丈夫事业不顺时会时不时谈起要像他的父亲那样，抛家弃子回到爱尔兰，死在爱尔兰。）婚后一年大儿子出生。父亲的职业和生活稳定——在驻演剧团——长时间待在一个城市——比起后来经常巡演来说更有家的感觉——母亲那时身体健康——对儿子的教育很严格——用鞭子体罚。母亲的母亲还健在——丈夫不顺时母亲依然有柔情去宽慰他。这期间母亲的父亲已经早亡了——她的偶像——常常给她买很多礼物，非常宠爱她——她常常记起他，和丈夫的吝啬形成了鲜明的对比——也是一位‘绅士’，受过教育，而丈夫却是一位自学成才的农民。最后世界变成了丈夫的世界，母亲通过丈夫和外界打交道，她对此满腹怨言。”

“大儿子出生五年后二儿子出生了。有孕在身的母亲当时不得不与丈夫一起奔波，因为丈夫对她有一种病态的妒忌，甚至妒忌她对孩子的爱。大儿子被留给了母亲的母亲，染上了麻疹，母亲的母亲不够小心，准许得麻疹的大儿子去看小弟弟。二儿子死了。母亲回来时已经晚了——死了——她伤心欲绝——责怪自己——责怪丈夫让她离开家门，也责怪自己的母亲照顾不周——说大儿子是罪魁祸首，无意识（?）”

“在丈夫的要求下大儿子不久就被送到了学校，虽然母亲抗议说孩子还小（七岁）。但这一次分别和后来与尤金分别相比没有让她感到太难受，因为她让她以前当姑娘时就认识的几位修女照看他（大儿子）——有家的感觉。此时母亲的母亲已过世。除了丈夫和一个兄弟外，她再无其他亲人，兄弟一事无成，漂泊不定，她瞧不起这个兄弟，也没有见过他，也不爱他。如今一年九个月丈夫‘独自’各地巡演，绝大部分时间都是旅馆一天一个，除了在新伦敦短暂地一起度假外，没有机会和家里联系，母亲不喜欢新伦敦。她觉得比那里的人高人一等。她住在那里的穷亲戚让这种情况雪上加霜。她觉得他们是她社交的障碍，她不可能去那个地方。她丈夫喜欢和朋友们在酒馆饮酒，他对他们出手阔绰。”

“母亲显然不想再生一个孩子——为第二个孩子感到难过——丈夫念叨着要有一个大家庭，但她心里明白他的吝啬让她很为难——几次非自然流产——［对丈夫的抗议？——她怎么用宗教对此做出解释（？）这是否意味着她和宗教的决裂，让她最终完全没有任何聊以自慰的东西？］最后终于怀孕了——这个孩子，尤金，最初没打算要（？）后来父母都希望孩子是个女孩。”

“尤金出生时难产——母亲病了，爱子心切——接受了医生的治疗，后来开始了精神紧张、饮酒和吸毒。以前可没有这些情况。”

“从一出生尤金都受到娇宠——孤独的母亲对他倾注了所有的爱——她不愿和保姆一起分享尤金，成了他的朋友和知己，成了她孤独的补偿。丈夫对孩子的出生感到非常自豪（一些故事向我证实了这一点）——当时他

44岁了。她祈求（在纽约）安一个家，但他拒绝了她。这成了她一生中对他最为不满的地方，她抗议说她从来没有一个家。大概一年后，母亲打发走了其中一位保姆（一位爱尔兰妇女），雇用了一个英国女人（萨拉·桑迪）。[丈夫非常不喜欢英国人。私下对保姆充满敌意，而保姆对他亦是如此。母亲对丈夫进行复仇的动机是否由此受到激发——有了和丈夫对弈的可靠的同盟者（？）]”

“除了保姆和分散在全国各地为数不多的几位朋友，母亲十分孤独——（他们中的绝大多数因为社会地位高而遭到丈夫的敌视）——这就自然地解释了为什么她将关爱都倾注在了儿子埃德蒙身上。而这又因为他在两岁时差一点死于伤寒而得到进一步加强。”

在1926年奥尼尔写故事概要和1940年他写的这个家庭故事之间，奥尼尔对父母的感情显然经历了一些微妙的变化。故事概要说埃拉将“强烈的爱都倾注”在了尤金身上；与此不同，《进入黑夜的漫长旅程》的故事是，她在慢慢染上毒瘾之后，开始对他产生了敌意，这是她堕落的最主要原因，虽然她是不经意。还有一个极大的不同，就是这个剧本总体上比故事概要对詹姆斯·奥尼尔更有利。

鉴于剧作家以祖先为豪，《进入黑夜的漫长旅程》的姓按照奥尼尔祖上在爱尔兰的一个县当勇士之王的姓进行命名。相应地，詹姆斯·奥尼尔在剧中变成詹姆斯·蒂龙，他的大儿子被熟悉地叫作杰米。虽然奥尼尔夫人一生中绝大部分时间都被称作埃拉，但她的剧作家儿子还是使用了她最初的名字，将剧中的替身称为玛丽，可能是因为他脑子里想着圣母玛利亚和印第安纳州的圣玛丽中学[St. Mary's Academy（Indiana）]，当初害羞的玛丽·艾伦·昆兰（Mary Ellen Quinlan）在该学院是一位修女们喜欢的学生，本打算自己也成为一名修女；因此，使用她当初的名字意味着她的儿子希望她本应该选择修道院，而不应该选择婚姻。至于将他自己称为埃德蒙，即他幼时死去的哥哥的名字，而剧中死去的那个孩子被重新起了一个名字尤金，这一变化的重要意义非常明显：毋庸置疑，奥尼尔具有很强的死亡情结。

尽管以前剧作家一次次地进行不知疲倦甚至不顾后果的实验，如今却小心谨慎地避免使用所有新奇和非凡的技巧，以及任何具有戏剧性的东西，目的就是为了非常直白，非常准确地揭示那些对他进行揉捏、塑形和改变的家庭力量。没有故事可言。奥尼尔好像是从他家庭的故事中选取了一些关键、具有启示性的时刻，并将其分成了幕和场；他真的像在展示原汁原味的，纯粹的生活本身（一位评论家曾将该剧称为“裸体剧，一个没有皮肤的剧本，剧本和观众之间什么也没有隔”）。但是这样一个效果惊人的剧本，只有通过自然、完美的艺术技巧才能实现；正如奥斯卡·王尔德所说，仅靠真实或者诚挚都不足以写出具有艺术性的作品。

奥尼尔为戏剧形式和戏剧中心对事实进行了任意加工：他几周，甚至几个月之内发生的故事浓缩为了几个小时；当真正的杰米不在场时他让剧中的杰米出场了；他较实际疏远了此刻蒂龙一家人（意指奥尼尔的家庭）之间的距离；他压缩了某些场景；创造了其他一些场景。尽管如此，《进入黑夜的漫长旅程》在本质上仍是一部忠实于剧作家家庭历史的剧本。

该剧遵从了传统的三一律，故事发生在蒂龙家夏舍（其实是新伦敦的基督山伯爵小屋）起居室里，时间是1912年8月份的一天，从早晨一直到午夜时分。该剧最初只有五个人物，蒂龙一家和一个仆女，她在剧中处于次要位置，但是剧中却有一种无形的东西笼罩着全剧，在事实上构成了家里的第六个人物：过去。正像剧作家对内森所说的那样，蒂龙一家“命中注定不会忘记”。过去被常常唤起，几乎成了可见的东西。家里的每个成员都被以前发生的事情所困扰，被毫无意义的遗憾所累，即，如果当初事情不是这样，事情本应该是个什么样子。蒂龙因为妻子让他想起了过去的不满和遗憾而责备她，鼓励她忘记过去，而她却回答说：“我怎么能忘了？过去就是现在，不是吗？也是将来。我们个个都想撒谎，只当没有过去那回事，可是现实却不放过我们。”

《进入黑夜的漫长旅程》没有讲故事或者注重情节，而是追踪了对家庭造成不幸影响的两个事件：一是玛丽·蒂龙，刚刚又一次治愈了毒瘾，丈夫和儿子们都开始希望这次她是永远摆脱了毒瘾，她又犯了；二是埃德蒙听说自己得了肺病，要住院疗养（奥尼尔1912年就住院疗养过）。随着蒂龙一家不断提及过去，将过去当作指责他人或者自卫的理由，剧本中充斥着连续不断的一个个故事，所有故事相互交织，相互影响。所有的家庭成员也都同时希望免责和获得宽恕——他们都在用几乎相同的口吻承认或者否认别人的指责——戏剧故事在一连串的忏悔中渐渐向前发展。尽管剧作家早年背弃了宗教，他还是摆脱不了所受的天主教教育的影响；蒂龙家的起居室渐渐具有了忏悔室的色彩。

在这部“沾着悲伤和血泪，揭示过去的伤心事的剧本”的前言里，奥尼尔说这个剧本是他怀着“对蒂龙家四个不安的人的深深的同情、理解和宽恕”写成的。大家所期盼的他对自己的刻画却非常粗略，也不太令人满意，不仅是因为1912年的时候他本人的性格还在变化之中——和家中其他人比较起来，他的形象不太鲜明——还因为很难透视任意年龄的一个人的自我，而要征服一个人不愿意完整、诚实地展示自我这种防卫机制则更难。正如特拉维斯·博加德所发现的那样，“尽管奥尼尔不遗余力地揭示过去如何影响了他的父母和哥哥，但过去如何影响了埃德蒙却语焉不详”。关于他性格的线索也不多。说到他的弟弟，杰米说：“他的安静让人误以为他们想对他怎么样都可以。可是他内心却非常顽固。”后来，埃德蒙向父亲坦言：“当我想起我过去所做的那些蠢事时，我总想法原谅我自己！”我们知道他出过海，在布宜诺斯艾利斯和纽约还一度与底层人为伍，还试图自杀，但是，用博加德的话说，他仍是“一个奇怪的持中立立场的人”，辜负家人，更多的却是被家人辜负。

剧作家并没有让他虚构的他的替身表现出驱使他成为美国著名剧作家的那种内心幽暗和不安的东西，那种如果称不上冷酷的话，也是自我中心的性情，正是这一点使他遗弃了他的第一任妻子和孩子（剧本并没有提及他已经结婚了）；尽管提到了他过去的航海经历，但很难想象埃德蒙有水滨酒吧和妓院的经历，还曾与社会的底层人为伍。与剧作家处理蒂龙其他家庭成员比较起来，他轻易地放了自己一马。

另一方面，杰米具有破坏性和自我毁灭的一面被活灵活现地呈现出来了，在第四幕令人心痛的忏悔中，他说出了心里话，他在爱埃德蒙的同时，也常常恨他，因为正是他的出生“让母亲染上了毒瘾”，这一幕满怀激情，一个活脱脱的形象跃然纸上。杰米觉得他的一部分很久以前已经“死去了”，他警告埃德蒙提防着他，因为“我要他妈的尽最大的努力让你失败；我不得不这样做；我恨我自己，所以我要报复；在别人身上报复，尤其是在你身上……我死去的那个部分希望你的病治不好，也许甚至还高兴看到妈妈又吸上了吗啡！这种人想找陪死鬼，他不愿做家里唯一的死尸！”

他对父母的刻画要丰富、复杂得多，但是虽然身为剧作家的儿子的目的是用理解和同情来刻画他们，他却不怎么成功。虽然蒂龙的过失和弱点被不遗余力地表现出来了，但他最后却显得令人同情，而玛丽，在肯尼思·泰南看来，是“一个更加微妙的例子；表面看来，她是一个值得人们同情的受害者，但她内心深处却是一个感情的吸血鬼，她在给他人制造新伤的同时，更擅长揭开老疤”。剧中父母形象有差别，这一事实表明，奥尼尔最终“原谅”了父亲，但无论他如何努力或者怎么想，他都无法原谅母亲。

他对詹姆斯·蒂龙的表现方式是对其他剧本中一种显而易见的模式的重复——即，一位父亲在不好的一面被示人后，被赋予了可取之处，或者从另一个即使不是喜欢却能够激起我们同情的角度加以表现。作为奥尼尔早期剧作中一个典型例子，以欧·亨利式变形手法，《绳索》（*The Rope*）中的老吝啬鬼对挥霍无度的儿子充满了关爱。（这个独幕剧创作时适逢奥尼尔几年来指责父亲吝啬，在感情上对父亲开始变好的时候。）伊弗雷姆·凯勃特是另一个例子。如果说这个上了年纪的农场主对儿子们苛刻的话，那么他对自己的要求更多，他身上有史诗般的味道；最后和给他戴了绿帽子的那对情侣比较起来我们反倒对他更加同情。最后，还有艾斯拉·孟南，《悲悼三部曲》中那个家庭中令人敬畏的家长；从妻子对他的描述中，她听起来仿佛既害怕他，又恨他，然而从战场上回来的他完全变了一个人，容易受到伤害，渴望爱情，结果却被和他人通奸的妻子谋杀了。

在《进入黑夜的漫长旅程》的绝大部分时间里，詹姆斯·蒂龙好像要对家庭的不幸负主要责任；但是尽管剧作家没有明显地努力降低他的过错，他还是逐渐变成了一个受害者，而不是害人者。在其他许多方面他甚至是讨人喜欢的。正如有位评论家所总结的那样，他的形象尽管显露出了其缺点和不足，也显露出“这位孤独、失望、上了年纪但热情依旧的男人恒久的热情；他对口头语言之美终生的眷爱；慷慨的精神，使他得以欣赏他所讨厌的波德莱尔新奇的诗歌，以及他所喜爱的莎士比亚尽人皆知的伟大；严谨的职业自尊心，这让他在几乎40年酗酒的同时没有耽误过一次演出，以及自律人性的神圣，这使他在过去30年中虽然婚姻常常受到干扰和屡遭挫折，却没有发生感情不忠”。

埃德蒙在听说打算把他送进为穷人开设的肺病疗养院时，对蒂龙说出了剧中最尖刻的话。“您今天这种做法未免太过头了吧！简直使我想要恶心了！并不是因为您待我怎样坏。他妈的，我倒不在乎！我的态度对你这样坏，不止一次了。可是您得想想，为了您的儿子患痨病住院的问题，您居然现了原形，在全城人的面前显露了这样一个臭气熏天的老守财奴的面目！……（气得要爆发起来）不要以为，这次我会饶恕您！我不会去任何什么倒霉的公办疗养所，只是为您省几个臭钱，让您买更多的破地！您这个满身铜臭气的老小气鬼！”

尽管如此，他们之间彼此深深的爱意仍非常明显，尤其是蒂龙在极度贫困的环境中长大，一生都担心将来住进济贫院，承认了他的小气。他说，“是的，也许小时候生活给我的教训影响太深了，使我把钱看得太重”。

相比而言，玛丽·蒂龙将她的毒瘾归咎于除她之外的每一个人。不管他们的方法如何机智或者为她好，她丈夫和儿子们发现不可能让她下定决心不再“诅咒”，因为她一听到警告的话就会崩溃，或者对他们大发一顿脾气，说如果她真的堕落了，“你们罪有应得”。

尽管她因毒瘾而遭受的痛苦毋庸置疑，但她喋喋不休地说在父亲家和在修道院学校时如何如何幸福，顽固地认为让她担心不已的生病的儿子只是得了“夏天的感冒”，以及像一个祈祷者那样，不断表达对他人的不满，都限制了别人对她的同情。在她身上，痛苦被放大了，但是她受苦的性格并没有得到放大。她过于关心自己，不太关心他人的不幸和痛苦。一开始，她说自己眼睛不好，剧中屡屡寻找自己的眼镜，可怎么也找不到。她眼神不好具有象征意义，这在剧终时变得很明显，她深深地沉浸在吗啡中，漫无目的地走动着，而杰米在朗诵着斯温伯恩的诗《离别》：

咱们离开这儿吧，离开，她不会看见。
大家一起再唱一遍；我猜她，
她也记得过去的声音笑貌，
也会跟我们打个招呼，叹口气；
可是咱们离开，走掉，就像从未来过。
唉，尽管众人看见了都觉得我可怜，
她也不会看见。

最后，这个家庭的悲剧历史看起来好像不是由于蒂龙的吝啬和其他缺点造成的，反倒是玛丽·蒂龙一直以来的不成熟，以及她没有能力直面生活的真实和履行妻子与母亲的责任造成的。

奥尼尔最初不愿意和除卡洛塔之外的任何人分享《进入黑夜的漫长旅程》这一剧本。回忆起她打的剧本的前两稿，卡洛塔说，这个剧本“令我不安，我绝大部分时间都在流泪”。萨克斯·康明斯1942年造访道舍时参照卡洛塔的打印稿重新打过这一剧本，他成为在奥尼尔健在时有幸读过该剧的人之一。多萝西·康明斯通常会小心谨慎地不向她丈夫询问他作品中的一些机密事情，但当丈夫从海滨回来带来口信说，这个剧本在奥尼尔去世25年后方可公演，这让她禁不住感到好奇。萨克斯回答说：“这是一个关于他的家庭的剧本。具有强烈的个人色彩，这样写他的父亲和母亲让人心碎。我再也不能说什么。”

在接下来的几年中其他被准许读《进入黑夜的漫长旅程》的人中，据我所知，有小尤金、拉塞尔·克劳斯、达德利·尼克尔斯，以及索弗斯和埃利纳·温特。1943年，克劳斯在造访道舍的最后几个小时被赠予了这个剧本，但没有机会和奥尼尔就剧本进行讨论，温特夫妇当年也造访了道舍，后来仍记得当初见他的场景。索弗斯回忆说："我们在客厅见到了奥尼尔夫妇，我记得，他非常激动，几乎讲不出话来。金说他觉得他和他的家人之间已经实现了和平。他还说，在创作该剧时，很多幕都令他落泪。我记忆最清晰的是他就最后一幕做出的评论。他双目注视着岱阿布罗山，非常明显是在努力控制自己的感情，他引用了剧本最后几句：

"'那是我在高中最高年级那一年发生的事。接着到了春天我又发生了一件事。对了，我想起来了。我爱上了詹姆斯·蒂龙，那一阵子感到非常幸福。'"

"沉默了一阵，金说，'我觉得这是我写出来的最了不起的一场戏。'"

# 第二十五章　奥尼尔的震颤症

1940年的后几个月，奥尼尔越来越为伯莱明感到担心；它几乎又瞎又聋，因为从楼梯上跌落腿也瘸了，不得不像个孩子似的被到处抱着。卡洛塔对多萝西·康明斯说："金和我都非常宠它，常常说它是我们的孩子中唯一一个没有让我们失望的——它总能意识得到（也心怀感激）我们为它的福祉和幸福尽了最大的努力！"

伯莱明于12月17日死了，埋在了离房子不远的一片树林里，树叶的沙沙声在卡洛塔看来仿佛是"伤感的响板"。在此之前，很长时间天气干燥，还没等奥尼尔夫妇回到屋内暴风雨便开始了，这是几个月来第一次下雨，让他们觉得大自然也在和他们一起哀悼。当天，为了缓解情绪，奥尼尔写了一首诗，《白银斑点狗伯莱明·奥尼尔的遗愿和圣约》（*The Last Will and Testament of Silverdene Emblem O'Neill*），一首漂亮的作品，诗中有惠特曼《自我之歌》（*Song of Myself*）（奥尼尔这年早些时候又重读了惠特曼的诗作）

的回响。在《自我之歌》中，惠特曼写道：

我想我可以和这些动物们一起住一段时间，
它们是如此的温和，自给自足；
有时候我可以大半天站着观察它们，
他们不出汗，也不抱怨生存条件，
晚上他们也不躺下休息，而是为他们的罪过而哭泣，
他们向上帝陈述自己的职责，这一点都不让人讨厌；
没有谁是不满意的，
没有谁因为占有欲而发狂，
没有谁向谁屈尊下跪，或是盲目崇拜着他们几年前的祖先，
在这片大地上，没有谁是值得尊重或勤劳刻苦的。

在《遗愿》中，奥尼尔以伯莱明的名义写道："我几乎没有物质财富留下。狗比人聪明。他们不存储东西。他们不在聚敛财富上浪费时光。他们不会为如何保留他们拥有的东西或者想得到他们没有的东西而干扰了美梦。除了我的爱和忠诚之外，我没有什么有价值的东西可以遗赠……如果让我列出那些爱我的人的名字，会让我的主人写满一本书。我濒死之时还在夸口也许并没有意义，我的犬性和名利也将随着我的死亡而归于尘土，但我一直是一条非常讨人喜欢的狗。"

"我请求我的两位男女主人要常常记起我，但不要为我长时间感伤……想到即使我死后我还让他们感到痛苦我将非常忧伤。要让他们明白没有狗，会过上更加快乐的生活（我将此归功于他们的爱和对我的悉心照料），因为如今我又瞎又聋又瘸……我的自尊已被疾病和令人不解的羞辱所取代。我觉得生活让我生命继续延存是对我的嘲弄。在我变成自己以及那些爱我的人的不能忍受的重负之前，我该说声再见了。离他们而去将非常伤心，但死亡并不伤心。狗不像人那样惧怕死亡。我们将死亡看作生命的一部分，并不是什

么毁灭生命的奇怪、可怕的东西。死亡之后什么会来临，有谁知道？我和我的同类，那些虔诚地信奉伊斯兰教的达尔马西亚狗，都认为，有天国存在，在天国永葆青春，喝得饱饱的；一天到晚和多情的天堂女神消磨时光……”

“恐怕像我这样一条优秀的狗要求未免太多。但至少安宁是毋庸置疑的。疲惫的老心脏、脑袋和四肢获得了安宁和长久的休息，我非常喜欢地下的永眠。也许，毕竟，这是最好不过的。”

奥尼尔把这篇《遗愿》交给卡洛塔后，好几个月都没有提起伯莱明，但当他们在壁炉前坐下，她发现他会先看看她的脚下，然后又看看他自己的脚下，这是这条达尔马西亚狗常常与他们共度时光的地方。奥尼尔也常常到狗的墓地去，大理石的墓碑石上镌刻着“安眠吧，忠实的朋友”几个字，一站就是很长时间。

这年冬天，他的健康状况欠佳，是1936和1937年住院后最糟糕的时候。还在修改《进入黑夜的漫长旅程》时，他就在遭受失眠和神经衰弱的折磨；就在圣诞节前还染上了支气管感冒，有两个多星期很少下床。1941年的前几个月，他前一种病还没有痊愈，第二种病便接踵而至，虽然都不严重，但都耗人体力。他的健康状况不好，给卡洛塔造成了一种很大的压力；她性格急躁，对丈夫的事业富有热情和奉献精神，她仿佛把他的疾病当成了她照顾是否周到的反应。她不知疲倦地保护着奥尼尔免受任何人或者她认为会对他有不好的影响的事情的滋扰，在保护他的隐私方面，她总不注意技巧，她让人们怀疑，她太过于保护他了，让他感到比以前更加虚弱。然而，奥尼尔本人3月15日在给麦高文写信时意识到，如果他想保持健康的话，他后半生不得不遵从“精心的日常安排”。他的血压总是很低，造成了他精力不济，哪怕再小不过的麻烦事也会激起他的神经危机，但让他最感到不安的是他双手的震颤症变得更加严重了。

冬天即将结束时他的健康状况有所改善，但并没有使他提起精神，因为他和世界上所有人一样担忧，来年春天希特勒的军队会对英国发动全面进攻。然而，虽然他有这样的顾虑，他拒绝在请求瓦莱拉（de Valera）总统准许爱尔兰自由邦参战的请愿书上签字。他对请愿的支持者们说，“我经过了和自己的斗争，我觉得我不能签。我最终相信，我们这些爱尔兰裔美国人不管是谁，不要用任何方式影响爱尔兰人民自己的决定。如果他们参战，被德国轰炸机屠杀的会是他们。”

这年春天，劳伦斯·朗格内尔夫妇路过旧金山时顺便到道舍做客，发现他们的主人瘦了不少，还是坚持反对在战前上演他的任何剧本，并对包括同仁剧院在内的百老汇剧场表达了悲观之情。他变得越来越怀旧，如今谈到普罗文斯敦剧团时非常兴奋。在朗格内尔夫妇来访前不久，他写信对麦高文说，普罗文斯敦剧团是一个让“我有归属感”的剧场，“如今我感到和剧场格格不入”。他“害怕”演出，因为演出会由“只有一个标准供选择的人来做，即百老汇的成功标准”。虽然事实是他将会“对一切有最终的决策权”，“他和这些人私交很好”，这也没有“给他带来慰藉”，因为“一个大的事实”是演出将“在飞机上”进行，“在一个我和我的作品在精神上都不属于的环境中”进行。他觉得“和这个世纪最初的十年，华盛顿广场剧团或者普罗文斯敦剧团成立之前相比，艺术剧场一说显得更加遥远了”。

尽管他对剧场提不起勇气，对战争也感到沮丧，有些时候身体也欠佳，但是1941年的绝大部分时间里他的创作思想非常活跃。他写下了六个新戏的详细构思，他觉得所有六个剧本都会非常出色。其中一个剧本，也是他热情最高的，是一个由七个短剧构成的系列剧，基本上都是独白，时间是从1910年到1928年，总标题是《以讣告的形式》（*By Way of Obit*），每个剧本还有自己单独的标题。他告诉内森，每个剧本中的主人公都会向“另一个几乎没有动作而只是在倾听的人”谈及某一个刚刚过世的人。“通过独白，你会对已故的这个人有个清晰的了解——他或者她的全部生活经历——就跟了解故事的叙述人的生平和性格一样全面。你也会通过另一种方式——绝大部分是运用舞台说明——了解到那个几乎没有动作而只是在倾听的人的全部生活。”

有些剧中人物，不管是在世的还是已经死亡的，都是基于奥尼尔真正认识的那些人——酒鬼、赌徒、女仆、小骗子、妓女——所有这些短剧都将以这些已经去世的人的名字或者绰号命名。不幸的是，这年春天他写的那个题为《休伊》的剧本成为他计划写的那个系列剧中唯一写出来的剧本。

《休伊》只有两个人物，埃利·史密斯（Erie Smith）和一个很少讲话的旅馆前台伙计，演出时间不到一个小时。该剧努力展示了整个百老汇的缩影，有赌徒、玩骰子的人、廉价的妓女和肮脏的流浪汉。它是一块小宝石。由于该剧材料虽少但唤起的东西很多，剧本在某种程度上比《进入黑夜的漫长旅程》和《送冰的人来了》更加清晰地表明，住在山边的家中沉浸于对过去的回忆之中的奥尼尔如今已经完全掌握了戏剧这门艺术。

根据奥尼尔的说法，《休伊》中那个沉默寡言的人物“是我在下等酒馆认识的所有夜间招待中最典型的一个……‘埃利’是我和哥哥过去知道的众多百老汇那一类人中的一个；剧中故事发生的1928年，这样的人我认识不多，但他们没有什么变化；只是他们的行话变了；说到埃利的行话，不谦虚地说，我曾尽力坚持使用他们这类人惯用的说法，而不是只在1928年流行而很快就不用的说法；过于小心翼翼地追求及时性不划算，不管怎样，会与目的相左”。

故事发生在时代广场一家三流酒馆的大厅里，这个短剧在送冰的人白日梦主题上稍有变化。埃利·史密斯，又矮又胖，说话好吹牛，人们不知道该不该相信他，他是个喜欢赌马的无足轻重的小人物，生活在社会边缘。虽然他幻想不多，如果有幻想的话，但他常常对曾当过夜间招待的休伊假装曾是个大人物——一赌就是上百美元的赌徒，带着讨女人欢心的《富丽秀》（*The Follies*）“玩偶”的男人——贫穷、面露倦容的休伊渴望和上流社会有趣的人打交道，相信了埃利的话。埃利说：“呵，我很聪明，就开了一个玩笑。可是，天呐，休伊却喜欢这个玩笑，这不会让任何人遭受损失，如果百老汇每一个开玩笑的家伙都倒地而死的话，那么就不会有人活着了。难道这不是事实吗，查理？”如今，休伊死了，这个矮胖的男人感到孤寂，不仅仅是因为他的好朋友病了他没有获胜，还因为其他人的轻信对埃利来说至关重要：

在休伊看来，他就是他曾经梦想的全部。

当埃利·史密斯努力接近新来的夜间招待查理·休伊时，后者多多少少和他的前任相似，所有这些背景故事就自然而简单地出现了，在气氛上还合乎百老汇的特点。可是，查理却冷淡消沉。在尝试了各种各样的开场白都没有激起这位新招待的兴趣后，埃利打算退回到楼上躲进令他生厌但舒适的房间里；就在此时，这位招待突然露出了感兴趣的迹象，问他是否知道大赌王阿诺德·罗斯坦（Arnold Rothstein）。埃利陷入了沉思，几乎没有听到对方话的开头，但他在恰当的时候表现出了警觉，开始给查理讲那些将会把他变成另一个“休伊”的故事。两人之间最终建立起了联系，进行了交流；他们在岁月的沙漠中建造了一片绿洲。

奥尼尔把《休伊》的时间随便放在了离当时较近的1928年，这显得有些奇怪，因为他熟知一二十年前是赌徒、骗子和其他夜间出没的那些人；他这样设定剧中的时间有一定的原因，和他对纽约的看法有关：他觉得纽约已经失去了它曾经的人性和温情。他关于变化着的人性的挑剔观点在《上帝的儿女都有翅膀》的时间安排上也非常明显。在该剧的最开始，即20世纪稍早的时候，背景声音听起来很悦人——街道上的笑声，拉车的马慵懒的马蹄声，黑人和白人社区传出来的歌声；随着岁月的推移，这座城市呈现出越来越充满敌意的形象。与此相似，《休伊》中这座后来的纽约市看起来充满了危险和邪恶；其实，城市在剧中充当了第三个人物，虽然是看不见的，但却以救护车、警车和消防车的警笛声不断地干预进来。

虽然《休伊》极具可演性，但它的作者却说，这个剧本“更应该去读，而不是去演出”，因为剧中的对白并没有将所有的故事都讲出来；再者，剧中最有效果的文笔在舞台说明和查理没有讲出来的思想中。例如，这位沉默寡言的夜间招待就说明了这一点：“他的思绪跳上了沿着第六大道铿锵前行的救护车，丝毫不感到好奇地问道：‘他会死吗，医生，要么他很走运？’”

还有一次，埃利·史密斯喋喋不休地说：“招待的注意力已经跑出去去追赶消防车的警笛声了……（他）用焦急但又不感兴趣的口吻问一个消防员：

‘哪里着火了？这次是真的着火了吗？……是不是非常大……我的意思是说，大得可以烧掉整座该死的城市？’‘对不起，兄弟，城市不可能烧掉。很多石头和钢铁。总会剩下些什么。’‘是的，我想你说得对……无论如何，我可不真的希望这样。对我来说，这真的无关紧要。’”

其实，就是《休伊》按照传统方式上演，奥尼尔也怀疑其可演性。奥尼尔预测今后几十年会出现混合媒体剧场，这位具有远见的剧作家告诉卡洛塔说，理想的是这个短剧演出时，除了城市的背景影片之外，与真正的对话同时存在的内心独白和舞台说明使用一个声道。

1941年的前半年，在写《休伊》的同时，奥尼尔为包括《以讣告的形式》在内的六个剧本写出了提纲，并开始动笔写一部题为《第十三个信徒》（*The Thirteenth Apostle*）的长剧，他还为他的那组时不时占据他大脑的组剧写下了一些好的想法。他觉得《驯服者的贪性》和《那让我去死吧！》都不能被缩减到比较实际的长度，他决定将这两个剧本扩展为四个，开始写这组发生在18世纪50年代法印战争期间的系列剧。5月21日，他在日记中写道，他没有“告诉任何人关于把剧本扩展为十三个剧本的事情——看起来太滑稽了……活着的时候做不到——可是，这些日子除了梦想还有什么”！他后来按照当初的扩展计划对两个剧本的某些部分进行了修订，然后越来越糟的健康状况和为世界局势的担忧使他永远没有实现自己的“梦想”。最后，他将剧本的草稿和计划中的前四部戏的提纲都统统销毁了，一起被销毁的还有系列剧的其他一些材料。

唯一可以找到的关于那十一个剧本的故事是如何开始的文字记录是《纽约客》杂志刊发的关于奥尼尔的介绍，撰稿人是汉密尔顿·巴索，发表于1948年。巴索总结了奥尼尔对他说的话，他写道，剧本的主人公是“一位爱尔兰人，为了逃避爱尔兰的农奴制，他加入了英国军队；他打算一到美国就从军队开溜，逃进荒野；摆脱了旧世界的经济和社会枷锁，他就可以像一个真正自由的人那样生活；一旦踏上这个国家，他就向荒野进发了；途中，由于缺少食物和藏身之处，他在一个边疆农场停了下来；这地方虽然仅仅是树林中的一片空地，可是这却是他见过的最肥沃和充满希望的土地；农场由一个年轻寡妇经营，她非常需要一个男人来打理，就像奥尼尔所认为的那样，她急需一个男人；这个爱尔兰人陷入了对自由的梦想和对土地的渴望的两难境地，他被她的姿色所吸引，最终决定放弃梦想，在这片土地上安家……按照奥尼尔的写作计划，这样播下的贪婪的种子在整个组剧中即将成长和开花了”。

巴索的说法和《更加庄严的大厦》给人的印象截然相反，其中的那个爱尔兰人通过萨拉·梅洛迪和西蒙·哈福德的婚姻成为了这个组剧的家庭的一员。巴索尚未发表的关于奥尼尔的介绍中说：“奥尼尔开始给我讲那个组剧的故事……和有关组剧的一些事情，然而他的话断断续续，令人疑惑，我跟不上……我必须详细记录下来。”他可能并不了解这个故事，这个逃到荒野中的士兵，这个贪婪部族的建立者，是英国人或者威尔士人，根本不是爱尔兰人。

从奥尼尔夫妇在加利福尼亚定居开始，卡洛塔坚决阻止表亲和堂亲、姑妈和姨母、同学以及其他老朋友和她保持往来，因为她不但想保护丈夫的隐私，还想避开那些了解她早年历史的人。但她却不可能把她的母亲、女儿和女婿拒之门外，她就尽可能少地让他们和尤金见面。在他们住在道舍的前几年，她起初看起来还比较满意，但渐渐地像当初住在海岛时一样，孤独、照顾和单调的生活开始越来越成为了她的重负。1940年，她的里奥维斯塔（Rio Vista）圣格特鲁德中学（St. Gertrude’s Academy）的校友在旧金山举行聚会的时候，她拒绝参加，理由是她忙于家务，还是她丈夫的秘书；但她还是风光地出席了1941举行的午宴，到场的有一百多位女同学。她穿着一件早已过时但合身得体的巴黎产的外套，服装本已抢眼，她双膝跪在一位曾教过她的上了年纪的修女面前，热切地望着她，又引起了一番评论。

在所有老同学中，卡洛塔唯一欢迎走进她的生活的人是查尔斯·考德威尔夫人，丰满、乐观，能容忍他人的弱点，丈夫是旧金山一位知名内科医生。卡洛塔如今非常渴望女性知己，聚会后就给默特尔·考德威尔（Myrtle

Caldwell）打电话邀请她来共进午餐，同来的还有她丈夫和19岁的女儿简（Jane）。奥尼尔也非常喜欢考德威尔一家人，这让卡洛塔既感到放心又感到高兴，她送给两人一些礼物，说了一些恭维的话，还提了一些世俗的建议，默特尔成了她的知己。在接下来的几年中，一直到奥尼尔回到东部之前，他们见考德威尔母女的次数要比见任何人都多。

简·考德威尔长着黑色的眼睛，非常漂亮，第一次见到这位著名剧作家时感到局促不安；在介绍彼此认识之后，大家都落了座，他盯着她看了很长时间，一句话都没有说。她回忆说："并不是粗鲁，而是若有所思，大概有十分钟，仿佛他要看透我的灵魂。后来我们成为朋友后，他说他第一次见到让他感兴趣的人时总会这样。他会打量他们，考虑上一会儿，接下来他就觉得他知道他们是什么样的人了。"

在默特尔和简最早的一次来访中，卡洛塔滔滔不绝地给她们讲起尤金和她自己的故事，她说即使"住在帐篷里"，她也乐于和他在一起。简壮了壮胆，插话说："有哪个女人不乐意呢？"奥尼尔听了，脸都红了。他送给她的一份礼物是他的一套剧本集，并在上面题写道："送给简——一位打算订购帐篷的人敬赠！1941年6月。"

这年夏天，小尤金和乌娜在不同时间来道舍做了客。奥尼尔在写给乔治·吉恩·内森的信中说：他大儿子"是一个很好的小伙子，我非常喜欢他；他学习刻苦，对工作满怀热情，在耶鲁的事业稳步前进"。

奥尼尔对女儿的印象也很好，说她是"一个非常讨人喜欢的、迷人的姑娘"。然而，卡洛塔却不太高兴，因为她发现这个16岁的姑娘自从上次来这儿以来变得成熟多了，也非常自信，有思想和自己的意志。在乌娜停留期间，卡洛塔给她谈了严峻的世界局势，未来的不定，还劝她准备好自己养活自己——最后一项是她多年来在写给乌娜和沙恩的信中屡屡提到的东西。她没有问乌娜想做什么，就一次又一次劝她当一名医院的护士。这个姑娘本来向往电影职业，就没有提她的理想，因为她多次听卡洛塔说"好莱坞的邪恶"。一天，继母又鼓励她当护士，她感到伤了自尊，就盯着她，说道："你很好啊，卡洛塔——你照顾爸爸，做家务，打字，做一切。这些，或者当护士，我都不会做。”接着她又冲动地说：“我主意已定。我要嫁给一个富人，一个真正的富人！”

卡洛塔很震惊。“亲爱的孩子，你在说什么？？？！！！你不是当真吧！！！”当乌娜用恶作剧般的口吻坚持说是当真的时候，卡洛塔就打开了话匣子。一个人不能有那样的想法——什么是富人？——在哪儿呢？——将来不会有富人了，税负具有毁灭性。她一定要用个人的经验警告乌娜，没有什么比嫁给一个男人却没有爱情最痛苦不过的了。她曾嫁给了这样一个人，和他一起生活在苏格兰可怕的城堡里，有世界上所有的仆人和金钱，但没有比这更加糟糕的了！！！她最后对这桩婚姻感到失望并离了婚，目的就是为了自由和独立！

奥尼尔把卡洛塔对女儿的担心抛在了脑后，觉得她没有必要小题大做，小儿子却越来越让他惦念不下。上年冬天，沙恩过完21岁生日后不久，和一位来自格林尼治村名叫马克·布兰德尔（Marc Brandel）的年轻作家开车送一个人去墨西哥，在那里度过了一段无拘无束的时光。他们绝大部分时间都在酒吧里喝酒，看电影；沙恩常常说起父亲20岁时去洪都拉斯淘金的事情，一路风餐露宿到了巴拿马。布兰德尔回忆说：“我确信，沙恩想出去看看外面世界的想法源于他想重新体验一下父亲的生活。他常常开玩笑说：‘让我们坐上一艘慢船去中国吧。’”这两个年轻人去巴拿马的旅行没有进行太远；他们遇见了许多晦气的事情，沙恩不得不拍电报让人重新寄钱过来，从父亲那里要了一次，另一次是从艾格尼丝那里要的，两个人就这样回到了家里。

最近，在乌娜来访后不久，奥尼尔一直为沙恩的一封来信感到焦虑不安，沙恩在信中表达了他想演电影的愿望。父亲4月18日回复道：“你看起来并没有意识到世界上正在发生的事情。你的口吻仿佛是世界还是正常的样子……难道你看不出来我们的国家毫无疑问很快就会陷入战争吗？难道你不明白由于通过了征兵法，年满21岁的人都要服兵役吗？难道你不知道我们国家一旦参战，有可能就是好几年，没有谁能够预言哪怕一年以后局势会如何。”他在信中继续写道，一个人越是远离与电影或者戏剧有关的工作，就会越富有。

奥尼尔不经意间对沙恩和乌娜的不满情绪好像并没有表现出来，因为他们是他和艾格尼丝的孩子，他要引导他们。如果他们在他心中不重要的话，也主要是因为他对他们母亲的敌意，而不是因为他不是一个合格的父亲。说到艾格尼丝，如果她早些再婚的话，他也许觉得对她仁慈了（他曾对默特尔·考德威尔说，卡洛塔对他前妻的说法有些过分），但事实却是，赡养费过去很长时间对他是个激励因素，而如今因为新的更加严厉的税法，这倒成了他一个沉重的负担。1941年，他估测了一下，他要交的税加上赡养费总额约占他收入的65%。他对一位朋友说：“本就有这些税收，这笔不可扣除的赡养费对你意味着什么。假如我挣三万美元，我真正得到的只有一千美元，只比我如果我能挣一万八千美元多一点。所以，又有何用？这让我对推出新戏漠不关心。”收入减少，奥尼尔夫妇也缩减了开支，他们解雇了两个室外的工人和一个男管家，只留下了弗里曼、一位厨师和一位园艺工。卡洛塔常在家里家外忙个不停，如今更忙了，除了要做秘书的工作外，还要做家务活。

尽管收入减少，奥尼尔还是给挪威难民基金（Norwegian Refugee Fund）捐了100美元，在7月11日一同寄去的便笺上写道：“我希望多捐些。很荣幸在帮助挪威战争受害者方面为贵基金做些贡献。”

这年夏秋，他身体再次偶尔出现不适。7月29日，他对海尔朋小姐说：“在劳伦斯和阿美娜（Armina Marshall）来这里不久，我的健康状况就下降了，几乎不能游泳——这糟透了，因为对我来说，游泳比走路来得容易。”

由于奥尼尔没有新剧推出，同仁剧院决定重演他的几个剧本，定价大众化一点，希望和莱昂内尔·巴里摩尔签约出演《啊，荒野！》，沃尔特·休斯顿和塔卢拉·班克赫德（Tallulah Bankhead）在《榆树下的欲望》中仍出演原来的角色，查尔斯·比克福德（Charles Bickford）出演《毛猿》，奥尼尔对这个计划非常高兴，原因不仅仅是经济方面的；几年来他感到不悦，觉得他的剧本在初演后便永远从百老汇舞台上消失了，而在欧洲有名的剧作会对观众作为保留剧目或者重演。

《啊，荒野！》于1941年10月2日在同仁剧院上演，领衔主演并非巴里摩尔，而是电影演员哈里·凯里（Harry Carey），演出引起了广泛的关注。虽然评论界认为哈里·凯里缺少乔治·M.科汉的权威和优秀，他同样受到了称赞，其他的演员也是如此。不止一个评论家评论说，这个喜剧比最初的更有力、更好，都说这场演出定价封顶两美元是百老汇最划算的票价。奥尼尔对这些评论非常高兴，于是认为重演的剧目至少也会持续几个月，然而上座率却很低，演了29场就结束了，同时同仁剧院也终止了重演他其他剧本的计划。短暂的演期让奥尼尔确信，重演在百老汇机会渺茫，除非他们能够找到“带来轰动的女演员”，他同时也觉得，看戏的人不但没有喜欢这场性价比高的演出，反而“怀疑他们上当受骗了”。

奥尼尔非常高兴收到好几年沉寂无息的伊丽莎白·谢普利·萨金特的来信；10月20日，奥尼尔把他从1935年创作《一个占有者自我剥夺的故事》开始的生平和创作的简介送给了她。他说，他已经写完了组剧中的四部，其中三部是正常长度的两倍；在说到《进入黑夜的漫长旅程》和《送冰的人来了》时，他说，“这两个剧本我都喜欢，我知道，它们是我写的最好的剧本。到1941年为止，我写好了五个非组剧剧本的故事概要（尽管他认为《休伊》有“自己的品质”，显然他觉得这个剧本不重要，在这里不值一提——作者按），但我好像决定不了我先写哪一个剧本。我的身体也不好，世界上的悲剧让我难以安心创作。即使如此，我已经开始创作其中一个剧本了，希望能写完……”

“所以，你看，说到劳动付出，算上三部正常长度两倍长的剧本……我在七年中写了九部剧本了，不管身体好还是不好。再没有比这更加勤奋的记录了。”

他希望“写完”的这个新剧是《月照不幸人》，是关于他哥哥生命结束前夕的剧本，名字也叫小詹姆斯·蒂龙（James Tyrone Jr.）。显然，奥尼尔觉得《进入黑夜的漫长旅程》对杰米太残酷了，也不是他的家庭的完整呈现，因为《进入黑夜的漫长旅程》没有恰当地传达出杰米对他唯一深爱的女人母亲的深情，母亲是他精神颓废之时他非常"忠心"的辛娜拉。换句话说，《月照不幸人》在某种程度上是四幕剧《进入黑夜的漫长旅程》的第五幕。

尽管奥尼尔开始写这个剧本时还有些犹豫不定，但直到12月7日日本偷袭珍珠港（Pearl Harbor）时他的创作热情依然高涨，进展也很顺利。过去的两年中，德国人在欧洲播撒死亡，在英国倾泻死神，他痛苦地觉得戏剧和他的创作显得无足轻重；如今，美国已经参战，他几乎丧失了全部创作的欲望。卡洛塔在信中告诉拉塞尔·克劳斯："金紧张不安，情况糟糕。但是——从现在开始，生活对于任何人来说都变得非常不易。愿上帝保佑我们所有人。"当她和弗里曼制作全黑的幕布时，西海岸正在行动起来防御日本可能的空袭，奥尼尔开始练习射击，以防需要时参加卫国战争；他双手握着左轮手枪，才不让手那么颤抖，成功地击中了靶子。

圣诞节，他这样向卡洛塔祝福："让水雷见鬼去吧！爱情在勇敢前行！"12月27日，他在卡洛塔的生日便条上写道："在这个动荡不安的时刻，当所有过去的梦想和希望都化为灰烬，给我留下的——像过去一样，然而如今比过去更是如此！——只有你，我爱你，亲爱的。"

珍珠港事件后，他不得不将《月照不幸人》"剩下的部分努力写完"，1942年元月底，终于写完了，但他认为剧本的质量"甚至比第一稿还要低得多"。在接下来的几年中，他不得不时不时地继续对这个四幕剧进行创作。该剧主要是关于母亲去世后杰米的绝望状态，虽然剧作家必须强迫自己认真处理那些令他非常痛苦的材料，剧本还是小心翼翼地慢慢接近了主题的核心。考虑到即将发生的故事，剧本开始时的调子是幽默和喧闹的，颇具欺骗性；其实，剧本的绝大部分与其说是奥尼尔的倒不如说是奥凯西的。故事发生在1923年9月，地点是康涅狄格的一个农场——这个地点其实是新伦敦——故事涉及的人物有酗酒而死的杰米·蒂龙，狡猾的农场主费尔·霍根

（Phil Hogan），巧舌如簧、语言恶毒——他的原型主要是约翰·多兰（John Dolan）（绰号“脏人”），詹姆斯·奥尼尔家以前的一位房客——和他的女儿乔茜（Josie），她的块头大得几乎出奇。

奥尼尔不喜欢为了演出方便而让自己的想法做出让步，证据有他的剧本非常长，《拉撒路笑了》中要求有超人般的笑。乔茜这个人物给奥尼尔物色演员制造了一个难题。乔茜几乎六英尺高，体重约一百八十磅，“甚至比一个非常强壮的男人还要强壮……但她并没有男子气，纯粹是个女性”。很显然，这又再次证明了剧作家对“大地母亲”的痴迷。

像杰米一样，她也戴着一个象征性的面具：在他愤世嫉俗的戏谑背后是一个渴望母爱的绝望的孩子，而她虽然恬不知耻地夸口，还假装和附近几乎所有的男人都睡过觉，但其实她仍是一个处女。两人相会的一幕是奥尼尔所有感人场景中非常感人的一幕。杰米看穿了乔茜真正的内心，很是喜欢她，就找到了她。相应地，乔茜已经喜欢杰米很长时间了，早已看穿了他的面具，很想帮助他，希望她的付出和力量能够使他们两个都得到新生。他们俩起初都小心翼翼地周旋着，最后都撕下了伪装，但她明白此时已经太晚了。他来找她不是为了爱情，而是为了忏悔、宽恕，以及为亵渎对母亲的记忆而寻求解决办法。剧本借用了杰米·奥尼尔的生活故事，围绕小詹姆斯·蒂龙展开，在载着母亲尸体回东部去安葬的列车上，他一路上和“一个胖得像猪一样的金发姑娘睡觉，她比二十五个妓女加起来还像妓女……我仿佛像复仇——因为我被抛下，孤身一人——因为我知道我很失落”。

坐在霍根家摇摇欲坠的房子前，他含着眼泪将自己的一切和盘托出，然后睡着了，像孩子一样依偎在乔茜宽阔的胸口，天亮时分醒来了，感到“好像宽恕了我自己……仿佛我的一切罪过都得到了宽恕”。

最后，乔茜对这个即将离世的人说：“杰米，亲爱的，但愿你如愿以偿，不久就在睡梦中死去吧。但愿你宽恕而平静地永远安息吧。”当然了，这些话是奥尼尔假借一个农村姑娘之口在说话，说出了自从他哥哥去世后，对那个令他感到不安的鬼魂的祝福。

尽管剧本要讲的故事非常长，而且主要集中在剧本的前半部，但是《月照不幸人》仍不愧是剧作家最出色的剧作之一，具有独创性、充满活力，有力的幽默和彻骨的忧伤二者兼而有之，同时还有丰富的爱尔兰元素。剧本快结束时，这位堕落的酒鬼和胆小的大块头姑娘在月光下努力进行着交流，此时剧本达到了高潮，满怀深情而又令人忧伤；和《进入黑夜的漫长旅程》一样，这个剧本也是作者“沾着悲伤和血泪”写成的。

其实，卡洛塔从来没敢对丈夫的创作提出过质疑，但由于她听丈夫说起过哥哥的事情，她对这个哥哥非常不喜欢；当奥尼尔决定写《月照不幸人》并将火车上那个插曲写进去的时候，她极力反对。她后来说：“我告诉他，这太令人不悦，太病态。母亲想到自己死后儿子的行为表现，看到这样的剧本该作何感想？可是，没办法，他主意已定，他很固执；他觉得他必须完善哥哥的形象。”

重新体验过去，让奥尼尔再次进入了不安状态，就像当初写《进入黑夜的漫长旅程》一样，写《月照不幸人》时他常常为某些场景而落泪。一天晚上，在和卡洛塔同房后，他突然一下子从床上跳了下来，眼睛放光，还没等冲出去就大喊起来：“你这个该死的妓女！”

“我坐在床上，吓呆了。”卡洛塔说道。“我担心他会不会返回来把我杀死。过了几分钟，我听到他房间里传来一个声音。我走进去，发现他趴在地板上，四肢向外伸着，脸朝下，在哭泣。我在他身边跪下。他说：‘饶恕我，饶恕我吧，我不是故意的，我控制不住自己。’接下来他告诉我，他还没有成年时，杰米就让他知道了性，在一家妓院里，从那以后，他再也没有摆脱过性是肮脏的这种想法，甚至和他爱的人亦是如此，他觉得所有的女人都是妓女。”

她若有所思地继续说道：“金是一个特殊的混合型的人物。他说话轻柔，脸上带着五岁的孩子般的微笑。你会宽恕他的一切。可是，接下来他会突然变了，就像那样……我觉得‘野蛮’一词形容他当时的情绪毫不过分……有时候他是个十足的悲观主义者，而当他的心情变化时，如果他伤害了他所爱的人，他又非常自责。看到他自责，他难过的样子比他是个悲观主义者更让我伤心。我受不了看到我的孩子这样难过。”

1942年2月，在写完《月照不幸人》第一稿后不久，他催促医生对他双手颤抖做出诊断，从童年起就时不时发作，现在变得更严重了。正如他所担心的那样，他被告知他得了帕金森症（Parkinson' s disease）。17日，卡洛塔伤心地对默特尔·考德威尔说：“你真应该看看他的眼神，我想我要死了。他看着我，带着那种甜美而古老的微笑，眼睛里露出受伤和孤独的神色！”

他的震颤症每天都不一样，有时候有可能纯粹是决心使然，他能圆满完成一天的写作工作量；而更多的却是，他意志消沉，双手颤抖得连铅笔也握不住。不幸的是，缓解帕金森患者病痛的药物治疗在他身上只有相反的效果。由于他母亲的双手和肩膀微颤，他相信他遗传了易病体质。

在被诊断为帕金森后不久，奥尼尔又陷入了另一种沮丧，他的女儿乌娜在纽约一家魅力夜总会上被选为当年度“一号初次参加社交活动的少女”，而且在媒体上进行了广泛报道。其实，尽管此事件轻浮，考虑到还有战争，其值得怀疑的情趣品味，乌娜的表现还是相当不错。一位记者问她，她是“模仿中产阶级，还是下层爱尔兰人”？她回答说，我是地位不高的爱尔兰人，并为此感到自豪。当被问及她对世界局势的看法时，她回答说，“坐在史托克俱乐部（Stork Club）对该问题进行评论，我不是显得太愚蠢了吗”？她坦言道，关于她父亲对她抛头露面可能的反应，她有些“担忧”。

他的反应非常激烈。卡洛塔说，“我从来没有见到过金对任何事如此不友好、如此痛苦过”。虽然当时甚至讨厌听到她的名字，4月24日，他非常愤怒地对罗伯特·西斯克说：“我没有向这位年轻的女士道贺……不知为什么，我认为在1942年——或者任何其他年份，这不是什么正确的值得庆贺的成功。我情愿让一位红十字护士或者飞机制造厂的工人当女儿，也不要五千万个魅力女郎——客气一点的话……我父亲常常动情地说，‘上帝将我从我的孩子们身边带走了！’在这一点上，我比他到死的运气都好。我的好运之一便是我从事了一项他引以为豪的了不起的工作，我为他感到非常自豪。”

他和卡洛塔怀疑是艾格尼丝将乌娜推向了公众注意的中心，她在达到利用他的名字为她本人和女儿牟利的目的。其实，史托克俱乐部的公关是乌娜成为名人背后的推手，她配合他们的行动，希望这将对她谋到戏剧职业有所帮助。当时的情况，不说她的长相，她天生害羞，本质严肃，这一点父亲可能早已看出来了；但由于她总压在他的良心上，他非常想找到她不适合演戏的理由，将她关在他生活的外面。他必须做出一番受到伤害的架势，因此他对一个不到17岁的少女的快乐追求大为光火。

奥尼尔并不知道，这一段时间卡洛塔也有她生气的理由。上年冬天，詹姆斯·斯派尔去世了，留下了一处净资产达200万美元的地产，如今他的继承人，主要是侄子和侄女们，威胁要采取法律行动来终止那个付给卡洛塔终生年金的秘密信托基金。她担心奥尼尔会得知她基金的真正来源，最初不敢告诉除了她纽约的律师之外的任何人，但最后渴望慰藉的她就向默特尔·考德威尔和盘托出。几个月来，令人不安的法庭行动和报纸上的恶名这些情景如鬼魅般地笼罩在卡洛塔的心头，直到那些继承人决定取消诉讼，诉讼不可避免地会玷辱这位老银行家的名声。不知怎的，过了好几年，奥尼尔才听说斯派尔是他妻子的捐助者和曾经的恋人。

奥尼尔夫妇越来越感觉到税收、赡养费和收入萎缩带来的压力——在一次股市下挫后，奥尼尔夫妇预计，三个月内他们账面损失超过19,000美元——剧作家打算缩减付给艾格尼丝的款项。但听说这样做，他必须向里诺法庭提请减免申请，他便放弃了这一想法。他向罗伯特·西斯克抱怨说，这将使“（我的）公共声誉大损；里诺严格说来是一个女性的地盘”。赡养费不但让乌娜的母亲受益，乌娜也会受益，可能是对赡养费的抵触情绪加剧了他对女儿的不满。

这年春天，他因智齿化脓而感染了炎症，蔓延到了身体的很多地方，为此他病了将近一个月，发烧、寒战、疼痛。感染消失后不久，他的后背又给他带来了烦恼，他不得不戴上了有宽钢板的“束腰皮带”，他的行动变得不便。卡洛塔说："刚开始的几天，站起和坐下快把他弄疯了。"

由于各种各样的原因——战争、乌娜走进公共视野、帕金森和身体的其他疾病——剧作家在智力和体力方面都降到了低谷。他将感情写出来进行缓解，他曾梦想着要成为另一个斯特林堡或波德莱尔，他写了几首诗。下面便是其中的一首：

我是如此孤立，
不受侵犯，
不可接触，
对一切最怨恨，不原谅，
难以给予，
难以挣脱出我的孤独
一份孤单的礼物，
我自己。

啊，我试图尖叫！
给痛苦以声音！
使痛苦变成一个街头的歌手，
演唱一支悲歌……

如同我前面所说，
所有这一切
发生在寂静的地方；
在那里，我，
一个安静的人，
爱幽静，
静静地生活在

我被深深地淹没在大海的幻影里，
我幽寂的大海深处。

还有一首诗，全文是：

通过懒惰，
反讽
也许是无助
他让这些传说得以流行
这些撒谎的传说愈来愈多；
懒惰地，
反讽地，
也许也是无助地
面对模糊的镜子照一照，
直至最后一天
只有一个鬼魂站在这里
纠缠它自己的影子——
他自己，
迷惑的幻象，
寻找已失落的自我。

卡洛塔今年身体也不好。有一段时间，她患了脊柱关节炎，浑身包裹得严严实实，为了减轻痛苦还不得不睡在平板上；弗里曼在奥尼尔家工作了十年，不久就要参军了，卡洛塔忍受不了由此带来的不方便。5月21日，奥尼尔给内森写信说："你可以想象那对我们的家庭来说意味着什么。我们所有的工作都指望他，他就像我们家的一员，而不只是一个仆人，他值得完全信赖，有能力做好几乎所有的工作。当你住在乡下的时候，这更显得重要。事实上，不可能再雇用任何人来干活了。他们都在造船厂，或者在服役……就是能雇到人的话，我们也雇不起了。”

在弗里曼这年夏天到海军服役后，卡洛塔唯一的帮手就是一个厨师和一个园艺工；她如今除了照顾丈夫，还要做除了做饭之外所有的家务活。奥尼尔夫妇感到他们被“流放”到了山边的“荒岛”，奥尼尔由于震颤症不能开车，而卡洛塔没学过开车。他们就利用手边尽可能的便利，设法让住在丹维尔的五金商人半月一次开车送奥尼尔去奥克兰，接受一位泌尿科医生的前列腺“强制治疗”。卡洛塔搭载园艺工的卡车去丹维尔购物；由于她几乎没有时间给丈夫打剧本，就拍电报让女儿辛西亚过来接手了她大量的秘书工作。斯特拉姆需要辛西亚的工资，因为因风湿热致残的罗伊无法工作。

特丽萨·海尔朋非常固执地希望奥尼尔的态度能有所缓和，就写信给他说，没有他的作品，百老汇的剧场在精神上就欠缺了许多，鼓励他能够将他其中一部或更多的新剧上演。奥尼尔拒绝了她的请求，后来回信说“会再有观众能够感受到有关人类生活和理想的永恒秘密、反讽和悲剧的剧本的内涵的……人们的注意力如今都在他妈的战争悲剧上——他们应该这样——不想看这样的戏”。

他在信中说，他的健康状况恶化，已经不得不“停止了户外耗费体力的活动——过去我总从事大量户外运动——因为这让我有一阵子一阵子精疲力竭的感觉，感到像一只湿漉漉的苍蝇在冰冷的窗玻璃上爬行”。

事实上，奥尼尔生活中唯一的快乐时光是默特尔·考德威尔和她的女儿简带来的。接到一次又一次催促来访的邀请，她们造访的次数格外频繁，甚至连她们自己都感到有些不便。默特尔外向、简单，对奥尼尔夫妇产生了稳定的影响，但愿这种影响是暂时的；而简长相漂亮，有魅力，她在房子里让人感到欢欣鼓舞，考德威尔母女觉得房子里静得让人感到压抑。像奥尼尔一样，默特尔也喜欢老歌，她知道许多抒情歌曲，他们两个会和着简机械地弹奏的曲调，用他们都承认的“破嗓子”唱起来。尽管卡洛塔不赞成奥尼尔那段流浪时光，如果可能的话，她会对他的记忆进行审查，但默特尔却喜欢他在布宜诺斯艾利斯和吉米神父的酒吧放浪形骸的故事。有一次，在她来访前不久，华盛顿邀请奥尼尔给海外的军队发表一次无线电广播演讲，被他拒绝了，原因是他的震颤症和神经总体状况。在对默特尔谈及这件事时，他说："在一个满屋子都是陌生人的房间讲话我做不来。但如果你一定要知道我打算说什么，我想提议政府最好给士兵开些妓院，一次五分钱。"

简·考德威尔觉得他"是我认识的最善良的人"，回忆起一次在游泳池边，"一个大虫子爬到了他身上；我想让他把它打死——我害怕虫子——而他却轻轻地把它拿掉了"。

尽管他双手颤抖，还时不时感到眩晕，同时还觉得战争让一切其他的东西都变得微不足道（"你每天在收音机里听到，或在报纸上读到的世界戏剧是当今一部重要的戏"），他还是设法修订了《诗人的气质》。他还进行了《最后的征服》（*The Last Conquest*）（最初的标题是《第十三个信徒》）一剧的创作，该剧的创作一年前就开始了，是一部"未来的象征性幻想"，由序曲和八场构成，但他没有最终完成。他告诉内森，这个计划写的剧本"并不是通常在主题或技巧方面非常明显，而是在喧嚣的背后有所指，态度是现实主义的，没有意识到人类身上存在的善恶两极对立以及为占有人类的灵魂而进行的挣扎；我明白你对'灵魂'一词持怀疑主义态度，但我这里指的并非该词特殊的宗教意义；也许如果我说人类的精神意义更接近一些，但'精神'是另一个词，因为愚蠢的滥用已显单薄和没有什么意思了；无论如何，我喜欢这个剧本的思想，副标题可以被定为'一个聋哑人过时的预言幻想'"。

还有一次，他说："在很多方面，这个剧本被拍成电影比在舞台上演出来要好，也就是说，好莱坞可以用严肃和诚实处理一个严肃和诚实的主题——当然了，这是一个充满幻想的不可能想法。"

几年后奥尼尔把《最后的征服》的故事讲给了演员马歇尔（E. G. Marshall）听，根据后者的说法，在最后的其中一场中，一位年轻人和一位老人深陷旋涡，情形十分危急，年轻人把老人推到了安全的地方，而自己却被卷进旋涡淹死了。（这一插曲让人好像记起了《基督山伯爵》中逃出伊夫堡的一幕。）马歇尔说："魔鬼回到了地球上，缴械投降，被打败了，因为这位年轻人的牺牲证明人类身上还有善的存在，人类并不是坏得不可救药。"简·考德威尔阅读过那部尚未写完但后来被剧作家销毁的剧本，她说，那个魔鬼，"一个非常坏的魔鬼就是第十三个信徒；他控制了世界，或者说是最强大的人物——我现在不确定是哪种情形——其他信徒所代表的善的力量，行动了起来反对他；我记得，这个剧本结束时全世界教堂的钟声都鸣响了，宣告了魔鬼的失败"。

在情理之中，奥尼尔相信美国及其盟友定会赢得战争，他已经预见到了战争的结果。1942年10月24日，他给内森写信说："我的预测是在战争结束后签署同样的和平协议，因为那一帮同样贪婪的政客和瞎胡闹的外交官总会这样做。这帮家伙的交易从来不会吸取教训……我不明白，那些读过历史的人为何会在多愁善感、满怀希望地思索下一次和平上浪费时间。"他最后说："你们，同志们，考虑的应该是任何古老形式的战后革命。"

自从乌娜在史托克俱乐部走进公共视野后，好几个月过去了，奥尼尔才第一次收到她的来信。这一段时间，她进了瓦萨学院（Vassar）（但她不想进这所学校）读书，她还获得了试镜和从事模特工作的机会，在新泽西州的夏演剧目《酒绿花红》（*Pal Joey*）中第一次登台演出，虽然登台时间很短。音乐剧明星薇薇安·西格尔（Vivienne Segal）回忆说，她是个"讨人喜欢、友善的孩子；我记得她坚持要赤着脚；她就像一个狂野的爱尔兰精灵；我们大家都喜欢她"。

乌娜在来加利福尼亚的途中给父亲写了一封信，表达了想见他的愿望，还解释说有些报纸和杂志上的故事是违背她的意志强加给她的。随行的还有她的朋友卡萝尔·马库斯（Carol Marcus）。卡萝尔也是17岁，要去萨克拉门托看望未婚夫——作家威廉·萨洛扬（William Saroyan），他最近刚刚应召入伍。卡萝尔的母亲反对女儿只身前往，就答应如果乌娜能陪她就同意这次行程，她觉得乌娜比较成熟。乌娜在信中告诉了父亲她在萨克拉门托要入住的宾馆的名字。

奥尼尔没有满足乌娜试图和解的愿望，11月19日回信说，她本应该先写信过来，说清楚“在这些战乱的日子你目前的计划和打算是什么；接下来我就可以告诉你我是否想见你；事实是，我对你情况的了解都是通过报纸对你的访谈剪报获得的……你出名采取了错误的方式，除非你的愿望是像粗俗女孩子那样当个二流的电影演员——好几年报纸上都刊登她们的照片，最后因为天生愚钝、无能的生活而变得默默无闻……”

“我不能原谅你的是，你什么事情都不写信告诉我，借助我的经验，征询我的意见等——而你一直都在利用我的名字！我本来可以就你犯的大错对你提出警告——我的意思是，站在为你好的角度……”

“现在话题回到你想见我：你并不想见我。你的行为证明了这一点。所以，让我们别儿戏了。我不想见过去的一年你那个样子的女儿……”

“希望你长大脱离无知的阶段后能有所改变。我希望你成为出色的优秀女性，不管做什么都是出色的。我仍然希望如此。如果我错了，那么再见。如果我正确，你将来会明白我这封信的意思并心怀感激的——这样的话，再会。”

乌娜告诉艾格尼丝她收到“一封可怕的来信”，“父亲让我伤心不已”。尽管乌娜在接下来的几年中几次尝试缓和关系，但确实是如此，是“再见”，不是“再会”。因为他离开艾格尼丝时，乌娜才两岁，所以除了通信联系外，她事实上和父亲的联系只是在道舍的两次短暂停留。

在奥尼尔对女儿感到懊恼的同时，儿子的好消息让他的心情得到了改善。珍珠港事件几天后，沙恩得到了被批准为海员的文件（“我是一个强壮的水手了”，他对朋友们说，“就像我父亲当年那样”）。1942年早些时候，当乌娜的名字开始出现在媒体上时，他就已经出海了。在接下来的一年半中，直到奥尼尔的身体出现状况，他好几次出海到英国和北非，穿过了到处都是德国潜艇的水域。

1942年12月出海前不久，他给他的妻子玛格丽特·斯塔克寄了些钱，她是一位极富天赋的年轻画家，并委托她给他的父亲和继母送圣诞礼物。

几周后，从道舍寄来了一封信，玛格丽特没有拆封把信转交给了沙恩，并替他的儿子给奥尼尔捎了一些口信。卡洛塔立刻回复说，对沙恩送来的礼物表示感谢的那封信是出自她的手，她已经决定不让丈夫看斯塔克小姐关于沙恩的信。斯塔克小姐回忆说，她觉得“还是由沙恩自己写信告知父亲他航海的事情比较好；毕竟这是战时，二手的消息会让丈夫感到不安，并难以继续工作”。

沙恩回来后，玛格丽特对卡洛塔的行为大发雷霆：“她觉得她是谁——圣彼得吗，开关大门？！为什么你父亲允许这样的事情发生？你是他的儿子。他对你难道没有责任感吗？她拆他所有的信件吗？”

沙恩很爱感情用事，耸了耸肩说：“这肯定是一封好信，所以她没有让我父亲看；我不知道他收到了我多少封来信，或者他孩子的多少封来信；他获得诺贝尔奖后，我给他发了一封电报；我真的发了！一天，在我最后一次去加利福尼亚的时候，他说他很受伤，因为我没有写信对他表示祝贺；卡洛塔肯定截留了我的电报；我告诉他我发了，可我觉得他并不相信我的话”。

奥尼尔的另一个儿子如今32岁了，想参军的想法受挫。除了希腊经典之外，他擅长五门语言，他申请去情报部队服役，但被陆海空三军拒绝了——他不知道为什么。[根据他在耶鲁大学一位朋友，曾在军队情报部门服过役的诺曼・霍姆斯・皮尔森（Norman Holmes Pearson）教授的说法，他被拒的原因是因为他有左倾政治倾向的记录。] 小尤金想参军，就从耶鲁辞了职，学习当技工，希望进入一个军种而不是当步兵。但是他没能通过军队的体检，因为他小时候的颅骨挫伤，以及双手的轻微震颤；他有震颤症好几年了，鉴于他父亲的情况，大家相信这是遗传使然。一连串的被拒给他打击很大，他就去了纽黑文的一家电缆厂上班，开始慢慢地变成了一个酒鬼。

奥尼尔夫妇在哀伤的情绪中在道舍度过了1942年的圣诞节，他们在伯莱明的墓前放上一个花环，“希望他能从有百亿株树和充足狗粮的天堂往下望，可怜可怜我们”。

奥尼尔写给卡洛塔的圣诞贺卡是一首题为“混乱时代的歌”（“Song in

Chaos”）的诗，开篇是：

假如世界变得疯狂，怎么办？
你就在我近旁。
如果伤心，怎么办？
你就在我身边，
在我的心里，
我的挚爱……

这首诗的大意是，尽管生活中有“疯狂”和“忧伤”，他们的关系给他带来了补偿，有人记得这年早些时候他写的一首诗，诗中他把自己看作一个“迷惘的幽灵，/在寻找已逝的身份”。

# 第二十六章 抛弃孩子

在美国参战后不久，耶鲁大学和普林斯顿大学受到全国性忧虑情绪的影响，向奥尼尔提出“为了长久留存”要妥善保管他的剧本手稿。作为回应，他把很多老剧本都送给了这两所学校，耶鲁大学获得的份额较多，在卡洛塔的建议下，其余的剧本送给了纽约市博物馆。虽然他经济压力大，剧本的手稿可以卖几十万美元（现在依然能想起来，就在几年前，他当时打算把剧本手稿卖给手稿收集者或亲笔签名收集贩子），如今他关注更多的却是后代子孙；他希望存放在这些机构的他的亲笔手稿和打印件的修改稿能够被未来的学者进行研究。坦诚地说，他心里十分清楚这将为美国戏剧做出何等的贡献，他也明白这样的贡献让他付出了什么样的代价，但他毫不后悔。卡洛塔对耶鲁大学的一个人说：“他的工作就是他的生命——其他什么都不重要。”

普林斯顿大学的燧石图书馆（Firestone Library）在1943年早些时候想举办一场奥尼尔展，向他申请展示其手稿以及与乔治·泰勒往来信件的许可，他们通过其他渠道获得了这些东西。虽然剧作家对演员要求严格，他同样也保护他们的感情——有可能是因为其父亲的原因。他元月28日给普林斯顿大学的图书管理员朱利安·P. 博伊德（Julian P. Boyd）回信说，展览可以展出他个人对“健在的男女演员没有尖刻言辞的任何信件;（我记得在泰勒执导的两部戏中，演员的角色分配不当，很可能会有尖刻的言辞！）这样的失当言辞被大家记着，传播，最后出现在戏剧闲言栏目，虽然时间要追溯到二十多年前，有些人的感情会受到伤害；我不希望这种事情发生”。

博伊德评论了奥尼尔信件中的字体和写剧本的字体大小不同的问题。剧作家解释道:“我的大脑注意力越集中，越忘我，我的字体就越小……小字体风格在我身上扎下了根。我本人可不希望这样。上帝知道，因为这让我的手稿很难打印……最近几年，我只能用小字体写字，但这有身体方面的原因——该死的帕金森病——用小字体写字，控制震颤症要容易一些。”

在接下来的几年中，除了创作《最后的征服》，他总是一遍一遍地修改、锤炼他尚未上演的剧本，但是就实质性结果而言，他已逾三十年的创作生涯结束了。《月照不幸人》是他创作的最后一个剧本。他很久以前就知道他不能用打字机创作。随着他的震颤症变得越来越糟糕，他就弄了一个语音记录系统，努力把大脑中产生并急于表达出来的想法口述出来，但这种新方法阻碍了他的创作进程；他别无选择，只有重新用颤抖的手指拿起铅笔。

女儿涉足好莱坞的消息让奥尼尔心情不悦，他尤其讨厌这个地方。和卡萝尔·马库斯在萨克拉门托稍作停留后，乌娜继续行程，来到了这个电影王国，艾格尼丝和她在此汇合。不久，这位年轻的未来演员就遇到了一些重要的电影业内人士，其中包括查理·卓别林。他想让她在保罗·文森特·卡罗尔（Paul Vincent Carroll）的优秀爱尔兰戏剧的电影版本《影子与物质》（*Shadow and Substance*）中扮演布丽奇特（Bridget）一角；但很快卓别林对乌娜的兴趣超过了职业，更加私人化和热情。1943年春，乌娜告诉艾格尼丝她爱上了卓别林，并打算接受他，艾格尼丝想知道“她是否意识到她在给自己制造麻烦”——这位著名的喜剧演员不仅三次结婚、离婚，而且已经54

岁了，正好是她年龄的三倍。根据艾格尼丝的回忆，乌娜当时说："我一生再也不会爱上另一个男人。"

卓别林刚刚陷入一场由他以前的一个女徒提起的亲子官司，据他讲她的名字叫琼·巴里（Joan Barry），媒体已经卷入这场有利可图、谣言满天飞的官司。出于保护乌娜的目的，卓别林建议他们把婚期推迟到他的清白被证明以后，然而她希望在他受到攻击时给他提供支持。（案件直到第二年才开始审理。）在精心躲过记者之后，故事的高潮是一辆汽车疾驰驶过圣芭芭拉市（Santa Barbara），6月16日，他们两个在卡平特里亚村（Carpinteria）静悄悄地举行了婚礼，媒体在婚礼之后几个小时才获知消息。

奥尼尔很伤心，然而他内心有点欢迎乌娜最近的行动，因为他认为这证明他以前和女儿"断绝关系"是正确的。乌娜引起公众注意最近的一拨浪潮过去之后，她给他写信说她是为了爱情而结的婚，并不是出于物质目的，仍然希望他们之间能达成和解，可是奥尼尔还是固执地对此保持沉默。他的几位老朋友努力在中间撮合，都无果而终。公众都知道卡洛塔的观点，对她来说，乌娜新的生活只不过是她残酷地兑现了她当初发表的言论"要嫁给一个富人，一个真正的富人"。但当最后这桩婚姻证明是持久和幸福的时候，卡洛塔对一位访客（在奥尼尔去世后）说，她"为乌娜感到自豪，希望将来有机会亲口对她这样说"。

[1960年，在一次接受采访时，乌娜谈到了她和卓别林的生活："他让我变得更加成熟，我让他变得年轻。当我们幸福的时候，你不必自我剖析。他给我带来了极强的安全感，这和他的财富并无关系。在任何情况下，（和他在一起）我感到幸福。"她坦言，她不愿意抛头露面，语气颇像她父亲："这是一种自我保护的本能，一种自私的本能。在很大程度上，我们的幸福取决于我们单独待在一起。有人邀请我们时，查理不得不提醒我。我有可能会故意忘掉。但是我们喜欢在家和客人们待在一起。"

现在，卓别林夫妇有了七个孩子——马上就要有第八个了——他们住在瑞士。乌娜回忆说，在大儿子十岁时，她丈夫让把他送到英国的寄宿学校去读书，但是尽管她几乎总是赞同他的想法，这一次她没有同意："我不希望在孩子这么小时就把他们送到外面。家庭是一个单位，应该尽可能长时间地待在一起。"

卓别林在他1964年出版的自传结尾说："在最后的20年，我知道了幸福的含义……我希望这些我能多写些，这关系到爱，完美的爱是所有挫折中最完美的东西，因为完美的爱非语言所能表达。我和乌娜在一起生活期间，她深刻而美好的性格对我来说是持续不断的慰藉。就是她在我前面沿着（瑞士）韦威（Vevey）的人行道行走的时候，朴素而优雅，她整洁、笔直、不太高的身材，黑发向后梳着，露出几根银丝；看到这一切，一股爱和喜欢的情感突然涌向我的心间——我喉咙哽咽了。"]

1943年乌娜的私奔以及接下来她成为公众注意的中心，让道舍的奥尼尔夫妇腹背受敌。本来身体就欠佳——除了尤金的慢性痛苦，卡洛塔背部的关节炎症又开始折磨着她——他们失去了家里的最后一个帮手，他们的厨师，卡洛塔不得不忍着痛苦独自准备饭食，处理其他的家务琐事。6月4日，奥尼尔在给内森的信中写道："一个极具能力、勇敢的女士，我的妻子！可是，每天结束的时候，她累得精疲力竭。看着她做那么多她本不应该干的活我感到心痛。"

"我擦拭盘子——干这干那。在外，帮农夫……然而，走路要非常小心。干活稍微一多，就会突然感到浑身无力，身上潜藏的疾病开始发作。"

卡洛塔劝丈夫把这个地方卖了——战时料理这个家太困难，太耗费钱财了。几个月后，新来了一位厨师，才使她最终不用再干家务活了，可是她还是为奥尼尔的身体状况感到担心。

八月，剧作家开始接受奥克兰弗莱彻·B. 泰勒（Fletcher B. Taylor）的一系列检查和试验，目的是减轻帕金森症，缓解神经紧张和心神不安，此时奥尼尔的体重才仅仅138磅（他身高5英尺11英寸）。卡洛塔伤心地对默特尔·考德威尔说："金情况糟透了，很多地方都出了问题——他们给他开的所有该死的药几乎让他发疯。他今天又'崩溃'了——哭泣，浑身颤抖……

我的心都要碎了……如果我不爱他，我心里还倒好受些！”

他向医生诉苦说，即使最小的不安或激动都会让他感到胃里面，按照泰勒医生的解释，“有一种发自内心的恐惧，就像有真正的危险一样”。这一系列的检查开始后不久，他病了一个多月，一开始是感染扩散到了全身整个系统，接下来就是支气管炎的困扰。他担心肺病可能重犯，一天早上咳嗽时吐了血，这让他变得非常警觉。他对一位朋友说：“当然，这一切都没使神经有所改善，过去得的帕金森症变得厉害了。”

他留给卡洛塔的便条显得他们一切都很平静；七月份，他们的结婚纪念日那一天，他对卡洛塔说：“每天，在所有方面，你变得越来越美丽，我更爱你了！”但是，虽然他的感情如此，他不断下降的身体状况导致了他的性欲下降，就像卡洛塔对考德威尔夫人所说的那样，这让卡洛塔在生理上得不到满足。

这年夏秋，卡洛塔请了一位女按摩师定期来道舍给她按摩，来缓解关节炎的症状，有时按摩师留在道舍过夜。她是一位高大、健壮的女人，卡洛塔很喜欢她；但是，当奥尼尔发觉有些情况下她们俩之间的感情有点像同性恋，于是治疗和她们俩之间的友谊便戛然而止了。应卡洛塔的请求，默特尔·考德威尔很快过来了，试图帮助平息狂怒不已的剧作家，劝他不要多疑。虽然夫妇之间的和谐最终得以重建，但他永远忘不了那段可疑的插曲；几年后，当奥尼尔夫妇之间暂时出现感情危机的时候，他向一些贴心的朋友说出他对妻子和那个女按摩师的怀疑，而卡洛塔曾经问过拉塞尔·克劳斯他是否听说了她有同性恋倾向的流言，在得到他肯定的答复后她感到很沮丧。

卡洛塔觉得，如果他们继续在道舍无限期住下去，她自己就要崩溃了，担忧和过度劳累让她几乎精疲力竭，丈夫终于同意卖掉这个地方。他们结婚的早年，她曾宣称，“我爱乡村，因为我喜欢远离人群”，还说他们环境的隐秘和美丽让她的劳动具有百倍的价值。而如今，她对朋友默特尔坦言：“我讨厌乡村，已经好久了。我一直讨厌乡村！我向大家和我自己撒了谎，所有这些年我一直在努力让我自己喜欢它！我知道金在城里无法工作。”她接着说，如果后半生不得不“听树林发出的甜美声音”，她会疯掉的。

1943年10月29日，在写给埃利纳·温特的信中，她的语气更加绝望，她说：“我觉得被囚禁了起来——想大叫着跑出去……我想回到属于我的地方去。东部。我想见我的朋友。有工作的人。我情愿住在一个有活干的房间。我受不了远离活人的生活……上帝保佑我们能够卖掉！”

奥尼尔夫妇这年秋季情况有所好转，因为经过好几年和好莱坞迟迟未定的磋商，剧作家终于收到了《毛猿》的三万美元；但是，这个剧本他卖得并不是心甘情愿。他对特丽萨·海尔朋说：“我不喜欢我的剧本被拍成扭曲变形的电影胶片。我觉得，当很久以前我看《卡里加里博士的小屋》的时候，应该有一种真正的、独创的艺术形式。对我来说，有声电影仿佛是继承了父母双方最低劣特点的混血儿。（显然，他忘记了他曾对“有声电影”的可能性兴致颇高。——作者按）《归路迢迢》的无声部分——我的作品拍得最好的电影——给我留下的印象最深刻。”他在信中继续写道：《毛猿》是他最喜欢的剧本之一。“我把它卖了，因为心里老惦记着道舍和农场，我不得不把它卖掉，或者卖掉一些有价证券，用所得的钱来支付赡养费！……我明白好莱坞没有人有胆量把我的剧本拍成电影……我记得，剧本的第一次舞台演出是我戏剧生涯中最令人满意的时刻……我不希望这种记忆被破坏。因此，当我告诉你我不想看电影……甚至不承认电影存在的时候，我一定是认真的！但我仍然感到内疚。”

他对好莱坞的非难是由海尔朋小姐的一篇报道引起的，她想重新发起一场传统的运动，激起人们把《悲悼三部曲》拍成电影的兴趣——她最初建议由葛丽泰·嘉宝和凯瑟琳·赫本（Katharine Hepburn）来扮演孟南家的两个女人——并在此得到了赫本的帮助。奥尼尔觉得赫本“演莱维妮亚”定会“很棒”，但担心电影的其余部分会像电影《奇异的插曲》一样，成为“刻意的压缩和白痴似的审查的可怕混合”。“孟南将军关于战争、死亡等的言论如何处理？奥林回到家要说的话如何处理？这些是否会被认为是病态的和平主义或者其他什么而被删除？但对于我来说，这些至少是一种具有深刻精神真理的暗示。你还记得奥林对莱维妮亚说的话吗……：‘我用同样的方法又杀死了一个。那就好像把同一个人杀死了两次。我有一种古怪的感觉，战争就是把同一个人杀了又杀，而到头来我发现那个被杀的人便是我自己！’”

想到要搬离这个地方住到加利福尼亚的一家旅馆，奥尼尔不太高兴，这并不是因为他的震颤症，而是因为卡洛塔急着要搬走。1943年的最后几天，厨师病倒了，这让家里的情况更为糟糕，卡洛塔除了承担了所有的家务劳动和照顾丈夫外，还要照顾她。奥尼尔在送给卡洛塔的圣诞礼物中写道：“在圣诞节这个充满考验的时刻，你勇敢地坚持，我佩服你的勇气，还有我的爱！我们有爱，所以管他呢！我喜欢你，我的爱人！”

房地产中介和有购买意向的人打破了他们的私生活，1944年刚开始的几周，奥尼尔夫妇还要不得不应付媒体，他们急于想知道剧作家对他那位著名女婿即将到来的亲子官司的态度。联邦大陪审团对卓别林发起了好几项指控，包括所谓的违反了《曼恩法案》（*Mann Act*）。合众社（United Press）的一位派遣记者说：“据称查理·卓别林和琼·巴里亲密爱情生活的细节给好莱坞带来一场好莱坞历史上最骇人的刑事审判。”（案件的听证几乎没有实现这个所谓的“据称”。）媒体在电话上联系不到奥尼尔，文字和摄影记者想直接闯到他住的地方，但没有成功。最后，经过抽血化验，证明卓别林并不是原告孩子的父亲，于是他被取消了所有指控。

道舍本来价值约十万美元，二月份售出了，卡洛塔认为“价格很好”，但是奥尼尔夫妇像当初出售卡萨·吉诺塔一样还是损失了很多。奥尼尔的几位医生之一，克利福德·法伊勒（Clifford Feiler）回忆说，房子许诺给他的价格是七万美元。更具有实质意义的是，交易的不动产印花税上——购买房子的人是阿瑟·卡尔森（Arthur Carlson）和他的妻子，他在奥克兰当律师——表明，房子的价格大约是六万美元。（如今，道舍加上周围的土地价值一百万美元。）当卡尔森夫妇开始谈价格时，剧作家根本没有露面，他在交易完成后才露面，给他们的印象是“非常迷人”。谈论起周围的乡村风景，他觉得周围的小山具有“灯芯绒的质地”，于是房子的新主人就给这个地方起了一个新名字“灯芯绒山农场”。绝大部分时间都是卡洛塔在讲话，她不止一次叮嘱卡尔森夫妇要把伯莱明的墓地打理好。

在道舍最后的日子，剧作家挑选出他没有上演的剧本，1944年2月21日烧掉了《驯服者的贪性》和《那让我去死吧！》的手稿（“因为它们不再符合我修订后的写作计划”），还有他《更加庄严的大厦》的亲笔手稿，但该剧的打印稿被保留下来了。他也留下了他的工作记录和计划中的组剧的提纲，因为尽管他的震颤症越来越严重，他还是固执地希望情况能有所好转，能把他的代表作品写完。看到丈夫销毁了花了那么多时间、脑力和精神写成的作品，卡洛塔很伤心，但她明白阻止丈夫根本没用。

他保留了基本完成的新作，包括一个独幕剧《休伊》和四个长剧——《进入黑夜的漫长旅程》《送冰的人来了》《月照不幸人》和《诗人的气质》。

奥尼尔夫妇只选择了为数不多的几件东西，将绝大部分的上等中国制造的装饰都回卖给了阿甘家装店，将钢琴和“一百箱书”运回纽约存储起来，在位于诺布山（Nob Hill）费尔蒙酒店租下了一间公寓。二月下旬，奥尼尔夫妇一搬进去，卡洛塔因为劳累过度，肾脏和膀胱发炎而病倒了，盘尼西林和其他新型“特效药”让她有所好转。在她病得最厉害的时候，奥尼尔被哈里·温伯格去世的消息弄得伤心不已，他是奥尼尔的律师，也是一位老朋友。卡洛塔说：“他整晚坐在我床边，像幽灵一样！可怜的爱人，我为他感到心痛。在过去的一年，他的经历太痛苦。”

乔治·吉恩·内森是温伯格的另一位客户。3月6日，奥尼尔在给他的信中写道，律师的去世“对我打击很大；我们俩有20年的交情；他最初为我工作时分文不取——他对很多人亦是如此……我将永远怀念他忠诚慷慨的友谊”。

奥尼尔夫妇一般到费尔蒙酒店，卡洛塔就再也没有见到女儿辛西亚，虽然辛西亚和丈夫、儿子就住在不远的拉斐特。自从1942年年中开始，她开始为继父工作，打手稿和一些信件；但卡洛塔现在觉得她可以不需要她帮忙了，她又一次尽可能把女儿关在了她生活的外面。（克利福德·欧茨认识乌娜，关于奥尼尔他说，他显然“不能原谅他的孩子们，因为他已经把他们遗弃了”。卡洛塔对待自己的女儿亦是如此。）到现在为止，卡洛塔和母亲也几乎没有联系，母亲年事已高，不友好，越来越不能生活在斯特拉姆家了——有一天，她咬了她外孙女的手一口。当后来辛西亚在电话中对卡洛塔“大发雷霆”的时候，卡洛塔把她斥责了一番，并进行了反驳；但最后她还是把内莉·萨辛送进了养老院。

奥尼尔早年随父母漂泊不定的巡演生活使他对旅馆一生都有抵触情绪，所以在费尔蒙酒店狭小的套房里，他感到拘束、烦躁。虽然明白他这样做不是没有原因——因为战时旧金山人口膨胀致使住房条件紧张——他还是牢骚满腹，最后卡洛塔设法在亨廷顿酒店（Huntington Hotel）找了一个大一点的公寓房间，有两间卧室、一个客厅和一个兼做厨房和小餐室的房间。

有好几年，只要奥尼尔夫妇有一个人病了，他们就会叫来凯思琳·阿尔贝特妮（Kathryne Albertoni）（以前叫凯思琳·拉多万），1937年剧作家住院期间她照看过他。奥尼尔夫妇在亨廷顿酒店一安顿下来就叫来了凯伊（Kaye，凯思琳的昵称。——编注），她是一位皮肤浅黑的迷人女人，性格严肃；她定期照看他们，一周五天；他们一直雇用她，直到他们返回东部。她说：“不是因为他们中有一个病得很厉害，而是因为他们总是需要一个护工，而我却像他们中间的一个缓冲器和调停人。同时，我每天给他们注射。为了使他的生活有所改善，他注射具有镇静作用的甲基睾酮，有助于缓解震颤症——而她注射雌素酮。我基本上是陪着卡洛塔，她需要经常有人在身边陪着说话。”

卡洛塔因为连续生病，几个月来感到不舒服，但为了鼓励丈夫努力创作和帮助他忙起来，她建议丈夫修改剧本时，雇用简·考德威尔把他的作品打出来。他欢迎这个建议，因为他喜欢这个姑娘，喜欢的程度比卡洛塔猜测的要深，也许甚至比他自己意识到的还要深。1944年春天她开始为他工作的时候，他警告她说：“如果你送给我父亲节礼物，我会把你的耳朵咬掉！”

几乎没有太多的打字工作要做，但是由于一周要工作五天，像阿尔贝特妮夫人一样，在奥尼尔结束在西海岸的生活之前，她其实也经常帮助做一些家务活。再次开始他钟爱的创作工作，奥尼尔写了好些诗。各地寄来的征求他职业意见的信件，虽然卡洛塔抱怨这些陌生人给他带来了干扰，他对这些来信还是很有兴趣的。他在给印度的一位有文学抱负的人回信道：“写，写，写，撕掉，再重写。”他的绝大部分工作时间都用来完善那些尚未演出的剧本。他修改《月照不幸人》时，泪水会顺着面颊往下流，看到这情景简常常悄无声息地溜出房间，回来的时候她常常发现，他深深地沉浸在自己的世界，没有意识到她的存在。

亨廷顿酒店对面尚未完工的慈恩堂（Grace Cathedral）正对着奥尼尔夫妇位于第十层的公寓，根据考德威尔小姐的说法，奥尼尔对这个教堂非常着迷。“他说它让人感到非常压抑，他可以把它用在他的一个剧本里。”他对这个教堂的感觉仿佛是他当时常常做梦的主要原因；简回忆说，他告诉她，在梦中他常常在“海上，乘着七重浪，最大的浪，上下翻滚，变成了一座教堂，然后朝他拍下来”。

这年夏天在造访西海岸的时候，朗格内尔夫妇非常高兴地发现，剧作家终于愿意商谈战后演出《送冰的人来了》和他的其他剧本。奥尼尔告诫说，《送冰的人来了》不要演得太早，随着和平的来临，普遍的精神愉悦不利于该剧在观众中产生同情的共鸣，因为剧本对人类处境的观点是阴郁的。但是过了大概一年之后，当幻灭感有可能出现的时候，他预测观众会更加容易接受《送冰的人来了》。

不顾卡洛塔的私人建议，奥尼尔准许朗格内尔夫妇读了《月照不幸人》《诗人的气质》和《休伊》。由于他离开百老汇已经整整十年了，在此期间剧场情况发生了很大改变，卡洛塔劝他和同仁剧院重新建立联系时要小心点。她说：“我劝他签约的剧本不要超过一部，但他是一个非常固执的人。我提的建议我认为对他有益，他总是跟我对着干。”

她对同仁剧院的厌烦不是没有道理，因为同仁剧院曾经的活力和光环已经不再，在纽约剧坛也不再有名。几年前，由于和其他的董事成员有拿不到台面上的恩怨，导演菲利普·穆勒和最有才华的创始人之一，舞台设计李·西蒙森辞职（或者是被赶走）了，在过去的十年中不止一次剧院处于关门倒闭的边缘。幸运的是，在剧院最不景气的时候，剧院启用凯瑟琳·赫本出演菲利普·巴里（Philip Barry）的《费城故事》（*The Philadelphia Story*），该剧成为剧院历史上最赚钱的剧本；最近，剧院又挖到了更好的金矿，吸收理查德·罗杰斯（Richard Rodgers）和奥斯卡·汉默斯坦第二（Oscar Hammerstein II）加盟演出具有里程碑意义的音乐剧《俄克拉荷马！》（*Oklahoma*！）。但是，不论一部社会戏如何成功，就是一部具有独创性的音乐剧也再不能引起感动和带来同仁剧院早年那些充满睿智的快乐。

奥尼尔本人十分清楚同仁剧院的经营在走下坡路，但他对该剧院曾成功演出了《奇异的插曲》和《悲悼三部曲》心怀感激，这两个剧本演出都不容易，剧院还资助演出过《发电机》和《无穷的岁月》，虽然不太完美。除了感激，奥尼尔明白同仁剧院的负责人认为他的新作是剧院重回辉煌的潜在步骤，他们也会尽最大努力尽可能完美地演出他的剧本。

朗格内尔和他的妻子阿美娜·马歇尔（还有特丽萨·海尔朋，共同构成了同仁剧院的董事会）对奥尼尔的新剧热情很高，尤其是《月照不幸人》。但是，考虑到找这样一位身体像女勇士而内心深处却具有温柔女性特质的女演员扮演乔茜的难度，他们最初对剧本的高兴劲被冲淡了。虽然找演员有难度，奥尼尔和他的来访者们还是决定应该在战争结束后不久先演《月照不幸人》，再演《送冰的人来了》，最后演《诗人的气质》。按照朗格内尔的说法，剧作家说他还有另一个独幕剧，还没有完全写好，可以和《休伊》一起放在一个晚上演；但是，这个说好的和《休伊》一同演出的剧本并没有写出来，剧作家去世十年后《休伊》才得以在百老汇上演。

卡洛塔非常急切地想离开加利福尼亚（“我讨厌这个州，我一直讨厌它”），而尤金，用她的话说，“想到东部去——却讨厌旅行！他不喜欢见人——害怕抛头露面”。在1944年结束前，好几个月他们都盼望着离开，但是在医生的建议下他们不情愿地把动身日期推迟到了来年春天。10月9日，奥尼尔对内森说:“医生说不行,从七年的西海岸天气一下子跳到纽约的冬天肯定有危险性——从目前我俩的健康状况来看。我想再次到东部去。自从卖了房子之后——或者说,甚至在那之前,这变成了一种担心和负担——我感到这儿的生活已经变得没有意义。”

十月份,他去看了(据10月19日写给卡尔·范韦克滕的信)“一个真正一流的骨灰安置地”作为对自己56岁生日的“庆祝”。“众所周知,加利福尼亚的一流骨灰存放地领跑世界,设计得让死人都感到充满活力、高兴和一直很愉快。”他“打算问问几个骨灰坛的价格……成千上万只野生金丝雀嘈杂地鸣叫着,数不清的花式喷泉可怕地喷涌着,骨灰坛的看护人和我都听不清彼此在说什么”,他不满地离开了,“发誓说我要永远活下去,难为难为这些该死的金丝雀”。他对另一位朋友说,这些骨灰安置地“如果不是呈现出不真实的激情,就是太喜剧化了……给人的深刻印象是,美国人的性格中是惧怕死亡的”。

索弗斯·温特这年秋天造访了亨廷顿酒店,发觉奥尼尔情绪低沉。奥尼尔带领客人在这个迷人的公寓附近转了一圈,这里可以俯瞰城市的全景和海湾,说“我想住在恶魔岛(Alcatraz);如果我住在那里,我会学到一些东西”。

慈恩堂使他有了他非常喜欢的一个主题——也就是说,所有宗教,不管起源时如何崇高和智慧,在被确立的过程中都会变得腐败。他说:“人类已经被告知了这个真理。他已经被朴素的预言指引通往好生活的正确道路。耶稣、孔子、老子、稍微有点复杂……苏格拉底,但都没有用。伟大而朴素的真理被有组织的机构变成了世俗的权力。我们所生活的这个世界上的教堂和天主教没有关系。教堂是骗人的。”

关于好莱坞卑劣的伦理,他又说了另一件标准的伤心故事,他说他最新拒绝了一笔十万美元的原创新电影脚本的任务,因为他明白他们“仅仅是想利用(我的)名声,强奸(我的)思想”。如果电影代理能找到两个电影脚本作家谈,他接下来也会出相同的价码。“两个,不会再少。他们会跟我协商，但我什么也不会写。当我面露怀疑时，电影代理就继续下去。我甚至不用和电影脚本作家协商。”

奥尼尔沉默了一会儿，突然带着嘲讽的口吻大笑起来：“如果我让他们那样做，如果有人问我，我的故事里是否有一只熊，我不得不这样回答：‘我不知道。我没有看过这部电影。’”

受到一位专心倾听的人在场的鼓舞——卡洛塔以前听到过很多次了——剧作家尽情地把心里话都说出来了。他希望最后一仗后，这个国家能上演一出“新的、充满活力的戏”，但是他失望了。而如今，他接着说，演出的间接费用非常高，任何严肃的戏剧还没等开始就失败了。

奥尼尔含蓄地表示，他不喜欢他和卡洛塔的漂亮住所，更不用说他和艾格尼丝住过的那些地方了。这位过去的囚徒伤心地说：“我从来就没有一个家。从来没有机会扎根。我在旅馆长大。我母亲从来没有一个家。《进入黑夜的漫长旅程》是她的故事，也是我的自传。很奇怪，我在海上航行（乘坐查尔斯·拉辛号去布宜诺斯艾利斯）的那段时光是我唯一一次感到我在那个地方有根。”

令温特感到伤心的是，尤金说他手颤的毛病不仅更厉害了，而且有时候他整个身体都颤。睡觉本来就不好，他常常凌晨三点醒来，热一下卡洛塔准备好的咖啡。他喜欢站在窗前一面小口喝着咖啡，一面“看着外面城市的夜色。凌晨三点，死一般的沉寂，这时候才真正有趣”。

他个子高高，身材消瘦；他站着的时候把胳膊抱在一起，这样好使双手颤抖的程度最轻。他对索弗斯说：“记住这是我想刻在我墓碑上的话：”

尤金·奥尼尔
关于死亡
有话要说。

尽管卡洛塔不让丈夫看寄给他的信件，也尽力不让他读有可能会给他带来干扰的报纸上的消息，她的努力并不总是成功。他听说查理·卓别林夫人刚刚生了一个孩子，一个女儿，还有他的前妻刚刚发表了一部小说。艾格尼丝多年来努力想成为一名作家，这年秋季她因为《路就在我们面前》（*The Road Is Before Us*）的发表最终获得了一些认可，这部作品讲的是四个各异的人共同乘车去佛罗里达的故事。10月14日，《纽约客》杂志称赞艾格尼丝"具有天赋，值得追随"，发现她的绝大部分主人公"形象非常鲜明，具有技巧、富有同情心、善解人意"。《纽约时报》15日说，该小说"毋庸置疑带来了希望，博尔顿女士踏上了面前充满希望的道路"。

[艾格尼丝的第二本也是最后一本书是《一个很长故事的一部分》（*Part of a Long Story*），是一部关于她和奥尼尔早年生活的回忆录，在奥尼尔去世后出版。尽管有些不足，但该作总体上很优秀，栩栩如生而又令人信服地刻画了他曾经的丈夫的形象，极度敏感地回忆了这位放荡不羁的文化人在格林尼治村和普罗文斯敦的生活。]

卡洛塔勉强同意了奥尼尔的愿望，他们决定离开西海岸，不是在纽约而是在海岛重新定居下来；而这一次，按照卡洛塔的说法，他们将建造"一座有五个房间的房子——不写作——家具从伍尔沃思商店（Woolworth's）购买；我不想弄得太复杂，也不要什么羽毛；我年龄大了；我想得过且过"。她感到她"生活在火山的边上，除非让金……再次从房子里走出来"。她不太乐观地向乔治·博尔预言："如果他发现他不能游泳——他会疯的！我也会！"

鉴于他的情况，奥尼尔1944年12月3日对伊丽莎白·谢普利·萨金特说："因为我们对海岛房子的价值没有在意，对房子小小的不足也没有足够的耐心，我们把海岛的房子卖掉了。我们想改变一下——房子两个人住太大了……所以我们在这里又建了一座。我们再也不会犯那样的错误了！"

说到他的帕金森症，他说："最糟糕的是随之而来的一阵子一阵子的抑郁。上帝知道，我身上已经有了足够的《凯尔特的暮色》（*Celtic Twilight*），相同的东西不需要更多了。这是不同的东西。这不是伤感。这是令人感到精疲力竭的可怕的冷漠。”

由于家门口的战况和内心矛盾的欲望，奥尼尔夫妇犹豫不定，他们每月的计划都在改变。有一段时间，他们打算来年春天回到佐治亚州去，然而1945年春天他们决定在亨廷顿酒店多住些时间，主要原因是这里的方便和提供的服务，尤其是旧金山良好的医疗保健服务。在写给乔治·博尔一封接一封的信中，卡洛塔展望了未来，说出了他们的需求、缺少的东西以及特殊的要求，目前海岛的情况让他心力交瘁。五月份欧洲战事结束时，奥尼尔夫妇在海滨度假地弄到了几块地，想十月份的时候搬过来，于是他们在附近租了一所房子，这样卡洛塔可以监督新房的建设过程。

尽管奥尼尔不喜欢住在旅馆，他还是同意了推迟去佐治亚的行程，其中一个原因是他不愿意和简·考德威尔分开。他知道她在和军队里的一个牙医约会（后来嫁给了他），他还是半开玩笑似的、半真半假地向她求了婚。他再次谈到了再生现象，希望他们能像海鸥一样归来，她栖息在木桩或者其他栖木上，他在空中飞翔，给她叼来鱼虾。他幻想着她能陪他到俄国去，他们可以大把大把地花作为版税付给他的卢布。4月3日，她生日时，他送给她一个翡翠柄的镜子，还有一张纸条，开始的几句是“我一定要提醒你，这是一个被施了魔法的灵异的镜子，无论什么时候你往镜子里面看，你会发现镜子神秘的深处在盯着你回看——我们可以说，它带着与镜子中可爱的影像相一致的情感”。

七月，奥尼尔夫妇决定在西海岸再住上一个冬天，1946年春天再回海岛去。不清楚是不是主要因为奥尼尔身体的缘故，他们改变了计划，按照卡洛塔对乔治·博尔的说法；或者是因为战时佐治亚旅游胜地的缺乏，他曾这样对索弗斯·温特说；或者是因为想掩盖他对简·考德威尔的感情，提出了反对意见。

丈夫的绝大部分私人信件是由卡洛塔处理的。考德威尔认为，在给朋友们回信时，卡洛塔常常“夸大他的病情”。简回忆说：“除了帕金森，在我给他工作的绝大部分时间里，他不是真的病了。几乎每天午饭前，他总是播放几张唱片，我们一起跳舞——邦尼-哈格舞、火鸡舞，偶尔也跳探戈。他喜欢跳快舞，然而他却不太擅长。”

奥尼尔夫妇身体都不好——卡洛塔这年也时不时生病——剧作家几乎不能工作，他们都紧张不安，不知怎的就冒犯了对方。简·考德威尔说：“当她对他发火的时候，金告诉我他的震颤症会加重。有时候，她会出于恶意，故意把汤盛在碗里而不是咖啡杯里端给他，配上汤勺，这样他更容易端。”

凯伊·阿尔贝特妮的家教严厉，觉得考德威尔小姐和奥尼尔之间的关系如果说不是不得体的话，也太过于友好了；她来或者离开的时候，两个人总是唇吻，当简和他在一起时，奥尼尔房间的门总是关着的。考虑到卡洛塔妒忌的性格和对其他女性尤其是比她年轻的女性的敌意，她对简的容忍令人感到吃惊；显然，她一直认为尤金对他的感情只是长辈对晚辈的爱和柏拉图式的爱。可是最后，简在这里工作整整一年之后，卡洛塔叫停了他们之间过分的爱的表达。

1945年8月，简和母亲在帕萨迪纳市度了十天假，并在当地的帕萨迪纳剧场看了《悲悼三部曲》。虽然现在卡洛塔开始了怀疑，她还是几次打电话给简，让她早点返回，因为金让她的生活变得“一团糟”。她想让简尽可能快地回来，好使奥尼尔继续工作。这个月晚些时候，奥尼尔夫妇摊牌了，他承认喜欢这个姑娘，他说她使他的生活“得以提升”，但他不想离婚或分手。卡洛塔立刻哭闹起来，对他又掐又拧。她用最苛刻的言辞咒骂他（“一个令人作呕、肮脏的衰老头子”是她的口头禅），还旁敲侧击地把简责备了一番，他拿她和那个女按摩师的事情作为反击。第二天，卡洛塔仍然心情激动，对凯伊·阿尔贝特妮说，她原想割腕自杀，但不想给凯伊弄得“一团糟”。

简继续开始工作之后，接下来几周公寓里的气氛是斯特林堡式的。卡洛塔不能够向默特尔·考德威尔倾诉，在电话中把心里话都告诉了纽约的一位朋友。在奥尼尔这一边，他并没有良心上感到震撼或者幡然悔悟，在默特尔最后几次的一次来访中，他对她说，卡洛塔“喜欢当尤金·奥尼尔夫人，她喜欢这个称呼，但是如果一个百万富翁过来向她示爱，她会立刻抛弃我”。

关于他对简的感情，他说："我不想这事发生，但它发生了。"

快到九月底的时候，情况恶化了。27日，夫妇俩有了争执，卡洛塔指挥着阿尔贝特妮夫人帮她打点行李；她想立刻动身去纽约，奥尼尔坚持让她留下来。凯伊出去的时候，他俩还在争吵。第二天一早，卡洛塔见到她说的第一句话就是："让他离我远远的。我要杀了他！"29日，阿尔贝特妮夫人出现的时候，卡洛塔含着泪说，头天晚上"他用枪威胁要杀死我，我拿了一把屠宰刀"。根据她的说法，在接下来的争吵中，他开始掐她的喉咙，她则用指甲掐他的手，接着他放开了她，一拳打在了她的下巴上，"把她打昏了"。她的下巴还稍有红肿，他的右手亦是如此，这说明她的故事不虚。

大概第二天，卡洛塔说要吃致命剂量的镇静剂，于是凯伊就给奥尼尔夫妇的医生打电话报告了情况，并说出了自己的担心（"公寓里有一把上了子弹的枪"），还有一次，奥尼尔收拾行李要离开。最后，这对闹矛盾的夫妻停战了（尽管他发誓说"她要为此付出代价"）。十月初，他向简说了再见，他和卡洛塔准备尽快搬到纽约去；他们不想住在海岛，彼此间还互不理睬。

奥尼尔对简·考德威尔的感情达到多认真的地步呢？和他纷乱思想中的主人公比较起来，也许不太认真，虽然事情的反响非常严重。奥尼尔由于不能工作而显得心烦不安、情绪低落，同时又被这位姑娘讨人喜欢的美丽和魅力所打动，在感情上沉浸在重回青春的中年狂欢之中。（他告诉简，他让他想起了比阿特丽斯·阿希，三十年前他在新伦敦深爱着的人。）因为他现在无法把他的感情、幻想和冒犯写在纸上，他好像开始把自己的生活戏剧化了，创造挑拨性的环境，自己扮演其中的主要演员，同时当小戏进行的时候，他身上的一部分在旁边观察。

几年前，在谈到现代戏剧时，奥尼尔说他想写一部《死亡之舞》。斯特林堡在他的剧本中讲了一对陷入既爱又恨的婚姻大网无法自拔的夫妇间辛酸的故事。奥尼尔在他的几个剧本中也试图这样做，和他的这位瑞典导师相媲美，但是都失败了。如今好像是如果他不能写《死亡之舞》，他的一部分就尽力把这个故事演出来。他是一个怀有内疚感情的人，他从对自己的鞭挞和折磨中获得了一些满足。奥尼尔给简和她母亲的印象是，奥尼尔想和她开始一段新的生活，其实并非如此，没有证据表明奥尼尔曾严肃认真地考虑过要离开卡洛塔，他长久以来非常了解她，她也会保护奥尼尔受到除她以外任何人的伤害。折磨和被折磨；对于他的性格来说，卡洛塔是一位理想的伴侣。

像绝大部分女孩子一样，简也因为引起了一位大人物的好感而受宠若惊，但同时证据表明，她不是一个卖弄风情的女人；她和一位同龄人订了婚，她从来没有给奥尼尔理由让他认为她对他的爱具有浪漫的性质。对奥尼尔来说，从所有方面，他们之间的感情是一桩安全的罗曼司：这位姑娘从来没有想过要把他从他妻子身边夺走，他知道他的妻子会一直陪伴他到死。

与日本的战争现在虽然结束了，火车票仍然一票难求。卡洛塔设法通过一位铁路官员朋友订到了他第57个生日后的第二天，即10月17日的火车票。在奥尼尔夫妇动身前，辛西亚·斯特拉姆接到了口信说她的继父想和她一起吃一顿告别的午餐。

她回忆说："我到达的时候，根本没见卡洛塔的人影。金告诉我她出去了，然而在某一时刻隔壁的电话铃响了，有人——我猜是我母亲——接了电话。我此行，他对我非常好，我为他感到尴尬。我感觉得到，他认为卡洛塔这样对我不公平，她总是这样对我，他想让我知道他是同情我的。他那一天的震颤症非常厉害，我临走时说，'请替我向妈妈说声再见'。我有可能感觉不太好，用挖苦的口吻接着说，'我很抱歉，她有重要的事情出去了，不能在家见我'，他眨了眨眼睛。"

奥尼尔在纽约的朋友再次见到他时感到很吃惊——他现在显得很孱弱，看上去要比实际年龄大许多。尽管奥尼尔不喜欢城市，被喜欢他的人包围着他还是让他感到活力焕发，他很喜欢这种回家的感觉。像卡洛塔一样，他们觉得在加利福尼亚遭受了"魔咒"，在写给住在洛杉矶的罗伯特·西斯克的信中，他将东部称为"上帝的国度"！他说："你会发现这里的气候对身体非常好，阳光非常充足，橘子树长势喜人，中央公园里的枣树结果也更多，百老汇的一盏灯就会使威尔希尔大街（Wilshire Boulevard）看起来像一个阴郁的死胡同”！他提到百老汇有好感这一点表明，再次和剧场建立了联系，他也感到很振奋。在一次修订演出计划时，他和同仁剧院决定把《送冰的人来了》放在《月照不幸人》前面演，并立刻行动起来，制订了第二年秋天的长期演出计划。

因为住房紧张，他和卡洛塔在位于东48街的一个双人间公寓住了下来，多年来他们第一次不得不同住一个房间；他们之间的关系紧张、不稳，抵消了他再次开始的职业生涯所带来的快乐。萨克斯·康明斯在他们回来后不久与他们一道吃了饭，他发觉剧作家明显神经紧张，卡洛塔表情严峻。饭后，奥尼尔告诉萨克斯说，他的那个组剧的材料——《诗人的气质》《更加庄严的大厦》、系列剧其余部分的提纲和记录——都不见了；几天前，当东西被用大箱子装着从西海岸运来的时候，他称检查过一遍，今天早些时候他寻找了，但都没找到。在丈夫不高兴地讲述这件事时，卡洛塔插话说他的记忆力越来越不行了，他肯定是把手稿放错了地方。在萨克斯的鼓励和帮助下，尤金继续有条不紊地把整个公寓的每一寸空间、每一个书架和抽屉都找了一个遍——所有的抽屉，也就是说，除了装着卡洛塔内衣的那些抽屉。在她的坚持下，两个男人虽然感到尴尬，还是把所有的衣服都拿了出来，同时卡洛塔在一旁冷嘲热讽。可是仍然找不到那些材料。

几天后，奥尼尔告诉萨克斯·康明斯忘记找不到手稿的事情，再也不要对任何人提及此事，因为手稿已经找到了。他说卡洛塔把这些东西从公寓拿走了，暂放到了其他什么地方，目的是为了一个他不知道的原因而惩罚一下他（他从没有跟萨克斯·康明斯提起过简·考德威尔的事情）。他说：“只有斯特林堡”能体会到他的感觉，能揣摩到他妻子残酷恶作剧背后的想法。

组剧材料那段可怕的经历使他确信《进入黑夜的漫长旅程》安然无恙。1945年11月29日，他将该剧的一份副本送给了贝内特·瑟夫和供职于兰登书屋的萨克斯，奥尼尔不允许贝内特·瑟夫阅读该剧。按照剧作家的要求，装着剧本的信封被封口蜡封上了，然后就被存放在了出版商绝密的地下室中。最后，奥尼尔口述并签署了一份文件，瑟夫也签了名，文件是这样开始的:“今天，我将我写的题为《进入黑夜的漫长旅程》原稿的副本封存你处，我去世25年后方可打开。”想到他的家人，还有他自己的故事被搬上舞台，他退缩了；他说,《进入黑夜的漫长旅程》将来可以出版，但不要演出。

经过几年隐居式的生活，奥尼尔的身体情况下降，多病，没活力，还心脏痛，他渴望放松和社交。他欢迎老朋友，结交新朋友，重新获得了同仁剧院总部对他的关注，在这里他被尊为远方来的贵客。他常由乔治·吉恩·内森、同仁剧院的新闻发言人或者他的律师，曾当过哈里·温伯格助理的温菲尔德（“比尔”）·阿隆博格［Winfield（“Bill”）Aronberg］陪同，去看足球赛、职业拳击赛、冰球赛，当然了还有为期六天的自行车赛。像剧作家一样，阿隆博格喜欢爵士乐，两人一起在（第五和第六大道之间的）52街度过了很多晚上，这条街因为有很多比利·哈乐黛（Billie Holladay）和阿特·塔图姆（Art Tatum）、柯曼·霍金斯（Coleman Hawkins）、“热唇”佩奇（“Hot Lips” Page）以及其他一些伟大的表演者的狂热粉丝而闻名。根据钢琴家玛丽安·麦克帕特兰（Marian McPartland）的说法:“在52街，你可以走遍爵士乐的历史。几个小时内，一边品着酒，你就可以在音乐的王国从新奥尔良一路走到哈莱姆和波普爵士乐。”

阿隆博格说:“金是我认识的最懂礼貌的人。在52街的那些肮脏不堪的三流娱乐酒吧，他会对那些哪怕提供最少的服务的侍者表示感谢，给小费非常慷慨。一个很好的人。”

律师和卡洛塔之间的关系不像大家所期望的那样礼貌和平静。她总是不喜欢哈里·温伯格（她常对和她关系好的人说他是她丈夫的“犹太律师”），对他的继任者也已经预先有了偏见，而阿隆博格也因为温伯格告诉他的事情，没有加以核实，就对卡洛塔心生了敌意。阿隆博格是一个容易激动、热情的人，他用随便、幽默的风格掩藏了本来的性格，关于卡洛塔他这样说:“她常常在前台，总是一副贵妇人的派头，但同时她也喜欢哭穷。她曾对我说，‘你知道我们今天晚上吃什么吗？牛肉腰子派。穷人买牛排吃，而我们由于要交税和赡养费，我们买不起牛排。’她多么虚伪啊！她喜欢腰子派，如果她和红酒、沙司一起吃，这顿饭肯定要12美元以上了。”

如今卡洛塔和小尤金之间的关系也变得冷淡了，卡洛塔觉得他已经“一团糟”，不喜欢他渐渐隆起的肚子、范戴克式的小胡子，尤其是他左倾的政治观点。1939年德国和苏联签订互不侵犯条约前，有不长一段时间，他还曾是一名共产党员，但是据他的朋友弗兰克·迈耶说，他非常“迷茫和无政府主义”。这两个朋友常常争吵不断，因为曾任过共产党重要公职的迈耶变得右倾了，最后做了小威廉·巴克利（William F. Buckley Jr.）的助理。

卡洛塔认为罗斯福激进，在她怀疑心思最重的时候，觉得他在走斯大林的路线，想成为一个独裁者，基于这一事实可以猜出卡洛塔的政治观点。当小尤金第一次出现在巴克莱洲际酒店（the Barclay）时，他向卡洛塔问候道：“哎呦，像你这样的一位托利党党员对于邀请一位共产党员共进午餐有何感想啊？”回忆起这件事时，她抱怨说“金只是坐在那里，一句话都不说；他的孩子可以和我讲任何话，他根本不加干涉”。

小尤金在耶鲁读书时是一个好学生，成为耶鲁的教员后成绩斐然；几年后，如今35岁的小尤金一直在走下坡路。他三次结婚、离婚，战争结束后他仍旧焦躁不安，没有回到耶鲁。他有一副出色的、洪亮的嗓子，他认为这得益于祖父的遗传；他身材魁梧——超过六英尺高，宽肩膀，就是没有范戴克式的小胡子长相也非常英俊——他本希望如果不在戏剧界工作的话，就在电台或者电视台谋个差事，在完成工厂的工作任务后，他有一段时间在哈佛大学做了电台的播音员，然而时间不长，之后就被吸引到了父亲过去常去的地方——格林尼治村。他目前在这里和一位轮廓分明的金发女郎生活在一起，她是一位艺术经纪人，名字叫露丝·兰德（Ruth Lander）。小尤金喜欢酗酒，经常在这里碰到沙恩。在接下来的几年中，直到他突然去世前，他是靠定期教书、演讲和在电子媒体揽活谋生。一次在他教授的社会研究的新学校的课堂上，他发表了一通弗洛伊德式的观点：“当我在写《悲悼三部曲》的时候……”

查尔斯·T. 哈勒尔（Charles T. Harrell）是美国广播公司（ABC，

American Broadcasting Company）的主管，也是奥尼尔戏剧的粉丝，意欲在小尤金的事业上助他一臂之力。在面试以后，他发现小尤金“几乎没有‘演员’的天赋，对于绝大部分电台稿件的句子都说得索然乏味，他缺少对自己声音的控制，读不出其中细微的差别；但他讲故事的能力很强；在对着麦克风时，他听起来和奥森·威尔斯（Orson Welles）毫无二致，而威尔斯是极高天赋的代表，不是丑陋的滑稽演员；我觉得奥尼尔有了经验，经过训练，完全可以赶上那些合格的故事表演家”。虽然哈勒尔首次雇用他的时候，这位新手“表现尽管不是卓尔不凡，但还令人满意”，可是，“其他几次，他在技巧方面都没有提高”。

一些认识他的人都觉得他很欣赏自己的名字，并且也乐于尽可能地利用它，哈勒尔和他喝过几次酒，他的印象正好相反。这位媒体人说：“他极不乐意谈论他的父亲，直到有一天他喝多了才提及。我记不清他的原话了，他说他受到了他父亲名字的诅咒。他知道这个名字是他进入戏剧圈的许可证，然而他对此却感到矛盾。他说，鉴于他父亲缺少对自己孩子惯常的人类情感，在使用父亲的名字时他常常私下咒骂自己。他这样说可能是因为他对父亲的爱遭受挫折所致。”

沙恩不知道奥尼尔和卡洛塔搬回东部去住的事情，直到有一天他同父异母的哥哥顺便过来告诉他父亲想见见他时他才得知此事。如今沙恩已经结婚，并且很快就要做父亲了，这位26岁的男孩（其实，他一生的绝大部分时间都是一个男孩），如果有什么不同的话，就是他对自己更加不自信了。他曾经的女友玛格丽特·斯塔克回忆说，他“从来不是坐在椅子里，而是坐在椅子上。让你常常觉得他有可能随时都会跑掉或者消失不见”。

1943年晚些时候，他几次出海，期间他目睹了船只被水雷击中，船体在水中大火熊熊，此后他便处于神经极度紧张的状态，玛格丽特劝他不要出海了。在一家联邦海员医院里接受了一段时间的治疗后，他变换了几次工作，但都不适合；他绝大部分时间都处于失业状态。斯塔克小姐是一个聪明、迷人的姑娘，也是一位有天赋的画家，深深地爱着沙恩，尽力去帮助他，可是他还是自甘堕落。下班回来时，他总是烂醉如泥，还有两次她发现煤气开着，他已经丧失了意识。在他第一次企图自杀后，她和其他的朋友都劝他去接受精神治疗。有一段时间，他老老实实地去了，接下来去的时间比约定的越来越晚，到最后干脆不去了。

沙恩常去的格林尼治村比当初他父亲所知道的那个格林尼治村更加狂热；在艺术方面进取精神降低了，浮躁、无用、不满和无论多少酒精都没办法减少的逃避感增加了。很多年轻人，包括沙恩在内，都喜欢"茶棍儿"（大麻香烟）。他回忆说，"我开始抽这种烟，因为其他每个人仿佛都在抽；我不想跟别人不一样"。他的朋友马克・布兰德尔也同样沉醉其中，他说："抽这东西只会让你不自然。问题是，我们中的绝大部分后来都不再抽了，而沙恩却不然。"

由于沙恩寡言少语，不圆滑，很容易被人利用，有些人觉得他不太聪明；但实际上他有很好的记忆力和潜质；由于缺乏自信，他的潜质没有得以实现。斯塔克小姐觉得他"太好了，以至于太容易对付"。她说："他讨厌不信任和不理解他的人。由此，他有点像米希金王子（Prince Myshkin），陀思妥耶夫斯基笔下的那个'白痴'。他太幼稚了。"

马克・布兰德尔也有相似的看法，他觉得沙恩"拥有非同一般的善良和温柔的品质——某种德行——很难找到一个确切的说法，我觉得这是一种庄重感……这很少见……当然了，很快便弄砸了……那么，他很多本来可以有助于他生存下去的努力也都在怀旧的情愫中——对父亲和伯父充满浪漫色彩的羡慕，演员不成功，酒瘾倒不小——浪费掉了；'他真是一个了不起的人；'关于他的伯父，沙恩曾这样告诉我；他一定对他有强烈的认同感"。

沙恩和斯塔克好几年来差一点就要结婚了，最终还是分了手。很久之后，追忆过去，她说，"我被奥尼尔一家弄得头晕目眩，我有一种死后余生的感觉，这让我最终没有被拖进业已建立的悲剧环境的旋涡"。

沙恩多次尝试着想回复到从前的状态，他在格林尼治村的一家工作坊找了一份工作，为橱窗的展示商品做装饰，他的手非常灵巧；他尤其擅长用稻草做动物和用纸做造型。在和玛格丽特·斯塔克分手后，他开始与凯瑟琳·吉文斯（Catherine Givens）交往，一位金发姑娘，瘦削而美丽，脸上隐隐带有轻蔑的表情，沙恩是在老殖民酒吧认识她的。凯茜来自康涅狄格的一个富有家庭，从小在物质丰盈的环境中长大——上过寄宿学校，等等——但她父母之间的关系不太和谐，他们和孩子们之间的关系也不太好。凯茜不喜欢父辈的那种生活，就在格林尼治村住了下来，在百货商店找了一份职业养活自己。和沙恩一样，她没有什么抱负，对传统也漠不关心；同时，她非常爱沙恩，并不满足于仅仅和他睡觉，她觉得婚姻才会给她带来安全感。1944年他们结婚时，她20岁，沙恩比她大四岁。

1945年秋，凯茜怀孕的最后几周，沙恩接到了小尤金的消息，他就一个人去了巴克莱洲际酒店见了父亲，这是他们五年来第一次重逢。在后来一次简单的叙述中，他告诉凯茜，他父亲，尤其是卡洛塔非常亲切地向他询问她的情况，非常想见她。

11月19日，她生了一个男孩，按照他鼎鼎大名的祖父起了一个名字。几天后，卡洛塔带着礼物去医院探视，解释说奥尼尔没有陪她一起来是担心碰见艾格尼丝，她还特别嘱咐说，在他在场时凯茜可千万别提他前妻的名字，因为他会感到不安。凯茜回到国王大街49号的家中以后，卡洛塔又来看了她，还带来了婴儿的全套服装，并说，奥尼尔当天身体不舒服。在凯茜看来，她的这位客人“显然对我们没有热水的公寓和简陋的家具陈设感到不舒服”。在交谈期间，卡洛塔说，“年轻夫妇能够自食其力很重要”，对沙恩有了工作感到很满意——现在，他是在一家工厂上班。她答应很快请他们一家子过去吃饭，并再次提醒凯茜不要对奥尼尔提起艾格尼丝的名字。

奥尼尔见到她的第一句话就是：“天呐，你看起来非常像艾格尼丝！”他没有吻他的儿媳，而是友好地微笑着，她很快便放松了下来。她“在某种程度上，想见见这位她曾读到的老水手和酒吧里的常客”，然而却发现他是“一位非常优雅的男人，衣着非常得体，身上有一股旧世界的气息；非常英武，态度也非常好”。巴克莱洲际酒店的那天晚上过得很愉快。凯茜在回答被问的问题时说，叶芝和埃德娜·圣文森特（Edna St. Vincent）是她最喜欢的诗人，奥尼尔赞许地点了点头。吃饭时他们的话题又转到了爵士乐上，奥尼尔的兴致更高了。卡洛塔说爵士乐是“野蛮人”的音乐，使会话的气氛暂时受到了影响。凯茜认为，卡洛塔的意思是说爵士乐是“‘黑人的音乐，他们凭本能而做’；她不认为爵士乐是真正的艺术”。

尤金·格拉德斯通·奥尼尔第三（Eugene Gladstone O'Neill, III）只存活了很短一段时间，他的祖父还没有来得及看他。1946年2月10日，凯茜发现孩子摸起来冰凉，就匆匆带着他到了住在附近的一个姊妹那里，然后又到了圣文森特医院；孩子送到医院后便被宣告死亡了。经过验尸，孩子死亡的可能原因被确定为“床单造成的姿势性窒息；事故”。

［几十年后，医学科学开始认真研究婴儿猝死综合征（Sudden Infant Death Syndrome），年龄在一周到一岁之间的婴儿的最大杀手。援引1972年一家通信社的消息：“在美国婴儿猝死综合征年发生率至少一万次：一个活泼，明显健康的孩子——通常2—3个月大——换了尿布、打了饱嗝、被哄睡了。早晨却死掉了……而且没有人知道原因。

“婴儿这种死亡对父母的打击极大，直达精神的最深处。他们觉得自己做错了事情……到目前为止，只有一个最有说服力的解释，那就是细菌是罪魁祸首……婴儿猝死综合征冬天比夏天发生率要高……防止婴儿猝死综合征还没有好方法。因此现在的努力放在了减轻失子父母的心理压力，消除他们的负罪感和自责，让他们明白不是他们的错误……所以，情况要比19世纪好一些，当时绝大多数医生都认为是粗心的母亲床上用品使用不当造成了孩子的窒息。”］

凯茜和沙恩对孩子的死亡感到内疚，情况很糟糕。当时艾格尼丝住在洛杉矶，因为乌娜的第二个孩子就要生产了，艾格尼丝打电话安慰他们，建议他们换个环境，即到斯皮特海德去。她通过比尔·阿隆博格获得了预付的赡养费，并转交给了这对年轻的夫妇，让他们去百慕大看看。在他们登船的头一天晚上，奥尼尔请他们吃了饭，但是卡洛塔没有参加，因为她母亲几天前刚刚在西海岸去世，她的心情不好。很可能是不管什么场合，卡洛塔都不想见到他们俩，因为听说了孩子的死讯后，卡洛塔指责他们是“野蛮人”，不成熟，无能，没有权利生养孩子。奥尼尔对和他同名的这个孩子的遭遇感到十分不安——他认为这件事具有重要的象征意义——但他暂时控制住了自己，没有找茬。

妻子不在场，奥尼尔对凯茜更自然、更随和一些。她立刻对公公产生了好感（她觉得他“像沙恩一样害羞、亲切”），绝大部分时间她坐在后面默不作声，听着两个男人一起回忆百慕大的时光。她回忆说：“金提到了他非常喜欢斯皮特海德，还有他和沙恩去那里的次数”。双方整个晚上心情都很好，然而这是沙恩和妻子最后一次见到奥尼尔。

这对年轻的夫妇在百慕大停留期间，身上的钱用完了，于是他们逐渐变卖完了斯皮特海德的所有东西——家具、亚麻制品、几桶盘子，包括本属于埃拉和詹姆斯·奥尼尔的一些上等的瓷器——他们甚至卖掉了淋浴间天花板上的热水器。没有人知道百慕大是否有人告诉奥尼尔他们把斯皮特海德卖得精光，或者是卡洛塔挑剔的态度最终影响到了他，但是不管原因如何，他对儿子和儿媳的态度很平静。

1946年，他们回到纽约后不久，沙恩患上了流感；由于他们身无分文，凯茜给公公打了电话。卡洛塔接了电话，说她丈夫不想见他们，就把电话挂断了，但是凯茜继续不断把电话打过来，直到后来奥尼尔接了电话。听说儿子病了，他说他会让律师处理这件事情。当阿隆博格带着医生到达夫妇二人在格林尼治村所住的旅馆时，沙恩因为饥饿，同时感到身体稍微好一些了，就和凯茜外出吃饭去了；但是他们把一位叫西摩的朋友留下了，他一直在喝酒，想小睡一会儿。由于阿隆博格以前从没有见过沙恩，他和医生都认为眼前这位病人就是沙恩。医生在检查后给病人打了一针，西摩终于明白了事情的真相。这位律师回忆说：“他大笑起来，说‘我不是沙恩——他出去了’。”

阿隆博格也觉得这件事好笑，但显然奥尼尔却感觉到，他被一个无可救药、不负责任的儿子给骗了。他经常会努力打听这个孩子的近况；他也会默默地帮他一两次；但他再不想和他有直接的接触。和常常感慨“上帝让我从孩子们身边走开了！”的詹姆斯·奥尼尔比较起来，他不太宽容。

# 第二十七章　重返百老汇

1946年圣帕特里克节，剧作家和他早年的拥护者之一巴雷特·克拉克重逢了。当克拉克问他“为什么一个把自己叫奥尼尔的人”此刻不在第五大道上派头十足地行走呢？他的老朋友只是微笑了一下。这位戏剧历史学家已经有十年没有见到奥尼尔了，第一眼看到奥尼尔的模样时，他感到痛苦（身材瘦削、人小了一圈，让人不好受……看起来像一个本应该住院的病人）；但当剧作家变得活力四射的时候，卡拉克发现“我记忆中的那个奥尼尔又坐在我的面前了；他说话……带着善意的幽默和亲切；他对周围世界的兴趣比以往更深、更广了……他仿佛不再反对自己成为现实剧场的一部分……我觉得，我能从他对为他的新作物色演员和参加排练的展望中发现他对此有些兴致和激动”。

在把《送冰的人来了》的剧本借给克拉克时，奥尼尔说：“只有身体的暴力，只有大场面，都不重要。你会发现《送冰的人来了》是一个简单的剧本：一个地点；毫无疑问我严格遵守了三一律，人物刻画，没有传统意义上的情节；我不需要情节；人物就足够了。”

与同仁剧院的铜管乐手以及埃迪·道林（Eddie Dowling）一起，奥尼尔如今参与到了为《送冰的人来了》寻找演员的工作中，计划让埃迪·道林做该剧的导演并扮演希基，剧本将在九月开始排练。几年前，主要因为埃迪·道林在威廉·萨洛扬的《你这一辈子》（*The Time of Your Life*）中的人物塑造，乔治·吉恩·内森推荐他出演希基这一角色。《你这一辈子》也是一个发生在酒馆中的故事，奥尼尔在道舍和他进行了长时间的交谈后同意他出演该角色。除了帮助确定演员和对剧本进行进一步的修订外，剧作家还与他的老朋友罗伯特·埃德蒙·琼斯进行了会谈，由琼斯负责舞台布景和服装。

琼斯是个理想主义者，从元旦开始就已经在为奥尼尔的这个戏工作了。他把全身心都投入到了这个剧本上，从麦克索利酒吧（McSorley’s）开始，他寻遍了曼哈顿的老酒吧，从南码头（South Ferry）一路找到哈莱姆。他说：“为奥尼尔的剧本当好设计有很多事情要做，当然了，我了解这个人，我们间的友谊，还有记忆。否则，很难解释为什么我每天会花12小时去修改服装，寻找1912年款的女性内衣，在下三滥的酒吧游荡，搞到在酒吧看起来很合适的那种类型的小酒桶，选择不让苍蝇落在镜子上的蚊帐，去海边的经济餐馆寻找肮脏的花格子桌布，搜遍旧货商店寻找直背的铁椅，开车去偏僻的地方搜罗投币式爱迪生电话机，寻找约翰·沙利文和迪克·克罗克（Dick Croker，他曾是坦慕尼协会的负责人）的照片集。”

“金非常清楚他需要什么东西。他的描述很具体。设计所要做的就是追随着他。他曾因道具和服装的颜色对我表扬过一番（在《送冰的人来了》开始演出之后不久的一次采访中），但那都是金的主意。他非常清楚脏兮兮的白色是最好的背景……根本不需要涂画，他是个真正的艺术家。他的创造性也体现在视觉领域。”

“金有强大的生活意识。一个给人带来很高压力的人。他只需在场就会影响到他人，于是各种各样的说法便围绕他出现了。他最伟大的德行是他的创作贴近生活的脉搏。公众把他看作一个神秘主义者、愤世嫉俗的人、梦想家、预言家和一个阴郁、沉思的人。事实上，他影响的根源在于他对戏剧令人震惊的本能。总之，他是那位伟大的演员詹姆斯·奥尼尔地地道道的儿子。”

奥尼尔回到纽约后新结交的朋友中，没有哪一个能像谢莉·温加滕（Sherlee Weingarten）对他的反应更加敏感了。她是同仁剧院的制作助理，头脑灵活，皮肤浅黑，长着一双漂亮的蓝眼睛，被同仁剧院选派每天下午做奥尼尔的秘书。谢莉第一次见到他的时候，他和卡洛塔正在剧院总部门口等出租车。她回忆说：“我当时不知道他们是谁，但是从侧像看，他们是两个非同一般的人。他们身上确凿无疑有与众不同的地方。他们很惹人注目。”

想到要为奥尼尔工作了，谢莉感到“恐惧”，因为对于她来说他“就像一个传说”，他存在于“学校的课本里”。同仁剧院给剧作家提供了一个不大的办公室，谢莉第一次来上班的时候，奥尼尔站了起来。她说：“请不要这样，办公室里不必这样。”后来，她给他端来了一杯茶，但很快就后悔不迭，因为他双手颤抖得很厉害，茶水被泼洒得到处都是。谢莉感到痛苦而尴尬，望着墙、天花板、然后是窗外，最后实在不知所措的她说道：“也许茶太热了（当时天很冷。——作者按）。喝杯可口可乐怎么样？”他同意之后，谢莉外套也没有穿，跑到附近的一家小商店，买了一杯软饮料回来了，他用吸管很容易就喝了。

奥尼尔被她的关心和机智感动，向卡洛塔对她表扬了一番，卡洛塔第一次见到这位同仁剧院的新雇员时对她印象颇佳。尽管卡洛塔提防着简·考德威尔的插曲再次发生，她认为谢莉是值得信赖的。在卡洛塔的提议下，奥尼尔和谢莉很快便彼此直呼其名，但是尽管她和剧作家之间的感情友好，她还是称呼他为“奥尼尔先生”，提到他时亦是如此。

很快，她就成了奥尼尔夫妇家宴上的常客，谢莉发现亲密接触奥尼尔使她对他们很快有了第一印象。她说：“他们俩都有让事情显得与众不同、更加有趣、更加可爱的天赋。绝大部分有这种天赋的人都融入生活之中，融入他们信任的人和事，而奥尼尔和卡洛塔却不然，但是他们确有这种天赋。如果卡洛塔给你一杯雪莉酒和一个饼干，它们就具有特殊的意义，因为是她给你的。草显得更绿，天空更蓝，一切显得更有趣，因为你看到了这些，了解这些，在某种程度上，这些东西融入了他们的生活。”

一开始，卡洛塔并不想在佐治亚重新定居，但是她和奥尼尔在巴克莱洲际酒店住的时间越长，他们的这个想法就越具有吸引力。1946年春，在写给一位住在海岛的熟人的信中，卡洛塔说，她丈夫“讨厌城市，他们住在两个房间里，痛苦极了”！他们没有回南方，而是选了一个卡洛塔喜欢的地点；他们搬进了位于东84街35号一座有六个房间的顶层公寓，该公寓因为剧作家爱德华·谢尔登的身故而空闲了。卡洛塔劝他明智一些，最好待在医疗服务好的地方，尤金最后同意海岛对他们来说不再是一个合适的地方。

在当时的情况下，他感到如果他不得不住在纽约的话，这正好预示着他会接手谢尔登的公寓。谢尔登的生活因为患病而变得阴暗。其实，谢尔登的命运远比奥尼尔的悲惨得多，但他已经超越了命运。他人生的最后20年，双目失明，不能行动，几乎一直感到疼痛；卧床不起后，他获得了精神的宁静，也更加感恩生活，这让一波一波的探访者感到很高兴；在某种程度上，很多人都把他当作世俗的圣人。奥尼尔夫妇回到纽约后不久，卡洛塔和朋友们一道去看了这位行动不能自理的名人，回来时充满了敬畏之情。尽管奥尼尔本人没有探访他，还是被卡洛塔的叙述感动了；他过去曾看不起谢尔登的作品，而如今他称他“不愧于他的时代”。

卡洛塔完成再装饰后，这座顶层的公寓显出亮丽的颜色——墙壁上的颜色有深紫、品蓝和中国红——还颇有品味地挂上了他们在旅途中收集的物品。在剧作家卧室兼书房的墙壁上挂着老式帆船的绘画和描绘鼎盛时期晚高峰时段百老汇的油画作品。他指着这些艺术品对一位客人说，“这里有美国衰落的全部历史，从美国制造的最美的东西，帆船，到世界上最俗丽的大街，应有尽有”。

奥尼尔夫妇在巴克莱洲际酒店居住的七个月内，居住空间的狭小带来的压力造成了他们的不和，他们搬到顶层公寓住下来后，仍常常提起他们过去的恩恩怨怨，但主要是卡洛塔这一方。这年七月，在他们结婚纪念日的寄语中，奥尼尔这样写道："我心中仍深怀1929年巴黎的那一天对你同样的爱情！"

"公正地说，除了我们自己，正像每个人都知道的那样，我们的婚姻一直是我们所知道的最成功幸福的婚姻——直到最近这些年。"

"寄言于此，希望有个新的开始！"

《悲悼三部曲》这年最终被卖给了电影公司，主要是通过达德利·尼克尔斯的努力，他受雷电华电影公司的委派购买了该剧，并依照电影脚本执导该剧。尼克尔斯几次和奥尼尔进行磋商，应奥尼尔的要求，他一起带来了凯蒂娜·派克西诺（Katina Paxinou），希腊最有名的女演员，她被分派了克莉斯丁·孟南的角色。她回忆说："我在颤抖，对于见他，非常紧张。奥尼尔吻了我的手，尽管他反对，我还是吻了他的手。他的衣着像一个法国绅士——条纹裤子、黑色夹克、黑色领带——最引人注目的是他那双燃烧着热情的黑眼睛。我们八点到达，本应该只待半个小时，因为他身体不适；可是，他一直将我们留到两点以后。他让我用希腊原文背诵一些古老悲剧中的台词，我们还谈论了我在电影中的角色。"［电影第二年发行了，由罗莎琳德·拉塞尔（Rosalind Russell）、派克西诺小姐、迈克尔·雷德格雷夫（Michael Redgrave）和雷蒙德·梅西（Raymond Massey）出演孟南家的四位家人，电影改编得毕恭毕敬，显得平静和缺少创见；雷德格雷夫的表演是唯一值得称道的。］

由于《送冰的人来了》是奥尼尔另一部超长的剧本，演出时间超过四个小时，他和同仁剧院关于剧本长度的问题再次出现了分歧。奥尼尔尽力想从这个四幕剧的剧本中裁剪掉45分钟，但却发现在不损害剧本效果的情况下，他只能裁剪掉不超过15分钟。朗格内尔想说服他多裁剪一些，就让一位助理把剧本核实了几遍，剧本中宣称"白日梦的谎言在于它带来了生命"，等等，发现这个思想在剧中表达了18次之多。朗格内尔指出了这一点，剧作家用平静而强调的语气回答说，“我特意将它重复了18遍！”

奥尼尔把他的观点对肯尼思・麦高文简要说了一下，像同仁剧院的那位领袖一样，麦高文也感到剧本太长了。奥尼尔早前说过他是想写一个剧本：“在剧本结束时，你感到你了解了所有出场的17个男女人物的灵魂——以及那些没有出场的女性人物——仿佛你读过他们每一个人的剧本。我不能压缩太多，如若这样就会削减这些人物中有些人物的很多故事，以至于将他们变成了没有人生阅历的人物了。你会发现，如果我不是塑造了一帮人的完整群像的话……在第一部分——这个地点的氛围，社会底层人的幽默、友谊、人性的温暖和内心深深的满足感——你是不会对这些人物非常感兴趣的，你就会发现接下来剧本的效果会非常让人感到不安。你就不会对他们心生同样的同情和理解，或者被希基对他们所做的事情所触动。”

“很难说清楚我对这个剧本的直觉是什么。也许最好的说法就是《送冰的人来了》是个我想让生活自我揭示的剧本，完全地、深刻地、全面地——这发生在我的生活中，而不是发生在剧场——它是一个可以被演员表演出来的剧本，这一事实对于我来说是次要的、偶然的——甚至是非常不重要的——因此，为了舞台和观众的缘故而牺牲了完整生活的呈现，这对于我来说是一个损失。”

奥尼尔与萨克斯・康明斯合作对剧本的出版稿进行处理，这一版本会收录进演出版本删掉的那些材料，奥尼尔还得到了康明斯妻子的帮助。一天，在外出散步时，奥尼尔和卡洛塔顺便拜访了住在东95街的康明斯夫妇。奥尼尔让多萝西帮他在《送冰的人来了》和《月照不幸人》中分别选择一段音乐。当她从他写的一些歌曲中进行选择的时候，他说：“我希望你不要介意我的破锣嗓。”

奥尼尔居住的那栋楼的电梯门正对着他的公寓，他严格叮嘱看门人要大声报出要见他们的来客的名字。但是，萨克斯和多萝西来的次数非常多了，几天后当多萝西过来给奥尼尔送音乐唱片的时候，看门人没有通报就让她过来了。对于多萝西的突然出现，卡洛塔没有表现出以往的热情，而是问道："你是怎么上来的？谁让你进来的？"多萝西把材料给了她，当时奥尼尔不在家——几乎没有停留就离开了，没有太在意她受到的缺乏礼貌的接待；但是她后来还是想起了卡洛塔给了她一个冷面孔。

在面试了几个月演员后，奥尼尔和同仁剧院决定埃迪·道林应该只担任该剧的导演，让詹姆斯·巴顿（James Barton）出演希基这一角色。詹姆斯·巴顿最早被确定扮演哈里·霍普，现在霍普这一角色交给了优秀的老演员达德利·迪格斯。在同仁剧院的历史上，很少有剧本选定演员时如此煞费心机；同仁剧院非常想重获昔日的成就，对这位诺贝尔奖得主12年后重返剧坛抱有很高的希望。

奥尼尔非常反对在百老汇演出之前进行试演（马克斯韦尔·安德森半途会修改和重写，而我则不这样做），演员权益保障协会又批准该剧进行第五周的排练，还有其他一些特许权。《送冰的人来了》9月3日开始演出。奥尼尔出席了所有下午的磋商会，现在对谢莉·温加滕非常依赖，排练时他常常让她陪在身边。谢莉以前抽烟不多，在奥尼尔身边她变成了一个"烟鬼"，因为奥尼尔很难自己点着香烟。她回忆说："无论什么时候他掏出烟抽，我也跟着抽，所以我给他点上烟，而同时我抽烟也不太惹人注意。"他后来送给她一本《送冰的人来了》的副本，并题上了字："为她从第一份打字的工作起所做的一切而心怀爱和感激——在很多小事上表现出的友善，只有敏感者才能做得来，或者只有敏感者才能欣赏。我有时没有充分领悟到……把你为剧作家点烟视为当然！我心怀内疚。"

尽管随着演出渐渐定型，他好像焕发了精神和活力，但由于他的震颤症，他给人的印象仍然是虚弱。在做笔记的时候，他写字要用左手紧紧握住右手；就像一位演员所回忆的那样，看他颤抖着翻动剧本，感到"痛苦"。他偶尔会坐在舞台上，坐在哈里·霍普酒吧的桌子旁，有时会陷入沉思，仿佛不是在看排练，而是在重温他过去的一段时光。

尽管他内向，他还是在一些演员中激起了对他的爱，尤其是年轻演员，他们很高兴在奥尼尔的剧本中出演角色，非常高兴这位伟大的人物没有大人物的架子，不但容易接近，而且还很有礼貌。温加滕小姐说："和一些剧作家不同，如果不是绝大多数的话，奥尼尔没有瞧不起演员，作为一个群体他不是不喜欢他们——我的意思是说，我个人这样认为。关于他们在他作品中的表现他有何感觉则是另外一回事，但他没有一般剧作家常有的对演员的偏见。他一个非常好的品德是他尊重他遇到的每一个人，对待每一个人都充满尊重。男侍者、女侍者、出租车司机、电梯工，他和他们互动，他看到了他们，他意识到他们是一个一个的人。"

E. G. 马歇尔［出演威利·奥班（Willie Oban）］在他们第一次见面时就感到他"已经认识奥尼尔有一千年了"。汤姆·佩迪（Tom Pedi）（酒吧侍者罗基）说，他"像一些人一样，从来没过去和他交谈过；我想过去，但不知道如何做到，但我觉得他喜欢我；我想，他知道我在那里是一个失败者——同仁剧院想用所有的'红人'——我成就不大；可是奥尼尔总是同情小人物，我觉得他理解"。

奥尼尔背着卡洛塔，害怕让她知道，他对红头发的玛塞拉·马卡姆（Marcela Markham）（科拉，三个妓女中年龄最大的那个）有些好感——他觉得她有"性感的臀部"——喜欢和她开玩笑。当她问他，他是否认识一个叫"科拉"的，他说："认识——但我说不上来有多了解"。一般说来，排练的气氛严肃、沉闷，所有的演员都要保证不向任何人谈起故事的情节。詹姆斯·巴顿在演《烟草路》（*Tobacco Road*）中的吉特·凯斯特（Jeeter Kester）出名前演过轻歌舞剧和音乐剧，他说，"像在教堂一样糟糕"。

起先，埃迪·道林想加进去一些动作和几件"事情"，以便这个显得散漫的剧本更显活力，然后每天下午剧作家都会把导演早上加进去的东西给删得一干二净。剧作家不喜欢和他原作有出入的任何非本质的动作，就是暂时的也不行。同仁剧院的负责人告诉道林严格按照台词排练后——除非剧本特殊标明，不要在舞台上增加东西——演员们觉得，道林被"镇"住了，"就像一个挨了鞭子的孩子"，"再不敢提什么建议了"。道林本人也对剧务说：

“我担心他们（奥尼尔夫妇）下午会过来。”

在奥尼尔这一边，他对剧务完全不满意，认为他受到了内森热情建议的过度影响。他私下抱怨说：“内森可能了解剧本，但他不了解演员和剧务。”

几年后，很多演员将《送冰的人来了》称作他们演过的最令人难受的剧本。约翰·马里奥特（John Marriott）（乔·莫特，黑人赌徒）说：“主要的麻烦事是你不能有片刻的放松，你必须一直待在人物里，虽然只是长时间地坐在那里没有一句台词。这是真正的折磨。排练也是这样。一次，一个演员刚一开始玩纵横字谜游戏，他马上就接到了一个条子，让他把全部注意力放到正事上。”

有些演员发现这个剧本已以令人不安的方式渗入了他们的私人生活。按照剧中一个演员乔·马尔（Joe Marr）（酒店侍者查克）的说法，他总是“做可怕的噩梦，有点自杀的性质”。尼古拉斯·乔伊习惯于扮演衣着整洁、世故的人物，越来越因为其剧中扮演了衣衫褴褛的酒鬼（斯密斯上尉）而感到不安，他不仅一连好几个月滴酒不沾，而且剧场之外的他衣着更加整洁了。珍妮·卡格尼（Jeanne Cagney）回忆说：“那个剧本影响到了你个人。一些上了年纪的演员，那些经历丰富的男人说，这是第一次他们无法和他们扮演的角色保持距离。其实，还有一两个告诉我：‘珍妮，我觉得这是我演的最后一个戏了。’你知道，剧中死亡的感觉太强大了。”卡格尼小姐是一位虔诚的天主教徒，扮演了妓女的角色，这让她感到极度不安，心理上背负上了一个大大的十字架。

一天，奥尼尔和道林站在剧院前，一个大块头满脸络腮胡子的人突然向他们鞠了一躬说道：“您好，爸爸！我能看排练吗？”在表示礼貌的同意后，奥尼尔征求道林的意见。小尤金后来告诉父亲说，这个戏“棒极了”，然后人就消失了。小尤金虽然看了几次排练，演员们都没有意识到他的存在，因为他总是不引人注意地坐在礼堂的后面，没有被介绍给大家。在剧院，他也和卡洛塔保持着距离，因为他们的关系非常不好，他几乎不再去他们的顶层公寓。

如今，这位诺贝尔获奖者经过十多年的隐居又走进了公众视野，报纸和杂志都非常想问他一些问题，让公众了解他的经历。在加利福尼亚，考虑到近年来他的震颤症和身体状况不断下降，想到要和好莱坞打交道和应酬，他很害怕，但是在《送冰的人来了》开演前几个月，他有准备地接受了几次采访，也许他是受到了爱德华·谢尔登战胜痛苦的英勇行为的激励。

《纽约每日新闻报》的罗伯特·西尔威斯特（Robert Sylvester）是第一个拿着铅笔、纸张和问题排着队等着见他的人，他发现剧作家的态度友善。在同仁剧院总部，奥尼尔对摄影师“让他这样或者那样”感到好笑，他低声笑了笑，他的整个身体都在抖动，特丽萨·海尔朋评论说。当一个摄影记者问剧作家是否应该摆一个“典型的”姿势时，海尔朋小姐反驳说，“好吧，让他给我们摆一个毋庸置疑的‘不’的姿势”。奥尼尔的头发有点长，他对此进行了道歉，说，他本不是为了看起来“有艺术范”，是因为他太忙，没有空去理发。

在《纽约晚邮报》的专栏记者厄尔·威尔逊（Earl Wilson）见到剧作家前，同仁剧院的乔·海德特警告他说：“他可能会点上一支香烟——但别帮他。他会反对你那样做。”威尔逊在顶层公寓待了一个半小时，奥尼尔一次又一次划着了火柴，但都没能点着香烟。当问及那个他去世25年后才可以上演的剧本时，奥尼尔回答说：“这是真实故事，也像发生在1912年的《送冰的人来了》。剧中有一个尚健在。”威尔逊想了解那个引起百老汇极大兴趣的神秘剧本，差一点将问题说出口：“你意思是说——这个剧本是您个人的传记？”但是他还没有来得及把问题想好，奥尼尔接着说，“关于这个剧本，我什么都不会说”。这位专栏记者离开时，他采访的对象仍在努力去点香烟。

根据乔治·吉恩·内森为《纽约美国人报》写的一篇报道，他问他的这位老朋友，他认为“美国剧坛目前最需要什么”。奥尼尔的语气往往听起来更像内森，据说他引用了内森的话作为回答：“……另一个洛塔·浮士德（Lotta Faust）。伙计们，这儿有一个番茄。有谁谈到过关于表演的问题？……当洛塔唱出‘萨米’的时候，当时所有伟大的莎剧女演员都想找个地缝藏起来。”

他对评论界说，《送冰的人来了》开始演出后不久，《月照不幸人》就开始了排练，接着又说道，让他非常关心的是要为《诗人的气质》中的科·梅洛迪寻找一位合适的演员。他说：“这个剧本所需要的是一位像莫里斯·巴里摩尔（Maurice Barrymore）或我父亲詹姆斯·奥尼尔那样的演员。一个宽肩膀，脸庞棱角分明，具有传奇色彩的昔日男演员……当今绝大多数都远远缺少这种气质。如果剧作家给他们安排十五分钟的入场，再让其他人物提前对他们做一番描述，诸如漂亮、优雅、高贵、侠义和英俊，观众对他们的接受度并不比接受三流酒吧的招待强到哪里去。”

对于众多的个人采访请求奥尼尔应付不过来，他就于9月2日在同仁剧院的办公室为媒体举行了一次集体采访。采访一开始，奥尼尔先为自己声音低而不清晰道了歉（“甚至我的家人也抱怨我的声音”），接着说道，他“再也不了解百老汇了；完全变了；甚至我57年前在里面出生的凯迪拉克旅馆（Cadillac Hotel）[最初叫巴雷特之家（Barrett House）]也被拆掉了；如果在我出生的地方只剩下空气了，那是一个肮脏的伎俩”。在一位新闻记者看来，他仿佛戴着“一张极度伤心的悲剧面具”，但当他说到“一个肮脏的伎俩”时，他突然脸一红，咧嘴大笑了一下，仿佛“另一个面具突然被戴到了他脸上；接着，在几乎同时，这个喜剧的面具很快就消失不见了，悲剧的面具又被重新戴上；大家对这种突然的变化很震惊”。

几十年前，奥尼尔在记者招待会上曾说过一些劝诫性的话，二十世纪六七十年代有思想的人会把这些话当成真理接受；但在1946年，历史上这次灾难性的战争使美国成为重要的大国这种自信和乐观情绪弥漫全国，他成了孤独的耶利米（Jeremiah）。当被问及他那个由九个剧本构成的组剧的主题时，他说出了他的一些重要想法，他说他觉得“美国不是世界上最成功的国家，而是最大的失败……最大的失败，是因为它被赋予了一切，比其他任何一个国家都要多；通过快速发展，它并没有真正扎下根；它重要的信条是那个永久的游戏，即想占有你的灵魂，以及灵魂以外的一切东西”。

他不断地揉搓颤抖的双手，不断把手伸开，又合上；他说，他对震颤症的态度是“愤怒的无奈”。有时候他的声音在喉咙里小得听不见，但他会时不时地提高嗓门，整个房间都能充斥着他洪亮的男低音。他说，他感觉到“到处都有一种命运的感觉，或者我错了；天命，不好的命运；不是希腊那种意义上的……随着岁月流逝，它降临到我的头上，有些滑稽、可笑的东西会在没有任何明显征兆的情况下突然变成阴郁、悲剧的东西［此刻，他好像预见到了在接下来的几十年中文学作品中无处不在的阴郁喜剧（dark comedy）和黑色幽默（black humor）］……一种不合理的结果，仿佛命运和生活都被控制住了，目的就是为了让我们感到迷惑不解；一种宏大的喜剧不会长时间滑稽；我已经在《送冰的人来了》中用到了。我认为，第一幕具有闹剧色彩，但接下来，有些人甚至笑不出来；如论如何，喜剧结束了，悲剧来了”。

还有一次，在台上排练休息时，他向《PM 报》的克罗斯威尔・鲍恩（Croswell Bowen）再次提到了美国是个“最大的失败”这个话题。他说：“美国当然应该得到报应，自从美国有历史开始，在美国历史书上应该有一页，记录下美国政府所犯的挑衅的、刑事的、非正义的犯罪行为。……在我们政府所做的事情中，几乎没有一件不是欺骗——对印第安人、对西北部的人民、对小农场主。”

在鲍恩看来，他讲话时仿佛“有喝得半醉的那些了不起的爱尔兰人的风格，他们在全球的酒吧里高声讲话；他们讲话总是一个样，放纵、漫无边际、充满疯狂和暴力，但却有足够切入要害的真理和见解，使你不得不带着不安的兴趣去倾听”。

剧作家抚摸着一个装有“威士忌”（水掺糖浆）的道具瓶子说道：“这个美国梦让我感到痛苦。把我们的美国梦告诉了全世界的人！我不知道他们什么意思。如果存在的话……我们为什么不在美国的一个小村子里把它变成现实呢？”

他一拳砸在吧台上。“这个国家重大事务的领导们！为什么我们生产异常骇人的极端利己主义者呢？他们做着最吓人的事情，总是利用同样的借口，如果我们不这样，其他人就会这样。如果你想谴责他们也不可能。”

当天下午，《科利尔杂志》（*Collier's*）的凯尔·克赖顿（Kyle Crichton）在更加轻松的气氛中造访了他的寓所，奥尼尔明显乐意回忆过去。这位客人觉得，奥尼尔回忆他和父亲的关系时满怀兴致。他突然咧开嘴笑着说：“关于父亲和我的事情，没有秘密可言。他无论想干什么，我都不需要用十英尺长的棍子去探！”

关于他在新伦敦短暂的报社记者生涯，他说，他模仿“吉卜林和与他相像的人”写诗。“但丁·加百利·罗塞蒂（Dante Gabriel Rossetti）如果能从坟墓中出来，他会有机会打一场好官司了。”最后，克赖顿表达了欣喜之情，他觉得他是“一个地地道道的幽默家，而不是像我原来所以为的那样是个严肃的哲学家”。奥尼尔苦笑着回答道：“哦，是的，有些日子是，而其他的日子，则是其他情绪。”

多亏了有罗伯特·埃德蒙·琼斯的推荐，《生活》杂志（*Life*）的汤姆·普里多（Tom Prideaux）获得了几次出席会议和其他殊遇的机会。尽管奥尼尔对《进入黑夜的漫长旅程》保持“神秘的沉默”，他给了普里多剧中的一段话，并准许他发表在自己的文章中，这让后者满心欢喜。这段话选自第四幕，是埃德蒙对海上狂喜时刻的抒情性回忆，结尾一句是“我生而为人是一个极大的错误”。

《纽约时报》认为奥尼尔的回归具有重要意义，于是让沃尔夫（S. J. Woolf）于九月中旬为杂志的周末版对他进行了一次采访。后来在同一个月，周日戏剧版的卡尔·史瑞福特盖瑟尔（Karl Schriftgeisser）也采访了他。奥尼尔对沃尔夫说：“我几乎记得我父亲最初的那些话，‘戏剧要消亡了’。……当时他在演《基督山伯爵》……我还能想象得出他在那个戏中的扮相……出现在由帆布做成的大海上，大喊：‘世界是我的！’当时做作的举动在舞台上很普遍，就像……日常生活。最简单的话语都必须慷慨激昂地说。”

“当时那个时代是个过分正经的时代，给人的印象就像是今天的审查制度。这对于我来说，是戏剧艺术发展的最大障碍之一。如今，在一个戏可以安全上演之前，必须有人说它不会有害于六岁孩子的道德才可以。”

在一次集体采访时，奥尼尔说《毛猿》是他所有作品中他最喜欢的作品，但他却对沃尔夫说他最喜欢的也许是《大神布朗》。（值得注意的是，在两部作品中，主人都是一个“没有归属感”的男人。）但是，奥尼尔接着说道，他对于“我已经做过的事情都不完全感到满意，我不断重写剧本，直到它们上演为止，就是这样我还能发现可以改进之处，很遗憾，已经太晚了，无法进行更多的改动了；毕竟，任何从事创作的人都会深深感到这一点；例如萧伯纳，他可能会用幽默掩盖真诚，他可能会对自己的努力不在乎，但是那些努力都令人心碎”。

卡尔·史瑞福特盖瑟尔采访奥尼尔时，他的流感正在康复中，在回答问题时剧作家显得放不开，但是随着下午的时光一点一点流逝，他的精神越来越好。在概述了《送冰的人来了》的主题后，奥尼尔说：“我想你不能把所有有价值的东西都写出来，也不可能理解当下，如果过去太遥远，你只能写生活了。当下和肤浅的价值观念缠绕在一起；你辨别不出哪些事情重要，哪些事情不重要。”

他总结说，他的剧本是“有关白日梦的；不管你沦落到何等地步，纵然是瓶子的底部，人生总会余下一个梦想，最后一个梦想；我知道，因为我看到了它”。在沉默了很长时间后，他打破了沉默，说出了他对人生的看法：“人类需要100万年才能长大和获得灵魂。”

在最后的其中一次排练时，演员们被准许向剧作家问一些问题，有人问他该剧的意义。他微笑着反问道：“你认为它的意义是什么？”他专注地听着别人发表意见。一位在政治上激进的演员说道：“这个戏令人压抑，毫无解决办法。”奥尼尔听了并没有生气，他说了好多，但答案并没有让对方感到满意。当有人问他的政治观时，他自称是“一位哲学无政府主义者，意思是说，尽管去做，不用管我”！

如今，写字这个动作对奥尼尔来说变得非常困难，仅仅签个名他就会花上十到十五分钟。为了鼓励演员们拿出他们最好的状态，他曾用了几天时间在出版的剧本上题了词，内容幽默，激励人心，这一大拨演员人手一本。正式演出那一天，所有的演员，尤其是更衣室中那些三流和四流的演员惊奇地发现了颤巍巍地要送给他们图书礼物的奥尼尔。约翰·马里奥特书上的题词最具代表性："非常，非常感谢你对'乔'的精彩塑造。《送冰的人来了》感激这个角色，也感激你。"

"当你的新赌场开业时，请给我开绿灯让我进去。但不要让我接近法罗牌牌桌，在这项游戏上我曾运气很好——让我去轮盘赌那里。小伙子，我要输钱了！"

演出比预定的时间晚了些，《送冰的人来了》结束最后一次排练的时间是1946年10月9日下午3点，离首演开始只剩下一个半小时。演员们感到既紧张，又兴奋。媒体索票的压力很大，来自世界各地的记者——澳大利亚、意大利、希腊、南非、斯堪的纳维亚半岛国家——就是站着看演出也毫无怨言。观众中不乏花了高达25美元从黄牛手里购票的人。离幕启还有一个小时，马丁·贝克剧院的大厅和过道里就挤满了人，手里紧紧攥着来之不易的戏票，还有人过来是为了一睹名人的风采。奥尼尔在后台紧张地走来走去，一直等到听到幕启时的蜂鸣声和观众的掌声，这时谢莉·温加滕才引导着他穿过后台的过道来到54街。她给他拦了一辆出租车。那些伸长脖子准备一睹好莱坞大腕和名人的人群中没有一个人注意到这位剧作家。

康明斯夫妇得到了奥尼尔的赠票，座位紧邻布鲁克斯·阿特金森。大幕拉起，露出了罗伯特·埃德蒙·琼斯设计的布景，多萝西悄声对萨克斯说："哎呀，这真是杜米埃（Daumier）啊！"阿特金森立刻俯下身子，低声问道："我可以在剧评中使用你这句话吗？"

总的说来，观众自始至终都紧张地将注意力放在剧情上。在长达一个小时的第一幕结束时，接下来是75五分钟的幕间吃饭时间，整个演出——在最后一场几乎是悲剧之后——10点结束。詹姆斯·巴顿在漫长的进餐时间并没有休息，丝毫没有为希基敞开心扉的激烈话语——这段话成为现代戏剧中一段最长的台词——提高嗓门，他在更衣室接待了一大拨支持者。因此，在其中一场，巴顿本应该表现得非常有力度，非常有激情时，他的声音有时小得几乎听不见；但是，有一两次他“嗓门大得要命”。由于排练时他很明显记忆台词有困难，同仁剧院采取了预防措施，在舞台的两翼以及在舞台的吧台下面安排了台词提示员。当巴顿第一次忘词的时候，坐在前排的观众都能听到台词提示员的声音。这位惊慌失措的演员大声说：“快些！伙计们，救命！”但他很快就又进入了角色。

观看首演夜场的观众鱼贯走出剧院，有些人还在争论着希基是不是疯了（巴顿的演绎没有让大家弄明白这一点），不久正如一则评论所说的那样，关于该戏的优点和意义，“萨尔迪餐馆、二十一品牌服装店、沃尔格林连锁店（Walgreen's）和摩洛哥饭店（El Morocco）都因这些愤愤不平的议论而沸腾了”。《送冰的人来了》立刻成为了当地最有争议的作品。

詹姆斯·巴顿因表现不佳给当晚的演出造成了损害，尽管有几则评论语言犀利，但其他的评论却态度温和，基本上比预期的评论要好。评论家们，也包括那些印象很好的评论家们，几乎毫无例外地都觉得这个戏重复的东西太多，时间也太长。埃迪·道林的导演得到了普遍的好评，斯塔克·扬，一位机敏的演出评判者，却感到甚为不满，他通过《新共和杂志》说：“在观看了《送冰的人来了》这样一个戏后，我甚至不确定我对该剧的判断达到何种程度。”

《纽约每日新闻报》的约翰·查普曼对该剧的反应很全面，他称该剧是“一部了不起的剧作——在策划、规模、范畴……等方面，也是一部令人感到恐怖的剧作——吓人、令人震惊……是生活的一部分”。他觉得该剧首演夜场的观众都“非常迫切地想了解剧本的隐含意义，他们非常担心会遗漏这位大师要传递的信息，到最后没有时间做观众应该做的非常简单的事情——坐在舒服的椅子上欣赏一个剧本”。他最后说，奥尼尔最新的剧本是“一部了不起的剧作”。

理查德·沃茨在《华盛顿邮报》上同样热情洋溢地说：“奥尼尔剧作中

有一种狂野如瀑的力量，如果把这种力量驯服，将会破坏他激烈、沉思的想象力的自由和广度，奥尼尔剧作的非凡长度是保持他基本品质不变的小小代价。对《送冰的人来了》进行修改可能会使该剧看起来更加高效，但却会损害剧本精神的深度。”他接着说，这个剧本是“一部极为优秀的作品，出色、壮观”。

布鲁克斯·阿特金森虽然对该剧的长度颇有微词，他还是宣称：“唯一重要的事情是（奥尼尔）再次深陷人类幻觉的黑色泥沼，谱出了与其早期作品一样奇怪、一样重要的死亡利戈顿舞曲……大师清楚（剧中人物）说话太多……但都是很好的谈话——生动、愤怒、喜剧的鼓点敲打在厄运的鼓面上。（剧本本身是）一部佳作，是作家用心和怀着诗人的好奇写出来的。”《纽约时报》评论员受到多萝西·康明斯话的启发，说琼斯设计的舞台布景“熠熠生辉，意义明晰，就像杜米埃亲手所绘，这些机警的观察者可以看得出来”。

《PM报》的路易斯·克罗恩·伯格认为，这个剧本“值得一看”，他觉得人物“没有得到深入挖掘（我们在第一幕对他们的了解和最后一幕几乎一样）；他们没有成长，但是他们变得越来越为我们所熟悉，因此非常真实……《送冰的人来了》四个小时的演出时间具有一部非常长的小说所叠加起来的价值，在艺术能胜任的地方，丰富性也能做得一样好……尽管出色的场景颇多，（剧本）仍让我感到身上凉意阵阵”。

对于《纽约太阳报》的沃德·莫尔豪斯（Ward Morehouse）来说，这个发生在酒馆里的戏虽然“总是很慢，太冗长”，就算不是剧作家最优秀的作品，也“一定是其最得意、最重要的作品之一”。《布鲁克林鹰报》的阿瑟·波洛克也因剧本冗长批评过剧作家，但他承认其塑造的“自始至终”都是“活生生的人，这些人物我们会记好多年”。

《纽约先驱论坛报》的霍华德·巴恩斯（Howard Barnes）是持异议者之一，他觉得这一次剧作家“古怪天赋的火苗燃烧不稳”；而罗伯特·加兰（Robert Garland）则更为挑剔。他在《纽约美国人报》上撰文说这个剧本“既非百老汇的一流剧本，同仁剧院的一流剧本，也非奥尼尔的一流剧本……你觉得仿佛是《底层》的复排和一个古老的轻歌舞剧的复排在舞台上一起进行”。

《时代周刊》第二次把奥尼尔作为封面人物，在是和非的关键性裁决方面，该杂志认为“这个常常是静态的、非常长的剧本缺乏与其长度相一致的深度……作为戏剧，该剧很大程度上堪称奥尼尔的一流作品；作为剧本，因为其实事求是的思考，《送冰的人来了》的深度并不比一个水坑深”。《时代周刊》的这位匿名评论者利用这次机会回顾了一下奥尼尔的职业生涯：“奥尼尔好像并不是一个伟大、具有探索精神或者创新智慧的人。不管他的情感和直觉如何生动……一般说来，他缺少与人物保持一定距离的能力，没有赋予他的人物以硬朗、明晰、朴实、善辩的特点……奥尼尔是一位诗人，这在他写的每一句话中体现得非常明显。他缺少伟大诗人的终极（也是最基本的）条件（将词组织成流畅、完美、整洁、漂亮的句子）在同样的句子中也非常明显。奥尼尔缺少对真人的深层次理解，他不断通过戏剧之外的技巧提高分数和达到效果。”

“但是，作为一个剧作家，奥尼尔仍是美国剧坛最了不起的戏剧大师之一。他是一位出色的艺术家，一个曾辛苦付出的最高尚的人。如果他常常做得很多，这就比几乎什么都不做要好很多。这种习惯性的不当解释了他语气为何引人注目，这种语气在奥尼尔所有的作品中就像烧红的钢铁在铁砧上发出回响。”

乔治·吉恩·内森同样回顾了剧作家的职业生涯，并总结说：“他伟大作品的篇幅和重要性远非其他美国人能及……很明显，他不是萧伯纳那样的人物，完全不是……他也不是奥凯西那样的诗人，因为在奥凯西的作品里有让人兴趣浓厚的真正的音乐和美。然而，奥尼尔探索的要比他们两人任何一个都要深刻；在戏剧技法方面，他远胜他们。”

奥凯西在读了内森的文章（《美国信使》，1946年11月）后，非常慷慨地给他写了一封信：“我认为你说（奥尼尔）比我或萧伯纳深刻得多言之有理。我常常羡慕他的这种能力。我研究了他的剧本，想发现他是如何做到的，当然了我并没有找到其中的原因；因为这个人也并非了解他自己。他做到了，我们只能听其自然了。这是出色的天赋，感谢上帝，金对这种天赋的发挥有力且无比正直。"

《送冰的人来了》是奥尼尔有生之年在百老汇推出的最后一部新作。绝大部分剧评家看不到这个戏，是因为十年后，该剧由时代广场剧院（Circle in the Square）在百老汇以外演出引起了轰动，不再是最初那种非同一般的长度。重演相比同仁剧院的演出有三个显著优势：何塞·昆特罗（José Quintero）具有同情心的指导；小詹森·罗巴兹（Jason Robards, Jr.）对希基令人称奇的演绎，该角色使他名声大噪；演出地点是一座曾经的夜总会的舞台，对剧中发生在酒馆的故事再理想不过。一位评论者说，"你会感觉到，你仿佛就坐在哈里·霍普酒馆，和可爱的流浪汉们坐在一起。"像很多其他人一样，布鲁克斯·阿特金森曾认为该剧太长，他如今却认为剧本的长度"是剧本力量的一部分……它不像写出来的东西，而像正在发生的事情"。沃尔科特·吉布斯（Walcott Gibbs）是《纽约客》杂志一位挑剔的评论家，曾认为《送冰的人来了》"虽是一部有趣的剧本，但绝不可与作者的佳作同日而语"，在他看来，重演是"一部好戏……一个悲剧，尽管有瑕疵，有力且富有激情地讲述了一个可怕的真相"。

同仁剧院《送冰的人来了》的演出费用约五万美元，其每周的收入是两万美元。虽然剧本的长度决定了每周只能演六场而不是惯常的八场，它还是给剧作家带来了每周3,000美元的净收入，这是他迄今为止单部作品的每周最高收入。在首演后一个月左右，出现了百分之十左右的观众在吃饭休息后不返回剧场的情况，同仁剧院本来在奥尼尔的坚持下规定了幕间的吃饭时间，这次得到了奥尼尔的许可，取消了这一做法。按照新的规则，演出时间从7:30到11:20，通过加快故事节奏比原来缩减了十五分钟。

尽管有一些不利评论，也有名副其实的赞扬，奥尼尔坚信《送冰的人来了》是他最得意的两部作品之一（另一部是《进入黑夜的漫长旅程》），但对他作品的继续攻击还是影响到了他的心情。在他离开百老汇这很长的一段时间内，有一拨蛮横的年轻人非常渴望宣布，他们上一代曾为之屈尊的皇帝们实际上已经被尴尬地剥了个精光。玛丽·麦卡锡（Mary McCarthy）和埃里克·本特利（Eric Bentley）就是其中的代表。奥尼尔自然而然成了他们最喜欢攻击的一个目标。

麦卡锡女士在1946年11—12月的《党派评论》（*Partisan Review*）上宣称，剧作家“属于法雷尔（Farrell）和德莱塞那一类的美国作家，他们的职业选择是一种胜利的灾难；这些人没有一个具有遣词造句、布局谋篇的能力……他们写的东西很难找到值得表扬或者诅咒之处；如何才能让人对一个不能辨别音高的音乐家谱写的伟大而富有逻辑的交响乐做出评判呢”？在对《送冰的人来了》进行了一番讽刺性的总结后，麦卡锡女士显然相信她是客观的，就开始虚张声势起来：“《送冰的人来了》令人感到奇怪，该剧非常简单的剧情简介对它再合适不过；其实，只要有可能，用‘幻想’代替‘白日梦’将会使剧本有所改观。”她接着说，剧作家的目的具有“象征和哲学含义，但不幸的是，你不可能用‘神速凯西’的风格写柏拉图式的对话吧”。

《送冰的人来了》开始演出前，埃里克·本特利依靠文字信息进行判断，他在《大西洋月刊》（*Atlantic Monthly*）（1946年11月）上说，该剧的表演和《奇异的插曲》或《悲悼三部曲》相比“可能不那么吓人”，但他觉得该剧是一个“更有趣的剧本”。他接着说道：“对于奥尼尔的拥护者之外的所有人来说，这两个早期的阿波罗神像似的超长剧本好像看起来经过构思、辛苦的工作，承载有很多信息，但有时候显得虚假。”然而，在国外寻找神灵的本特利——他喜欢这些重要的，在政治上很衷心的作家，例如萨特（Sartre）、加缪（Camus）和布莱希特（Brecht）——并没有对《送冰的人来了》留下特别的印象。他说：“由于绝大多数人物都非常呆板、粗略——妓女是舞台上的妓女，等等——由于语言生动是百老汇的传统，而不是极具现实主义的对话，给我们留下的印象是，不但骷髅般地呆板，戏剧形式也显得逊色。当然了，剧本的情感丰富。可是，你不能说将骷髅用感情包裹住就可以把骷髅当成人了。”

本特利和麦卡锡女士的公开言论引领了对奥尼尔的攻击，降低了奥尼尔在知识界和年轻人中的威信。结果是，在他还健在的时候，与其说他对美国具有持续的重要性，倒不如说他成了历史。直到20世纪50年代中叶《进入黑夜的漫长旅程》上演奥尼尔重返剧坛，他也只是一位幕后的大人物，对百老汇的新一代来说他的名字上落满了灰尘，他们尊崇的是田纳西·威廉斯（Tennessee Williams）、阿瑟·米勒（Arthur Miller）和其他一些明星云集的戏剧之夜。

1946年，除了几次时间不长的精神欠佳外，奥尼尔身体还是比较健康的，部分原因是看到《送冰的人来了》又重返舞台令他士气大振。11月1日，他写信给他的老朋友查尔斯·奥布赖恩·肯尼迪说，他已经“卧病在床，不是因为我受到的来自评论界的打击，而只是我明显力不从心，还患了流感”。11月中旬的时候，在巴雷特·克拉克看来，和他春季见到他时相比，他“看起来健康多了”。克拉克看到奥尼尔满满当当的书架上有十多本有关罗伯斯庇尔的书，就想知道他是否打算写一个关于法国大革命的戏。奥尼尔回答说：“我已经考虑一段时间了。罗伯斯庇尔总结了：最初是理想主义者，正直的人；他攫取了权力；他利用权力；他滥用权力；悲剧了。你看，完美的悲剧模式。”

在奥尼尔喜欢的常常造访他的人中，拉塞尔·克劳斯是其中的一位，如今他在与百老汇的知名剧作家［《伴父生涯》（*Life with Father*）］兼监制［《毒药与老妇》（*Arsenic and Old Lace*）］和歌词作家霍华德·琳赛合作。克劳斯与第二任妻子的生活平静而幸福——第一任妻子去世了——他非常高兴奥尼尔和卡洛塔马上就对她有了好感。想到要见他们，她曾感到担心。安娜·克劳斯（Anna Crouse）说：“出于对他作品的敬仰，我很害怕，还因为我听说过关于她的事情。但他们态度温和、友好，显然他们很喜欢‘巴克’（Buck，克劳斯的小名。——作者按）。”

克劳斯有好几年常提起他曾邀奥尼尔和欧文·柏林（Irving Berlin）共

进晚餐的事情，因为奥尼尔非常喜欢柏林的音乐，最后见面日期定在11月23日，一个星期六。在奥尼尔的要求下，他和卡洛塔成了克劳斯家唯一的客人，因为奥尼尔不喜欢和很多人一起吃饭。他们吃了炖肉，因为奥尼尔握不稳刀叉。大约九点的时候，柏林夫妇来了，不久霍华德·琳赛和他的演员妻子多萝西·斯蒂克尼（Dorothy Stickney）也来了。柏林是一位自学成才、不完美的钢琴家，他从来没有在聚会上弹过钢琴（他家里有一架特制的钢琴，弹起来相对容易一些），然而他刚到10到15分钟，就坐在了克劳斯家的钢琴前，奥尼尔坐在旁边，用沙哑的嗓子高兴地唱着。

克劳斯夫人说，奥尼尔"对抒情歌曲具有超强的记忆力，柏林知道哪些歌唱家让这些歌曲出了名，哪些公司发行了这些歌曲，哪一年发行，等等；很快，一切都变得很温暖、舒心，我就问奥尼尔夫妇，我是否可以给住在街角附近的菲莉丝·瑟夫（Phyllis Cerf）和贝内特·瑟夫打个电话，他们同意了；于是，大家都围坐在了钢琴边，五音不全地唱起来，玩得非常痛快；柏林和奥尼尔一直在聊天，'你记得这记得那吗'？而对方几乎毫无例外地都记得。"

"大概午夜时分，门铃响了。来人是柏林家的司机，他原被告知在车中等候，因为他们原计划来访大约十五分钟。当天晚上很冷，司机想活动活动。当时我有孕在身，和卡洛塔一起坐在沙发上，她一直对我说，'你不要熬夜这么晚'。聚会直到凌晨三点才结束，我从来没见过有谁像奥尼尔玩得那么尽兴。"

克劳斯在日记中说，那次聚会是一次"很尽兴的聚会"，"奥尼尔唱了一些我们都不知道的（老歌），卡洛塔在跟我说心里话；我们大家玩得真的很尽兴"。

欧文·柏林也觉得那天晚上玩得很尽兴，尽管他回忆说他一开始感到紧张："我担心要跟他说些什么。我读过他的几部剧本，但并不真正了解他的剧作，不像我妻子那样熟悉。我原想跟他说些客套话，诸如我非常崇拜他一类的话，但我没有机会这样说。我们一到那里，就发现他对我过去的歌曲非常感兴趣，他知道这些歌曲，他都知道，他甚至知道一些连我都忘了的歌曲。他问我是否记得‘我爱弹钢琴’，接下来就开始了。他只能用一个音调唱，因为我弹的就是一个调子，我弹得不好。”

“你有这张照片吗？萧伯纳接见英国的某一位歌词作家。有多少剧作家的作品还在上演？莎士比亚、萧伯纳、奥尼尔……我不想显得太易动感情和多愁善感，但我觉得他是个了不起的人。我见过许多有天赋的重要人物——我是不是要举几个例子？（用讥讽和愤世嫉俗的语气说道。——作者按）——但没有一个人让我感觉到像奥尼尔那样尊重我。”

卡洛塔后来给安娜·克劳斯写信说：“金玩得非常高兴，唱得很尽兴，吃了可口的炖肉，直到四点还没有睡着！……我不常出门，那个星期六过得像过节一样！玩得太晚，这里的守夜人不让我们进去！在那个时间点看到我们，他简直不敢相信自己的眼睛。”

两周后，在克劳斯夫妇和琳赛夫妇的陪同下，尤金和卡洛塔又过了一个愉快的夜晚，他们一起观看了欧文·柏林的剧作《安妮拿起你的枪》（*Annie Get Your Gun* 又译《飞燕金枪》），主演是艾瑟儿·默尔曼（Ethel Merman）。他在场的消息传播开来以后，歌舞团的女演员们在更衣室簇拥在他的周围，他的目光落在一位非常漂亮的女演员身上时，脸上露出高兴的神情；而与此同时，据克劳斯回忆，卡洛塔的脸色“越来越难看”。

奥尼尔偶尔参加社交活动让卡洛塔担心他身体受不了，但在有些情况下他的社交活动，例如去后台慰问演员，是因为她自己担心。除了提防着有可能出现的情敌外，她还叮嘱谢莉·温加滕，只要她丈夫会见女性，就要谢莉·温加滕在场。尽管谢莉·温加滕本人长相迷人，卡洛塔显然认为她太严肃，太理想化，又非常尊重奥尼尔，不会对她构成浪漫的威胁。卡洛塔虽然快58岁了，但仍然漂亮；虽然身材有些富态，但面容光滑无瑕，看起来要比实际年龄年轻得多。早在海岛居住的时候，她就感慨已到中年，简·考德威尔那件事让她在感情上越来越没有安全感。她和奥尼尔之间背地里常常关系紧张；渐渐地，他们在一起的生活呈现出了争吵、和解的模式。

在奥尼尔与柏林联袂的即兴音乐会几周后，贝内特·瑟夫夫妇举行了一场派对，奥尼尔夫妇、克劳斯夫妇和萨克斯·康明斯夫妇都参加了，伯尔·艾维斯（Burl Ives）给大家带来了欢乐。艾维斯弹着吉他，唱了几首歌。用瑟夫的话来说，这些歌变得“越来越下流”。很明显，卡洛塔不高兴了。当丈夫开始唱他当水手时学会的那些下流歌曲的时候，卡洛塔更加烦恼，她想劝他离开，理由是他身体不好，不能在外时间太晚；可最终卡洛塔也没能说动他，于是她就独自一人离开了。

十一月份，也许是在圣诞节的时候，在给卡洛塔的留言中，奥尼尔写道：“对带给你的不悦，我表示深深的歉意。这令我非常不快，你已看到，也明白。”

“让我们忘记，宽恕，亲爱的……我们的爱还在，我的爱人。我们（有）机会过上新的生活！”

# 第二十八章 《月照不幸人》上演

一旦开始演出，奥尼尔通常就不再关注他的作品，但是《送冰的人来了》是个不同的剧本；奥尼尔心里清楚同仁剧院认为这个剧本有重复的地方而且又太长，他就一直关注着这个剧本在马丁·贝克剧院的演出进展情况，目的是担心他们会偷偷删减剧本。好几个晚上，在没有提前告知同仁剧院的情况下，他让卡洛塔站在后台不显眼的位置，倾听台上的一切，并核对表演和剧本台词是否一致。奥尼尔听说剧务卡尔·尼尔森（Karl Nielson）告知两个侦探，让他们把奥尼尔夫妇的进场时间一直拖延到剧本的高潮，即希基忏悔那一段，他就警告同仁剧院说，除非演出严格遵照舞台说明，否则他有权叫停该剧的演出；尽管他以前对尼尔森很友善，此后他再没有和他说过话。

奥尼尔还有一次背离了他惯常做法的行为，几乎不看自己作品正常性演出的他，一天晚上去看了演出，当晚詹姆斯·巴顿身体不适，希基一角由E.

G. 马歇尔（他一般扮演威利·奥班）接替。奥尼尔非常高兴地发现，他扮演的这一角色比巴顿还要好，于是对这位年轻的演员变得非常友好，还几次邀请他一起吃饭、喝茶。他对马歇尔抱怨说："观众对我的剧本不发笑，他们担心这样做，因为他们不知道他们是不是应该笑。有朝一日，我要举行一场盛大的狂欢，摧毁这个名人神话，即我给人留下的总是很忧郁，是一个悲剧的印象。"

几个月后，奥尼尔再次观看了《送冰的人来了》，这一次观看是由凯蒂娜·派克西诺和她的演员丈夫亚历克西斯·米诺蒂斯（Alexis Minotis）陪同，他刚从希腊到达美国。在看晚间演出的时候，剧作家有时候在座位上扭动着身体，一直低声对道林的导演工作表达着不满。这对希腊夫妇同样对戏剧情有独钟，对剧作家表示了同情，并由此拉近了他们和奥尼尔之间的距离。就这样，他们边看戏，边忍受着心中的不快。奥尼尔告诉他们，当他开始戏剧创作时，开始大量阅读希腊的经典作品；夫妇二人礼貌地回应了其作品是希腊经典的继承，并声称，这些希腊经典在《榆树下的欲望》中有所体现，一位著名的雅典评论家将奥尼尔称为继索福克勒斯之后，第一位具有经典悲剧意识的剧作家。

一天，卡洛塔给夫妇二人打电话说，她丈夫想请他们一起吃饭，但她认为不太妥当，因为她丈夫身体不适；就在这时，奥尼尔接过电话，劝他们过来。一起吃饭时，米诺蒂斯夫妇想起了，1930年他们在美国旅行期间，在纽黑文的火车站一位年轻人找到了他们，帮他们搬运行李，他是从报纸上读到他们的消息的，还用希腊语向他们问好。当奥尼尔开始露出会心的笑容时，夫妇二人接着说，那位年轻人自称是耶鲁大学的一名学生，是尤金·奥尼尔的儿子。

饭后，奥尼尔告诉夫妇二人，他想让他们了解一下他曾写过的一个剧本中有关他自己家庭的悲剧故事，这个戏要在他死后很久才能上演。米诺蒂斯非常机智地表示反对（部分原因是因为卡洛塔不同意她丈夫的这一做法），并说道，他以后可能会后悔对他们讲了这些话。但是，尤金，米诺蒂斯回忆说，主意已定："他领着我们走进他的卧室，从一个装满手稿的海员箱子中取出一个剧本，所有的手稿都整理得整整齐齐，连一页哪怕比其他的多伸出来一英寸的情况都不存在。首先，他介绍了他的家庭成员——虔诚的母亲，然而是一位瘾君子；吝啬的父亲；嗜酒成性的哥哥……奥尼尔本来把房门关上了，但卡洛塔却出出进进好几次，我想是做家务。在介绍完他的家庭之后，他给我们读了最后一幕，从父亲关灯那个地方开始读，边读，泪水边顺着面颊往下流。但让我记忆最深刻的是他犯的一个错误。本来应该说：'疯狂的一幕。奥菲利亚上场！'他说成了：'麦克白夫人上场！'然后他纠正过来了。"

派克西诺女士想起这一刻时，她在椅子上向前挪了挪身子，用双手捂着嘴，耸了耸肩，眼睛睁得大大的，做出无辜的神情，接着说道："我说不出来他脑子里想的是什么。为什么他说'麦克白夫人'，而不是'奥菲利亚'，可是，她（卡洛塔）在外面，走来走去。"她又耸了一下肩："我说不出来。"

第二天，卡洛塔在电话中把夫妇二人数落了一番，责怪他们没有劝阻奥尼尔不要把剧本读给他们听。她说，他焦躁不安，晚上也没有睡好，她已经请来了医生。

《送冰的人来了》演了136场，到最后，无论对剧作家还是对制作人来说，都让他们感到烦恼。在奥尼尔的坚持下，E. G. 马歇尔被指定扮演希基一角进行全国巡演，而詹姆斯·巴顿被告知扮演哈里·霍普的角色；巴顿拒绝了，但是，由于他签了戏剧演出协议，虽然马歇尔接演了他的角色，直到演出最后完全结束为止，同仁剧院不得不付给他报酬。

巡演开始后不久，波士顿当局宣布，除非修改一下某些"会引起异议的"对话，在他们的职权范围内，《送冰的人来了》不能上演。奥尼尔认为，这种裁决是当初导致《奇异的插曲》被禁演的"愚蠢的审查制度"的重演，他拒绝修改剧本的"哪怕一个词"。于是，波士顿就把该戏的演出从演出日程中删除了。（谢莉·温加滕猜测是同仁剧院希望提高该剧在其他地区的票房而制造了这次波士顿演出风波。）

当《送冰的人来了》在华盛顿特区的国家剧院（National Theater）开始演出时，剧作家再次感到不安起来，剧院因为禁止黑人入场的政策而受到了非难，而同仁剧院又不能叫停门票预订。在首都天主教跨种族委员会（Catholic Inter-Racial Council）的威尔弗雷德·帕森斯牧师（Rev. Wilfred Parsons）上诉后，奥尼尔给他发了一封电报，并准许他将电文公开："我反对，并且一直反对任何形式的种族歧视，我向您保证，在所有将来的合同里我将坚持无歧视条款。作为剧作家和制作人，我过去的记录业已表明在种族问题上本人所持的立场。"

尽管《送冰的人来了》麻烦重重，奥尼尔和同仁剧院在《月照不幸人》一剧上命中注定更加不幸。1947年元月，剧本还没有进入排练，同仁剧院就在好莱坞、都柏林、伦敦以及纽约进行了寻访，希望找到一位大块头的爱尔兰女演员，"能够胜任从闹剧到希腊悲剧"，扮演剧中的乡村姑娘乔茜·霍根。最终百老汇一位还不太出名的女演员玛丽·韦尔奇（Mary Welch）入选，但是她到底能否签约好几个月都没有确定；除了她经验有限外，她在体型上并不是大块头。"你是爱尔兰人吗？多少比例？"他们第一次见面时剧作家问她道。"我希望和这个剧本有关的所有人都尽可能是爱尔兰人。虽然故事的地点是新英格兰，三个主人公智力平平，情绪善变，有神秘特质，具有清晰的爱尔兰人特点。"

奥尼尔的微笑鼓舞了她，韦尔奇小姐说她是纯粹的爱尔兰人，父母来自科克郡（County Cork），声音慢慢带有了爱尔兰口音，她回忆说她的祖母常常说："我永远不吃炖肉——那些神秘的菜肴！"

她说，自从他们第一次见面开始，奥尼尔的眼睛盯着她的脸，非但没有让她感到不自在，好像是"赐予我绝对的荣誉，让我尽可能清楚、简洁地表达（有人回忆说，当利昂娜·贺加斯1925年面试《大神布朗》时，也有类似的感觉。——作者按）……他就一直盯着，仿佛要把我燃烧掉，直达我纯洁的内心；跟他在一起时，我总有同样的感觉——我仿佛被提纯了"。

剧作家和韦尔奇小姐谈论爱尔兰人比谈论《月照不幸人》还要多，而后奥尼尔送给她一部脚本，并叮嘱她两周后再来。读剧本时，韦尔奇小姐感情受到了极大的触动，她在日记中写道："乔茜的每一次虚张声势，每一次受到伤害，以及每一次发现，都仿佛发生在我自己身上……我不止一次被命运感动。我明白我必须演这个角色，我会演好的。"

在第一次试戏时，同仁剧院的负责人认为她看起来"太平常"了，然而剧作家并没有在意他为这个角色规定的特殊身体要求。据这位女演员说，他说："她可以增加些体重，但重要的是韦尔奇小姐理解乔茜的感受。正当寻找更加有经验、身体条件更适合的工作还在继续的时候，韦尔奇小姐被叫来进行进一步测试，她每次到来都因为"吃土豆、香蕉和馅饼"体重上升几磅。在为剩下的候选人进行最后一次试戏前，奥尼尔邀请韦尔奇小姐去喝茶，明白无误地告诉她，她是他不二的人选。那天晚些时候，在和扮演小詹姆斯·蒂龙的詹姆斯·唐恩（James Dunn）对戏后，她拿到了一份合同，上面有一条特殊的条款："艺术家同意为角色所需而进行必要的增重。"

原则上，导演会早早地签协议，并参与到演员的选任工作中，但是在百老汇地区找到一位奥尼尔可以接受的导演有难度——他必须是爱尔兰人——阿瑟·希尔兹，长期效力于艾比剧院，巴里·菲茨杰拉德的兄弟，几乎在最后一刻被从好莱坞请来了。结果是希尔兹发现他并不是非常喜欢和他共事的这些演员。除了因为出演电影《布鲁克林有棵树》（*A Tree Grows in Brooklyn*）的詹姆斯·唐恩、韦尔奇小姐，另外一个主角是 J. M. 克里根（J. M. Kerrigan），出演乔茜的父亲。

按照唐恩后来的说法，虽然玛丽·韦尔奇非常想参演《月照不幸人》，而他却显得不太愿意。"我并非真正喜欢这个戏；我喜欢演喜剧，我喜欢听到人们的笑声，但我的妻子告诉我，我应该演这个戏——尤金·奥尼尔，同仁剧院，一桩体面的事情。于是我被妻子说服接了这个戏。"克里根也不喜欢这个戏；他对好友说，他不喜欢剧中有力的预言和给人们的爱尔兰印象，但他希望降低他认为他所演角色令人不悦的因素。

在第一次排练时，在读到杰米对母亲的感情和他在火车上的不体面行为那段文字时，詹姆斯·唐恩哽咽了，开始哭泣起来。当他努力继续演下去的时候，玛丽·韦尔奇也开始眼泪汪汪，她环顾桌子四周，发现剧作家和同仁剧院的三位导演眼睛里也都噙着泪水。“哦，我们又哭了”，奥尼尔幽默地说道。“当我创作这个剧本时，我已为乔茜·霍根和杰米·蒂龙哭了很多。我爱他们。”唐恩最后控制住了自己的情绪，他此刻可能没有想象到他更像一个预言家：“现在我们大家都哭了。我猜，管理者以后也会哭的。”

同仁剧院对玛丽·韦尔奇持怀疑态度，但奥尼尔却主要对詹姆斯·唐恩不满意，他对朗格内尔抱怨说，唐恩没有展示出杰米·蒂龙身上足够多的“绅士风度”。朗格内尔当时并没有意识到蒂龙其实就是奥尼尔的哥哥，觉得剧作家对剧中的人物过于“理想化”了，而这一点在剧中并没有得到描述。在排练的绝大部分时间，奥尼尔感到不太舒服，只参加了几次幕间的会议；在一次会议上，他认为主要演员们“将剧本的悲剧性演出来得太早了”，前两幕应该更加强调剧本的喜剧性。

阿瑟·希尔兹说：“我认为剧本应该有最少的行动，奥尼尔同意我的观点。剧院最困难的事情是让演员不做什么。朗格内尔、演员以及每一个人都想打破这个常规，要做些什么，尤其是在第三幕蒂龙有长时间台词的时候。朗格内尔想裁剪剧本，大刀阔斧地裁剪，这会减弱奥尼尔试图强调的关键点。我本应该被告知他不允许任何裁剪行为的发生，所以当奥尼尔先生有一天问我认为剧本是否应该缩减时，我感到非常难堪。我在艾比剧院——确凿无疑是剧作家的剧院——工作的20年教会我不要篡改有名作家的作品。这就是不能做。我诚实地告诉他我并没有这样想过，但是希望做的变更不应该太大。”

随着排练的进行，奥尼尔变得非常不满意，以至于他同意了对剧本进行删减，然而同仁剧院完成这一演出季签约的剧作有困难。有了奥尼尔的许可，虽然他的热情不高，制作人安排了几场市中心以外的演出，希望剧本在百老汇演出前能够再有所提升。

1947年2月20日，《月照不幸人》在哥伦布进行了全球首次公演，观众都很时尚，观众中有俄亥俄州的州长，还有詹姆斯·唐恩夫人，“戴着玫瑰花环，穿着黑色的丝质长裙”。身在纽约的剧作家托人给玛丽·韦尔奇带去了一打玫瑰，还附上了一张卡片，上面写着：“我再次有完全的信心。”在第二次幕间休息时，朗格内尔注意到一群人整理好外衣离开了，他就问看门人是不是有对白触犯了他们。看门人回答说：“不是。他们只是说他们是爱尔兰人。”

该剧的评论有喜亦有忧。几位州外的评论家发表了对首演的看法，《波士顿邮报》（*Boston Post*）的艾略特·诺顿（Elliot Norton）是其中之一，他称该剧“具有深邃之美”，并抱憾地补充说，“这个戏不可能在波士顿上演”。而《哥伦布公民报》（*Columbus Citizen*）称该剧“不重要”。

《月照不幸人》在匹兹堡受到了全面的攻击，不仅有剧评家、专栏作家和编辑，还有商会组织的负责人。一位报社的专栏作家称该剧是奥尼尔作品“退步的证据”，他声称，“粗俗是一盘糟糕的菜”，“在粗俗中掺入玉米便溢出了”。商会会长承认他没有看过这个剧本，他说他“听到了可敬的商业街头面人物没有掺杂偏见的报告，他对报告的内容感到震惊”。

匹兹堡的强烈反应引起了密歇根州底特律市（Detroit, Mich.）审查部门的警觉，渴望保护他们辖区的道德。3月10日同仁剧院的演出一开始他们就做好了准备。第二天上午，在底特律进行试演的特丽萨·海尔朋和阿美娜·马歇尔看到当地的《时报》时着实让他们目瞪口呆。第一页的正上方是一行红色的大标题：奥尼尔剧作因猥琐停演。

警察局的审查员查尔斯·斯奈德（Charles Snyder）在媒体上暴跳如雷：“整个主题都猥琐。这是对美国母亲身份的中伤。剧本除非经过完全重写，我才会让它继续。”

当同仁剧院的两位女性工作人员在剧院和斯奈德协商的时候，她们得知他对“母亲”和“妓女”这两个词在同一个句子中出现尤其反感。在其他要求中，他还要求用“卑鄙的人（louse）”代替“杂种（bastard）”，用“风尘女子（tart）”代替“妓女（prostitute）”，也应该删除将女孩称为“猪”这种表述。

“你允许《欧扎克女仆》(*Maid in the Ozarks*)（一个俗丽的剧本，关于一个贩卖私酒，浑身脏兮兮的招待的故事。——作者按）这样的剧本在底特律上演，却禁演奥尼尔的剧本，他还获得过诺贝尔奖？”马歇尔女士反驳道。

斯奈德回答说：“女士，我不管他获得过什么奖，他不能在我的地盘上演一出肮脏的戏。”

很快，他们的争论因为詹姆斯·唐恩的到来而停止了，他和一位他认识的密歇根州的官员一直保持着联系，他搬出了老朋友的名字才渐渐让这位审查员平息下来。但是，虽然审查员同意和演员一起重新审查这种情况，但他还是坚持应该将剧中的女性排除在外。

根据马歇尔小姐的说法，两个男人删除了“大约八个单词”，就这样争论结束了。同仁剧院的对外宣传员乔·海德特也对这个结果毫不在乎，他对媒体说，修改涉及13个单词和1个句子，在“对此达成一致意见后，我们拜访了纽约的奥尼尔先生；修改非常细微，奥尼尔先生对此只是笑了笑，表示完全同意”。

阿瑟·希尔兹的说法有些不同，他坚持说有超过8个或者13个单词被删除了：“我本想同仁剧院会反对那样的审查，当我听说警察局审查员的意见得到遵照执行的时候，我感到奇怪。我本想着，当同仁剧院打电话告知奥尼尔的时候，他会非常不耐烦，让他们该干啥干啥。对我来说，整个插曲令人不快，第二天早上我就动身前往东海岸了。”

但这个时候，和匹兹堡的反应不一样，媒体的热情程度很高。在3月11日的《底特律新闻报》(*Detroit News*）上，拉塞尔·麦克劳克林（Russell McLaughlin）对《月照不幸人》的评论最有同情心。麦克劳克林说：“在观看奥尼尔的剧本时，最好要记住，尽管奥尼尔作为美国一流剧作家的地位毋庸置疑，他还是一位爱尔兰诗人。尽管他目前剧中的人物使用了舞台上听到的最糟糕的现代语言，但他们实际上都是皮肤黝黑、行为怪异、有凯尔特风格的象征性的人物，有可能就是和库丘林（Cuchulain）或者奥西恩（Ossian）同时代的人，他们在生活的苦海中打败了野兽，勇敢地战斗，像日耳曼神灵那样饮酒，但最终却发现他们穿着圣人的服装为爱而死。”

“奥尼尔到底是一个什么样的人，最便捷的标准有可能不是昨晚看了一场奥尼尔的戏之后很多观众对他所产生的一般性了解。在剧院大厅，很自然地，人们疑惑和震惊两种感情都有。以一个自己就有较深凯尔特人肤色的人的话为例，如果不考虑剧中的不敬之词和粗俗的预言，在过去1,500年中，这种情况也一直在困扰着爱尔兰和苏格兰高地（Scottish Highlands）游吟诗人的心灵……别忘了，无论他说什么，都是在古老的乐器上奏出爱的挽歌。”

由于对唐恩和韦尔奇小姐感到不满意，《月照不幸人》在底特律演出了两周，在圣路易斯（St. Louis, Mo.）演出了一周之后，同仁剧院终止了该剧的演出。他们想更换演员，在作者的帮助下，在下一个演出季重新演出。然而，奥尼尔开始对这个剧本反感起来（1952年，他说，他“越来越讨厌这个剧本了”），并用一个又一个借口拖延起同仁剧院来。另外一个原因是，当今没有莫里斯·巴里摩尔和詹姆斯·奥尼尔那样的演员能够胜任科·梅洛迪这样的角色，他让同仁剧院推迟了《诗人的气质》的所有演出计划。由此一来，在他的有生之年，两个剧本都不能在百老汇演出了。但是，迫于经济压力，他准许《月照不幸人》在他去世前不久出版。

一年多来，奥尼尔一直忙于《送冰的人来了》和《月照不幸人》的演出，此后的1947年春天，他发觉自己有了闲暇时间，话语不多，身体情况不稳。他曾向谢莉·温加滕提过，他脑子里一直在构思一个剧本，一个喜剧，但由于震颤症的原因，剧本只能留在脑子里；谢莉立刻自愿要辞去在同仁剧院的工作，去为他工作，这样他就可以向她口述剧本，但他拒绝了她的提议。他为自己的双手感到伤心，他解释说，他只有用铅笔和纸张才能想出恰当的语句。

卡洛塔觉得奥尼尔近期的焦躁不安让他过于透支。6月8日，她在给查尔斯·奥布赖恩的留言中说，奥尼尔卧床不起，胃不舒服，体温也有问题。“劳累过度。我努力让他远离这些不适——但是谁能阻止一个爱尔兰人不往悬崖上迈呢？

“可是，我想努力试试——天使也没有我做得多。”

只要查尔斯·奥布赖恩·肯尼迪来到奥尼尔的寓所，两人总会谈论运动，尤其是棒球，肯尼迪是“那些流民”（dem Bums），即布鲁克林道奇队（Brooklyn Dodgers）的忠实粉丝，而奥尼尔在收音机上收听比赛，是巨人队（Giant）的粉丝。E. G. 马歇尔过来后，他们的谈话变得更加学术了，马歇尔很想知道奥尼尔对当时的流行哲学存在主义的看法，就送给了他萨特写的一本书，而奥尼尔并不为之所动。他用怀疑的口吻问道：“他们知道存在主义是关于什么的吗？”他说，他自己的哲学被尼采和斯宾格勒（Spengler）很好地给阐述出来了。

一天，当比尔·阿隆博格正要离开奥尼尔的寓所时，马歇尔来了。奥尼尔咧嘴一笑说道：“我赡养费的分配员来了。”这年奥尼尔最终付清了艾格尼丝的赡养费；在通过阿隆博格和艾格尼丝进行谈判后，他付给前妻17,000美元解除了她对他赡养费的诉求。[不久之后，艾格尼丝和一个叫莫里斯·考夫曼（Morris Kaufman）的人结了婚，他是一个自由作家，艾格尼丝认识他有好多年了。]

尽管卡洛塔常常让马歇尔和肯尼迪感到他们是受欢迎的客人，但是她对沃尔特·凯西（Walter Casey，人称“冰人”）的态度只能算忍受了。他是奥尼尔在新伦敦时的一个老朋友，一个高大、亲切的红脸单身汉，缺点是喜欢喝酒。他几年前怀着文学的梦想来到了纽约，有一段时间做了雇佣文人，漂泊不定，之后在三流的旅馆做了前台职员，算是稳定了下来。凯西在新伦敦有几个姐妹，他常去那里，回来时常常带回来有关奥尼尔的那帮老朋友中阿特·麦金利、爱德华·基夫、汤米·特诺兰德（Tommy Troland）（现在当了法官），甘尼医生等人的消息。令卡洛塔感到不高兴的是，凯希的来访有时会让她丈夫回想起他在新伦敦的两个重要情人，麦蓓尔·斯科特（《啊，荒野！》中的女主人公原型）和比阿特丽斯·阿希；也许他长时间谈论这个话题恰因为他知道这会激怒卡洛塔。

在同仁剧院为朗格内尔的一座夏日剧院，西港乡村剧院（康涅狄格州）

（Westport Country Playhouse），排练一个剧本时，奥尼尔对帕特丽夏·尼尔（Patricia Neal）的表演印象深刻。他以前见过她，当时她来给《月照不幸人》中的乔茜·霍根这一角色试戏；后来她看了《送冰的人来了》后给奥尼尔写了一封热情洋溢的信，他作为回复也给她写了一封贺信，祝贺她在莉莲·海尔曼的剧本《松林深处》（*Another Part of the Forest*）所取得的个人成功。在排练时，奥尼尔告诉尼尔小姐他觉得她是《诗人的气质》中的女儿这一角色的合适人选，后来送给了她一本该剧的脚本。奥尼尔很喜欢这位聪明、有生气，并且显然仰慕自己的年轻演员，奥尼尔探访了她好几次；但是，他们之间的关系很纯洁，他将他们的会面安排得尽可能小心，以免给卡洛塔带来麻烦。

尼尔小姐现在仍然记得："同仁剧院给我打电话说奥尼尔先生想见见我，我们将在剧院的一个办公室见面，我们谈到了戏剧、爵士乐、好莱坞，以及我们喜欢的书。他说无论我想演他哪一个剧本，他都会同意。我当时在考虑接受一部电影的邀约，他告诉我可以继续；他说不要为剧院做出牺牲。好几年，在我所有好莱坞合同中，都有这么一个条款，如果《诗人的气质》需要我，我可以随时离开好莱坞。一天，他提到新伦敦的一家冰激凌店的汽水非常好喝，我说再好喝也没有第五大道附近希克（Hick's）的汽水好喝，并劝他和我一起去。那天他的手颤抖得不厉害，他的心情也非常好，可以端得住汽水。"

不知怎的，卡洛塔知道了奥尼尔和帕特丽夏·尼尔之间的关系，她非常生气。（她对这位年轻女演员的敌视从来没有降低；几年后，百老汇重演《榆树下的欲望》，就在尼尔小姐即将签约出演爱碧·普特南的时候，卡洛塔获知了演员提名名单，于是谈判就被叫停了。）

1947年后半年，另一个常常造访奥尼尔寓所的人是汉密尔顿·巴索，他正在为《纽约客》杂志写奥尼尔传略（该传略分三部分刊登在1948年该杂志的二月号和三月号上）。巴索发现，其实在他的调研中，他所接触到的每个人提到奥尼尔时都用到了"非常喜欢这类的词语；甚至变得越来越像一个绞肉机的（埃德蒙）威尔逊都没有说对奥尼尔不利的话；‘他非常坦率’，邦尼（Bunny）说”。

《纽约客》杂志的这位记者最初感到很泄气，因为许多非常熟悉奥尼尔的人拒绝帮忙。内森和朗格内尔说，他们想自己写关于剧作家的东西；马登想提前得到一份列好的问题，问题还要让奥尼尔过目，并获得他的许可（巴索不同意这个建议）。其他人，例如康明斯夫妇，则回绝了，主要是从保护奥尼尔的感情出发，除此之外，几乎所有人都担心会引起卡洛塔不高兴。最终，令巴索感到非常吃惊的是，因为他的采访对象是人尽皆知地内向，奥尼尔本人证明是最为合作的一个，而且是最可靠的消息来源。好几个月，每周有两个下午的会谈，他回忆了他的过去，给巴索提供了得天独厚的材料，因为这是奥尼尔接受的最后采访；刚开始，他不得不用问题引导着奥尼尔，但在介绍阶段结束后，奥尼尔便无需引导，开始回忆起来。

巴索说：“他是我见过的对自己最诚实的人。他说话从来不像做社论，你明白我的意思；他根本不停下来思考‘这种回答听起来会怎么样，其他人会有何想法’？后来，我觉得他放开了，因为他再也不能工作，感到非常孤独，我是他很长时间以来见到的第一个来自外面的人，因此他愿意交谈。”

巴索是一位机智、绅士般的南方人，早就赢得了剧作家的好感，他回忆说他们几年前有过几次一面之交。一次好像是在时代广场，巴索在顺着地铁站的楼梯一边往下走，一边大声念着《大神布朗》中西比尔最后的台词（“春天总会再次到来，携裹着生命！……”），突然他注意到一个瘦弱的陌生人走了过来，听到了他，不好意思地微微笑了笑——他突然认出这个陌生人是奥尼尔。

在参观完奥尼尔的卧室兼书房之后，巴索在记录中写道：“奥尼尔如今不再从事创作，但他的书桌收拾得整整齐齐，随时准备创作。看到他的书桌，感到非常忧伤。”

在他们见面的前几个下午，其中有一次，他们坐在三面环绕奥尼尔公寓的高处，整个城市一览无余，奥尼尔和巴索谈论“共同的记忆和共同的朋友”，奥尼尔兴致很高，也很高兴。七月有一天，天气潮湿，奥尼尔没有出门，患上了“纽约忧郁症”，怀念起曾经在加利福尼亚山坡上的家。巴索记得他第一次见奥尼尔时他的模样，想到了他听到的奥尼尔在水中非常勇敢的故事，他还想起了“礁石上的高速帆船”。

在他看来，奥尼尔是他认识的人中唯一的一个“在安静时，脸上表情凝重，令人无法忍受——这种凝重、灼热的神情主要来自他那双大大的黑眼睛；但丁肯定有过相似的神情，巴索想到了古老的传说中说，佛罗伦萨人常常躲避诗人但丁的目光，因为他们相信他的眼睛‘看进了地狱的最底层’”。

有时是很长时间的沉默，甚至巴索觉得他被遗忘了，但当奥尼尔接着说话时，他非常明显是在记忆中翻找着重要的事情。奥尼尔回顾了他整个一生，开始讲跟随父亲全国各地巡演的那些年月，这让他“喜欢上秩序”，并“对旅馆有一种深深的不能自已的憎恶”。埃拉·奥尼尔只是在他的谈话中被附带地提及，但他常常回到父亲的话题上。具有讽刺意义的是，考虑到他对自己子女的态度（尽管讽刺好像与他擦身而过了），他回忆起了与父亲有过节的那些年月，当时父亲“差不多要把我放弃了；不是因为我要指责他，如果有什么要指责的话，他对我过于耐心；我现在怀疑他为什么没有赶我走，我创造一切机会让他这样做”。

回忆起他和奥尼尔的相识过程，巴索觉得：“不管作家如何具有创造力，有朝一日都会像他们作品中的一个人物，这挺有趣的。关于这一点，没有什么神秘和深奥之处；创造性的想象从自身汲取营养，一个作家出色的人物——出色，是指人物都是活生生的这一方面——在多多少少的程度上，都是他自己的反应。具体到我熟悉的人，菲茨杰拉德毫无疑问是他作品中的一个人物；我要说，尤其是像盖茨比。托马斯·沃尔夫（Thomas Wolfe）是一个当然的例子；海明威，显得有点乱，好像下定决心他的一生都要模仿他的小说。舍伍德·安德森是一个语言不太流利、反应不太迅速的人，这种人在他的《小城畸人》中出现了。上帝知道，埃德蒙·威尔逊是赫卡特县上了年纪的本地人中的一个。威利·毛姆就是毛姆作品中的一个人物，德莱塞是嘉莉妹妹的大哥。言归正传，现在的奥尼尔可能就是一个等待在舞台幕布两边在尤金·奥尼尔的剧本中等着提示台词的人——悲剧性的生活，三倍的复杂。”

一个秋天的下午，天色变得越来越暗，奥尼尔又转而谈到了他的剧作这个话题，尤其是所遇到的挫折。“你创作完成一个剧本后，剧本进入了排练，剧本就开始离你而去了。不管演出多么成功，演员多有才华，有些东西还是失去了——你自己对剧本的看法，你在想象中对剧本的态度。”

卡洛塔当时出去购物了，她回来后责怪丈夫坐在了黑暗中。“你为什么不开灯呢？太黑（gloomy）了。”她摸索着开灯，他从黑影中走了出来。“我应该是一个阴郁（gloomy）的人，你听说没有？”

“有时候你非常阴郁”，她回答说，“但为什么他们常常夸大其词？关于你他们所说的一切几乎都是错误的”。她离开去沏咖啡后，他评论说：“卡洛塔刚才说的话对。关于我他们所说的一切几乎都是错误的。”

巴索根本没有发觉奥尼尔夫妇之间的关系有什么不正常。他说，“毕竟，他们是世俗的人，有尊严意识，总要在别人面前抛头露面。”但有时候当他来奥尼尔寓所的时候，“气氛显得凝重，仿佛刚刚争吵过”。

奥尼尔因为行动不便，心情烦躁，卡洛塔有时会把奥尼尔哪怕非常小的过失当作对她的极大冒犯，例如他和帕特丽夏·尼尔的友谊，他们之间的关系由此变得越来越紧张。第一次刚从海滨回到纽约时，卡洛塔欣喜不已（我到家了，到家了，到家了！谢天谢地！当时她高兴地说道。我有好多年没有这样高兴过了！）。但是现在她“讨厌”这座城市，好像主要是因为这座城市里有她丈夫的很多老朋友，而她又不喜欢这些人，还有很多想认识这位著名剧作家的女演员。她尽最大努力监督和控制着丈夫的社交活动，但同时他好像对她也有极强的控制欲，并且对她有所猜忌。一天晚上，她碰巧遇见了谢莉·温加滕的未婚夫，他在同仁剧院做制作助理，名字叫史蒂夫·亚历山大（Steve Alexander），卡洛塔担心奥尼尔会听说他们两个一起喝了咖啡；第二天，她叮嘱谢莉说，如果金问起她，就说她当时也在场。

尽管谢莉小姐当时并没有意识到这一点，卡洛塔这年秋天却对她开始冷淡起来，最初好像是因为杜娜·巴恩斯的小说《夜林》（*Nightwood*），风格奇怪，讲的是女同性恋、异装癖者和其他绝望的人的故事。当谢莉向奥尼尔提及这部小说的时候，他说他想读一读，因为他知道杜娜·巴恩斯这个人，她是普罗文斯敦剧团一个非常漂亮的姑娘。卡洛塔刚读了一点就心烦不已，当奥尼尔说这本书是谢莉送来的时候，她最初表示怀疑。“我们的谢莉给你这种肮脏的书，我们的小谢莉？！”她说了好几遍。奥尼尔说，T. S. 艾略特给《夜林》写了一篇热情洋溢的介绍（具有“恐怖和阴郁的特点，近乎伊丽莎白悲剧”），但没有人能够让卡洛塔改变这本书是“肮脏的书”的看法。

在朗格内尔夫妇为谢莉和史蒂夫·亚历山大举行的婚礼派对上，谢莉再次无端地成了卡洛塔烦恼之源。应朗格内尔夫妇之邀，谢莉给他们列出了一个要邀请的人的名单，虽没有打算邀请奥尼尔夫妇参加，名单中却列上了他们的名字。卡洛塔回绝了邀请，并告诉谢莉说，她和奥尼尔从不参加社交活动，但希望下一周能够邀请这对年轻的夫妻过来一起吃饭。

令这对新婚夫妇和朗格内尔夫妇感到吃惊的是，奥尼尔只身一人来到了婚礼派对现场；在派对上他兴致很高，没人能想到他是违背了妻子的意愿过来的，其实他来之前刚刚和她争吵过。那天，他双手颤抖不太明显，他喝了几小口香槟酒，抽了烟，一群漂亮的姑娘围着他的椅子坐在地板上，他一直面带微笑。演员埃德蒙·赖安（Edmund Ryan）说：“我妻子问了他很多问题，还对他进行了一番评论，显然他非常喜欢我妻子酒后的谈话。我告诉她别再烦扰他了，他冲我挥了挥手，并不在意。”

“当晚我对政治问题感到非常困扰”，赖安的妻子安·萨金特（Ann Sergeant）说。“据说卡内基音乐厅（Carnegie Hall）的柯尔斯顿·弗拉格斯塔（Kirsten Flagstad）受到了调查，因为有人说她在战争中站在赞成纳粹一方。这对自由派人士倒没有什么，但当一个右倾团体举行了反对口琴手拉里·阿德勒（Larry Adler）的示威的时候，自由派愤怒了。”我告诉奥尼尔，依我看，如果可以调查弗拉格斯塔，他们同样可以去调查阿德勒。我还说，在哲学层面我是一个无政府主义者，但在实际事务上我是一个资产阶级。奥尼尔称我是‘在一千年中他见过的最英明的女性’。他有很强的幽默感。我感到他是我遇见的最温和、最友善的人。我喜欢与人交往，我确信这一点，而他却很害羞——如此而已。”

当谢莉在奥尼尔寓所门前和他吻别的时候，奥尼尔小声说，他“要有大麻烦了”。当他脸上带着口红印记出现在她面前的时候，她极有可能不会让他失望。

在为这对年轻夫妇举行的餐会上，奥尼尔送给他们一张170美元的支票，这是《送冰的人来了》在捷克斯洛伐克演出一周的版税。谢莉隐隐约约感觉到卡洛塔当天晚上有些“异常”——她表情比平时凝重，吃得比平时也多——但是她对客人们表现得还是很随和。后来表明，这是谢莉和卡洛塔的最后一次见面。

埃利纳和索弗斯·温特十一月份来纽约，在接到卡洛塔的邀请后于21日和奥尼尔夫妇共进了午餐，卡洛塔在邀请函上写道：“弗里曼在这里，但我可爱的伯莱明却不在，唉！”在前几个月，奥尼尔夫妇雇用了一位德国管家，奥尼尔渐渐开始不喜欢他——他认为这个人长了一张“像大肥猪一样的”脸——于是他们把赫伯特·弗里曼从旧金山请来了，自从战争结束后他一直在那里做码头的搬运工人。虽然21号的餐会进行得很顺利，奥尼尔夫妇私下还是再次起了争执。温特夫妇第二次来访刚一开始——感恩节的绝大部分时间是在奥尼尔的寓所度过的——卡洛塔就把自己关进了卧室，埃利纳和她在一起，卡洛塔用差不多两小时的时间向埃利纳倾诉对奥尼尔的不满。

她系着一条朴素的厨房围裙，胳膊上披了一条薄薄的围巾。用埃利纳的话说：“她浑身的衣服缺少我所熟悉的与她密不可分的颜色和风格。她的声音显得非常‘苍白’，我以前没有听到过，因为如果说在卡洛塔身上我最喜欢什么，那就是她那活力四射、甜美的嗓音和受过训练的措辞。”在卡洛塔开始倾诉她的不满之前，用埃利纳的话说，她“做好了准备”，让埃利纳坐在了一把舒服的扶手椅上，她自己则坐在了房子中间的一把无后背的凳子上。

温特夫人记得，在卡洛塔对丈夫不满的具体事情中，她指责丈夫在家“和他的好朋友们喝酒”，他还躺在她身边，躺在被褥上面，不让她睡觉，一连好几个小时说他过去的事情，尤其是他和艾格尼丝的婚姻。（卡洛塔现在好像觉得他“对艾格尼丝太不人道了”，她提醒埃利纳不要向奥尼尔提起艾格尼丝。）

温特夫人继续说：“她告诉我她和金如何大吵大闹。她说，金‘像这样抓住我’，做出搂抱的姿势，他的双臂在她身后紧紧扣在一起，抱得很紧，她无法动弹，她说，‘然后他一下子把我重重地摔在地板上，我的头撞在了暖气片上’。

“她向我重复着她当时说的话，‘你还是摔得不准啊，你应该把我摔得离暖气片再近点，摔死我好了’！

“她说金说，‘要是那样的话，我隔壁的房间里有两个系索栓’。”

卡洛塔边回忆边说，温特夫人越来越觉得怀疑，但最后她还是禁不住流下了眼泪。她洗了洗眼睛，卡洛塔递给他一杯雪莉酒，她们重新回到起居室两个男人的身边。埃利纳记得，“当我出来的时候，金向我投来紧张、焦虑的目光；我冲他微笑了一下，可以看出他放松了下来”。

感恩节那天接下来的时间过得还算顺利，话题主要是文学。尤金送给温特夫妇一本《送冰的人来了》，还在上面题了词：“赠给我的朋友索弗斯——直到最后（Usque ad finem）！”康拉德小说《吉姆爷》（*Lord Jim*）中的一句话，两个人你一句我一句引用着各自喜欢的小说（“你如何通过内心杀死一个魔鬼？”等等）。晚上，索弗斯朗诵了勃朗宁（Robert Browning）的《罗兰公子来到暗塔》（*Childe Roland to the Dark Tower Came*），一首奥尼尔认为真实地反映了他个人生活的诗歌。

温特夫妇以前每次来拜访奥尼尔夫妇，弗里曼总会过来向他问好，但这一次却没有看见他；温特夫妇知道他在，只是因为卡洛塔说他“在厨房切火鸡”。假期后不久，奥尼尔对这个南方人产生了妒忌和怀疑，就解雇了他。（几个月后，弗里曼在加利福尼亚跟斯特拉姆夫妇通了电话，根据他们的回忆，当他们一起回想起他们以前的两位雇主时，都感到有些好笑。）

圣诞节那一天，奥尼尔忘了给卡洛塔写节日祝福词，用他自己的话说，“为此付出了眼泪的代价”。三天后她第59个生日那天，他的祝福语是：“我的爱人，我非常需要你的爱，你的爱是我的生命。”他劝她不要“嘲讽这一点，因为爱是非常重要的事实，爱能在我们老年时顶着世人的嘲讽给我们以支持……我爱你，卡洛塔，像过去那样爱你，将来也会这样爱你”！

丈夫去世几年后，卡洛塔告诉本传记作者说：“对我来说，他就像一个任性的孩子，一个有过错的人。他并不爱我，我觉得他没有爱过任何人——只爱他的工作。他需要我照顾他。他生命的最后十年，患了性无能，为此他憎恨我。如果他懂得爱的话，这本不应该给他带来烦恼……当我们俩之间的关系顺利时，他有时突然会说，‘我不知道我是更恨我自己，还是更恨你’。”但还有一次，她承认，“金爱我可能与爱其他任何人一样”。

有一天，诗人理查德·勒贝赫兹（Richard Lebherz）正在大都会博物馆，当奥尼尔和卡洛塔依次进入电梯时，他立刻认出了奥尼尔。像汉密尔顿·巴索一样，他也为剧作家的那双眼睛感到痛苦——“两个可怕的痛苦的黑点，一个生活在地狱中的人的眼睛，在观察着他周围这个世界”。勒贝赫兹说，他不确信“这是不是因为他身体正在遭受着痛苦，但我更倾向于相信这是一个人被剥去了脑子里所有幻想的结果，最后一无所有；我还觉得他是一个有内疚感的男人；电梯停了，他出来了，他妻子小心翼翼地跟在后面，我觉得我看到了一个精神极度痛苦的人，生命在他身上仅留下微弱的光，时间随时都可能把它泯灭。”

尽管如此，奥尼尔活的时间要比看上去更长；他又活了六年。

1948年元月中旬的一天晚上，萨克斯·康明斯夫妇在奥尼尔家，这时电话铃响了；接听了几分钟后，卡洛塔用冷冰冰的语气喊奥尼尔过来接电话。他接过电话（“好的，当然了，菲茨，我很乐意，你需要多少？一百美元够吗？”），卡洛塔走来走去收拾着东西，有些恼火，“这些放荡不羁的人，这些吸血鬼，总要个没完，肮脏的渣滓”，等等。电话是M. 埃莉诺·菲茨杰拉德打来的，对很多人来说，她在普罗文斯敦剧团一直都是活着的大地之母；菲茨感到身体不适，担心患上癌症，打算去西奈山（Mt. Sinai）检查一下，但医院要求一笔预付款。挂断电话后，奥尼尔解释说他非常感激菲茨，希望以此安抚妻子，但卡洛塔就是平静不了。萨克斯感到很尴尬，就悄声道了声晚安，偷偷溜走了。

除了攻击奥尼尔"放荡不羁"的朋友们，卡洛塔还开始折磨起奥尼尔来；他躲进了他的卧室（根据后来他对康明斯夫妇的叙述），但她跟到了他的房间，盛怒之下打碎了他桌子上压着一些照片的一块玻璃，其中一张照片上还是婴儿的他偎依在母亲肩头。卡洛塔一边大喊"你母亲是个婊子"，一边把照片撕了个粉碎，而奥尼尔则骂着她，给了她一记耳光。卡洛塔立刻变得歇斯底里，把几件衣服塞进行李箱，冲出了家门。

第二天上午，在和萨克斯商量了情况后，奥尼尔叫来了沃尔特·凯西，他待了好一阵子。奥尼尔丝毫不敢耽误，努力想让卡洛塔回心转意。元月19日，奥尼尔通过他的律师转交给卡洛塔一个便条，称呼她为"亲爱的"，他在便条上写道："看在上帝的爱的分上，请原谅我，回来吧。你是我生活中的一切。我很难受，没有你，我会死掉。我明白，你不想让我死吧；否则，有生之年你将非常愧疚。"

"我爱你，我也（一直）爱你！请回来吧，亲爱的！"

躲在新威斯顿酒店（New Weston Hotel）的卡洛塔没有理睬他的请求。在比尔·阿隆博格通过私人侦探确定她所在的位置后，她又搬到了城市东面的一座酒店，但她一直和克劳斯夫妇、范韦克滕夫妇以及其他的朋友保持着联系，在电话中向他们倾诉着心中的不满。

奥尼尔的震颤症这时非常严重，他的私人医生谢利·菲斯克（Shirley C. Fisk）大夫希望防患（"偶然发生的或者自己导致的"）于未然，私下建议萨克斯和凯西说，千万不要把剧作家一个人留在家里。萨克斯一直在奥尼尔家里陪他到元月27日，感到很忧虑，因为他的朋友情绪非常低落。萨克斯离开后，奥尼尔和凯西喝了一会儿酒，就上床睡觉了。当天晚上，在去淋浴间的时候，奥尼尔一个趔趄，摔倒在了地板上，他感到左胳膊一阵刺痛，再也无法从地上爬起来，他就大声喊凯西，可是凯西在醉意中睡得很沉。奥尼尔把双手拢在口前，想让住在公寓下面的人听到，到最后，他滚动身子把地毯缠在身上御寒，之后就失去了知觉。凯西醒来后懊悔不已，立刻给菲斯克医生打电话，然后又给康明斯夫妇打电话。奥尼尔的左肩发生了骨折，被救护车送到了达可塔斯医院（Doctors' Hospital）。

菲斯克医生无法确定奥尼尔到底喝了多少酒，因为"酒精，就是一点点，都会"因为奥尼尔服用的治疗帕金森症的溴化类药物和其他药物而'威力巨大'"。菲斯克医生为人可靠，他服务的对象中有几位文学和戏剧界人士，从第一次见面开始，他就对奥尼尔产生了好感，他们第一次见面发生在这次事故前不久；在医院，菲斯克医生发现奥尼尔非常感激，也很坚强，总之是一个模范病人。医生说："我给予他特殊关注，付出的时间比平时也要多，不是因为他是著名的剧作家，而是因为他性格讨人喜欢。你想为他尽最大努力，帕特森（Patterson）［罗伯特·李·帕特森（Robert Lee Patterson）是菲斯克医生请来参与治疗的医生，一位整形外科专家］医生也有相同的看法。"

和同事的看法一样，帕特森医生说："尽管身体痛苦，奥尼尔每次都面带微笑向我打招呼。很难知道什么时候给他开镇静剂，因为他从不呻吟。"

谢莉·温加滕不知道奥尼尔夫妇闹别扭的事情，她一听说奥尼尔出了事，就立刻寄去了慰问信。一两天后，卡洛塔给同仁剧院的阿美娜·马歇尔打了电话，但当时她出去了，接线员就把电话转给了谢莉。谢莉回忆说："通常卡洛塔会对接线员说她是'奥尼尔夫人'，但这次她却说是'蒙特利女士'。我问，'是你吗，卡洛塔？'她回答说：'我想找马歇尔小姐。放下电话！'她声音中充满了愤怒，于是我放下了电话，尽管我不是那种容易晕倒的人，但是这一次我几乎快不行了。这是我最后一次和她通话。"

小尤金几乎每天都陪在医院——在过去的一年中，他很少见到自己的父亲——他希望父亲和卡洛塔离婚。然而奥尼尔告诉他："离开了她，我不能过。"

当和菲斯克医生谈起孩子时，他表达了自己的观点，用医生的原话说，“他大儿子在感情方面是他的翻版，他担心这个年轻人会有不好的结局”。

尽管对这次婚姻危机感到绝望，奥尼尔还是假装对此毫不在乎。2月3日，他口述请人给拉塞尔·克劳斯写了一个便条：“我想见你一面，从下周起晚上任何时候都可以。那时我就可以为欢迎你脸上挂上微笑，或者小声为你唱歌：‘哦，来吧，对我好一点，孩子。’”他还向E. G. 马歇尔幽默地叙述了此次事故。马歇尔说，“当他对我说这件事时，他一直在小声笑着，不是歇斯底里，而是因为那天晚上他滑稽的模样，这件事有些荒诞”。

奥尼尔的一些朋友，包括克劳斯夫妇、朗格内尔夫妇、特丽萨·海尔朋和范韦克滕夫妇都觉得奥尼尔夫妇最终会达成妥协，但还有些朋友，尤其是认为卡洛塔是她丈夫生活破坏因素的康明斯夫妇和阿隆伯格希望并相信，这次关系破裂是永久性的。最初，奥尼尔让菲斯克医生觉得他和卡洛塔的关系完了，想一个人生活，让凯西照看他。谢莉·温加滕定期来医院看望他，并在他的授意下处理他的通信联系，在她看来，奥尼尔暴露他对加利福尼亚那个女按摩师的怀疑，他还说他最终听说卡洛塔的年金是他以前的情人詹姆斯·斯派尔给她的。但是，虽然怀疑，也很痛苦，他还是非常渴望与她重归于好。

1948年2月10日，他们秘密赴欧20周年纪念日那天，他用颤抖的手写道：

哦，亲爱的上帝，请让这个周年纪念日……不要让你想到失败！对我来说，你是生命、最高的美和最大的快乐，没有你我什么也不是！

亲爱的，我经历了地狱，你亦如此。我再也不会做已经做过的事情。

我爱你，亲爱的，亲爱的！我爱你！我爱你！我是属于你的。不要离开我。

你的

金

然而，卡洛塔并没有打算结束他的痛苦或者她戏剧性的行为。她会打电话给菲斯克医生，询问她丈夫的病情，接下来就开始了长篇大论的诉说，说他是一个悲观者，“老色鬼”，还指责他和出演他作品的女演员有瓜葛。在与阿隆伯格的一次交谈中，她声称不久她要和一位朋友动身去欧洲。但是，几天后，在去帕特森那儿看了关节炎后，她本人住进了医院，就住在她丈夫楼下的一个病房里。她满是抱怨地回忆说：“我的病房是9美元，而先生住的病房却是39美元，而且有朋友进进出出。”在菲斯克医生看来，她住院只是为了监视她的丈夫——在弗里曼帮助下，她将监视的事情做得很高效——弗里曼就站在剧作家所住病房不远的地方，询问探视奥尼尔的所有人的名字。但是，卡洛塔住院的时间很短。

奥尼尔所住的位于十楼拐角处的病房俯瞰着东江（the East River），他常常长时间看着各种各样的船只来往穿梭。有一次，电影导演鲁本·马莫利安及其妻子来探视他，剧作家最初还是像过去一样话语不多，当听说他们刚从南美旅游回来时，他兴致一下高起来。马莫利安回忆说：“他开始讲他在南美的时光，在船上，睡公园的长椅，他很有趣。在我的记忆中，他第一次谈到了他创作的方式。他讲话从来没有像这次这么滔滔不绝、这么形象过。显然，他很怀念那些日子。他讲到他睡公园的长椅就跟宙斯讲他睡在云端差不多。他一直讲了一个多小时，他的话真的极富诗意。当我刚见他时，他的样子着实让我大吃一惊，但当他开口讲话时，他几乎看起来健康、年轻。”

二月中旬，剧作家突然担心起他在顶层公寓的手稿和其他文字资料来，就委托凯西把这些东西送到了兰登书屋的萨克斯那里，并存放在保险柜里。根据康明斯列的清单，五包东西包括《进入黑夜的漫长旅程》的两套打字稿和剧作家亲笔写的故事概要；《诗人的气质》的三套打字稿；其中两本有作者本人的亲笔修改；还有一包上面标有“组剧”字样；另一包上标有“非组剧剧本想法”；一包上写有“反抗”字样；还有一包上写有标题：“以讣告的方式”、“最后的征服”和“加格的结局（Gag's End）”。

卡洛塔过去非常信任康明斯，好多年来他有一把卡洛塔在曼哈顿一家银行保险柜的钥匙，只要她要求，他就有权使用该钥匙；但在奥尼尔与卡洛塔的关系破裂后，她通过其私人律师要走了钥匙。2月26日，康明斯接到了她一个电话，用命令的口吻问他，他是否从奥尼尔桌子上取走了奥尼尔的稿件。还没等他开口说出“没有”二字，她就开始骂起来，在中伤奥尼尔和他的同时，她还说，她“受够了”萨克斯，要送他去坐牢，他“早就该坐牢了”，并再次要求他告诉她文件藏在什么地方。

“别问我文件的事情”，康明斯回答说，“它们不是我的”。

卡洛塔完全失控了，大声说，“你们这号人”希特勒杀得还不够，骂他是“骗子、犹太人的私生子”，还有其他的诨号，然后“啪”地一下挂断了电话。当晚回到妻子身边的时候，萨克斯还浑身颤抖，一下子哭泣起来。

第二天，当在信中向奥尼尔诉说电话一事时，萨克斯说：“其他我还能做什么，金，只有告诉她我没有拿那些稿件？没有你的授权，我甚至都不能提稿件的事情。在这种情况下，关于你，无论我说什么或者做什么，我都想让你知道并得到你的许可。”

对拉塞尔·克劳斯来说，好像“奥尼尔和卡洛塔都着了魔，都在相互抵制对方”。他接着说，“这不是一种普通的关系”。三月初，主要是通过他的调停，卡洛塔最终去探望了丈夫，但他们的相聚还是以相互揭短而结束。给克劳斯打电话时，卡洛塔浑身颤抖，哭泣着，在听完她的诉说后，他在3月2日的日记中写道，“完全是一个悲剧”。然而，他后来从奥尼尔那里听说了“故事的另一个版本”。根据奥尼尔的说法，她一度移动了奥尼尔受伤的胳膊，纯属故意，让奥尼尔疼得要命。

除了这对被困扰的夫妇，唯一对这种情况感到最为不快的人当数萨克斯·康明斯了。听说卡洛塔探视了丈夫，萨克斯3月2日给奥尼尔写信说：“我多次去医院探视，每天给你打电话……可能会令你尴尬，对此我一直感到不安。你应该知道，我对你放心不下。但是，如果能够让你省去了解释，我都会离你远远的，除非你让我过去。我希望你知道，只要我活着，我就会随叫随到，不管情况紧急或其他什么时间，只要你叫我。”

虽然现在奥尼尔和卡洛塔都想妥协，双方还是都认为是对方造成了此次的不和，就这样他们俩和好的机会不止一次地错过了。他们之间的谈判持续了好几周。3月5日，卡洛塔告诉克劳斯夫妇，金想4月1日在东63街一家名为罗厄尔的宾馆见她一面；显然，他们不想回到他们的寓所，那是他们发生了太多不快的场所。然而，过了一个月，奥尼尔仍旧住在医院里；4月8日，卡洛塔拒绝了克劳斯夫妇一起吃饭的邀请，并解释说，她“天黑后害怕出去；自从我回到这里（洛厄尔），我先生派了两个侦探（和一辆汽车）跟踪我，或者在宾馆附近转悠；我非常害怕！我不知道他到底想要发现什么。在一起生活了20年后，他对我知之甚少；跟他在一起生活的最后五年让我彻底放弃了任何形式的性和爱（的欲望）”……

“你看看，亲爱的拉塞尔，好几年了，金无法工作。可是他脑子里依然存在这些肮脏的东西——这种事情，在我们之间，正在发生的事情，给他提供了绝佳的写戏机会。他会在大脑中把一切都戏剧化，直到最后他再也没有什么是事实，什么是戏剧的概念！但是，如果有什么奇怪和可怕的事情发生在我身上，倒也精彩——那么——这就会是绝佳的第三幕。”

“所以，我亲爱的拉塞尔和安娜，为我祈祷吧。”

可是，仅仅几天后她和奥尼尔便在医院里达成了妥协。“他需要我，他不能没有我！”她对菲斯克医生说，她丈夫则在一旁会意地微笑着。

经协商，他们同意在波士顿附近安顿下来，毗邻一座全国有名的医疗中心，在能够看见水的地方安一个家。1944年，当奥尼尔还住在旧金山一家宾馆中时，他在写给一位朋友的信中说：“上帝啊，但愿你能够明白我多么渴望回到海上，生活在海上。我们在圣拉蒙谷的牧场教会了我一件事，那就是，无论小山、树林和草地多么漂亮……我只能客观地喜欢它，但在深深的精神层面，我并不属于它……长在海滨的草是我唯一真正理解的绿色，沙丘是我的小山，沙滩上的太阳是我唯一的太阳，大海是生活中神秘的象征，我属于以上这些，自从我是个孩子时起，我就属于这些。”

在纽约的最后几天，奥尼尔夫妇关系恢复所带来的快乐因为刊登在伦敦

《泰晤士报文学增刊》(*Times Literary Supplement*)上的一篇文章而受到了影响。文章称，剧作家"被象征性地撕成了碎片"。4月12日出版的《纽约时报》对这篇占了两个半新闻纸页面的诽谤性文章进行了总结，"英国的这种沉稳而又非常重要的文学出版物如此起劲地攻击，实属少见"。

这篇匿名文章(《泰晤士报文学增刊》上所有的文章都没有署名)是受到在英国出版的《送冰的人来了》的触发而写的，攻击奥尼尔为"清教徒"，"他对清教徒的怒气很大，都显得病态了"。他的"哲学观"被斥为"无节制的感情和幼稚观点的大杂烩"。至于整体上他的创作："奥尼尔的世界是一个肮脏的酒馆，受到酒鬼、不守规矩的人和懒惰的流浪汉的青睐；还时不时被腐败的警察查抄。……走过他塑造的下层社会，当我们走过的时候，还要捏着鼻子，我们简直不敢相信，没有一个正面和拥有讨人喜欢的品德的人物，这样的世界竟然可能存在。"

文章不安好心地发现，当奥尼尔获得诺贝尔文学奖的时候才48岁，而萧伯纳"不得不等到65岁"。获得这位匿名评论者勉强认可的唯一一部奥尼尔剧作是《啊，荒野！》。

布鲁克斯·阿特金森在《纽约时报》上反唇相讥："对于一个评论家来说，《泰晤士报文学增刊》作者的抨击太愚钝和充满偏见……奥尼尔的天赋在于他对陈腐的命运观进行抨击的淳朴的勇气和根本力量。被他塑造人物的粗鲁和所讲语言的粗俗所误导……他认为，美国精神的荣光已经被物质利益的获取出卖了，这是一个道德命题。在他看来，现代文明中不存在上帝，现代文明还没有为上帝找到一个替身——那也是一个道德命题……刊登在《泰晤士报文学增刊》上的这篇满是不满的文章忽略了奥尼尔身上的一样的东西，这种东西和他不能分开：他深沉的激情和观念的生命力。关于他，说得这么多，根本对不住印刷这些文字的那张纸，除非认识到了他带给美国剧坛的活力。没有谁会对像他那样的一位作家所带来的活力无动于衷。"

这对和好的夫妇4月19日动身前往波士顿，奥尼尔虽然出生在曼哈顿，但有种回家的感觉。作为剧作家，他"对新英格兰道德力量的斗争有很强的亲近感”。作为一个人，他“非常喜欢这个地区”。在现实意义上，他在那里安顿下来给不快的心情带来了一种“惬意”的气息。传统上，新英格兰这个地区有意志如钢的人，以及家庭内部的不和，就像东北风拍打着满是岩石的海岸一样，家庭不和最终都会伴随着灰色的烦恼烟消云散，新英格兰对奥尼尔和卡洛塔来说，就像对于《悲悼三部曲》中的那个倒霉的家庭一样，是一个非常合适的背景。

# 第二十九章　重返海滨

奥尼尔夫妇在搬到波士顿居住前一个月，就在马布尔黑德颈（Marblehead Neck）的最突出部买了一座约建于1880年的旧木屋。从这里可以将整个港口、海滩和辽阔的大海这些美丽的风景尽收眼底。马布尔黑德颈是从马布尔黑德突出出来的，位于波士顿以北20英里的地方，是新英格兰地区风景最为优美的镇子之一，同时也是游艇和帆船爱好者的水上天堂。在卡洛塔看来，与他们的道舍和卡萨·吉诺塔相比，这个新的避难所就像一个"鸟笼"，然而它却让奥尼尔满心欢喜地想到了"我父亲在新伦敦建造的第一个家"——基督山伯爵小屋。他对这个地方非常满意，"就在海洋上"，他感到"我又可以从事创作了，也有根的感觉了——海草的——双脚浸泡在新英格兰的大海中"。

奥尼尔夫妇买这栋位于岩尖巷（Point o' Rock Lane）房子的时间是1948年春天，但是当夫妇二人离开丽思卡尔顿酒店的公寓，搬到马布尔黑德地区居住时，秋天就要到了。由于要常年居住，房子需要进行维修。“一见到这座房子时我吓了一跳”，负责设计并监督房子整修的建筑师菲利普·霍顿·史密斯（Philip Horton Smith）说。“房子就是一座木制的度夏小屋，下方是开放的，饰有木格栅，凉爽的海风可以从房子下面吹过，没有供热系统，更不用提电线了，没有储藏室，没有像样的厨房。我感到他们犯了一个极大的错误。但是按照房地产经纪人的说法，奥尼尔喜欢（马布尔黑德颈）这个东北角的位置，在这里可以感受到海上风暴的有力冲击。”

在修缮房子的几个月里，奥尼尔夫妇对菲利普·史密斯很友善，他是新英格兰人，有绅士风度，年龄与他们相仿；像剧作家一样，他也喜欢过去的老歌，对过去的戏记忆犹新。他回忆说：“我小时候是在哈莱姆长大的，我常常在火车站附近晃荡，给演员们往他们居住的房间搬运行李包裹。所以我能看所有演出。当我提到我曾看过他父亲演的《基督山伯爵》的时候，奥尼尔说，‘我不感到奇怪——其实，那个角色他演了一辈子’。”

奥尼尔夫妇对建筑师的妻子埃莉诺也非常热情，她长相迷人，脾气好，比她丈夫年龄小很多；史密斯夫妇都喜欢艺术，喜欢读书，对他们的独生子非常宠爱，他今年九岁。奥尼尔非常羡慕建筑师对儿子表现出的亲近，他对建筑师抱怨说，他和父亲之间并不相互“理解”，如今相似的情况再次出现在了他和他的孩子们之间。鉴于他本人所创作的剧本，史密斯夫妇还是高兴而惊奇地发现他“温柔、安静、害羞、谦恭，在言谈举止上丝毫不装腔作势”。除此之外，他们还非常高兴地发现，他的妻子很和蔼、亲近。在这对夫妇看来，奥尼尔夫妇“非常幸福”，卡洛塔将所有的心思都放在了丈夫身上。

想到再次生活在了海边，奥尼尔很激动，他很感激卡洛塔，因为她将所有的股票和债券这些压箱底的投资都卖了，净收入约48,000美元，买了这个新家。这栋房子花了25,000美元，她想用剩下的钱把房子好好修缮一番。

7月11日，奥尼尔在《送冰的人来了》的一个副本上称卡洛塔为“我的爱人和生命”：“经历了极大的伤感、痛苦和误解，一种更深的爱和安全感，尤其是宁静，获得了新生，让暮年中的我们关系更加紧密”。这个月稍晚一些时候，他把一本克里斯蒂娜·罗塞蒂（Christina Rossetti）的诗集在他们结婚19周年的纪念日送给了她，并在上面写道：“在我们60岁生日即将来临之际……我想告诉你——‘你是我的爱人——我永远的爱人，宝贝！我向你保证，我会尽最大努力摈弃我身上可能会给你带来伤害的自私与考虑不周，真心希望你能快乐；因为你的快乐就是我的快乐！’”

他长时间的痛苦不知何故有一段时间减轻了，其间他题词写信的笔迹和过去的几年相比容易辨识了很多。他内心为此感到非常高兴。7月26日，他对萨克斯·康明斯说，他有可能可以继续写作了。他说：“颤抖的毛病好多了，我猜，我命中注定要得这种病，最好的希望就是避开它……如果世界本身就是一个巨大的震颤症患者的话，那么还发什么牢骚呢。”

七月末，奥尼尔夫妇和史密斯夫妇一起作为客人参加了在格林大街（Green Street）一家电影公司总部举行的劳伦斯·奥利弗（Lawrence Olivier）执导的《哈姆雷特》的私人放映活动。结束后，当他们漫步回到丽思卡尔顿酒店的时候，史密斯想知道剧作家对这部电影的看法。奥尼尔有可能想到了巴里摩尔的出色演出，他唯一的评论是，“我能否说现在我是一名局外人呢？”但是卡洛塔后来说，他们俩“争吵得像土狼”，因为和丈夫不同，她喜欢这部电影。

到目前为止，只有很少的人知道剧作家在波士顿，但是在观看《哈姆雷特》之后情况起了变化，因为电影公司有人将消息透露给了媒体。报纸上报道说，他在马布尔黑德购置了一所房子，还想采访他；卡洛塔向史密斯夫妇抱怨说，消息公开让他们的生活变得“很糟糕”。然而，他们的不安和八月中旬比尔·阿隆博格给他们打来的电话相比已经不算什么了：沙恩受到私藏海洛因的指控被逮捕了，凯茜刚刚又生了一个孩子，沙恩和凯茜本人需要他们的帮助。

沙恩酗酒和吸食大麻已有好几年，现在对海洛因上了瘾，而且由于对这东西的依赖，吸食量也变得越来越大。憔悴不堪、蓬头垢面、衣衫不整，和格林尼治村正在发展的吸食毒品亚文化圈里的其他瘾君子比较起来，沙恩并无明显的不同，他千方百计地筹钱买“马”（horse）或者买“H”，这是瘾君子们对海洛因的称呼。马克·布兰德尔说：“沙恩曾告诉我，他喜欢海洛因是因为它是‘一种生活方式’，我想我明白他话的意思；它给他提供了明确的目标，一种无法逃避的目的，生命中的每一天：吸食这该死的东西！”

1948年8月10日，沙恩因为被指控持有三包海洛因而遭到了逮捕，在凯茜急着筹500美元保释金时，他不得不待在监狱里，直到最后事情了结。凯茜通知阿隆伯格说，沙恩可以选择承认有罪，并进入位于肯塔基州莱克星顿（Lexington, Ky.）的联邦医院接受治疗——这一诉求可能引起的公众注意最少——或者，选择不认罪，如果这样的话，落下的不好的名声有可能也会有损于奥尼尔。

母亲曾吸食毒品的记忆永远挥之不去，奥尼尔对沙恩感到很绝望，遭受着负罪感的折磨。菲利普·史密斯只知道奥尼尔夫妇已经从纽约获知了这一坏消息，亲自来到了奥尼尔在酒店的寓所，这时沙恩被捕的消息还没有被公众知晓。和几天前见到他们的时候相比，他们两个看起来“心力交瘁，老了许多”。在卡洛塔的一再催促下（“他最好是从我们这里得知这一消息的，而不是从报纸上”），奥尼尔才开始不情愿地说，“我非常讨厌说出来，我儿子沙恩是个十足的不可救药的人”，他接着又说出了几个一般的例子。他说，他不确信这是不是他的责任，孩子“结果是这个样子，可是为了他的教育他花了无数的钱，让他上好学校，等等”。

卡洛塔提高了嗓门，超过了她丈夫的声音，她觉得沙恩和凯茜是“人性最下层的渣滓”，她讲了“一个令人难以置信和感到不舒服的事情，他们的孩子窒息而死”。她接着说，他们两个用将事情公之于众这种病态的威胁来“讹诈”金。在目前这种糟糕的情况下，她想让丈夫完全和儿子“一刀两断”，再也不和他有什么来往，这样他们老年时才可以获得片刻的“宁静”。说到她自己的事情，她说女儿“让她心都碎了”，而且对她无所不用其极，她现在铁了心，不管女儿做什么，她都不管不问了，她希望金对待他儿子能用跟她一样的方式。

沙恩觉得没有人喜欢他，愿意给他出500美元的保释金，对此他感到痛苦；凯茜给他带来了阿隆伯格的口信说，他父亲不愿意帮助他，为父亲辩解说，他身体不好。8月 20日，在沙恩案件的听证会上，沙恩承认有罪，被判两年缓刑，条件是他要在莱克星顿至少接受四个月的治疗，或者直到他受到指控的吸毒问题痊愈。（游荡多年，也不能养家糊口——第一个孩子生下来不久就夭折了，之后，他和凯茜有了四个孩子——沙恩最后在药物的辅助治疗下摆脱毒瘾之前，还受到了持有麻醉品的其他指控。凯茜母亲身后留下的遗产使沙恩全家坚持了一段时间，这笔染有鲜血的遗产是他们的一笔意外之财，因为像奥尼尔剧中的人物一样，凯茜的继父刺死了他的妻子，凯茜才有了这笔遗产。）

尽管菲利普和埃莉诺·史密斯一直对奥尼尔印象很好，但他们对他妻子的感情却比较复杂；她让他们感到迷惑不解。一天，史密斯和其他的工人正在房子里忙着的时候，卡洛塔却激情高涨地说起了她的丈夫，埃莉诺也为之动容，当时奥尼尔待在宾馆：现在他非常不高兴，因为他无法写作；他没有什么期盼的东西了，但是她希望他们搬到这个房子之后他能感觉好一些，在这里他可以“看到海水和梦想”。当史密斯夫人把她们之间的谈话跟丈夫说了以后，他很是吃惊，因为就在埃莉诺到来前，卡洛塔将奥尼尔数落了一番，还简单地提到了对他的不满。还有一次，卡洛塔向这位建筑师抱怨金的自私，然而“大家觉得他非常讨人喜欢，性格柔和，都喜欢他；我，不喜欢”！

史密斯夫妇说，相应地，受到刺激的奥尼尔对妻子也态度尖刻，但他一般的反应仅仅是“脸色难看”。

史密斯夫妇因为卡洛塔坦诚地向他们谈起她的家务事最初感到受宠若惊——很快他们就觉得他们已经认识她“很长时间了”——但她对他们的信任最终变成了他们的尴尬。她说，奥尼尔很无助，为了洗澡，她不得不为奥尼尔脱衣服，进到他的浴盆中。她说，在他们搬到波士顿前不久，他们的关系已经紧张了一段时间了，接下来的一桩同性恋事件使他们的矛盾又开始了，她回到顶层公寓的时候发现奥尼尔和一位老相识躺在床上。她接着说道，后来在他跌倒摔伤了胳膊后，他的“好朋友们”离他而去，于是他不得不“派人去叫妈妈”。她觉得他“对每一个人都很关心”，只有她除外，因为他知道她会“陪伴在他左右”。她把她的绝大部分钱都给了他，她为了他已经放弃了她原来的生活，住在与世隔绝、孤独的地方，但他对她的牺牲丝毫没有感激之情。“一个天才？呸！”

沙恩的事情，又加上修缮房屋的费用快速增加，卡洛塔情绪甚是低落。在波士顿居住的前几个月，她在卡伯恩商店（Carbone's）［根据住在博伊尔斯顿大街（Boylston Street）的一位装修工人的说法，这个商店现在已经没有了，她花了将近一万美元］购置了一些老古董和其他一些上乘的装饰品；然而到夏天快要结束时，她和奥尼尔都向史密斯夫妇“哭起穷来”。和她以前的估计正好相反，马布尔黑德的购置，加上装修的费用，一共大约85,000美元。奥尼尔支付了15,000美元，卡洛塔支付了大约50,000美元后，又通过抵押弄到了20,000美元。史密斯回忆说：“她始终搞不明白，为什么一座不大的木屋的花销几乎和道舍一样多。然而，他们在佐治亚州的住所，甚至道舍，建造的时候物价相对便宜，而小木屋修缮之时，正值战后大搞重建的时候，劳动力和材料的价格比以往要高得多。因为他们急着要搬进去，木屋的成本更高了。一般说来，修缮要花费好几个月的时间。”

修缮房屋的工人发现剧作家的妻子严格、慷慨，令人捉摸不透，容易发脾气。一位工人说，“对她，我没有什么不满的”，这位工人很有耐心，说话平心静气。“她对我挺好的。但我喜欢他，我真的很喜欢他——他是一位友好、可亲的老人。”工人中有一个更加直爽，说道：“她一会儿甜得像甜饼，一会儿会割你的喉咙。”

夫妇二人九月搬到了岩尖巷，卡洛塔现在意识到她在卡伯恩商店“买的东西太多了”，急于给所有这些东西找到放置的地方，还说要开个拍卖会。留在纽约的家具和家装用品由两辆货车送来了，她慷慨地作为礼物送给了史密斯夫妇和领工的工人，其中包括一些很值钱的东西，一边送还一边一直哭穷。她对一个纸箱中的东西感到不安——弗里曼在佐治亚和加利福尼亚时曾使用的两支手枪和一支猎枪——她说：“我不会待在有这样东西的房间里，哪怕一晚也不行！”于是，这些枪马上被送给了维修工作的承包人。

整修后的房子在后面装了一个用玻璃围成的门廊，正对着大海，还有一间干净整洁的厨房，一个侍女的房间，还有其他一些改进的地方，诸如在楼上楼下都修了嵌入式书架。二楼的四个小房间有两间是卧房，一间是卡洛塔的工作室，一间是奥尼尔的书房，该房间的一扇窗户“正对着大海”。灰白色的房子内部如今有了靓丽的颜色——中国红的房门，粉色的墙壁，蓝色的地砖，多种色调的瓷象和西西里猴子，中国的屏风——还有一个非洲面具，流露出一股戏剧的气息。

但是，对卡洛塔来说，和其多彩的部分比较起来，整个房子还不太鲜艳，卡洛塔的眼睛患了复视，忍受不了阳光，在每个窗户上都装上了威尼斯风格的百叶窗和笨重的织物，以减弱照进来的阳光。在住在附近的其他居民看来，这座房屋看起来具有封闭、隐秘的特点；就像《悲悼三部曲》中对那座令人生畏的大厦感到疑惑的村民一样，他们想知道房子里发生的事情。

在搬进来几天后，卡洛塔在电话中对埃莉诺·史密斯神秘地说，“如果你来到湖的另一边，就会发现这个地方和你离开的那一边一模一样”。

令史密斯夫妇感到疑惑和遗憾的是，他们和奥尼尔夫妇的友谊突然间就结束了。在从波士顿搬家不久，卡洛塔告诉史密斯先生：“我们搬到马布尔黑德后，别离开啊——马上过来，帮我看看东西都该怎么摆放。”埃莉诺信以为真，没有提前打电话就拜访了他们。她说：“侍女让我进去了，并向门廊的方向指了指。我一看到他们，吓了一大跳。他们的样子就像两个杀人者，死尸还在现场，正等着警察登门。他待在门廊的一头，露出害怕的神色，而她在门廊的另一头，怒目而视。他一看见我，脸上立刻就挂上了大大的微笑，然而卡洛塔急匆匆地上了楼。她后来从楼上下来，努力装出高兴的样子。对于她极大的变化，我很是震惊。她以前一直很友好，对我和菲利普没有不好过。”

10月7日，卡洛塔给史密斯夫人写信说，“没有预约”，他们“从来不见任何人……我们的生活方式和其他人不一样——再者，如今我们俩身体都不好；金在书房工作好几个小时，不让任何人打扰！……我做了他全部的秘书工作——我肯定也需要一定的休息时间”。

在冷落建筑师一事上，卡洛塔对于房屋修缮的态度表现得非常出格；她先前很想让他帮忙处理房屋抵押事务，如今她却说她总是自己处理事情，过去的四个月让他“做了那么多”，她肯定是“犯了迷糊”。她说，“把正事和快乐混为一谈”是一个错误。卡洛塔不仅冷落了菲利普·史密斯夫妇，还冷落了对他们很友善的其他人；不久之后，她就抱怨起孤独来。在房屋修缮的承包者厄尔·芬尼（Earl Finney）看来，卡洛塔好像在极力疏远她的丈夫，让他觉得他不能为自己做任何事情，这样他就会更加依赖她。然而，奥尼尔就像水陆两栖的安泰（希腊神话中的人物。——编注）一样，如今再次生活在了水边，在体力和精神上都提高了很多。

10月16日，奥尼尔在60岁生日之际收到了多萝西·康明斯的贺电；其实，奥尼尔夫妇都知道，贺电是萨克斯发来的，萨克斯已经预见到卡洛塔会截留任何署有他名字的书信。21日，卡洛塔替奥尼尔回了信，对多萝西表示了感谢，还说了好多马布尔黑德花了好多钱之类的话。她说：“我的想法很好，如果我卖了我手头剩下的所有保险，装修这个小房子的钱就足够了；装修完工后，我就来到我丈夫面前，告诉他，‘年轻人，这是你的家了’！但是，像我试图为我丈夫所做的所有其他事情一样，事情并非如当初所想……我希望你们一切顺利。”信中根本没有提到萨克斯的名字。

尽管奥尼尔的双腿颤抖得很厉害，甚至有时候他都不能走路，他的双手情况还是越变越好。1948年12月3日，他对内森说：“我希望不久就可以重操旧业，开始戏剧创作。上帝知道我有很多想法，让我终止写作这么长时间的震颤症——又加上战争、都市、旅馆和公寓——现在好像对我的双手影响不那么大……无论如何，看似绝望的地方还是有希望存在的——正如这封信，写的时候，既没有吃药，也没有精神病疗法的辅助。”同一天，他在给比尔·阿隆伯格的信中写道，他和卡洛塔“比过去很多年都快乐……这栋房子是一个家了，只要卡洛塔能让它成为一个家”。在写给达德利·尼克尔斯的信中，他说他“正打算写一个新的剧本”。

在圣诞祝词中（他的笔迹很清楚），他称卡洛塔为“最亲爱的人”：“愿圣诞老人送你一个更加善解人意、更加温柔、更富柔情的——我的意思是说，丈夫——我的意思是说，还是原先那一个，但比原先更好！”

马布尔黑德颈是一个避暑胜地，但在寒冷的日子，当绝大部分房屋都放下了百叶窗，没有灯光，树木光秃，在荒凉的天空下海洋呈现出一片灰白，这个地方显得格外荒凉。奥尼尔夫妇在这栋房子里度过的第一个冬天的安静节奏有时候会被暴风雨打破，东北风携裹着雨水像瀑布一样顺着烟囱往下淌，掀出了地上的石头，还把马布尔黑德灯塔附近的一扇铁门给冲走了。奥尼尔家的勤杂工弗兰克·奥恩（Frank Orne）说：“天呐，我真不明白他们怎么能受得了，海浪拍打着海岸，冲他们怒吼！我知道我受不了。”卡洛塔本人曾说：“我们被钢缆固定在了岩石上，当有暴风雨的时候，它们就在我们头上横扫而过。我担心随时都会被吹到大海里。”

冬天晚些时候，剧作家在波士顿医院（Boston Hospital）接受了试验药物的治疗后，媒体错误地报道说他的震颤症痊愈了，并且开始写一部新的剧本。报道真具有讽刺意义，因为恰在此期间，奥尼尔的病情加重了，他最终放弃了所有要重新开始创作的希望。更令他不安的是，国内外帕金森症患者的信件不断寄来，向他询问什么药治愈了他的疾病，以及医生的姓名，等等。1949年3月20日，他对内森说：“我只能回答说，我也什么都尝试了，只是结果很糟糕。这些信件绝大多数都令人伤心，根本不会提高我的精气神。”

达德利·尼克尔斯这年春天去看了奥尼尔夫妇，回到加利福尼亚后将情况向乌娜说了一下，她又把达德利·尼克尔斯的话向艾格尼丝讲了，艾格尼丝觉得沙恩“想知道”他们父亲的情况。“达德利说，他坐在书房里读书，望着波浪在岩石上翻滚，听着唱片；他从来没有离开这个地方到纽约或者其他什么地方去——他根本没有从事创作……病情一直越来越严重……伊斯塔·尼克尔斯（Esta Nichols，达德利的妻子）说，卡洛塔给她写信说奥尼尔有时候会好几天失忆——达德利立刻就会反驳她说，卡洛塔歇斯底里、神经质，说话根本不过脑子！”

“他让我看了金的两张照片，是几个月前拍的，我敢说，金的情况看起来很吓人！他的生活现在一定很糟糕……达德利说，他很冷静，与世无争，不会被摧垮……我个人觉得，他应该更痛苦一些，这会显得好一些！！！”

因为没有工作缠身，奥尼尔非常喜欢老朋友们——卡洛塔接受的为数不多的几位——的来访，不管是什么时候。例如达德利·尼克尔斯，还有其他人——拉塞尔和安娜·克劳斯、朗格内尔夫妇、肯尼思·麦高文、埃利纳和索弗斯·温特、查尔斯·奥布赖恩·肯尼迪——都发觉奥尼尔很冷静、与世无争，但他有时候也会暴露面具下的真容。肯尼思现在仍记得，一个艳阳高照的下午，他和奥尼尔坐在一起，港口里的帆船进进出出。肯尼思写道：“过了一会儿，他身体前倾。任何熟悉他生活经历的人都会猜到，他的思绪又回到了他年轻时当水手的那些年月……尽情进行自由的漫游，没有身体的病痛，也没有精神的痛苦……他眼睛里流露出的渴望眼神简直让人无法忍受。”

由于屋子住不下过夜的客人，绝大部分来访者仅仅停留几个小时，然而1949年夏末，住在萨勒姆一家旅馆的温特夫妇还是一连几天来探望奥尼尔夫妇。索弗斯回忆说：“在这座灰色的房屋里，大西洋冲刷着房下的岩石，奥尼尔感到他的生活画上了一个完整的圆圈。一天晚上，我们坐在门廊上，圆圆的月亮挂在淡淡的雾中，金突然说，‘再见，老月亮，从天上落下来吧。我再也不需要你’。”（有人记得，几年前，奥尼尔常说，最理想的自杀方式是，向深海游去，皓月当头，直到最后沉入海底。然而，他个人经历的各种情况表明，他想象中的溺亡不是表达了他一种死亡的渴望，而是代表了一种在大海中“死亡”的神秘渴望，以及以过上更好生活的另一个人形象出现的“新生”。因此，他对月亮的呼号不是自我陶醉，或者无病呻吟；相反，这表明，他活着的时候所忍受和遭受的痛苦最终杀死了他所有重生的欲望。）

奥尼尔书房倾斜的屋檐让他想起了新伦敦的基督山伯爵小屋，沉默不语的剧作家让温特看了他的桌子，整整齐齐地摆放着笔记本、纸张和铅笔。他说，“想写东西，除了不能控制住手以外，你拥有一切，这真是糟糕极了”。边回忆着他当时说的话，温特边说：“就是这样。这是我认识金这么多年来，他最伤心的时刻。”

（一个月后，奥尼尔用几乎难以辨认的字体在他的一个剧本上题了字，送给了斯特拉姆的儿子杰拉尔德·尤金。“真诚希望你未来的生活是你努力获得，并且你爱这种生活远胜过爱自己——简而言之，愿你找到幸福”！）

卡洛塔告诉索弗斯和埃利纳说，她发现丈夫“在很多方面都老了许多”，夫妇二人不敢表示异议，但觉得自从将近两年前去顶层公寓探望他们以来，他并无明显的不如以前的情况。温特说：“我们离开那天，金把《诗人的气质》和《月照不幸人》的手稿送给了我们，让我们看完寄还给他。卡洛塔显然不同意，但他主意已定……”

这年，奥尼尔请人在房子里安装了一部小电梯，这既是出于自身的考虑，又主要是为了取悦卡洛塔，因为她抱怨说她患了关节炎，上下楼梯很困难。他想让房子更加舒适，这样对她来说更有吸引力。但在最初装饰房子的兴趣过后，她再也不喜欢这个地方；她觉得这个地方夏天太热，冬天又太冷，丈夫一年到头放着音乐也让她不堪其扰。在他们以前的家里，他播放唱片时完全不会影响到她，这个家由于薄墙和瓷砖地板，音响就显得刺耳，几乎任何声音在房子的所有地方都可以听到。这年秋天，她对其中一个工人说，他们不想在房子上再额外花钱，因为他们有可能会卖掉房子，但是距他们在岩尖巷的租住发展到令人不快的巅峰并突然结束，还有一年多的时间。

除了家里帮忙的人之外——一个日裔男仆，住在这栋房子里，还有一个马布尔黑德本地的妇女给他们做饭，一个兼职的勤杂工——唯一和奥尼尔夫妇保持经常联系的就是一位理发师，他每两周来一趟，还有他们的医生，弗雷德里克·B. 梅约（Frederic B. Mayo），他住在附近的斯瓦姆斯科特

（Swampscott）。梅约医生是一位年轻的新英格兰人，身材瘦高，性格随和，从一开始就很喜欢奥尼尔（“他是一位令人愉悦的人，非常讨人喜欢，待人亲切”），但很快对他妻子却颇有微词。他有时觉得他被叫过去“就是因为他们感到孤独，想见见其他人；对于他，我尤其这样认为——他在那儿被完全囚禁起来了”。

尽管奥尼尔讲话不多，和他一样喜欢划船和爵士乐的医生发现和他讲话很容易。梅约有一艘可以随时使用的大帆船，奥尼尔不运动、过着隐居般的生活让他很是挂念，于是一个周日的下午，他邀奥尼尔出海；想到航海的快乐，奥尼尔心里很是高兴，便欣然应允。但是，后来在梅约试图确定出海日期时，奥尼尔非常礼貌地回绝了出海的邀请。他说，“我觉得，是她反对他出海”。

奥尼尔的震颤症虽然严重到了让他不能写作的地步，但是在梅约看来，他还不是严重的帕金森症患者。“相对于我见过的一些病例，他的身体颤抖不剧烈，也不是一直颤抖；他的双手也不是一直颤抖。他患的是，依我看，中度行走困难。有些日子，他的颤抖几乎不明显，而还有些日子，尤其是他感到不安时，颤抖得又非常厉害。”

至于卡洛塔的病——多年来，她抱怨脊柱和脚部有关节炎症——梅约觉得“很难说她的脊柱有多严重；但是，我给她的脚部拍了X光片，结果什么问题都没有；她把疼痛和痛苦戏剧化了，太当成一回事了”。根据梅约的陈述，她告诉梅约说，她以前是“一位出色的演员，本可能成为剧院最好的演员之一，只是和奥尼尔结婚中断了她的职业”。梅约医生并不知道奥尼尔夫妇的个人经历，在认识奥尼尔夫妇的第一个圣诞节，他做了一件失礼的事情：他问圣诞假期时乌娜是否会来看望他们。卡洛塔回答说：“在这所房子里，请不要再提那个名字，我们已经和她断绝了关系。”

在隐居期间，奥尼尔夫妇总是欢迎阿尔弗雷德·迪多纳托（Alfred DiDonato）两周一次的来访，他是他们的理发师，住在萨勒姆，同时为夫妇二人服务。论工作，他是一位艺术家，他曾为塔夫脱（Taft）总统和柯立芝（Coolidge）总统理过发。迪多纳托个子不高，戴着眼镜，性格开朗，喜欢大歌剧和棒球。很久以来，他有两个偶像——朱塞佩·威尔第（Giuseppe Verdi）和作为整体的波士顿勇士队（Boston Braves）；如今，奥尼尔被作为第三尊神安放在了这位理发师的万神殿中。迪多纳托说："我看过他写的几部戏，还读过他的几个剧本，当我亲眼见到他的时候，发现他很朴素、很自然，见多识广……他很有礼貌，非常有礼貌。哪怕你为他做了一点点事情，他都会说'谢谢你，谢谢你，弗雷德'。他眼睛里的表情就像一个丢了什么东西或者东西被人拿走的孩子。那种表情很难描述。有点请求的样子，但不是祈求，不是哀求，他不请求怜悯……如果我仰慕一个人——假如我遇见了威尔第'老爹'，我都会五体投地，对于奥尼尔，我也有同样的感觉。如果他让我往大海里跳，我都会说，'遵命，奥尼尔先生，遵命'。"

"他的微笑很迷人，天使一般，为了让他有所反应，我要说一些事情。我哥哥曾从意大利寄给我一份报纸，我曾告诉他《啊，荒野！》即将在无线电台播出，演员都是意大利最好的演员。他想知道里拉的价值，以及能够给他带来多少收入。我说，'不用管了，交给我和你的妻子，我们会仔细把关，争取有好的结果'。他满脸立刻洋溢出快乐的样子，笑得抖动着身子，但他没有笑出声。"

直到奥尼尔夫妇在马布尔黑德颈居住即将结束的时候，弗雷德都没有觉察出他们夫妇二人之间的关系有些异样，或者有谁情绪非常低落；他觉得卡洛塔"崇拜"自己的丈夫，对他"尽职尽责"。他说："我常常去他们那里。他们的表现都非常自然——毫不做作。"两个男人常在一起谈论棒球，但是有一天他们谈到了一般意义上的安眠药和毒品这个话题。根据迪多纳托的回忆，奥尼尔说："我真为那些对这些东西产生依赖的人感到难过。愿上帝帮帮那些真正上瘾的人。我儿子有这个问题。"他接下来说他母亲也曾吸毒，他的声音小得几乎听不见。

1949年圣诞节前不久，奥尼尔夫妇快被厨房里一股腐臭的气味弄疯了，好几天也查不出气味的来源。最后发现是一个很大的河鼠想从房子下面爬过去，结果被困在那里了，因为吃了隔离嵌板的玻璃纤维死了。这个不好的事件仿佛象征着这座房子生活表象下正在发生的不快。

上一年圣诞节，剧作家对能够继续他的戏剧创作事业仍充满希望，而如今，用卡洛塔的话说，他们只有等待着“战车光临，将我们带往天堂”！在送给卡洛塔的节日祝福中，奥尼尔写道：“献给‘妈妈’——仍像所有那些年头一样，‘宝贝’、‘亲爱的’、‘挚爱的妻子’，还有‘朋友！’——在这些患病、操劳（你那一方）和绝望的日子里——”

“哦，总有我们同在，还有爱，我自己的！”

他们在小屋居住的第一年，家里人手不够，卡洛塔也可以将就；然而，卡洛塔现在雇了两个人帮忙，管家楢崎又一郎（Mataichiro Narazaki）和厨师多莉丝·曼宁（Doris Manning）。像奥尼尔家所有以前的仆人一样，他们也都接到了卡洛塔严格的命令，不准和任何人谈论他们的雇主，他们自始至终严格遵守着这一要求。虽说她是一个要求太多，很难侍候的女主人，她有时候也非常大度。被熟称为“萨基（Saki）”的管家又一郎非常谨慎。按照警官约翰·斯诺（John Snow）的说法，他淡季在马布尔黑德颈巡逻过，绝大部分房子都无人居住，他说：“当我刚认识他时，他常常讲蹩脚的英语，就好像他英语不太好一样，但是后来，我们熟悉之后，他的英语便说得和其他人一样好了。他大学毕业，受过教育。”

尽管卡洛塔想把她和奥尼尔的生活对外保密，她有时会主动说出来，她和奥尼尔关系一般情况下不好。巡警斯诺回忆说：“奥尼尔夫人希望我每周顺便来访一次——住在那里，她感到担心。太孤独了。但奥尼尔喜欢这里，海水拍打着礁石，大海就在眼前，景色棒极了。”

夫妇二人之间的矛盾在1950年至少有一次发展成为了暴力。事情和奥尼尔卧室的房门有关。因为房门曾被工具暴力打开过，这年春天需要维修和重新刷漆；另外，门的内侧“被抓花了，好像被狗抓的”，负责重新刷漆的罗德里克·贝鲁比（Rodrique Berube）说。虽然看起来有可能是卡洛塔弄断了门的侧壁，因为是从外面用暴力打开的，但她告诉贝鲁比说，是她丈夫弄坏的。这位油漆工回忆说："她非常生气，她一边拍打着自己的脑袋，一边对我说：'他是个病人。我再也控制不住他了，我不得不对他不管不问。'在这年去探访他们的老朋友看来，他们俩对待彼此还算可以——他们的关系没有什么明显的变化。"

奥尼尔越来越喜欢回忆过去，他发现他回忆他在百老汇获得成功的那些岁月不像早些年那么频繁了——新伦敦的夏天、他上过的各种学校、吉米神父的酒吧，伴随着房子外面波浪永不停歇的冲刷声，他在布宜诺斯艾利斯和跨越大西洋的航海经历。1950年4月28日，在给戴维·莱曼医生的回信中，奥尼尔说："在过去20年中，我的身体情况很不好……所有药物在我身上都试过了（治疗帕金森症），我身体不但没有见好，还变得更糟糕了。我希望能够回到盖洛德农场，悠闲地躺在安乐椅里！"

有时候，过去会闯入现实，让人感到不快。一个名不见经传的出版社这年春天宣布，要出版一本书，书名是《尤金·奥尼尔的失传剧作》（*Lost Plays of Eugene O'Neill*），即，独幕剧《堕胎》（*Abortion*）、《拍电影的人》（*The Movie Man*）、《狙击手》和《热爱生活的妻子》（*Wife for a Life*），还有一个长剧《苦役》，所有的剧本都写于1913到1915年间。其实，所有的剧本并非"失传"；只是剧作家忘记了续签版权，结果他的几部早期习作就进入了公共领域。当阿隆伯格通知他有关这部未授权的剧本集时，奥尼尔一开始想采取法律行动来阻止该剧本集的出版，但他再也没有精力和体力来打这场官司了。正如乔丹·Y. 米勒（Jordan Y. Miller）在他的奥尼尔传记中所说，《尤金·奥尼尔的失传剧作》的"发行喜忧参半，但一般说来，读者的热情不高，稍稍平息了绝大多数评论家的愤怒，他们认为出版社用作者明显不成熟的作品牟利，同时损害了作者的利益"。

奥尼尔很少离开家门。在这座小屋居住的第一个年头，他常去波士顿咨询医疗专家；他还曾和卡洛塔去城里看过一次戏，在阿尔弗雷德·迪多纳托的鼓励下，奥尼尔夫妇还曾陪他去萨勒姆看过几次电影。如今，剧作家和外面的联系就只有理发师和医生的登门，以及几位老朋友时间很短的造访。奥尼尔经常回忆过去，偶尔也考虑未来，考虑将来是否要火化；但是有一件事他已经拿定了主意：他告诉迪多纳托说，他想让他的葬礼尽可能简单些，不要“铺张”。

像梅约医生一样，迪多纳托有一次“超出了常规”，因为他不知好歹地问到了有关乌娜的事情。奥尼尔非常简短地回答说，他和女儿关系紧张，接下来话题一转，说他大儿子“曾在耶鲁教书”——他用了“曾”字，因为父亲说起儿子教学的事情再也没有了自豪感。

如今，小尤金仿佛已经在无意识中做出了决定，如果他不能成为父亲那样的人，他就要成为他浪荡伯父的翻版，以此证明自己是奥尼尔家真正的一员。这样一种态度绝非将懒散理论化之举。剧作家的哥哥去世后，他就开始传奇化他的哥哥；相应地，小尤金和沙恩在成长的过程中，听了很多有关其伯父那些激情、滑稽的故事。像其伯父一样，小尤金虽然不喜欢逛妓院，但喜欢酗酒，在和露丝·兰德同居之前以及在同居的过程中，他在格林尼治村睡觉的地方很多；露丝·兰德金发、丰满，离了婚，因为艺术家经纪人的身份和这些放荡不羁的人有来往。小尤金和她的罗曼司关系有些乱。小尤金和他伯父很像，尤其令人感到好奇的是，杰米肯定地认为他40岁时会性无能；如今小尤金也有相似的想法，担心他40岁的时候（1950年）会在性方面对女人再无兴趣。

在职业方面，他仿佛在两种理想之间痛苦不堪，他既希望获得公众的认可（在学术圈，他作为一位年轻的著名古典学者的资历还不够，因为他从耶鲁大学辞了职），和他伯父遥相呼应，他还有一种自我毁灭的冲动。他曾一度是电台和电视台的博学名人，成绩斐然，专栏作家约翰·克罗斯比（John Crosby）称他为“一位非常博学的古典学者，非常喜欢自公元纪年以后的所有那些未曾用文字表达出来的东西”。一天晚上，他受邀做一个电视系列片的嘉宾，受邀的嘉宾还有儒雅的电影演员阿道夫·门朱（Adolphe Menjou），小尤金出场时非常兴奋，衣着打扮很随意。由于门朱可算美国当时“最讲究衣着的人”，小尤金告诉露丝·兰德自己有可能是“衣着最不讲究的人”。

他的电视生涯就这样结束了，因为这是他最后一次录制电视系列节目，也是最后一次录制其他电视节目。几年前，他曾和普林斯顿大学的惠特尼·欧茨教授合编了一套两卷本的希腊戏剧集，在欧茨教授办公室的斡旋下，他成为该大学的客座讲师；第一个学期，大家的反响还不错，之后他到课堂的时间越来越晚，而且还满嘴酒气，到后来，他的教职便由他人取代了。

为了改邪归正，1947年小尤金和露丝在纽约伍德斯托克（Woodstock）的艺术家和作家聚居地定居了下来，他在距朋友弗兰克·迈耶家不远的地方租了一所房子。在父亲的担保下，他又贷款四千美元购买了二十多英亩的土地，打算将来在上面建一所房子。他寡居的母亲凯瑟琳·皮特-史密斯（Kathleen Pitt-Smith）靠为长岛一家周报做编辑为生；小尤金担心她年老后万一自己有什么闪失，就把她列为另外两万五千美元保险金的受益人，并告诉弗兰克·迈耶和他的妻子埃尔茜（Elsie Meyer）说，现在他可以“杀死”他自己了，因为他母亲在经济上已经安全了。有时候，他经济非常拮据时，到纽约的耶鲁俱乐部喝上一杯啤酒，吃上一顿鸡尾酒快餐，可是他从来不会不交保险金。

在伍德斯托克，他忙着砍树、做饭、和别人争论阳光下的一切，一般是和迈耶争论——他们虽然不是亲生兄弟，但却是彼此要好的哥们。他的工作台是从尖顶山防卫站搬来的，就是他父亲创作《琼斯皇》和《毛猿》时所用的那张桌子。1948年元月，在接受采访时他对记者说：“一个著名作家的儿子这个身份让我感到，无论做什么事情，我都必须要做好。自然，我并不总是成功，但是我认为有一位名人父亲这一刺激因素对我的一生影响很大，而且很有价值……在学术领域我所做的一切都主要得益于这种激励。”

有人回忆说，他私下总是对父亲很挑剔，弗兰克·迈耶认为“小尤金受到了伤害，但对奥尼尔对待他和沙恩的方式并不感到痛苦；1948年当他在医院里见到父亲的时候，奥尼尔说没有卡洛塔他活不下去，小尤金觉得父亲的意思是说，一旦他们和好了，他就再也见不到父亲了；他曾希望他能永远和父亲生活在一起”。

在迈耶看来，他的朋友“犯了一个大错，离开耶鲁以后，他就走错了路，他觉得他在耶鲁不受人待见，而且条条框框太多；为了一年四千美金的收入，他必须走一条狭窄的学术路线；除了学术事务外，耶鲁大学不让他参加任何电视节目；小尤金想当演员，他的音色丰富、声音低沉，他觉得这是遗传了他名人祖父的缘故；在社会研究新学院（New School for Social Research）一次上课时，他曾读了整整一个小时的诗，最后大家掌声雷动；他喜欢语言，热爱文字，在这方面真的天分很高”。

在伍德斯托克生活了几年以后，这位耶鲁大学的毕业生比任何时候都更强烈地感觉到，他这一生要有所成就。在职业方面，他却沦落到在新泽西一所规模不大的学院教书，还在格林尼治村的社会研究新学院讲授两门课程。在私生活方面，他和露丝·兰德经常吵嘴；有时还会动手打她，但是让她感到最痛苦的是他在奥尼尔给她的《送冰的人来了》亲笔题词中加了一行嘲讽性的文字。在他父亲的题词——“对露丝·兰德致以美好的祝福”——下方，小尤金接着写道：“父亲寄言，罔顾此女的真正本质。小尤金·奥尼尔。”

在说到1950年春露丝离开小尤金之后的那一段时光时，迈耶说，“金简直疯了”。这次分手虽然不是他们的第一次分手，但这一次的分手仿佛是永久性的了。五月份，在庆祝其第40个生日时，他明显心情不畅，他的样子就好像他想待在其他地方，但他总是努力成为大家注意的中心。

伍德斯托克是一个有包容心的地区，这里很多人努力用艺术的形式表达着自我，这里还有很多其他的没有安全感、喧闹不已的不幸人，所以这年夏天没有让小尤金过于感到不安，但他的行为足以让大家记上很多年。他和当地已为人妇的人有暧昧关系，他（听起来就像他的伯父）到处吹嘘某一天晚上他们发生关系的次数。一位名叫斯蒂芬·巴尔（Stephen Barr）的画家回忆说，“他有点……怎么说呢，像个拉伯雷式的人物。他在男女都在的场合会放屁，然后还因此大笑。他是故意这样做的，目的是为了吓我们，然而如果我们没有反应，他又会使用其他的伎俩”。还有一次，他在一个公共集会上让自己成为了公众注意的焦点，他脱得一丝不挂，跳进了主人家的游泳池。根据弗兰克·迈耶的回忆，还有一次，"艺术家国吉（Kuniyoshi）和他的妻子都在场，她是一位娇小的美人；金把她抱了起来，仿佛她是一位东方玩偶，一件艺术品，并带着羡慕的目光看着她"。然而，在他这一通恶作剧之后，他给很多人留下的最终印象是，用罗伯特·菲尔普斯（Robert Phelps）的话说，他"非常希望大家喜欢他"。

随着九月份和他在两所学校上课时间的临近，想到要从纽约回到空荡荡的房间，前面还有漫漫秋冬，这让他感到提不起劲。与此同时，他决定要重新赢回露丝·兰德的芳心，她如今有了新男友，一位裁缝，这里先以化名莱塞（Lesser）相称。小尤金无论何时在当地的酒吧遇见她，哪怕莱塞（相对于这位身高六英尺三英寸的讲师，他可不是对手）在场，他也会向她求情，希望重归于好。在他们的一次偶遇中，小尤金发誓说他爱她，想和她结婚，她如果不答应，他会把自己吊死。听了这些话，露丝脱掉了拖鞋向莱塞扔去，并高声叫喊着："把你的鞋子拿走吧！"接下来，这对重归于好的人绕酒吧一周，宣告他们要结婚了。可是，大概一天之后，露丝觉得他们俩在一起不可能幸福，于是就再次离开了他。

两人和好和最终分道扬镳发生在9月18日开始的那一周。就在同一周，小尤金去了纽约，因对自己的经济情况放心不下，就给兰登书屋的萨克斯·康明斯打了一个电话。他对萨克斯说，他担心会失去位于伍德斯托克哦哈哟山（Ohayo Mountain）的土地，因为关于那笔四千美元银行贷款的事情他联系不上他的父亲了，而该贷款再次背书的时间已经到期。小尤金猜测，是卡洛塔截留了他的电报和信件。为了改善经济状况，小尤金在构思一档每周一次的书评广播节目，他希望萨克斯能提供帮助，拉几个出版商来提供赞助。萨克斯虽对该项目心存疑虑，他还是打了几个电话，但都没有成功。

23日，星期六晚上，斯蒂芬·巴尔和妻子正在伍德斯托克的白马客栈（White Horse Inn）就餐，据这位画家回忆，小尤金"突然闯了进来，对每个人怒目而视；他没有问好便走了过去，然后又折返回来，问他能否到我家去；我告诉他只管去，因为家门是开的；当我们到家的时候，他正在喝酒——他早先也一直在喝酒——接着开始说他要自杀；他还没有为下周就要开始的新学期制订出计划——没有备课——这对他的脑子来说是个负担；他把这放在脑后已经很久了，如今他没有时间去做这些了”。

弗兰克·迈耶和妻子埃尔茜意识到了小尤金情绪低落，这天晚上开始担忧起来，他们去了小尤金的家，找遍了多个酒吧，打了好多电话，都没有他的下落（他当晚在巴尔家）。迈耶说：“不是因为我觉得他会为露丝的事情而自杀，而是因为他会做出这样的行动。我们过去常常在一起谈论这个话题，我们都一致认为，如果一个人认为命运不可忍受，他有权结束自己的生命。我们都不相信自杀是犯罪这种正统的观点。”

迈耶住在哦哈哟山接近山顶的地方，小尤金住的地方就在通往谷底的同一条路上。周日，迈耶发现小尤金在家，就邀请他当晚一起吃饭。小尤金脸色苍白，形容枯槁，不太情愿地接受了邀请，弗兰克直到小尤金到来之前一直疑惑他是否会来。迈耶夫妇说出了他们头一天晚上的担忧，告诉他说，他们甚至将他家附近都搜了一个遍，因为他们担心他有可能会在一个树上上吊自杀。他表情严峻，回答说，他曾考虑过这样做，这不免让夫妇二人不安起来。埃尔茜责怪丈夫说这样的话，并坚持说，她知道他很明智，不会轻生。他和弗兰克喝得都很适量，他们吃饭时喝了大杯波旁威士忌酒，后来又喝了一些啤酒。整个晚上，他都很安静。十点刚过，他离开的时候说，如果他睡不着，他还会回来的。

大概凌晨三点的时候，小尤金醒来了，他想喝酒，由于家中没有酒了，他就回到了迈耶家。弗兰克回忆道，“我起了床，我们坐在那里喝波旁威士忌，喝得不多，聊着天”。二人一起回忆了1926年他们在缅因州相识以后的生活经历，当年尤金·奥尼尔和卡洛塔的再次重逢。埃尔茜·迈耶说：“我躺在床上，我的房门开着，听得到他们的谈话。金脑子好像很平静，但在谈话中他说道，‘如果我挺过了这一关，我就是一个钢铁做的人’。”

大约凌晨五点的时候，他在沙发上睡去了，手边放着酒瓶，里面还剩下几杯酒。当迈耶夫妇十一点醒来的时候，他们的客人和酒瓶都不见了。小尤金打算周一下午稍晚，即9月25日，继续在新学院给一个班上课，夫妇二人认为他可能像以往一样开着他的吉普车去了波基普西（Poughkeepsie），并在那里乘火车去了纽约。

大约一点的时候，迈耶家的电话铃响了。埃尔茜回忆说："电话是露丝·兰德打来的。她想去金住的地方取回自己的衣服，但又害怕一个人过去，担心他在家。上一周他对她态度非常恶劣，她说——我想他打了她——她不想冒他在家的危险。她让我在山脚下开车接上她，和她一起过去。她给我打电话，我感到很吃惊——她知道我们对她有反感——本想不理睬她，但为了小尤金，也为了避免更大的麻烦，我就同意了。"

"我开车过去接她，当路过金家门口的时候，我发现他的吉普车还停在房前，我立刻意识到肯定有麻烦了——他现在本应该在城里。我的一个儿子当时在我车上，我告诉他待在车里。我敲了门，并无人应声，于是我打开门，走了进去。他就在楼梯最底层，四肢伸开，仰面躺着。"

一行断断续续的血迹从小尤金的尸体这里一直延续到楼上的浴室。他终于成为了一个古典主义者，他受到了古罗马、古希腊人最喜欢的自杀方式的启发，将浴盆灌满水，用平时刮胡子的刀片划开了左腕和脚踝，然后坐在了水中。过了几分钟，或者是拿定了主意，或者是本能痛苦的原因，他从浴盆中出来了，尽管跌倒了好几次，他还是想尽办法来到了楼梯处；然而他再次跌倒了，滚落到了楼梯底部，埃尔茜就是在这里发现了他。

在割腕自杀之前，他喝完了从迈耶家带来的波旁威士忌，还写下了几行文字，放在了浴室里的酒瓶边："千万别让人知道奥尼尔连一瓶酒都没有喝完。欢呼再见（拉丁语）。"

埃尔茜一看到小尤金的样子就飞奔到电话机旁，但是电话欠费停机了，于是她跑到最近的邻居家，先给医生打了一个电话，然后又给丈夫打了电话。在村里最后一次见到小尤金是上午十点，医生说，他是正午自杀的。

每周一或者周二，小尤金都会带他母亲去城里吃饭；就是他前一天没有打电话来安排时间，凯瑟琳·皮特-史密斯知道他第二天会过来。25日周一下午晚些时候，她接到了《纽约每日新闻报》的一位记者打来的电话，询问她是否当天已经听说她儿子的事情。皮特-史密斯夫人回忆说："我很小心，因为我想是关于小尤金突然和露丝结婚的事情，因为他就要结婚了，我想知道他为什么要这样问。他说小尤金在伍德斯托克出事了，时间大约是一点钟，我说他肯定是搞错了，因为小尤金当时应该在市里上课。这位记者劝我给弗兰克·迈耶打电话——所以我就知道了……"

"一两周以后，我开始慢慢走出了心情的阴影，我对那位记者处理事情的方式非常感激。当皮特-史密斯先生的儿子去世（跌落，有可能是自杀）的时候，一位记者给他的母亲打了电话，开口就问葬礼的准备情况。他们告诉我一个街区以外都能听到她的尖叫。"

尽管迈耶夫妇下不了决心主动把噩耗通知小尤金的母亲，他们还是马上将这一消息通知了萨克斯·康明斯。他给比尔·阿隆博格打了电话，后者同意给马布尔黑德小屋打电话，然后向康明斯通报情况。律师再次给萨克斯打电话时，他非常恼火。根据他的描述，是卡洛塔接了电话，阿隆伯格刚一开口告诉她这个不幸的消息，她就回答说："你怎么敢侵犯我们的隐私！"然后一把挂断了电话。

卡洛塔给出了另外一种说法，她坚持说："律师在电话里说'尤金自杀了'，我说，'什么'？电话就在近前，我丈夫就坐在那里。所以你总不会希望我说，'哦，太滑稽了'，或者其他什么话吧，于是我说，'你确信'，他回答说，'确信'，我接着说，'我不相信'。他回答说，'我保证'……然后我就挂断了电话，你可以想象我当时的感觉，金当时用一双黑色的眼睛望着我。"

"他说：'喔，赶快说，什么事情？'我说：'尤金病了，病得很厉害。'他接下来说：'他什么时候死的？'"

卡洛塔接下来把她所知道的都尽可能地告诉了他。

奥尼尔内心感到非常难过，痛苦地紧闭着双唇。卡洛塔回忆说："随着时间的流逝，（关于他的孩子们的）这种痛苦……那种痛苦接踵降临。没有批评，什么都没有，他只是病得更重了，更加不快，但什么都不说。"奥尼尔支付了葬礼的费用，送去了一个缀满白色菊花的毯子，用皮特-史密斯夫人的话说，“完全覆盖住了棺材”。卡洛塔送去了一个花环，但他没有心情给他大儿子的母亲写下安慰的文字。有可能对于发生的一切，他感到非常自责，所有的话语都显得空洞无力。

根据1956年在《进入黑夜的漫长旅程》即将在百老汇上演时卡洛塔对《纽约时报》的西摩·佩克的说法，在奥尼尔生命的最后三年，他只有一次在她面前提到他大儿子的名字。以下是她讲述的主要意思：

小尤金在道舍读了《进入黑夜的漫长旅程》，觉得该剧是一个“非常了不起的剧本”，但请求父亲延迟25年推出该剧，因为他觉得该剧“对他在耶鲁的社会地位不利”，奥尼尔答应了他的请求。然而，卡洛塔当时并不知道丈夫发此禁令的原因。五十年代早期，当时夫妇二人还住在波士顿。有一天，卡洛塔在公寓里百无聊赖，奥尼尔突然问她是不是有什么麻烦了，她回答说，“钱，钱，钱”。据说，他当时告诉她《进入黑夜的漫长旅程》是他们养老的资本，并首次透露说，小尤金劝他25年内不要上演该剧。“他说（根据她的说法。——作者按），‘如果情况变得糟糕，我们可以把该剧出版了’。然后他将该剧进行了委托，在遗嘱中对我表达了极大的信任，赋予我处置一切的完全和绝对权力，他说只要我想或者愿意，我就可以出版（《进入黑夜的漫长旅程》）。”卡洛塔的叙述到此结束。

1955年，奥尼尔去世两年后，卡洛塔批准兰登书屋出版《进入黑夜的漫长旅程》；然而，贝内特·瑟夫读了奥尼尔“沾着悲伤和血泪”写成的个人遗嘱后，决定遵从剧作家25年的禁令。于是，卡洛塔把出版权交给了耶鲁大学出版社。斯德哥尔摩皇家剧院（Stockholm's Royal Dramatic Theater）——奥尼尔是那里最受欢迎的剧作家——的导演卡尔·拉格纳·吉耶洛（Karl Ragnar Gierow）听说了这一新剧的消息，就通过他的朋友，时任联合国秘书长的达格·哈马舍尔德（Dag Hammarskjöld）和卡洛塔进行了谈判，希望能够获准演出该剧。

《进入黑夜的漫长旅程》的全球首演于1956年2月在瑞典举行，受到了广泛的赞誉，几乎与此同时，该剧的文字版也获得了出版，而且销路很好。卡洛塔最初打算只以书的形式在美国发行该剧，因为美国剧坛并未表现出对她丈夫足够的“尊重”；还有，她想推出该剧的音乐会朗诵版本，只在大学校园里巡回演出；但是，由于纽约所有的重要剧院都想获得该剧的演出权，她最终同意由时代广场剧院的年轻三人组合来演出该剧，因为他们对《送冰的人来了》的重演非常成功。该剧由约瑟·昆特罗执导，由弗雷德里克·马奇（Fredric March）和佛罗伦丝·埃尔德里奇（Florence Eldridge）扮演老蒂龙夫妇，小詹森·罗巴兹扮演杰米，布拉德福德·迪尔曼（Bradford Dillman）扮演埃德蒙，掀起了1956—1957百老汇演出季的演出热情，并为已经亡故的作者赢得了普利策奖，这是他所有普利策奖中的第四个。

尽管媒体对奥尼尔的遗孀因为违背了奥尼尔的意愿的指责态度温和，也不集中，她最后还是被激怒了，她说奥尼尔是在大儿子的要求下才规定了这一禁令。弗兰克·迈耶记得的东西使她的话令人生疑：“金曾告诉我他父亲写了一部有关他家庭的剧本，该剧25年内不能上演，他不觉得这是一个好主意；他认为该剧应该上演，不能耽误。对于该剧，他的态度很神秘，但是他好像觉得他的家庭有某种魔咒，或者家族的血液中有什么东西。他的态度并不是始终如一，他在两种观点之间摇摆不定，但是有一件事情，他的态度确定无疑——他的家庭有些特殊。”

卡洛塔肯定地说，她丈夫本人改变了对《进入黑夜的漫长旅程》的态度，但是，不仅迈耶的记忆和蒙特利女士的说法相左，文件证据也不支持她的说法。1951年，大儿子自杀近一年后，奥尼尔在收到保存在兰登书屋的剧本手稿和其他材料时，在给贝内特·瑟夫的信中写道：“不，我不想出版《进入黑夜的漫长旅程》。你知道，这个剧本在我去世25年以后才可以出版——但是不要演出。”

另一个对卡洛塔不利的证人就是卡洛塔本人。在丈夫去世后不久，她写信给安娜·克劳斯：“我如今只有一个理由活下去，那就是，执行金的遗愿。我整理好了我家尤金·奥尼尔的所有剧作。我称之为‘二十五年箱子’的那个东西是其中最令人感兴趣的——一切皆关涉隐私，除了《进入黑夜的漫长旅程》——金去世25年以后才可以打开。”

20世纪50年代中叶，当萨克斯·康明斯听说卡洛塔意欲出版《进入黑夜的漫长旅程》，而且还准许该剧上演的时候，他对妻子说：“她下定决心要扒出奥尼尔的遗体，让他不得安宁——即使在去世后。”但是，这件事也可以从不止一种角度来看待：从法律层面来说，作为剧作家的遗嘱执行人，且是唯一的继承人，她有权乐意怎么做就怎么做；从道德层面来说，她的行为就是另外一回事了；然而，与此同时，所有对美国戏剧感兴趣的人都会对此感激不尽，她准许这部许多人都认为是已有的最好的美国戏剧提前和观众见了面。

# 第三十章　夫妻分居

在压力下生活了几个月，1950年，丈夫同意卡洛塔卖掉他们的小木屋；想到要在马布尔黑德颈要再过一个冬天让她备感寂寥，有些受不了。但是，他们没能找到买家，她别无选择，只有委曲求全——虽然委曲求全不是她的性格——继续无限期待在这个她无论如何都无法将丈夫播放唱片的声音拒之门外的地方。她常说，“他播放的音乐要把我逼疯了”。海浪永无止境地拍打着海岸，声音在房子里依然可以听得清清楚楚，尤金很喜欢这种声音，然而，这种声音却一样让她感到不安。

弗雷德里克·梅约医生继续大概每月过来一次，在他看来，他的病人和小屋里的气氛多多少少和过去差不多。肯尼思·麦高文十二月过来探视了他们，他说：“金抱怨说走路有困难。卡洛塔伤心地说，‘妈妈得了关节炎，还中年发福’，然而他们看起来彼此相处得还算融洽。”表面虽是如此，小木屋实则像一口煨着敌意的大炖锅，因为卡洛塔越来越频繁地挑起和丈夫之间的争吵，而奥尼尔由于儿子过世，自己身体也不好，感到精神紧张，情绪低落。这口大锅煮沸只是时间的问题。和前些年不同，圣诞节以及她生日几天后，奥尼尔不再送上充满爱意的祝福留言。他的笔迹在他心情不畅时总是很糟糕，如今他的字迹更是歪歪扭扭，几乎难以辨别。在送给康明斯的圣诞贺卡上，他写道："亲爱的萨克斯，像曾经一样，对你们致以良好的祝福。金/1950。"

在为数不多的几位来访的客人中，唯一意识到夫妇二人之间有问题的是阿尔弗雷德·迪多纳托，他和奥尼尔夫妇保持着正常交往，隔周的周一他们会见面。他觉得奥尼尔好像没有什么变化，他带着不情愿的神色回忆说，他发现卡洛塔"变得越来越奇怪"。他说："有一次我到他们家，卡洛塔穿得很少；你可以看到她的（说到这，他不好意思地用手打了个乳房的手势。——作者按）……我的表情肯定非常吃惊，因为她说，'没关系，进来吧，弗雷德'。还有一次，我给她剪头发时，你可以看到她的（他再次打了一个乳房的手势），她问我：'你喜欢它们吗？'……我觉得我就是想要，我也得不到；但是，她就是用金盘子装着送给我，我也不会接受。我非常尊重他。"

在此期间，没有人怀疑，甚至包括卡洛塔本人，她在忍受着溴化物中毒的痛苦，这暂时会影响大脑，损害一个人的判断和方向感。多年来，她偶尔服用镇静剂，并未出现中毒的症状，然而，她一旦为了缓解愈发紧张的情绪而增大了服用剂量的话，她就会对溴化物变得敏感，并开始出现一阵子一阵子的思维模糊和类似妄想狂的征兆。到底主要是溴化物中毒，还是逐渐积累的不满引起了她的情绪低落造成了1951年2月她和奥尼尔关系的破裂，目前尚不清楚。

5日晚上，奥尼尔突然中止了一次激烈的争吵，走出了房门，他衣着单薄，也没有拿拐杖，极有可能是想在附近的冰河中结束自己的生命。正当他费力地在房子边前行的时候，他被一颗埋在积雪中的石头绊倒了，当身体着地的一瞬间，他感到一阵剧痛；他的右腿膝盖处骨折了。由于担心会被冻死，他不停地喊救命，最后卡洛塔打开了房门。卡洛塔站在门口，望着他，说道："跌得可不轻！你的了不起哪里去了，小男人？"她随后便把门关上了，他随即感到眼前一黑。

接下来的说法，有好几个消息来源，汇集在了一起，和卡洛塔自己叙述的当晚发生的事情有出入。她说，奥尼尔"包裹得暖暖和和"出门去"透透气"，她听到外面"有动静"，（"听起来就像一只猫被灌木丛给困住了——我喜欢动物"，）就去看看怎么回事，结果发现她丈夫躺在积雪中。她接着说："我问他，他能否站起来，他怎么啦，就在此时一辆车开了过来。我很吃惊，因为我们并没有约客人，来人却是我们的医生。"

那天晚上，梅约医生正在病人家出诊，九点的时候，他办公室通知他奥尼尔家有人（很可能是奥尼尔家的管家楢崎）给他打了一个电话。他就把奥尼尔夫妇排在了最后，因为没有人提及是紧急情况。大概十点的时候，医生过来了；那么显然，奥尼尔在雪地里已经躺了至少一个小时了。

梅约回忆说："当我接近房子的时候，我听到了呻吟声，我一检查，发现是奥尼尔躺在雪地里。他颇费周折地来到房子外面，是想自杀吗？很可能。我现在记得，当时他一言不发。他肯定是非常痛苦，以至于说不出话来了，也冻坏了。我把他搀起来，半拖着把他弄到了房子里。"

尤金一到房子里，就用双手遮住了双眼，目的是不要看见他的妻子（"他以前从来没有这样过"，她后来说）。

梅约医生整个心思都在病人身上，没有注意到卡洛塔焦虑的神色——她走来走去，表达着她的关心，言语支支吾吾——叫了一辆救护车，奥尼尔便被送往了萨勒姆医院（Salem Hospital）。卡洛塔留在了家里，医生开着车跟在救护车后面，看着剧作家被安全送进了医院。梅约本人谨慎、正直，并没有询问奥尼尔有关这次事故的情况，奥尼尔也没有主动说什么，但是从他眼睛里深深的痛苦中，医生伤心地觉察到他心中的痛苦要超过身体上的伤痛。

以下是卡洛塔叙述的版本："我们把金弄到屋内，给他伸展开四肢。我问他感觉如何，接下来管家进来了，说救护车到了。我并没有叫救护车。发生了什么事情，我不知道发生了什么事情，不好的事情。我问道，'你们要把我丈夫送到哪里去？'医生说，'到医院去'。他没有问我这样做是否可以或者其他什么。"

"我非常担心，穿上了厚外套，走了出去，想着要走到主路上去，拦一辆出租车到医院去。过去有一个警察常在附近巡逻，有时还会顺便过来喝点咖啡。他过来问我怎么了，我告诉他说我要到医院看我丈夫。他们让我上了车，把我带到了医院……之后，我什么都不记得了，我一定是晕过去了……我记得的下一件事情是，我想移动身子，可是我动不了。我在救护车里，一个声音说道：'你很好，我给你松松带子。'……他们捆绑我的方式有问题，把我的一只鞋子也弄坏了，我脚上只剩下一只鞋子……接下来我记得，我醒来了，窗户上有金属条。门是玻璃的，上面也有金属条。天呐，我吓坏了！我不知道我到底在什么地方！我听到有人来了，就闭上了眼睛。一个护士进来了，摸了摸我的脉搏和额头，我睁开眼睛看了看。'这就对了'，她说，'睁开眼睛。你现在没事了，你安全了，不用担心'。在麦克莱恩医院（McLean Hospital），他们对我非常好。"

从卡洛塔的描述来看，听起来好像是2月5日星期一那天，奥尼尔被送到医院后不久，她就出发去了医院。其实，6日星期二的晚上，巡警约翰·斯诺在步行巡逻时，看到前面有个人影。"当我赶上以后，发现是奥尼尔夫人，穿着皮大衣。我立刻看出她有问题。我告诉她，在这样的天气里——那天晚上，天非常冷——她不应该待在外面，可是她却说：'我不想回到那个房子里，我再也不回来了。空气中都是人。'我跟着她一直走到昆比家（the Quinbys）所在的地方，我想让她进去暖和暖和，但她不进去。"

"我把她留在外面，走了进去，并叫了一辆警车，接着和她一起等，直到警车到来，车上是诺曼·鲍尔斯（Norman Powers）和约翰·塔克（John Tucker）。我们最后劝她上了车，把她送回了家里，但她就是不进去。我进了门，等了一两分钟，然后折返回来，对她说，'人都走了；空气中也没有人了'，但她还是不愿意进来。我们中有人给梅约医生打了电话，他派人把她送进了医院。"

约翰·塔克回忆说，当他和鲍尔斯刚到的时候，卡洛塔听起来还算理性。“她说，‘我是奥尼尔夫人。我丈夫在医院里，我必须去看他，我一定要看他。’我们知道他被送到医院的事情，想着她已经听说他可能会死或其他什么，所以才出现了发狂的情况。我们告诉她，她不要乘出租车去，并主动提出要开车送她过去，可是她突然变得歇斯底里起来，又喊又叫，于是我们就开车把她送回了家。”

当梅约医生过来以后，他从警察局获得许可，把卡洛塔用巡逻车送到医院去，就这样他连轴转，第二天晚上又开车跟着，把奥尼尔家的另一个成员送到了萨勒姆医院。尽管梅约认为，应该尽快把卡洛塔送到精神病院，他也有权把她暂时送过去，而且在以前的其他病例上，他也这样做过，但鉴于病人的声名，这一次他没有按照自己的意愿行事。第二天一早，他想法让萨勒姆医院的一位精神科医生对她进行了检查。

给她脱衣服和安顿她上床的护士发现她“像板子一样僵硬”。她一直紧张地往四下里看，仿佛害怕有人伤害她。建筑师的妻子，埃莉诺·史密斯（Elinor Smith）当晚在医院看望一位朋友，碰巧往一间病房里看了一眼，病房里有一个“看起来奇怪的男人”，她接下来吃惊地意识到那个“男人”是卡洛塔，头发剪短了，和埃莉诺最后一次见她比起来，她的脸色沉重了许多。

第二天，梅约医生告诉奥尼尔卡洛塔行为疯狂，被送进了医院，奥尼尔一言不发。梅约继续说道，他和医院的精神科专家都认为，她应该被立刻送进治疗精神病的医院。他认为奥尼尔的沉默就是同意，于是梅约医生就开始了必要的准备工作。几个小时后，卡洛塔就被救护车送到了麦克莱恩医院，这是一家位于波士顿郊区贝尔芒特地区的私人医疗机构，拥有治疗精神疾病的设施，而卡洛塔后来对在萨勒姆医院住院的事情却全然没有记忆。

虽然在入院的前几星期奥尼尔意志消沉，他总是想尽办法不把这种不好的情绪强加给周围的人；他的医生和护士其实都觉得他是一个理想的病人。保罗·贺甘博格（Paul W. Hugenberger）是波士顿的一位整形外科医师，给奥尼尔受伤的腿打了石膏。他说，奥尼尔从来没有因为行走不便或者疼痛抱怨过；他想法不让你为他感到难过。几周后，石膏被移除，移除石膏是个痛苦的过程，但他却表现勇敢，即使他根本没有使用麻醉药。虽然起先他情绪低落，我觉得他令人愉快。我去查病房时，常常在他那里待上一会儿。

“他发生事故的环境很特殊，我们猜想他有可能是自杀，然而我们不能做出肯定的判断。仅仅是猜测。”

克莱尔·伯德（Claire Bird）是他的日间护士，说奥尼尔是“我病人中最好的一个；他感谢你为他所做的一切，他几乎不提什么要求，他喜欢自己做事情；有些人有私人护士护理，就认为你应该为他们尽力做好一切”。他唯一的缺点是，他什么都靠自己这一行为给自己带来了危险，同时也让他人担惊受怕。有一次，护士回到他的病房，发现空无一人，吓坏了。她回忆说：“我查看了浴室，发现他在那里——在浴盆里，躺在那里，脑袋放在一个充气的环形气垫上，双拐和他一起都在浴盆里。‘你在干什么？’我问道，虽然我意识到他肯定在去厕所的路上摔了一跤。他一听便笑了起来，我也跟着笑了；我拿他真没办法，他样子非常滑稽。”

伯德夫人一头金发，年轻、机智、漂亮，从一开始就赢得了奥尼尔的好感。她喜欢的东西很多，对这位了不起的病人也并不畏惧。她充满柔情地说道：“我丈夫是家里的‘知识分子’。他所有的时间都在读书。当我被叫过去做奥尼尔的护士时，他非常激动，而我却不得不问他是谁。”最开始的时候，她听懂她这位名人病人有一定的难度，因为他说话声音非常低，另外，如果他感到不安，他说话往往口齿不清。他尤其喜怒无常，几天很少说一句话，但是有时候又非常健谈。这位护士至今仍记得：“一天，他说了两个小时，谈论他的孩子们，主要是儿子们，就我所听到的来看，他几乎没有提乌娜。我还有一次听到他说，‘真是乱成了一团糟，真是乱成了一团糟’……”

令伯德夫人放心不下的是，他吃饭很少，当意识到被喂饭和吃饭时有人看着他会感到尴尬，她就改变了惯常做法；她“把食物切成了小片”，自己吃饭去了，留下奥尼尔一个人吃。他的震颤症每天的情况都不一样，按照这位护士的说法，就是在支票上签名也往往会花上五到十分钟时间。

奥尼尔意志受挫，不知道未来该怎么办，他甚至都不愿意去想这个问题。一个月过后，他本来已经康复得差不多了——他的腿康复得很好——然而，当贺甘博格医生把这一事实告诉他的时候，他显得不愿意接受这个乐观的结果。用贺甘博格医生的话说，“他仿佛愿意永远待在萨勒姆医院；他不想有人打扰他，他喜欢有人照顾他”。梅约医生赞同他同行的看法，他说，奥尼尔“在萨勒姆医院住院期间没有心思对任何事情做出决定”。

在媒体报道了奥尼尔住院的消息后不久，他的一些朋友便开始来探望他了，包括以下这些人——康明斯、阿隆伯格和谢莉·温加滕，但谢莉的探视被卡洛塔给挡下了。为了老友重逢，奥尼尔不得不拄上拐杖，因为自从他的一个儿子因为吸毒而被捕，另一个儿子自杀身亡以来，他这一次见到了他几乎所有的朋友们。为了消除关于他自杀的可能传言，他对萨克斯说，发生事故那天晚上在和卡洛塔吵架时，他走出了家门，当他返回取外套时，在雪地里跌倒了。

尽管奥尼尔服用了很长时间没有副作用的溴化类和水合三氯乙醛治疗震颤症，像卡洛塔一样，如今他在遭受溴化物中毒的折磨，但他的情况不太严重。他没有出现阵发的极度迷失方向和大脑混乱的情况，但他偶尔会出现幻觉。一次奥尼尔躺在床上，萨克斯当时也在场，他想象着卡洛塔从窗户那里爬了进来，虽然他腿上打着石膏行动受限，他吓得爬着躲避想象中的那个幽灵。还有几次，他在想象中见到已经去世很久的家人。

谢莉·温加滕如今第二次结了婚，嫁给了一位文学经纪人，名叫罗伯特·兰茨（Robert Lantz）。朗格内尔给她带来口信说，奥尼尔想见她，于是她就来到了萨勒姆医院。根据谢莉的回忆：“他对我的第一次探视说了一些责备的话，说我变了。他带着怀疑的目光一直打量我，直到发现我的发型变了，发现我还是他过去认识的同一个人，就长长地舒了一口气。很显然，在对朋友们的形象有了一个印象以后，他不喜欢他们发生了什么变化。”在谢莉在场的情况下，他从来没有提起卡洛塔突然对她产生敌意的事情，这让她感到困惑不已，他也没有解释背后的原因，这个问题将会困扰谢莉好多年。

从纽约赶来探望他最频繁的人有阿隆伯格和朗格内尔，阿隆伯格如今——代替卡洛塔——处理奥尼尔的财政事务；朗格内尔一周会坐飞机过来一两次。奥尼尔对资金问题非常担心，尤其是现在医疗费用开销很大，他就授权兰登书屋随便什么时候都可以出版《月照不幸人》和《诗人的气质》两部剧本；但是，不管朗格内尔如何请求和劝说，他都拒绝将两部剧作中的任何一部进行演出。在克莱尔·伯德看来，剧作家的律师和制作人的来访让他感到非常累。朗格内尔已经创作完成了他的自传，对过去充满了回忆，当他和剧作家在一起的时候，可以常常听到他的笑声。

奥尼尔的管家楢崎和厨师多莉丝·曼宁只来探望过奥尼尔一次，他们同时给他带来了灯笼裤和其他一些私人用品；他们首先忠诚于卡洛塔的，她对他们一向非常慷慨。探视剧作家最频繁的是阿尔弗雷德·迪多纳托，他曾开玩笑地说奥尼尔“像一个婴儿”，奥尼尔伤心地表示认同；他觉得这个比方很恰当，因为他像婴儿一样都不能走路。然而，在理发师的鼓励下，有弗雷德和伯德夫人守在两旁，他最远敢走到大厅那里了。贺甘博格医生认为，他不太愿意恢复行动能力，很可能是他会想到，这会加速他离开医院，以及迫使他开始做出决定。

在萨勒姆医院住了几个星期之后，梅约医生通知他说卡洛塔想来看他，她被麦克莱恩医院诊断为间歇性精神病，病因是溴化物中毒。他立刻大汗淋漓，高声叫道：“噢，别让她接近我，别让她来这里！”

后来，他改变了主意，同意她来看他。卡洛塔由麦克莱恩医院的一位护士陪着过来了，头发乱蓬蓬的，毛皮大衣胡乱搭在肩膀上，戴着一副太阳镜。当她快速取下眼镜的时候，克莱尔·伯德注意到她目光呆滞，护士心里想，这可能是镇静作用造成的。走到门口，卡洛塔喊道，“金”！奥尼尔一边喊着她的名字，一边伸出一只手。她抓住他的手，吻他，两个护士退出了房间；她此次来访持续了大约一个小时。伯德夫人回忆说：“第二天，他感到不安，嘴里含含糊糊地说个不停。有几次，我听到了她的名字，但听不清他在说些什么。”但是，他的脑子非常清楚，他告诉梅约说他不想再次见到她。

在这次不成功的相见后不久，卡洛塔觉得她需要一位中间人，于是就给西海岸的凯思琳·阿尔贝特妮打了电话，让她坐飞机到东部来。她说，“爸爸需要你”，这给了凯伊一个错误的感觉。阿尔贝特妮夫人三月中旬到达，先去了萨勒姆医院，他们上次见面是在加利福尼亚，这次看到奥尼尔“非常瘦，还变了样”，她非常震惊——他体重不到100磅——从他的沉默寡言中，她觉察到他“在隐瞒什么东西”。第二天，她去了麦克莱恩医院，院内的精神科医生威廉·霍维茨（William H. Horwitz）在简单介绍她的情况时说，“你可以帮上忙——她信任你”。卡洛塔一见到她就大声说道：“哦，凯伊，你不明白，这快让我受不了了。我先生恨我！”

阿尔贝特妮夫人并没有使奥尼尔夫妇之间的关系得到明显的改观，反而因为波士顿一位著名的精神科医生梅里尔·摩尔（Merrill Moore）的诊疗使二人之间的关系雪上加霜。朗格内尔觉得奥尼尔需要精神病方面的指导。听了他的话，摩尔医生并非对奥尼尔的病情毫不关心，因为他是已故的拉尔夫·巴顿的表弟，也见过奥尼尔的前妻，认为“卡洛塔只爱卡洛塔”。他性格古怪，他写诗的能力丝毫不逊于其开处方的能力，他有时候觉得自己像“巴尔扎克第二（在诗歌创作方面）”，希望“以十四行诗的形式”写出“我们这个时代的人间喜剧”。

梅约和贺甘博格都没有对他们的这位病人的精神状况产生过质疑，而摩尔医生则低估了奥尼尔的溴中毒，他在1951年3月19日的诊断报告中说，奥尼尔在心理上不适合照顾自己，建议送进疗养院或者指定法定监护人。他还进一步建议，奥尼尔应该和卡洛塔无限期分开，在他看来，奥尼尔的大脑出现这种不幸状况是由于其子自杀和他妻子的原因造成的。奥尼尔的两位医生没有采信摩尔的诊断结果，就再没有考虑他的意见，而奥尼尔对此并不知情。

从奥尼尔、阿隆伯格和朗格内尔告诉他的情况判断，摩尔确信卡洛塔脑子不正常。3月22日，他去麦克莱恩医院见了卡洛塔，他的来访让她感到不安和生气。她用虚情假意，缺乏热情的语气回忆着当时的情况，他吻了她的手，低声说道，“美丽的卡洛塔·蒙特利”。据卡洛塔回忆：“他让我一定要忘记奥尼尔，不再见他了，他病得很厉害，看到我让他感到不安。他说我年轻、漂亮——他把我当成了傻瓜，我真想给他一耳光——接着说，我应该为我自己开启新的生活。他离开的时候，大胆地再次吻了我的手。我已经采取了预防措施，让我的医生待在我身边。摩尔出去的时候，我的医生瞟了我一眼。我明白他本想杀了他！”

奥尼尔一直排斥她，这让卡洛塔很是恼火，麦克莱恩医院打算不久就让她出院也没有让她感到快慰。她把心里话向索弗斯·温特和盘托出。3月24日，她给他写信说，她像在“地狱里走了一遭”，自从上一次温特夫妇见到奥尼尔以后，奥尼尔的头脑和身体都“糟透了”。“‘婊子’一词总在我耳边响起”，她说，“他无论怎样都不能表达对我足够的愤恨，他所有的虐待狂本性都暴露无遗，直到我的身体因为担惊受怕和伤心而蜷成一团”。她恣意地编造着细节，歪曲着事实，指控是奥尼尔和他的医生合谋对她进行栽赃陷害；她说她被送到医院那天晚上，奥尼尔已经出了事，他走到外面去是为了躲着她。

在写给温特的另一封信中，她声称奥尼尔“对不起他的孩子和妻子；他憎恨女性，除了他需要她们的时候；一旦他不再需要她们——她们必须离开！尼采和斯特林堡是他的神，知道了这，你就明白了所有这一切；他正在写他的最后一个剧本（他在构思），我应该自杀，或者他应该把我杀掉——（当然了，雇人去杀）”。还有一次，她说，“我希望我相信地狱，这会好一些”。

好几个星期，阿隆伯格和朗格内尔都在劝说奥尼尔转到纽约医院去，这样朋友们都在近旁可以帮助他；但他们最大的顾虑是，这样一动有可能会增加奥尼尔的骨折变成永久性骨折的机会。奥尼尔长时间犹豫不定。3月23日摩尔医生去麦克莱恩医院探视了一次以后，在他的鼓励下，奥尼尔的医生做出了一个激进的决定。摩尔医生作为签名人，奥尼尔签署了一份请愿书，宣称他的妻子是“精神病患者……不能照顾自己”，要求詹姆斯·法利（James E. Farley）“或者其他合适的人选”被指定为她的监护人。法利是萨勒姆的一位律师，秃顶，脸上永远带着面具式的微笑。阿隆伯格请求法利担任剧作家在马萨诸塞州的律师。在请愿书中，奥尼尔和辛西亚·斯特拉姆被列为卡洛塔最近的亲属。请愿书于3月28日呈交萨勒姆遗嘱检验法院，开庭日期被定在了4月23日。

3月29日，卡洛塔出院了，对未来病情的预诊是“良好”。麦克莱恩医院建议她咨询一下院外的精神科专家，并向她推荐了哈里·科佐尔（Harry L. Kozol）医生，一位年轻的法医学专家。出院的当天，在见科佐尔之前不久，卡洛塔才第一次听说关于监护权请愿书的事，当她快要到达他位于湾州路（Bay State Road）办公室的时候，气得都快疯掉了，担心会犯心脏病。在他的建议下，她在其办公室对面的谢尔顿酒店（Hotel Shelton）为自己和阿尔贝特妮夫人订了房间，然后立刻和她的律师取得了联系。第二天，卡洛塔向萨勒姆检验法院单独提起诉讼说，她和丈夫关系逐渐疏远有“正当的”原因，同时指控说，2月1日，或者大概是这一天，以及“其他不同的时间”，他用“残暴和具有虐待性质的方式对待”她。同时，她的请愿书4月23日可以撤回。

当时卡洛塔并不知道，奥尼尔于3月30日星期五动身去了纽约，而她是在同一天提交的请愿书。由阿隆伯格和克莱尔·伯德陪着，奥尼尔被救护车由萨勒姆医院送到了波士顿南站，并在中午过后不久登上了火车。贺甘博格医生在奥尼尔出院的那天早上去看了他，他和伯德夫人都回忆说，奥尼尔走得极不情愿。贺甘博格说：“为了他，他的朋友们已经麻烦了很多，都已安排停当，所以他不能让他们失望。”根据护士的回忆，朗格内尔曾告诉她：“除非我和他一起去，奥尼尔不愿意离开。而我却不能同去，并一直陪着他，但我答应他安顿好后去看他。我认为他并不是真的想离开。我觉得他只是想一个人待着，但不断地有人来。”

那天，天气阴冷，下着雨，和奥尼尔的心情一样。整个旅途中，奥尼尔几乎一言不发，他放下了他所乘坐的那节车厢的窗帘，当火车在新伦敦站短暂停车时也懒得往窗外看。在纽约中央车站，他受到了康明斯和朗格内尔的欢迎，接着被救护车送到了位于东61街的一座疗养院，这里环境安静，没有外界的干扰，很适合老年人。（20世纪60年代中期，卡洛塔由于年事已高，也入住了这里。）度过了一个不舒服的晚上，第二天伯德夫人一出现，奥尼尔就说："立刻把我从这儿弄走。"几个小时以后，他就被转到了达可塔斯医院，这是他三年中第二次住进该院。

拉塞尔·克劳斯就在奥尼尔离开疗养院前的一小会儿见到了奥尼尔，发现他"令人愉悦的人格渐渐消失了"，这让他很伤心。在达可塔斯医院，谢利·菲斯克医生对他老朋友的变化已经有了思想准备，因为他已经听了梅约医生的汇报，见到奥尼尔的时候，他还是感到心情沮丧——他的体重不到100磅——状况"明显下降了不少"。正如一个护士所回忆的那样，他瘦得"皮包骨头"。

克莱尔·伯德那个周末向他告别时，奥尼尔还努力想开玩笑，但是当他亲吻她的脸颊时，眼睛里却充满了泪水。

3月31日，奥尼尔住进纽约医院的那一天，媒体刊登了奥尼尔关于监护权请愿书以及他的妻子请求法律支持的反诉的消息。读到这些消息，身处波士顿的卡洛塔哭得瘫软了，然后开始给克劳斯打电话，最终在当晚十一点钟联系上了他；整整一个小时，她东拉四扯地向他倾诉心中的痛苦和对奥尼尔的指责。她指责是奥尼尔的脑子出现了问题，她说他们住在小木屋时，有一天晚上，她发现奥尼尔拿着一个系索栓站在她面前。克劳斯的妻子说，"这个故事中唯一的疙瘩——记得我当时认为——是奥尼尔的身体非常孱弱，还双手颤抖，我看不出来奥尼尔对她构成了多大的威胁。"

在叙述另一次所谓的事件时，卡洛塔说，他们在马布尔黑德颈居住的最后几周，奥尼尔"变得越来越奇怪；有人曾给他一根橡木棍；像铁一样硬；你可以用它把人杀死，很容易；我担心他用这东西干什么；他让我把床搬到他房间里去，以防晚上他需要什么东西，我告诉他我的房间离他的很近，只要他喊一声我就可以听见；一天晚上，他来到我床边，嘴里自言自语着，‘我要把她的脑壳敲碎，让她满脸是血——我知道你能听见我说话，你只是装作睡着了罢了’”。

就在凯伊·阿尔贝特妮回加利福尼亚前，她和哈里·科佐尔医生单独聊了一下，他问她是否觉得卡洛塔疯了。她回答说是。用她的话说，“接下来，他想知道卡洛塔有没有朋友，我回答说‘有一些’。他接着问道，‘她恶毒吗？’我告诉他说，‘她逼人逼得很紧’。”

住在加利福尼亚索萨利托（Sausalito）的辛西亚·斯特拉姆从报纸上读到有关监护请愿书的消息后，就给萨勒姆医院打了电话，但医院有人把奥尼尔已经出院去纽约的事情进行了保密，并告诉她他拒绝和她通话。辛西亚说，“这是我唯一对奥尼尔不满的地方。我想核实一下我妈妈是不是真疯了或者被人诬陷。如果她脑子真的出了问题，我不反对将她送进精神病院。我只是想证实她不是被诬陷了。”

在被通报了有关请愿书的事情后，辛西亚在答复萨勒姆遗嘱检验法院的一位法官时说，如果“有充分的证据……依照您的判断，认为她不能照看自己，我不反对指定……某一个……合适的人选做她的监护人；我考虑最多的是她的利益和她受到合适的对待”。

“我住得非常远，工作每周才48美元的报酬，我要用来照顾我残疾的丈夫、12岁的儿子、家庭和我，我无力主动赡养我的母亲。我……请求……找一个合适的人选，有责任、正直……还有，要定期向我汇报她的情况。”

卡洛塔听说奥尼尔更改了遗嘱，删除了她的遗嘱执行人资格，这让因为请愿书而痛苦的她更加痛苦。她在信中和电话中向克劳斯进行了感情倾诉，指控朗格内尔蓄意将她排除在外，目的是他能够将《月照不幸人》和《诗人的气质》演出。她坚持认为，摩尔在请愿书中发誓她疯了是犯罪行为，因为他根本没有给她“做检查”，还威胁说要以同谋的罪名来起诉这位精神科医生和朗格内尔；在她这一时期的书信中，“同谋”一词屡屡出现。

事后来看，朗格内尔介绍梅里尔·摩尔掺和到奥尼尔夫妇的矛盾之中并非明智之举，然而，虽然卡洛塔对朗格内尔的动机表示怀疑，也能看得出来，这位来自同仁剧社的人，打心底尊重奥尼尔，他觉得他在维护奥尼尔的利益。像熟知奥尼尔夫妇情况的人一样，正如他所看到的那样，他明白奥尼尔完全受到了卡洛塔的掌控，他觉得如果他和妻子永远分开，他多多少少可以享受到晚年的安宁。但是，显然，他和其他人都没有意识到，在正负两个方面，对奥尼尔来说卡洛塔其实是最理想的伴侣。

几乎每个人都能看出来卡洛塔的德行和长处，但是就是有人，也很少有人好像意识到，她虐待狂的冲动和得理不饶人的性格也是她和奥尼尔关系的黏合剂。奥尼尔怀着深深的愧疚之情，如果他娶了一个固执的好女人，即希基的妻子伊夫琳那样的女人，没完没了地宽恕，那么他本就不安的良心可能会变得受不了。事实就是这样，他内心的某些方面无意识之中欢迎卡洛塔有时候给他造成的痛苦：她给他提供了为因其出生而产生的负罪感进行忏悔的机会。

奥尼尔在达可塔斯医院住院的第一周即将结束的时候，他患上了肺炎，有一天左右好像离死亡不远了——他的体重下降到90磅左右——但在盘尼西林的辅助下，他恢复了，吃饭胃口大开，恢复得很好。在达可塔斯医院住院的最初几天，他偶尔会产生幻觉和瞬时大脑混乱，直到最后菲斯克医生把溴化类药物从他服用的药物中剔除，直接开了治疗震颤症的三氯乙醛。

奥尼尔现在讲话比以往语速更慢，也更犹豫不定，他给他的探视者们一种错误的感觉，那就是，他的智力出现了倒退。他讲话费力和不愿说话有可能部分是由于他在感情上累了，因为对卡洛塔的感情，以及关于未来的道路他脑子里持续不断的自我斗争都在折磨着他。他一定明白，一旦麦克莱恩医院让她出了院，纵然有机会，他关于监护权的请愿被批准的机会也非常渺茫，除非他做好准备拿出他们私生活中的某些事件的证据；他知道，所有这一切将会引出卡洛塔那一方独角戏式的证据和耸人听闻的宣传。

卡洛塔这时其实在接受《时代周刊》驻波士顿记者的采访，记者名叫弗朗西斯·怀利（Francis Wylie），她威胁说要让全世界都知道她和奥尼尔之间烦心事的“所有真相”。除了重复了她对朗格内尔和摩尔程式化的指责外，她告诉怀利说，奥尼尔在他们感情不和期间还给她写“情书”（事实并非如此），送玫瑰给她（反过来才正确：在萨勒姆医院，她给他送了玫瑰）。

1951年4月6日，怀利向纽约的编辑们汇报说，卡洛塔“说她是爱（奥尼尔）的，觉得他需要她胜过一切”。这位《时代周刊》的记者是科佐尔医生的朋友，他说这位精神科医生确信奥尼尔夫人患了疯癫，“尽管大家公认，她的借口是她喜怒无常”。他继续说道，科佐尔“确信他们三周之内必能达成妥协”。在简要说完卡洛塔对他说的话后，怀利接着说，事实“确定无疑，很多事实都……无法用文字表述……依我看，我们应该争取写出美国这位最伟大的剧作家最后年月的悲剧故事，其中包含了他在文学领域和家庭中经历痛苦的含义和感情的亮点”。

十天后，怀利通知《时代周刊》总部说，卡洛塔威胁说要起诉奥尼尔、他的律师和摩尔共谋，除非奥尼尔撤回请愿书。他接着说，“一旦她被判清白，她将极有可能去纽约主张对奥尼尔的监护权”。在对此进行了权衡之后，《时代周刊》认为奥尼尔的故事对受众来说“太过凄惨”。

罗伯特·李·帕特森为给奥尼尔治病再次和菲斯克取得了联系，并为其震颤症找到了他，因为他觉得只要奥尼尔足够卖力，他完全可以将其严重的程度控制到最小。在帕特森的建议下，剧作家的日间护士萨莉·库格林（Sally Coughlin）同样劝他和自身的痛苦做斗争。她回忆说：“他觉得生活对他太无耻。我告诉他，帕金森症不会死人，只会带来不便，但他说这病让他不能写作，写作对他来说意义非同小可。”她建议说，可以像很多其他人所做的那样，他也应该口授他的剧本，但是用她的话说，他回答说“除非他的手在纸张上游走，他才会有想法。他的震颤症不太严重；我感到如果他真的下功夫，他可以训练自己写字。我曾扶他到桌子边，把纸笔递给他，但他将纸和笔推到了一边。”

库格林小姐是一位心直口快的中年新英格兰人，有这样一位病人，她起初很后悔。她说：“他很难侍候，虽然不是令人不快。像一些病人一样，他从来不闹情绪，噘嘴怄气，或者大吵大闹，但是很难让他去做那些对他有好处的事情。”她说话听起来非常像奥利芙·埃文斯，她是1912年在奥尼尔动身去肺病疗养院前照看他的那位护士。库格林小姐接着说，“你永远不可能让他去做他真正不喜欢做的事情”。

她继续说道：“其他人把他往那一放不闻不问，我不这样。我和他说话，就像和任何其他人一样。有时候我说些什么，他不回答；他假装没有听见。我就再说一遍，对他说，‘如果你不想说话，那是你的事，但请动动耳朵或者其他什么，这样我就知道你听到了我的话’，他笑了笑。有些日子，他一句话都不说。”

卡洛塔不知怎么地得知了护士的名字，给她寄去了感谢信，感谢她照顾她丈夫。有几次，她随信寄来了在道舍居住期间拍的一些照片，在其中一张照片的背面，她写道该照片拍于那些“快乐的日子”；但过了一阵子，这些照片和感谢信便再也没有寄来，因为库格林小姐并不认可它们。这位护士说：“帕特森医生好像非常喜欢他们夫妇。他给我讲起了他们上一次分手的事情，当时卡洛塔在达可塔斯医院住院，而奥尼尔对此一点都不知道，帕特森医生笑了起来，仿佛他在谈论两个问题少年所做的滑稽事情。”

萨莉·库格林是一位家庭观念很强的女士，对身为父亲的奥尼尔有些不满。她回忆说：“有个人来看他，他想告诉他乌娜生活得很好，而且在加利福尼亚大家对她评价颇高。奥尼尔不想见他，但我认为他应该见他。那个人在那里只停留了一小会儿。我曾问他关于乌娜的事情，他那样对她，他是否不感到内疚，他说人人都要自己生活，做他们认为对他们最好的事情。”

如果说库格林小姐对奥尼尔来说像令人振奋的清凉淋浴，那么他的夜间护士厄尔·贝蒂夫人（Mrs. W. Earl Beatty）则像令人安逸的温暖盆浴。她说：“我非常喜欢他，我非常同情他——他非常……我不知道该怎么说，失落。我发现他非常合作，非常善良和充满柔情。”她是一位医生的遗孀，受过教育，曾在国外待过。当她讲述她国外旅游的事情时，她在她的这位病人身上发现了一位善于倾听的观众。她和他一起玩纸牌游戏（“他的震颤症不稳定，但他拿纸牌倒没有困难”），还给他介绍了一家无线电台——纽约古典音乐广播电台（WQXR），奥尼尔非常喜欢他们的古典音乐节目。她说，“我尽我所能转移他的注意力，如果让他待在自己的思绪里，他就会垂头丧气”。

如今，他对世界事务失去了所有的兴趣，但是有一次，在听完一则新闻报道后，用贝蒂夫人的话说，他预测说“俄罗斯永远不会发起战争，他说，俄罗斯的政策是把美国搞破产”。

奥尼尔的一些朋友，尤其是不受卡洛塔赏识的那些朋友，觉得他们这次分开将会是永久性的。为数不多的朋友，回想起他们1948年那次分开后的结果时，觉得他们会达成妥协。也有一些人对此不置可否，因为奥尼尔本人的感情本就自相矛盾，说起自己的妻子时说法也不一样。他总是给她找借口——因为其本人和其他人——但终归总会回到那个事实，即，那天晚上她把他留在雪地里，要不是医生及时赶到，他就死了。库格林小姐回忆说，“他给我讲这件事时，听起来受到了深深的伤害”。

麦高文从加利福尼亚过来探访他，他在市里进行了短时间的停留。奥尼尔用双手握着肯尼思的一只手说，“单独见到你，真是太好了”。这给肯尼思的印象是，他和卡洛塔的关系完了。

康明斯很感情化，一心一意地对待对奥尼尔，他最希望奥尼尔永远不要回到卡洛塔的身边，因为卡洛塔排斥他，这让他不能原谅她。他和奥尼尔之间的友谊是他一生中“最有意义的一种友谊”，他随时准备尽自己最大的努力避免外在因素导致的他和奥尼尔分道扬镳情况的发生。萨克斯现在正在新泽西州的普林斯顿建造一个新家，他一直力劝这位老朋友过来和他及其家人一起同住，而奥尼尔却闪烁其词，对他的建议没有表态。

谢莉·兰茨（Sherlee Lantz）也同样因为被排除在了剧作家的生活之外而心情沮丧。她是另一个在医院花很多时间陪奥尼尔的人。她目前不再供职于同仁剧院——她要生孩子了——在奥尼尔的请求下，谢莉负责奥尼尔的书信来往。他不但自己对阅读这些信件漠不关心，而且对谁的来信也不太在乎，因此在不知道写信人与奥尼尔的关系和是不是亲近的情况下，谢莉只有凭自己的判断用她的名义替奥尼尔回信。她回忆说，“我对此感到惴惴不安。我觉得我仿佛篡夺了一个女儿的位置；我曾问他，他是否想让我给乌娜写一封信，让她过来接替我的工作。他所有的回答就是一个‘不’字”。

1948年，在奥尼尔住院期间，他说话的口气仿佛是他已经完全对生活失去了兴趣，然而谢莉却觉得，他是希望有人劝他从目前的心情中走出来，他仍然没有放弃希望。但是，到目前为止，在她看来，他好像真的已经“放弃”了。和其他一些人不一样，谢莉对奥尼尔主动热情，凭直觉能猜到他的感受，希望他能和卡洛塔和好；在她看来，这对奥尼尔来说是世上唯一重要的事情。

谢莉一般每隔一天来探望他一两个小时，但是他讲话有困难，这让她很难受，有时候她就打电话说那一天她不能来看他了。她回忆说，“当他生病的消息传开后，人们就三三两两地来看望他，大家就坐在那里彼此相互寒暄，免得让他费力讲话。他开玩笑似地对我说，他就像在主持一个会议”。

为了减轻谢莉对奥尼尔情况的挂念，达可塔斯医院的一名医生对她说，奥尼尔的大脑会出现退化，但他不会遭受精神上的痛苦，因为他会“像一个植物人”。谢莉说，“我一听这话，我杀那个医生的心都有”。

四月中旬，奥尼尔的心情非常低落，他还一度说要自杀；库格林小姐采取了预防措施，把他房间的窗户都锁上了。他睡眠不好，就是睡着了，也常常会被奇怪的梦惊醒。一次，他梦到他把他的夜间护士杀了（不是贝蒂小姐，而是他的另一个夜间护士，服侍他的时间不长）；还有一次做梦，他告诉克劳斯，“我梦见我身处日本，时间是离现在两千年前，日本人是唯一幸存的民族。他们让我看当时的一些科学发明，真是棒极了，但他们就是不告诉我它们是怎么制造出来的”。

在所有关心奥尼尔困境的人中，只有克劳斯和两位主要当事人保持着正常的联系，他们不断向他打听对方的情况。4月17日，他一到医院，尤金就对他说，“我想回到卡洛塔身边”；然而，第二天他“感到非常紧张，身体颤抖”，已经改变了主意。像谢莉·兰茨一样，克劳斯几乎从一开始就确信无疑，他们两个最终会和好。

在西雅图，索弗斯·温特夫妇收到了卡洛塔的电话和信件——她想让他们提交一份宣誓书支持她的诉讼——他们为奥尼尔感到担心。4月12日，索弗斯给奥尼尔写了一封信："我对你的理解和忠诚使我不可能仅凭表面就相信（卡洛塔的）这些话。我替她感到难过。她被她自己的性格害了，结果无法逃脱。"

在谢莉不在的时候，由萨莉·库格林处理她的病人的信件。4月18日，她给索弗斯和埃利纳回信说，是否把信件转交给奥尼尔，她很犹豫，因为这会"增加奥尼尔本来就在承担的重负……我为他感到非常难过，最糟糕的……是我们夫妻俩几乎帮不上他的忙；他现在的愿望仿佛是要回到卡洛塔身边，尽管他认为卡洛塔是个精神病人"。她说，他的朋友们把他送到了纽约，"希望能让他静下心来，还希望他能和她一刀两断，生活幸福，再无牵挂；他的诉求是一个人静静……像绝大部分患妄想狂的人一样，卡洛塔的信件和电话给他的老朋友们带来了伤害"。

监护权请愿书使卡洛塔不能触碰自己的银行账户，迫于资金压力，卡洛塔不得不搬出了谢尔顿酒店，回到了岩尖巷去住。她如今也把小木屋称作"一个坟墓"，语气就像《悲悼三部曲》中的克莉斯丁·孟南。她的一个朋友从纽约乘飞机过来安慰她，并给她带了一些钱，发现她面色疲倦，神经紧张，因而吃惊不小。

4月23日，萨勒姆遗嘱检验法院审理后，她的情况有了好转，因为奥尼尔通过律师法利撤回了请愿书。与此同时，她的诉求由于管辖权的原因也应该被撤销，因为他们的法定住址是在纽约。

两个诉状一旦被撤回——卡洛塔的诉求不予审理——一劳永逸地解决两人分歧的努力便提速了，一方想和解，另一方想永久分居。梅里尔·摩尔莫名其妙地仍卷在这件事情中，认为奥尼尔应该待在纽约，他可以租一个公寓，雇一个男仆侍候起居，而卡洛塔应该住在波士顿。他们可以偶尔相见，根据他的想法，但他们将不再在一起生活。为了使他的想法对双方当事人更具吸引力，他让克劳斯将它作为计划提出来。克劳斯拒绝了，后来在去医院探视了以后，他在4月26日的日记中写道，“金不喜欢摩尔让他们分开的计划”。

奥尼尔在纽约待了一个月，到四月底的时候，他决定和妻子和好，但是在克劳斯看来，律师们却“挡了道”，他不知道“该如何是好”。虽然监护权请愿书已经被撤回了，卡洛塔非但没有感到轻松，反倒对这次她在公众面前受辱比以往更加恼怒。一次，拉塞尔·克劳斯给她打电话，通报事情的最新进展，她“受到了伤害，人都疯了”。还有一次，她劈头盖脸地对他“大发了一通脾气”。

理查德·J. 马登现在重病缠身，他的秘书简·鲁宾（Jane Rubin，她现在成了奥尼尔的文学经纪人）代替了他，她经常来医院探望奥尼尔。她说：“有一天，我告诉他：‘我是来这里帮助你的。你想回到卡洛塔身边吗？’当他表示同意时整个人都崩溃了。看到他哭泣真让人心碎。”

“我不知道他们是否曾听说过这事，但阿瑟·霍普金斯多年来常这样说，他诅咒他把卡洛塔介绍给奥尼尔认识的那一天。”

五月早些时候，卡洛塔的律师告知阿隆伯格，她想让科佐尔医生询问一下她丈夫，看看“金是否真的想让她回去，或者（是）一个骗局”。律师向阿隆伯格保证说，与梅里尔·摩尔所报告的正好相反，卡洛塔没有打算把奥尼尔“送进精神病院”。

由于奥尼尔夫妇的事情惊动了律师，并闹上了法庭，拉塞尔·克劳斯对主动干预他们的事情态度一直犹豫。克劳斯觉得阿隆伯格是事情发展过程中的绊脚石，后者准许他不遗余力地结束奥尼尔夫妇的不和。在收到克劳斯的来信后，科佐尔医生于5月9日去了纽约，在和奥尼尔会谈期间，他确信奥尼尔想和妻子重归于好。四天后，奥尼尔看上去“非常快活”，告诉克劳斯说，他和卡洛塔打算住在科佐尔办公室对面的谢尔顿酒店。

按照卡洛塔的条件，他回去了。她其中一个非常重要的条件是，他要对遗嘱再次做出修改，重新将她指定为遗嘱执行人和唯一的财产继承人。按照简·鲁宾的说法，奥尼尔认为“这是和她开的一个玩笑，因为当时他的剧本带来的收益不高——他好像已经过时了”。

鲁宾小姐接着说道，“绝大多数人都没有意识到这一点，但他有幽默感。他曾对我说，‘如果我把我妻子给我耗费的钱都用于开妓院的话，可以从纽约一路开到旧金山，现在我的收入将非常可观——而且我过得也会非常快乐’”。

随着夫妻分居生活即将结束，奥尼尔的精神和健康状况明显好了许多，他尽可能把他接下来的计划向他人保密，因为他的决定会令他们感到伤心。他最后的日子最明显的标志是与人告别。一天晚上，阿隆伯格带着露丝·兰德过来了，她和小尤金一起观看《送冰的人来了》的排练时见过这位剧作家一面。露丝说，“我不确信他是否记得我，然而他伸出胳膊，哭泣着把头斜靠在我的肩头。我感觉得到他在跟他已故的儿子金告别。”

在住院期间，普罗文斯敦剧团很多想见他的人都被他阻止了，部分原因是他认为他们会被时间和疾病让他发生的变化给吓住；如今他离开人世的日子越来越近了，他见到了一些老朋友们，其中包括吉米·莱特，两人有二十多年没有见过面了。莱特对奥尼尔非常崇拜，过去与他要好，此次相见定然会在彼此的心中激起深深的记忆，但是，他们的谈话只停留在了表面的寒暄。

莱特回忆说，“他对我说的第一句话是，‘给我一支烟，好吗’？他接过烟时，双手抖得厉害，我赶忙给他点烟，然而他拿过火柴盒，说道，‘不用，谢谢你。’”

“你能做到这样吗？男人的勇气！他划了好几根火柴，才最终自己点燃了香烟。”

奥尼尔将于5月17日启程去波士顿。15日晚上，萨克斯和多萝西·康明斯过来最后一次见他，萨克斯把乌娜的一个大信封交给了他，他随后放在了枕头下。他是否看了信封中的东西——或者是连拆都没有拆就把信扔掉了——无从知晓；唯一确定的事实是乌娜·卓别林没有收到父亲的回信。乌娜此次来信是因为达德利·尼克尔斯从好莱坞去纽约的时候，去了达可塔斯医院。在获知了奥尼尔在小木屋最后日子的情况后，尼克尔斯给乌娜打了电话，催促她坐飞机到东部来一趟；他希望父女二人能够和好如初，这样就可以把卡洛塔永远排除在奥尼尔的生活之外。然而，乌娜告诉尼克尔斯说，此次不能成行，因为她当时在孕期的最后一个月（5月19日，奥尼尔和卡洛塔在波士顿重逢两天后，卓别林夫妇生下了他们的第四个孩子）。为了安慰父亲，乌娜给他写了一封信，托兰登书屋的萨克斯转交，信封里还装上了几张她本人和孩子们的照片。

多萝西·康明斯回忆说，“我们到达的时候，金打扮停当，站在那儿迎接我们。我们再次劝他和我们生活在一起。我告诉他，我们很高兴你与我们同住，很多年，随便多少年都可以，只要你乐意。但是金回答说，‘我不能过去，我就是一个负担，我连一杯水都端不住’”。

奥尼尔的身体麻痹夺走了他的尊严，他知道这一点，并为此感到尴尬，他接着说，除了让卡洛塔照料他，他没有想过其他人。他继续说，一般情况下卡洛塔把他照顾得很好，关于她我有很多话要说：她长得漂亮，本应该过上比与我在一起更加幸福的生活；为了他和他的工作，卡洛塔做出了重大牺牲。

康明斯夫人说，“我们只在那里待了大约20分钟，待的时间再长些，只会更加痛苦。金用双手抱着萨克斯说，‘再见，我的兄弟’。我们出来的时候，我眼睛里还噙着泪水。”

第二天上午，即16日，萨克斯给乌娜写信说，他将她的信正好按时送到，因为她父亲第二天就要去和“他的妻子”（整封信他一次都没有提卡洛塔的名字——对他来说，她的名字是个诅咒）团聚。他说奥尼尔的身体“正在康复，而且康复得很好，他的腿痊愈了；他的震颤症也好了很多；说话也清晰了；身体也有劲了，生活的意志也恢复了”。

他在信中继续写道，当她父亲到达纽约的时候，“医生和他的朋友们都非常担心他会余日不多；但可喜的是，这些担忧都过去了，现在他在做他想做的事情，即重新回到他认为是幸福的事情上，或者也许即便是死亡；无论如何，这是他想要的，这非常重要”。

“在我看来，他朋友们动机很纯粹，一心为了他，尽其所能去挽救他的生命。而如今他们必须要退出来了……有可能还会招致违背他的利益和愿望的指责……我希望，你父亲的体力会完全恢复，这样他就可以安心地再次投入工作。他已经承受了太多痛苦和身体上的伤害。”

他在信的最后写道，达德利·尼克尔斯“告诉我了一些关于你的好消息，得知你是一个快乐和事业有成的女性，我很高兴”。

（20世纪60年代末，乌娜见到了科佐尔医生，并询问他“为什么我父亲在和卡洛塔的关系结束后又回到了她的身边？”用乌娜的话说，科佐尔说，“有传言说要让阿隆伯格和朗格内尔当他的法定监护人——我父亲立刻吃惊不小，因为他认为朗格内尔会控制住他的剧本，在这一方面他唯一信得过的就是卡洛塔”！）

在医院最后一次探视奥尼尔时，谢莉·兰茨就如何结束这次探视感到很是痛苦。她煞有介事地问道：“如果你知道你将再也见不到他了，你怎样向这位你喜欢的人道别呢？只说些一般意义上的爱呀，遗憾呀之类的话是不够的，任何情感上的表达对我们彼此都是令人感到痛苦和尴尬的。我在那儿待的所有时间，脑子里都在想，从他的床边走到门口，最简便的方法是什么？虽然只有几步的路，却像一段很长的距离。”

最后，她说，“明天我想把你送到火车上”——她心里清楚已经安排好了，萨莉·库格林要送他。明白了她的意思，奥尼尔立刻回答说：“这是个好主意。”谢莉吻了他，说道，第二天上午她将打电话过来，在眼泪滚落之前，她急忙离开了。

奥尼尔为尽可能悄悄地离开纽约而采取的预防措施很见效，有些人是在他离开后才得知他要离开的消息的。贝内特·瑟夫在奥尼尔离开的前一天晚上见了他一面，像其他人一样，他也同样蒙在鼓里。他不知道奥尼尔反对“摩尔提出的分居计划”，就给奥尼尔在麦迪逊大街的卡莱尔找了一套公寓，里面有一个男仆可以照看他，租期从5月17日开始，事有凑巧，就是奥尼尔夫妇波士顿团聚的那一天。

奥尼尔现在的体重是117磅，比刚到纽约时重了20磅，但他仍然显得憔悴。在办出院手续时，他告诉库格林小姐把不能塞进行李箱的东西都留下，因为他不喜欢带纸袋。这位陪伴他出行的护士说："他想绅士般出行，他想为他的女人展示出他最好的状态。"

比尔·阿隆博格护送两人到了中央车站，说："这就是告别了，金。你一回去，我就会被从你的圈子里开除了。我知道她讨厌我。"尽管奥尼尔知道卡洛塔会这样做，他还是礼貌地不赞成他的说法。

旅程刚开始的时候，奥尼尔感到紧张，他在"扬基快船"号列车上有一个小包间。库格林小姐告诉他，在帕特森医生的建议下她给他准备了镇静药，奥尼尔对此好像半信半疑。她回忆说："我原打算等等，直到半程以后再说，但他神经高度紧张，我认为很有必要提早给他打一针。在旅程的绝大部分时间，他都在睡觉，火车在新伦敦短暂停靠期间他也没有意识到，这是他最后一次路过这个赋予他最为辛酸记忆的地方。"

科佐尔医生在后湾车站（Back Bay Station）带着一把轮椅在迎候他，很快奥尼尔便坐着这位精神科医生的汽车来到了位于湾州路的谢尔顿酒店，这里便成为奥尼尔最后的家和他去世的地方。

# 第三十一章　私人葬礼

“有人告诉我奥尼尔因为自己所做的事情有强烈的负罪感，但我不知道他回来后会怎样。”1951年，卡洛塔在谈及这次重逢时说。“护士和他一起来了。他从我身边走过，（说到这，她带着一种滑稽而又悲伤的腔调。——作者按）说了句，‘我爱你，原谅我’，然后他就径直过去了，走进了卧室，甚至连停都没有停！”

萨莉·库格林的描述完全不同，她的说法两个人都比较喜欢：“我一定要说，卡洛塔对情况的处理很妥当。我们一到家，卡洛塔就双手抱住了他，给他以拥抱和亲吻。我看了他的脸——他有种如释重负的感觉。我在那里待了几个小时，他笑的次数比我所知道的过去好几周都要多。他很高兴回到了家里。”

在离开纽约之前，他向同仁剧院借了5,000美元，并打了欠条。卡洛塔说：“金回家的时候，他欠医院和医生17,000美元。我告诉他，‘没关系，金，交给我吧’。接着，他说他欠朗格内尔5,000美元，我说这我也会偿还。”在他们的最后书信往来中，卡洛塔寄给朗格内尔一张支票，并向他索要欠条，她后来收到了欠条，但并没有给对方以回话。朗格内尔夫妇和阿隆伯格随即就被开除了，也成了被永久切断和奥尼尔联系的名单中的一员，而这个名单上的人数变得越来越多。

“卡洛塔生活在‘象牙’思想之中”，剧作家马可·康奈利（Marc Connelly）说。“她把自己变成了对金来说必不可少的人。你知道，作家的妻子具有掠夺性。对她们来说，这是一种生活方式——卡洛塔尤其如此——用这种工作方式来证明她们在一个名人丈夫生活中的合法性……对其他人来说，她打扮得体，尽职尽责。奥尼尔总是些默不作声，他的病情发展使他没有资本抵御这种情况的发生……通过把奥尼尔实际上完全与外界隔绝，卡洛塔完成了她的工作。”

在奥尼尔回家后不久，马布尔黑德颈的房子就被卖给了波士顿的理查德·罗比夫妇（Richard S. Robies）。罗比曾见过剧作家一次，据他回忆，奥尼尔“非常安静，很有风度；都是奥尼尔夫人一个人在说话”。按照卡洛塔的说法，她急于筹钱，所以就把这个地方卖掉了，房子有两万美元的抵押，以四万美元的价格售出；但是，马布尔黑德颈当地传言，该房给她带来了五万美元的收入。

最后他们没有了做家务的麻烦，在谢尔顿酒店卡洛塔几乎没有什么家务的挂念。夫妇二人的寓所是酒店的401房间，俯瞰着查尔斯河和剑桥，有一间客厅，用他们仅剩的上好的中国产的饰物进行了部分装饰，还有一间卧室，里面放着一张双人床；二人的一日三餐都是由饭店的厨房送过来的。除了偶尔去看医生和几次短暂的住院外，余下的时光中奥尼尔没有离开过这座公寓。他清醒的时间主要用来读神秘故事，收听球赛，除非陷入沉思，还会坐在卧室窗前的椅子上，用伤感的眼神仔细看窗外的风景——河上的帆船、赛艇和其他船只；剑桥，他过去曾在此跟着贝克教授学习戏剧创作，这是他的另一个世界。1914年，他曾给贝克教授写了一封信：“我想要么成为艺术家，要么什么也不是。”

用卡洛塔自己的话说，她最初是“24小时值班”，但后来缩减到了16小时，周末除外，因为周末她雇用了一名护工，名叫珍·韦尔顿（Jean M. Welton），卡洛塔说她是“一个天使”。韦尔顿夫人安静、严肃、忠诚，成了卡洛塔最信得过的人，和科佐尔医生一起成了他们未来最难熬的那一段时间的重要支柱。

奥尼尔搬到谢尔顿酒店还不到两周，他立下了一份新遗嘱，指定卡洛塔为他的遗嘱执行人和唯一继承人，遗嘱里写道：“我想与妻子共葬，我授权我的遗嘱执行人购买这样一座墓地，并简单树立一块石头，上写……”（卡洛塔后来对布鲁克斯·阿特金森说，如果奥尼尔想让她在他身边“永眠”，就本不应该觉得她“很坏”。）他在5月28日的这份文件中继续说道：“在这份遗嘱中，我特意将我的儿子沙恩·奥尼尔和女儿乌娜·卓别林排除在外，我现在将他们以及此后出生者皆排除在外。”

这年六月早些时候，奥尼尔收到了兰登书屋寄来的《月照不幸人》的几套校样。他在其中一套上写道，字迹相当清晰：“献给卡洛塔，我亲爱的妻子，没有她的爱，我可能活不了，她的爱宽恕了我最近对她的可耻行为，对此我怀有谦卑的感恩之情。”他的签名是：“你的金，宝贝。”

几天后，在他的授意下，兰登书屋将他1948年委托出版社保存的手稿和其他文件寄送给了他，当年他在住院，担心卡洛塔会霸占这些东西。在委托保管的东西中有一个箱子，里面装着他亲笔创作的稿件，一些已经上演剧本的打印稿，还有几个包裹，里面装着他尚未完成的作品和尚未演出的作品稿件和其他东西。如今，这些东西并非都留存下来了。根据萨克斯列的一个单子，一些包裹外标有如下字样：“组剧”；“以讣告的方式”；“最后的征服”；“加格的结局”。未完成作品（组剧的一部分，记者的笔记本，法国大革命材料）；剧本的笔记，提纲和构思；以及“反抗”。

奥尼尔在谢尔顿酒店的生活很快就形成了一种模式：半上午的时候韦尔顿夫人给他洗澡、穿衣和准备早饭；下午打打盹。他常常躺在那假装睡着了，其实在听两个女人聊天，或者为了看到她们，把眼睛微微睁开一点。卡洛塔说，“他刚搬回来后不久，在那件可怕的事情之后，有一次，我注意他在看我。这是唯一的一次我跟他说起那个事情。我说，‘你怎么能那样对我呢？’他的表情开始变得低沉，接着他突然微笑了一下，‘哦，那是很难的第四幕’。‘是的’，我说，‘那是很难的第四幕，可我是那个受苦的人啊’”。

她第一次搬到酒店去住的时候，在他们分手期间，她登记住宿的名字是卡洛塔·蒙特利。她非常不耐烦，颐指气使，酒店的雇员都觉得她的精神处于崩溃的边缘，都尽可能躲着她。但在他们听说她是尤金·奥尼尔夫人之后，他们开始享受到了她慷慨的赠予——她小费给得非常慷慨，直到她不喜欢那个人为止——所以他们服务得都特别卖力。

餐厅女服务员琼·奥兰多（Joan Orlando）说：“她衣着过时，基本上都是黑色——黑色的袜子，高领的裙子，黑色的帽子，黑色的长外套，常常戴着太阳镜。她的拐杖很吸引我，颜色是黑的，拐杖头是黑色的大理石。她讲话时会用大理石拐杖头表示强调，只要她来到门口，就会傲慢地举起拐杖。看门人都害怕她。如果她想要电梯，她就会用拐杖敲打小窗户，仿佛要说：‘好了，快点，我来了，我立刻要电梯！’”

还有一个雇员依然记得她戴着裘皮帽，穿着大衣，拄着拐杖，当时觉得她像“一个俄国女沙皇；她的声音有力”。弗吉尼亚·麦克阿德尔（Virginia McArdle）说，“样子非常傲慢”。

马克斯韦尔·安德森是打破401公寓高墙的为数不多的百老汇人中的一个，他以前并没有见过这位著名的剧作家。他和电视制作人杰里·斯塔格（Jerry Stagg）为剧作家公司（Playwrights' Company）策划了一个电视系列片，于这年春天拜访了奥尼尔。安德森和剧作家公司的同事们——S. N. 贝尔曼、埃尔默·赖斯和罗伯特·舍伍德——想推出一套有奥尼尔作品的节目。斯塔格后来为该系列剧选择了《啊，荒野！》和《安娜·克里斯蒂》。会谈在谢尔顿酒店举行，会谈由安德森掌控和主导，几乎没有触及戏剧议题；相反，结过两次婚，有四个孩子的安德森——他的第二任妻子自杀了——一直在谈论家庭问题。不明智的是，由于安德森肯定已经知道奥尼尔两个儿子的不幸命运和他与乌娜闹翻的事情，他说："最大的悲剧是发现你没有让孩子们为生活做好准备。"奥尼尔面无表情，若有所思地点了点头。

奥尼尔虽然非常想和卡洛塔重修旧好，几个月后他变得坐卧不安，主要是因为再次住到了酒店。一天，当卡洛塔给他按摩时，用她自己的话说："尤金不耐烦地扭动着身体。我问他：'你怎么啦？你不躺着不动，我怎么按呢？'他回答说：'我想离开这儿。'我告诉他：'很好，你可以离开。但这一次你要像一个绅士那样安静地离开。我找人给你收拾行李，你可以回到纽约去。但是有一样：如果你离开这里，我们到此为止。你再也不要回来，永远不要。'他用那样的眼神望了我一眼——天呐，他给我脸色看！接下来他就安静了。他再也没有提过这个话题。"

也许事实并非如此，他们在其他事情上也有吵嘴的时候。琼·奥兰多的房间离他们的房间不远，常常听到从401房间传来愤怒的声音，客房服务生詹姆斯·亨特（James Hunter）有时候从奥尼尔夫妇的房间出来，用手擦拭着眉毛，嘴里说着，"那里真是糟糕透顶"。

几个月来，他们俩之间的一个重要争执是《月照不幸人》，卡洛塔想让他修改一下再出版。她主要的反对原因是杰米在运载母亲尸体的列车上和一个"金发的猪婆娘"睡觉那一部分。如今，奥尼尔本人也开始"讨厌"这个剧本了，但是他不赞成妻子的强硬态度，在她看来，应该把剧本修改得让公众感到更加愉快。这年稍晚的时候，克劳斯计划和霍华德·琳赛合作演出《月照不幸人》，卡洛塔坚持要把有争议的那一场给删了；结果他们演出的计划没有实现。

他们争吵的另一个原因是奥尼尔抽烟的事情，因为他手指颤抖，香烟从手里滑落的时候有时会把他烧伤；然而不让他接触香烟只会使情况变得更糟糕，因为他夜间会起来，到处翻找，想抽一口烟。他的翻找不止一次以他的跌倒和受伤而结束。

母亲的吸毒给奥尼尔的大半人生蒙上了一层阴影，而如今，极具讽刺意义的是，用卡洛塔的话说，他自己变成了“瘾君子”。不是说他真的吸食毒品——他从来没有像埃拉·奥尼尔那样将自己与他人完全隔离开——他越来越依赖镇静剂。卡洛塔把戊巴比妥钠锁在了抽屉里，把钥匙放在了她胸前的盒形吊坠里。今年夏天，克劳斯夫妇来访期间，她私下向安娜·克劳斯抱怨说，奥尼尔“没命地想得到”那种药。她说起了另外还有一次：“他抓住了我吊坠的链子，把脖子都擦伤了。他抓住我说，他要掐死我，除非我再多给他点，但我告诉他，我已经向医生保证过了。他可以像他威胁的那样掐死我，或者把我从窗户那里推出去，我不再在乎了。”

尽管她的话意味着，她给他戊巴比妥钠时非常小心谨慎，理查德·欧勒（W. Richard Ohler）医生的感觉却正好相反。“绝大部分时间，他对镇静剂（医生的语气中特地强调了这个词。——作者按）有依赖性。她告诉我，她不得不将镇静剂锁起来，因为有时候他要的量比他应该服用的量要大。她说他需要镇静剂，否则他便无法生活。有一次我外出，我的助理接替我，他也同样感到奥尼尔使用的镇静剂超过了必要的限量。”

在科佐尔医生的建议下，欧勒医生开始给奥尼尔治疗，他觉得内科医生也应该定期参与奥尼尔的治疗。这位内科医生发现奥尼尔是“一个讨人喜欢、待人亲切的人，但是在我认识奥尼尔的时候，他已经燃烧殆尽，就像燃尽的煤灰；有可能这样说得有些严重了，因为我发现他身上有火花存在。由于他常常读侦探小说，我曾和他开玩笑说他应该自己写一本，他接着我这个玩笑话题说，他是要考虑考虑”。

“奥尼尔家管理严明，药物要按时间服用，如此等等。只要吩咐他，他就照办。他对任何事都没有热情，他缺少精气神。我曾建议他应该坐车出去转转，但是他却没有反应。”

“说到他的经历，我问了他有关乌娜的事情，奥尼尔夫人后来说她应该提醒我不要那样问，因为提到乌娜的名字时，他常常感到不安。我觉得他想要有人陪。他看到我非常高兴，虽然有时候一句话也不说。他的话从来不多……她和科佐尔操控着局势。我总的感觉是有可能对他做得太多了，让他觉得他是个无用的人。”

而如今，也许是因为镇静剂的作用，在欧勒医生看来，他有时候脸上挂着“傻傻的微笑”。虽然拉塞尔·克劳斯非常喜欢奥尼尔，在描述奥尼尔的时候不用“傻”这样的词，但是他对奥尼尔的感觉的确和医生的印象很相似。还有一次，克劳斯到谢尔顿酒店来探视，卡洛塔开始攻击萨克斯·康明斯，克劳斯替他做了辩解，坚持说他一直以来都是她和奥尼尔“要好的朋友”。几年后，让克劳斯记忆尤其深刻的是“金只是坐在那儿，咧嘴笑着”。他可能是服用镇静剂太多，无法表达对萨克斯的关心，也无法替他说话；如果不是（像他母亲那样）镇静剂使他完全关闭了对现实的记忆的话，镇静剂显然已经磨钝了他的记忆。

自从1948年他们第一次闹僵之后，卡洛塔总在想方设法让人觉得她丈夫精神不稳定，他的记忆力在减退，他们这年的分居又给她的努力加了一把劲。的确，在写给麦高文的一封信中（恰就在奥尼尔在波士顿与她重归于好前夕），她坚持认为，并非是震颤症，而是时不时的“精神紊乱”使奥尼尔在四十年代中期停止了创作。但是，在与奥尼尔保持联系的欧勒医生和其他人看来，他一直到去世头脑都是清晰的。

尽管奥尼尔已经接受了他在百老汇声誉下降的事实，但卡洛塔却越来越愤怒，尤其是自从欧洲剧坛发现奥尼尔的作品值得复演的时候。但是，如果他的作品不在纽约上演，他就会被完全遗忘。1951年夏天，在一期《剧场时间》（*Theater Time*）杂志上，约翰·加斯纳（John Gassner）声称“美国当今剧坛最令人痛苦的情况是……对奥尼尔剧作的漠视，以及年轻的一代对剧作家本人明显的漠视”。他注意到年轻的一代中一些人认为奥尼尔的桂冠已经由田纳西·威廉斯［《玻璃动物园》（*The Glass Menagerie*）和《欲望号街车》（*A Streetcar Named Desire*）］或者阿瑟·米勒［《推销员之死》（*Death of a Salesman*）］所取代，这让加斯纳想起了“1660年后继承了莎士比亚及其同代人高贵衣钵的那些新古典主义剧作家；他们没有这些剧坛巨人的尴尬，但是他们并非巨人”。

布鲁克斯·阿特金森赞同加斯纳的观点，他在《纽约时报》撰文："在独创性、篇幅和激情方面（奥尼尔的经典作品）是我们当今最好的戏剧作品。只有短视的剧场，就像我们的，才会对如此有力量和深度的作品视而不见。"

1951年11月末，奥尼尔因为胃肠功能紊乱而住进了福克纳医院（Faulkner Hospital），报社直到一个星期之后才获得消息，并报道说他"情况不容乐观"。援引合作社的报道，他的妻子"日夜守护在身旁"。其实，当奥尼尔住院的消息泄露后，他已经开始康复了；12月11日，他回到了他两个房间的寓所，又重新开始谢尔顿酒店的受限生活。

他此次生病让卡洛塔非常惊慌，也让她对奥尼尔更加挂念，这几个月成了他们关系很融洽的一段时光。奥尼尔出院大约两周后，在他"妻子、朋友、助手和恋人"的第63个生日上，他送给了她一本《进入黑夜的漫长旅程》的打印稿，上面有他的题词："这个沾着悲伤和血泪的剧本献给卡洛塔，我亲爱的妻子。她为此付出了艰辛，用打字机打了两遍，鼓励我，并给予我信任和爱，使我终能完成这部每天都使我被痛苦的记忆弄得心碎的剧本的创作！……"

"如今我爱你已有二十三载，亲爱的，虽然我年事已高，无法工作，我却更加爱你！"

还有一次，他更加充分地表达了他的感激之情，那是几个月后，他让律师们详细起草了一份"不可撤销的"文件，赋予了卡洛塔对他所有作品的所有权和支配权，包括已出版和未出版的作品。这份文件不仅证明他依然爱她，而且证明了他对生活和这个世界上的事情渐渐失去了兴趣；他几乎在文件的开头说道："……渴望减轻我处理、管理或者处置我的文学财产的工作，目的是为了有效使用……"三十多年来，他用一颗清廉、正直之心，梦想并争取他的作品得到"有效使用"；如今，他要将这些作品送出去了。

他说："我做出这些决定是为了答谢我妻子对我的忠诚和悉心照顾，以及她自己资金的大量开销，我虽提供了资金，但因为生活所迫而显得不足。"他接着说，"没有为我的孩子们准备条款，因为到目前为止我已经供养了他们”。

可能是因为阿特金森和加斯纳文章的原因，1952年前几星期，纽约的剧场上演了奥尼尔的两部剧作：《安娜·克里斯蒂》在城市中心（City Center）上演；作为美国国家剧院（American National Theater）和系列学术活动的一部分，安踏剧场（ANTA Playhouse）上演了《榆树下的欲望》。尽管两个演出都有不足——塞莱斯特·霍尔姆（Celeste Holm）将安娜演得力度不够，卡尔·莫尔登（Karl Malden）没有充分展示老凯勃特的坚毅——批评家普遍认为，这次重演花了成本，是当年演出季的上乘作品。然而，《安娜·克里斯蒂》才勉勉强强演了29场，而《榆树下的欲望》也只演了46场。此次演出的情况表明，新的一代已对奥尼尔不感兴趣，看戏的人将他归入了过去的一代，他们顶多把他看作是一个具有历史意义的人物，而不是一个具有永恒价值和永久利益的人。

当《月照不幸人》最后出版的时候——原封未动，没有像卡洛塔所希望的那样进行删减——奥尼尔再次成为这年的新闻人物。为了得到《时代周刊》即将刊登的该剧剧评的背景材料，弗朗西斯·怀利给剧作家开列了一个问题清单。作为回复，卡洛塔给这位记者打了电话，“大发雷霆，说奥尼尔病得很厉害，他们不想被无聊的公众所打扰，以及她没有权利替他发言”。她平静下来以后，对怀利说，用他的话说，“该剧为什么这个时候出版并无特殊的原因”。在写给《时代周刊》的一份报告中，他给自己辩解道：“非官方消息，我有确实可靠的根据，这个剧本出版了……因为奥尼尔夫妇经济非常拮据。但那也是非官方消息，消息来源者（可能是科佐尔。——作者按）告诉我，如果我们采信该消息，卡洛塔将会报复，因为她知道消息是从什么地方泄露出去的。”

该剧的出版并没有给剧作家的荣誉增色，除了《华盛顿邮报》的理查德·沃茨觉得该剧有“非凡的力量，还有一个奇怪的美女”，为该剧写过剧评的重要评论家——布鲁克斯·阿特金森、埃里克·本特利、沃尔特·克尔（Walter Kerr）都认为该剧是剧作家比较逊色的作品。它没有让奥尼尔的经济状况得到缓解，其实该书的销路非常不好，在书店里绝大部分都被标示一美元出售。像这年早些时候《安娜·克里斯蒂》和《榆树下的欲望》的短命重演一样，这个新戏的命运预示着公众已经永远离奥尼尔而去了。他只有寄希望于遥远未来的某一天，在他在坟墓中安息很长时间之后，《进入黑夜的漫长旅程》给他的名字带来荣誉。

1952年7月22日，他用令人吃惊的工整笔迹，在一册《月照不幸人》的剧本上题写道：

……亲爱的卡洛塔，我的妻子，二十三年来用爱心和理解容忍着我糟糕的脾气，我的行动不便，以及我惯常的固执——

这意味着我的感激和意识——一个差劲的东西——一个剧本，她不喜欢，我也慢慢地开始不喜欢……

我年事已高，如果不是你，我的爱人，陪伴在我身边，我会对生活感到厌倦，你的爱永远深沉、善解人意——我对你的爱像当初我们在巴黎时一样深沉……1929年7月22日，我们俩低声说“是的”！

你的

金

上述写给卡洛塔的歌颂之词是生日、结婚纪念日、圣诞以及其他祝福词集的最后一条，卡洛塔将其出版了，书名是《题词：尤金·奥尼尔献给卡洛塔·蒙特利·奥尼尔》（*Inscriptions: Eugene O'Neill to Carlotta Monterey O'Neill*）。但是，1952年的这一条并不是奥尼尔写给她的最后一条；按照她的说法，最后一条“非常令人痛苦”。

虽然奥尼尔的胃口还算说得过去，但由于长期久坐，他的体重增加了。他比过去那几年要重，看上去也更健康，但他控制不了自己身体的情况持续变得糟糕。他站立的时候，虽然架着双拐，身体颤动不已；用卡洛塔的话说，他“身体向前倾，而不是向后仰……这让他很生气，也让他很尴尬”。

再无什么盼头，时间在他绝望的眼神前无聊地打着哈欠；就这样一天又一天，从床，到窗边的椅子，再到床。

拉塞尔·克劳斯由于戏剧活动会时不时到波士顿来，他成为剧作家继续会见的唯一的一个老朋友，否则，除了卡洛塔、护士韦尔顿夫人和医生们——科佐尔每周大概顺便过来两次——实际上，奥尼尔狭小生活圈子里的面孔就只有从事客房服务的酒店雇员和从外面来的理发师了。

“他们俩非常慷慨”，理发师詹姆斯·赛亚（James Saia）说。“尤其是她。理发是三美元，刮胡子一美元。我一般至少一天给他刮一次胡子，他总是给我一美元的小费，接下来她也会给我小费。她常常把我送到电梯口，每次都给我两美元、三美元或者五美元。她总会留我聊一会儿天——我猜她感到孤独。他话不多，谈一点棒球。我曾让他看我妻子、孩子和孙子们的照片，而他却对自己的孩子只字不提。她也不谈自己的孩子。”

尽管卡洛塔总是提醒别人不要向她丈夫提及乌娜或者卓别林，这年秋天卓别林的照片出现在了报纸的头版，她自己不能不谈这个话题了。1952年9月18日，报纸上说他和他的家人进行了六个月的国外航行；有些新闻照片上是乌娜面带微笑看着他们的四个孩子。两天后报纸上突然用大幅标题登出大法官詹姆斯·麦格雷纳里（James P. McGranery）宣布没有自动获得美国人身份的卓别林是不受欢迎的外国人和禁止其入境的消息。根据司法部门的说法，基于外国人宣扬推翻本国政府的法律条款，在他重新进入美国之前，他必须要先进行听证。

多年来，卓别林受到保守派和反动人士的攻击，指责他支持共产主义和其他一些左翼活动。1947年，臭名昭著的非美委员会（House of Un-American Activities Committee）通知他到华盛顿接受质询，作为回复，他发了一封电报：“既然你们准备好了这次令人永远难忘的传唤，我就给你们暗示一下我的立场。我不是一个共产主义者。我是一个和平人士。”

卓别林对他在美国所经历的这些“谎言和邪恶的宣传”感到非常厌烦，这位世界闻名的表演艺术家最终没有向由移民局组织的听证会这一无耻行径低头，他选择了住在国外，在瑞士定居。卓别林夫妇一共生了八个孩子，乌娜的第二个儿子1953年出生，她给他起了一个名字叫“尤金”（Eugene Chaplin）。

马布尔黑德颈的房子卖出的时候，经奥尼尔的同意，卡洛塔把他宝贵的亲笔文件送给了耶鲁大学——有剧本、诗歌、日记、记录将来要写剧本想法的笔记本。如今最让他挂念的是如何处置寄存在兰登书屋的手稿和其他一些文件。1952—1953年冬天的某一天，他告诉卡洛塔他打算把组剧的详细故事梗概和粗略的草稿销毁。他说：“不是说我不信任你，而是万一你死了，被车撞了，或者其他什么原因，我不想任何外人完成我的某一个剧本。”

当后来有人问她，她是否试图阻止他时，卡洛塔回答说：“哎呀，当然没有阻止。我不会那么专横。没有人会过分到试图去说服他做什么事情……他不是那号人。”

有一次，他们两个撕了几个剧本草稿，他们撕了一堆纸屑，卡洛塔点火烧了，这件事一直持续了好几个小时。她回忆说：“这不舒服，就像在撕自己的孩子。”

奥尼尔想把组剧中的《诗人的气质》留下来，但因为疏忽大意，《更加庄严的大厦》的打字稿被放在了从马布尔黑德颈送到耶鲁大学的那一批材料中。斯德哥尔摩皇家剧院的卡尔·拉格纳·吉耶洛，在耶鲁大学唐纳德·盖洛普的帮助下，正是从这一稿整理出了我们今天的打印稿，该戏的演出需要大约九个小时。

拉塞尔·克劳斯和他的妻子最后一次见到剧作家是在1953年春，两人去了波士顿的谢尔顿酒店。安娜·克劳斯仍记得：“他几乎没有说活，只是坐在那儿，满脸微笑地看着我们。巴克谈到了金的剧本，卡洛塔痛苦地抱怨说剧场已经把他忘了。主要是她一个人在讲话。我们在那里的全部时间都有一种奇怪的感觉，当你拜访他们的时候，你就把整个世界留在门外。”

克劳斯夫妇的此访有可能是奥尼尔所能记得的最后一次快乐时光；他越来越满怀渴望地向卡洛塔谈及死亡。据她对吉耶洛讲，有一天，她“发现他躺在地板上起不来了，一边在哭泣，因为死神没有收留他”。

“疾病让他很痛苦——内心深处”。还有一次，她说道：“虽然他不再是一个天主教徒，他还是非常担心去世后这种地狱般的生活会继续，担心地狱会索走他的性命。”

主要由于体重增加的原因，奥尼尔给人一种健康的假象（“他显得比十年前还年轻了好几岁！”7月29日，卡洛塔对凯伊·阿尔贝特妮说），而影响他对身体控制的疾病却一直越来越严重。有一次，卡洛塔半夜发现他跌倒在浴盆里，因为要拉他上床，自己还弄伤了脊柱。除了镇静剂起作用的时候，他精神总是高度紧张，总是对卡洛塔有抵触情绪，而卡洛塔感到疲惫不堪，因为要照顾他和过这种不自由的生活，脾气也变得越来越急躁。她说，医生想让她住院休息休息，可是金却说：“‘不行，她是我的妻子，她说过不管好坏都要和我待在一起。她应该待在这儿！’他还说：‘如果她死了，那么就让她死吧！’他是当真的……”

“在生命的最后几个月，他一直说要从窗户那儿跳下去，我非常害怕。我就告诉了医生，医生说不用担心，因为真正要跳窗的人不会那样说。‘下一次他再威胁要跳窗’，医生说，‘你就告诉他，你给他打开窗子，并擦干净窗台，这样他跳楼时就不会弄脏了’。我听从了医生的建议。他下一次又这样说的时候，我说，‘等一下，金，让我给你打开窗户’。他用眼睛盯着我！天呐，他的目光简直要杀了我！在这之后，他再也没有提过要跳窗的事。”

这年秋天稍早，没有人帮助，奥尼尔就下不了床，他们的关系变得相对平静；显然，这也加快了他的死亡进程。从九月开始，除了一天一两次下床蹒跚着挪几小步锻炼一下外，他几乎没有下过床。他如今常常说起他多么渴望一场葬礼，以及安顿好最后的事情。卡洛塔回忆说：“一天，他用他那双黑色的眼睛望着我，对我说，‘我快死的时候，不要让牧师、新教牧师或者救世军负责人近我的身；让我体面地死亡；尽可能地简单；不要费事，不要请神职人员；如果有上帝的话，我会见到他的，我们会进行协商’。”

奥尼尔的父亲去世时带着遗憾，他非常像他的父亲，对他最近几年的生活也感到非常懊悔。根据卡洛塔的说法，他觉得他们在加利福尼亚时都应该自杀，因为这样他就可以避开《送冰的人来了》和《月照不幸人》令人失望的演出、为儿子感到忧伤，以及他们俩关系破裂所带来的折磨和不好的传闻。她引用他的原话说："我让你受苦了，然而我已经杀死了我自己！"卡洛塔自己觉得，"真正的"奥尼尔其实已经在20世纪40年代早期震颤症使他不得不放弃写作时死亡了。她常常不止一次地说："创作就是他的生命。其他任何东西对他来说都不重要。"

10月16日，他又过了一次生日，他的第65个生日，他有一种如释重负的感觉，觉得这是他的最后一个生日。除了他的妻子和韦尔顿夫人外，还有一个夜间护士陪着他。挪动他非常费力，于是只给他换了换睡衣和床上用品，在卡洛塔看来，他像一个"石头人"。

从卡洛塔在此次生日后写给一位熟人的信中，很明显可以看到她所承受的压力。她说："我们的病人总在不断地晃动身体，倾斜，而后跌倒。医生昨天来了，向他表达了美好的祝福，给他做了检查。他说必须让病人行走和锻炼。我回答说：'谁能让病人做他不喜欢做的事呢？——他今天跌倒了一次——还有好多次，我不得不背着他。这可不是简单的活，我的朋友。不管别人怎么说，他根本不听。他想的是什么——我不知道。他什么都不相信——只是接受、吸收——连一句'谢谢你'！也不常说。他是一个很难侍候的人。'人们说作家写的就是自己的事情？！"

"谁知道会发生什么事！"

十一月初的一天，她接到了一个电话，电话是附近的圣塞西莉亚罗马天主教堂（St. Cecilia's Roman Catholic Church）的文森特·麦凯神父（Rev. Vincent Mackay）打来的，他说他就在楼下。他听说剧作家病得很厉害，觉得奥尼尔可能需要举行圣礼。卡洛塔回答说，看到牧师"会让他感到不安，同时也不符合医嘱"，而后就挂断了电话。

于是，牧师就给奥尼尔写了一封信，信中说不管白天还是晚上他随时准备好去见他。麦凯神父回忆说："第二天上午，我接到了怒气冲冲的奥尼尔夫人打来的电话，语气强烈，她说：‘这是偷偷摸摸的、卑劣的行径！’她说这是对他们的冒犯，这是强人所难，因为她已经告诉我，我不能见奥尼尔先生。我就让她一直说下去，直到我第一次有机会插话为止，于是我态度温和地向她指出，来信的信封上有圣塞西莉亚字样，我想当然地认为她收到了该信。我把想说的都写在了信里，因为我打电话时她没有给我讲这些话的机会。”

“她平静下来后，告诉我她知道这个教堂，因为她也曾在教会学校读书。她说，奥尼尔先生不再是一个真正的天主教徒；他从小开始就不再进教堂了；他已表达了不见牧师的想法，这是事情的原委。但是如果他改变了想法，他会让我知道。”

“‘别给我们打电话’，她最后说，‘我们会给你打电话’。”

如今奥尼尔几乎所有的时间都是在床上度过，他喜欢让卡洛塔躺在他身边——他盖着被褥，而卡洛塔就躺在被褥上。按照卡洛塔的说法，一般情况下，“他很安静，我觉得他睡着了，但很多次他会睁开眼睛，提到很久以前发生的事情；他的大脑一直在活动”。

“我已经读到或者听说过很多关于不久于人世的人的事情，然而这一切却来临得悄无声息——没有什么戏剧性。我们的两个医生定期上门。他们也很惊讶；他们知道他将不久于人世，可他看上去却好好的。除了给他量量体温，他们没有发现他有其他什么问题。除了在床上翻身外，他不感到疼痛，至少他没有这样说。我猜想，他身上有些地方是疼的。”

一次，她从他床边经过，他伸手抓住了她的一只手：“你现在是我妈妈了。”

“不，金，我不是你妈妈，我是卡洛塔。”

“但他还是坚持这样说”，她回忆说。“一直在重复说是的，我是他的妈妈。你知道，我真的是——他母亲、妻子、情人、秘书，什么都是。他总在寻找一个母亲。”

十一月份的后半个月，感染使他本已孱弱的身体雪上加霜，他的健康状况急剧下降。医生给他使用了抗生素。欧勒医生说："他不再有活下去的想法了。"一天，他突然挣扎着半坐在床上，眼睛睁得大大的，环顾着房间的四周，大声说："我就知道，我就知道！生在该死的旅店，也死在该死的旅店！"

因为肺炎的原因，26日星期三，他失去了意识，在接下来的36个小时中一直处于昏迷状态。卡洛塔一直守在他的床边，用她的话说，直到"吓人的沉寂"。1953年11月27日下午4:37，沉寂彻底降临。

奥尼尔在谢尔顿酒店居住的两年半时间里，前台职员约瑟夫·沃克（Joseph Walker）仅见过他两次：一次是他过来与卡洛塔重归于好时，一次就是把他的遗体运出酒店时。在谈到第二次见奥尼尔的时候，沃克说："看到这位了不起的人蒙着黑色的毯子，被捆在殡仪员抬的担架上，抬了出去……跟其他人没有什么两样，真让人痛心。"

第二天，卡洛塔请人进行了验尸，"因为我想知道我护理了这么长时间的这个人到底怎么了"。验尸的结果表明，奥尼尔的一叶肺非常大，而另一叶肺发生了萎缩，但是尽管他早年饮酒很凶，他的心脏和肝脏功能良好。这个结果驳斥了多年来他的医生的说法，这次验尸表明，帕金森并非造成他生命悲剧的元凶。

帕金森症专家罗伯特·施瓦布医生（Dr. Robert S. Schwab）在奥尼尔还住在马布尔黑德颈的时候给他做过诊疗，他说验尸的结果表明他"患的主要是家族性震颤，而帕金森症只是轻度的。他患这种家族性震颤多年，在后半生有了帕金森的症状，但是程度轻微，与此同时，他的家族性震颤却变得严重了。酒精会缓解这种家族性震颤，所以有这种毛病的人必须喝点酒来缓解症状。"

"家族性震颤的病因不明。奥尼尔的家族性震颤并不是因为饮酒或者性病引起的。一个患家族性震颤的人在平静时颤抖得很轻微，但是有目的的运动会使颤抖变得非常剧烈。（奥尼尔在萨勒姆医院的一位护士注意到，当奥尼尔用手拿起食物或者香烟时，他的手还算平稳，然而离嘴越近，他的手便越颤抖得越厉害。——作者按）而帕金森症患者却恰好相反；病人在平静状态下震颤很厉害，但是运动的时候震颤却可以得到控制。”

在部分根据这次验尸报告写成的一篇文章中，卡尔・拉格纳・吉耶洛说，剧作家患的“小脑细胞退化”是一种“罕见疾病”，目前对这种病还知之不多。他认为，奥尼尔是否遗传了这种病，尸检结果也没有解决这个问题，但注意到了“最初的症状是双手颤抖和语言迟钝”，而且他的母亲和哥哥都有颤抖这种毛病。吉耶洛继续说，奥尼尔的病只是慢慢破坏掉了“运动系统——即神经和肌肉之间的合作机制……从头到脚，都失去了身体的控制；变成了一个无助的废物，一艘渐渐下沉的航船……”

“因此，可怕的是病人的大脑没有受到影响。奥尼尔的大脑一直很清晰，能够理解他的痛苦，也能够创作，只是短了路，充好了电，但通向设备的电线断了。尽管疾病在制造破坏……在他内心深处，对新剧的构思伴随着绝望带来的力量，剧作定然会消失（写不出来）……他的一生就是一个悲剧，从他当初拿起笔的那一刻起，在他捉摸不定的命运面前，他要说的话哽在喉中，双手颤抖不已。”

卡洛塔小心翼翼，确保丈夫像生前那样，殡葬也悄无声息。通过科佐尔医生，她将他的死讯通知了美联社，但对殡仪馆和全部葬礼计划进行了保密——尸体存放在位于肯莫尔广场（Kenmore Square）的沃特曼殡仪馆（J. S. Waterman’s）。酒店的员工被严令禁止走漏任何消息。报社一听说奥尼尔的死讯，谢尔顿酒店就被媒体围了个水泄不通；按照酒店经理菲利普・麦克布赖德（Philip McBride）的说法，“那是我们酒店最糟糕的时光——媒体记者、电话不断”。

卡洛塔本人说：“我不折不扣地执行金的遗愿，这非常难。他希望不要公开……不让人出席他的葬礼……不要有任何宗教代表……哎，我们（韦尔顿夫人和卡洛塔。——作者按）所经历的，我一定要说出来！可是，酒店里的那些人，尤其是那两个胳膊非常有力、态度坚决的波士顿好小伙子，他们往楼下推搡人群，我不明白为什么。我的护士和我要绕过好几个街区，换乘出租车等等，最后才来到殡仪员那里，他离我们其实才两个街区。为了（让殡仪员）保守秘密，我们开了好几英里。”

奥尼尔在纽约的朋友们中有好多都想参加他的葬礼，葬礼最后的安排对外守口如瓶让他们备感沮丧。有些试图给卡洛塔打电话，但她将自己关在房间里，不接任何电话；就是当时碰巧在波士顿的拉塞尔·克劳斯也没能给她打通电话。

萨克斯·康明斯感到痛苦，心里有话要说；12月1日，他给乌娜写了一封信，诉说了在她父亲的最后几年他被排除在了她父亲的生活之外。他接着说：“但是，在排除在外的人中，我并不感到孤单。他的老朋友们一个接一个地被推出了在他周围筑起的高墙以外。”

“现在，非常非常重要的是，我要告诉你，对于强加给我们并非出自你父亲意愿的远离你父亲，我们感慨良多。你本人可能也感觉到了这一点，我有理由这样认为。”

“但是即使所有的东西都会被忘掉，金如今再也不能被禁止了；他也不用害怕了。有人告诉我，他去世时很平静，也没有痛苦。那至少是值得宽慰的事情。他的痛苦结束了。我所认识的这位非常友善、非常高贵的人终于可得安息了。除了在记忆中敬仰他，为他感到自豪，同时为他感到伤心外，我们别无他法，这样一个好人成了囚徒，直到死才知道自由为何物。”

感到不安的并非只有奥尼尔的朋友们。几天后，卫生部门询问沃特曼尸体还有多长时间才能下葬（卡洛塔一直向后拖延葬礼的时间，希望能够避开媒体的报道）。同时，当地警察局的爱德华·斯科菲尔德（Edward J. Schofield）警长也很烦恼，因为奥尼尔去世的消息没有向警察局报告，这是不符合法律的。他说，“一旦有人在公共场合死亡，例如宾馆，应该有人通知我们”。斯科菲尔德感到“怀疑和愤怒”，其实，曾有谢尔顿酒店的员工向他报告说，奥尼尔夫妇常常吵架，他还曾“威胁要杀了她”。警长当时打算展开调查，但他的上司考虑到奥尼尔的名人影响，就指示他“不要多管闲事”。

在12月1日的最后一刻，殡仪员从卫生部门获得了下葬许可，此后报纸获知奥尼尔的尸体停放在沃特曼那里，第二天即将在森林山公墓（Forest Hills Cemetery）下葬。葬礼被定于上午10:30，但是2日星期三，卡洛塔为了避开“蜂拥而至的媒体”，将葬礼提前了整整一个小时。

那天上午，当波士顿人各自东奔西走地忙着自己事情的时候，有一队不为人注意的车流，尤其是在上班高峰期，慢慢地行进在车流之中。车队中只有一辆灵车，和一辆豪华大轿车，里面坐着卡洛塔、科佐尔医生、韦尔顿夫人，还有两辆车跟在后面——其中一辆坐着阿尔弗雷德·迪多纳托，来自萨勒姆的理发师；另一辆坐着戴维·西尔弗斯坦（David Silverstein）和他的一位朋友，西尔弗斯坦是一位喜爱奥尼尔剧作的来自布兰戴斯大学（Brandeis University）的英语老师。在葬礼上，没有受到正式邀请的客人都坐在车里，远远地看着十一月苍白的太阳下这个非常小的葬礼的举行。

迪多纳托回忆说：“卡洛塔低头鞠躬，护士搀着她的胳膊。整个过程不超过六七分钟。没有大鸣大放——这是他想要的，也是他常挂在嘴边的。”

唯一详细的报道出现在3日的《波士顿邮报》上，是由沃伦·卡尔博格（Warren Carberg）写的，向他提供消息的人要他就消息的来源保密。下文是他报道的一部分：“没有正式的祈祷仪式。甚至墓地远处车辆的声音都变得很低……葬礼主持的助手向前一步，将一把白色的菊花撒在（纯黑色的）灵柩上，接下来三个哀悼者转过身朝汽车走去。”

“没有说一句话。没有唱颂歌。奥尼尔夫人穿着一身纯黑的衣服，没有佩戴黑纱。她脸色苍白，没有化妆。她的眼睛和嘴唇的周围有很多细小的伤心的条纹。她的眼睛里没有泪水。”

几天后，她伤心地从墓地管理者那里听说，因为疏忽大意棺材放置得与墓基错位了六英寸。仿佛是奥尼尔的灵魂和在世时一样没有得到安息，他又被挖出重葬。

他的墓碑石是一块圆形的新英格兰花岗岩，立于1954年3月。卡洛塔告诉立碑的人，她想让墓碑“简洁、灵动、有力，符合我丈夫的性格”。在碑石上，只有他的名字和一些重要的生卒数字，卡洛塔的也是一样，为去世（她于1970年在新泽西一家疗养院去世）的地点和时间留有空白，最后是传统的那句话：愿逝者安息！

然而，奥尼尔真正的墓志铭可以在《进入黑夜的漫长旅程》中找到，他通过埃德蒙的口说："我生而为人，真是一个大错。要是生而为一只海鸥或者一条鱼，我会一帆风顺得多。作为一个人，我总是一个生活不惯的陌生人，一个自己并不真正需要，也不真正为别人所需要的人，一个永远无所皈依的人，心里总是存在一点儿想死的念头。"

# 参考文献

## 剧作

本书所引用的奥尼尔剧作出自以下版本（其中一部没有出版）：

"Chris Christopherson." 未出版。 Three acts. Copyright Division，Library of Congress, and Theater Collection，Harvard College Library.

*Hughie*. New Haven: Yale University Press, 1959.

*Long Day's Journey Into Night*. New Haven：Yale University Press,1956.

*A Moon for the Misbegotten*. New York: Random House, 1952.

*More Stately Mansions*. New Haven: Yale University Press, 1964.

*A Touch of the Poet*. New Haven: Yale University Press, 1957.

*The Plays of Eugene O'Neill*, 3 vols. New York: Random House, 1951. 这本书收录了奥尼尔除上述所列和早期收录在 *Ten "Lost" Plays*（New York:

Random House, 1964）之外的所有已出版剧目。

*The Plays of Eugene O'Neill*, 12 vols. Wilderness Edition. New York: Scribner's, 1934-1935. 这套12卷本作者签名的限量版在本书中只用于对奥尼尔剧作的评论。

## 其他来源

以下每个条目的最前面都列出了缩略形式。下述文献没有穷尽书中所有资料来源，尤其是相当多的报刊上的文章。

*Alexander* Alexander, Doris. *The Tempering of Engene O'Neill*.New York: Harcourt, Brace & World. 1962.

*Atkinson* Atkinson, Brooks. *Broadway*. New York: Macmillan, 1970.

*Basso*（*A*）Basso, Hamilton. "The Tragic Sense." *New Yorker*, February 28, March 6, and March 13，1948.

*Basso*（*B*）——. 为 *New Yorker* 系列文章做的注释。

*Bentley* Bentley, Eric. *In Search of Theater*. New York: Knopf, 1953.

*Bogard* Bogard. Travis. *Contour in Time: The Plays of Eugene O'Neill*. New York: Oxford University Press, 1972.

*Boulton* Boulton, Agnes. *Part of a Long Story*. Garden City: Doubleday, 1958.

*Bowen*（*A*）Bowen，Croswell. "The Black Irishman." *PM*, November 3, 1946. 重印于 *Cargill*。

*Bowen*（*B*）——, 得到了 Shane O'Neill 的协助。*The Curse of the Misbegotten*. New York: McGraw-Hill, 1959.

*Brown* Brown, John Mason. *The Worlds of Robert E. Sherwood*. New York: Harper & Row，1965.

*Brustein* Brustein, Robert. *The Theater in Revolt*. Atlantic-Little, Brown, 1964.

*Cargill* Cargill, Oscar, *et al.*, eds. *O'Neill and His Plays*.New York: New York University Press, 1961. 这本书包含列入本参考文献的许多文章，以及关于奥尼尔主题的其他许多材料。

*Carpenter* Carpenter, Frederic I. *Eugene O'Neill*. New York：Twayne, 1964.

*Chaplin* Chaplin, Charles. *My Autobiography*. New York: Simon & Schuster, 1964.

*Chase* Chase, Ilka. *Past Imperfect*. Garden City: Doubleday, 1942.

*Clark* Clark, Barrett H. *Eugene O'Neill: The Man and His Plays*. New York: Dover, 1947.

*Cowley*（*A*）Cowley, Malcolm. "Eugene O'Neill: Writer of Synthetic Drama." *Brentano's Book Chat*, July-August 1926.

*Cowley*（*B*）——. "A Weekend with Eugene O'Neill." *Reporter*, September 5, 1957. 重印于 *Cargill*。

*Craig* Craig, Gordon. *The Theater Advancing*. New York, Benjamin Blom, 1963.

*Crichton*（*A*） Crichton, Kyle. "Mr. O'Neill and The Iceman." *Collier's*, October 26, 1946.

*Crichton*（*B*）——. *Total Recoil*. Garden City: Doubleday，1960.

*Deutsch* Deutsch，Helen，and Stella Hanau. *The Provincetown: A Story of the Theater*. New York: Farrar & Rinehart, 1931.

*Diary*（*A*）Kathryne Albertoni 保存的日记。

*Diary*（*B*）Agnes Boulton 保存的一本1925年的日记。

*Diary*（*C*）Russel Crouse 的一本日记。

*Diary*（*M*）奥尼尔写 *Mourning Becomes Electra* 时的一本日记。摘编本最初出版于 New York *Herald Tribune*, November 8, 1931。重印于 Barrett H. Clark's *European Theories of the Drama* (New York: Crown, 1947)。

*Diary*（*O*）O'Neill 保存的一本1925年的日记。

*Diary*（*S*）Elinor C. M. Smith 保存的日记。

*Downer* Downer，Alan *S. Fifty Years of American Drama: 1900-1950.*

Chicago: Regnery，1951.

*Engel* Engel, Edwin A. *The Haunted Heroes of Eugene O'Neill*. Cambridge: Harvard University Press, 1953.

*Falk* Falk, Doris. *Eugene O'Neill and the Tragic Tension*. New Brunswick: Rutgers University Press. 1958.

*Fitzi* "In Memory of Fitzi." 私人印刷。New York, Pauline H. Turkel 发行。

*Ford* Ford, Torey. "From Pullman Porter to Honor Guest of Drama League." New York *Herald Tribune*, March 13, 1921.

*Frazer* Frazer, Winifred D. *Love as Death in The Iceman Cometh*. Gainesville, University of Florida Press, 1967.

*Gassner*（*A*）Gassner, John, ed. *O'Neill: A Collection of Critical Essays*. Englewood Cliffs：Prentice-Hall, 1964.

*Gassner*（*B*） ——. *Eugene O'Neill*. Minneapolis: University of Minnesota Press, 1965.

*Gelb* Gelb, Arthur and Barbara. *O'Neill*. New York: Harper's, 1962.

*Gierow* Gierow, Karl Ragnar. "Eugene O'Neill's Posthumous Plays." *World Theater*, Spring 1958.

*Gilmer* Gilmer, Walker. *Horace Liveright: Publisher of the Twenties*. New York: David Lewis，1970.

*Glaspell* Glaspell, Susan. *The Road to the Temple*. New York: Stokes, 1927.

*Goldberg* Goldberg, Isaac.*The Theater of George Jean Nathan*. New York: Simon & Schuster, 1926.

*Goldman* Goldman, Emma. *Living My Life*. New York: Knopf, 1931.

*Hamilton*（*A*）Hamilton, Dr. G. V. *A Research in Marriage*, New York: Albert & Charles Boni, 1929.

*Hamilton,*（*B*）——, and Kenneth Macgowan. *What Is Wrong With Marriage*. New York: Albert & Charles Boni, 1929. 上一本图书的普及版。

*Hansford* Hansford, Montiville M. “O’Neill as the Stage Never Sees Him.” Boston *Transcript*, March 22, 1930.

*Helburn*（*A*）Helburn, Theresa. “O’Neill: An Impression.” *Saturday Review of Literature*, November 21, 1936.

*Helburn*（*B*）——. *A Wayward Quest*. Boston：Little, Brown, 1960.

*Hopkins* Hopkins, Arthur. *Reference Point*. New York: Samuel French, 1948.

*Kenton* Kenton. Edna. “The Provincetown Players and the Playwrights’ Theater. 1951-1922.” 未出版的手稿。

*Kinne* Kinne. Wisner Payne. *George Pierce Baker and the American Theater*. Cambridge: Harvard University Press, 1954.

*Kronenberger* Kronenberger, Louis. *No Whippings, No Gold Watches*. Boston: Atlantic-Little, Brown, 1970.

*Krutch*（*A*）Krutch, Joseph Wood. Introduction to *Nine Plays by Eugene O’Neill*. New York: Liveright, 1932. Random House 和 Modern Library 重新发行。

*Krutch*（*B*）——, *The American Drama Since 1918*. New York: Braziller, 1957.

*Langner* Langner, Lawrence. *The Magic Curtain*. New York：Dutton, 1951.

*Lawrence* Lawrence, D. H. *Studies in Classic American Literature*. Garden City: Doubleday, 1953.

*Merrill* Merrill, Flora. “Fierce Oaths and Blushing Complexes Find No Place in Eugene O’Neill’s Talk.” New York *World*, July 19, 1925.

*Miller*（*A*）Miller, Jordan Y. *Eugene O’Neill and the American Critic*. Hamden: Archon, 1962. 最全的奥尼尔文献。

*Miller*（*B*）——, ed. *Playwright’s Progress: O’Neill and the Critics*. Chicago: Scott, Foresman, 1965.

*Mollan* Mollan, Malcolm. “Making Plays with a Tragic End.” Philadelphia

*Public Ledger*, January 22, 1922.

*Nadel* Nadel, Norman. *A Pictorial History of the Theater Guild*. New York: Crown, 1969.

*Nathan* Nathan, George Jean. *The Intimate Notebooks of George Jean Nathan*. New York: Knopf, 1932.

*O'Casey* O'Casey, Sean. *Rose and Crown*. New York: Macmillan, 1952.

*O'Neill*（*A*）O'Neill, Eugene. "Strindberg and Our Theater." 1924年在普罗文斯敦剧场演出 *The Spook Sonata* 的节目单。重印于 *Deutsch*, 191-193, 以及 *Cargill*, 108-109。

*O'Neill*（*B*）——. "Are the Actors to Blame?" 1925年在普罗文斯敦剧场演出 *Adam Solitaire* 的节目单。重印于 *Deutsch*, 197-198, 以及 *Cargill*, 113-114。

*O'Neill*（*C*） ——. "Memoranda on Masks," November 1932; "Second Thoughts," December 1932; and "A Dramatist's Notebook," January 1933. 全部载于 *American Spectator*。重印于 *Cargill*。

*O'Neill*（*D*）——. *The Last Will and Testament of Silverdene Emblem O'Neill*. "为 Carlotta" 私人印刷。New Haven: Yale University Press, 1956.

*O'Neill*（*E*）——*Inscriptions Eugene O'Neill to Carlotta Monterey O'Neill*. 私人印刷。New Haven: Yale University Press，1960. Yale University Library 版权所有。

*O'Neill*（*P*）O'Neill, Patrick. *James O'Neill*. History of the San Francisco Theater, vol. 20. San Francisco: Writers'Program of the WPA in Northern California, 1942 .

*Pasley* Pasley, Fred. "The Odyssey of Eugene O'Neill." New York *News*, January 24-30, 1932.

*Peck*（*A*）Peck, Seymour. 1956年采访 Carlotta Monterey O'Neill 的录音整理稿。

*Peck*（*B*）——. "Talk with Mrs. O'Neill." New York *Times*, November 4,

1956. 这是基于上一条目的一篇文章。重印于 *Cargill*。

*Prideaux* Prideaux, Tom. "Most Celebrated U.S. Playwright Returns to Theater." *Life*, October 14，1946.

*Quinn* Quinn, Arthur Hobson. *A History of the American Drama*. New York: Crofts, 1945.

*Raleigh*（*A*）Raleigh, John Henry. *The Plays of Eugene O'Neill*. Carbondale: Southern Illinois University Press, 1965.

*Raleigh*（*B*） ——, ed. *Twentieth Century Interpretations of The Iceman Cometh*. Englewood Cliffs：Prentice-Hall, 1968.

*Sanborn* Sanborn, Ralph, and Barrett H. Clark. *A Bibliography of the Works of Eugene O'Neill*. New York: Random House, 1931. 收录了他早年出版的所有诗歌。

*Schriftgiesser* Schriftgiesser, Karl. "The Iceman Cometh." New York *Times*, September 29, 1946.

*Sergeant* Sergeant, Elizabeth Shepley. "O'Neill: The Man with a Mask." *New Republic*, March 16, 1927. 重印于 Sergeant 小姐的 *Fire Under the Andes*（New York: Knopf, 1927）。

*Sheaffer* Sheaffer, Louis. *O'Neill: Son and Playwright*. Boston: Little，Brown, 1968.

*Sifton* Sifton, Paul. "A Whale of a Play." *McCall's*, May 1932.

*Simonson* Simonson, Lee. *The Stage Is Set*. New York: Harcourt, Brace, 1932.

*Skinner*（*A*）Skinner, Richard Dana. *Our Changing Theater*. New York: Dial, 1931.

*Skinner*（*B*） ——.*Eugene O'Neill: A Poet's Quest*. New York: Longmans, Green, 1935.

*Sweeney* Sweeney, Charles P. "Back to the Sources of Plays Written by Eugene O'Neill." New York *World*. November 9, 1924.

*Tiusanen* Tiusanen，Timo. *O'Neill's Scenic Images*. Princeton: Princeton

University Press, 1969.

*Törnqvist* Törnqvist, Egil. *A Drama of Souls*. New Haven: Yale University Press, 1969.

*Weissman* Weissman, Philip. *Creativity in the Theater*. New York: Basic Books, 1965.

*Welch* Welch. Mary. "Softer Tones for Mr. O'Neill's Portrait." *Theater Arts,* May 1957. 重印于 *Cargill*。

*Winther* Winther, Sophus Keith. *Eugene O'Neill: A Critical Study*. New York: Random House, 1934.

*Woolf*（*A*）Woolf, S. J. "O'Neill Plots a Course for the Drama." New York *Times*, October 4, 1931.

*Woolf*（*B*）——. "Eugene O'Neill Returns After Twelve Years." *New York Times*, September 15, 1946.

*Woollcott* Woollcott, Alexander. *Shouts and Murmurs*. New York: Century, 1922.

*Young*（*A*）Young, Stark. *Immortal Shadows*. New York: Scribner's, 1948.

*Young*（*B*）——. "Eugene O'Neill: Notes from a Critic's Diary." Harper's, June 1957.

*Zolotow* Zolotow, Maurice.*Stagestruck:The Romance of Alfred Lunt and Lynn Fontanne*. New York: Harcourt, Brace & World, 1965.

获取更多文献资料，参见 *Cargill*, 487-517; *Miller*（*A*）; *Sanborn*; 以及 *Törnqvist*, 266-274。

# 致 谢

在此，我要提到并感谢一些个人、出版商、出版社、图书馆和其他一些机构，虽然我在1968年出版的这部传记的上卷本《尤金·奥尼尔传（上）：戏剧之子》中已提到他们的名字。然而，这一次，我应该怀着更深的感激之情对这些个人和机构再次表示感谢，感谢他们对本卷传记的付梓做出的巨大贡献，我这样做对他们是公正合理的。

承蒙耶鲁大学（经卡洛塔·蒙特利·奥尼尔的授意）图书馆馆员卢瑟福·D. 罗杰斯和善本图书馆美国文学藏书处负责人唐纳德·C. 盖洛普的协助，我获许引用奥尼尔的信件、诗歌和其他作品的内容，其中许多材料迄今尚未出版，这是我莫大的荣幸。同时给予我帮助的还有美国凯威莱德律师事务所的理查德·N. 罗克特和杰奎琳·A. 索兹律师，我同样向他们表示感谢。

能有幸引用已故的艾格尼丝·博尔顿的信件和她的其他作品，我十分感激她的孩子们芭芭拉·伯顿，乌娜·奥尼尔·卓别林夫人和沙恩·奥尼尔。我也有幸引用了卡洛塔·蒙特利的私人信件，对此我很感激她的外孙杰拉德·尤金·斯特拉姆。

奥尼尔的三任妻子都欣然接受了我无数次的采访，并尽力提供帮助，她们为本传记做出了巨大贡献。虽然他的第一任妻子凯瑟琳·皮特-史密斯（以前姓詹金斯）有足够理由诉说后悔遇到奥尼尔，但是她并没有在我面前抨击他，甚至没有流露出丝毫对他怀有敌意的迹象。她的宽容之心令人敬佩。我获得的奥尼尔和艾格尼丝·博尔顿之间大量书信往来的副本主要来自哈佛大学霍顿图书馆，博尔顿小姐还让我使用了大量其他的重要资料，包括奥尼尔1925年的日记、她本人同年的日记，以及奥尼尔写给乌娜与沙恩的信件。

卡洛塔·蒙特利十分矛盾，一方面，她有一种强烈的冲动，想掩饰、修订和修改她过去的历史，另一方面，她又强烈地想公开全部或者近乎全部的事实。她喜欢交谈。在与奥尼尔的遗孀进行的许多次长达四五小时的谈话中，我了解了她的许多个人经历，有些经历似乎是她虚构的，特别是她与奥尼尔同居之前的那些经历。在对照了她童年好友及不同时期的好友对她的评价后，我希望我对她的了解基本接近事实真相。可是，在早期的研究中，我意识到寻求一个人及他人生的真实面貌和皮兰德娄的工作有几分相像。

传记作品的写作，尤其是那些基于原始调查资料和研究的传记，是文学创作中代价最高的工作之一。为了写这部两卷本的传记，我用了15年时间，实地调查了奥尼尔曾经生活过的每一个地方，不管他在那里生活时间长短——除了布宜诺斯艾利斯和法国之外的每个地方，新伦敦、科德角、里奇菲尔德、百慕大、海岛、加利福尼亚、马布尔黑德、波士顿——这个工作如果没有资金资助是难以完成的。因此我非常感谢约翰·西蒙·古根海姆基金会——尤其要感谢长期担任基金会董事的亨利·艾伦·莫；现任主席戈登·N. 雷和秘书詹姆斯·F. 马赛厄斯——他们分别在1959年、1962年和1969年为我提供了资助。同时，我非常感谢美国学术联合会于1961年和

1962年给予我资金资助，感谢国家人文基金会在1971年给予的资助。毋庸讳言，这部传记中的研究成果、所得结论，等等，未必代表国家人文基金会、美国学术联合会或古根海姆基金会的观点。

对于那些在我多次申请资助时曾经或多次给予我资助的人，我非常感谢最早也是长期为我提供资助的布鲁克斯·阿特金森、特拉维斯·博加德教授、已故的约翰·梅森·布朗、马尔科姆·考利、已故的艾伦·S. 唐纳教授、霍华德·E. 雨果教授、格兰威尔·希克斯、路易斯·克罗恩伯格、已故的肯尼思·麦高文、乔丹·Y. 米勒教授、惠特尼·J. 欧茨博士、约翰·亨利·罗利教授、菲利普·范多伦·斯特恩和小理查德·瓦茨。

我最想感谢的是多萝西·伯利纳·康明斯，她已故的丈夫萨克斯·康明斯不仅是奥尼尔的编辑而且是他最忠实最可靠的朋友。康明斯夫人慷慨大度，给我提供了许多奥尼尔的信件和蒙特利小姐写给萨克斯和她本人的信件，虽然她自己也正在使用这些文件，她当时正与人合作写一本有关她丈夫的书，她丈夫是我们这个时代最出色的文学编辑之一。福克纳、奥登、阿德莱·史蒂文森及奥尼尔都曾让他当过编辑。除了提供信件，康明斯夫人还追忆了奥尼尔夫妇，以及他们与她丈夫交往的一些情景，这些也对我帮助很大。

已故的辛西亚和罗伊·斯特拉姆，即卡洛塔·蒙特利的女儿和女婿，当我在加州第一次拜访他们的时候，他们给予我充分的信任，非常乐意并且不辞辛劳地为本书提供他们最大的帮助。正因为他们的鼎力协助，我才获取了蒙特利小姐早年生活的详细情况，对奥尼尔和卡洛塔在加州的生活经历，他们也提供了重要信息。他们特许我查看奥尼尔的信件，极力提供他们能记得的任何有关奥尼尔的有价值的片段。多年来，对于我频繁的咨询，罗伊以他们夫妇的名义，都会给我长长的真诚的回信。同样，我要特别感谢索弗斯·K. 温特教授和他的妻子埃利纳，他们在20世纪30年代中期与奥尼尔夫妇是好友并且经常见面。教授和温特夫人与我分享了奥尼尔夫妇的许多信件和对他们的印象，并且在西雅图的住处详细回信解答了我的疑问。我很高兴能有两次机会与他们会面，一次是在加州，另一次是在纽约。

在瑞士，乌娜·奥尼尔·卓别林夫人不止一次从繁忙的事务中抽空给我写信，讲述她记忆中的父亲，回答我的诸多疑问。她主动慷慨地送给我一些重要资料和照片，这些资料至今尚无人使用到奥尼尔的传记中。博尔顿小姐的另一个女儿芭芭拉·伯顿，博尔顿小姐的姊妹塞西尔和玛杰里·博尔顿，也都不辞辛劳地给予我所有可能的帮助，她们为我提供了大量信息。

安娜·克劳斯夫人在其丈夫拉塞尔·克劳斯辞世后，接替他继续帮助我，她让我看了奥尼尔和卡洛塔写给他们的信件，为我抄写了克劳斯先生的日记片段，还通过邮件和面谈为我提供所需资料。还有许多人也为我提供了奥尼尔信件的复印件以及他们对奥尼尔的印象和感受，他们是：罗伯特·西斯克；玛德琳·博伊德；丽贝卡·格拉布，她的第一任丈夫弗兰克·D.埃尔瑟是奥尼尔夫妇的好友；比奥·德卡塞雷斯；贾斯珀·迪特尔；温菲尔德·阿隆博格；查尔斯·奥布赖恩·肯尼迪；约瑟夫·伍德·克鲁奇；曼纽尔·科姆罗夫；阿瑟·麦金利；奥利弗·塞勒；斯塔克·扬（除了科姆罗夫和麦金利还健在外，其余的人目前都已辞世）。

关于书中对奥尼尔及他生活中主要人物的记述，我十分感谢菲利普·穆勒、阿尔万·L.贝拉克医生、威廉·F.拜特汉姆、西尔维奥·A.巴德尼、欧文·柏林、萨莉·库格林，W.厄尔·贝蒂夫人、海伦·德保罗、乔治·B.福特牧师、珍妮·格尔森、谢莉·兰茨、伊尔卡·蔡斯、理查德·勒贝赫兹、凯蒂娜·派克西诺和她的丈夫亚历克西斯·米诺蒂斯、简·鲁宾、苏珊·詹金斯·布朗、谢利·C.菲斯克医生、莉莲·吉什、帕蒂·莱特、鲁本·马莫利安、帕特丽夏·尼尔、弗兰克·W.怀尔德，以及下列这些已故人士：E. J.巴兰坦、汉密尔顿·巴索、贝内特·瑟夫、哈罗德·德保罗、詹姆斯·莱特、萨默塞特·毛姆、肖恩·奥凯西、伊丽莎白·谢普利·萨金特和克里昂·思罗克莫顿。我同样要感谢这些人，他们都已辞世：弗洛伊德·戴尔、乔·海德特、佛罗伦斯·里德、梅·达文波特·西摩、帕德里克·科勒姆、路易斯·凯勒莱姆、梅里尔·摩尔医生、吉尔伯特·米勒、罗伯特·洛克莫尔、萨姆·施瓦茨、菲利普·谢里丹、卡尔·范韦克滕、杰德·哈里斯、文森特·多诺万牧师、杰里·斯塔格、丹尼尔·J. 奥尼尔、小托马斯·多尔西、爱丽丝·谢里丹、克莱尔·R. 谢尔曼夫人、贝琳达·杰利夫、凯拉·马卡姆、霍华德·琳赛、艾伦·德拉诺、艾琳·麦克马洪、小卢西恩·卡里、约翰·H. G. 佩尔、伊思多·施奈德、基斯·贝克、珀尔·桑福德、弗兰克·威尔逊夫人。

感谢这些人为我提供了奥尼尔的信件或其他资料：弗雷德里克·艾维斯·卡彭特博士、特拉维斯·博加德教授、博加德夫人（原来叫简·玛尔格林）、戴尔·爱德华·弗恩、西莉亚·弗朗西斯、格雷斯·杜普雷·希尔斯、戴维·克劳斯、J. O. 利夫博士、哈罗德·麦吉夫人、阿维德·鲍尔森和西摩·佩克。

我在书中提到的一些奥尼尔的剧作主要归功于下面这些人的记忆，他们在剧中出演角色或者参与剧作的排练过程：

《难舍难分》，雅各布·本·奥米、柯蒂斯·库克西和导演斯塔克·扬；《大神布朗》，威廉·哈里根、利昂娜·贺加斯、安妮·休梅克和威廉·斯特尔；《马可百万》，莫里斯·卡诺夫斯基和弗雷德·林特；《奇异的插曲》，格伦·安德斯、莱恩·方丹和埃塞尔·韦斯特利·休；《悲悼三部曲》，托马斯·查尔默斯、格兰特·戈登和阿瑟·休斯；《啊，荒野！》，小埃莉莎·库克、埃达·海涅曼、露丝·霍尔顿、小威廉·波斯特和剧务乔治·L. 佛格；《无穷的岁月》，理查德·巴比、伊尔卡·蔡斯和导演菲利普·穆勒；《送冰的人来了》，珍妮·卡格尼、拉塞尔·柯林斯、保罗·克拉布特里、尼古拉斯·乔伊、乔·马尔、约翰·马里奥特、E. G. 马歇尔、阿尔·麦克格拉纳里、汤姆·佩迪、卡尔·本顿·里德、弗兰克·特韦德尔、导演埃迪·道林和剧务卡尔·尼尔森；《月照不幸人》，詹姆斯·唐恩和导演阿瑟·希尔兹。

本书对于奥尼尔和艾格尼丝在普林斯顿后期生活的再现，我要非常感谢：伊本·吉文和他的妻子菲莉丝·杜格尼、西尔玛·吉文·威尔第、威廉·佩里夫人（曾经的艾格尼丝·卡尔）、路易丝·伊诺斯、约瑟芬·约翰逊、露西·恩格尔夫人、丹尼尔·H. 赫伯特医生和夫人、威尔伯·丹尼尔·斯蒂尔和黑兹尔·霍桑·维尔纳。

书中关于奥尼尔夫妇在百慕大的生活经历，我要非常感谢：斯皮特海德现在的主人切斯特·M. 戈德曼，他允许我参观了那个地方；拉特利奇·罗宾逊夫人（曾经的胡贝尔蒂·札霍尔斯卡）；弗里达·华德曼夫人；格拉迪斯·C. 哈钦斯夫人;《百慕大人》杂志的编辑罗纳德·约翰·威廉斯；菲利普·赫恩；威廉·迪克夫人（曾经的赫恩夫人）；克莱德·莱塞夫妇，厄尔和露西·安德森；E. C. 巴恩斯；罗伯特·D. 艾特肯，亨利·C. 威尔金森博士；沃尔特·厄舍；乔治·鲍威尔；约翰·约翰斯顿夫人；乔治·A. H. 莱特伯恩；和威廉·A. 亨德森。

卡洛塔在结识奥尼尔之前的生活经历，除了辛西亚和罗伊·斯特拉姆之外，我特别要感谢弗兰克·谢伊先生和他的夫人及卡洛塔的表兄弟姐妹；我还要感谢：卡洛塔的第二任丈夫梅尔文·查普曼、她的表亲拉维达·谢弗、默特尔·考德威尔夫人、梅纳德·W. 巴特勒夫人、梅布尔·E. 库斯、亚历山大·帕拉蒂尼夫人、托马斯·施瓦策和 A. W. 拉舍夫人。

奥尼尔和卡洛塔在法国的生活，我要感谢：米歇尔·韦勒，一个在巴黎的美国记者，她以我的名义拜访了勒普莱西城堡，她采访了城堡现在的主人雅克·瓦索尔和阿尔伯特·雷亚尔夫人，她是奥尼尔在那里租住期间农场管理者的遗孀。韦勒小姐也找到并采访了约瑟芬·鲁尔福夫人，她是蒙特利小姐在卡普戴尔和勒普莱西城堡时的私人女佣。

奥尼尔夫妇的远东之行，我要感谢：阿尔弗雷德·巴特森、亚历山大·雷纳医生的夫人、乔治·H. 威利、小 G. W. 斯特德曼、尤金·F. 霍夫曼和旧金山美国总统轮船公司的保罗·B. 克洛弗，以及菲律宾的弗吉尼亚·卡波托斯托夫人，她为我采访了 F. 西奥·罗杰斯。

奥尼尔夫妇在海岛的生活经历：我对他们这一时期的生活描述主要归功于海岛公司的乔治·博尔，他是奥尼尔在当地唯一的好友。博尔先生向我提供了大量他与奥尼尔之间的通信，并且讲述了他对奥尼尔夫妇的印象。向我提供信息的还有：阿尔弗雷德·W.琼斯、詹姆斯·D.康普顿、弗朗西斯·路易斯·阿布鲁、J. L. 麦克唐纳、詹姆斯·L. 罗伯逊、T. M. 鲍姆加德纳、S. C. 考夫曼、薇拉·梅西、佩妮·奥拉·戴维斯、黑兹尔·弗洛伊德、玛蒂·鲍威尔、埃德娜·西尼尔、埃拉·L. 艾斯特斯、沃尔特·E. 艾斯特斯、小理查德·A. 埃弗里特、卡丽·米勒、阿瑟·H. 巴拉德夫人、J. 福斯特·鲍尔斯夫人、博伊德·唐纳森、C. O. 斯文森、雷·柯丁顿、罗伯特·W. 钱伯斯夫人、议员小詹姆斯·D. 古尔德、特丽萨·M. 兰伯特夫人、埃德温·麦卡蒂夫人、玛格丽特·迈克加维、诺曼·潘科斯特夫人、多勒斯·爱德华·威尔沙和约翰·格伦达尔夫人。

奥尼尔夫妇在西雅图的经历：感谢温特教授和索弗斯·K. 温特夫人、保罗·J. 佩施克夫人和凯瑟琳·P. 约翰斯顿夫人。

奥尼尔夫妇在加利福尼亚的经历：除了辛西亚和罗伊·斯特拉姆之外，主要信息提供者是默特尔·考德威尔夫人和她的女儿简、凯思琳·阿尔贝特妮夫人（以前姓拉多万）。其他信息提供者有：拉尔夫·科菲；弗雷德里克·L. R. 康弗；约翰·L. 杜克；克利福德·法伊勒医生；塔利亚·布鲁尔夫人；唐纳德·麦克雷；詹姆斯·沙维尔；劳埃德·C. 辛普森；弗莱彻·B. 泰勒医生；卡尔·E. 沃勒斯特德，他是驻旧金山的瑞典前总领事；菲利普·哈里斯；柯蒂斯·R. 哈斯凯尔；以及莉莲·M. 科尔尼夫人。

奥尼尔夫妇在马布尔黑德的经历，我要感谢的主要信息提供者有：阿尔弗雷德·迪多纳托；弗雷德里克·B. 梅约；菲利普·霍顿·史密斯和他的妻子埃莉诺，她保留了那段时间的日记。其他的信息提供者有：J. T. 巴里、路易丝·巴雷特、托马斯·H. 巴里、罗德里克·E. 贝鲁比、L. C. 科普兰夫人、米尔德里德·克罗利夫人、鲁弗斯·库什曼夫人、厄尔·P. 芬尼、爱默生·E. 格拉斯夫人、弗雷德·戈达德、查尔斯·李、多莉丝·曼宁、弗兰克·R. 奥伯博士、弗兰克·W. 奥恩、弗朗西斯·塔克曼·帕克、露西尔·W. 保罗夫人、诺曼·鲍尔斯、理查德·S. 罗比先生及其夫人、安德鲁·萨诺、罗伯特·S. 施瓦布医生、伯纳德·L. 威利特医生及其夫人、约翰·斯诺以及约翰·塔克。下面这些人提供了奥尼尔夫妇在萨勒姆医院的信息：克莱尔·伯德夫人、保罗·W. 贺甘博格医生和D. P. 皮特利小姐。

奥尼尔夫妇在波士顿的经历，我要感谢：鲁道夫·伯杰伦、亨利·迪凯特夫人、凯瑟琳·古尔德夫人、玛丽·汉农夫人、詹姆斯·亨特、艾伦·卡比夫人、文森特·麦凯牧师、弗吉尼亚·麦克阿德尔、菲利普·V. 麦克布莱德、艾略特·诺顿、W. 理查德·欧勒博士、凯·奥马利、琼·奥兰德、詹姆斯·萨亚、警察中尉爱德华·J. 斯科菲尔德、洛雷塔·西尼尔、霍勒斯·W. 史密斯、盖塔诺·潘塔诺和约瑟夫·沃克。

对小尤金·奥尼尔的个人信息，我要感谢弗兰克和埃尔茜·迈耶，露丝·兰德、查尔斯·T. 哈勒尔和罗伯特·菲尔普斯。对沙恩·奥尼尔的信息，非常感谢玛格丽特·斯塔克、马克·布兰德尔、小威廉·A. 詹姆逊、多萝西·多特、约翰·唐恩、托马斯·马丁和威廉·A. 雷迪。

感谢一些图书馆给我提供的巨大帮助。耶鲁大学拜内克图书馆是迄今为止馆藏奥尼尔资料最多的，也是最主要的图书馆，我十分感激唐纳德·C. 盖洛普对我的友好接待。我在拜内克图书馆的最大收获是：可以查阅奥尼尔写给肯尼思·麦高文、罗伯特·西斯克和伊丽莎白·谢普利·萨金特的信件，以及他写给子女乌娜和沙恩的一部分信件。在普林斯顿大学的燧石图书馆，我找到了奥尼尔与乔治·C. 泰勒的通信，他的一些脚本及其他藏品，我非常感谢亚历山大·P. 克拉克的帮助。在哈佛学院图书馆，我找到了奥尼尔与艾格尼丝·博尔顿的通信，这对我来说尤其珍贵，我很感谢最近刚刚退休的海伦·D. 威拉德，此前她是戏剧馆藏处的负责人。

感谢康奈尔大学非常迅速地给我提供了奥尼尔写给乔治·吉恩·内森（该大学的一个著名校友）的第二批和最后一批信件。同时，我也非常感谢：达特茅斯学院提供的包括来自拉尔夫·桑伯恩收藏馆的资料；得克萨斯大学人文研究中心提供的许多奥尼尔的信件；哥伦比亚大学图书馆提供的奥尼尔写给贝内特·瑟夫的信件，以及哈特·克莱恩和埃德娜·肯顿提供的信件；纽约公共图书馆伯格收藏馆提供的奥尼尔写给其在新伦敦的恋人比阿特丽斯·阿希的信件；纽约市博物馆戏剧馆藏处和纽约大学菲尔斯收藏馆。我的工作得到了纽约公共图书馆林肯中心分馆戏剧馆藏处的负责人保罗·迈尔斯的大力协助；我在林肯中心最近得到的资料有奥尼尔写给布鲁克斯·阿特金森和其他知名人士的信件。演员俱乐部的沃尔特·汉普登图书馆的路易斯·拉科也对我的工作给予了热心帮助。私人收藏家沃勒·巴雷特在把资料赠送给弗吉尼亚大学之前非常热心地让我做了参考。

这本书中的许多图片由玛杰里·博尔顿、芭芭拉·伯顿、乌娜·奥尼尔·卓别林、杰雷·哈格曼和丹尼尔·W. 琼斯提供，尼古拉斯·默里的许多照片由他的遗孀玛格丽特·默里提供，她给了我很大帮助。我非常感谢利夫莱特出版公司的董事长塞缪尔·梅尔纳，他为我提供了奥尼尔在他出版社的剧本出版收入数据。

感谢艾琳·奥凯西允许我摘引她丈夫的信件，感谢萨莉·库格林允许我使用她写给索弗斯和埃利纳·温特的信件，感谢西瑞斯·库克和哈尔·库克夫人让我引用乔治·克莱姆·库克和苏珊·格拉斯佩尔的信件内容，感谢约翰·G. 埃文斯同意我使用罗伯特·埃德蒙·琼斯写给他昔日母亲梅布尔·道奇的信件。

至于已出版的奥尼尔的剧本，非常感谢兰登书屋出版公司允许我引用下列剧本：《月照不幸人》（1945）；《啊，荒野！》（1933）；《上帝的儿女都有翅膀》（1924）；《安娜·克里斯蒂》（1920）；《无穷的岁月》（1933）；《榆树下的欲望》（1924）；《与众不同》（1921）；《发电机》（1928）；《黄金》（1920）；《拉撒路笑了》（1926）；《鲸油》（1918）；《马可百万》（1925）；《悲悼三部曲》（1931）；《奇异的插曲》（1927）；《琼斯皇》（1921）；《最初的人》（1921）；《泉》（1921）；《大神布朗》（1925）；《毛猿》（1922）；《送冰的人来了》（1940）；《难舍难分》（1923）。（以上所有这些剧本的版权由奥尼尔所有。）兰登书屋出版公司只允许本书在美国和加拿大发行流通。至于此书在英联邦地区（不包括加拿大）的发行，我非常感谢乔纳森·凯普出版有限公司。

经耶鲁大学出版社同意，我可以引用以下剧本的内容:《休伊》(1959年版，版权归卡洛塔·蒙特利·奥尼尔所有),《更加庄严的大厦》(1964年版，版权归卡洛塔·蒙特利·奥尼尔所有),《进入黑夜的漫长旅程》(1955年版，版权归卡洛塔·蒙特利·奥尼尔所有),《诗人的气质》(1957年版，版权归卡洛塔·蒙特利·奥尼尔所有)。

感谢《纽约客》杂志同意我引用以下文章:“悲剧意识”，汉密尔顿·巴索所写的对奥尼尔的简介，分三个部分;“琼斯皇”，吉尔伯特·塞尔德斯对罗伯特·埃德蒙·琼斯的简评；罗伯特·本奇利对《悲悼三部曲》的评论和沃尔科特·吉布斯对《送冰的人来了》的评论。我引自西摩·佩克的“与奥尼尔夫人的谈话”(1956年版)的引文经由纽约时报公司同意得以重印，感谢《时代周刊》提供的一些其他文章的选段，我得以应用到文中。

我也引用了其他出版物的内容，这里我对他们一并致谢：多佛出版社(《尤金·奥尼尔，剧作家和他的剧作》，作者巴雷特·克拉克);《国家民族政坛杂志》(约瑟夫·伍德·克鲁奇的评论)；玛格丽特·科歇尔夫人(《任性的追求》，作者特丽萨·海尔朋)；伊丽莎白·鲍恩·埃尔顿夫人(《不幸人的诅咒》，由沙恩·奥尼尔协助克罗斯威尔·鲍恩完成)；哈考特·布雷斯·乔瓦诺维奇(“烟与钢”，摘自《卡尔·桑德伯格诗歌全集》)、朱莉·海登·内森(刊载在《美国观察家》报上的奥尼尔撰写的“面具散记”、“深思熟虑”和“一个剧作家的笔记”);《纽约每日新闻报》执行主编弗洛德·巴格尔(弗雷德·帕斯里所写的“尤金·奥尼尔的奥德赛”，以及伯恩斯·曼特尔和约翰·查普曼写的评论)、《纽约晚邮报》(J. 兰金·陶斯、康拉德·艾肯、罗伯特·利特尔、约翰·梅森·布朗和小理查德·沃茨的评论；玛丽·布拉焦蒂和默里·肯普顿的文章，所有版权由纽约邮报公司所有);《时代周刊》(几篇评论和文章，版权由时代公司所有)。还要感谢其他一些报纸、期刊和书籍，为本书的文中引文提供了材料。

如上卷一样，本卷传记也主要由已故的斯特拉·布洛赫·哈诺编辑，她经验丰富，审阅了这本传记原稿的大部分内容。我也非常感谢我的编辑威廉·D. 菲利普斯，他提出了很好和有益的批评建议。柯尔沃影业公司的罗伯茨·杰克逊和丹尼尔·W. 琼斯就书中的插图提出了高见，而杰克·汉密尔顿、萨姆·亨德尔和加尔文·霍夫曼帮助我进行调研。我十分感谢新罕布什尔州的麦克道维文艺营和纽约州北部的亚岛文艺营，为我在夏季能够避开喧嚣的纽约都市找到了一处安静的栖身处，这本书的大部分内容是在那里创作完成的。

# 英汉术语对照表

## A

Abbey Players　艾比剧团

Abbey Theater　艾比剧院

Abyssinian Baptist Church　阿比西尼亚浸信会教堂

ABC（American Broadcasting Company）美国广播公司

Abel, Walter　沃尔特·艾贝尔

Abercrombie and Fitch　阿博菲奇（服装店）

*Abie's Irish Rose*《埃比的爱尔兰玫瑰》

*Abortion*《堕胎》

*Abraham Lincoln*《亚伯拉罕·林肯》

Abreu, Francis Louis　弗朗西斯·路易斯·阿布鲁

Abyssinian Baptist Church　阿比西尼亚浸信会教堂

Academy of Dramatic Arts (later Royal Academy)　戏剧艺术学院（后来成了皇家艺术学院）

Actor' s Equity　演员权益保障协会

Actors' Theater　演员剧院

Adams, Evangeline　伊万杰琳·亚当斯

Adams, Henry　亨利·亚当斯

Adler, Larry　拉里·阿德勒

Aegisthus　埃癸斯托斯

Agschylus　埃斯库罗斯

Agamemnon　阿伽门农

*Ah, Wilderness!*《啊，荒野！》

Albertoni, Kathryne Kaye Radovan　凯思琳（凯伊）·拉多万·阿尔贝特妮

*Alcestis*《阿尔刻提斯》

*Alchemist, The*《炼金术士》

Alexander, Steve　史蒂夫·亚历山大

"Alexander's Ragtime Band"　"亚历山大的爵士乐队"（曲名）

*All God's Chillun Got Wings*《上帝的儿女都有翅膀》

"All Alone"　"孤独"（曲名）

Alcatraz　恶魔岛

*America*《美国人报》,《纽约美国人报》的简称

American Hospital, Paris　（巴黎）美洲医院

*American Mercury*《美国信使》（杂志名）

American National Theater　美国国家剧院

*American Spectator*《美国观察家》

*American Tragedy, An*《美国悲剧》

*Anathema*《诅咒》

*Anatomy*《解剖学》

*Ancient Mariner, The*《古舟子咏》

*And Give Me Death*《那让我去死吧！》

Anders, Glenn　格伦·安德斯

Anderson, John　约翰·安德森

Anderson, Judith　朱迪思·安德森

Anderson, Maxwell　马克斯韦尔·安德森

Anderson, Sherwood　舍伍德·安德森

Andreyev, Leonid　列奥尼德·安德列耶夫

Angell, James Rowland　詹姆斯·罗兰·安杰尔

*Anna Christie*　《安娜·克里斯蒂》

*Annie Get Your Gun*　《安妮拿起你的枪》(《飞燕金枪》)

*Another Part of the Forest*　《松林深处》

ANTA Theater　安踏剧场

Appia, Adolphe　阿道夫·阿皮亚

Aria da Capo　返始咏叹调

Armstrong, Louis　路易斯·阿姆斯特朗

Aronberg, Winfield(“Bill”)　温菲尔德(“比尔”)·阿隆博格

*Arsenic and Old Lace*　《毒药与老妇》

Art Students' League　艺术生联盟

Artists' Association　艺术家协会

Ashe, Beatrice　比阿特丽斯·阿希

Aspell, Dr. John　约翰·阿斯佩尔医生

Associated Press　美联社

Atkins, Zoe　佐伊·阿特金斯

Atkinson, Brooks　布鲁克斯·阿特金森

Atlantic City, N. J.　大西洋城(新泽西州)

*Atlantic Monthly*　《大西洋月刊》

Atwell, Lionel　莱昂内尔·阿特韦尔

Auden, W. H.　W. H. 奥登

*Awake and Sing!*　《醒来歌唱!》

## B

Barrett House (Cadillac Hotel)　巴雷特之家（凯迪拉克旅馆）

Barry, Joan　琼・巴里

Barry, Philip　菲利普・巴里

Barrymore, Ethel　埃塞尔・巴里摩尔

Barrymore, Lionel　莱昂内尔・巴里摩尔

Barrymore, Maurice　莫里斯・巴里摩尔

Barton, Homer　荷马・巴顿

Barton, James　詹姆斯・巴顿

Barton, Ralph　拉尔夫・巴顿

Basso, Hamilton　汉密尔顿・巴索

Batson, Alfred　阿尔弗雷德・巴特森

Batterham, William F.　威廉・F. 拜特汉姆

Baudelaire, Charles　查理・波德莱尔

Bay State Road　湾州路

*Be Glad You' re Neurotic*　《很高兴你是神经病》

Beatty, Mrs. W. Earl　W. 厄尔・贝蒂夫人

Bedini, Silvio　西尔维奥・巴德尼

Bedini, Vincent　文森特・巴德尼

Beer, Thomas　托马斯・比尔

Beery, Wallace　华莱士・比里

*Before Breakfast*　《早餐之前》

Behrman, S. N.　S. N. 贝尔曼

Beinecke Library, Yale　耶鲁大学善本图书馆

Bel Geddes, Norman　诺曼・贝尔・格迪斯

Belasco, David　戴维・贝拉斯科

Bellevue, Bermuda　百慕大的贝尔维尤

Ben-Ami, Jacob　雅各布・本 - 阿米

Benchley, Robert　罗伯特·本奇利

Benelli　贝内利

Bennett, Richard　理查德·贝内特

Bentley, Eric　埃里克·本特利

*Berengaria* (ship)　伯仑加利亚号

Bergner, Elisabeth　伊丽莎白·贝格纳

Bergson, Henri　亨利·柏格森

Berlin, Irving　欧文·柏林

Berlin, Germany　德国柏林

Berliner, Dorothy　多萝西·伯利纳

Bermuda　百慕大

Berube, Rodrique　罗德里克·贝鲁比

*Best Short Stories*　《最佳短篇小说》

*Beyond the Horizon*　《天边外》

*Beyond the Pleasure Principle*　《超越快乐原则》

Bickford, Charles　查尔斯·比克福德

Bird, Claire　克莱尔·伯德

*Bird of Paradise, The*　《天堂鸟》

*Birth of Tragedy, The*　《悲剧的诞生》

Boer War　布尔战争

*Birthright*　《天赋神权》

Bisch, Louis E.　路易斯·E. 毕什

Bisch, Maude（Mrs. Louis E.）　莫德·（路易斯·E.）毕什夫人

Black humor　黑色幽默

Black Knight　黑衣骑士（饭馆）

*Black Mask*　《黑色面具》

Blair, Mary　玛丽·布莱尔

Blemie　伯莱明（狗）

Bodenheim, Maxwell　马克斯韦尔·博登海姆

Boer War　布尔战争

Bogard, Travis　特拉维斯·博加德

Boll, George　乔治·博尔

Boni and Liveright　博奈 - 利夫莱特出版社

*Book of Revelations, The*　《启示录》

Book-of-the Month Club　每月读书会

Booth, Edwin　埃德温·布思

Boston, Mass.　波士顿（马萨诸塞州）

Boston Braves　波士顿勇士队

Boston City Hospital　波士顿市立医院

*Boston Herald*　《波士顿先驱报》

Boston Hospital　波士顿医院

*Boston Post*　《波士顿邮报》

*Boston Transcript*　《波士顿抄本》

*Boston Traveler*　《波士顿旅行家》

Boulton, Agnes　艾格尼丝·博尔顿

Boulton, Edward　爱德华·博尔顿

Boulton, Margery　玛杰里·博尔顿

*Bound East for Cardiff*　《东航卡迪夫》

Bowen, Croswell　克罗斯威尔·鲍恩

Boyd, Ernest　欧内斯特·博伊德

Boyd, Julian P.　朱利安·P. 博伊德

Boyd, Mandeleine　玛德琳·博伊德

Boylston Street　博伊尔斯顿大街

Brady, Alice　爱丽丝·布雷迪

Brown, William A.　威廉·A. 布朗

Bryant, Louise　路易丝·布赖恩特

Bubbling Well　巴布令威尔

Buckley, William F. Jr.　小威廉·巴克利

Buenos Aires, Argentina　阿根廷布宜诺斯艾利斯

Bugatti　布加迪

Bullitt, William C.　威廉·C. 布利特

Bunker Hill　邦克山

Bunny　邦尼

Bunyan, Paul　保罗·班扬

Burgo　布尔戈

Burton, Barbara　芭芭拉·伯顿

*By Way of Obit*《以讣告的形式》

Byram, John　约翰·拜拉姆

Byron, George Gordon, Lord　乔治·戈登·拜伦勋爵

Byth, James Findlater　詹姆斯·芬勒特·拜斯

Bywater, Hector C.　赫克托·C. 拜沃特

## C

Cabell, James Branch　詹姆斯·布兰奇·坎培尔

*Cabinet of Dr. Caligari, The*《卡里加里博士的小屋》

Cabot, Eben　伊本·凯勃特（戏剧人物）

Cabot, Ephraim　伊弗雷姆·凯勃特（戏剧人物）

*Caesar and Cleopatra*《恺撒和克利奥帕特拉》

Cagney, Jeanne　珍妮·卡格尼

Caldwell, Jane　简·考德威尔

Casa Genotta, Sea Island　坐落在海岛的卡萨·吉诺塔（奥尼尔寓所）

Casey, Walter (“Ice”)　沃尔特·凯西（“冰人”）

Castellun, Maida　梅达·凯斯特龙

Cathay　中国（马可·波罗游记中对中国的称呼）

Catholic Actors's Guild　天主教演员同仁剧院

Catholic Inter-Racial Council　天主教跨种族委员会

Catholic Writers' Guild　天主教作家协会

Cellini, Benvenuto　本韦努托·切利尼

*Celtic Twilight*　《凯尔特暮色》

Cerf, Bennett　贝内特·瑟夫

Cerf, Phyllis　菲莉丝·瑟夫

*Ceylon Daily News*　《锡兰每日新闻》

*Chains of Dew*　《如露之链》

Chaliapin, Feodor　费奥多·夏里亚宾

Chalmers, Thomas　托马斯·查尔默斯

*Chambered Nautilus, The*　《鹦鹉螺》

Chamberlain, Neville　内维尔·张伯伦

Chapin, Charles　查尔斯·查宾

Chaplin, Charlie　查理·卓别林

Chaplin, Eugene　尤金·卓别林

Chapman, Cynthia Jane　辛西亚·简·查普曼

Chapman, John　约翰·查普曼

Chapman, Melvin C. Jr.　小梅尔文·C. 查普曼

Chappells, the　查普尔家族

*Charles Racine* (ship)　查尔斯·拉辛号

Chase, Ilka　伊尔卡·蔡斯

Chekhov, Anton　安东·契诃夫

*Chicago Defender* 《芝加哥防卫者报》

*Childe Harold's Pilgrimage* 《恰尔德·哈洛尔德游记》

*Childe Roland to the Dark Tower Came* 《罗兰公子来到暗塔》

*Children' s Time, The* 《孩子们的时光》

*Chips from a German Workshop* 《德国工作室碎片》

Chippendale 齐本德尔

*Chris* 《克里斯》

*Chirs Christopherson* 《克里斯·克里斯托弗森》

Christmas Seal Committee 防痨邮票委员会

Christine 克莉斯丁

Christophe, Henri 亨利·克里斯托弗

Cipango 日本（马可·波罗游记中对日本的称呼）

Circle in the Square 时代广场剧院

City Center 城市中心

City Island 城市岛屿

Civic Repertory Theater 市民剧院

Civil War （美国）内战

*Clarence* 《克拉伦斯》

Clark, Barrett H. 巴雷特·H. 克拉克

Clark, Bill 比尔·克拉克

Clark, Fifine 菲芬·克拉克

Clark, George 乔治·克拉克

Clark, Mary A. 玛丽·A. 克拉克

Clytemnestra 克吕泰墨斯特拉

Coates 科茨家族

*Coblenz* (ship) “科布伦茨号”

Cochran, Clifford 克利福德·科克伦

Cohalan, Daniel F.　丹尼尔 · F. 科哈兰

Cohan, George M.　乔治 · M. 科汉

Colbert, Claudette　克劳黛 · 考尔白

Coleridge, Samuel Taylor　塞缪尔 · 泰勒 · 柯勒律治

*Collier's*《科利尔杂志》

Collins, Hutch　哈奇 · 柯林斯

Collinson, Olga　奥尔加 · 柯林森

Colombo　（斯里兰卡的）科伦坡

Colonial Theater　殖民剧场

Colum, Padraic and Mary　帕德里克和玛丽 · 科勒姆

Columbia University　哥伦比亚大学

Columbus　哥伦布

*Columbus Citizen*《哥伦布公民报》

*Comma*《逗号》

Commins, Dorothy　多萝西 · 康明斯

Commins, Eugene David　尤金 · 戴维 · 康明斯

Commins, Saxe　萨克斯 · 康明斯

Comminsky, Mr. and Mrs.　康明斯基夫妇

*Commonweal*《公益》

*Complete Greek Drama, The*《希腊戏剧全集》

*Complex, The*《情结》

Condon, James J.　詹姆斯 · J. 康顿

Confer, Frederick L. R.　弗雷德里克 · L. R. 康弗

Connelly, Marc　马可 · 康奈利

Connie's Inn　康妮客栈

Connor, William P.　威廉 · P. 康纳

Conrad, Joseph　约瑟夫 · 康拉德

Contra Costa County　康特拉科斯塔县

Coolidge　柯立芝

*Constant Woman, The*　《忠诚女郎》

Cook , Elisha, Jr.　小以利沙·库克

Cook, George Cram　乔治·克莱姆·库克

Cooksey, Curtis　柯蒂斯·库克西

Coolidge, Calvin　卡尔文·柯立芝（美国第34、35届总统）

Corbin, John　约翰·科尔宾

Córdoba　科尔多瓦

Cornell, Katharine　凯瑟琳·康奈尔

Cornell Preparatory School　康奈尔大学预备学校

Coromandel　乌木

Corrigan, Emmett　埃米特·克雷根

Côte Basque　哥特巴斯克

Côte d’Azur　蓝色海岸

Cotton Club　棉花俱乐部

Coughlin, Sally　萨莉·库格林

*Count of Monte Cristo, The*　《基督山伯爵》

Country Hospital (Shanghai)　乡村医院（上海）

County Cork　科克郡

Covarrubias, Miguel　米格尔·科瓦鲁维亚斯

Covarrubias, Rosa　罗莎·科瓦鲁维亚斯

Covici, Friede　帕斯卡尔·科维奇和唐纳德·弗里德（出版社）

Coward, Noel　诺埃尔·科沃德

Coward, Thomas R.　托马斯·R. 科沃德

Coward-McCann　科沃德 - 麦卡恩出版社

Cowl, Jane　简·考尔

Cowley, Malcolm 马尔科姆·考利

Cowley, Peggy Baird 佩吉·贝尔德·考利

Craig, Gordon 戈登·克雷格

Craig, May 梅·克雷格

Crane, Hart 哈特·克莱恩

Crichton, Kyle 凯尔·克赖顿

Coughlin, Sally 萨莉·库格林

*Crime in the Whistler Room, The* 《惠斯勒房间里的罪行》

Croce, Benedetto 贝内德托·克罗斯

Croker，Dick 迪克·克罗克

Crosby, John 约翰·克罗斯比

Crouse, Anna 安娜·克劳斯

Crouse, Russel 拉塞尔·克劳斯

"Crow' s Nest" "乌鸦巢"

Crowe, Eileen 艾琳·克罗

Cuchulain 库丘林

Cummings, e. e. e.e. 卡明斯

Cuthbert, Alice 爱丽丝·卡斯伯特

Cybel 西比尔

Cybele 西布莉

Cycle 组剧 （《一个占有者自我剥夺的故事》）

## D

Dahl, Sophie 索菲·达尔

Dale, Alan 艾伦·戴尔

Dalmatian 达尔马西亚狗

*Dance of Death, The* 《死亡之舞》

Dante 但丁

Danville 丹维尔（美国地名）

Darien, Conn. 康涅狄格州达里恩市

dark comedy 阴郁喜剧

Dart, Frank W. 弗兰克·W. 达特

Daumier 杜米埃

Davis, Owen 欧文·戴维斯

Day, Cyrus 赛勒斯·戴

*Days Without End* 《无穷的岁月》

*Death of a Salesman* 《推销员之死》

De Casseres, Benjamin 本杰明·德卡塞雷斯

De Casseres, Bio 比奥·德卡塞雷斯

Deeter, Jasper 贾斯珀·迪特尔

De Foe, Louis V. 路易斯·V. 德福

de león, Juan Ponce 胡安·庞塞·德莱昂

Dell, Floyd 弗洛伊德·戴尔

Delphi 德尔斐

dem Bums 那些流民

Dempsey, Jack 杰克·登普西

Demuth, Charles 查尔斯·德穆斯

DePolo, Harold 哈罗德·德保罗

DePolo, Helen 海伦·德保罗

Depression 大萧条

Desdemona 苔丝狄蒙娜（戏剧人物）

*Desire Under the Elms* 《榆树下的欲望》

Detroit, Mich. 密歇根州底特律市

*Detroit News* 《底特律新闻报》

Deutsch 多伊奇

Deutsch, Helen 海伦・多伊奇

De Valera, Eamon 埃蒙・瓦莱拉

De Voto, Bernard 伯纳德・德沃托

de Wolfe, Elsie 埃尔茜・德沃尔夫

Dewey, John 约翰・杜威

DiDonato, Alfred 阿尔弗雷德・迪多纳托

*Diff'rent* 《与众不同》

Digges, Dudley 达德利・迪格斯

Dillman, Bradford 布拉德福德・迪尔曼

Dionysius 狄俄尼索斯

*Disguises of Love, The* 《爱的伪装》

*Doctor's Dilemma, The* 《医生的困境》

Doctors' Hospital 达可塔斯医院

Dodge, Mabel 梅布尔・道奇

Domitian 图密善

Dolan, John 约翰・多兰（戏剧人物）

Doolittle, Hilda 希尔达・杜利特尔

Dorsey, Thomas 托马斯・多尔西

Dostoevski 陀思妥耶夫斯基

Dowling, Eddie 埃迪・道林

Downes, Olin 奥林・唐斯

Draper, Dr. George 乔治・德雷珀医生

Draper, Ruth 露丝・德雷珀

*Dream Play, The* 《一出梦的戏剧》

*Dreamy Kid, The* 《爱梦想的孩子》

## E

Elbow Beach Club　弯头海滩俱乐部

Eldridge, Florence　佛罗伦丝·埃尔德里奇

Eliot, T. S.　T. S. 艾略特

Elkins, Felton　费尔顿·埃尔金斯

Ell, Christine　克里斯汀·埃尔

Ellis, Charles　查尔斯·埃利斯

El Morocco　摩洛哥饭店

Elser, Frank B.　弗兰克·B. 埃尔瑟

*Emperor Jones, The* 《琼斯皇》

"Empty Beds"　"床上空空"

Enos, Louise　路易丝·伊诺斯

*Enter Madame* 《夫人驾到》

*Erdgeist* 《地球精神》

Ervine, St. John　圣·约翰·欧文

Escorial，the　埃斯科里亚尔建筑群

*Eugene O' Neill: A Critical Study* 《尤金·奥尼尔：批判性研究》

Euripides　欧里庇得斯

Evans, Olive　奥利芙·埃文斯

"Everybody' s Doing It"　"人人都在做"（诗句）

*Exiles* 《流亡》

*Exorcism* 《驱魔》

Experimental Theater, Inc.　实验剧场公司

Expressionism　表现主义

## F

Fadiman, Clifton　克利夫顿·费迪曼

Fitzgerald, Robert　罗伯特·菲茨杰拉德

Flagstad, Kirsten　柯尔斯顿·弗拉格斯塔

Floods, James, mansion　詹姆斯·弗勒兹大厦

Floods, the　弗勒兹家族

Florida Military Academy　佛罗里达军事学校

*Fog*　《雾》

Fogarty, Father　福格蒂神父

*Follies, The*　富丽秀

Fontanne, Lynn　莱恩·方丹

Ford, Rev. George B.　乔治·B. 福特牧师

Ford, John　约翰·福特

Fordham University Theatre　福特汉姆大学剧院

Forest Hill　森林山

Forest Hills Cemetery　森林山公墓

*Forsyte Saga, The*　《福尔赛世家》

*Fort St. George*（ship）　福特圣乔治号

*Fountain, The*　《泉》

Francis, John　约翰·弗朗西斯

Frank, Waldo　沃尔多·弗兰克

Frazer, James　詹姆斯·弗雷泽

Freeman, Herbert　赫伯特·弗里曼

Freeman, Lisa　丽莎·弗里曼

Freiburg, University of　弗莱堡大学

Freud, Sigmund　西格蒙德·弗洛伊德

Frith, Hezekiah　希西家·弗里思

*From Morn to Midnight*　《从清晨到午夜》

Front Street　弗龙特大街

## G

Gerson, Jeanne　珍妮·格尔森

Gest, Morris　莫里斯·格斯特

Giant　巨人队

Gibbs, Walcott　沃尔科特·吉布斯

Gide　纪德

Gierow, Karl Ragnar　卡尔·拉格纳·吉耶洛

Gilbert, William S.　威廉·S. 吉尔伯特

Gile, Harold H.　哈罗德·H. 吉尔

Gillmore, Margalo　马格萝·吉尔摩

Gilpin, Charles S.　查尔斯·S. 吉尔平

Gish, Lillian　莉莲·吉什

Given, Mrs.　吉文夫人

Given, Eben　伊本·吉文

Given, Thelma　西尔玛·吉文

Givens, Catherine　凯瑟琳·吉文斯

Glaspell, Susan　苏珊·格拉斯佩尔

*Glass Menagerie, The*　《玻璃动物园》

Glatzmayer, August W.　奥古斯特·W. 格兰兹米尔

Glendale, Calif.　加利福尼亚格伦代尔市

Glynn, Elinor　埃莉诺·格林

"God Is Dead! Long Live—What?"　"上帝死了！谁称万岁？"

Goethe　歌德

*Gold*　《黄金》

Gold, Michael　迈克尔·戈尔德

Goldberg, Isaac　艾萨克·戈德伯格

Golden, John　约翰·戈尔登

*Golden Bough, The*　《金枝》

Golden Gate Exposition　金门博览会

Golden Swan　金天鹅酒吧

Goldman, Emma　埃玛·戈德曼

Goldwyn, Sam　萨姆·高德温

*Good Bad Woman, A*　《一个好的坏女人》

*Good News*　《福音》

Goodman, Edward　爱德华·古德曼

Goodman Theater　古德曼剧院

Gorki, Maxim　马克西姆·高尔基

Gotchett, Nellie　内莉·戈切特

Grace Cathedral　慈恩堂

*Grapes of Wrath, The*　《愤怒的葡萄》

*Graphic*　《图像》

*Great God Brown, The*　《大神布朗》

*Great Pacific War, The*　《太平洋大战》

*Greatness and Decline of Rome, The*　《罗马帝国的兴衰史》

*Greed of the Meek, The*　《驯服者的贪性》

Green, Elizabeth　伊丽莎白·格林

Green, Paul　保罗·格林

Green Street　格林大街

Greenwich Village　格林尼治村

*Greenwich Village Follies*　《格林尼治村富丽秀》

Greenwich Village Theater　格林尼治村剧院

Gregory, Lady　格雷戈里夫人

Groton　格罗顿

*Group Psychology and the Analysis of the Ego*　《集体心理学及对自我的分析》

Gruenberg, Louis 路易斯·格林贝格

Guadalupe 瓜达卢普

Guéthary, France 法国盖塔里

*Guilty One, The* 《有罪的人》

Guitry, Sacha 萨卡·圭特瑞

Gump's 阿甘的

Gustav V. (King of Sweden) 古斯塔夫五世（瑞典国王）

## H

*Hair of the Dog, The* 《狗毛》

*Hairy Ape, The* 《毛猿》

Hamilton, Clayton 克莱顿·汉密尔顿

Hamilton, Gilbert V. 吉尔伯特·V. 汉密尔顿

*Hamlet* 《哈姆雷特》

Hammarskjöld, Dag 达格·哈马舍尔德

Hammerstein, Oscar, II 奥斯卡·汉默斯坦第二

Hammond, Edward Crowninshield 爱德华·克劳宁希尔德·哈蒙德

Hammond, Percy 珀西·哈蒙德

Hanau 哈诺

Hanau, Stella Bloch 斯特拉·布洛克·哈诺

*Hand of the Potter, The* 《得心应手》

Hansford, Montiville M. 蒙蒂维尔·M. 汉斯福德

Harding, Ann 安·哈丁

Hardwicke, Cedric 塞德里克·哈德威克

Hardy, Thomas 托马斯·哈代

Harford 哈福德（戏剧人物）

*Helicon* 《诗神》(耶鲁大学的一个文学期刊)

Hell Hole　地狱洞(酒吧)

Hellman, Lillian　莉莲·海尔曼

*Hell's Angels* 《地狱天使》

Hemingway, Ernest　厄内斯特·海明威

Henry Miller Theater　亨利·米勒剧院

Hepburn, Katharine　凯瑟琳·赫本

Heyward, Du Bose　杜博斯·海沃德

Hickman，Theodore　西奥多·希克曼(戏剧人物)

Hickey　希基(希克曼的昵称)

Hickey，Evelyn　伊夫琳·希基(戏剧人物)

Hick's　希克

Hiebert, Dr. Daniel　丹尼尔·赫伯特医生

*Hippolytus* 《希波吕托斯》

Hogarth, Leona　利昂娜·贺加斯

Hogan, Phil　费尔·霍根(戏剧人物)

Holden, Ruth　露丝·霍尔顿

Holladay, Billie　比利·哈乐黛

Holm, Celeste　塞莱斯特·霍尔姆

Holmes, Oliver Wendell　奥利弗·温德尔·霍姆斯

*Homecoming* 《归家》

Honduras, Spanish　西属洪都拉斯

Hoover, Herbert　赫伯特·胡佛

Hope, Harry　哈利·霍普(戏剧人物)

Hopkins, Arthur　阿瑟·霍普金斯

Horace Mann Preparatory School　霍勒斯·曼预备学校

Horwitz, Dr. William H.　威廉·H. 霍维茨医生

## I

Ingham, Dr. Samuel D.　塞缪尔・D. 英厄姆医生

*Inscriptions: Eugene O'Neill to Carlotta Monterey O'Neill*　《题词：尤金・奥尼尔献给卡洛塔・蒙特利・奥尼尔》

Irish Free State　爱尔兰自由邦

Irving, Washington　华盛顿・欧文

"It Cannot Be Mad"　"它不可能疯狂"

Ives, Burl　伯尔・艾维斯

Ivy Laureate　艾菲奖

## J

James, Henry　亨利・詹姆斯

Jameson, William A. Jr.　小威廉・A. 詹姆逊

Jason and the Golden Fleece　伊阿宋找寻金羊毛的传说

Jelliffe, Dr. Smith Ely　史密斯・伊利・杰利夫医生

Jenkins, Kathleen　凯瑟琳・詹金斯（尤金・奥尼尔的第一任妻子）

Jenkins, Katie　凯蒂・詹金斯

Jenkins, Susan　苏珊・詹金斯

Jeremiah　耶利米

*Jest, The*　《逗趣》

Jesus Christ　耶稣

Jimmy the Priest's　吉米神父的酒吧

John Golden Theater　约翰・戈尔登剧院

Johnson, Etta (Mrs. Jack)　埃特・（杰克）・约翰逊（夫人）

Jones, Robert Edmond　罗伯特・埃德蒙・琼斯

Jones, Brutus　布鲁特斯・琼斯

Jones and Green　琼斯和格林剧院

## K

Kelly, George　乔治・凯利

Kempton, Murray　默里・坎普顿

Kenmore Square　肯莫尔广场

Kennedy, Charles O'Brien　查尔斯・奥布赖恩・肯尼迪

Kenton, Edna　埃德娜・肯顿

Kerr, Walter　沃尔特・克尔

Kerrigan, J. M.　J. M. 克里根

Kester，Jeeter　吉特・凯斯特（戏剧人物）

King, Alexander　亚历山大・金

Kinsey Report　金赛性学报告

Kipling, Rudyard　鲁德亚德・吉卜林

Klauber, Adolph　阿道夫・克劳伯

Klaw Theater　克劳剧院

Klopfer, Donald S.　唐纳德・S. 克洛普弗

Kommer, Rudolf　鲁道夫・考墨

Komroff, Manuel　曼纽尔・科姆罗夫

Koonen, Alice　爱丽丝・科宁

Koran, the　古兰经

Kouk, Kyrios　库克大人

Kozol, Dr. Harry L.　哈里・L. 科佐尔医生

Krimsky, John　约翰・克利姆斯基

Kronenberger, Louis　路易斯・克罗恩伯格

Kropotkin, Peter　彼得・克鲁泡特金

Kruger, Otto　奥特・克鲁格

Krutch, Joseph Wood　约瑟夫・伍德・克鲁奇

Kublai　忽必烈

## L

Lawrence D. H.　D. H. 劳伦斯

Lawrence Memorial Associated Hospitals (New London)　劳伦斯纪念联合医院（新伦敦）

Lawrenceville School（N. J.)　劳伦斯维尔学校（新泽西州）

*Lazarus Laughed*《拉撒路笑了》

Lebherz, Richard　理查德・勒贝赫兹

Le Gallienne, Eva　伊娃・列・高丽安

Lenormand, Henri-René　亨利 - 勒内・雷诺曼

Le Plessis, France　勒普莱西（城堡）（法国）

Lesser　莱塞

*Letter, The*《信件》（毛姆的一部戏剧）

Lewis, Sinclair　辛克莱・刘易斯

Lewys, Georges　乔治斯・刘易斯

Lexington, Ky.　莱克星顿（肯塔基州）

Libbey, Laura J.　劳拉・J. 利比

Lieb　利布（戏剧人物）

Lief, Dr. J. O.　J. O. 利夫医生

*Life*《生活》杂志

*Life of Bessie Bowen, The*《贝茜・鲍恩的一生》

*Life with Father*《伴父生涯》

Light, James（"Jimmy"）　詹姆斯・莱特（"吉米"）

Light, Mrs. James　詹姆斯・莱特夫人

Light, Patti　帕蒂・莱特

Lily　莉莉（戏剧人物）

Lindbergh, Charles　查尔斯・林德伯格

Lindsay, Howard　霍华德・琳赛

Linsley, Scott　斯科特·林斯利

Littell, Robert　罗伯特·里特尔

Little Theater　小剧场

Liveright, Horace　霍勒斯·利夫莱特

Lockridge, Richard　理查德·洛克里奇

*Long Day's Journey into Night*　《进入黑夜的漫长旅程》

Long Island Sound　长岛海峡

*Long Voyage Home*　《归路迢迢》

Loon Lodge　愚人小屋

Loos, Anita　安妮塔·露丝

Lord, Pauline　波林·洛德

*Lord Jim*　《吉姆爷》

*Lost Patrol*　《迷失部队》

*Lost Plays of Eugene O'Neill*　《尤金·奥尼尔的失传剧作》

Lowell　洛厄尔（地名）

Lowell, Amy　艾米·洛厄尔

*Lower Depths, The*　《底层》

Luna　露阿娜

Luke O'Connor　卢克·奥康纳

*Lulu*　《璐璐》

Lunt, Alfred　阿尔弗雷德·林特

Luth, Fred A.　弗雷德·A. 卢瑟

Lyceum Theater　兰心大戏院

Lyman, Dr. David R.　戴维·R. 莱曼医生

## M

McAdoo, William　威廉・麦卡杜

McArdle, Virginia　弗吉尼亚・麦克阿德尔

*Macbeth*《麦克白》

McBride, Philip　菲利普・麦克布赖德

McCartan, Patrick　帕特里克・麦卡坦

McCarthy, Mary　玛丽・麦卡锡

McCormick, F. J.　F. J. 麦考密克

MacDougal Street Theater　马克道格街剧院

McGee, Harold　哈罗德・麦吉

McGinley, Art　阿特・麦金利

McGinley, Evelyn Essex　伊夫琳・艾塞克斯・麦金利

McGinley, Arthur　阿瑟・麦金利

McGinley, Lawrence　劳伦斯・麦金利

McGinley, Tom　汤姆・麦金利

McGinley, Wint　温特・麦金利

McGloin　麦格洛恩（戏剧人物）

Macgowan, Kenneth　肯尼思・麦高文

McGranery, James P.　詹姆斯・P. 麦格雷纳里

Mack, Willard　威拉德・麦克

McKaig, Alexander　亚历山大・麦凯格

Mackay, Rev. Vincent　文森特・麦凯神父

MacKellar, Helen　海伦・麦凯勒

McLaughlin, Russell　拉塞尔・麦克劳克林

McLean Hospital　麦克莱恩医院

MacNamara bombing case　麦克纳马拉爆炸案

McPartland, Marian　玛丽安·麦克帕特兰
MacRae, Duncan　邓肯·麦克雷
McSorley's　麦克索利酒吧
Madden, Richard J.　理查德·J. 马登
Madame de la Boissiere　拉布瓦西埃夫人
Maecenas　米西纳斯
Madison Square Garden　麦迪逊广场花园
Magnolia Bluff　木兰崖（地名）
*Maid in the Ozarks*《欧扎克女仆》
Malden, Karl　卡尔·莫尔登
Malmgren, Jane　简·玛尔格林
Mammon　财神
Mamoulian, Rouben　鲁本·马莫利安
*Man and Superman*《人与超人》
*Man on Iron Horseback, The*《骑在铁马上的人》
*Manchester Guardian*《曼彻斯特卫报》
Mandolutes　鲁特琴
*Manila Tribune*《马尼拉论坛报》
Mann, Thomas　托马斯·曼
*Mann Act*《曼恩法案》
Manning, Doris　多莉丝·曼宁
Mannon　孟南（戏剧人物）
Mannon, Ezra　艾斯拉·孟南（戏剧人物）
Mannon, orin　奥林·孟南（戏剧人物）
Mansfield Theater　曼斯菲尔德剧院
Mantle, Burns　伯恩斯·曼特尔
Marblehead Neck, Mass.　马布尔黑德颈（马萨诸塞州）

Marbury, Elizabeth　伊丽莎白·马布里

March, Fredric　弗雷德里克·马奇

*Marco Millions*　《马可百万》

Marcus, Carol　卡萝尔·马库斯

Marin　马林（美国加州地名）

Marinoff, Fania　范妮亚·马里诺夫

Marion, George　乔治·马里恩

Markham, Kyra　凯拉·马卡姆

Markham, Marcela　玛塞拉·马卡姆（戏剧人物）

Marquise de Verdum　凡尔登侯爵夫人

Marr, Joe　乔·马尔

Marriott, John　约翰·马里奥特

Marshall, Armina　阿美娜·马歇尔

Marshall, E. G.　E. G. 马歇尔

Martin, James J.　詹姆斯·J. 马丁

Martin, John　约翰·马丁

Martin Beck Theater　马丁·贝克剧院

Marx, Karl　卡尔·马克思

Massey, Raymond　雷蒙德·梅西

Massey, Vera　薇拉·梅西

Mat Burke　马特·伯克（狗）

*Matinata*　《马蒂奈特》

Maugham, W. Somerset　W. 萨默塞特·毛姆

Maupassant, Guy de　莫泊桑

Mayer, Edwin Justus　埃德温·贾斯特斯·迈耶

Mayo, Dr. Frederic B.　弗雷德里克·B. 梅约医生

Mellon, Andrew W.　安德鲁·W. 梅隆

Moffat, John　约翰・莫菲特

Moise, Nina　尼娜・莫伊斯

Molière　莫里哀

Mollan, Malcolm　马尔科姆・莫伦

Monte Cristo cottage　基督山伯爵小屋

Monterey, Carlotta　卡洛塔・蒙特利

*Moon for the Misbegotten, A*　《月照不幸人》

*Moon of the Caribbees, The*　《加勒比群岛之月》

Moore, George　乔治・摩尔

Moore, Dr. Merrill　梅里尔・摩尔医生

*More Stately Mansions*　《更加庄严的大厦》

Morehouse, Ward　沃德・莫尔豪斯

Morgan, Anne　安妮・摩根

Morgue　陈尸间

Morris, Mary　玛丽・莫里斯

Morse, Salmi　萨尔米・莫尔斯

Moscow Art Theater　莫斯科艺术剧院

Mother African M. E. Zion Church　非洲母亲 M. E. 锡安教会

Mt. Auburn（Cemetery）　奥本山（公墓）

Mount Diablo　岱阿布罗山

Mt. Sinai（Hospital）　西奈山（医院）

Mourn　哀悼

*Mourning Becomes Electra*　《悲悼三部曲》

*Movie Man, The*　《拍电影的人》

Mowatt, Anna Cora　安娜・科拉・莫瓦特

*Mr. Pitt*　《皮特先生》

## N

*New London Telegraph* 《新伦敦电讯报》

*New Republic* 《新共和杂志》

New School for Social Research 社会研究新学院

New Weston Hotel 新威斯顿酒店

*New York Call* 《纽约之声报》

*New York Daily News* 《纽约每日新闻报》，简称《每日新闻报》

*New York Daily Worker* 《纽约工人日报》

New York Drama Critics' Circle 纽约剧评界

New York Drama League 纽约戏剧联盟

*New York Evening Post* 《纽约晚邮报》

*New York Evening World* 《纽约夜生活》

New York Giants 纽约巨人队

*New York Globe* 《纽约环球报》

*New York Herald* 《纽约先驱报》

*New York Herald Tribune* 《纽约先驱论坛报》

*New York Journal* 《纽约期刊》

*New York Sun* 《纽约太阳报》

*New York Times* 《纽约时报》

*New York Tribune* 《纽约论坛报》

*New York World* 《纽约世界报》

*New York World Telegram* 《纽约世界电讯报》

*New Yorker, The* 《纽约客》杂志

Nichols, Dudley 达德利・尼克尔斯

Nichols, Esta 伊斯塔・尼克尔斯

Nielson, Karl 卡尔・尼尔森

Nietzsche, Friedrich 弗里德里希・尼采

*Nightwood* 《夜林》

*North China Herald* 《北华捷报》（创刊于1850年8月3日，是上海第一家英文报刊）

Nobel Prize　诺贝尔奖

Nob Hill　诺布山（地名）

Northport, Long Island　长岛的诺斯波特

Norton, Elliot　艾略特·诺顿

Norwegian Refugee Fund　挪威难民基金

*Nothing Is Lost Save Honor* 《除了荣誉，什么也没丢》

## O

Oakland, Calif.　加利福尼亚奥克兰

Oates, Whitney J.　惠特尼·J. 欧茨

Oban, Willie　威利·奥班（戏剧人物）

O' Brien, Edward　爱德华·奥布赖恩

O' Brien, William　威廉·奥布赖恩

O' Casey, Sean　肖恩·奥凯西

*Odd Man Out* 《局外人》

Odets, Clifford　克利福德·欧茨

*Oedipus* 《俄狄浦斯》

*Of Thee I Sing* 《为君而歌》

O'Hara, John　约翰·奥哈拉

Ohayo Mountain　哦哈哟山

"Oh, You Great Big Doll"　"哦，你这了不起的漂亮大玩偶"（诗句）

Ohler, Dr. W. Richard　W. 理查德·欧勒医生

*Oklahoma!* 《俄克拉荷马！》

Old Colony　老殖民酒吧

*Old Maid, The* 《老处女》

Old Snail Road 老蜗牛公路

"Ole Davil, The" "老魔头"

Olivier, Lawrence 劳伦斯·奥利弗

O' Neill, Edmund 埃德蒙·奥尼尔

O' Neill, Ella 埃拉·奥尼尔

O' Neill, Eugene Gladstone Jr. 小尤金·格拉德斯通·奥尼尔

O' Neill, Eugene Gladstone, III 尤金·格拉德斯通·奥尼尔第三

O' Neill, James, Jr. (Jamie) 小詹姆斯·奥尼尔（杰米）

O' Neill, James, Sr. 老詹姆斯·奥尼尔

O' Neill, Oona 乌娜·奥尼尔

O' Neill, Patrick 帕特里克·奥尼尔

O' Neill, Shane Rudraighe 沙恩·鲁德里格·奥尼尔

O' Neill, Mrs. Shane (Catherine Givens) 沙恩·奥尼尔夫人（凯瑟琳·吉文斯）

O' Neill, Zelma 泽尔马·奥尼尔

*Oregonian* 《俄勒冈人报》

*Oresteia* 《奥瑞斯提亚》（埃斯库罗斯悲剧作品）

Orestes 俄瑞斯忒斯（戏剧人物）

Orlando, Joan 琼·奥兰多

Orne, Frank 弗兰克·奥恩

Ossian 奥西恩

Othello 奥赛罗（戏剧人物）

*Our Changing Theater* 《我们变化中的剧场》

*Outside Looking In* 《冷眼旁观》

## P

*Patience* 《耐心》

Patterson, Robert Lee 罗伯特·李·帕特森

Paxinou, Katina 凯蒂娜·派克西诺

Peaked Hill Bars 尖顶山沙坝

Pearl Harbor 珍珠港

Pearson, Norman Holmes 诺曼·霍姆斯·皮尔森

Peck, Seymour 西摩·佩克

Pedi, Tom 汤姆·佩迪

*Peer Gynt* 《皮尔·金特》

Pell, Arthur H. 阿瑟·H. 佩尔

*Penrod* 《男孩彭罗德的烦恼》

*Personal Equation, The* 《人生方程式》

*Petrified Forest, The* 《化石森林》

Phelps, Robert 罗伯特·菲尔普斯

Phelps, William Lyon 威廉·利昂·菲尔普斯

Philadelphia, Pa. 费城（宾州）

*Philadelphia Inquirer* 《费城询问报》

*Philadelphia Story, The* 《费城故事》

Philip II, King of Spain 菲利普二世，西班牙国王

Phillips, Mrs. 菲利普斯夫人

Pichel, Irving 欧文·皮切尔

*Picture of Dorian Gray, The* 《道林·格雷的画像》

Pierce, Jack 杰克·皮尔斯

Pirandello, Luigi 路伊吉·皮兰德罗

Pitoëff, Georges 乔治斯·毕多耶夫

Pitt-Smith, Kathleen 凯瑟琳·皮特 - 史密斯

Pitt-Smith, Richard 理查德·皮特 - 史密斯

Platz, Margaret 玛格丽特·普拉茨

Playwrights' Company 剧作家公司

*Plough and the Stars, The* 《犁和星》（奥凯西作品）

Plutarch 普鲁塔克

Plymouth Theater 普利茅斯剧院

Poe, Edgar Allan 埃德加·爱伦·坡

Poiggi 皮奥古（戏剧人物）

Pointed Pleasant 庞特普莱任特

Point O' Rock Lane 岩尖巷

Pollock, Arthur 阿瑟·波洛克

Polo, Marco 马可·波罗

Pomperia 庞培娅

*Porgy* 《波吉》

Poughkeepsie 波基普西（地名）

Pound, Ezra 埃兹拉·庞德

Powell, Rev. A. Clayton A. 克莱顿·鲍威尔牧师

Powell, Mattie 玛蒂·鲍威尔

Powers, Norman 诺曼·鲍尔斯

Powers, Tom 汤姆·鲍尔斯

*Practitioner, The* 《行医者》

President Monroe “门罗总统号”邮轮

Prideaux, Tom 汤姆·普里多

Prince Myshkin 米希金王子

Princess Kukachin 阔阔真公主（《马可百万》中的人物）

Princess Theater 公主剧院

Princeton, N. J. 普林斯顿（新泽西州）

Princeton University　普林斯顿大学

Prohibition　禁酒令

Proust, Marcel　马塞尔·普鲁斯特

Provincetown, Mass.　普罗文斯敦（马萨诸塞州）

*Provincetown, The*　《普罗文斯敦》

Provincetown Players　普罗文斯敦剧团

Provincetown Playhouse　普罗文斯敦剧院

*Psychology: A Simplification*　《心理学概述》

*Psychology of the Unconscious*　《无意识心理学》

Puget Sound　普吉特海湾

Pulitzer, Joseph　约瑟夫·普利策

Pulitzer Prize　普利策奖

Punch and Judy　潘趣和朱迪（剧院）

Purves-Steward, Sir James　詹姆斯·帕维斯 - 斯图尔特爵士

Putnam, Abbie　爱碧·普特南（戏剧人物）

Pylon Club, Philadelphia　费城塔门俱乐部

## Q

Quigley, Martin　马丁·奎格利

Quinbys, the　昆比家

Quincy, Mass.　马萨诸塞州昆西市

Quinlan, Mary Ellen　玛丽·艾伦·昆兰

Quinn, Arthur Hobson　阿瑟·霍布森·奎恩

Quinn, Edmond T.　埃德蒙·T. 奎恩

Quinn, Mrs. Edmond T.　埃德蒙·T. 奎恩夫人

Quintero, José　何塞·昆特罗

## R

Ridgefield, Conn.　里奇菲尔德（康涅狄格州）

Ridges, Stanley　斯坦利·里奇斯

Rio Vista　里奥维斯塔（美国地名）

Rippin family　瑞品一家人

Ritz-Carlton　丽思卡尔顿酒店

Riverlawn Sanitarium, Paterson, N. J.　里弗朗疗养院（新泽西州帕特森）

Riviera　里维埃拉

RKO Pictures　雷电华电影公司

*Road Is Before Us, The*　《路就在我们面前》

Robards, Jason Jr.　小詹森·罗巴兹

Robb, Walter　沃尔特·罗伯

Robeson, Paul　保罗·罗伯逊

Robies，Richard S.　理查德·罗比夫妇

Robie，Richard S.　理查德·S. 罗比

Robinson, Lennox　伦诺克斯·罗宾逊

Robinson, Octavius　屋大维·罗宾逊

Rochester　罗切斯特市

Rockefeller, John D.，Jr.,　小约翰·D. 洛克菲勒

Rockmore, Robert　罗伯特·洛克莫尔

Rodgers, Richard　理查德·罗杰斯

Rodgers　罗杰斯

Rodgers, F. Theo　F. 西奥·罗杰斯

*Romance*　《罗曼司》（爱德华·谢尔登剧作）

Roosevelt, Franklin D.　富兰克林·D. 罗斯福

*Rope, The*　《绳索》

*Roseanne*　《罗珊娜》

Rosenbach, A. S. W.　A. S. W. 罗森巴赫

## S

*Saint, The* 《圣徒》

St. Aloysius Academy　圣阿洛伊修斯学园

Saint Antoine-du-Rocher　圣昂图万迪罗谢

St. Cecilia' s Roman Catholic Church　圣塞西莉亚罗马天主教堂

Saint-Gaudens, Augustus　奥古斯都·圣高登斯

St. George Dance Hall　圣乔治舞厅

St. Gertrude' s Academy　圣格特鲁德中学

St. James Infirmary, the　圣詹姆斯医院

St. James, Jimmy　圣吉米·詹姆斯

St. John Ervine　圣约翰·欧文

St. Joseph Roman Catholic Church　圣约瑟夫罗马天主教堂

St. Leo's Church　圣利奥教堂

St. Louis, Mo.　圣路易斯（密苏里州）

St. Mary' s Academy (Indiana)　圣玛丽中学（印第安纳州）

St. Mary' s Cemetery (New London)　圣玛丽公墓（新伦敦）

St. Patrick' s Day　圣帕特里克节

St. Stephen' s Church　圣斯蒂芬教堂

St. Vincent Edna　埃德纳·圣文森特

St. Vincent' s Hospital　圣文森特医院

Sacramento　萨克拉门托（美国地名）

Salem Hospital　萨勒姆医院

Saltus, Edgar　埃德加·萨尔图斯

Sam, Vilbrun Guillaume　维尔布伦·纪尧姆·萨姆

Sammy　塞米（狗）

Samuel Merrit Hospital　塞缪尔·梅里特医院

*Samson and Delilah* 《霸王妖姬》

San Francisco, Calif.　加利福尼亚州旧金山

*Seattle Times* 《西雅图时报》

Segal, Vivienne 薇薇安·西格尔

Seldes, Gilbert 吉尔伯特·塞尔德斯

Selwyn 塞尔温剧院

Sergeant, Ann 安·萨金特

Sergeant, Elizabeth Shepley 伊丽莎白·谢普利·萨金特

*Servitude* 《苦役》

*Seventeen* 《十七岁》

Seymour, May Davenport 梅·达文波特·西摩

*Shadow and Substance* 《影子与物质》

Shakespeare 莎士比亚

Shannon, Frank 弗兰克·香农

Shaw, George Bernard 萧伯纳

Shaw , Gordon 戈登·肖

Shay, Frank 弗兰克·谢伊

Shay, Mrs. John 约翰·谢伊夫人

Shearer, Norma 瑙玛·希拉

Sheffield 谢菲尔德

Sheldon, Edward 爱德华·谢尔登

Shelton Hotel, Boston 波士顿希尔顿酒店

Sheridan, Alice 爱丽丝·谢里丹

Sheridan, Bessie 贝茜·谢里丹

Sheridan, Philip 菲利普·谢里丹

Sherwood, Robert E. 罗伯特·E. 舍伍德

Shields, Arthur 阿瑟·希尔兹

Shoemaker, Anne 安妮·休梅克

Shuberts, the 舒伯特家族

"Soft Pedal" "柔音踏板"

*Solidarity* 《团结报》

Somerset 萨默塞特

*Son of a Servant, The* 《女仆的儿子》

Sonoma 索诺玛（美国加州地名）

"Song in Chaos" "混乱时代的歌"

"Song of Myself" "自我之歌"

Sophocles 索福克勒斯（古希腊悲剧诗人）

Sorel, Agnès 艾格尼丝·索瑞儿

Southampton, England 南安普敦（英国英格兰南部港市）

Southcote 南科特

South Ferry 南码头

South Oxford Avenue 南牛津大街

"Spanish Willie" "西班牙人威利"

Spengler, Oswald 奥斯瓦尔德·斯宾格勒

Speyer, James 詹姆斯·斯派尔

Spithead (Bermuda) 斯皮特海德（百慕大）

*Spook Sonata, The* 《鬼魂奏鸣曲》

*Spring, The* 《泉》

*Stagecoach* 《关山飞渡》

Stagg, Jerry 杰里·斯塔格

Stalling, Laurence 劳伦斯·斯托林

Stamford, Conn. 斯坦福德（康涅狄格州）

Stanfords, the 斯坦福家族

Stanhope, Frederick 弗雷德里克·斯坦霍普

Stanislavski, Constantin （俄）康斯坦丁·斯坦尼斯拉夫斯基

Stark, Margaret 玛格丽特·斯塔克

Swinburne, Algernon Charles　阿尔加侬・查尔斯・斯温伯恩

Swope, Herbert Bayard　赫伯特・贝亚德・斯沃普

Sylvester, Robert　罗伯特・西尔威斯特

Synge　辛格

## T

Taft, William Howard　威廉・霍华德・塔夫脱

Taïrov, Alexander　亚历山大・塔罗夫

*Taking Chances*　《为爱冒险》

*Tale of Possessors Self-dispossessed, A*　《一个占有者自我剥夺的故事》

Talmud, the　犹太法典

Tammany Hall　坦慕尼协会

Tangiers　丹吉尼

Tanner, John　约翰・坦纳

Tao House　道舍

Taos, N. M.　陶斯（美国新墨西哥州北部城市）

Tarkington, Booth　布思・塔金顿（20世纪美国著名小说家和剧作家）

Tate, Allen　艾伦・泰特（美国诗人及批评家，1899—1979）

Tatum, Art　阿特・塔图姆

Taylor, Fletcher B.　弗莱彻・B. 泰勒

Taylor, Laurette　劳蕾特・泰勒

Tellegen, Lou　卢・特勒根

*Temple of Pallas-Athenae, The*　《雅典娜神庙》

Tenderlion　腾德莱恩（美国地名）

Thalberg, Irving　欧文・塔尔贝格

Tharsing, Christian Neilson　克里斯丁・尼尔森・萨辛

Tharsing, Hazel Neilson　黑兹尔·尼尔森·萨辛

Tharsing, Nellie Gotchett　内莉·戈切特·萨辛

*Theater Magazine*《剧院杂志》

*Theater Advancing, The*　《前进中的剧场》

Theater Guild　同仁剧院

*Theater Time*　《剧场时间》（杂志）

*Themistocles*（ship）　地米斯托克利号

*There Are Crimes and Crimes*　《罪恶累累》

*They Knew What They Wanted*　《知己知彼》

*Thirst*　《渴》

*Thirteenth Apostle, The*　《第十三个信徒》

Thirty-ninth Street Theater　39街剧院

*This Is My Best*　《这是我的佳作》

Thompson, Dorothy　多萝西·汤普森

Thompson, Francis　弗朗西斯·汤普森

Throckmorton, Cleon　克里昂·思罗克莫顿

*Thus Spake Zarathustra*　《查拉图斯特拉如是说》

Tibbett, Lawrence　劳伦斯·蒂伯特

Tiberius　提比略

*Tickless Time*　《无声的时间》

"Tides"　"海潮"

*Time of Your Life, The*　《你这一辈子》

*Times Literary Supplement*　《泰晤士报文学增刊》

*Tobacco Road*　《烟草路》

Toller　托勒尔

Tolstoi, Leo　列·托尔斯泰

*Tomorrow*　《明天》（奥尼尔的短篇小说）

Tomorrow, Jimmy　吉米・托莫罗（戏剧人物）

*Totem and Taboo*《图腾与禁忌》

*Touch of the Poet, A*《诗人的气质》

Touraine　都兰

Toussaint L'Ouverture　杜桑・卢维杜尔

Towse, J. Ranken　J. 兰金・陶斯

Travers, Henry　亨利・特拉弗斯

Tree, Sir Herbert Beerbohm　赫伯特・比尔博姆・特里爵士

*Tree Grows in Brooklyn, A*《布鲁克林有棵树》

Troland, Tommy　汤米・特诺兰德

Tryol　提洛尔

Tucker, John　约翰・塔克

Turkel, Pauline　波林・特克尔

Twain, Mark　马克・吐温

Tyler, George C.　乔治・C. 泰勒

Tynan, Kenneth　肯尼思・泰南

Tyrone, Edmund　埃德蒙・蒂龙（戏剧人物）

Tyrone, James Jr.　小詹姆斯・蒂龙（戏剧人物）

## U

Ulric, Lenore　丽诺尔・乌尔里克

*Ulysses*《尤利西斯》

Uncle Sid　锡德叔叔（戏剧人物）

United Artists　联美电影公司

United Press　合众社

Universal Pictures　环球影业

University of Freiburg　弗莱堡大学
Usque ad finem　直到最后

## V

Vanderbilt, Mrs. William K.　威廉·K. 范德比尔特夫人
Vanderbilt Theater　范德比尔特剧院
Valery　瓦莱里
*Vanities*　《虚荣心》
*Vanity Fair*　《名利场》
Van Vechten, Carl　卡尔·范韦克滕
Varesi, Gilda　吉尔达·瓦雷西
*Variety*　《综艺》
Vassar　瓦萨（学院）
Verdi, Giuseppe　朱塞佩·威尔第（意大利作曲家）
Verdun, Marquise de　凡尔登侯爵夫人
*Verge, The*　《界限》
Verlaine　魏尔伦
Vevey　韦威（地名）
Vicomtesse de Banville　邦维尔子爵夫人
Villa, Les Mimosas, Cap-d'Ai　法国卡普戴尔的含羞草别墅
Vinci, Leonardo da　列奥纳多·达芬奇
Virginius　弗吉尼厄斯
*Voodoo*　《巫毒》
Vorse, Mary Heaton　玛丽·希顿·沃尔斯
Vose, Donald　唐纳德·沃斯
"Voyages"　"航行"

Vreeland, Frank　弗兰克·弗里兰

## W

"Waiting for the Robert E. Lee"　"等候罗伯特·李"（曲名）

Walgreen's　沃尔格林连锁店

Walker, James　詹姆斯·沃克

Walker, Joseph　约瑟夫·沃克

Wallace, Tom　汤姆·华莱士

Wallerstedt, Carl E.　卡尔·E. 沃勒斯特德

Walnut Creek　核桃溪

Washington University　华盛顿大学

Washington Square Players　华盛顿广场剧团

J. S. Waterman's　J. S. 沃特曼殡仪馆

Watts, Richard Jr.　小理查德·沃茨

*Weavers, The*　《织工》

Webster, Charles　查尔斯·韦伯斯特

Wedekind　魏德金德

Weinberger, Harry　哈里·温伯格

Weingarten, Sherlee　谢莉·温加滕

Welch, Mary　玛丽·韦尔奇

*Welded*　《难舍难分》

Welles, Orson　奥森·威尔斯

Welton, Jean M.　珍·M. 韦尔顿

Wertheim, Maurice　莫里斯·沃特海姆

West Point Pleasant　西波因特普莱森特

Westley, Helen　海伦·韦斯特利

Westley, John　约翰·韦斯特利

Westport (Conn.) Country Playhouse　西港乡村剧院（康涅狄格州）

*What Price Glory?*《光荣何价？》

*Where the Cross Is Made*《划十字的地方》

*White Buildings*《白色房子》

*White Cargo*《白色货船》

Whitfield, Ann　安·怀特菲尔德

White Horse Inn　白马客栈

Whitman, Walt　沃尔特·惠特曼

*Wife for a Life*《热爱生活的妻子》

*Wild Duck, The*《野鸭》

Wilde, Oscar　奥斯卡·王尔德

Wilder, Frank W.　弗兰克·W. 怀尔德

Wilder, Mrs.　怀尔德夫人

Wiley, George H.　乔治·H. 威利

Williams, John D.　约翰·D. 威廉斯

Williams, Malcolm　马尔科姆·威廉斯

Williams, Tennessee　田纳西·威廉斯

Wilshire Boulevard　威尔希尔大街

Wilson, Earl　厄尔·威尔逊

Wilson, Edmond　埃德蒙·威尔逊

Winchell, Walter　沃尔特·温切尔

Winston, Norman　诺曼·温斯顿

*Winterset*《冬景》

Winther, Eline　埃利纳·温特

Winther, Sophus K.　索弗斯·K. 温特

Winthrop prize　温思罗普奖

*Within the Gates* 《心门之内》

"Without Ending of Days" "无尽的岁月"

Wolfe, Thomas 托马斯·沃尔夫

Wolf Lake, Adirondacks 阿迪朗达克山区的狼湖

Wolheim, Louis 路易斯·沃海姆

Wood, Grant 格兰特·伍德

Woodstock, N. Y. 纽约伍德斯托克

Woolf, S. J. S. J. 沃尔夫

Woollcott, Alexander 亚历山大·沃尔科特

Woolworth's 伍尔沃斯商店

Woolsey, John W. 约翰·W. 伍尔西

Works Progress Administration 公共事业振兴署

*World* 《世界杂志》

World War II 第二次世界大战

WQXR 纽约古典音乐广播电台

Wurlitzer's 沃立舍（钢琴商店）

Wycherley, Margaret 玛格丽特·威彻利

Wylie, Francis 弗朗西斯·怀利

## Y

Yale University 耶鲁大学

Yale University Press 耶鲁大学出版社

*Yankee Doodle Dandy* 《胜利之歌》

Yeats 叶芝

Young, Roland 罗兰·扬

Young, S. Edward S. 爱德华·扬

## Z